本书得到国家社会科学基金重大项目（项目号：14ZDA082）的资助，并为该项目的最终研究成果，特此致谢！

对外贸易影响我国劳动力要素流动的经济效应研究

The Study on Economic Effects of Foreign Trade
on the Flow of Labor Factor in China

赵春明 等◎著

人民出版社

策划编辑:郑海燕
封面设计:林芝玉
责任校对:苏小昭

图书在版编目(CIP)数据

对外贸易影响我国劳动力要素流动的经济效应研究/赵春明 等 著. —北京:
   人民出版社,2020.6
ISBN 978－7－01－020988－3

Ⅰ.①对⋯   Ⅱ.①赵⋯   Ⅲ.①对外贸易-影响-劳动力市场-研究-中国
Ⅳ.①F752②F249.212

中国版本图书馆 CIP 数据核字(2019)第 125765 号

对外贸易影响我国劳动力要素流动的经济效应研究
DUIWAI MAOYI YINGXIANG WOGUO LAODONGLI YAOSU LIUDONG DE JINGJI XIAOYING YANJIU

赵春明 等 著

人 民 出 版 社 出版发行
(100706 北京市东城区隆福寺街 99 号)

北京中科印刷有限公司印刷 新华书店经销

2020 年 6 月第 1 版 2020 年 6 月北京第 1 次印刷
开本:710 毫米×1000 毫米 1/16 印张:34.25
字数:526 千字

ISBN 978－7－01－020988－3 定价:138.00 元

邮购地址 100706 北京市东城区隆福寺街 99 号
人民东方图书销售中心 电话 (010)65250042 65289539

前　　言

　　党的十八届三中全会在《中共中央关于全面深化改革若干重大问题的决定》中指出："适应经济全球化新形势,必须推动对内对外开放相互促进、引进来和走出去更好结合,促进国际国内要素有序自由流动、资源高效配置、市场深度融合,加快培育参与和引领国际经济合作竞争新优势,以开放促改革。"党的十九大报告也提出："经济体制改革必须以完善产权制度和要素市场化配置为重点,实现产权有效激励、要素自由流动、价格反应灵活、竞争公平有序、企业优胜劣汰。"而在所有的生产要素成分和流动活动中,劳动力要素的流动无疑是国民经济发展过程中最基础、最重要和最关键的因素。我国目前已成为世界第一货物贸易大国,也是世界第一劳动力要素大国,深入研究对外贸易与劳动力要素流动的关系,无疑具有极其重要的理论价值和实践意义。

　　劳动力流动是指劳动力为了获得更高的劳动报酬或其他便利而在地区间、产业间、部门间、就业状态间、企业间乃至工作间的转移。我国的劳动力既在城镇间流动,更在乡城间流动。劳动力的乡城流动可以说是我国改革开放以来劳动力流动的一种主要形式,它是在国民收入逐步提高、农产品需求收入弹性逐步降低、产业结构逐步优化的背景下发生的。随着工业和服务业的快速发展,越来越多的农村劳动力在城市找到了工作,吸引更多的农村劳动力流向城市,推动了城市劳动力市场的发展,进一步加快了乡城劳动力流动。这种劳动力的乡城流动冲击着我国传统的户籍制度和就业制度,倒逼户籍制度和就业制度进行变革,又推动更大规模的劳动力流动。

　　在开放经济条件下,劳动力要素的流动会受到很多因素的影响,比如户籍制度、社会保障制度、对外直接投资、工资收入以外的各种有形和无形福利、教育体制等诸多社会经济甚至风俗习惯因素的影响,实际上劳动力要素的流动也是所有这些因素综合影响后的结果。为了更加深入地研究问题，同时也为了突出和符合当初课题的研究宗旨，本书在研究设计和研究论证过程中，将只注重于对外贸易发展对劳动力要素流动产生的影响，而将其他种种影响因素予以忽略。

本书的结构安排主要包括三个部分共十章内容：

第一部分是关于对外贸易与劳动力要素流动关系的一般性分析，主要体现为第一章的内容。该章重点从经济全球化和加工贸易角度分析了我国劳动力流动的历史与现实特征，揭示了对外贸易与劳动力要素流动关系的一般性规律，并通过构建扩展的信号显示模型，实证检验了我国出口贸易规模与劳动力流动方向与水平之间的内在关系。

第二部分是关于对外贸易影响劳动力要素流动的经济效应研究，包括第二章至第九章，这是本书的主体部分，其中：

第二章研究对外贸易影响劳动力要素流动的就业效应，首先梳理和总结了对外贸易就业效应的研究进展，在"筛选—匹配"模型基础上构建了出口贸易就业效应的分析框架，并分别从时间序列、省际层面和企业层面对出口贸易的就业效应进行了实证研究。

第三章主要从总体贸易、出口贸易和加工贸易角度来研究对外贸易对劳动力要素流动所具有的收入分配效应，其中主要内容有对外贸易与异质性劳动力收入水平、对外贸易与城乡收入差距、出口贸易结构变化与女性工资、加工贸易与工资差距。

第四章专门从进口贸易的角度集中探讨对外贸易影响劳动力要素流动的收入分配效应，以期更加深入地揭示二者之间的关系，主要内容有进口开放与城镇居民收入差距、进口竞争与企业内部工资差距、进口贸易来源国特征与企业性别工资差距。

第五章研究对外贸易影响劳动力要素流动的集聚效应，首先，建立关于个人区位选择的模型，从理论上考察对外贸易影响劳动力集聚的具体机制，并从进口和出口两个方面提出本章实证研究所要检验的结论；其次，主要介绍中国人口集聚的测度和主要事实，为后文的计量分析奠定基础；再次，通过考察地区关税削减和人口流动的关系，研究对外贸易如何通过进口竞争影响人口集聚；最后，主要通过考察地区关税不确定下降和人口流动的关系,研究对外贸易如何通过出口扩张影响人口集聚。

第六章研究对外贸易影响劳动力要素流动的城镇化效应分析,系统分析我国对外贸易发展的城镇化效应,剖析改革开放以来对外贸易与城镇化的关系,探寻对外贸易促进城镇化的作用机制和途径,并应用省级及地市级数据进行实证验证,进而提出切合实际的新型城镇化道路的发展对策。

第七章研究对外贸易影响劳动力要素流动的人力资本积累效应分析,主要研究贸易开放对我国人力资本积累的影响、进口竞争对我国人力资本投资的影响以及出口贸易与学历误配问题。

第八章从职业地位获得角度研究贸易开放与城镇劳动力流动之间的关系,利用经济社会学中对社会行为分析的制度、权力、网络和认知四种机制,探讨作为制度变迁的贸易开放在社会权力、职业网络、认知能力等方面对劳动者职业地位获得的影响。

第九章从非农就业的路径选择角度集中研究贸易开放与农村劳动力流动之间的关系,将农村劳动力就业区分为务农、本地非农就业和外出非农就业三个类别,通过工作参与、工作时间和工作收入三方面的计算,深入分析贸易开放对农村劳动者非农就业、外出务工决策的差异化影响以及贸易开放对劳动者工资的作用机制,并进一步探讨贸易开放与贫困减少的内在关系。

在以上第二部分的内容中,第二章至第九章的内在逻辑为:

从经济学角度来说,劳动力市场的形成本身就是基于微观个体优化行为的演化过程。根据微观经济理论,个体选择从事何种工作,取决于其最优化效用的结果,其中对外贸易是影响劳动力就业的一个重要因素,因此要研究开放经济条件下劳动力要素的流动问题,首先就需要深入研究和揭示对外贸易发展的劳动力就业效应,而劳动力的初始就业选择和状态就将成为劳动力要素流动的本源和起点。

当个体劳动者完成择业选择后,在开放经济条件下,对外贸易的发展将对劳动力的工资和收入水平产生重要的影响。在这种情况下,在劳动力市场上就会出现劳动者的流动现象,包括地区间流动、产业间流动和城乡流动等,而流动的基本趋向是从收入低的行业和地区流向收入高的行业和地区。因此,这就有必要深入研究对外贸易的劳动力收入效应问题,揭示对外贸易对劳动力的收入影响程度、影响路径,以及对行业内部、行业之间和区域之间收入水平的差异影响。

在所有劳动者流动完成后,将各自稳定在自己最优选择的行业中,于是在宏观层面就会形成劳动力的集聚,包括特定行业、地区和部门的集聚等。从这个意义上来说,劳动力的集聚体现了劳动力流动和市场形成的结果。为此,我们就需要进一步深入研究对外贸易的劳动力集聚效应,从中揭示出对外贸易发展影响劳动力要素流动的一些规律性的东西。

在劳动力要素流动和集聚的过程中,中国作为一个发展中大国和劳动力大国,出现了城镇化的快速发展。如果说前面几章更多的是体现对外贸易影响劳动力流动的一种时间范围上的动态发展过程的话,那么对外贸易发展的劳动力城镇化效应则更多地体现出对外贸易影响劳动力流动的一种空间范围上的动态发展过程。因此深入研究对外贸易发展的劳动力城镇化效应,不仅是本项研究需要拓展和延伸的重要内容,而且对于我国建设新型城镇化道路有着重大的理论价值和现实意义。

在劳动力要素的流动过程中,对外贸易通过工资价格信号机制、信贷约束机制和知识技术溢出机制,对劳动力的要素内涵产生了不可忽略的影响,也就是人力资本的积累。无论是对外贸易发展的劳动力就业效应和收入效应,还是对外贸易发展的劳动力集聚效应和城镇化效应,劳动力要素自身的质量都起着非常重要的作用。通过相关研究,我们可以明显地发现对外贸易对不同质量的劳动力要素产生了很大的差别性影响。一方面,在开放经济条件下和市场在资源配置中起决定性作用的当今中国社会,随着劳动力要素的大量流动,出现了劳动力的要素内涵式演进态势,即那些收入较高、就业较好、集聚较明显的行业和地区,往往要求和吸纳的是较高素质的劳动力,这就迫使劳动力需要不断提升自身素质,加强人力资本的积累。同时在另一方面,劳动力质量的提升和人力资本的积累,也对对外贸易的发展产生了深远的影响,而且对我国摆脱长期以来主要依靠低廉劳动力成本来发展贸易和经济的困境,实现对外贸易发展方式的转变,进而从贸易大国成长为贸易强国具有关键性的作用和意义。

此外,鉴于贸易开放对整个社会的分层结构和农村劳动力非农就业产生了重要的影响,第八章从职业地位获得角度深入分析了贸易开放与城镇

劳动力流动的关系问题,第九章则从非农就业的路径选择角度专门研究了
贸易开放与农村劳动力流动问题。因此,这两章的内容可以说是对前面所
研究内容的进一步拓展和延伸。

　　本书的第三部分是关于以加快劳动力要素自由流动为基础的对外贸易
战略转型问题研究,主要体现为第十章。该章重点剖析我国对外贸易的发
展特点与存在的问题,从国际角度比较研究我国劳动力成本以及出口商品
比较优势的变化,进而阐析基于劳动力要素自由流动的对外贸易战略转型
的内涵与措施。

　　作为国家社会科学基金重大项目(项目号:14ZDA082)的最终研究成
果,课题组在研究过程中,发表了较为丰富的阶段性研究成果,其中包括
《中国社会科学》《经济研究》《管理世界》《世界经济》《数量经济技术经济
研究》等在内的 CSSCI 期刊论文 36 篇,包括 *Review of Development
Economics*、*China & World Economy* 等在内的 SSCI 期刊论文 3 篇。这些阶段
性研究成果产生了较为广泛的社会影响,获多项省部级以上科研奖励,最终
成果也获得了免于鉴定的资格。

　　全书由课题首席专家赵春明负责拟定写作提纲并进行全书统稿,合作
者分别来自北京师范大学经济与工商管理学院、对外经济贸易大学国际经
济研究院、南开大学经济学院、北京邮电大学经济管理学院、首都经济贸易
大学经济学院、河南财经政法大学国际经济与贸易学院、西北师范大学经济
学院等。本书各章的具体分工和写作情况分别是:第一章:赵春明、陈昊、王
怀民;第二章:赵春明、陈昊;第三章:赵春明、李宏兵、陈昊、王怀民、王春晖;
第四章:赵春明、李宏兵、文磊、严伟涛;第五章:戴觅;第六章:赵春明、陈开
军;第七章:赵春明、陈昊、陈开军、严伟涛;第八章:刘晨、葛顺奇、赵春明;第
九章:蔡宏波、刘晨、葛顺奇;第十章:魏浩、赵春明。

　　最后衷心感谢人民出版社经济与管理编辑部主任郑海燕高级编审为本
书付梓出版所付出的辛苦劳动!

赵春明
2019 年 8 月于北京师范大学

目　　录

第一章 对外贸易与劳动力要素流动关系的一般性分析

　　经济增长作为宏观经济的基本特征,会对劳动力市场的各种主体和内在机制造成影响,这一点已经成为学术界的共识。对外贸易作为一国经济增长的"三驾马车"之一,自然会通过影响经济增长来间接影响劳动力市场,即"对外贸易—经济增长—劳动力市场"机制。这是开放经济条件下对两者关系的最初探讨,所基于的理论主要是传统的菲利普斯曲线。基于该路径的理论研究是富有创见性的,但忽略了对外贸易可能直接影响劳动力市场的路径。从理论上说,贸易的发展会普遍提高参与对外贸易企业的利润,扩大企业市场,从而提高企业招聘员工的门槛,带来劳动力市场的深刻变化。可见,对外贸易的发展会直接影响包括劳动力要素流动在内的劳动力市场的运行,而并非传统理论认为的只能依靠"经济增长"来间接实现。

　　本章重点从经济全球化和加工贸易角度分析了我国劳动力流动的历史与现实特征,揭示了对外贸易与劳动力要素流动关系的一般性规律,并通过构建扩展的信号显示模型,实证检验了我国出口贸易规模与劳动力流动方向与水平之间的内在关系。

第一节 对外贸易与劳动力要素流动关系的研究综述

　　直接研究对外贸易尤其出口贸易与劳动力流动关系的理论文献,至今为止还不是很多。究其原因主要有二:第一,劳动力流动的界定存在理论上的困难。从劳动力市场形成过程来看,招聘与应聘双方通过搜寻匹配达成就业协议,劳动力市场就开始形成。就业之后随着资源和利润的流动,劳动力必然在最优化个体福利的考虑下选择流动的方向和目标,最终形成劳动力在行业、产业或地区的集聚,或形成有一定特色(如高学历)劳动力的相对集中,此时稳定的劳动力市场才正式形成。可见劳动力流动是连接就业与劳动力集聚之间的动态过程。这一过程起始于就业后期,完成于集聚前期,因而很难严格界定起始的准确范围。第二,劳动力流动本身就是描述劳动力市场的形成过程,严格来说是一个"经济地理"的概念,而开放条件下对劳动力市场形成机制的理论研究,目前还很有限。基于以上两个原因,对外贸易与劳动力流动关系的理论和实证研究都比较匮乏。

尽管直接研究对外贸易与劳动力流动关系的成果较少,然而一些相关研究成果仍值得我们重视。[①]

比如,瓦齐亚格和沃勒克(Wacziarg 和 Wallack,2004)研究了许多发展中国家贸易改革对劳动力流动的影响,发现贸易改革导致劳动重新配置的假设没有得到可获得数据的支持。伯纳德、雷丁、肖特(Bernard、Redding、Schott,2007)将异质性企业与要素禀赋和垄断竞争的标准模型相结合,模型暗示着一国将根据与相对要素禀赋相联系的比较优势选择专业化。贸易自由化会导致产业内和产业间劳动力要素的重新配置,提高所有产业的整体生产率水平。因为这一生产率增长在比较优势产业部门最强烈,从而产生了一个关于收入分配的清晰预测:比较优势部门密集使用要素的相对价格将会上升,由于生产率增长,用实际报酬表示的所有要素可能都会获益。但是伯纳德、伊顿、詹森、科图姆(Bernard、Eaton、Jensen、Kortum,2003)利用美国制造业的普查数据,研究认为自由化对整体贸易产生了显著影响,但是这并未伴随部门间劳动力的重新配置。乔杜里和麦克拉伦(Chaudhuri 和 McLaren,2007)研究劳动市场调节对贸易自由化作出的动态反应发现,即使在稳定状态,劳动力在产业间存在明显的流动,部门间存在持续的工资差异,劳动力对自由化的调整是渐进的,即使从长期来看,工资差异在地区和部门间都是存在的,尽管总是存在一些工人在改变就业部门,一个部门关税保护的取消不仅导致那些部门相对于其他部门短期工资的下降,也导致了

[①] 我们这里仅就对外贸易与劳动力流动关系的直接相关成果进行综述,其他相关研究文献将在后面的各章中分别予以总结和阐述。

长期相对工资的下降。

在实证研究方面,概括而言,现有研究成果主要沿着两种不同的思路:新经济地理学思路与要素禀赋差异思路。

新经济地理学是以第三代劳动力迁移模型,也即克鲁格曼(Krugman,1991)所创立的基于劳动力个体优化城市形成模型作为代表所形成的系统理论。这一理论提出以后,国内外学者都从不同角度对其进行了经验验证。我们这里综述的新经济地理学思路,主要是指国内学者在基本按照第三代劳动力迁移模型及其扩展理论框架基础上,通过经验或案例分析中国特定地区或产业的劳动力流动现象。① 范剑勇、王立军、沈林洁(2004)在以第三代劳动力迁移模型为基础的新经济地理学框架下,通过构建劳动力跨区域流动模型,详细阐述了中、西部地区劳动力跨省迁移的结构数量、城镇类别、行业选择的基本特征。该文指出跨省流动的劳动力迁移方向,大多是从人口密集的中部地区和西南地区向已初具产业集聚优势的沿海地区转移。此外,他们在以广东省为案例进行的实证分析中,得出了符合第三代劳动力迁移模型描述的结论;张展新(2004)通过利用第五次全国人口普查数据进行Logit 回归,发现虽然不同的劳动人口群体流动到发展较好的产业(如国家垄断产业)的机会存在差异,但是基本的流动趋势依然符合第三代劳动力迁移模型的推论;姚先国、来君(2005)在刘易斯—拉尼斯—费模型基础上,通过考察中国二元社会结构下的工资决定过程,指出随着二元社会结构特征差异逐渐缩小,劳动力向收入和条件更好的区域转移(如农村剩余劳动力向城市转移)是必然趋势;陈良文、杨开忠(2007)更是将要素流动和集聚经济效应纳入同一框架,对我国区域差异的变化趋势进行考察。他们在新经济地理学模型的基础上建立了包含外部规模经济、本地市场效应和要素流动的集聚经济模型,并通过数值模拟的方式验证了模型的结论,认为地区间的要素流动(包括劳动力要素的流动)不但不能起到收敛地区差异的效果,反而会拉大地区差异;付文林(2007)也从中国二元经济特征出发,对省际人才争夺情况进行了深入研究,指出中国人口迁移存在典型的结构性障

---

① 还有许多优秀的研究成果是基于第一、第二代劳动力迁移模型。至今为止依然没有充足的证据证明第三代劳动力迁移模型绝对优于前两代,因而本章虽然没有综述基于前两代劳动力迁移模型的成果,但这些成果的贡献不应忽视。

碍如公共福利歧视。该文的重要意义在于发现中国劳动力流动不符合迁移模型推论的原因，很可能是劳动力市场以外的诸如政府政策、公共福利等因素，换言之，迁移模型对劳动力市场的描述依然是可靠的。

要素禀赋一直是探讨劳动力流动动机的重要基础，因为基于地区或产业差异的劳动力流动选择，本质上是基于要素禀赋差异对劳动力个体优化路径的影响，因而要素禀赋差异思路指的是国内学者从地区或产业要素禀赋差异探讨劳动力流动的方向和规模。姚枝仲、周素芳（2003）从地区要素禀赋的角度探讨了劳动力流动与地区差异的关系。该文所做的研究表明，既然要素禀赋差异可以作为劳动力流动的动机，因而有理由将贸易理论中的要素禀赋理论及其相关的新古典贸易理论用来分析开放条件下的劳动力流动问题。换言之，基于要素禀赋差异分析劳动力流动的框架，完全可以通过修正改良，推广到研究开放经济条件下出口贸易与劳动力流动的关系上来。此外，该文还从理论上论证了劳动力流动对缩小地区差异具有决定性作用，即要素收入虽然会随着商品自由流动而趋于均等，但由于地区间要素禀赋差异的存在，单纯的商品流动已经不足以熨平地区间的收入差异。基于这样的思想，该文认为既然国际自由贸易会带来要素价格均等化，而劳动力流动则会进一步带来要素报酬和收入均等化，因而有理由相信国际贸易与劳动力流动存在共同缩小收入差距的机制，这种关系不应被忽视。贺秋硕（2005）在新古典增长框架下引入劳动力的流动性，考察了开放经济体劳动力流动对地区收入差异的影响，所得结论与姚枝仲、周素芳（2003）类似，即从长期来看劳动力自由流动最终会导致差异经济体的收入收敛，最终消除收入不平等。该文同时指出，由于户籍制度的限制，这种自由流动带来的收敛收入差异的效果，可能会大打折扣。江飞、冷静（2008）从劳动力流动代替资本流动的角度讨论了劳动力流动的机制和动因。他们认为由于劳动力流动具有便利性和广泛性，因而限制了发达地区产业集聚后劳动力成本的提升幅度，导致发达地区向欠发达地区的资本流动受到抑制。该文分析的假设前提在于之所以发达地区本应向欠发达地区转移产业，是因为追求更为廉价的劳动力资源，换言之，劳动力的成本降低是微观企业的重要目标，这一前提在当前中国的经济环境下依然是适用的。

第二节　经济全球化、加工贸易与劳动力流动

一、经济全球化与我国的加工贸易活动

　　20 世纪 50 年代以来,经济全球化席卷全球。由加工贸易活动连接起来的资本国际化和生产国际化是经济全球化的重要组成部分。日本是最早加入经济全球化进程的亚洲国家,早在 20 世纪 50 年代,日本就以其劳动力成本优势开始从事加工贸易活动,经济很快发展起来;日本在 60 年代失去了劳动力成本优势之后,"四小龙"承接了从日本转移出来的加工产业,同样实现了经济腾飞;70 年代末之后,"四小龙"先后将加工产业转移到我国大陆,终于将世界上人口最多、劳动力成本优势最明显的国家——中国纳入了经济全球化进程。

　　虽说同期世界贸易组织(WTO)和关税及贸易总协定(GATT)也在极力推动贸易自由化,但有些发展中经济体似乎对经济全球化有着更大的参与热情。这是因为:第一,相对于所谓最优选择的全面的自由贸易来说,发展中经济体在参与经济全球化进程时只需将具有比较优势的劳动力市场开放给外部资本,并在与加工贸易有关的进出口方面实行局部的自由贸易,是开放之初的理性选择。第二,加工装配活动提供了外部资本进入发展中经济体的通道。发展中经济体资本资源相对短缺,通过建立出口加工区就能吸引大量外商直接投资(FDI)进入劳动密集型加工出口产业,优化资源结构。第三,与所有领域允许外商投资相比,开展加工装配活动有更小的政治风险。加工装配活动只允许产业资本进入,是一项两头在外的活动,也是多数发展中经济体全面参与经济全球化进程的第一步,对原材料进口、加工产品出口实施的全程监管,将有效避免外资对民族工业和经济的控制。

　　经过数十年的发展,我国已成为一个融入世界经济并全面对外开放的国家。2014 年我国进出口总值达 4.3 万亿美元,其中出口 2.34 万亿美元,进口 1.96 万亿美元,为全球第一大货物贸易大国,出口占全球份额的12.2%。其中,加工贸易进出口 1.41 万亿美元,是 1980 年的 2500 倍。这些成就与我国实行的比较优势发展战略及外贸体制改革密不可分。

从改革开放后我国实行的比较优势发展战略来看。首先,比较优势发展战略是在国内资金非常短缺的情况下起步的,这就要求尽可能利用外部资金,所以利用外商直接投资是实施该战略的必然结果。其次,作为微观经营主体,外资企业必然要在传统的行政或计划手段之外,通过市场来配置劳动力资源。因此,政府出于社会稳定的考虑有时可能会限制农民工进入国有和城镇集体企业,以避免对城市就业造成冲击,但同时又必须允许农村剩余劳动力进入次要劳动力市场,以满足外资经济对劳动力的需求,同时达到解决农村剩余劳动力就业的目的。再次,投资加工产业是外资企业的理性选择,因为我国是人口大国,劳动密集型产品是其比较优势产品,外资企业的资金、技术和营销优势与我国丰富廉价的劳动力资源优势相结合,加之超大的体量,使我国加工贸易活动取得了举世瞩目的成绩。尤其是在次要劳动力市场农民工相对收入更低的情况下,劳动密集型产品以及以资本或技术密集型加工装配为主的产品成为我国对外贸易的比较优势产品就是一个必然的结果。

从我国实行的外贸体制改革来看。改革开放前,以"互通有无、调剂余缺"为目的,我国建立了由对外经济贸易部统一领导,各专业外贸公司统一经营,指令性计划和统负盈亏相结合的对外贸易体制。在特定的历史条件下,这种体制有利于避免出现逆差,保护民族工业。但是,这种体制也有很多弊端,比如,独家经营就不能充分调动地方政府的积极性;统得过死和统包盈亏不利于外贸企业走上自主经营、自负盈亏的经营之路。

我国的外贸体制改革于1980年1月1日正式启动,简政放权是这一时期外贸体制改革的主要措施,包括允许地方政府保留一定比例的外汇收入,允许企业自由使用50%的留成外汇,允许一批机构无须经过外经贸部就可进口非限制类商品,实行"政企分开""改革外贸计划体制""外贸代理制"和"改革外贸财务体制"等。截至1986年,外贸总公司垄断全国外贸的格局基本上被打破,省属外贸机构开始成为对外贸易的主力军。

我国于1987年开始试行以3项指标为内容的外贸承包责任制,并在取得经验的基础上,从1988年起在全国推行以省、自治区、直辖市为主的外贸承包责任制。改革的方向是建立自负盈亏、放开经营、工贸结合和建立代理制的外贸体制。实践证明,实行外贸承包责任制初步改变了责、权、利分离

的状况,调动了各方面的积极性,有力地促进了对外贸易的发展。

国务院于 1990 年年底决定进一步深化外贸体制改革,并于 1991 年开始实施。这次改革使我国外贸管理体制更适应社会主义市场经济发展的要求,使外贸企业在自负盈亏方面取得突破性进展,使出口摆脱了国家财政状况的制约,更便于我国参与国际分工和国际交换。从 1992 年开始,我国基本上取消了进出口指令性计划,实行指导性的总量计划,允许绝大多数进出口商品放开经营,少数商品实行公开、透明的配额许可证管理等。

2004 年 7 月 1 日起实施的《中华人民共和国对外贸易法》进一步完善了出口退税管理办法,深化了外贸体制改革,为我国对外贸易可持续发展提供了强有力的制度保障。包括统一外贸企业准入标准,享有自主经营和平等竞争的权利;积极推行外贸代理制;建立外贸诚信经营和退出机制;完善进出口商会体制等。2007 年以后,开始放开外贸经营权,大幅降低关税,削减进口配额、许可证等非关税措施。

我国对外贸易尤其是加工贸易的快速发展还与利用外资的快速发展密不可分。自 20 世纪 80 年代以来,我国利用外商直接投资从 1980 年的 1.6 亿美元,增加到 2004 年的 606 亿美元和 2014 年的 1195.6 亿美元,外资企业在我国对外贸易中的地位越来越重要,我国的贸易方式由全部为一般贸易转向一般贸易和加工贸易并重,很大程度上与外商直接投资的加工贸易倾向有关。以高新技术产品出口为例,1994 年,我国一般贸易在高新技术产品出口中的比重还占 23.4%,但到了 2004 年,仅剩 6.8%,加工贸易在高新技术产品出口中的比重则上升到 93.2%。[①]

我国加工贸易出口的显著特点是"三资企业"在加工贸易中占绝对主导地位。1997 年,外资企业加工贸易出口占我国加工贸易出口的 64%,2004 年为 81%,而且外资企业的出口主要是以加工贸易方式进行的,2004 年外资企业加工贸易出口占整个外资企业出口的比重就高达 78.7%(见表 1-1)。

---

① 孙楚仁、沈玉良、赵红军:《FDI 和加工贸易的关系:替代、互补或其它?》,《南开经济研究》2008 年第 3 期。

表 1-1 外资企业在加工贸易中的比重

年份	外资企业加工贸易出口(亿美元)	占加工贸易出口比重(%)	占外资企业出口比重(%)
1997	638.1	64.1	82.1
1998	691.8	66.2	90.2
1999	745.4	67.2	86.8
2000	972.3	70.6	82.9
2001	1066.0	72.3	84.7
2002	1346.0	74.8	79.2
2003	1902.7	78.7	79.2
2004	2663.5	81.2	78.7

资料来源:孙楚仁、沈玉良、赵红军:《FDI 和加工贸易的关系:替代、互补或其它?》,《南开经济研究》2008 年第 3 期。

外资对我国加工贸易的偏好是由我国要素禀赋、国际产业转移和外部环境等多重因素所决定的。首先,我国于 1992 年进一步放松了对外资进入的限制,对外资开展加工贸易活动实行鼓励政策;其次,我国廉价的劳动力资源为外资开展加工贸易提供了理想条件,跨国公司从全球经营战略出发,利用我国的要素禀赋优势,把国际产业链条上的加工装配环节大规模转移到我国,推动了外资加工贸易的发展。

二、加工贸易与劳动力流动:从"民工潮"到"民工荒"

改革开放以来,我国共出现过三次大的"民工潮"。20 世纪 70 年代到 80 年代,我国外出流动打工的农民工从几百万人上升到 3000 万人,到 90 年代上升到 8000 万人,至 21 世纪初达到了 1.3 亿人,2006 年年末达到 1.8 亿人。我国加工贸易的发展始终伴随着农村剩余劳动力的大范围转移和大规模流动。但这种流动并不是单向的,既有中西部地区到东部地区的"民工潮",又有从东部地区返回中西部地区导致的"民工荒"。

农民工跨域转移的产业流向分为两类:一是流向大中城市,主要进入建筑业和服务业;二是流向加工贸易型外向经济发展较快的东部地区,如长三角、珠三角、闽南等经济发达地区,主要进入当地的三资企业和民营企业,后一种类型的劳动力流动与东部地区开展的加工贸易活动密切相关。大规

模、跨区域的农民工流动一方面解决了农村劳动生产率提高后剩余劳动力的就业问题，另一方面为东部地区加工企业提供了充足的劳动力，长期维持了较低的劳动力成本，有力地推动了加工贸易的发展。

以农村家庭联产承包责任制为主要内容的农村经济体制改革，到1984年长期困扰我国的粮食问题得到基本解决，随之爆发了新中国历史上首次规模空前的"仓容危机"，引致农村产业结构的重大调整，刺激了乡镇企业的发展。1984年，国家准许农民自筹资金、自理口粮进城务工经商。此后政府又出台了一系列政策措施，特别是身份证制度的实施，允许和鼓励农村劳动力跨区流动，农村劳动力向非农产业的转移开始进入一个快速增长时期。1989年春爆发了数百万农民近距离流动的"民工潮"，乡镇企业成为吸纳农村剩余劳动力就业的主渠道，开辟了新中国历史上最具特色的"离土不离乡、进厂不进城"的农村劳动力非农就业和就地转移模式。

1988年下半年，因物价改革闯关导致全国出现抢购风潮，为控制日益严重的通货膨胀，国家实施了为期3年的治理整顿，乡镇企业首当其冲，农民的非农就业增长基本停滞。随着城市经济的收缩和国家宏观经济环境的变化，相当数量进城务工的农民工被迫返乡。由于农村就业机会有限，回到农村的农民工又成了农民，大部分处于隐性剩余状态。1992年邓小平南方谈话吹响了我国进一步加大开放力度的号角，城市粮食供应制度也在此时宣布取消，之后就出现了蔚为壮观的、规模达到4000万人的"民工潮"。与20世纪80年代那次就地转移的"民工潮"不同，这次农民工大规模流动是向改革开放前沿的东部地区流动，那里的加工贸易活动如火如荼，东部地区成为国际制造业向我国转移的首选地和重点承接地，强大的拉力吸引了中西部地区大量农村剩余劳动力。近年来出现了第三次"民工潮"，出现了一些新特征，农民工逐步倾向于在城市长期和永久居住，甚至部分农民工有举家迁移的倾向。另外，第三次"民工潮"中出现了新生代农民工群体，这个群体文化程度相对较高，他们的务农经历不多，对城市社会的认同感较强，对农村的认同感反倒在逐步弱化。与老一代农民工相比，新生代农民工有更强的维权意识，在合法权益受损时更懂得如何维权，更善于借助法律和舆论力量争取自身利益。这一时期农民工所处的社会环境也大为不同，除学术界积极研究农民工群体并为之发声外，政府部门及社会舆论开始逐步认识到农民工对城市和经济发展的巨大贡献,农民工市民化的相关问题也引起国家层面的重视。

在浩浩荡荡的农民工迁移过程中,除了"民工潮"外,相伴而生的还有农民工回流乡村引发的"民工荒"。自我国加入世界贸易组织以来,东部地区"民工荒"现象频发,2009年年底达到了最严重的程度。

劳动力从农业部门向工业部门的转移不是单向的,也不是不可逆转的。一方面,随着农业劳动生产率和农产品价格的提高,农业劳动力收入不断提高。另一方面,随着出口受阻,生活成本上升,劳动力在城市的相对工资或实际收入水平会有所下降。此时劳动力就有可能停止流动甚至回流,出现"民工荒"。

"民工荒"是农业人均产值提高和城市生活成本上升背景下因城乡相对实际收入变化、出口调整和城乡劳动力流动摩擦所带来的摩擦性失业,这也预示着我国的对外贸易必须进行转型升级。

三、劳动力流动的规模、区域与代际特征

(一) 新中国成立后的劳动力流动:从限制到放开

1951年公安部颁布了我国首个正式的户籍管理法规——《城市户口管理暂行条例》,1958年全国人大通过了《中华人民共和国户口登记条例》,这是城乡隔离户籍管理制度确立的标志,从而使户籍管理兼具直接控制人口跨区域迁移,特别是控制农业人口向城镇迁移的作用。在这种情况下,有限的城乡人口流动只能通过升学、招工或参军等少数几种渠道和方式来实现,而人口和户籍相分离(即人户分离)的非正式迁移和流动则基本不可能。

户籍制度出台后,与之配套的一系列就业、住房、食品供应制度也相应出台,使我国农村剩余劳动力流动从20世纪60年代以后就一直受到政府的强力控制。1964年8月,国务院批转的《公安部关于处理户口迁移的规定(草案)》明确规定:"对于从农村迁往城市、集镇,从集镇迁往城市的,要严加限制;从小城市迁往大城市,从其他城市迁往北京、上海两市的,要适当限制。"对于其他情况的人口迁移或流动,也作出了非常明确、具体的规定。这些户籍和人口管理政策与先后出台的人民公社制度、城市生活资料配给制度、统购统销制度、就业分配制度一起,共同限制了农村劳动力流入城市,

城乡之间形成了一条难以逾越的鸿沟。

我国实行的农村家庭联产承包责任制,极大地提高了农民的生产积极性,加之农产品价格上升,农业生产力得到迅速恢复,农村劳动力剩余问题开始成为一个不能回避的问题。为有效利用农闲时间,增加家庭收入,农民开始自发地向城市转移。据统计,1978—1980 年,全国非农业人口增加了1800 万人(不包括自然增长),1980 年年末全民所有制单位通过各种形式使用的农村劳动力共有 931 万人(不包括招收的固定工)。但由于城市吸纳就业的能力有限,城市居民的就业问题也未得到根本解决,因此,政府对农村劳动力流动依旧有诸多限制。1981 年下发《国务院关于严格控制农村劳动力进城做工和农业人口转为非农业人口的通知》,对城市用工单位使用农村劳动力提出了具体要求,包括严格控制从农村招工,认真清理企事业单位使用的农村劳动力,要求加强户籍和粮食管理等。在这些政策的直接影响下,农村劳动力向城市转移的规模不大、数量不多。

1983 年 10 月,国家开始对农村"政社合一"的管理体制进行改革,高度集中的人民公社体制解体了。与此同时,国家先后出台了一系列深化城市经济体制改革的政策措施,加上这一时期乡镇企业异军突起,掀起了"进厂不进城,离土不离乡"的农村剩余劳动力转移高潮。1984 年,乡镇企业数目从 1983 年的 134.6 万家增加到 606.5 万家,乡镇企业就业人数也由 3224.6万人增加到 5208.1 万人。①

1984 年 1 月,中共中央发出《关于 1984 年农村工作的通知》,提出"允许务工、经商、办服务业的农民自理口粮到集镇落户"。1984 年 10 月,国务院发布了《关于农民进入集镇落户问题的通知》,进一步提出"农民进入集镇务工、经商、办服务业,对促进集镇的发展,繁荣城乡经济具有重要作用,对此应积极支持"。1985 年 1 月,中共中央、国务院发布《关于进一步活跃农村经济的十项政策》,更为明确地提出"要扩大城乡经济交往……允许农民进城开店设坊,兴办服务业,提供各种劳务,城市要在用地和服务设施方面提供便利条件"。在国家政策的支持和鼓励下,农村外出就业的劳动力

---

① 段娟、叶明勇:《新中国成立以来农村剩余劳动力转移的历史回顾及启示》,《党史文苑》2009 年第 6 期。

日益增多。据统计,1988 年农村劳动力转移的总量已达 9950 万人,其中转移到城市的有 1339 万人。虽然这一时期转移出来的农村劳动力日益增多,但国家并没有完全放松对劳动力自由流动的限制。1985 年 7 月,《公安部关于城镇暂住人口管理的暂行规定》发布,使到城市就业的农民工基本不能安家落户,对农民工的就业稳定性产生了不利影响。

20 世纪 80 年代中期以后,随着相关政策的逐步放宽,大量的农村劳动力涌入城市,给城市的就业、交通、治安等造成较大压力。90 年代以后,由于乡镇企业在发展过程中不断暴露出诸如产权关系模糊、家族色彩浓厚等一系列问题,吸纳农村劳动力的能力下降,这一时期农村劳动力流动出现大起大落的不稳定态势。1988 年下半年国家开始治理整顿,采取了压缩基本建设投资规模、加强财税和信贷控制等一系列经济措施,许多建设项目纷纷下马,大量农村劳动力被清退。为配合治理整顿,国家还出台了一系列政策限制农村劳动力的流动。比如,1989 年 3 月和 4 月,国务院办公厅和民政部、公安部先后发布《国务院办公厅关于严格控制民工外出的紧急通知》和《民政部、公安部关于进一步做好控制民工盲目外流的通知》,1989 年 12 月,国务院在《国务院批转人口普查领导小组、公安部关于在第四次全国人口普查前进行户口整顿工作报告的通知》中要求:"对居住在市镇的无户口(即常住户口待定)人员,按照国务院和公安部有关规定,符合在市镇落户的,应有步骤地予以解决;不符合在市镇落户的,应由有关部门尽量动员他们返乡"等。[①]

1992 年邓小平南方谈话加快了我国的改革开放进程,东部地区加工出口产业的发展产生了大量的劳动力需求,地区间发展差距开始扩大,大批农村劳动力向东南沿海地区转移。引起社会广泛关注的"民工潮"就出现在这一时期。据统计,1992 年农村劳动力迁移到城市的人数已超过 3500 万人,其中跨省流动达到 2200 万人。1994 年,从农村转移出来的劳动力达到 7000 万人,1995 年为 7500 万人,而同期出省的农村劳动力人数大约为 2500 万—2800 万人。面对大规模的劳动力转移,国家开始出台一系列政策措施

---

① 王萍:《中国农村剩余劳动力乡城转移问题研究》,东北财经大学 2006 年博士学位论文。

引导劳动力有序流动。1993 年 11 月,劳动部发出《关于印发〈再就业工程〉和〈农村劳动力跨地区流动有序化——"城乡协调就业计划"第一期工程〉的通知》,提出要在全国形成与市场经济相适应的劳动力跨地区流动的基本制度、市场信息系统和服务网络,使农村劳动力流动规模较大的输入和输出地区实现农村劳动力流动的有序化。1993 年 12 月,劳动部制定了《劳动部关于建立社会主义市场经济体制时期劳动体制改革总体设想》,提出要以建立农村就业服务网络为突破口,合理调节城乡劳动力流动,加强城乡劳动力统筹。1997 年 11 月,国务院办公厅转发了劳动部等部门《关于进一步做好组织民工有序流动工作的意见》,进一步提出要加快劳动力市场的建设,建立健全劳动力市场规则,建立完善的劳动力市场信息服务系统,加强对劳动力市场的监管,维护劳动力市场的正常秩序。

2000 年以来,国家更加重视"三农"工作,各种有利政策相继出台,我国又兴起了新一轮劳动力转移浪潮。2000 年 7 月,劳动保障部、国家计委、农业部、科技部、水利部、建设部、国务院发展研究中心七部委联合颁布的《关于进一步开展农村劳动力开发就业试点工作的通知》中指出,要改革城乡分割体制,取消对农民进城就业的不合理限制。2003 年 3 月,劳动和社会保障部颁布《关于农民工适用劳动法律有关问题的复函》,明确指出凡与用人单位建立劳动关系的农民工,均适用《劳动法》与《企业职工工伤保险试行办法》。2005 年 2 月,劳动和社会保障部颁布《关于废止〈农村劳动力跨省流动就业管理暂行规定〉及有关配套文件的通知》,进一步改善农民进城就业环境,清理和取消限制农民进城就业的政策。2006 年 1 月,《国务院关于解决农民工问题的若干意见》颁布,要求各地政府、各直属机构,抓紧解决农民工面临的突出问题,建立从根本上保障农民工权益的体制和制度(邓大松、孟颖颖,2008)。2007 年,公安部宣布我国将大力推进以建立城乡统一的户口登记制度为重点的户籍管理制度改革,逐步取消农业户口、非农业户口的二元户口性质,实现公民身份平等。2008 年 10 月,举行的中国共产党十七届三中全会提出,我国总体上已进入着力破除城乡二元结构、形成城乡经济社会发展一体化新格局的重要时期,并把到 2020 年基本建立城乡经济社会发展一体化体制机制,作为中国农村改革发展的基本目标和任务之一。2015 年,国务院批转的《关于 2015 年深化经济体制改革重点工作的意见》,提出要抓紧实施户籍制度改革,落实放宽户口迁移政策,完善配套措施,建立城乡统一的户口登记制度。在良好的政策环境下,农村剩余劳动力外出务工的人数不断增加。根据国家统计局发布的《2013年全国农民工监测调查报告》,2013年全国农民工总量26894万人,其中外出农民工达到16610万人。

(二) 劳动力流动的规模和地区特征

目前我国农村剩余劳动力的转移主要有两种模式,包括"离土不离乡,进厂不进城"的就地转移模式和"离土又离乡"的异地转移模式。改革开放初期到20世纪80年代末期主要是就地转移模式,通过发展以乡镇企业为主体的农村经济,实现在本地域内的非农产业中就业和剩余劳动力的就地转移;90年代以来则主要是异地转移模式,表现为声势浩大的"民工潮"。

改革开放前30年,由于传统户籍制度障碍尚未完全破除,非正式迁移的实际和预期收益比永久性迁移要高,因而非正式迁移就成为广大农村人口实现向城市迁移的首选路径。根据杨云彦(2003)的测算,1993年非正式流动人口数量首次超过了永久性迁移的规模,1999年的非正式流动则占到了总迁移流动人口的三分之二,2000年更是达到了70%。人口普查数据也显示,1982年的人口普查中处于"人户分离"的非正式流动人口数为657.5万人,1990年这一数据上升至2169.9万人,2000年非正式流动人口数已达1.44亿人,占总人口的11.62%。根据《2013年全国农民工监测调查报告》,2013年全国农民工总量2.6894亿人,其中外出农民工(指在户籍所在乡镇地域外从业的农民工)1.661亿人。作为城乡改革的重要成果,也是最富有中国特色的二元经济发展过程,农村劳动力跨地区转移成为越来越重要的现象,是就业非农化的主渠道。特别是进入21世纪以来,中央和地方政府在户籍制度、流动人口子女受教育机会、劳动者权益等方面为劳动力流动就业创造着更好的条件,进一步推动了这个过程(蔡昉,2007)。

据第四次、第五次人口普查和2005年全国1%人口抽样调查的跨省迁移劳动年龄人口数据,大致推算得到的1990年劳动力跨省流动的规模是1047万人,2000年是3972万人,2005年是4270万人。根据《2013年全国农民工监测调查报告》,2013年跨省流动的劳动力数量为7739万人。从流入地构成来看,东部地区一直是我国跨省流动人口迁入的首选之地。1987

年东部地区迁入人口占全国跨省流动人口的52%,2005年全国有84%的跨省流动人口流入东部地区。根据《2009年农民工监测调查报告》,2009年东部地区的外地农民工为9076万人,占全国外出农民工人数的62.5%;根据《2013年全国农民工监测调查报告》,东部地区跨省流出农民工882万人,72.6%仍在东部地区省际间流动;中部地区跨省流出农民工4017万人,89.9%流向东部地区;西部地区跨省流出农民工2840万人,82.7%流向东部地区。在跨省流动农民工中,流向东部地区6602万人,占85.3%;流向中西部地区1068万人,占13.8%。

具体来看,流入东部地区的人口主要集中在包含广东全境的珠江三角洲地区以及包含江、浙两省全境及上海市的泛长江三角洲地区。第五次人口普查数据的推算显示,这两个三角洲吸纳的跨地区流动人口占整个东部地区吸纳的跨地区迁入人口的比重高达78%。从流出地构成来看,中西部地区是跨省流动人口的主要流出地。从人口普查和抽样调查的数据可得到,1985—1990年跨省流动人口的规模还较小,东部、中部、西部地区流出省外的人口规模差不多,分别占33%、31%、34%,但中西部是人口净流出地区,而东部是人口净流入地区。1987—2005年,中部地区跨省流动人口中流入东部地区的比重由61%上升到近90%,而西部地区也由44%上升到80%。具体来看,中部地区的安徽、江西、河南、湖北、湖南,西部地区的广西、重庆和四川是劳务输出大省,这8个省流出的跨省就业人口占全国的65%。我国的区际劳动力转移呈现出以中西部地区流出为主,集中在东部地区就业的格局。而从东部地区流向中西部地区的人口比重在不断萎缩。这与20世纪80年代东部地区跨省流动人口更倾向于流入中部地区形成明显反差。① 2000年人口普查表数据显示,1995—2000年,东部地区迁入人口产业构成特征是以第二产业为主(74%)、第三产业为辅(19%),而中西部迁入人口最集中的行业是农、林、牧、渔业及批发和零售贸易餐饮业,制造业次之。这种差异归根结底是东部与中西部经济结构差异,东部地区的加工贸易活动以及由此引起东部与中西部对劳动力需求差异引起的。农业部

---

① 彭连清:《区际劳动力流动对东部地区经济增长贡献的实证分析》,《宏观经济研究》2008年第12期。

2005 年的调查表明,在全国第二产业就业人员中农民工已占 57%,其中加工制造业占 68%。21 世纪以来,中国的城市化推进速度明显加快,农民进城数量也在不断增加。根据《2013 年全国农民工监测调查报告》,56.8% 的农民工在第二产业就业,42.6% 的农民工在第三产业就业。外出农民工中有 61.8% 在第二产业就业,本地农民工中有 48.6% 在第三产业就业。这些农民工正在从农民中分离出来,融入产业工人阶层,成为产业工人的主体部分。

第三节 对外贸易与劳动力要素
流动关系的理论分析

一、对外贸易发展的一般性规律

对外贸易是一国要素结构、产业结构、技术水平、国际竞争能力以及在全球产业链中分工和全球价值链中地位的综合反映。根据现有国际贸易理论和实际经济现象,一国对外贸易的发展按照贸易动力和贸易结构的不同一般会经历三个阶段①:

在第一阶段,出口国主要利用自身丰富的自然资源和充裕的劳动力作为比较优势,出口劳动密集型和资本密集型产品,其贸易动力为静态比较优势。静态比较优势是指一个国家基于本国生产要素禀赋的差异和比较优势,在对外贸易中选择利用本国丰裕且价格相对低廉的生产要素进行对外贸易。其中,比较优势理论由经济学家李嘉图提出,其思想是“两优取其重,两劣择其轻”,认为只要世界各国生产成本存在差异就可以进行贸易,每个国家出口比较成本低的产品,进口比较成本高的产品。其后,经济学家俄林和赫克歇尔从要素禀赋角度改进了比较优势理论,提出要素禀赋理论,认为世界各国在多种生产要素禀赋包括资本、土地、劳动、企业家才能等方面的差异,使得各国间产品成本不同,产生了国际贸易。

---

① 尹希果、印国樱、李后建:《国际贸易对就业影响研究评述》,《经济学动态》2009 年第 8 期。

　　发展中国家相对发达国家而言,在技术、资金方面相对短缺,但其劳动力相对充裕且劳动力要素价格低廉,这种生产要素禀赋的差异决定了发展中国家主要通过劳动力成本优势和自然资源优势进行对外贸易,出口劳动密集型和资本密集型产品。但需要注意的是,静态比较优势有很大的局限性和不可持续性。如果一国一味地按照静态比较优势进行对外贸易,会处在国际分工和全球价值链的劣势位置,且贸易利得不断恶化,在丧失静态比较优势即人口红利用尽、自然资源干涸后,会被全球分工体系边缘化,陷入"比较优势陷阱"。

　　在第二阶段,出口国通过与发达国家企业合作分工吸收技术外溢,提升贸易产品的技术含量和质量档次,其贸易优势由自然禀赋转换为技术要素优势,出口技术密集型和资本密集型产品,其贸易动力为动态比较优势。动态比较优势是指一国通过对外贸易改变自身生产要素的数量和结构,进而对国际贸易产生影响。根据罗伯津斯基定理,当商品价格不变时,某种生产要素的增长将使密集使用这个要素的生产部门的产出绝对增加,而较少使用这种要素的生产部门的产出绝对减少,即一国可以通过要素的内部积累改变原有的静态比较优势从而对国际贸易产生影响。

　　发展中国家可以通过对发达国家产品的模仿实现技术积累和资本积累,进而出口技术密集型和资本密集型产品。但需要注意的是,发展中国家对外贸易的动力从静态比较优势向动态比较优势切换时会面临很大的困难。因为根据动态比较优势理论,发展中国家对外贸易动力切换的前提是资本要素和技术要素积累速度要大于发达国家,而劳动力要素积累速度小于发达国家时才能实现。但是新技术一般首先在发达国家产生和运用,进而发展中国家通过吸收技术溢出和模仿学习获得,这种情况下发展中国家在技术上很难积累优势超越发达国家,使得发展中国家的贸易结构相对于自身可以不断优化,但相对于发达国家则很难出现赶超和逆转,依旧被锁定在全球产业链和价值链的低端位置。

　　在第三阶段,出口国已经在产品技术和工艺水平上接近或达到国际前沿标准,具备独立完成和控制从产品的设计开发到生产制造再到全球销售整个产业链的能力,出口以自主品牌产品为主,其贸易动力为内生比较优势。内生比较优势认为,技术进步是转换贸易结构获得贸易利得的重要因素,应该通过内生性的技术进步,提高生产要素的劳动生产率,实现对外贸易动力转换。

如果发展中国家通过一系列鼓励技术创新措施获得了技术的内生性进步,将大大提高劳动密集型行业和资本密集型行业的全要素生产率,抵消在资本要素禀赋方面的劣势,同时出口高质量的劳动密集型产品和资本密集型产品,同时还可以实现高新技术产品的出口。此时,该国可以独立进行技术创新、产品设计开发和生产制造,通过建立自主品牌将产品竞争优势体现在非价格层面上,获得品牌和技术垄断利润。

以上是一国对外贸易要经历的三个阶段,但在现实中,这三个阶段常常出现交错发展的情况。在某一时期,一国对外贸易中的一些产业贸易动力为静态比较优势,而另一些产业则为动态比较优势,同时少数技术先进产业已经具备内生比较优势。以我国为例,当前我国对外贸易的主要动力还是廉价的劳动力比较优势,主要体现为纺织、服装产品的出口。但同时通过技术吸收,我国在电子信息、机械产品方面也具有了动态比较优势,主要体现为电子产品、机械产品的出口。而我国航空航天产品和服务的对外贸易,则是内生比较优势的一种表现。

二、劳动力要素流动的一般规律

生产要素的合理流动是经济增长的动力之一,劳动力要素流动是以满足就业机会和区域发展需要的人力资本再配置问题。马克思认为,劳动力是人力资本的基本内涵,是人体中存在的、每当生产某种使用价值时就运用的体力和智力之和。世界各国在经济发展过程中,通常会伴随着农业部门劳动力向工业部门转移和农村人口向城市迁移的普遍性规律,学术界将这些规律总结为工业化和城市化,主要表现为农村剩余劳动力向城市转移。当前,对劳动力要素流动一般规律的研究主要分为结构主义方法和新古典主义方法两大类。①

(一) 结构主义方法
其核心假设为发展中国家普遍存在价格刚性、资本不足、劳动力过剩等

---

① 郝团虎:《制度、人力资本与中国农村剩余劳动力转移》,西北大学 2012 年博士学位论文。

经济特征,理论模型主要包括刘易斯模型、费景汉-拉尼斯模型、乔根森模型和双重劳动力市场理论等。其中,刘易斯无限劳动力供给理论认为随着城市现代工业部门劳动生产率的提升,该部分的劳动者工资也会上升。而传统农业部门受制于土地要素,劳动生产率会因为土地边际收益递减而下降,该部门的劳动者收入会不变或下降。如果劳动力可以自由地在农业部门和工业部门流动,则农村劳动力会进入工业部门。假设工业部门劳动力市场是充分竞争的,在均衡状态下,农业部门的收入应等于工业部门工资,即工业部门能在很低的工资水平下从农业部门获得充足的劳动力供给,直到农业部门劳动力出现稀缺,工业部门对劳动力的需求才会引起工资上涨。但是,刘易斯模型忽视了农业资本积累,现实中很多国家经济的快速发展都是源于农业提供的大量工业原料、劳动力和资本积累。

费景汉-拉尼斯模型对刘易斯模型的这个缺陷做了修正,更加重视农业对工业的推动效应,把工业部门生产和农业部门生产联系起来,将劳动力要素转移划分为三个阶段:农村显性失业,农业部门和工业部门劳动生产率均不变阶段;农业劳动生产率变动低于工业部门,农村劳动力流失,农业减产,粮价和工业部门工资上涨阶段;农业商业化,劳动力市场化阶段。

其后,乔根森模型从消费结构的角度解释了劳动力转移的动因,认为技术进步导致的农业剩余是劳动力转移的基础,而消费结构的变动是劳动力转移的直接原因。因为相对于农产品需求,消费者对工业品的需求是无限的,需求的拉动使得工业部门的工资高于农业部门,进而促使劳动力跨部门流动。但乔根森模型无法解释城市失业和农村劳动力向城市转移现象并存的原因。

对此,皮奥里等提出劳动力市场分割理论,认为劳动力市场是异质性的,分为首要劳动力市场和次要劳动力市场。其中,首要劳动力市场部门是资本密集、高效率的主要部门,具有工作报酬较高、工作条件优越、工作相对稳定、有晋升机会等。而次要劳动力市场部门是劳动密集、低效率的次要部门,其特点是工作要求简单、报酬较低、环境差、工作不稳定、缺少晋升机会等。受制于自身条件限制,从农业部门流入工业部门的劳动者更多的是在次要市场部门工作,从而合理地解释了城市失业和农村劳动力向城市转移并存的现象。

（二）新古典主义方法

新古典主义更注重用工资差距、预期净收益、效用最大化等市场调节机制解释劳动力要素转移现象。主要理论有舒尔茨的迁移理论、托达罗的预期收入理论、新家庭经济理论等。其中，舒尔茨的迁移理论认为，人口从农村向城市的转移由成本收益决定，其中转移成本包括转移过程中的直接成本和机会成本以及适应新环境的心理成本，而转移收益为拥有更好的工作和更高的收入。托达罗的预期收入理论认为农业部门的劳动力很少能直接进入城市工业部门，而只是在城市中从事简单劳动和服务，同时使得城市失业更严重。新家庭经济理论的转移模型则将家庭作为分析对象，指出农村劳动力转移是为了实现家庭收入的最大化和风险的最小化，农村和城市中的社会保障制度和收入分配制度不平等本身会导致诱发迁移行为。迁移理论认为农业在发展中国家非常重要，充足的国内粮食供应是政局稳定的基础，农业增长要快于人口增长。发展中国家应该努力寻求工业部门和农业部门发展的平衡，在注重工业发展的同时保障食品供给。

综上所述，结构主义方法强调社会结构失衡和制度的部门间和区域间差异对劳动力转移的影响，从宏观经济结构的变化角度认为劳动力从农村向城市、从农业部门向工业部门转移是一国经济工业化、城市化的必然结果。而新古典主义强调个体和家庭利益的最大化，从微观个体角度认为利益最大化引导了劳动力要素的自由流动，且这种流动会提高要素配置的效率。但是二者均认可在一国经济发展过程中，劳动力从农村向城市流动、从农业部门向工业部门流动这一劳动力要素流动的一般性规律。现实中影响劳动力流动的因素很多，主要包括收入、生活成本、就业结构、城市化水平、文化设施、社会地位等，这些因素在区域之间的差别越大，人力资本流动性也就越高。

三、对外贸易对劳动力要素流动的影响

（一）对外贸易、就业效应与劳动力要素流动

早在 1776 年，亚当·斯密就在其"剩余产品出口"学说中提出对外贸易可以增加落后国家劳动力的就业机会，进而经济将因劳动力及其他闲置资源的投入增加而增长。他指出，虽然对外贸易会使一国部分产业萎缩，形成大量失业，但失业工人可以很容易地从一种制造业转移到另一种制造业，

进而形成劳动力的跨行业流动。其后，以要素禀赋理论和生产要素价格均等化趋势为基础的赫克歇尔—俄林—萨缪尔森理论也解释了国际贸易与就业的关系，认为由于要素禀赋不同，发达国家在资本、技术方面相对丰裕，而劳动力成本相对较高，所以在国际分工中主要生产资本密集型和技术密集型产品和服务。而发展中国家相对廉价的劳动力成本是其优势要素禀赋，所以生产劳动密集型和资源密集型产品及服务进行对外贸易。由于存在生产要素价格均等化趋势，发达国家工人的收入会降低而发展中国家工人的收入会提升，进而增加就业。但是，值得注意的是，由于发展中国家普遍存在非熟练劳动力无限供给的现象，就业的增加主要偏向于非熟练劳动力工作岗位。凯恩斯一般就业理论则分析了对外贸易对就业的间接影响，认为对外贸易通过贸易顺差能够增加投资需求进而增加国民收入并提高国内就业。在开放经济中，一国有效需求由内部需求和外部需求共同组成，其中内部需求由投资需求和消费需求构成，外部需求则由对外贸易决定。一国贸易顺差等同于投资，通过投资乘数效应来影响就业，即一国的净出口和投资一样对国内就业和收入具有正向乘数作用。

一般来说，对外贸易通过就业效应影响劳动力要素流动，主要包括以下几个方面：

1. 对外贸易提升了总体就业数量，引发劳动力要素流动

根据比较优势和凯恩斯贸易乘数效应，对发展中国家而言，对外贸易发展特别是出口导向的国际贸易战略有助于在国际市场上凭借劳动力成本优势获得资本—劳动比例低的产品生产分工和出口，进而增加国内就业数量，引发新增劳动力向劳动密集型产业流动。对发达国家而言，由于发达国家就业主要集中于第三产业，加上国内比较成熟完备的劳动力市场和失业保障制度，对外贸易对发达国家劳动力市场影响有限。

2. 对外贸易改变了就业的产业结构，引发劳动力要素流动

就发达国家而言，对外贸易的发展，特别是与发展中国家间或发达国家之间的高技术产业贸易合作，使得高技术产品和高质量产品需求增加，进而增加了对高技术、高素质工人的需求，促进了这部分劳动者的就业，优化了就业结构。部门开放程度越大，该部分高素质人力资本需求越大。同时进口的大量劳动密集型产品对本国相关产业冲击较大，减少了对普通劳动者

的需求,促使本国劳动者从劳动密集型产业向高端产业流动,改变了国内就业结构。就发展中国家而言,对外贸易的发展有助于加快农业就业人口向工业和第三产业流动,加速国内城市化进程。同时,通过引进发达国家先进的生产技术也增加了国内技术工人的就业。

3. 对外贸易改变了就业的性别结构,引发劳动力要素流动

虽然企业出口贸易的增加能够显著地提高整体的就业水平,但这种影响并非中性,在总体上对女性就业呈现显著负向作用。具体表现为对外贸易加剧了低持续度出口企业的就业的性别歧视,使得女性就业困难度增加。同时,主营业务收入相对较低和规模相对较小的出口企业也更乐意招聘女性员工(陈昊等,2013),这导致了女性劳动力在贸易部门和非贸易部门之间发生流动。

就我国而言,对外贸易的发展增加了就业数量,出口加工企业对劳动力需求的不断增加,体现为二元经济结构间的劳动力流动,我国大量农村劳动力源源不断地从农村流入城市工业部门特别是从事加工贸易的出口部门。

(二) 对外贸易、收入效应与劳动力要素流动

在要素禀赋理论模型(H-O)框架下,斯托尔珀-萨缪尔森定理(S-S定理)提供了国际贸易和收入之间关系的理论支柱。在假设完全竞争行业的零利润情形(Zero-Profit Conditions)下讨论产品价格和要素价格(工资收入)之间的关系。认为在开放经济下,如果技术劳动密集型产品相对于非技术劳动密集型产品的价格增加,技术劳动和非技术劳动工资差距就会扩大。这种商品价格超比例转换为要素价格比例的关系被称为扩大效应。

具体而言,对外贸易通过收入效应影响劳动力要素流动,主要包括以下几个方面。

1. 对外贸易提升了出口部门的工资收入水平,引发劳动力要素流动

根据要素禀赋理论和新经济地理理论,国际贸易深化了全球专业化分工,优化了资源配置,开放经济较封闭经济有更高的生产效率,同时提升了全球分工中密集使用要素的报酬,进而使得劳动密集型产品出口部门的工资收入水平提升。就我国而言,主要表现为改革开放后,我国劳动力整体呈

现从中西部地区向出口企业较多的东部地区流动。

2.对外贸易加剧了异质性群体的收入差距,引发劳动力要素流动

主要体现在劳动者素质差异、性别差异。对发达国家而言,大量劳动密集型产品的进口减少了对国内普通劳动力的需求,进而使普通劳动者收入下降。对发展中国家而言,在短期对外贸易增加了普通劳动者收入的同时,由于大量资本和高技术产品的进口减少了对国内高素质劳动力的需求,缩小了两者的收入差距。但长期对外贸易促进了发展中国家的资本升级、技术升级和产品质量升级,增加了对高素质人力资本的需求,进而又将扩大两者的收入差距。

3.对外贸易加剧了城乡收入差距,引发劳动力要素流动

就发展中国家而言,根据 SS 定理,发展中国家主要出口非熟练劳动密集型产品,增加了对非熟练劳动力的需求,为农村劳动力向城市转移创造了更多的非农就业机会,促进了城乡收入差距的缩小。但与此同时,根据新经济地理学理论,随着贸易成本的下降、资本积累、规模收益递增和技术扩散,市场接近效应和生活成本效应带来的产业集聚向心力大于市场拥挤效应的离心力,制造业逐渐形成集聚,形成了制造业与农业的中心—外围产业布局,集聚区域与外围区域的收入差距进一步扩大,引发农村劳动力向城市制造业转移。就我国而言,改革开放后,随着我国对外贸易的不断发展,制造业特别是出口型制造业逐渐在地理位置优越、基础设施完善的东部沿海地区集聚,与中西部农村地区形成了中心—外围产业布局模式,促发了我国农村劳动力的跨区域流动。

4.加工贸易对收入水平和收入差距的影响,引发劳动力要素流动

对外贸易中的加工贸易在提高我国相关行业收入水平的同时,又因不同行业间出口规模、商品结构以及行业特性等方面的差异,致使加工贸易活动对行业收入水平的影响方式和提升程度存在差异,从而导致行业间收入水平的提升速度快慢不一,最终导致行业间收入差距不断拉大,引发劳动力的跨行业流动。同时,区域间在加工贸易上的差距也是导致地区收入差距扩大和区域间劳动力流动的主要原因之一。

（三）对外贸易发展、城镇化效应与劳动力要素流动

一国城镇化进程主要受自身工业和服务业发展程度影响,体现为一个城镇可以为劳动人口提供非农就业机会,同时使劳动者有足够的收入支付在城镇的生活成本。在封闭的经济体系下,城镇化与工业化往往相辅相成。一方面,工业化的发展脱离不开城镇化,如果城镇化跟不上工业化的步伐,工业产品将出现滞销,工业化将停滞;另一方面,城镇化也无法脱离工业化,如果城镇化超前于工业化,就业机会将严重不足,大量失业和非正规就业部门人群的集聚,只能带来城市贫民窟和城市生活的动荡。但在开放经济中,如果存在劳动力无限供给,城市部门的工业企业可以利用低廉的农村转移劳动力成本扩大生产,发展规模经济,将产品和服务销往国外,维持工业化持续快速发展和城镇化暂时缓慢提升的不同步。大量农村剩余劳动力的存在以及外部需求,共同导致一国出现滞后城镇化的现象。①

世界范围内城镇化滞后的国家,在工业化过程中往往具有明显的出口导向型经济的特征。由于存在大量农村剩余劳动力,这些国家在工业化进程中,试图通过外部需求来带动本国经济的发展,其出口产品往往呈劳动密集型,多以低附加值的农产品、原料、半成品或加工贸易为主,处于全球产业链价值增值的低端。城镇化与工业化同步完成的国家,不存在大量农村剩余劳动力,其广阔的国内市场在高关税保护下,使得工业化进程中的贸易收支相对较为均衡,比较典型的是在西部开发中崛起的美国经济。城市人口增长速度超过工业化速度,即过度城镇化或城镇化超前,由于缺乏物质生产和就业基础以及政府财政入不敷出,往往会导致城镇化泡沫甚至危机。超前城镇化的国家兼有出口初级产品和进口制成品的经济特征。

在开放经济条件下,存在剩余劳动力的国家可以利用本国廉价劳动力和外国商品市场,加快工业化进程并带动城镇化发展。在先发国家出现"刘易斯拐点"之前,由于本国工人的平均工资水平较低,工业产品价格较低,刺激了外部需求和规模经济增长,故本国工业化获得快速发展。但这一阶段本国农村转移劳动力的工资相对较低,无法满足城市定居所需,故城镇

---

① 倪鹏飞、颜银根、张安全:《城市化滞后之谜:基于国际贸易的解释》,《中国社会科学》2014 年第 7 期。

化发展缓慢,城镇化滞后越发明显。而当先发国家越过"刘易斯拐点"之后,其工人平均工资水平攀升,国内市场需求增加,工业化继续推进,城市化发展较为迅速,先发国家的城镇化逐步赶上工业化。拥有大量剩余劳动力的后发国家开启工业化进程并带动城镇化发展,遵循先发国家的发展路径。当两国城镇化都追赶上它们的工业化水平之后,两国的贸易收支将再次平衡。

就我国而言,一方面,低成本的劳动力和出口导向拓展的国际市场,使工业化以前所未有的速度推进,这势必导致贸易顺差和城镇化滞后并存。但是,当工业规模足够大时,劳动力将出现短缺,随着"刘易斯拐点"的到来,工资增加使得越来越多的农村剩余劳动力在城市生活成为可能,城镇化与工业化的差距将逐步缩小。另一方面,如果城镇化过于快速地增长,也有可能造成过度城镇化,相对滞后的工业化可能造成更多的失业,引发劳动力从农村向城市的过度转移。

四、劳动力要素流动对贸易发展的影响

综上所述,劳动力要素的流动一般是从落后地区向富裕地区、从低收入部门向高收入部门、从农村向城市的流动,在流动过程中,无论是主观还是客观,劳动力要素自身的质量都会得到不同程度的提升,也就是说,劳动力要素的人力资本积累会得到不断的优化和改进。而人力资本的积累又将提升企业生产率,推动一国的产业升级和经济发展,进而对贸易产生重要的影响。

生产率反映企业的生产能力,是衡量一国贸易竞争力的重要指标。现代经济发展过程中,科学知识、技术创新起到越来越重要的作用,劳动力质量的提高和人力资本的积累对经济发展有着不可忽视的影响已是事实。劳动力通过接受教育,使自身的知识技能水平得到提升,从而在工作中比普通劳动力具有更高的生产能力和劳动效率。然而,生产要素往往不是单独发挥作用,而是相互依赖和促进的。企业在综合管理、资本利用、技术创新等过程中,都需要人的知识和技能。尤其是知识经济的到来,资本及其他任何要素的作用更加依赖于人力资本的水平,越来越显示出人力资本在生产中的决定性要素功能。只有充分挖掘人的潜力,不断提高劳动者的综合素质,

才能充分发挥教育的杠杆作用和其他各种资源的使用效率,使一国的对外竞争力得到有效提高。

人力资本投入增加能够促进技术水平的提高,技术水平的提高又对人力资本提出更高的需求和依赖,形成良性循环,推动产业结构从低级到高级的不断优化。新增长理论也认为,在经济发展的前期,物质资本增长对经济贡献大,而在中后期,经济增长主要由人力资本推动。同时,人力资本的发展有利于促进社会人口文化素质水平的提高,能够给社会整体发展带来有益的作用。随着知识的传播和运用,企业的生产效率将得以提高,技术水平将得以进步,管理水平将得以加强,社会制度将更加完善,人民生活将更加和谐。整个社会的向前发展必然带动国家对外竞争力水平的提升。例如,高效率的生产水平和良好的制度环境将吸引更多的跨国投资;技术进步和产业升级将优化出口产品的结构,增加出口产品的附加值等。

此外,劳动力要素的区域集聚和产业集聚是一国产业结构升级的重要支撑。因为劳动力要素流动将改变区域间劳动力数量和人力资本结构,并影响地区人口密度,改变产业发展所需的要素环境和市场条件,进而影响产业结构升级。具体而言,劳动力要素流动主要从三个方面影响产业结构的升级。

(一) 劳动力供给总量的变化影响产业发展的要素基础

跨区域和产业的劳动力流动会影响地区间劳动力的相对充裕程度,进而造成地区产业劳动力资源约束的差异。劳动力流入的地区,可以提升劳动力在区域产业间的配置效率,提高地区整体的资源利用效率和产业链的延伸。同时,劳动力流动也会通过影响区内劳动力年龄结构而影响产业结构升级速度。不同年龄阶段的劳动力在就业选择、创新能力及消费偏好上均有较大差异。一般而言,青年劳动力接受新鲜事物速度更快,对新职业适应能力更强,对新兴行业的认可度更高,消费比重也要高于中老年人。所以,青年劳动力的流入和集聚更有利于产业结构升级。

(二) 人力资本集聚水平影响产业创新的升级进程

人力资本对产业结构的升级速度、方向和效果有重要影响,高素质劳动力通过技能优势和正向外部效应促进产业结构升级。高素质劳动力是产业科技创新的关键支撑,其存量对技术效率提升有积极影响。高素质劳动力

流动将改变地区间和产业间的人力资本总量,导致区域间发展差距变大,进而诱导生产要素的跨区域和跨产业的优化配置,推动高素质劳动力聚集区域的产业结构不断升级。同时,人力资本积累具有强外部性,能够促进产业集聚的协同效应和外溢效应,高素质劳动力向发达地区的集聚会进一步拉大地区间的产业创新能力,进而改变产业分工的总体布局。

(三) 消费者的消费偏好改变影响产业结构的转变

劳动力向城市的流动和集聚主要表现为城镇化过程,必然带来消费偏好的改变。大量研究表明,在城镇化过程中居民消费支出中以食品为代表的基础支出比重下降,而对工业产品和以交通、通信、文教娱乐为代表的现代服务业的支出比重明显上升。消费者消费偏好的改变引致了相关产业结构的转变,进而促进了产业结构升级和贸易结构的变化。

产业结构是贸易结构的基础,两者发展趋势具有一致性,即随着一国产业结构不断升级,该国对外贸易商品结构(主要是出口商品结构)也会由初级部门转向工业制成品部门,贸易结构趋于优化。产业结构对对外贸易商品结构的影响主要包括以下几个途径:(1)通过产品生产途径影响对外贸易发展。一国产业结构的升级会带来新产品的生产,使得贸易结构发生变化,具体作用机制为产业结构升级——技术、资本密集型产品生产增加——贸易结构优化。(2)通过竞争力影响对外贸易发展。产业竞争力与产业结构的变动趋势具有一致性,而对外贸易的结构主要由该国在国际贸易中表现出来的竞争优势来决定。所以,产业结构可以通过竞争优势来影响对外贸易发展,具体作用机制为产业结构升级——国际竞争力加强——对外贸易商品结构优化。(3)通过国际产业转移影响对外贸易发展。在开放经济下,一国或地区产业结构开放程度越高,则与他国的产业结构关联程度越强。发达国家通过产业转移改变发展中国家产业结构,进而影响其对外贸易发展。具体作用机制为产业结构开放——承接发达国家产业转移——产业结构升级—对外贸易结构优化。

在全球化背景下,国际劳动力流动特别是高素质人力资本的国际间流动越来越频繁,人数和广度呈现空前扩大的趋势,对流出国与接受国的经济发展和贸易发展产生重大影响。现代的国际劳动力流动多为受过良好教育、具有较高科学文化素质的高素质人力资本。他们会充分利用自身优势捕捉流出国与接受国间的贸易机会,促进双边贸易。现有文献表明,移民网络在国际贸易中发挥着积极的促进作用。具体主要表现为三个方面:一是国际劳动力的流出促进了接受国对流出国产品的需求。国际移民将固有的消费模式和对本国产品的消费偏好带入流入国,直接扩大了对流出国产品的需求。二是国际劳动力的流动使得国际贸易交易成本下降,促进了国际贸易的发展。由于国际移民能够熟练地掌握与运用流出国和流入国的不同语言,熟悉流出国和流入国居民的生活方式、消费偏好和市场需求具有信息优势,比较熟悉国内外的政治、经济、法律、文化和贸易规则,并在流出国和流入国拥有人际关系网,所以国际移民能够降低国际贸易的交易费用,促进双边贸易发展。三是大量的海外移民往往能影响流入国政府对流出国的贸易政策,使流入国的贸易政策朝着有利于流出国经济的方向发展。四是大量高素质劳动力的流入会通过技术溢出效应推动流入国对外贸易的产品结构升级。①

第四节　对外贸易与劳动力要素流动关系的实证检验

在这一节,我们将通过构建扩展的信号显示模型,阐述出口贸易劳动力流动效应的实现基础,并利用 2000—2011 年中国分行业劳动力数据,实证检验我国出口贸易规模与劳动力流动方向和水平之间的关系,并进一步探讨出口贸易的劳动力流动效应。

一、扩展的文凭信号显示模型

文凭信号显示模型由斯潘斯(Spence,1974)提出,目的是解释个人受教育程度在就业应聘中的作用。本部分在文凭信号显示模型的基础上,将劳动力对企业的贡献函数化,提出略微扩展后的框架,为后面的实证工作奠定基础。

---

① 任增强:《人力资本国际流动的动因及效应研究》,东北师范大学 2012 年博士学位论文。

企业的生产函数假定为：$y = \sigma h^\gamma \bar{\alpha}$，由于 $\dfrac{\partial y}{\partial \alpha} = \sigma h^\gamma > 0$。显然，高学历劳动者对企业的贡献更大，这一点对内销企业和出口企业都成立。企业分别愿意对高、低技能劳动力支付 w_H、w_L 的工资。理论上说，企业能够通过观察招聘后员工的工作贡献来给予差异化的工资，但是工资政策必须在招聘前制定并较难随时改变，因而企业设立工资政策只能基于事先的筛选。由于内销企业不设立筛选门槛，因而其能够招聘到的员工技能分布与社会技能分布相同。能力低的劳动者获得学历的成本为 $C(e) = e$，能力高的劳动者获得学历的成本为 $C(e) = \kappa e$，显然 $0 < \kappa < 1$，因为能力强的人获得学历的难度显然更低。

假定企业设立一个合适的教育门槛水平 e^*，如果 e^* 具有识别劳动力能力高低的作用，则必须满足：

条件 1：如果劳动者学历 $e < e^*$，则表明此人能力低，企业应该付给其工资 w_L；

条件 2：如果劳动者学历 $e \geqslant e^*$，则表明此人能力高，企业应该付给其工资 w_H。

基于以上工资政策，劳动者对学历的追求实际上只有两种：

选择 1：$e = 1$，即选择社会最低学历。因为只要 $e < e^*$，就只能获得 w_L，追求 $1 < e < e^*$ 没有意义；

选择 2：$e = e^*$，即选择门槛学历。因为只要 $e \geqslant e^*$，就能够获得 w_H，追求 $e > e^*$ 没有意义。

门槛水平设立的合理性必须满足：真正技能水平高的人选择 $e = e^*$，收益大于选择 $e = 1$；真正技能水平低的人选择 $e = 1$，收益大于选择 $e = e^*$，也即必须满足以下约束：

$$
\begin{aligned}
& w_H - \mu e^* > w_L - \kappa \times 1 \\
& w_L - 1 > w_H - e^* \\
& 0 < \kappa < 1
\end{aligned}
\tag{1-1}
$$

$$
\Rightarrow w_H - w_L + 1 < e^* < \frac{w_H - w_L}{\kappa} + 1
\tag{1-2}
$$

这是内销企业设立的教育门槛需要满足的条件。由于出口企业设立了

$e = \psi$ 的筛选门槛,因而学历低于 ψ 的劳动者无法被出口企业招聘。在此基础上企业设立一个教育门槛水平 e^*,同样工资政策需要满足式(1-1)和式(1-2)。

进一步假定能够进入出口企业的劳动者按学历划分为两个等级:能力落在 $[\psi, e^*)$ 之间(中等能力)的劳动者获得学历的成本为 $C(e) = \kappa e$;能力落在 $[e^*, \alpha_{max}]$ 之间(高能力)的劳动者获得学历的成本为 $C(e) = \kappa^2 e$。

基于式(1-1)和式(1-2)所描述的工资政策,劳动者也只会追求学历 ψ 或学历 e^*,那么能力落在 $(e^*, \alpha_{max}]$ 之间的高技能劳动力实际上被逆向选择淘汰出去了,即这部分劳动力会主动放弃进入出口企业的工作,这实际上从另一个角度阐述了前文设定 $\alpha'_{max} = \tau\psi$ 的原因:即出口企业筛选制度的实施必然导致社会最高技能劳动力放弃在出口企业工作,但是出口企业至少能够招聘到 ψ 学历的劳动力。于是有:

$$w_H - \kappa^2 e^* > w_L - \kappa^2 \psi$$
$$w_L - \kappa\psi > w_H - \kappa e^* \tag{1-3}$$
$$0 < \kappa < 1$$

$$\Rightarrow \frac{w_H - w_L}{\kappa} + \psi < e^* < \frac{w_H - w_L}{\kappa^2} + \psi \tag{1-4}$$

比较式(1-2)、式(1-4)两式可以发现,满足出口企业最优学历门槛的范围远远小于满足内销企业最优学历门槛的范围,而根本原因在于出口企业的预先筛选机制首先将低技能劳动力排除在外,而要达到出口企业的筛选门槛,就需要具备较高的技能,这最终导致出口强化了学历的信号显示作用。到此为止的研究可以总结为:

命题1:由于出口企业的筛选机制将社会低学历劳动力排除在外,因而出口企业即使和内销企业设置同样的工资政策,其最优学历门槛范围也远远小于内销企业。换言之,企业的出口行为强化了学历的信号显示作用,应聘出口企业劳动者的学历将更为重要。

推论1:出口企业的筛选制度和最优学历门槛的设置,带来社会高技能劳动力的"逆向淘汰",即出口企业往往很难招聘到社会最高和最低技能的劳动力,其招聘中等技能劳动力的学历水平取决于其设立的筛选门槛 ψ。因而出口贸易实际上促进了高学历劳动力向该行业流动。

二、模型选取、数据说明与描述性统计

（一）模型选取

文凭信号显示模型证明了可以使用受教育程度（或学历）来衡量劳动者的能力，因而可以构建如下计量模型，用于初步考察行业层面出口贸易与劳动力流动的关系：

$$proportion_{it} = \alpha_0 + \alpha_1\ln(export_t) + \alpha_2 Y + \alpha_3\ln(investment_{it}) + \alpha_4\ln(GDP_{it}) + \alpha_5\ln(fdi_{it}) + \delta \tag{1-5}$$

其中 i 代表行业，t 代表时间；$investment$、fdi 分别代表分行业的固定资产投资与外商直接投资，与第五章类似，它们往往被认为是行业发展的支持力量，GDP 代表各行业产值；考虑到劳动力的特点，本模型引入代表年龄的控制变量 Y。具体来说，因为完成高中学习的劳动者的年龄一般不能低于 19 岁，所以本节控制 19 岁以下年龄的劳动者比重；出口额（$export_t$）为模型的主要解释变量；δ 与 ε 是随机误差项，$proportion_{it}$ 代表行业的高学历劳动力比重。

需要说明的是，以上方程中的出口为时间序列数据，因而该方程代表的是一个非平衡面板方程。当然，分行业出口额的数据可以通过分产品出口额的数据自行手工统计获得，但是由于很多产品划分标准模糊，手工分类的结果未必优于非平衡面板，好在行业面板分析仅仅是本章研究的起点，而接下来的离散因变量模型回归就不再存在类似问题。

（二）数据说明与描述性统计

本节所使用的数据若未经特殊说明，均来源于《中国人口和就业统计年鉴》《中国劳动统计年鉴》及《国家统计年鉴》。根据扩展的文凭信号显示模型，使用"受教育程度"作为衡量劳动力高学历与否的指标。需要说明的是，本节暂时选用"高中学历"作为划分高学历和低学历劳动力的临界点，原因在于根据劳动经济学常用的"学历四等分"法，高中及以上学历即为理论上的"高学历"，且根据《中国劳动统计年鉴》，2011 年"高中及以上学历"就业人数仅占我国总就业人数的 29.64%，略微超过四分之一。当然，在如今学历贬值现象普遍存在的时期，高中以上学历很难被人们接受为"高学历"，严格来说应该通过提高学历标准进行稳健性检验，但是本节仅对简单

的非平衡面板进行回归,所得结论也只是初步的,因而本书暂不使用更为复杂的学历稳健性检验,而是专注于考察出口贸易的劳动力流动效应。

对 2000—2011 年分行业高学历劳动力比重数据进行描述性统计见表1-2,其中偏度和峰度用来刻画数据变化趋势与正态分布的差异程度。如果仅从较为粗略的角度来看,我们传统意义上认定的"高技术行业"往往比"低技术行业"的高学历劳动力比重高,如农、林、牧、渔业和建筑业的高学历劳动力比重远远低于教育和公共管理等,可见劳动力市场的配置是趋于合理化的,"高技术行业"更加需要高学历劳动力,且确实拥有更高比重的高学历劳动力。但是从单个行业来看,一些一般意义上的"高技术行业",如租赁和商务服务业、水利环境和公共设施管理业的高学历劳动力比重就没有占据绝对优势,而在居民服务和其他服务业里,甚至出现了低学历劳动力比重绝对高于高学历劳动力比重的情况。

表 1-2　2000—2011 年分行业高学历劳动力比重的描述统计（单位:%）

行业	均值	方差	偏度	峰度
农、林、牧、渔业	5.47	0.33	1.07	2.55
采矿业	28.25	3.14	−1.66	3.01
制造业	29.67	1.04	−0.79	2.03
电、气、水生产供应业	63.28	3.44	−1.29	2.35
建筑业	21.07	1.17	1.33	1.59
交通运输、仓储、邮政业	36.70	1.74	−0.85	1.66
批发和零售业	38.40	2.44	−0.83	2.67
住宿和餐饮业	28.98	1.42	−0.68	2.23
信息传输、计算机服务和软件业	79.85	1.77	−0.38	2.04
金融业	87.55	8.89	−1.96	3.73
房地产业	65.11	5.28	0.71	2.35
租赁和商务服务业	58.54	10.36	−1.07	2.99
科学研究、技术服务与地质勘查	81.87	1.92	0.27	1.89
水利、环境和公共设施管理业	52.28	7.23	0.92	2.65

续表

行业	均值	方差	偏度	峰度
居民服务和其他服务业	23.24	2.07	0.39	2.47
教育	90.01	1.78	0.88	2.59
卫生、社会保障和社会福利业	80.17	1.59	-0.77	2.43
文化、体育和娱乐业	69.92	3.14	0.38	2.22
公共管理和社会组织	86.97	1.82	0.89	2.53

数据来源:根据《中国劳动统计年鉴》整理。

三、出口贸易的劳动力流动效应

(一) 出口贸易劳动力流动效应的 POLS 回归

本节首先报告模型估计的选择依据。模型估计中没有包含对变系数模型回归方程进行的讨论,主要原因在于进行变系数模型检验的前提条件不足。根据数据的可获得性,2000—2011 年的时间跨度只有 12 年,采取变系数模型会导致对单个行业的系数讨论存在严重的信息不足状况,因而为了保证估计结果的一致性,本节将变系数模型的讨论排除在外。其实这种排除也具备经济学上的意义:行业之间虽然存在差别,但是促进不同行业劳动力流出或流入的机制应该是大体类似的,影响不同行业劳动力流动方向的因素也是基本一致的,即使存在些微差别,还不足以体现在宏观层面的行业数据上,因而在作为初步回归的行业面板模型中,不进行变系数模型回归同样具备经济含义上的理由。

表 1-3　出口贸易与高学历劳动力流动:POLS(Hauseman 检验 p=0.0174)

参数	Y=0	Y=年龄(19 岁以下劳动力比重)		
		(1)	(2)	(3)
α_0	36.25*** (1.19)	66.58*** (4.56)	53.54*** (1.07)	49.28*** (3.22)
α_1	0.44*** (0.15)	0.14*** (0.01)	0.18** (0.09)	0.23*** (0.01)
α_2		-7.39*** (0.69)	-0.68*** (0.07)	-0.28*** (0.05)

续表

参数	Y = 0	Y＝年龄（19 岁以下劳动力比重）		
		（1）	（2）	（3）
α_3	−0.75 ** (0.28)	−0.17 *** (0.06)	−0.24 *** (0.06)	−0.07 *** (0.01)
α_4	0.16 *** (0.05)	−0.42 *** (0.14)	0.39 *** (0.11)	0.13 ** (0.05)
α_5	−0.03 (0.07)	0.08 (0.09)	−0.04 (0.04)	0.06 (0.11)
Prob（F−stat）	0	0	0	0

注:括号中为标准误差,***、**、*分别表示在 1%、5%和 10%的水平上显著。第二列是没有控制变量的情形,第三列是控制年龄。第(1)、(2)、(3)列分别代表固定效果的三种模型①。

表 1-3 报告了出口贸易与高学历劳动力流动的 POLS 回归分析结果。从回归结果看,出口贸易对高学历劳动力的比重呈显著正向影响(见表 1-3 第 3 行),即出口额每增加 1%,行业高学历劳动力比重增加 0.2%左右。行业出口水平提高会促使高学历劳动力流入该行业,这是毋庸置疑的。出现如上所述的回归结果,可能有两个原因:第一,国际市场相对国内市场而言,进入成本更高,竞争更激烈,风险更大,因此行业出口规模增加往往意味着行业更具有实力和竞争力,这样的行业也更有可能提供更理想的工资,因此能够吸引高学历劳动力流入该行业;第二,出口额增加意味着企业拥有更广阔的国际市场,也就可能获得更多的发展机遇,能够使准备选择进入该行业的劳动者对企业未来的发展和自己获得的利益产生更高的预期,从而吸引高学历劳动力流入该行业。

通过以上分析,可以认为出口水平的提高会促进高学历劳动力向该行业流动,但是并不能够证明出口的增加确实是高学历劳动力流动到该行业的格兰杰原因,因而进一步进行因果检验是必要的。格兰杰因果关系检验表明,在 19 个行业中,有 11 个行业的出口水平增加确实是高学历劳动力流入的格兰杰原因,另外 8 个行业的出口水平增加则与高学历劳动力流动无

———————

① 即加权不变系数模型、加权变截距模型、不加权变截距模型。加入控制变量,为了起到比较作用,且尚未确定控制变量是否显著影响因变量时,采取 Hauseman 检验结果基础上的不同模型类型分别检验对比,将更为严谨。

因果关系。值得一提的是,传统的高技术行业基本都通过了格兰杰因果关系检验,可见对高技术行业而言,如果其能够进一步扩大出口规模,深化国际合作,进军国际市场,应该能够进一步提高该行业高学历劳动力的比重。

(二) 离散因变量模型:对劳动力是否流动的考察

如前所述,虽然我们已经严格考察了出口贸易与劳动力流动之间的线性关系,且发现行业出口贸易规模的提高会促使高学历劳动力流入,但仍有一个前提问题未及阐述。由于衡量劳动力流动采用的是"结果导向"的方法,即通过观察劳动力已经完成流动后的就业配置状态来推测劳动力的流动方向与规模,因而自然而然地担心是"劳动力是否真的流动了",这是保证上一节所得结论成立所必须回答的问题。本节将通过构建离散因变量模型(严格来说就是二元选择模型)分析劳动力流动的概率将受到何种因素多大程度的影响,如果解释变量与考察出口贸易和劳动力流动的线性关系时所用的解释变量基本契合,且足以保证积极影响流动概率,就能够证明劳动力确实由于出口贸易规模的变化而发生了流动。

我们使用二元选择模型的原因是被解释变量设定为 0 和 1 两种情形,如果劳动力流动,则设为 1;反之设为 0。根据附录 2 所报告的格兰杰因果关系检验结论,可以认为如果出口贸易确实是劳动力流动的格兰杰原因,那么该行业就设为 1;反之为 0。

常用的二元选择模型主要有 Probit 模型、Logit 模型和 Extrem 模型三种,虽然至今为止的研究并没有证据证明哪种模型显著优于其他,但是三种模型的特点各不相同。Logit 模型是最早也是应用最广泛的离散因变量模型,由卢斯(Luce,1959)根据 IIA 特性首次推导得出,而后马沙克(Marschark,1960)在卢斯研究的基础上进一步证明了 Logit 模型与最大化效用理论的一致性,这就完全将 Logit 模型与经济学基本理论结合起来了。此后 Logit 模型在社会学、心理学、交通领域尤其是经济学方面得到了广泛的应用,并衍生出了其他离散选择模型,如 Probit 模型、NL 模型(Nest Logit Model)、Mixed Logit 模型等,最终促成完整的离散选择模型体系的形成,因而可以认为 Logit 模型是其他离散因变量模型的基础形式。不仅如此,Logit 模型应用广泛的重要原因还在于其拥有显性形式的概率表达方式,因而较之其他离散因变量模型,Logit 模型的求解最为方便,只要模型的选择集没

有发生变化,那么变量水平发生变动并不会增加计算概率的难度。Probit
模型和 Extrem 模型与 Logit 模型的根本差别在于残差的分布有所不同,
Logit 模型的残差服从逻辑分布,但 Probit 模型和 Extrem 模型的残差则分别
服从正态分布和极值分布。为严谨起见,本节将比较这三种模型的不同回
归结果,但就先验而言,Logit 模型和 Probit 模型显然更加符合所考察问题
的特点。

为此,结合上面的研究结论,在已经控制行业外商直接投资(fdi)、行业
固定资产投资(inv)变量的前提下,重点考察行业就业人员平均工资(inc)
和行业年龄构成($years$)对行业高学历劳动力流动的影响。因而,模型可以
设定为:

$$\mathrm{Probit}(Y_{it}=1)=\beta_0+\beta_1\ln fdi_{it}+\beta_2\ln inv_{it}+\beta_3\ln inc_{it}+\beta_4 years_{it}+\mu_{it}+v_{it}$$

$$\mathrm{Logit}(Y_{it}=1)=\beta_0+\beta_1\ln fdi_{it}+\beta_2\ln inv_{it}+\beta_3\ln inc_{it}+\beta_4 years_{it}+\mu_{it}+v_{it}$$

$$\mathrm{Extrem}(Y_{it}=1)=\beta_0+\beta_1\ln fdi_{it}+\beta_2\ln inv_{it}+\beta_3\ln inc_{it}+\beta_4 years_{it}+\mu_{it}+v_{it}$$

$$(1-6)$$

其中,μ_{it} 代表不随时间改变的不可观测变量,v_{it} 代表回归模型的随机
误差。本节使用 2004—2010 年中国分行业面板数据,其中行业年龄构成依
然使用"19 岁以下劳动力比重"作为衡量标准。

本节工作基于《国家统计年鉴》《中国劳动统计年鉴》和《中国人口和就
业统计年鉴》,基本的研究思路如下:首先,比较三种离散因变量模型
(Logit、Probit 和 Extrem)的回归结果,以选择最为适宜的回归方程。如前所
述,从理论上说,Probit 模型应该更加适宜,但显然还缺乏足够的证据,因而
有必要通过比较回归结果来确定实证中最为理想的模型。在模型建立的初
期,仅仅是通过上面的回归方程确定解释变量的原始形式,但需知并没有充
足的理论和经验证据证明收入水平、外商直接投资、固定资产投资和年龄结
构对劳动力流动概率的影响呈线性,因而在确定离散因变量模型类型的同
时,一个同样重要的工作是确定方程的最终形式。其次,相应的稳健性检验
非常重要,这可以从两个方面来进行:一方面通过对一些相关变量的控制和
放弃控制来观察模型的稳定性,另一方面则对年龄构成变量的衡量标准进
行相应调整,以证明模型的结论不受结构变动的影响。当然所有这些工作

都将基于前面已经确定的模型类型;最后给出本节的实证结论。类型比较
结果见表1-4。

表1-4　劳动力流动的概率模型(类型比较)

解释变量	被解释变量:Probit、Logit、Extrem($Y_{it} = 1$)		
	(1)	(2)	(3)
lnfdi	0.069 (0.060)	0.107 (0.099)	0.069 (0.064)
lninv	−4.028*** (1.222)	−6.634*** (2.071)	−4.911*** (1.599)
lninc	−22.850** (10.846)	−37.329** (17.922)	−28.193** (14.196)
$years$	0.050 (0.074)	0.095 (0.126)	0.074 (0.103)
$(\ln inv_{it})^2$	0.263*** (0.079)	0.435*** (0.133)	0.323*** (0.102)
$(\ln inc_{it})^2$	1.126** (0.535)	1.841** (0.884)	1.394** (0.701)
R-squared	0.184	0.181	0.175
AIC	1.216	1.220	1.228
SC	1.368	1.372	1.380
H-Q 水平	1.278	1.282	1.290
LR 统计量	33.327	32.762	31.729

注:第(1)、(2)、(3)列分别代表 Probit、Logit 和 Extrem 模型的回归列。括号中为标准误差,均保留
　　三位小数,***、**、* 分别表示在 1%、5% 和 10% 的水平上显著。本表和表 1-5 所报告的 R-
　　squared 均为 McFadden R-squared。

从 R-squared 和 AIC-SC 准则值可以很明确地发现,较之 Logit 模型和
Extrem 模型,Probit 模型的回归结果更加理想,这表明,本节所考察的回归
模型,其残差更加符合正态分布。我们首先关注两个非线性影响自变量:固
定资产投资和行业收入水平都对劳动力进行流动的概率影响呈开口向上的
抛物线形式,这表明无论是固定资产投资还是行业收入,随着其水平的增加
劳动力流动的概率先降低后提高。得到这一看似有趣的结论其实并不令人
惊讶:在行业收入和固定资产投资水平提高的初期,其他行业的劳动力大多

并不会马上作出流动的决定,这是由于流动存在摩擦成本和风险,且初期行业收入和固定资产投资水平提高,会促使劳动力形成对行业收入水平进一步提高的预期。但是当行业收入和固定资产投资水平进一步提高后,劳动者就有足够的动机选择流动,且不再预期行业收入会有进一步提高的空间。①

前面的工作已经证明,在三种离散因变量模型中,Probit 模型最符合研究数据的特征,因而接下来的工作将主要基于 Probit 模型展开。基本的思路是,在 Probit 模型进行核心回归基础上,通过控制和放弃控制相关变量进一步考察劳动力流动概率的影响因素,并且通过对年龄变量的调整控制进行稳健性检验。需要说明的是,在对年龄变量进行调整时,选取了年龄在20—24 岁和25—29 岁的劳动力比重作为稳健性检验的参照,这是因为 30岁以下的劳动力基本可以认定为参加工作时间较短的劳动力集合,这与模型描述的正打算流动的劳动力恰处于可竞争关系,应该有可能影响劳动力流动。表 1-5 报告了 Probit 模型回归和稳健性检验的结果,总的来看与表1-4 所报告的结果没有出现显著性或符号逆转。

表 1-5　劳动力流动的概率模型(**Probit**)

解释变量	被解释变量:Probit($Y_{it} = 1$)				
	(1)	(2)	(3)	(4)	(5)
lnfdi		0.085 (0.057)		−0.056 (0.064)	0.002 (0.063)
lninv	−4.436*** (1.204)	−3.935*** (1.205)	−4.456*** (1.198)	−5.913*** (1.484)	−6.324*** (1.585)
lninc	−24.991** (10.730)	−22.855** (10.950)	−26.144** (10.917)	−25.378** (10.866)	−25.304** (11.256)
$years$	0.084 (0.068)			0.162*** (0.043)	0.208*** (0.053)

---

① 这似乎有些类似于宏观经济学中的"流动性陷阱",但是无论何种机制,劳动者对行业发展的良好预期不可能一直持续,因而在行业收入提高到一定程度的时候,就容易出现流动概率的剧增。

续表

解释变量	被解释变量：Probit$(Y_{it}=1)$				
	（1）	（2）	（3）	（4）	（5）
$(\ln inv_{it})^2$	0.292*** (0.077)	0.256*** (0.077)	0.290*** (0.076)	0.399*** (0.098)	0.427*** (0.105)
$(\ln inc_{it})^2$	1.233** (0.529)	1.122** (0.540)	1.284** (0.538)	1.228** (0.537)	1.192** (0.555)
R-squared	0.176	0.182	0.168	0.279	0.302
AIC	1.211	1.204	1.208	1.087	1.056
SC	1.342	1.335	1.316	1.239	1.208
H-Q 水平	1.264	1.257	1.252	1.149	1.118
LR 统计量	31.929	32.865	30.413	50.513	54.631

注：第（1）、（2）、（3）、（4）、（5）列分别代表放弃控制 $years$、放弃控制 $years$、同时放弃控制 fdi 和 $years$、将年龄构成设定为 20—24 岁、将年龄构成设定为 25—29 岁。括号中为标准误差，均保留三位小数，***、**、* 分别表示在 1%、5% 和 10% 的水平上显著。

一般而言，行业固定资产投资是行业发展的内在力量，它较少地依赖行业的发展水平而更多地取决于政府政策。行业 FDI 是促进行业发展的外在力量，它很大程度上取决于行业本身的发展水平和发展潜力，如果外资预期某个行业有较大的发展潜力，必然会更多地进入该行业，而反之则从该行业撤出。对准备进行流动的劳动力来说，行业发展的前景自然是其决策的主要参照，因而相对波动较大的行业 FDI 而言，行业固定资产投资的规模将更能够反映行业的发展潜力，因而自然更加显著地影响劳动力流动的概率。此外，原本并不显著的年龄构成变量，在将年龄构成提高到 20—24 岁和 25—29 岁后变得显著为正，且这一变化还提高了整体模型的拟合优度，降低了 AIC-SC 准则值。这表明在当前中国行业发展的背景下，劳动力流动的目标行业中工作年限不超过 10 年且又有一定经验的"在位者"比重，往往成为劳动力流动决策的重要参考指标，对此可能有如下两种解释：第一，整体劳动力受教育年限的延长带来行业员工平均年龄增加，这内生地提高了更高年龄比重增加劳动力流动概率的可能性，但是这并不是主要原因；第二，更为主要的原因可能是如赫琴斯（Hutchens，1979）所指出的"潜在伙伴"问题。20—29 岁的劳动者在行业中往往正是工作时间尚短但已有一定经验的成员,而这类成员既比较容易与新进入者形成良好关系,又能够为新进入者提供工作上的简单帮助,因而容易被准备流动的劳动者视为目标行业中的"潜在伙伴"。这批劳动者比重越大,劳动力流动的概率自然越高,因而我们所观察到的正向显著情况也就不足为奇了。

现在重新回到表1-5,离散因变量回归的结果证明劳动力确实有流动的动机,也存在流动的概率,因此我们有理由认为出口贸易确实能够促进高学历劳动力流动,而行业固定资产投资和行业收入对高学历劳动力的流动也起到了非线性的先抑制后促进的影响。

第二章　对外贸易影响劳动力要素流动的就业效应

就业是对外贸易与劳动力要素流动关系中的重要一环。从某种意义上来说，就业既可看作是对外贸易影响劳动力要素流动的一个结果，同时也可认为是对外贸易影响劳动力要素流动的一个新的起点，即劳动者从一个就业岗位转换到另一个更具吸引力的就业岗位。在国际贸易理论的发展进程中，贸易对就业的影响始终是学界关注的核心主题之一。贸易自由化和国际贸易发展对就业的影响至关重要，因为对于任何经济发展水平的国家来说，就业水平是整体经济福利的关键决定因素之一，很大程度上决定着一国参与经济全球化的利益所得和政策取向。

本章首先梳理和总结了对外贸易就业效应的主要研究文献，在"筛选—匹配"模型基础上构建了出口贸易就业效应的分析框架，并分别从时间序列、省际层面和企业层面对出口贸易的就业效应进行了实证研究。

第一节　对外贸易就业效应的研究综述

出口贸易就业效应的实现机制可以归纳为两个方面：第一，出口贸易发展作为经济增长的引擎对就业产生促进影响，实质上就是菲利普斯曲线关系（William M.Scarth，2006）向开放条件下扩展的结论，即出口贸易促进经济增长，经济增长带动就业水平提高；第二，出口贸易发展提高了企业的筛选意愿，进而增加劳动者搜寻工作的匹配成本，从而降低就业水平，即基于匹配理论的贸易筛选机制（Pissarides，1985、1994；Helpman 等，2010、2011、2012）。由于存在以上两种相反效应的机制，因而实证研究对外贸易的就业效应得出了不尽相同的结论。

一、基于开放条件下菲利普斯曲线机制的研究

在赫尔普曼等人提出贸易筛选机制以前,国内外大多数学者的研究工作都基于菲利普斯曲线机制,差别在于从对外贸易的不同角度考察就业效应。国外学者研究的典型代表如雷诺慈(Reynolds,1987)通过使用中国的省际数据进行实证检验,发现1981年以前出口贸易的就业效应为负,而1985年以后出口贸易的就业效应则显著为正;格罗斯曼和赫尔普曼(Grossman和Helpman,1991)通过对进口与出口—产出系统联动效应的探讨,指出出口和进口都是经济增长和就业增加的格兰杰原因;关恩和科特索米提斯(Kwan和Cotsomitis,1991)使用因果检验方法,考察了中国出口贸易与经济增长的关系,指出中国的出口导向战略确实提高了经济发展水平,从而带动中国有效需求和就业水平的提升,换言之,出口贸易规模的提高促进了就业;乔丹·姗和菲奥娜·孙(Jordan Shan和Fiona Sun,1998)利用月度数据同样得到支持以上观点的结论;米纳尔和赖特(Milner和Wright,1998)对中国和其他发展中国家就业市场的研究,得出的结论是,出口开放度的增加会显著促进就业的增长;莱琴科(Leichenko,2000)研究了美国各州的出口与就业的关系,指出就业增加会显著地提高出口水平,但是出口的增加却会对就业产生负面影响,即出口增加会降低就业水平;詹金斯(Jenkins,2004)指出贸易和就业作为全球经济发展的关键因素,其相互促进关系极为重要,即出口贸易的增加会显著提高就业水平,而就业水平的提高也反过来促进出口的增长;国内学者如张华初、李永杰(2004)专门考察了加工贸易的就业效应。他们以加工贸易出口总额占工业总额的比重作为加工贸易就业人数占工业总就业人数的比重,在估计了中国加工贸易就业人数的基础上,肯定了加工贸易出口总额增加对加工贸易就业人数的正向影响。胡昭玲和刘旭(2007)、毛日昇(2009)和魏浩(2011)等则分别通过考察工业行业、制造业和纺织品行业的对外贸易发展状况,基本肯定了出口贸易存在正向的就业效应。具体而言,胡昭玲和刘旭(2007)利用1998—2003年32个工业行业的面板数据,对工业品贸易的就业效应进行了实证研究。他们发现,出口占GDP的比重每增加1%,劳动需求就会提高0.19%;毛日昇(2009)则利用1997—2007年制造业的面板数据,从产出规模、生产效率和

劳动需求弹性三个层面,考察了出口及 FDI 对制造业劳动需求的影响。以上两篇文献虽然同样给出了基本肯定就业正向效应的结论,但劳动需求和就业毕竟不能完全等同,其差异本质正是匹配和筛选的微观过程。当然,毛日昇(2009)的出色研究还给予本书另一个重要的启示,即由于微观劳动力市场就业时滞的存在,宏观层面研究出口贸易的就业效应就应该充分考虑到出口对就业当期和滞后调整的不同影响;魏浩(2011)则利用 1980—2007年的纺织品外贸出口数据,对出口的就业效应进行了实证研究。研究结果表明:从长期来看,出口额每增加 1%,就业上升 0.68%,短期数值降低到0.48%。该研究的另一个重要意义在于,它指出了出口贸易就业长短期效应的不同,表明考察出口贸易就业效应不应忽略时间的影响。蒋荷新(2007)专门考察了外资企业的出口贸易就业效应,指出虽然全国对外贸易的就业效应趋于下降,但是外资企业出口贸易的就业效应是趋于上升的。他进一步指出,外资企业的加工贸易出口在促进就业提高方面起到了关键的作用。梁平等(2008)、高文书(2009)考察了中国不同地区出口贸易的就业效应。具体而言,梁平等(2008)通过利用 1978—2004 年的省级面板数据,在划分东、中、西三大区域的基础上,考察了对外贸易的就业效应。该文研究表明,出口的就业影响显著正向,但是进口对就业的影响根据地区的不同而有所差异。高文书(2009)利用系统广义矩估计方法,对中国省级动态面板数据进行实证研究,发现出口依存度每增长10%,就带动就业增长 0.35%。他同时指出,中国进口贸易的就业效应显著为负;王燕飞(2011)采用面板数据固定效应估计和广义矩估计方法,分析了中国东、中、西部对外贸易就业效应的差异,发现西部内陆地区的贸易开放促进就业提高的效果更加显著,据此提出应该大力促进西部内陆地区的贸易开放。

　　综上所述,可以看出,对出口贸易就业效应的研究,基本结论都是出口增加提高了就业水平,这几乎不存在争议,但是出口对就业的正向作用存在产业、贸易方式和地区等差异。同时,如果考虑到国内外贸产业特点,学者普遍认为不能将提高出口作为促进就业的长期有效方法,至少不能仅仅靠扩大出口规模来提高就业。

二、基于筛选—匹配机制的研究

筛选—匹配机制的理论来源,是皮萨里德斯(Pissarides,1985)的代表性论文《短期动态失业、空位与实际工资》。[①] 在这篇文章中,他第一次提出劳动力市场的就业并不如传统经济学家想象的那样,只要劳动供给和需求处于均衡状态即可实现就业。换言之,有劳动供需并不意味着有就业。这篇文章和其1994年的研究成果共同证明了就业市场存在匹配过程,而之所以需要经历匹配才能够达到最后的就业,是因为劳动力市场非匀质。梅里兹(Melitz,2003)指出不仅劳动力市场非匀质,企业也存在异质性。匹配理论和异质性企业理论无疑是筛选—匹配机制探讨出口贸易就业效应的基础,但以筛选和匹配机制考察出口贸易就业效应的正式成果,当属赫尔普曼、伊塔斯科基和雷丁(Helpman、Itaskhoki 和 Redding,2009)的工作论文。[②] 他们指出,从微观企业行为来看,出口贸易提高了那些留在市场的企业筛选优秀员工的意愿和要求,在劳动力技能不能马上提高的条件下,必然造成中等熟练能力(intermediate-ability)的工人收入下降,从而降低了就业水平。在此基础上,赫尔普曼和伊塔斯科基(Helpman 和 Itaskhoki,2010)进一步探讨了基于筛选—匹配机制的出口贸易就业效应实现机制。他们通过构建动态描述劳动力市场刚性与出口贸易相互影响的模型,模拟了异质性部门劳动力就业的选择机制,得出结论:在劳动力市场刚性的条件下,出口贸易对就业的影响方向究竟如何,取决于异质性部门劳动力市场的摩擦性。赫尔普曼、伊塔斯科基和雷丁(Helpman、Itaskhoki 和 Redding,2011)重新构建框架来研究对外贸易、收入不平等、失业和劳动力市场摩擦之间的内在联系。在这个框架中,他们通过对企业进行异质假设并加入筛选和搜寻机制,分析了贸易开放条件下的就业选择过程。这篇文章的结论是,出口贸易的增加会提高失业水平,换言之,进行出口贸易会减少就业。

---

① Pissarides,C.A.,"Short-Run Dynamics of Unemployment,Vacancies and Real Wages", *American Economic Review*,Vol.75,1985,pp. 676-690.

② 他们的工作当然也应该视为新新贸易理论的一部分,然而新新贸易理论远不只是研究对外贸易的就业效应,因而本章仍然将赫尔普曼等人的工作视为以筛选机制研究出口贸易就业效应的起点。

对于筛选—匹配机制理论尤其是匹配理论,钟春平(2010)和石莹(2010)都做了很好的综述工作,但是国内相关的实证研究还比较少见,原因在于筛选与匹配机制2009年刚刚被提出且缺乏可计量手段,因而直接用于经验检验存在困难。陈昊(2011)做了如下尝试,即通过借鉴皮萨里德斯(Pissarides,1985、1994)的搜寻匹配思想,在筛选机制的理论基础上实证检验了2004—2008年中国对外贸易的行业面板数据,得出在已经拥有庞大贸易顺差的条件下,出口的进一步增加不仅不能提高就业水平,反而会造成就业人数的绝对减少。因而,国家应该通过制定合理的进口支持政策,保障出口和进口的协调发展,以保证出口贸易就业效应的持续增进。当然,由于该文仅仅是将贸易简单外生引入模型,并没有阐述出口对劳动力市场的影响如何实现,因而实证检验的结果值得质疑。

综上所述,以上研究基于的理论逻辑实质上都是开放条件下的菲利普斯曲线逻辑,即在认可经济增长必然增加就业的前提下,讨论出口贸易间接对就业产生的促进影响,而并没有考察出口贸易作为企业的微观加总行为是如何直接影响就业的。此外,基于赫尔普曼等人创立的筛选机制进行出口贸易就业效应研究虽然值得坚持,但是缺乏可计量模型的问题亟待解决。

因而本章将努力在以下两个方面做进一步探索:第一,理论层面沿着赫尔普曼所创立的贸易筛选路径,将出口贸易的影响从外生逐步引至内生,描述出口贸易对劳动力市场的微观影响如何实现。这实际上就是以微观个体的优化选择作为研究起点,寻找出口贸易与劳动力市场关系的微观基础。第二,实证层面利用筛选机制作为基础理论,以国家时间序列数据或省际、行业、企业面板数据进行严格的经验分析工作。

第二节　对外贸易就业效应理论模型的构建

本节试图构建和分析出口贸易就业效应的完备框架。本节模型的构建基于皮萨里德斯(Pissarides,1985、1994)的匹配模型、梅里兹(Melitz,2003)的异质性企业理论和将两者结合起来的赫尔普曼等(Helpman等,2010、2011)的"筛选—匹配"模型,但是从单个劳动者和厂商最优化行为出发,考察出口贸易与劳动力市场形成的关系则是本部分努力要完成的新工作。

一、预备框架：出口贸易外生的匹配模型

本节构建理论框架所基于的基本思想,主要来自赫尔普曼等人近年来将出口贸易与搜寻—匹配模型结合起来的出色工作,然而这些工作都是在皮萨里德斯(Pissarides,1985)的匹配模型基础上进行的。严格来说,皮萨里德斯提出的经典匹配模型,是在承认劳动力市场非匀质前提下,从微观个体层面考察就业与劳动力市场形成机制的最核心的研究框架,因而本节将以此模型作为构建本部分理论框架的预备框架。此外,经典的匹配模型虽然没有考虑对外贸易的因素,但是本节构建理论框架的目的,是将出口贸易内生引入劳动力市场微观形成过程,探讨出口贸易对"就业—劳动力流动—劳动力集聚"整体过程产生怎样的影响,因而本节先将出口贸易作为外生因素,初步引入经典的匹配模型,构建与本部分其余部分模型进行对比的参考系,以突出贸易内生机制下的劳动力市场演化过程。

因为劳动力市场的异质性,即劳动力市场上的企业和劳动者各不相同,因此企业和劳动者需要通过经历搜寻和匹配,以最终找到适合自己的对方。于是单位时间内新工作流 M 可以表示为:

$$M = M(U,V) = KU^{\beta}V^{\gamma}, 0 \leq \beta \leq 1; 0 \leq \gamma \leq 1 \tag{2-1}$$

其中,K、β、γ 为常数,U、V 分别代表失业工人和"空位"。式(2-1)表明搜寻的结果取决于空位和失业工人"某种程度"努力的乘积,这种某种程度则是失业工人和空位数量的幂指数。具体来说:如果 $\beta + \gamma > 1$,说明增加搜寻努力会带来效用增加,这种情况称之为"密集市场效应"(thick-market effects);如果 $\beta + \gamma < 1$,说明增加搜寻努力会带来效用减少,这种情况称之为"拥挤效应"(crowding effects)。

除空位与失业会导致新的工作流产生以外,显然还存在另一种导致工作流产生的现象,即现存职工的交接(如员工生病暂时离开岗位、死亡、退休等)过程。设单位时间内有比率为 b 的工人退出岗位,则就业人数的变动为:

$$\dot{E} = M(U,V) - bE \tag{2-2}$$

考虑稳态的情况,显然 $\dot{E} = 0$ 即 $M(U,V) = bE$。如果定义失业工人找工

作的速率为 θ，则：$\theta = \dfrac{M(U,V)}{U}$；又令 α 为空位匹配到合适的员工的速率，则有 $\alpha = \dfrac{M(U,V)}{V}$。进一步设 V_E、V_U、V_F、V_V 分别代表工人就业、失业、在岗和空位的收益现值，r 为利率。

首先劳动者在就业时的收益为 $rV_E = w - b(V_E - V_U)$，左边代表劳动者就业的收益等于利率与收益现值的乘积，右边代表就业带来效用与其可能失业的概率下损失之差。值得注意的是，该模型认为就业带来的效用就是就业获得的工资，虽然这无疑是一个简化，但依然揭示了工作最重要的"好处"来源。同理，劳动者失业状态下的"收益"为 $rV_U = \theta(V_E - V_U)$。之所以劳动者即使失业仍然存在"收益"，是因为失业使得劳动者有机会重新寻找工作，且找新工作的机会成本较之从旧工作换成新工作而言更小。没有考虑失业带来的效用"损失"是该模型的缺陷，因为毕竟失业至少会降低劳动者的当期收入，但是同时失业的损失也不易衡量。同理：

$$rV_F = [A - w] - C - b(V_F - V_V) \text{ 且 } rV_V = -C + \alpha(V_F - V_V) \quad (2-3)$$

根据"纳什讨价还价"均衡，稳态条件下工人和企业必将平分就业的好处。于是有：

$$V_E - V_U = V_F - V_V \quad (2-4)$$

由 $\theta = \dfrac{M(U,V)}{U}$，$M(U,V)=bE$ 和 $L=E+U$，可得：$\theta = \dfrac{bE}{L-E}$。不应忽视的是：

$$\alpha = \frac{M(U,V)}{V} = K^{\frac{1}{\gamma}} (bE)^{\frac{\gamma-1}{\gamma}} (L-E)^{\frac{\beta}{\gamma}} \quad (2-5)$$

显而易见，均衡就业水平（E）应该在空位价值为 0 时取得。因为如果空位价值大于 0，表明企业增加空位有利可图，反之企业就应该减少空位。于是令 $V_V = 0$。

接下来继续讨论给定 α 与 θ 的条件下工资 w 与空位价值 V_V 究竟是什么。易知：

$$V_E - V_U = \frac{w}{\theta + b + r} \quad (2-6)$$

同理 $V_F - V_V = \dfrac{A - w}{\alpha + b + r}$，整理可得：$\dfrac{w}{\theta + b + r} = \dfrac{A - w}{\alpha + b + r}$。

于是工资 w 可以表示为：

$$w = \frac{(\theta + b + r)A}{\theta + \alpha + 2b + 2r} \tag{2-7}$$

因此，$rV_V = -C + \dfrac{\alpha A}{\theta + \alpha + 2b + 2r}$，这就是空位的价值。进而可得包含均衡就业水平 E 的表达式，也即本部分的核心方程：

$$\frac{K^{\frac{1}{\gamma}}(bE)^{\gamma-1}(L-E)^{\beta/\gamma}A}{[bE/(L-E)] + K^{\frac{1}{\gamma}}(bE)^{(\gamma-1)/\gamma}(L-E)^{\beta/\gamma} + 2b + 2r} = C \tag{2-8}$$

其中，A 为劳动者的生产效率，即单位劳动单位时间的生产产量。C 为维持岗位所支付的成本。进一步，C 在两种不同状态下含义不同：第一，如果岗位存在劳动者，维持成本包含对劳动者支付的工作待遇和为阻止其"换工作"而支付的额外报酬；第二，如果存在空位，维持成本则包含招聘所支付的成本和维持空位所需的额外资金。b 为离岗率①，即单位时间内有 b 比率的劳动者将退出就业市场。

在式（2-8）基础上可以将出口贸易简单地外生引入。我们做如下考虑：当岗位存在工人时，出口贸易可能从两个方面影响岗位的维持成本。第一，出口贸易促进国家整体经济增长，进而带来企业利润的增加，企业更有可能提高在岗工人的工资待遇；第二，如果企业本身就是以进行出口贸易为主要活动的，那么考虑到维持在岗工人的高效率，企业会随着出口贸易水平的增加而提高在岗工人的工资，以保证其在岗位上拥有高效率的工作。对于具有重要专业技术和管理能力的员工，企业还需要支付较为高额的"机会成本补偿"，以阻止员工换工作。当岗位空缺（即空位）时，出口贸易的增加则会提高企业招聘优秀人才的意愿，而要招聘到更加优秀的人才，招聘的成本也会随之提高，这包括需要安排聘请技术能力更高的面试员、支付更为

---

① 有必要再次强调"离岗"和"失业"两个概念的不同。在皮萨里德斯（Pissarides，1985）提出的匹配模型中，利用"离岗"来代表除招聘（职位供给方行为）和应聘就业（职位需求方行为）外的劳动力市场职位轮替过程，换言之，离岗带来的空位并不是由劳动力市场供需双方造成的。

昂贵的面试组织成本等等。总之，出口贸易会对岗位的维持成本带来直接影响，因而式(2-8)可以修正为：

$$\frac{K^{\frac{1}{\gamma}}(bE)^{\gamma-1}(L-E)^{\beta/\gamma}A}{[bE/(L-E)]+K^{\frac{1}{\gamma}}(bE)^{(\gamma-1)/\gamma}(L-E)^{\beta/\gamma}+2b+2r}=C(T) \quad (2-9)$$

显然，式(2-9)的具体形式取决于 $C(T)$ 的函数表达，即出口贸易对岗位维持成本的影响方式将决定劳动力市场的匹配机制。进一步的考察不再展开，因为本部分的核心是讨论出口贸易内生对劳动力市场的影响路径，而本部分仅仅给出预备模型。

二、包含出口贸易的劳动力市场模型

本部分的具体安排是：首先阐述劳动力作为微观个体的最优化框架，即考察劳动力个体选择进入何种行业的过程和实现路径；其次描述厂商的筛选过程，考察企业如何在最大化利润的基础上设立招聘"门槛"，并指出在筛选机制运行的条件下劳动力的最优选择；最后将通过描述劳动者和厂商之间的多期博弈行为，给出劳动力市场的局部均衡状况，这有利于比较是否进行出口贸易对劳动力就业的影响差异，更为重要的是可以描述劳动力在工作岗位之间的流动过程以及厂商对劳动力进行招聘和选择的机制。

（一）基本假设

模型的基本环境可以通过以下假设进行刻画：(1)经济体中只存在两类生产性工作(即工作岗位由生产性企业提供)，work 1 所在企业只针对国内市场进行生产，work 2 所在企业则将同时兼顾国内市场和对外出口。(2)单个劳动者在 t 期有 CRRA(常相对风险规避系数)效用函数 $u_t=\frac{c_t^{1-\theta}-1}{1-\theta}$，其中 c_t 代表劳动者在 t 期的消费水平。进一步地，如果劳动者在 t 期至少不能是负消费，则 θ 与 0 的大小关系就可以直接用来表示劳动者的风险态度。(3)厂商在进入行业之前需要支付一个沉没的进入成本 C_e，而一旦支付了这个沉没成本，厂商就可以观察到自己在该行业的生产率 σ，接下来根据 σ 作出如下其中之一的决策：退出、只为国内市场生产、既为国内市场生产又出口。为了研究能够进行，我们假定企业要么只为国内市场生产产品，要么既为国内市场生产又出口，不存在退出的可能(事实上退出的企业已经不再进行后续的优化工作,因而在模型中已将其过滤)。(4)生产需要支付固定成本 C_d,但是如果企业打算出口,则还需要继续支付出口带来的额外的固定成本 C_x,显然以上这三类成本均大于零。(5)劳动者的能力服从帕累托分布 $G_\alpha(\alpha) = 1 - (\alpha_{min}/\alpha)^k$,其中 $\alpha \geq \alpha_{min} > 0$ 且 $k > 1$。(6)厂商的产出取决于企业生产率 σ、雇佣劳动者数量 h 和劳动者的平均能力 $\bar{\alpha}$:$y = \sigma h^\gamma \bar{\alpha}$。(7)遵照标准的戴蒙德—莫滕森—皮萨里德斯(Diamond-Mortensen-Pissarides)假定,认为厂商随机匹配获得 n 个工人需支付 bn 的搜寻成本,其中 b 取决于劳动力市场松紧度(tightness of the labor market)x,显然 $x = N/L$,N 为空位数,L 是寻找工作的劳动者人数。如果进一步假定参数为 ε,则有 $b = \varepsilon x^\mu$。

在以上假设基础上,开始考察出口贸易对劳动力市场的影响机制。

(二) 个体选择机制

本部分首先考察作为个体劳动者该如何进行就业和集聚决策。为了突出收入波动起到的作用,需要在整体模型假定的背景下进一步细化假设条件:(1)t 期的物价水平为 p_t,假定物价持续上涨即 p_t 关于 t 递增。消费者在 t 期固有的非工作收入为 r_t,方便起见进一步假定收入折现率与效用折现率均为 β,显然 $0 < \beta < 1$。(2)由于出口贸易在一定程度上可以平缓厂商的利润波动,因而 work 1 在 t 期的收入为 w_t,且 w_t 在 $t = R_+$ 内并不处处相等。work 2 是收入稳定为 w 的工作。(3)为了体现 work 1 的收入波动带来的影响,有必要将收入波动的程度做一个简单描述,因为过于微小的波动显然不会对劳动者择业带来显著影响,需要将这种情况排除在外。于是不妨假定从长期来看,工作收入的波动足以使均值低于稳定收入。(4)劳动者至少不是风险偏好的,即 $\theta \leq 0$。本书始终认为极少有人在现实中一贯保持偏好风险的态度,换言之,风险偏好的情况往往只出现在诸如赌博等特殊的环境下。为了严谨起见,本模型在探讨某些情形的时候或许也会同时关注风险偏好的结论,但需知这不是模型的核心。

在上述框架下分三种情况展开讨论:(1)单期劳动者的择业行为;(2)两期至有限多期劳动者的择业行为;(3)无穷期劳动者的择业行为。

1. 单期劳动者的择业行为

首先只考察劳动者在第 t 期的择业行为。对 work 1,劳动者显然面临

如下问题:

$$\max_{c_t} \frac{c_t^{1-\theta} - 1}{1 - \theta}, \text{s.t.} p_t c_t \leqslant w_t + r_t; c_t \geqslant 0 \qquad (2\text{-}10)$$

令拉格朗日函数 $L = \dfrac{c_t^{1-\theta} - 1}{1 - \theta} + \lambda(w_t + r_t - p_t c_t)$,根据库恩—塔克条件:

$$\frac{\partial L}{\partial c_t} \leqslant 0, c_t \geqslant 0 \text{ 互补松弛}; \frac{\partial L}{\partial \lambda} \geqslant 0, \lambda \geqslant 0 \text{ 互补松弛}.$$

此时劳动者的最优消费满足:$c_t = \dfrac{w_t + r_t}{p_t}$。因而,劳动者选择从事 work 1 的效用为:

$$u = \frac{1}{1 - \theta} \left[\left(\frac{w_t + r_t}{p_t} \right)^{1-\theta} - 1 \right] \qquad (2\text{-}11)$$

对 work 2,重复以上优化过程,可得劳动者选择从事 work 2 的效用为:

$$u = \frac{1}{1 - \theta} \left[\left(\frac{w + r_t}{p_t} \right)^{1-\theta} - 1 \right] \qquad (2\text{-}12)$$

比较式(2-11)、式(2-12),劳动者究竟从事 work 1 还是 work 2 取决于他的风险态度,即当劳动者为风险厌恶($\theta < 0$)或风险中立($\theta = 0$)时,会选择从事行业收入相对较高的工作。这一点很好理解,因为单期还不存在对未来工作收入波动的考虑,因而只会通过简单比较一期的工作收入来决定从事的工作。值得注意的是,当劳动者偏好风险时($\theta > 0$),情况变得复杂起来,具体地说,当劳动者偏好风险的程度不高时($0 < \theta < 1$),基本维持类似风险厌恶和中立情况下的择业机制;而当劳动者偏好风险程度很高时($\theta > 1$),劳动者竟然会选择从事单期收入低的工作。这种情况在只考察单期择业行为时没有意义,也可看出始终假定劳动者坚持风险偏好态度的不合理。

2. 两期至有限多期劳动者的择业行为

首先考察两期(第 t、$t+1$ 期)劳动者的优化行为。对工作收入稳定的 work 2 而言,劳动者面临的问题依然很简单:

$$\max_{c_t, c_{t+1}} \left(\frac{c_t^{1-\theta} - 1}{1 - \theta} + \beta \frac{c_{t+1}^{1-\theta} - 1}{1 - \theta} \right), \text{s.t.} p_t c_t + \beta p_{t+1} c_{t+1} \leqslant w + r_t +$$

$$\beta(w + r_{t+1}) \tag{2-13}$$

$c_t \geq 0$、$c_{t+1} \geq 0$。简化起见,令固定收入 $(1+\beta)w + r_t + \beta r_{t+1} = W$。

注意到 $\theta \leq 0$ 且 $0 < \beta < 1$,首先讨论 $\theta = 0$ 即劳动者为风险中立的情况。此时劳动者的最优消费必然是将所有消费集中到第 t 期,即 $c_t = \dfrac{W}{p_t}$,$c_{t+1} = 0$,此时效用 $u = \dfrac{W}{p_t} - 1 - \beta$。

劳动者是理性的,所以必然会在择业的时候预期到以上消费和效用程度。

当 $\theta < 0$,即劳动者为风险厌恶时,易得劳动者的最优消费为:

(1) $c_t = 0$、$c_{t+1} = \dfrac{W}{\beta p_{t+1}}$;

(2) $c_t = \dfrac{W}{p_t}$、$c_{t+1} = 0$;

(3) $c_t = \dfrac{W}{p_t + \beta p_t^{\frac{1}{\theta}} p_{t+1}^{1-\frac{1}{\theta}}}$、$c_{t+1} = \dfrac{W}{p_{t+1}^{\frac{1}{\theta}} p_t^{1-\frac{1}{\theta}} + \beta p_{t+1}}$。

以上三种情况下劳动者的效用分别为:

(1) $u = \dfrac{\beta^{\theta} W^{1-\theta}}{(1-\theta) p_{t+1}^{1-\theta}} - \dfrac{1+\beta}{1-\theta}$;

(2) $u = \dfrac{W^{1-\theta}}{(1-\theta) p_t^{1-\theta}} - \dfrac{1+\beta}{1-\theta}$;

(3) $u = \dfrac{W^{1-\theta}(p_{t+1}^{\frac{1-\theta}{\theta}} + \beta p_t^{\frac{1-\theta}{\theta}})}{(1-\theta)(\beta p_{t+1}^{1-\frac{1}{\theta}} + p_t^{1-\frac{1}{\theta}})^{1-\theta} p_{t+1}^{\frac{1-\theta}{\theta}} p_t^{\frac{1-\theta}{\theta}}} - \dfrac{1+\beta}{1-\theta}$。

考虑到价格的持续上涨趋势,劳动者也必然选择将所有消费都集中到第 t 期进行,即 $c_t = \dfrac{W}{p_t}$,$u = \dfrac{W^{1-\theta}}{(1-\theta) p_t^{1-\theta}} - \dfrac{1+\beta}{1-\theta}$ 是两期劳动者的最优行为体现。

对收入存在波动的 work 1,劳动者面临的问题是:

$$\max_{c_t, c_{t+1}}\left(\dfrac{c_t^{1-\theta} - 1}{1-\theta} + \beta \dfrac{c_{t+1}^{1-\theta} - 1}{1-\theta}\right), \quad s.t. p_t c_t + \beta p_{t+1} c_{t+1} \leq w_t + r_t + \beta(w_{t+1} + r_{t+1})$$

$c_t \geq 0$、$c_{t+1} \geq 0$。简化起见,令收入 $w_t + r_t + \beta(w_{t+1} + r_{t+1}) = W'$。重复前面的优化过程:

当 $\theta = 0$ 时,最优消费为 $c_t = \dfrac{W'}{p_t}$,$c_{t+1} = 0$,此时效用 $u = \dfrac{W'}{p_t} - 1 - \beta$。

当 $\theta < 0$ 时,最优消费为 $c_t = \dfrac{W'}{p_t}$,$c_{t+1} = 0$,此时效用 $u = \dfrac{W'^{1-\theta}}{(1-\theta)p_t^{1-\theta}} - \dfrac{1+\beta}{1-\theta}$。

在劳动者是理性的假定前提下,必然会在择业之前进行上述优化。通过比较劳动者面临 work 1 和 work 2 的选择,发现只要劳动者不偏好风险,在模型对 work 1 收入波动程度的假定下,劳动者必然选择收入稳定的 work 2。

有限 n 期的劳动者择业机制与两期类似,对 work 1,劳动者面临的问题变成:

$$\max_{c_1\cdots c_n} \sum_{t=1}^n \beta^{t-1}\left(\frac{c_t^{1-\theta} - 1}{1-\theta}\right); \quad \text{s.t.} \quad \sum_{t=1}^n (\beta^{t-1} p_t c_t) \leq \sum_{t=1}^n \beta^{t-1}(w_t + r_t),$$
$$\{c_t\} \geq 0。$$

同理,对 work 2,劳动者面临的问题变成:

$$\max_{c_1\cdots c_n} \sum_{t=1}^n \beta^{t-1}\left(\frac{c_t^{1-\theta} - 1}{1-\theta}\right); \quad \text{s.t.} \quad \sum_{t=1}^n (\beta^{t-1} p_t c_t) \leq \sum_{t=1}^n \beta^{t-1}(w + r_t),$$
$$\{c_t\} \geq 0。$$

注意到价格的持续上涨趋势,及每期均存在折现,因而劳动者依然会将消费全部集中到第 1 期进行:

对 work 1 劳动者,$c_1 = \dfrac{\sum_{t=1}^n \beta^{t-1}(w_t + r_t)}{p_1}$,$t \geq 2$;$c_t = 0$。此时效用为:

$$u = \frac{\left[\sum_{t=1}^n \beta^{t-1}(w_t + r_t)\right]^{1-\theta} p_1^{\theta-1} - 1}{1-\theta} - \frac{\beta(1-\beta^{n-1})}{(1-\theta)(1-\beta)} \tag{2-14}$$

对 work 2 劳动者,$c_1 = \dfrac{\sum_{t=1}^n \beta^{t-1}(w + r_t)}{p_1}$,$t \geq 2$;$c_t = 0$。此时效用为:

$$u = \frac{\left[\sum_{t=1}^{n} \beta^{t-1}(w + r_t)\right]^{1-\theta} p_1{}^{\theta-1} - 1}{1 - \theta} - \frac{\beta(1 - \beta^{n-1})}{(1 - \theta)(1 - \beta)} \qquad (2\text{-}15)$$

比较式（2-14）、式（2-15），在 $\theta \leqslant 0$ 的情况下就是比较 $\sum_{t=1}^{n} \beta^{t-1} w_t - \frac{1 - \beta^n}{1 - \beta} w$ 与 0 的大小。

$$\sum_{t=1}^{n} \beta^{t-1} w_t - \frac{1 - \beta^n}{1 - \beta} w = (w_1 - w) + \beta(w_2 - w) + \beta^2(w_3 - w) + \cdots$$
$$+ \beta^{n-1}(w_n - w) \qquad (2\text{-}16)$$

易知式（2-16）的正负取决于不稳定工作收入 $\{w_t\}$ 的波动状况，换言之，如果 $\{w_t\}$ 中小于固定收入 w 的元素比 w 小的程度足够高①，劳动者就会选择稳定的 work 2，否则 work 1 的吸引力仍然更大。

3. 无穷期劳动者的择业行为

本小节分析无穷期劳动者的优化行为。当时间推广到无穷期，关键问题在于收入折现率（利率）与效用折现率相等已经不符合现实。因为在无穷期收入存入银行获得的收益只能弥补效用的贴现，那么劳动者随意分配收入就是无差异的，当然也就不存在什么优化过程。为此假定收入折现率（利率）为 r。一般可以认为劳动者的动态优化过程连续，即本模型对时间间断并不敏感。

劳动者所面临的问题是：$\max \int_0^\infty \frac{c_t^{1-\theta} - 1}{1 - \theta} e^{-\beta t} dt$，s.t. $\dot{k} = W + rK - c$，其中 W 为无穷期劳动者可以获得的收入。显然对于 work 1 和 work 2，W 存在明显差异需要留待后面进一步阐述。K 代表劳动者的资本积累，因而约束条件反映劳动者在整个生命周期的基本动态特征。② 终端条件设为 $k(0) = k(\infty) = 0$，理由是本模型只讨论择业行为，因而忽略对劳动者初始财富和遗产问题的讨论。

---

① 这种"足够高"严格的表述应该是要满足即使考虑在 $(0,1)$ 之间的折现率 β，这种大小关系仍然不会发生逆转。

② 针对"描述个人生命周期"的问题，往往有两种处理模型的方法：一是如本书将生命周期看成无穷；二是将生命周期看成固定的时期跨度 t。两种角度的不同并不影响模型描述事实的准确性。

定义哈密顿（Hamilton）方程：$H = e^{-\beta t} \dfrac{c_t^{1-\theta} - 1}{1 - \theta} + \lambda(W + rK - c_t)$，易知 Hamilton 方程为：

$\dfrac{\partial H}{\partial c} = 0$；$\dot{\lambda} = -\dfrac{\partial H}{\partial K}$；$\dot{K} = W + rK - c = \dfrac{\partial H}{\partial \lambda}$。于是可得消费的动态优化方程：

$$\frac{\dot{c_t}}{c_t} = \frac{\theta}{r - \beta} \tag{2-17}$$

该问题的横截条件为 $\lim\limits_{t \to \infty} \lambda_t K_t = 0$。可见，最优化的路径，或者实现最大化效用的方式并不随着选择工作的不同（也即工作收入的不同）而有所不同。在本书设立的模型框架下，只要消费按照固定比例 $\dfrac{\theta}{r - \beta}$ 变化就必然实现无穷期最大化效用的目标。值得注意的是，实现的最大化效用水平会随着工作的不同而不同。如果劳动者是理性人，就必然能够预见到无穷期的优化结果，从而选择能够实现最高水平效用的工作。下面考虑这个问题：

令 $\varphi(c) = \displaystyle\int_0^\infty \frac{c_t^{1-\theta} - 1}{1 - \theta} e^{-\beta t} dt$，当劳动者为极度风险偏好（$\theta > 1$）时，$\varphi'(c) = 0$，该情形下消费的变动并不影响效用的大小。除此种情况外，$\varphi'(c) = \infty$，即随着消费的增加效用会有显著提高。我们考虑稳态即 $\dot{K} = 0$，此时 $c = W + rK$，即消费变动直接取决于工作收入的高低，问题则与两期和多期的择业行为一致，行业收入波动越大则劳动者的效用越低，此时劳动者仍然会选择收入稳定的 work 2。以上工作可以总结为：

结论 1：只要劳动者并非风险偏好，且长期收入波动的工作所得均值低于稳定工作，则劳动者必然选择稳定工作，单期或短期的收入差异并不足以改变劳动者的就业选择。

接下来的分析可能暂时会离开这个结论，但是这一结论对后文数理模型的构建极为重要，因为只有保证劳动者的就业选择不被轻易改变，该模型的稳定性才有意义，继续进行的演化过程才不至于被偶然的收入波动冲击所改变。除此之外，现实中换工作的频率对筛选—匹配的过程不可避免地存在影响，只有控制了模型的稳定性，后文劳动者与企业之间的博弈互动才具有长期意义。

（三）厂商选择与劳动力市场局部均衡

首先值得注意的是，在该模型所描述的故事之前必然存在如上描述的劳动者搜寻过程：一批同质劳动者会选择是否在我们所关注的行业中进行职位搜寻，当然这种搜寻的效率取决于劳动力市场的匹配摩擦程度，但是前面的描述已经完成了对劳动者搜寻的考察，因而本部分分析起始于厂商开始准备招聘。

1. 厂商选择

一旦劳动者通过上述机制决定开始应聘某项工作，厂商就可以通过支付 $c\alpha_L^\delta/\delta$ 的成本来开始筛选过程，其中 $c > 0$ 且 $\delta > 1$ 均为参数。这里的关键假设在于，即使支付了筛选成本，厂商也不可能对应聘者从技能角度完全区分，厂商能够做到的仅仅是将生产能力低于 α_L 的应聘者筛选出去。前面的讨论已经确保厂商将选择生产，劳动者开始应聘，接下来将考察两者的匹配过程。简单而直接的思路是比较厂商出口与否的最优化过程，更为本质的目的则是比较厂商出口与否的筛选要求及应聘人数存在怎样的差异。

由戴蒙德—莫滕森—皮萨里德斯（Diamond-Mortensen-Pissarides）假定，厂商获得 n 个劳动者需支付的搜寻成本为 $\varepsilon(N/L)^\mu n$，注意到这仅仅是搜寻成本，而如果厂商需要进一步对劳动者的能力进行筛选，则需继续支付 $c\alpha_L^\delta/\delta$，以保证将能力低于 α_L 的劳动者筛选出去。假定 $\alpha_L = 1$ 是社会劳动者最低技能水平，在帕累托分布的假定下，只为国内市场生产产品的厂商（以下简称"内销厂商"）招聘劳动者的平均技能为：

$$\bar{\alpha} = \int_1^{\alpha_{max}} \alpha d[1 - (1/\alpha)^k] = \int_1^{\alpha_{max}} \frac{k}{\alpha^k} d\alpha = \frac{k}{1-k}(\alpha_{max}^{1-k} - 1) \qquad (2-18)$$

其利润表达式为（产品价格单位化为 1）：$\pi = y - C_x - C_d - \varepsilon(N/L)^\mu h - c/\delta$。注意到劳动力市场松紧度 $x = N/L$，于是可得最优的雇佣劳动者的数量：

$$h = \left[\frac{(k-1)\varepsilon}{\sigma k\gamma(1 - \alpha_{max}^{1-k})}\right]^{\frac{1}{\gamma-1}} x^{\frac{\mu}{\gamma-1}} \qquad (2-19)$$

到此为止的讨论可以总结为：

结论 2：内销厂商招聘劳动者的人数，只取决于劳动力市场的松紧度 x 和社会劳动者技能的最高水平。市场松紧度越大，厂商越愿意招聘；社会劳动者最高技能水平越高，换言之，厂商面对的技能分布越分散，则越愿意招聘。

内销厂商如上的行为特点是很好理解的：劳动力市场松紧度越大，表明相对于想找工作的人来说，空位较充裕，企业可以自如地增加招聘人数；而社会劳动者技能水平越分散，则意味着厂商越可能招聘到技能高的劳动力，由于在本模型所设立的框架下没有讨论不同技能劳动力的工资待遇差别，因而厂商显然乐意通过提高招聘力度来提高获得低工资—高技能劳动力的概率。

较之内销厂商，进行出口贸易的企业会存在一个筛选过程，这种筛选将导致企业招聘劳动力的技能最低值不至于等于社会的技能最低值。于是进行出口贸易的厂商（以下简称"出口厂商"）招聘到的劳动者平均技能为：

$$\bar{\alpha} = \int_{\alpha_L}^{\alpha'_{max}} \alpha d\left[1 - (1/\alpha)^k\right] = \int_{\alpha_L}^{\alpha'_{max}} \frac{k}{\alpha^k}d\alpha = \frac{k}{1-k}(\alpha'^{1-k}_{max} - \alpha_L^{1-k}) \tag{2-20}$$

其中，α_L 就是厂商设立的技能或学历"门槛"，因而出口厂商通过筛选可以保证招聘到的劳动者技能至少不低于 α_L。

需要注意，α'_{max} 将不再独立于 α_L，因为当厂商开始有意识地筛选技能低于 α_L 的应聘者时，应聘者也开始对厂商进行"逆向选择"，这就必然导致能够招聘到的劳动者最高技能取决于厂商制定的筛选门槛。简单起见，不妨设 $\alpha'_{max} = \tau\alpha_L$，为了保证最高技能不超过社会最高技能，则 $1 < \tau < \frac{\alpha_{max}}{\alpha_L}$，于是可得：

$$\alpha_L = \left[\frac{\varepsilon^\gamma x^{\mu\gamma}(1-k)^\gamma}{(\tau^{1-k}-1)\sigma k\gamma^\gamma c^{\gamma-1}}\right]^{\frac{1}{\delta(\gamma-1)+1-k}}$$

$$h' = \gamma c\left[\frac{\varepsilon^{\delta-1+k}x^{\mu(\delta-1+k)}(1-k)^{\delta-1+k}}{(\tau^{1-k}-1)^\delta\sigma^\delta k^\delta\gamma^{\delta\gamma}c^{(\gamma-1)\delta}}\right]^{\frac{1}{\delta(\gamma-1)+1-k}} \tag{2-21}$$

注意到所有参数均 >0 且 k 与 τ 均大于 1，$0 < \gamma < 1$，因而 $\frac{1}{\delta(\gamma-1)+1-k} < 0$。根据模型所设定的条件 $\alpha_L > 1$ 且 $h' > 0$，因此，必

然有以下条件需要满足：

$$\varepsilon^\gamma x^{\mu\gamma}(k-1)^\gamma > (1-\tau^{1-k})\sigma k\gamma^\gamma c^{\gamma-1} ; \frac{(1-k)^{\delta-1+k}}{(\tau^{1-k}-1)^\delta} > 0 \qquad (2-22)$$

对式（2—22）进行简单的数值模拟分析，可发现出口厂商和内销厂商的就业水平高低难以确定，但是筛选的作用却很突出。于是得出本模型的第三个结论及推论：

结论3：出口厂商未必会增加雇佣劳动力的数量，因而实证工作中讨论出口的就业效应是有意义的。但是由于出口厂商存在筛选机制，因而会显著提高高技能（学历）劳动力的就业水平，而降低低技能（学历）劳动力的就业水平。

推论：出口贸易对劳动力市场的本质影响，是对就业资源的重新分配，即将就业资源从面向低技能（学历）劳动力转向面向高技能（学历）劳动力。由于性别差异与技能差异存在相同的影响机制，因而出口贸易可能造成某种特定性别劳动力就业水平的降低，至于是何种性别劳动力就业水平降低，则取决于企业的"筛选方向"。①

2.劳动力市场局部均衡

接下来开始考察厂商和劳动者同时行动，这要涉及简单的博弈论。本部分假定厂商与劳动者互动形成局部均衡存在三个特点：第一，需要经过相当长的一段时间（在博弈中可看成无穷期）才能达到厂商与劳动者之间的局部均衡；第二，由于还仅仅是局部均衡分析，因而有限多个厂商和劳动者之间的互动可以简化为一个厂商与一个劳动者之间的互动；第三，一般来说，可以假定信息完全，即厂商和劳动者的收益函数是共同知识。

在以上假设条件下，因为参与者仅仅是一个厂商和一个劳动者，因而 $h=1, b=\varepsilon$。厂商存在两个战略：筛选和不筛选；劳动者存在两个战略：应聘和不应聘。因为存在门槛效应，即进入面试程序的劳动者都已经经过了筛选，且假定只有一个劳动者，所以只要劳动者应聘就必然成功，因而战略"不应聘"是劳动者唯一可以脱离劳动力市场的途径。

---

① "筛选方向"是指厂商会按照自己的需要对员工性别进行至少有别于自然性别比例的筛选，即性别歧视体现在筛选方向上。

考察四种战略组合下的收益：显然在（不筛选，不应聘）的情况下厂商和劳动者的收益为（0,0），因为此时厂商无法进行任何生产工作，因而连沉没成本都不需要支付；（筛选，不应聘）对应的收益集合为（$-\varepsilon-\frac{c\alpha_L}{\delta}$,0），即厂商需要支付筛选成本；（筛选，应聘）对应的收益集合为

$$\left\{\sigma\frac{k}{1-k}\left[(\tau\alpha_L)^{1-k}-\alpha_L^{1-k}\right]-C_x-C_d-\varepsilon-\frac{c\alpha_L}{\delta},w_t-\Delta\right\}$$，即劳动者可以获

得一个 $\{w_t\}$ 的长期收益，换言之，劳动者具有工资晋升的希望，但是要达到厂商的筛选门槛，劳动者显然需要支付为达到门槛所付出的成本 Δ ，且 Δ 的大小并不确定；（不筛选，应聘）对应的收益集合为 $\{\sigma\frac{k}{1-k}[(\tau\alpha_L)^{1-k}-1]-C_x-C_d-\varepsilon-\frac{c}{\delta},w\}$，由于缺乏筛选，厂商只能支付给劳动者一个固定的较低工资。

接下来的核心问题是构建一个触发战略。从单次博弈来看，厂商如果选择"筛选"，劳动者必然选择"不应聘"，因为前面已经证明劳动者是害怕风险的。但是如果厂商选择"不筛选"，劳动者则应该选择"应聘"，因为获得低工资总比一无所有要好。反过来，如果劳动者选择"不应聘"，厂商应该选择"不筛选"。因此，为了保证至少存在一个 NE，当劳动者选择"应聘"时，企业必须同样选择"不筛选"，因而上述博弈需要存在 NE 的条件是下面的不等式可以满足：

$$\sigma\frac{k}{1-k}[(\tau\alpha_L)^{1-k}-1]-C_x-C_d-\varepsilon-\frac{c}{\delta}>$$

$$\sigma\frac{k}{1-k}[(\tau\alpha_L)^{1-k}-\alpha_L^{1-k}]-C_x-C_d-\varepsilon-\frac{c\alpha_L}{\delta} \tag{2-23}$$

简化式（2-23）得单次博弈占优均衡存在的前提条件：

$$\sigma\frac{k}{1-k}(1-\alpha_L^{1-k})<\frac{c}{\delta}(1-\alpha_L) \tag{2-24}$$

当式（2-24）满足时，唯一的 NE 是（不筛选，应聘），因为对厂商而言，"筛选"是严格劣战略。因此，有限次重复博弈的结果必将是（不筛选，应聘）反复出现在每一次博弈中，这表明出口贸易筛选机制在短期内是缺失的，这也与现实状况和赫尔普曼等（Helpman 等，2010）指出的经济背景相吻

合。到此为止的研究可以总结为：

结论4：由于短期内厂商更愿意选择成本较低的"不筛选"战略，而劳动者也愿意先获得一份维持生存的工作，因而出口贸易的筛选机制在短期内很难实现。

但是一旦开始考察长期的无限重复博弈，情况就会发生很大改变。经过数次博弈尝试，劳动者会发现，厂商给予不经过筛选而招聘的人才相对筛选而言很低的待遇，这也是符合一般厂商行为特点的。因此，劳动者希望促使企业选择"筛选"。因而收益函数会发生改变，即（不筛选，应聘）对应的收益集合为 $\{\sigma\dfrac{k}{1-k}[(\tau\alpha_L)^{1-k}-1]-C_x-C_d-\varepsilon-\dfrac{c}{\delta}，-w\}$，劳动者希望通过向厂商展示这样反常的收益函数来促使厂商进行"筛选"。但是一旦收益函数发生改变，在满足式（2-24）的条件下"不筛选"依然是厂商的占优战略，因而单次博弈的 NE 变为（不筛选，不应聘）。这实际上给出了"空位"短期存在的另一个理由：

结论5：由于劳动者希望出口厂商进行筛选以获得更好的工作待遇，而厂商短期内进行筛选的成本较大，因而出口厂商设立的"空位"在短期内较之内销厂商而言更难招聘到合适人才。

构造如下触发战略：第一期博弈厂商和劳动者分别选择"筛选"与"应聘"。从第二期开始观察对方的行为，如果对方在前一期选择合作战略（即厂商选择"筛选"，劳动者选择"应聘"）则己方在当期继续合作，否则选择背叛战略（即厂商选择"不筛选"，劳动者选择"不应聘"）并一直持续下去。已知如果触发战略能够促使双方最终选择合作战略，必须满足对劳动者意味着厂商选择"筛选"时，劳动者选择"应聘"比选择"不应聘"更好，即 $\sum_{t=1}^{\infty}(w_t-\Delta)>0$。这个条件是厂商理所应当需要提供的，因为这是劳动者长期仍然愿意从事工作的基本条件。但同时对厂商必须满足劳动者选择"应聘"时，厂商选择"筛选"比"不筛选"更好，即式（2-25）：

$$\sigma\frac{k}{1-k}(1-\alpha_L^{1-k})+\frac{c}{\delta}(1-\alpha_L)+\lim_{t\to\infty}t[\sigma\frac{k}{1-k}(\alpha_{max}^{1-k}-\alpha_L^{1-k})-$$

$$C_x-C_d-\varepsilon-\frac{c\alpha_L}{\delta}]>0 \tag{2-25}$$

而式(2-25)成立是显然的,因此触发战略可以促使厂商和劳动者长期选择合作战略,即厂商选择"筛选",劳动者选择"应聘"。到此为止的研究可以总结为:

结论6:由于劳动者希望出口厂商进行筛选以获得更好的工作待遇,且厂商长期内进行筛选的成本较低,因而长期而言出口贸易的筛选作用将会突出。

下面第三节的实证工作将围绕以上数理模型展开,而论证以上结论则是实证工作的关键。

第三节　对外贸易就业效应的实证分析

本节从实证角度讨论中国出口贸易的就业效应。首先值得一提的是,虽然实证工作大多基于线性方程,因为基于宏观数据的研究往往只需要构建线性模型就足以解释,但是为了严谨起见,本节将首先使用卡尔曼滤波对新中国成立以来出口贸易的就业效应进行非线性拟合。虽然这并不是本节的重点,但我们依然认为这个工作是必不可少的。接下来将利用省际层面和企业层面的面板数据对出口贸易的就业效应进行进一步讨论。

一、中国出口贸易的就业效应:时间序列

卡尔曼滤波是针对所构建的状态空间模型进行回归拟合的方法,20世纪60年代最早用于工程控制领域,到了70年代开始用于经济领域并提出了标准的状态空间模型形式。在计量经济学的相关文献中,主要用于估计不可观测的时间变量,如理性预期、测量误差、长期趋势、长期收入变动等,代表性的文献如哈维(Harvey,1989)、哈密顿(Hamilton,1994)等。近几年来开始越来越多地用在研究宏观变量之间可能存在的非线性关系上,国内代表性的文献如李勇、王永贵(2011)等。构建状态空间模型并利用卡尔曼滤波进行拟合,具有其他计量方法不具备的优势:第一,它不需要完备的基础模型,只需要将理论上认为有关联或研究中需要重点关注的变量组合起来,就足以构成分析所需的模型,因而能够突出宏观变量之间的关系;第二,由于卡尔曼滤波是一种递归算子的拟合方法,因而不需要考察模型的内生

性问题,这就在很大程度上减少了进行卡尔曼滤波的前期准备工作,也避免了工具变量的过度识别等问题。当然,也正是由于卡尔曼滤波所基于的模型缺乏理论基础,且计量过程中不考虑内生性问题,因而往往其研究结果只能作为进一步实证研究的预备性结论,也有学者将其作为确定线性模型包含变量的先验方法,如多兹等(Doz 等,2011)的成果就是典型的使用卡尔曼滤波作为预备性计量的工作。本部分使用卡尔曼滤波也仅仅是初步考察新中国成立以来中国出口贸易就业效应的大致趋势,详细分析还将留待后面两节。

为了完整考察新中国成立以来的出口贸易就业效应,本部分使用1952—2009年国家层面年度时间序列作为基础样本。资本存量数据参考单豪杰(2008)的方法并更新至2009年。需要说明的是,虽然2009年的数据已经略显陈旧,但是由于卡尔曼滤波基于递归算子,且其主要功能之一在于揭示发展趋势和进行预测,因而根据大数定律,1952—2009年的数据已经足够用于描述发展趋势,且有利于通过预测与现实值进行比较。当然在后面的线性回归中会将数据尽可能更新。

根据格林纳威(Greenaway,1998)的研究,t 时期的生产函数认为符合C–D形式:

$$Y_t = AK_t{}^{\alpha}L_t{}^{\beta} \tag{2-26}$$

由于我们并不关注技术变化的来源,因此认为技术外生并来源于对外交流的引进,因而生产函数可以进一步修正为:

$$Y_t = export_t{}^{\delta}K_t{}^{\alpha}L_t{}^{\beta}$$

为了考察出口贸易对就业的影响,将已经经过修正的生产函数两边取对数,得本部分的核心回归方程:

$$\ln L_t = c + \sum_{t=1}^{T} \frac{1}{\beta}\ln GDP_t + \sum_{t=1}^{T} \frac{\delta}{\beta}\ln K_t + \sum_{t=1}^{T} \frac{\alpha}{\beta}\ln export_t + \mu \tag{2-27}$$

其中,α、β、δ 分别表示资本、劳动和出口贸易的产出弹性,μ 表示残差。此外毛日昇(2009)和陈昊(2011)指出,外商直接投资(FDI)和固定资产投资(INV)应该是解释就业的良好变量,因而在卡尔曼滤波中将控制这两个变量。根据式(2-27)给出状态空间模型如下:

量测方程:dL = c(1) + sv1×dK + sv2×dGDP + sv3×dexport +

[ename = e1]

状态方程：sv1 = sv1（-1）；sv2 = sv2（-1）；sv3 = c（2）+ sv3（-1）+

[ename = e2]

描述性统计结果见表 2-1。即使从粗略的描述性统计结果，我们仍然可以发现出口贸易波动的幅度要远远大于就业人数的波动，这也可以从标准差值中观察到。虽然仅据此并不足以认为出口贸易就业效应没有我们一般认为的那么显著，但至少表明刻画出口贸易就业效应的变动趋势，线性模型未必是最好的选择。当然也存在这样的可能，即随着改革开放的进一步推进和深化，出口贸易的就业效应有可能呈现边际递减，这还仅仅是猜测。

表 2-1　描述性统计

指标	时期划分	均值	最大值	最小值	标准差
GDP（亿元）	1952—2009	45295.13	340506.90	679.00	79911.72
	1952—1978	1825.67	3645.20	679.00	831.77
	1979—1992	11625.12	26923.50	4062.60	7232.58
	1993—2009	142063.10	340506.90	35333.90	92607.48
export（亿元）	1952—2009	11746.27	100394.90	27.10	24451.94
	1952—1978	74.97	167.60	27.10	38.07
	1979—1992	1489.96	4676.30	211.70	1421.36
	1993—2009	38729.39	100394.90	5284.80	32138.11
K（亿元）	1952—2009	23672.75	154246.70	342.00	35631.14
	1952—1978	2357.82	5641.07	342.00	1493.70
	1979—1992	11758.93	19514.43	6122.97	4393.21
	1993—2009	67337.26	154246.70	22075.24	39836.43
L（万人）	1952—2009	47528.45	77995.00	20729.00	19265.48
	1952—1978	29942.89	40152.00	20729.00	6219.30
	1979—1992	50849.36	66152.00	41024.00	7011.42
	1993—2009	72723.59	77995.00	66808.00	3670.65

注：篇幅所限，控制变量的描述统计不报告。其中用"全社会劳动者人数"表示"就业人数"（L）。

接下来对状态空间模型进行卡尔曼滤波。

表2-2 卡尔曼滤波结果

年份	模型被解释变量:就业水平			
	（1）	（2）	（3）	（4）
1952—2009	0.5334***	1.9397***	0.0862***	0.0894***
1952—2008	0.2618***	0.2647***	0.0841***	0.0866***
1952—2007	0.1407***	0.3630***	0.0817***	0.0842***
1952—2006	−0.0278***	0.2803***	0.0809***	0.0817***
1952—2005	−0.3673***	−3.5829***	0.0784***	0.0833***
1952—2004	−3.2179***	−1.2163***	0.0799***	0.0827***
1952—2003	0.9332***	NA	0.0801***	0.0828***
1952—2002	0.5979***	2.2002***	0.0804***	0.0829***
1952—2001	0.5684***	−0.1459***	0.0812***	0.0839***
1952—2000	0.5329***	5.4149***	0.0782***	0.0809***
1952—1999	0.4860***	0.0162***	0.0862***	0.0884***
1952—1998	0.4427***	2.7546***	0.0824***	0.0821***
1952—1997	0.3618***	−3.1471***	0.0784***	0.0781***
1952—1996	0.3426***	4.9576***	0.0791***	0.0779***
1952—1995	0.2512***	−7.8900***	0.0735***	0.0719***
1952—1994	0.1791***	0.1690***	0.0678***	0.0659***
1952—1993	0.3122***	4.2944***	0.0684***	0.0660***
AIC	0.0134	0.1378	−3.0386	−2.6356
SC	0.0252	0.1044	−2.7854	−2.3824

注:本表考察1952—2009年并逐年进行滤波递减;第(1)、(2)、(3)、(4)列分别报告未控制变量、控制 FDI、控制 INV 和同时控制 FDI、INV 的结果,*** 表示在 1%的水平上显著。NA 表示滤波中的异常值。

　　表2-2 报告了对状态空间模型进行卡尔曼滤波的结果。从 AIC-SC 指标来看,模型(3)即单独控制固定资产投资变量的卡尔曼滤波结果最为理想,可以作为核心结论加以阐述:第一,出口贸易的就业效应持续正向且基本维持在 0.08 左右;第二,图2-1 报告了状态空间模型(3)的滤波值变动(上图)及滤波效应分解的情况。与表2-2结合可以发现,在基本维持出口

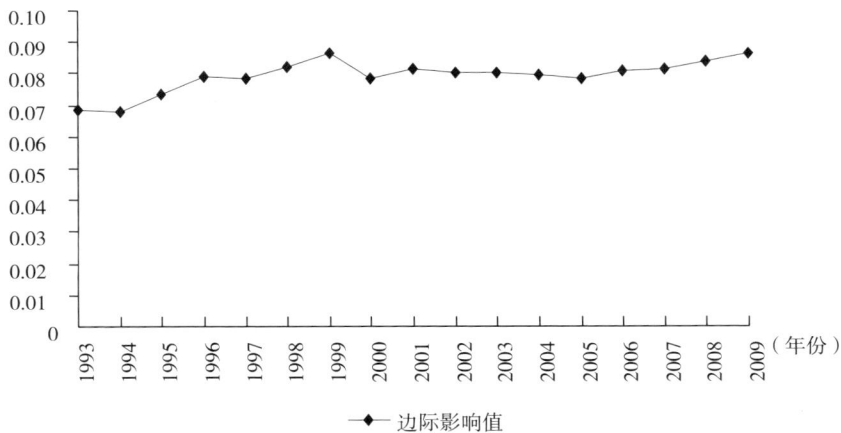

边际影响值

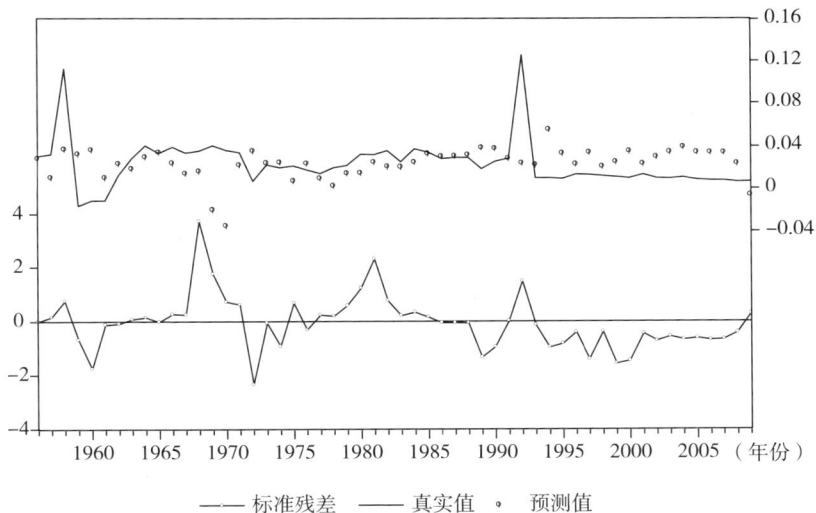

——标准残差　——真实值　。预测值

图 2-1　滤波值与滤波分解图

贸易就业效应持续提高的背景下,仍然存在个别年份的暂时性显著波动,但自加入世界贸易组织以来基本维持了平稳上升的趋势。以上结论可以进一步说明,出口贸易持续促进就业水平提高的效果是值得期待的,当然需要提醒这仅仅是卡尔曼滤波的结果。滤波分解图表明所选取的状态空间模型形式基本符合实证数据的变动特点,回归结果是可信的。当然如前所述,由于状态空间模型的构建缺乏微观和宏观基础,且卡尔曼滤波忽视了内生性的问题,因而上述结论仅仅能够作为考察中国出口贸易就业效应程度的参考和预备性工作,更为严谨的实证分析还应该引入面板模型。

二、中国出口贸易的就业效应:省际证据

本部分从省际数据的角度考察中国出口贸易的就业效应,选取第二节出口贸易外生匹配模型作为回归的基础模型。根据式(2-9)且简单起见,假定出口贸易对岗位维持成本的影响呈线性,则两边取自然对数可得:

$$(\gamma - 2)\ln E + (\frac{\beta}{\gamma} + 1)\ln(L - E) = \ln B + d\ln T - \frac{1}{\gamma}\ln K - \gamma\ln b - \ln A$$

$$(2-28)$$

合并常数项并对变量进行可计量转化,考虑到前文所述控制固定资产投资和外商直接投资变量的重要性,可得面板方程:

$$\ln E_{it} = \eta_0 + \sum_{j=1} \eta_1 \ln export_{i,t-j} + \sum_{j=1} \eta_2 \ln(L - E)_{i,t-j} + \sum_{j=1} \eta_3 \ln A_{i,t-j} +$$

$$\sum_{j=1} \eta_4 \ln b_{i,t-j} + \sum_{j=1} \eta_5 \ln FDI_{i,t-j} + \sum_{j=1} \eta_6 \ln INV_{i,t-j} + \sum_{j=1} \eta_7 \ln w_{i,t-j} + \lambda_i + t + \mu_{it}$$

$$(2-29)$$

其中,λ_i 是地区个体固定效应,t 为时间虚拟变量。

在进行实证工作前,有必要再次强调,虽然面板方程来源于匹配模型的推导结论,但我们依然没有忽视已有实证研究成果证明的应该控制的变量,如 FDI、INV 等。此类处理将在后文的实证工作中反复出现,不再赘述。

(一) 数据说明与模型识别

1. 数据说明与描述性统计

本部分实证工作的样本数据均来自 1998—2010 年《中国劳动统计年鉴》中关于城镇就业的统计,因为关于非城镇就业的统计数据一直以来严重缺失,因而本部分实证仅基于城镇就业;其余数据来源于各省区市统计年鉴。具体而言:

(1)城镇就业人员年末人数(E)、出口额(export)、失业(L-E)、固定资产投资额(INV)、实际利用外商直接投资额(FDI)、城镇在岗职工平均工资(w)的各省区市数据直接从统计年鉴中获得。具体而言,城镇就业人员年

末人数则既包括在单位就业,也包括自主创业。值得说明的是,固定资产投资额和外商直接投资额是前文模型中未曾提到的变量,换言之,我们并不清楚这两个变量影响就业水平的具体实现路径,因此加入这两个变量可能带来内生性。① 我们将在后文内生性检验的工作完成之后,寻找合适的工具变量进行处理。

(2)劳动者生产速率(A)的计算方法是:$A = TP/(TIME \times E)$。其中 TP 为总产出,$TIME$ 代表该地区的平均就业时间,E 代表就业总人数。此外一个重要的问题是,在《中国劳动统计年鉴》的"分地区城镇单位就业人员减少去向"表中,列举了七种原因的离岗:退休、离休、退职;除名、辞退、开除;终止或解除合同;不在岗职工;调出;死亡;其他原因②等。如前所述,这些原因均符合出口贸易外生匹配模型中的"离岗"概念,因而本部分将就业人员减少去向中报告的就业减少总人数,作为实证检验中衡量离岗人数的指标(b)。

表 2-3 1997—2009 年中国 31 个省区市劳动就业指标描述统计

指标	地区划分	均值	最大值	最小值	标准差	观测数
城镇就业人数（万人）	全国	561.67	2277.20	20.90	364.28	403
	东部	769.77	2277.20	108.20	447.30	143
	中部	630.72	1067.10	375.60	175.26	104
	西部	324.87	1008.50	20.90	202.16	156
城镇在岗职工平均工资（元）	全国	16365.40	63549.00	4889.00	9917.92	403
	东部	19570.27	63549.00	5591.00	11774.50	143
	中部	13131.27	29658.00	4889.00	6938.33	104
	西部	15583.69	48750.00	5124.00	8888.48	156

---

① 因为固定资产投资和外商直接投资,都有可能与单位劳动单位时间产量变量存在同时性和联系性,因而内生性的问题必须考虑。此外,其实解决内生性的一个很好的办法是使用差分 GMM 或系统 GMM,但本节暂不使用 GMM 方法而采用滞后期解释变量作工具变量的 GLS 和 2SLS,效果与差分 GMM 类似。

② "其他原因"是一个模糊的概念,但是由于统计年鉴中对未找到工作的失业情形做了独立的统计,因而这里的"其他原因"显然也符合离岗的定义。

续表

指标	地区划分	均值	最大值	最小值	标准差	观测数
城镇登记失业人数(万人)	全国	21.28	75.60	1.00	13.80	394
	东部	24.69	75.60	2.80	16.04	143
	中部	27.95	55.30	9.50	10.94	104
	西部	13.24	37.90	1.00	8.35	147
城镇离岗人员人数(万人)	全国	43.54	246.79	0.65	35.83	403
	东部	71.21	246.79	4.45	42.62	143
	中部	37.52	156.19	1.56	19.44	104
	西部	22.18	79.26	0.65	15.02	156
城镇单位劳动单位时间产量(元/人)	全国	3897.26	28838.91	560.60	3826.21	402
	东部	6592.29	28838.91	1492.85	4980.19	143
	中部	2449.23	7013.36	883.22	1372.04	103
	西部	2382.88	10656.73	560.60	1873.91	156

　　表2-3报告了1997—2009年31个省区市劳动就业相关指标的情况，东、中、西部的划分标准参照国发〔2000〕第33号文件《国务院关于实施西部大开发若干政策措施的通知》的最新规定。可以发现两个特点：第一，从城镇就业人数看，东部和中部地区远远高于西部地区，这显然与地区经济发展的特点一致，因为东、中部相对西部而言拥有更多的"空位"和雇主。类似的情况也可以从城镇在岗职工平均工资和劳动者生产速率（也即单位劳动的单位时间产量）两个指标上展示出来。令人略感吃惊和担忧的是，西部地区如上变量的标准差竟然远远高于东、中部地区，这表明在经济相对不发达的西部地区，各省区市之间的就业发展状况存在更大的差距。第二，西部地区城镇登记失业人数和离岗人员人数的均值显著低于东、中部地区，其中一个显而易见的原因是，西部地区存在较少的"空位"和雇主。但是从另一个角度，这也说明西部地区经济发展相对落后，因而所能提供的就业岗位显著劣于其他地区，这在一定程度上也影响到劳动者的就业选择。与就业指标情形有所不同的是，西部地区失业指标的标准差同时也低于东、中部地区，可见西部地区内部各省之间的失业指标波动更不明显，差距也相对

较小。

2. 回归方法与模型识别

为了考察出口贸易对省际就业水平当期和滞后调整所带来的影响,本部分选取解释变量最大两期滞后进行回归分析。众所周知,滞后处理可能会带来内生性,从而造成估计结果的一致性无法得到保证,因而有必要在回归之前进行内生性自检。此外,由于本部分的回归样本基于 31 个省区市 1997—2009 年的面板数据,因而时间跨度相对截距而言较短,因此直接采用 POLS 和 GLS 会带来估计的严重偏差,应该在对截距进行加权以后做进一步回归处理。这些处理方法都将在后文一一报告。

考虑到前面所提到的诸多问题,可以得出进行本次回归工作的基本思路:一方面,通过使用加权截距的方法来平缓"短而宽"的数据所带来的一致性偏差;另一方面,当然也可以采用面板数据二阶段最小二乘(P2SLS),即通过引入工具变量进行两阶段回归,但是简单的 P2SLS 仍然无法处理两个以上变量存在内生性的问题。因此,阿里拉诺和邦德(Arellano 和 Bond, 1991)提出了差分 GMM 方法用于克服内生性。但是,差分 GMM 的缺陷在于差分会损失样本信息,对于"短而宽"的数据影响尤为明显,因而阿里拉诺和鲍弗(Arellano 和 Bover, 1995)与布伦戴尔和邦德(Blundell 和 Bond, 1998)又提出使用系统 GMM 方法来克服差分 GMM 可能带来的样本信息损失问题。但如同在本书第一章就强调的那样,在讨论中国出口贸易就业效应的时候,由于新增的 FDI 和 INV 变量及各自的滞后调整对模型的干扰方向尚难确定,因而系统 GMM 可能造成方程无法识别,且 P2SLS 在选择变量滞后期作为工具变量的时候与 GMM 方法并无显著差异,因此本部分仍然只采用一般的 GLS 和 P2SLS 进行比较回归分析。

(二) 内生性自检与出口贸易就业效应的实证检验

1. 内生性自检

平稳性检验结果见表 2-4,平稳性检验的方法按照各变量的时序图确定。发现离岗和失业人数对数序列原阶平稳;就业人数、出口额、国际直接投资和在岗职工工资的对数序列一阶差分平稳;固定资产投资和劳动者生产速率的对数序列二阶差分平稳。理论上说,如果变量非同阶平稳,直接进行 OLS 回归是不合理的,因为不平稳的数据与平稳的数据之间不存在稳定的回归关系,问题的关键就变成了误差修正。就本部分工作而言,误差修正既体现在引入作为滞后项的工具变量,也体现在 GLS 和 P2SLS 的比较回归上,这一问题在后面还会提到,暂不赘述。

表2-4　出口贸易就业效应平稳性检验

变量	检验方法	LLC	Bret-stat	IPS	ADF-Fisher	PP-Fisher
lnE	(C,0,1)	−9.86***		−5.22***	135.44***	181.62***
lnexport	(C,0,1)	−3.38***		−5.25***	128.41***	103.68***
ln(L−E)	(C,0,0)	−6.28***		−3.17***	117.21***	75.75*
lnA	(C,T,2)	−11.63***	3.38	−3.82***	134.24***	168.96***
lnb	(C,0,0)	−6.34***		−4.65***	130.28***	126.18***
lnFDI	(C,0,1)	−12.47***		−8.79***	180.61***	214.88***
lnINV	(C,T,2)	−15.64***	−4.94***	−7.72***	172.55***	268.45***
lnw	(C,T,1)	−12.42***	−1.31*	−6.88***	154.04***	205.64***

注:表中给出 Statistic 值,保留两位小数。检验方法(x、y、z)代表(截距、趋势、差分阶数);***、**、* 分别表示在 1%、5% 和 10% 的水平上显著。

　　如前所述,内生性是需要自检的,且内生性问题是现代计量观点中需要解决的核心问题。内生性检验结果见表2-5,存在内生性是显然的。从理论上说,内生性只能减轻而不能消除,因而本部分关心的是如何通过 P2SLS 来尽可能减轻模型存在的内生性问题。在接下来的回归中,将首先对上述面板方程进行差分以消去省际间的固定效应,然后控制滞后 1 期至 2 期的水平内生变量和其他外生解释变量,作为存在内生性解释变量的工具变量。

表2-5　内生性检验

解释变量	模型(被解释变量:就业均衡水平)(1FE,2RE,j=0)	
	INV	FDI
lnexport 1	0.003	0.006
ln(L-E) 1	0.111***	0.120***
lnA 1	−0.045	−0.043
lnb 1	6.19E−05	−0.001

续表

解释变量	模型(被解释变量:就业均衡水平)(1FE,2RE,j=0)	
	INV	FDI
lnFDI 1	0.024***	
lnINV 1		−0.013
lnw 1	−0.064	−0.025
lnsurplus 2		
ln(L−E)2	0.111***	0.120***
lnA 2	−0.045***	−0.043***
lnb 2	6.19E−05***	−0.001***
lnFDI 2	0.024***	−3.52E−15
lnINV 2	1.00E−15	−0.013***
lnw 2	−0.064	−0.025***
残差变量	显著	显著

注:1、2分别代表内生性检验的两个阶段;***、**、*分别表示在1%、5%和10%的水平上显著。

2. 出口贸易就业效应的实证检验

本部分利用线性模型进行实证检验,比较了P2SLS和GLS回归的不同结果,见表2-6、表2-7。其中采用P2SLS进行回归时,分别讨论了在FDI和INV分别存在内生性的条件下,出口贸易就业效应可能产生的变化。这是因为在使用普通的二阶段最小二乘方法进行回归时,如果同时控制两个或两个以上存在内生性的变量,可能造成第一阶段回归中工具变量之间内部相关,也有可能使得工具变量的滞后项之间产生交叉相关,从而破坏严格的外生条件。

表2-6 出口贸易与中国均衡就业水平 (被解释变量:ΔlnE)

回归方法:P2SLS		
解释变量	FDI内生	INV内生
ΔlnE(−1)		0.149** (0.075)
ΔlnE(−2)		0.125** (0.061)

续表

回归方法:P2SLS		
解释变量	FDI 内生	INV 内生
Δlnexport	0.005 (0.010)	0.008 (0.019)
Δlnexport(-1)	0.039 *** (0.013)	0.003 (0.020)
Δlnexport(-2)		-0.027 (0.022)
ln(L-E)	0.053 *** (0.018)	-0.089 *** (0.028)
ln(L-E)(-1)		0.080 *** (0.028)
ΔlnA	-0.056 ** (0.026)	-0.105 * (0.062)
ΔlnA(-1)		-0.085 (0.075)
lnb	0.002 (0.007)	0.013 *** (0.005)
lnb(-1)	0.002 (0.007)	
lnb(-2)	-0.048 *** (0.009)	
AR(1)	0.229 *** (0.064)	
ΔlnA(-2)		-0.021 (0.069)
ΔlnFDI	0.004 (0.022)	0.010 (0.010)
ΔlnFDI(-1)		0.007 (0.010)
ΔlnFDI(-2)		0.038 *** (0.012)
ΔlnINV	-0.008 (0.032)	-0.079 (0.323)
Δlnw	0.184 ** (0.082)	-0.229 * (0.121)
D-W 检验值	2.191	2.013

续表

回归方法:P2SLS		
解释变量	FDI 内生	INV 内生
Adjust-R	0.461	0.205
Prob(F-Statistic)	0	0
Hauseman-P	0.005	1.000

注:本表报告 P2SLS 的结果,数值保留三位小数,括号中为标准误差;*** 、** 、* 分别表示在 1% 、5% 和 10% 的水平上显著。

表 2-7　出口贸易与中国均衡就业水平(被解释变量:ΔlnE)

变量	回归方法:GLS
ΔlnE(-1)	0.162 *** (0.062)
ΔlnE(-2)	0.141 ** (0.055)
Δlnexport	0.006 (0.010)
Δlnexport(-1)	0.043 *** (0.014)
Δlnexport(-2)	-0.004 (0.013)
ln(L-E)	0.003 (0.024)
ln(L-E) (-1)	0.040 * (0.022)
ΔlnA	-0.066 * (0.039)
ΔlnA(-1)	-0.028 (0.038)
lnb	0.003 (0.007)
lnb(-1)	-0.001 (0.007)
lnb(-2)	-0.029 *** (0.010)
ΔlnFDI	0.014 * (0.008)

续表

变量	回归方法：GLS
ΔlnINV	−0.010 （0.033）
Δlnw	−0.216*** （0.074）
D-W 检验值	2.070
Adjust-R	0.495
Hauseman-P	0.005

注：本表报告 GLS 的结果，括号中为标准误差；***、**、* 分别表示在 1%、5% 和 10% 的水平上显著。

比较表 2-6 和表 2-7 可以发现，出口贸易规模增加对当期就业均衡水平并无显著影响，但我们观察到出口贸易对就业水平的滞后调整却存在0.04 左右的边际正影响。可以尝试做这样的解释，即如前所述，就业是一个搜寻匹配过程，因而出口贸易的就业效应往往需要一定时间才能体现。除了劳动力市场本身具有的搜寻匹配时滞以外，经济自我实现的预期过程或许也可以用于解释如上的实证结果。当期出口额的增加，会促使国内出口企业对未来出口市场需求产生更为乐观的预期，从而形成增加出口产品生产的决策，而后进一步增加岗位提高对劳动者的需求。但是招聘是需要时间的，因而从企业形成乐观估计到作出增加出口产品生产的决策，再到实施劳动力市场上的招聘，这一过程所需的时间在客观上就形成了出口贸易就业效应的时滞。无论何种解释，从省际面板回归的结果来看，出口贸易额每增加 1%，下一期的就业水平就会提高 0.04%。

现在回到表 2-2。如果我们比较卡尔曼滤波与省际面板回归的结果，我们发现卡尔曼滤波展示了更为显著的出口贸易就业效应，且边际影响程度大致为面板回归结果的一倍。卡尔曼滤波基于递归算子，因而显然已经将滞后期的问题先验考虑进去了，所以我们有理由猜测，贸易筛选机制可能抵消了将近一半的出口贸易就业效应，当然这还仅仅是猜测。

观察其他感兴趣的变量，可以得出有趣的结论：第一，就业水平的滞后调整会对当期就业水平产生显著正向的影响。如果我们忽视 GLS 和 P2SLS回归本身产生的合理波动，那么可以发现滞后的就业水平可能与当期存在稳定的正相关关系。也即当期就业水平的提高会显著提高未来的就业水平。这当然也可以用经济的"预期自我实现"加以解释:准备找工作的劳动者观察到当期社会就业水平提高,于是会对未来的就业形势产生乐观估计,从而促使劳动者在当期通过提升自身实力来保证未来寻找工作时更加顺利,这当然会提高未来的就业水平。第二,在岗职工的平均工资与就业水平呈现显著而稳定的负相关关系,这一结论与莱琴科(Leichenko,2000)的猜想是一致的。可能的解释是,在岗职工的平均工资越高,则暗示企业提供的工资中效率目标的工资比重越大,也即企业越愿意通过提供高工资来维持企业在岗员工的高效率。既然如此,准备应聘该企业的劳动者就会更加谨慎地评估自己的真实能力,看是否能够达到企业提供效率工资的技术水平,这会在一定程度上降低劳动供给。另外,企业注重效率必然提高招聘门槛,这同时在一定程度上降低了劳动需求,因而均衡就业水平的降低也非常正常。第三,一个并不让人感到意外的结论是,失业人数和离岗率对就业均衡就业水平都起到了显著的负向作用。但是同时令人意外的是,省际面板发现固定资产投资和国际直接投资对就业的影响却并不稳定和显著,这就需要进一步加以探讨。我们认为有两方面的原因:第一,固定资产投资和国际直接投资所支持的产业,大多不再是劳动密集型产业,而是资本密集型产业和技术密集型产业,这与近年来国家经济发展战略相吻合,因而在实证中就表现出固定资产投资和国际直接投资规模的增加并未对就业水平产生显著的推动;第二,由于长期以来中国对外贸易的比较优势产品以劳动密集型为主,因而相对来说该产业的技术装备已经比较完善,况且劳动密集型产品的生产特点决定了新增生产资料并不需要增加更多的技术设备,因而就业水平不容易随资产投资的增加而提高。

最后值得一提的是,发现出口贸易筛选机制可能抵消了近一半的出口贸易就业效应,这一结论与数理模型分析中得出长期贸易筛选机制将逐渐显现并占据主导的结论是相吻合的。在面板模型中由于加入了滞后调整的因素,因而线性回归分析实际上已经开始引入时间区段,因此所得出的结论会越来越接近长期条件下出口贸易就业效应的真实状况。

至此,已经完成出口贸易就业效应的省际面板检验工作,基本结论是出口增加对当期就业水平的影响不显著,但对未来就业水平的提高却有显著推动:即出口每增加1%,未来一期到两期的城镇就业均衡水平将提高4%

左右(这当然是我们稍微改变了量纲之后的结论,否则过小的数值会让我们产生出口贸易就业效应不显著的错觉)。值得一提的是,如果结合本章卡尔曼滤波工作所得结论,也有理由猜测贸易筛选机制抵消了将近一半的出口贸易就业促进效果。当然再次强调这仅仅是猜测,而对这一猜测进行论证需要分解出口贸易就业效应实现的不同路径,这已经超出了本书研究的范围,虽然也是极其有意义的工作。

三、中国出口贸易的就业效应:企业证据

利用企业层面的微观数据考察出口贸易的就业效应,无疑有利于更加本质地观察对外贸易主体的优化行为。本部分将使用 2006—2009 年中国工业企业数据库,从实证角度进一步分析企业出口贸易规模的变动对就业带来的影响。此外,传统贸易理论认为出口贸易由于存在普遍的促进经济增长的作用,因而能够普遍地提高社会就业水平,这与准备找工作的劳动力的性别、能力等个体差异无关。当然,低能力和不占性别优势的劳动力可能会在找工作方面更不方便,但这种"不方便"不至于对出口贸易的就业效应方向产生逆转,即随着出口贸易规模提高,无论是男性还是女性,或是高技能劳动力还是低技能劳动力,其就业水平都能得到不同程度的提高。但是,充分考虑到企业异质性和个体差异的新新贸易理论似乎不应对此过早下结论。虽然国内外研究出口贸易就业效应性别差异的成果还不多见,但考察封闭经济条件下就业性别差异的文献,都认为就业的性别差异依然是造成当前中国劳动力市场就业不平衡的重要原因,如刘妍、李岳云(2007);刘晓昀等(2007);葛玉好、曾湘泉(2011);等等。有鉴于此,本部分也将考察出口贸易就业效应是否存在性别差异,虽然这不仅是本部分考察的一个重要而独立的问题,但也可以作为出口贸易就业效应的稳健性检验。

(一) 模型选取、数据说明与描述性统计

建立动态面板 $y_{i,t} = c + \alpha y_{i,t-1} + \beta x_{i,t} + \lambda_i + \mu_{i,t}$,其中 y 为企业年末从业人员数,x 代表包含企业出口交货值在内的一系列解释变量。根据毛日昇(2009)、陈昊(2011)和赫尔普曼等(Helpman 等,2012)的研究,解释变量中还应包括企业固定资产额、外商资本额等反映企业内外部发展条件的因素,

这些都将在报告回归结果的同时详细列出,这里暂不赘述。λ_i 为企业个体固定效应,μ 为随机误差。为了消除不同企业产生的个体效应差异,对面板方程差分可得:

$$y_{i,t} - y_{i,t-1} = \alpha(y_{i,t-1} - y_{i,t-2}) + \beta(x_{i,t} - x_{i,t-1}) + (\mu_{i,t} - \mu_{i,t-1}) \quad (2-30)$$

注意到式(2-30)存在被解释变量的滞后差分项,因而直接采用 POLS 和 PGLS 容易造成估计的严重偏差。为了解决普通最小二乘法和广义最小二乘法不可避免的内生性问题,阿里拉诺和邦德(Arellano 和 Bond,1991)提出使用差分 GMM 方法解决模型内生性带来的一致性偏差。差分 GMM 的缺陷在于通过差分将损失样本信息,因而阿里拉诺和鲍弗(Arellano 和 Bover,1995)、布伦戴尔和邦德(Blundell 和 Bond,1998)一致建议使用系统 GMM 克服差分 GMM 带来的样本信息损失问题。本部分样本截面远远大于时间跨度,因而使用差分 GMM 容易产生较大程度的偏差,而使用系统 GMM 方法则可以较好地保证一致性。当然一致性的保证还需要依赖工具变量的有效性(Bond,2002),因而本部分还将使用 Sargan-Hansen 过度识别和误差项序列相关等检验以保证工具变量的有效性。

本部分实证工作基于 2006—2009 年中国工业企业数据库,该数据库由国家统计局在"规模以上工业企业统计报表"基础上整理而成。所谓"规模以上工业企业"指的是全部国有工业法人企业及年主营业务收入在 500 万元以上的非国有工业法人企业,且无论是企业地域位置还是行业分布都与《中国统计年鉴》和《中国工业统计年鉴》涵盖范围一致。稍显麻烦的问题是,在本部分选取的时间跨度中,数据库存在较大程度的变化,因而需要作出初步筛选:第一,2006 年共统计 301961 家企业,2007 年增至 336768 家,但到了 2008 年企业数目快速增至 412212 家,2009 年更是统计了 434682 家企业,因而首先我们需要将 2006 年年未统计的其他企业筛除。注意到 2009 年的 113904 家名录不完整企业也相当于同时筛除完成,因为名录不完整的企业显然无法与 2006 年的企业名称对照。第二,本部分既然考察出口贸易的就业效应,就需要进一步筛除出口交货值为 0(认为这表明企业不进行出口贸易)的企业,当然我们同时将保留固定资产投资额和外商资本额为 0 的企业,这将有利于比较控制变量前后的回归效果。最后值得一提的是,2007 年前后企业数据的统计变量发生了较大的改变,其中可贵的是

2006—2007 年的企业数据库中包含了针对女性就业的衡量指标,因此接下来的实证分析实际上将分为两个部分:一是考察 2006—2009 年的企业样本;二是将样本时间跨度缩短至 2006—2007 年以考察出口贸易就业效应的性别差异。虽然不同时间跨度下的实证分析,在解释变量的选择上会略有差别,但这不应该影响一个稳定模型的解释能力。

表 2-8　2006—2009 年全变量说明与描述性统计

变量	符号	单位	年份划分	均值	标准差	观测数
从业人员年平均人数	L	人	2006—2009	528.94	2313.61	131284
			2006	521.29	21898.00	32821
			2007	535.71	2324.91	32821
			2008	540.80	2376.60	32821
			2009	517.95	2364.83	32821
出口交货值	EX	百万元	2006—2009	122.60	1326.11	131284
			2006	108.66	1161.09	32821
			2007	129.23	1414.32	32821
			2008	135.92	1515.27	32821
			2009	116.58	1178.78	32821
固定资产合计	FA	百万元	2006—2009	86.02	1137.17	131284
			2006	75.30	940.80	32821
			2007	81.82	996.84	32821
			2008	89.37	1137.74	32821
			2009	97.59	1413.93	32821
主营业务收入	IN	百万元	2006—2009	294.10	2626.41	131284
			2006	244.74	2234.28	32821
			2007	292.13	2597.94	32821
			2008	322.69	2962.24	32821
			2009	316.84	2659.47	32821

续表

变量	符号	单位	年份划分	均值	标准差	观测数
管理费用	MF	百万元	2006—2009	12.42	141.30	131284
			2006	9.94	98.02	32821
			2007	11.81	128.71	32821
			2008	13.61	152.40	32821
			2009	14.33	174.52	32821

注:保留两位小数,表2-9与此同。

我们发现从业人员年平均人数均值在2006—2008年逐年递增,但是在2009年产生了逆转,类似的变化趋势同样体现在出口交货值和主营业务收入上。出现这样的结果并不让人感到意外,因为2009年国际金融危机的影响开始全面影响中国的实体经济,而本部分所筛选出来的32821家出口企业必然显著受到金融危机的消极作用。

表2-9 2006—2007年新增控制变量说明与描述性统计

变量	符号	单位	年份划分	均值	标准差	观测数
外商资本	FI	百万元	2006—2007	9.70	101.20	119896
			2006	5.33	75.04	59948
			2007	14.08	121.71	59948
本年应付工资总额	W	百万元	2006—2007	11.76	79.12	119896
			2006	10.44	68.27	59948
			2007	13.07	88.63	59948
本年应付福利费总额	WEL	万元	2006—2007	120.04	1006.47	119896
			2006	117.85	1060.33	59948
			2007	122.24	949.56	59948
年末女性从业人员合计	FL	人	2006—2007	219.55	765.27	119896
			2006	226.03	762.84	59948
			2007	213.04	767.66	59948

续表

变量	符号	单位	年份划分	均值	标准差	观测数
固定资产净值年平均额	NFA	百万元	2006—2007	60.40	668.35	119896
			2006	57.25	625.19	59948
			2007	63.55	708.88	59948

表2-8、表2-9分别报告了2006—2009年的全变量及2006—2007年新增控制变量的选取情况及描述性统计结果。有必要对所选取的变量进行一些说明:第一,由于2009年中国工业企业数据出现了较大程度的名录和企业代码丢失,因而我们只能通过企业名称对不同的企业进行识别,这无疑可能会遗漏一些名字发生变动但实际上仍是同一企业的样本,因而基于2006—2009年的面板样本观测数要远远小于基于2006—2007年的面板样本。第二,作为本部分实证研究的核心因变量,对企业就业人数的衡量我们最终选择了"从业人员年平均人数"而非"就业人员年末数"。根据中国工业企业数据库的指标说明,年平均人数能够更加准确地反映企业的真实就业情况。值得一提的是,分性别的就业统计只有年末就业人数,因而对女性就业的衡量只能采取年末数衡量的方法。第三,出口交货值用于衡量企业出口贸易规模,是本部分实证工作的核心解释变量。如前所述,根据毛日昇(2009)、陈昊(2011)的研究,本部分将固定资产和外商资本作为企业发展的内外部支持力量加以控制,为了比较原始存量与净值的差异,还将替代性地控制固定资产净值进行比较。赫尔普曼等(Helpman,2011)的研究已经证明,筛选成本对企业招聘员工的规模会有显著影响,因而我们试图利用管理费用和主营业务收入来描述企业进行筛选的相对成本①,当然它们同时也反映了企业的发展状况。

(二) 企业异质性与出口贸易就业效应的重估

1.基本的回归结果

利用企业微观数据可以较好地体现企业异质性,从而有利于对出口贸

---

① 应当承认很难从企业报表的变量中找到衡量筛选成本的数据。我们认为管理费用部分包含了企业招聘的筛选成本,而主营业务收入则体现了企业相对筛选成本而言能够获得的资金规模。

易的就业效应进行重估,表2-10报告了这种思路下的回归结果,图2-2报告了控制所有变量回归的DL残差和标准残差。篇幅所限,三值(真实值、残差值、拟合值)图不再报告。这里充分体现了微观数据的优势,因为通过回归得出的残差变化趋势图,我们发现在控制了所有变量以后,残差呈现有规律的垂直偏移,而这种趋势变化很难在宏观数据回归中获得。

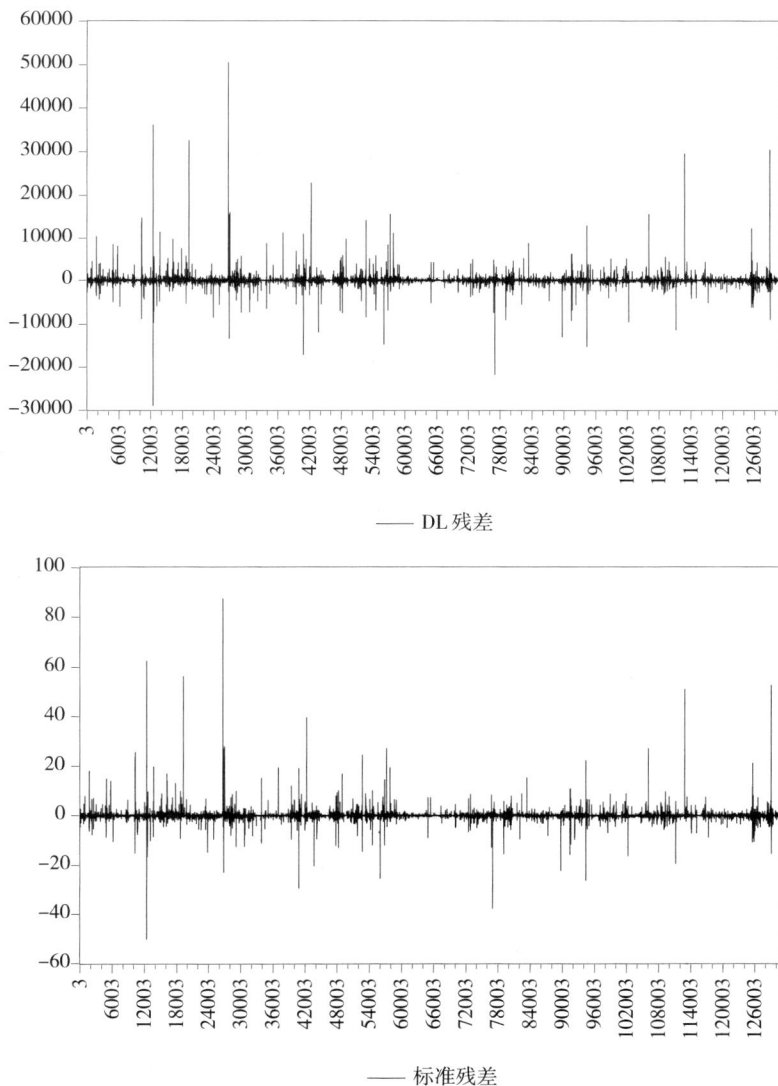

—— DL残差

—— 标准残差

图2-2　残差变化趋势图

表 2-10　2006—2009 年企业出口贸易的就业效应

变量	静态面板		SYS-GMM			
	POLS	P2SLS	（1）	（2）	（3）	（4）
dL(−1)			−0.252 *** (0.004)	−0.256 *** (0.004)	−0.242 *** (0.005)	−0.242 *** (0.005)
dEX	0.636 *** (0.008)	0.769 *** (0.023)	0.692 *** (0.003)	0.601 *** (0.005)	0.770 *** (0.010)	0.650 *** (0.033)
FA	0.451 *** (0.013)	0.030 *** (0.003)	0.036 *** (0.002)			0.066 *** (0.004)
dIN	0.082 *** (0.007)	0.097 *** (0.025)		0.093 *** (0.003)		0.095 *** (0.027)
dMF	0.260 *** (0.010)	3.987 *** (0.266)			−0.548 *** (0.007)	−0.381 *** (0.007)
dEX (−1)	0.394 *** (0.015)		0.204 *** (0.008)	0.201 *** (0.006)	0.336 *** (0.019)	0.650 *** (0.033)
FA(−1)	0.047 *** (0.015)			0.045 *** (0.002)	0.090 *** (0.006)	
dIN (−1)	−0.159 *** (0.012)		0.003 (0.006)		−0.013 * (0.007)	
dMF (−1)	−0.511 *** (0.014)			0.552 *** (0.057)	0.330 *** (0.057)	
D−W 检验值	1.853	2.559	2.101	2.140	2.051	2.080
A−R²	0.299	0.349	0.430	0.434	0.239	0.342
S−H 检验 P			1.00	1.00	1.00	1.00

注：静态面板 Hauseman 检验 P＝0，因而均使用固定效果；系统 GMM 回归中的第（1）、（2）、（3）、（4）列分别代表控制固定资产合计、主营业务收入、管理费用和同时控制三者的情形；括号中为标准误差；***、**、* 分别表示在 1%、5%和10%的水平上显著；S−H 检验即 Sargan-Hansen 过度识别检验。未作特殊说明，后文诸表均与此同。

　　很显然，出口交货值规模的提高，显著促进了企业就业人数的增加，即出口贸易的就业效应显著为正是没有疑义的，甚至其滞后一期的规模增加都依然能够显著提高企业的就业水平，这验证了第二节模型所提命题 2。具体而言，出口每增加 1%，当期就业水平提高约 0.7%，而未来一期就业水平提高约 0.3%。类似的情形同样体现在固定资产和主营业务收入的就业效应上,可见,作为企业发展的内在支持力量,固定资产和主营业务收入的水平对企业决定招聘多少员工起到了关键作用。让我们更感兴趣的是管理费用:首先,在控制了管理费用的第(3)、(4)列中,管理费用对就业产生了显著的负向作用;其次,比较表2-11D-W检验值的第(5)、(6)列两列,我们发现当同时控制固定资产和主营业务收入变量后,管理费用对就业的负向作用显著降低,换言之,虽然筛选成本必然减弱企业招聘员工的意愿,但是如果企业的资产和运营状况足够理想的话,筛选成本的作用将会大幅度减小,这与赫尔普曼等(Helpman等,2012)的研究结论极其相似。

另外一个值得关注的事实是:主营业务收入的滞后规模对就业呈消极影响,而管理费用的滞后规模却对就业呈积极影响。虽然很多相关文献都使用"经济的自我实现预期"来解释这一现象,但这或许并不是主要的原因。因为我们看到主营业务收入滞后一期规模虽然对就业边际影响为负,但无论是绝对值还是显著程度都比较小。更重要的是,在系统GMM回归中,我们只在不控制主营业务收入的时候观察到主营业务收入滞后一期的变量系数,因为在其他条件下需要使用该变量作为工具变量,同样的情况也出现在管理费滞后一期的变量上。这显然意味着将该变量对就业的影响归于残差项时,其滞后一期变量的逆向作用反而被突出,因而未必会包含有价值的经济学含义。最后值得一提的是,D-W检验值虽然没有非常理想地在2左右小幅摆动,但基本可以在很大程度上消除我们对严重异方差的担心。

2. 稳健性检验

(1)按地区分组

考虑到中国各地区之间经济发展的显著差异以及企业样本可能存在的异常情况,本书做了一些其他的尝试,这些可以看成前面实证结论的稳健性检验。本部分分地区对企业出口贸易的就业效应进行了检验,结果体现在表2-11中。首先,通过比较第(2)、(3)、(4)列可以发现,除中部地区以外其余地区划分并没有改变出口贸易就业效应为正的基本结论,且出口贸易相对发达的东部地区出口贸易对就业的边际影响程度,要显著低于相对落后的西部地区。对此的一个合理解释可能是出口贸易的就业效应存在边际递减倾向,即当出口贸易发展水平较高时,出口贸易的进一步发展对就业水平提高的贡献度会降低。因为随着出口贸易规模和质量的提升,对劳动力人数的需求不再如同出口贸易发展刚刚起步那样呈规模性增加,而更注重先进设备和生产线的使用与改进,这在客观上促使出口企业将出口贸易增加所带来的利润提升,更多地用于设备改进和生产技能提升,而非单纯地设置更多"空位"以招聘中等技能的劳动力。类似的结论也可以通过比较第(5)、(7)两列得出。其次,观察 D-W 检验值各列,发现除中部地区外,管理成本的提高都显著降低了就业水平,这与表 2-10 的结论一致,表明按照地区分组并没有影响模型稳定的解释能力。最后,从调整的拟合优度来看,该模型对东部地区的解释能力明显高于中、西部地区,对直辖市和东北三省的解释能力明显高于珠江三角洲。当然,考虑到微观企业样本量的规模,即使最低的 0.20 左右的拟合优度依然是可以接受的。

表 2-11　2006—2009 年分地区企业出口贸易的就业效应(SYS-GMM)

变量	模型 I			模型 II		
	(1)	(2)	(3)	(4)	(5)	(6)
dL(-1)	-0.167 *** (0.005)	-0.340 *** (0.014)	-0.902 *** (0.045)	-0.117 *** (0.018)	-0.026 (0.019)	-1.184 *** (0.016)
dEX	0.106 *** (0.004)	-2.060 *** (0.032)	0.772 *** (0.018)	0.294 *** (0.014)	0.242 *** (0.001)	0.918 ** (0.446)
FA	0.443 *** (0.005)	-1.431 * (0.739)	-0.044 (0.189)	0.340 *** (0.020)	-0.214 *** (0.005)	0.398 (0.744)
dIN	0.694 ** (0.321)	0.026 *** (0.003)	-0.379 *** (0.001)	0.132 *** (0.012)	-0.167 *** (0.016)	-0.388 *** (0.015)
dMF	-1.540 *** (0.059)	-0.242 *** (0.002)	-0.101 (0.087)	-0.168 *** (0.003)	-0.123 *** (0.013)	-0.618 *** (0.011)
dEX(-1)	0.141 *** (0.001)	0.140 *** (0.002)	0.258 * (0.152)	0.241 *** (0.008)	-0.091 (0.063)	-0.170 (0.471)
D-W 检验值	2.139	1.821	1.995	1.999	1.792	1.785
A-R^2	0.505	0.208	0.290	0.628	0.216	0.693
S-H 检验 P	1.000	1.000	1.000	1.000	1.000	1.000

注:第(1)、(2)、(3)列分别代表东、中、西部地区企业的回归面板,东、中、西部地域划分参照国发〔2000〕第 33 号文件的最终规定;第(4)、(5)、(6)列分别代表直辖市、珠江三角洲、东北三省地区企业的回归面板。

（2）筛去异常样本

在2006—2009年选取的32821家出口企业中，我们筛去4年间固定资产合计、管理费用、主营业务收入中至少有一项出现零值的654家企业，这些被认为是样本中的异常值。在此基础上我们重复表2-10的回归过程，回归结果见表2-12。

在筛去数量不大的异常样本后，出口贸易对就业的正向影响依然显著，即出口贸易每增加1%，会促使企业提高员工招聘人数0.7%左右，滞后影响也保持在0.2%以上。另一个我们感兴趣的变量是管理费用。筛去异常样本后管理费用对就业的负向影响程度小幅降低，可能的原因是在包含管理费用为0的企业回归中，由于这些企业依然存在就业人员，因而将管理费用的负向影响夸大了。但是无论程度如何，管理费用（暂时可以认为是筛选成本一定程度上的代替）的就业负向效应无疑是显著的。

表2-12　2006—2009年企业出口贸易的就业效应（筛去异常值）

变量	静态面板		SYS-GMM			
	POLS	P2SLS	（1）	（2）	（3）	（4）
dL(−1)			−0.253*** （0.004）	−0.255*** （0.004）	−0.245*** （0.005）	−0.252*** （0.004）
dEX	0.632*** （0.009）	0.581*** （0.076）	0.703*** （0.003）	0.759*** （0.004）	0.773*** （0.001）	0.613*** （0.005）
FA	0.462*** （0.013）	0.482*** （0.013）	0.362*** （0.023）			0.419*** （0.017）
dIN	0.086*** （0.007）	0.128*** （0.006）		−0.551 （0.416）		0.749*** （0.035）
dMF	0.234** （0.101）	0.632*** （0.071）			−0.480*** （0.067）	−0.140*** （0.005）
dEX(−1)	0.421*** （0.016）		0.223*** （0.008）	0.233*** （0.007）	0.344*** （0.002）	0.197*** （0.005）
FA(−1)	0.046*** （0.016）			0.041*** （0.003）	0.085*** （0.006）	
dIN(−1)	−0.164*** （0.013）		0.344 （0.602）		−0.012 （0.075）	
dMF(−1)	−0.520*** （0.014）		0.497*** （0.057）	0.584*** （0.010）		

续表

变量	静态面板		SYS-GMM			
	POLS	P2SLS	（1）	（2）	（3）	（4）
D-W 检验值	1.865	1.787	2.115	2.099	2.065	2.181
A-R^2	0.302	0.283	0.437	0.425	0.285	0.451
S-H 检验 P			1.00	1.00	1.00	1.00

注：***、**、*分别表示在1%、5%和10%的水平上显著。

四、出口贸易就业效应的性别差异

接下来我们考察一个与前文研究紧密联系但显然更加有趣的问题：出口贸易就业效应是否存在性别差异？虽然从基本的劳动经济学观点来看，性别差异对就业造成了不可忽视的影响，但是过去考察出口贸易的就业效应却很少区分开放经济对不同性别劳动力就业的影响差异。新新贸易理论强调劳动力的异质性，第二节数理模型也明确指出企业的"筛选方向"会导致不同性别劳动力就业水平非同向变动，而这些结论是否能够得到经验证据的支持则是本部分需要验证的问题。本部分实证基于2006—2007年59948家出口企业样本，变量选取情况已在前文做了报告，这里不再赘述。

接下来的工作实际上包含两个部分：第一，考察2006—2007年企业出口的女性就业效应；第二，新增控制变量并与原模型的控制变量进行对比分析，这在一定程度上相当于对原模型进行稳健性检验，重点讨论企业出口的女性就业效应影响因素。表2-13报告了这两部分工作的回归结果。由于只有两年的面板数据，因而无法使用动态面板，这也是本部分数据的遗憾所在。由于新增了控制变量，为了方便接下来的分析，给出回归方程的基础表达式：

$$FL_{it} = c + \alpha_1 EX_{it} + \alpha_2 W_{it} + \alpha_3 FA_{it} + \alpha_4 MF_{it} + \alpha_5 FI_{it} + \delta \qquad (2-31)$$

在接下来的回归中，我们将在基础表达式（即第（1）、（4）列）的基础上，增加控制 WEL（即第（2）、（5）列）、用 NFA 替代 FA（即第（3）、（6）列）

来进一步考察模型的稳定性。这种控制变量的选择并不是随意的:首先,虽然同等行业、地区的企业对同等技能劳动力给出的工资可能差异不大,但企业能够支付的额外福利费很大程度上能够代表企业的发展状况和人文关怀,因而这些额外的福利往往成为员工进行就业选择的重要参考条件;其次,固定资产合计显然没有固定资产净值更能体现企业在当期的运营状况,因而在数据可获得的前提下使用固定资产净值或许更能解释企业的招聘力度。

表 2-13　2006—2007 年企业出口贸易就业效应的性别差异(因变量:FL)

变量	POLS(Hauseman 检验 P=0)			GLS(Hauseman 检验 P=0)		
	(1)	(2)	(3)	(4)	(5)	(6)
EX	-0.069 *** (0.002)	-0.062 *** (0.002)	-0.068 *** (0.002)	-0.053 *** (0.001)	-0.051 *** (0.001)	-0.059 *** (0.001)
W	9.333 *** (0.046)	8.340 *** (0.050)	9.315 *** (0.045)	9.587 *** (0.022)	8.520 *** (0.027)	9.574 *** (0.025)
FA	0.086 *** (0.003)	0.063 *** (0.003)		0.080 *** (0.001)	0.047 *** (0.002)	
MF	-3.060 *** (0.033)	-3.319 *** (0.033)	-3.155 *** (0.033)	-3.222 *** (0.019)	-3.470 *** (0.023)	-3.241 *** (0.021)
FI	0.063 *** (0.017)	0.088 *** (0.016)	0.040 ** (0.017)	0.033 *** (0.003)	0.040 *** (0.004)	0.025 *** (0.002)
WEL		0.143 *** (0.003)			0.146 *** (0.001)	
NFA			0.132 *** (0.004)			0.128 *** (0.002)
A-R^2	0.466	0.479	0.468	0.837	0.662	0.682
P(F-stat)	0	0	0	0	0	0

表 2-13 体现的核心结论是,出口贸易对女性就业水平产生显著的负向影响(FA)。进一步比较 FA 的第(2)、(4)列与第(3)列,以及比较第(5)、(7)列与第(6)列,我们发现在额外控制企业应付福利费后,出口贸易对女性就业的消极影响程度会明显降低,当然与此同时也在一定程度上削弱了应付工资对女性就业的促进作用。可见,对女性就业者来说,除了与男

性就业者一样非常重视企业能够提供的基本工资待遇以外,还更加重视企业能够提供的额外福利,这可能恰恰反映了女性就业者的特点。如果企业能够给予较长的婚假、产假和较高的产假补贴等,无疑对女性就业者有极大的吸引力。也正是因为相同的原因,企业更不愿意招聘女性就业者,尤其是进行出口贸易的企业,随着其出口贸易规模的扩大,工作强度和生产交易成本都会相应提高,而这必然导致企业更不愿意给予过长的假期和过高的福利,因而降低了女性的就业水平。

另一个值得关注的事实是,如果将表 2-13 所报告的结果与前面的工作进行对比,我们会发现管理费用对女性就业水平的消极影响尤为显著。这实际上在一定程度上反映了企业进行筛选的"非自然性别偏向",这与第二节数理模型所得推论相符,更为重要的是它或许提醒了我们,企业能够找到许多"充足理由"来拒绝招聘女性从业人员。

至此,我们完成了对出口贸易就业效应进行的国家、省际和企业层面的实证研究。其中发现:

第一,出口贸易的就业效应存在合理的负向机制。一方面,进行出口贸易的企业由于可能普遍存在更为理想的生产率,因而能够提供更高的收入,从而吸引更多的劳动者;另一方面,进行出口贸易的企业可能面临更广泛的竞争和更具风险的预期利润,因而提供更不稳定的收入和更高的招聘门槛,由于劳动者在追求利润最大化的同时往往非偏好风险,因而出口贸易的就业效应存在负向机制,即可能由于提供不稳定的收入而促使劳动力放弃应聘或被更大程度地淘汰。以往相关研究要么忽视了出口贸易就业效应存在负向机制的可能性,要么仅仅基于实证结果发现出口贸易就业效应在某些条件下为负,却并没有进行理论机制上的讨论和验证。本书发现,实际上普遍存在于理性人中的风险非偏好特性,就足以为出口贸易就业效应负向机制提供很好的解释,因为仅就本章所使用的数据来看,出口企业所能提供的待遇往往波动更大。

第二,出口贸易的筛选机制会显著提高高学历劳动力的就业水平,而降低低学历劳动力的就业水平。

第三,国家和省际层面出口贸易就业效应显著为正,但出口贸易对就业的促进作用存在滞后效应。

　　第四,企业层面出口贸易的就业效应显著为正,但却显著降低了女性就业水平。

　　第五,行业出口贸易规模的提高显著促进了劳动力的流入,且高技术行业的出口贸易发展是劳动力流入的格兰杰原因。

第三章 对外贸易影响劳动力要素
流动的收入效应(上)

收入差异是劳动力要素流动的一个重要动因,我们可以在很大程度上说,正是由于追求拥有一份更高的收入,使得劳动力要素在地区之间、单位之间和城乡之间频繁地流动。同时,作为国际贸易领域的两大核心命题之一,贸易对劳动者的收入分配效应历来备受贸易学家和劳动经济学家的关注。

本章主要从总体贸易、出口贸易和加工贸易角度来研究对外贸易对劳动力要素流动所具有的收入分配效应,其中主要内容有对外贸易与异质性劳动力收入水平、对外贸易与城乡收入差距、出口贸易结构变化与女性工资、加工贸易与工资差距。

第一节 对外贸易与异质性劳动力收入水平

一、文献综述

新古典贸易理论的 H-O-S 定理是国际贸易影响收入分配的最早理论框架,其综合指出国际贸易改变了产品的相对价格,进而改变了生产要素的相对价格,具有很强的收入分配效应。然而,20 世纪 70 年代之后,发展中国家与发达国家均呈现出了国内收入差距扩大的趋势,使得这一理论备受质疑。随着国际贸易的产品结构和地理结构出现一系列新的变化:同类产品之间以及发达国家之间的贸易量大大增加、跨国公司内部化及对外直接投资的兴起,均与传统比较优势理论视角下的产业间贸易相悖。因此,借助于新贸易理论以及新新贸易理论的兴起,一系列新的收入不平等贸易影响机制得以被挖掘,众多文献从不同角度分析了国际贸易的收入分配效应。贸易自由化所导致的对熟练劳动力需求的增加是解释发展中国家工资差异之谜的关键,但就贸易自由化所导致的熟练劳动力需求增加的影响机制,存在着较大分歧。

1.技术补偿效应

在贸易自由化之后,发展中国家接触和学习到相对多的与熟练劳动力匹配的技术知识,因此,学习效应是有偏的,会导致对熟练劳动力需求的增加。同时,有偏的学习效应会使技术进步更偏向于技能密集型,从而进一步导致对熟练劳动力需求的增加,并扩大工资差异(潘士远,2007)。伍德(Wood,1995)提出的"防御型创新",认为贸易开放度的提高所引起的激烈竞争会促使企业更多地进行研发以提高技术创新,从而使技术进步更偏向于技能密集型,增加对技能劳动者的需求,因而扩大了技能劳动者与非技能劳动者之间的工资收入差距。特雷弗莱等(Trefler 等,2010)的研究结果表明,贸易开放带来的技术赶超战略会提高发展中国家的技术水平,增加高技能劳动的需求,从而扩大居民收入差距。随着资本设备进口的增多(Krusell 等,2001;Acemoglu,2003),发展中国家增加了与进口的资本设备相匹配的熟练劳动力的需求,而相对降低了对低技能劳动力的需求,从而扩大了技能工资差距。然而,克鲁格曼(Krugman,2000)通过研究技术、贸易、收入差距三者之间的关系,认为技能偏向型技术进步是美国收入分配差距的本质原因,而对外贸易对美国的收入差距起到了延缓作用。利默(Leamer,1998)认为在技能偏向型技术进步条件下,技术进步快的产业所密集使用的生产要素的价格会相对降低,非熟练劳动力与熟练劳动力之间的工资收入差异与技术进步的偏向及产品的相对价格变动有关,最终变动方向取决于两者的净效应。

2.异质性企业的国际贸易选择效应

在微观领域,新新贸易理论从异质性企业角度出发分析了贸易开放对居民收入差距的影响,将出口企业的增长与高技能劳动力份额联系在一起,当全球贸易成本下降时,出口部门的增长将会吸引更多的高技能工人就业。戴维森等(Davidson 等,2008)将搜寻—匹配变量纳入异质性企业的国际贸易模型中,通过分析发现,国际贸易的选择效应会扩大高效率企业的规模且缩小低效率企业的规模。由于高效率企业匹配于高技能劳动，因此贸易开放会增加高技能劳动的报酬而降低低技能劳动的报酬，从而扩大居民收入差距。布斯托斯（Bustos，2007）对阿根廷的实证研究也证实贸易自由化将有助于提升高技能工人就业比例。耶普尔（Yeaple，2005）建立了连续技能分布模型，发现企业对技术和劳动力技能的选择是内生的，在均衡状态下，只有技能更高的个人才能利用出口机会，出口企业会比非出口企业选择技能更高的劳动力，支付更高的工资。科斯坦蒂尼和梅里兹（Costantini 和 Melitz，2007）将企业对参与出口市场的决策和企业的创新活动纳入理论模型中，发现出口企业的创新活动会对高技能劳动力产生额外的需求。戴维斯和哈里根（Davis 和 Harrigan，2011）在生产率选择效应模型中引入了传统的效率工资假说，认为偷懒监控能力的高低导致了企业间工资水平的差异，监控能力高的企业可以支付较低的工资。贸易自由化通过选择效应淘汰高工资和低效率的落后企业，提高了厂商整体水平上的生产率，降低了那些管理水平低的企业的"好岗位的好工资"，缩小了企业之间工资水平的差距，从而降低了国内收入不平等程度。艾格和克雷克迈耶（Egger 和 Kreickemeier，2009）将生产率选择效应模型与公平工资理论结合起来，认为公平感是影响工作效率的重要因素，公平工资将劳动收入和企业利润挂钩。为了保障工人高效率工作，必须支付使工人感到公平的"效率工资"，即"参照工资"，从而贸易开放会通过选择效应扩大高效率企业和低效率企业的劳动收入差距，即使技能相同的劳动也可能由于所处企业不同而出现收入差距。赫尔普曼等（Helpman 等，2010）在国际贸易框架内结合企业以及劳动个体异质性，发现由于工人能力和生产技术存在互补性，且因匹配摩擦和搜寻成本的存在，高生产率企业有动机更严格地筛选工人，并愿意支付给高技术工人更高的工资。效率高的企业在贸易开放下出口并增加收益，又增强了筛选雇员的动力。因而贸易开放会扩大不同技能劳动力的收入差距。

3. 国际生产外包理论

基于中间产品贸易的新新贸易理论能更好地解释发展中国家中间产品贸易的发展对工资差距扩大的影响。芬斯特拉和汉森（Feenstra 和 Hanson，1996）将工资差距扩大和由外包活动引起的中间产品贸易的增长联系了起来。由于要素禀赋的差异，两国有着明显的技术差异和要素价格差异，发达国家将分工生产高技能劳动密集型的中间产品,而以 FDI 的方式向发展中国家转移低技能劳动密集型的中间产品生产区段。由于发达国家的落后产业相对于发展中国家而言属于技术发达的先进产业,于是,以外包为形式的产品内贸易同时提高了发包国(发达国家)和承包国(发展中国家)中间产品的技术密集度,也扩大了两国熟练劳动力相对于非熟练劳动力工资的增加,从而克服了传统贸易理论所不能解释的两个贸易现实。格罗斯曼和罗西–汉斯伯格(Grossman 和 Rossi-Hansberg,2008)的业务外包指出本国企业可将非技术工人生产的工序交由国外生产,相对工资的影响取决于三种效应的综合作用:生产率效应,源于外包的成本节约,使低技能劳动者受益;相对价格效应,产生于当外包成本下降改变的一国的贸易条件,商品的价格与供给量成反比,这种价格变动通过相对成本的变动反映出来,从而对工资水平产生影响,贸易条件效应将使国内非技术工人的工资下降;劳动力要素供给效应,外包就像吸收了国外的劳动力,使国内非技术工人供给增加,而工资降低。科斯蒂诺和沃格尔(Costinot 和 Vogel,2010)认为外包的本质是跨国界劳动力供给,使两国低技术工人工资下降,高技术工人工资上升,加剧国内收入不平等。米特拉和兰詹(Mitra 和 Ranjan,2007)运用搜寻失业模型,认为离岸外包通过提升国内劳动者生产率,创造更多的国内就业岗位,降低失业率,可以显著改善收入水平,从而降低收入不平等。

总之,从国内外相关研究来看,现有文献因样本、样本期及变量选取的差异,使实证研究的结论莫衷一是。国内关于国际贸易影响收入差距的文献大多基于全国层面、省际层面或者行业层面等加总数据进行研究。但加总的工资数据无法控制教育水平、经验变量等劳动者个体异质性的影响,难以反映劳动者工资收入的真实变动。刘斌和李磊(2012)借鉴赫林和庞塞特(Hering 和 Poncet,2010)的方法,将微观经济变量和宏观经济变量同时引入工资方程中,较好地控制了宏观经济变量对个体工资的影响,通过分组检验发现:贸易开放在总体上拉大了性别工资差距,缩小了高技能劳动力的性别工资差距,拉大了低技能劳动力的性别工资差距。但传统的分组检验方法只能简单地依据某个影响指标对样本进行分组,很难准确地反映各种因素对被解释变量的影响。本节在充分考虑劳动者个体异质性的基础上,运用 2002 年、2007 年及 2008 年中国家庭住户收入调查数据,就国际贸易对我国城镇居民工资差距的影响进行实证分析。

二、贸易自由化与居民工资差距的实证研究

(一)模型设定

贸易自由化影响居民就业和收入分配的程度要受所在国的客观经济条件以及个体主观因素的制约。基于此,结合我国的现实情况,本节旨在通过整合对外贸易的宏观数据和劳动力个人的微观数据,从贸易的角度探讨城镇居民工资差距问题。从明瑟(Mincer,1974)经典的工资方程入手构建如下计量模型:

$$Y_i = \beta_0 + \beta_1 X_i + \beta_2 trade/gdp_i + \beta_3 rjgdp_i + \beta_4 dumt_{-t} + \varepsilon_i \qquad (3-1)$$

其中,Y_i 表示个人 i 的月工资性收入;X_i 表示个人特征微观变量,分别包括性别、年龄、婚姻状况、民族、身体状况、受教育程度、工作经验,以及所在单位的所有制性质;$trade/gdp$ 表示所在城市的贸易开放度,考虑到进口贸易与出口贸易在影响机制上的差异性,在具体考察时,分别从三个角度——进口依存度(imp/gdp)、出口依存度(exp/gdp)、外贸依存度($trade/gdp$)来衡量国际贸易对居民收入的影响;此外,用所在地区的人均GDP 来控制各个地区经济发展水平的差异;在控制了个体主观因素和客观经济条件的情况下,在原数据中加入时间虚拟变量,用来控制各年由于制度及宏观经济环境等年度特性的差异而出现的收入差异;ε_i 为误差项。

(二)变量定义及说明

表 3-1 变量定义及说明

变量	变量名称	变量说明
Y	工资水平	居民平均每月得到的工资性收入(元)
$gender$	性别	虚拟变量:男=1,女=0
age	年龄	年龄
$married$	婚姻状况	虚拟变量:已婚=1,其余=0
$ethnic$	民族	虚拟变量:汉族=1,少数民族=0
$health$	身体状况	虚拟变量:健康=1,其他=0
$educ$	受教育程度	所受正规教育年限

变量	变量名称	变量说明
$exper$	工龄	已就业年限
$tenure$	工作经验	现单位工作时间
gy	国有	所有制性质虚拟变量:国有=1,其他=0
sz	三资	所有制性质虚拟变量:三资=1,其他=0
$rjgdp$	经济发展水平	人均GDP
$trade/gdp$	外贸依存度	进出口总值/GDP
exp/gdp	出口依存度	出口总值/GDP
imp/gdp	进口依存度	进口总值/GDP

因 2002 年的工资收入调查数据是居民的全年收入,为保持数据的一致性,将其划为月度收入。此外,为消除物价变动对分析结果的影响,对所用到的价格数据均以 2007 年为基期,以居民消费价格指数对相应年度的工资性收入及人均 GDP 进行平减,转换为按照 2007 年的不变价格衡量的工资性收入及人均 GDP。

(三) 数据来源及描述

本节研究所用的微观数据来自"北京师范大学中国收入分配研究院"的中国家庭收入调查(CHIP)数据库。采用其中 2002 年、2007 年和 2008 年的城镇住户调查数据,城镇居民家庭成员基本情况调查的信息包括个人特征和收入状况,较为详尽的样本信息为本节的分析提供了不可多得的研究资料。本节的样本主要选取有工资性收入的就业者。CHIP 数据库城镇数据 2002 年的样本覆盖北京、山西、辽宁、江苏、安徽、河南、湖北、广东、重庆、四川、云南和甘肃,2007 年和 2008 年的样本覆盖上海、江苏、浙江、安徽、河南、湖北、广东、重庆、四川。其中,此三年的样本中可供本节使用的个人样本量共 23469 人。另外,所涉及的进出口贸易数据都是按照目的地和货源地标准统计的,并根据当年汇率换算为人民币计价。本节所有宏观数据均来自历年《中国统计年鉴》《中国工业经济统计年鉴》、各省区市的统计年鉴以及国民经济和社会发展统计公报等,并根据研究需要整理计算。

图 3-1 报告了工资核密度图,核密度图的横坐标表示工资的取值,纵

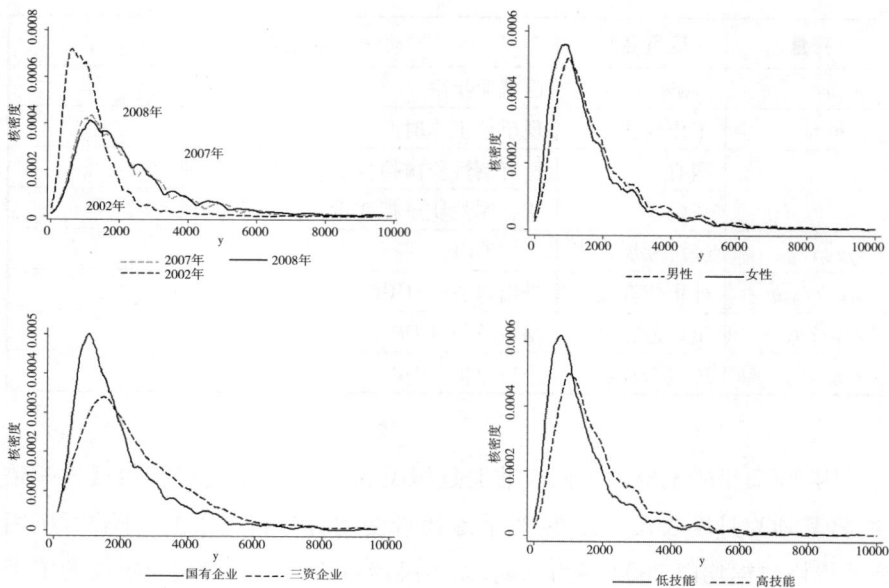

图 3-1　工资核密度图（pooled）

坐标是工资变量取各个值的频率。从工资核密度图可清晰地看出，我国劳动力工资的分布不服从正态分布，工资分布均左偏，说明中低工资人群占多数，而高工资人群比例较小。具体来看，相对于 2002 年，我国城镇居民的工资性收入的平均水平有了明显提高，但收入差距也明显扩大；女性劳动者与男性劳动者相比，在中高工资区间内所占比重低于男性占比；国有企业的收入水平低于三资企业；高技能劳动者的工资收入水平高于低技能劳动者。为解决工资变量非正态分布的问题以及考虑到数据异方差的问题，在具体的回归分析中，我们将工资收入及宏观变量取对数。表 3-2 报告了样本的统计性描述。

表 3-2　样本的统计性描述

变量	样本数	样本均值	标准差	最小值	最大值
$\ln Y$	23469	8.963993	1.149282	0.6931472	13.48701
gender	23469	0.5603136	0.4963595	0	1
age	23469	39.81976	9.473415	16	76

续表

变量	样本数	样本均值	标准差	最小值	最大值
age^2	23469	1675.355	756.1655	256	5776
$married$	23464	0.8627685	0.3440989	0	1
$ethnic$	23469	0.9760961	0.152753	0	1
$educ$	23469	11.86307	3.244846	0	35
$health$	23469	0.9740509	0.1589869	0	1
$exper$	23455	16.20695	11.01233	0	84
$tenure$	23453	14.11636	10.33922	0	80
gy	23453	0.2617149	0.4395776	0	1
sz	23453	0.0342813	0.1819547	0	1
$lnrjgdp$	23469	9.662843	0.7408042	8.411332	11.19991
$lntra/gdp$	23469	-1.310276	1.205132	-2.972824	0.5356371
$lnex/gdp$	23469	-1.904017	1.195483	-3.441029	-0.0906565
$lnim/gdp$	23469	-2.145121	1.24329	-3.956658	-0.1601522
$dumt_{-2007}$	23469	0.2875282	0.4526196	0	1
$dumt_{-2008}$	23469	0.2843325	0.4511055	0	1

（四）实证结果分析

1. 国际贸易影响居民工资收入的初步检验

本节首先利用2002年、2007年及2008年中国家庭收入调查数据,运用混合最小二乘估计法(Pooled OLS),就我国城镇居民工资性收入的影响因素进行初步检验,估计结果见表3-3。由检验结果可得,被估参数均通过显著性检验。个体特征中男性的收入水平较女性高出14.8%,已婚人士较未婚人士的收入高出6.45%,汉族较少数民族的收入水平低4.99%。年龄与收入水平之间存在着倒"U"型关系,即随着年龄的增长,收入水平先是上升,达到一定程度后会随年龄的增长而降低。且与预期一致,受教育程度越高、身体状况健康、工龄越长、工作经验越丰富的工人的工资越高。当考虑了单位的所有制性质,三资企业较国有企业存在较高的工资溢价。总体来看,上述结果与工资核密度图的分析相一致。宏观因素方面,所在地区的经济发展水平和贸易依存度越高,则居民的收入水平越高。

表3-3 影响城镇居民工资性收入的因素分析

	变量	系数	标准差	t 值	P>|t|
个体特征	*gender*	0.148***	0.009	(16.94)	0.000
	age	0.0260***	0.004	(6.61)	0.000
	age^2	−0.000317***	0.000	(−6.71)	0.000
	married	0.0645***	0.016	(4.13)	0.000
	ethnic	−0.0499*	0.028	(−1.80)	0.072
	educ	0.0431***	0.001	(30.97)	0.000
	health	0.107***	0.027	(4.03)	0.000
	exper	0.00514***	0.001	(7.17)	0.000
	tenure	0.00424***	0.001	(6.58)	0.000
	gy	−0.0791***	0.010	(−7.86)	0.000
	sz	0.171***	0.024	(7.24)	0.000
宏观因素	*lnrjgdp*	0.0539**	0.017	(3.19)	0.001
	lntra/gdp	0.103***	0.008	(12.98)	0.000
	dumt$_{-2007}$	0.541***	0.015	(36.24)	0.000
	dumt$_{-2008}$	0.574***	0.019	(30.94)	0.000
cons		5.183***	0.185	(27.96)	0.000
F 值		633.87***			
R^2		0.2888			

注:t统计量分别列入各解释变量的系数下方,***、**和*分别表示在1%、5%和10%的水平上显著。

劳动者工资除了会受个体异质性的影响外,为充分考虑劳动者的个体异质性对国际贸易收入分配效应的影响,在初始的工资收入方程的右方分别加入劳动者的个体特征与贸易依存度的交叉项,从而进一步考察参与国际贸易的城镇居民其收入水平受个体特征影响的大小。

2. 国际贸易对性别工资差距的影响

20世纪90年代以来,收入的性别差距与市场化改革之间的关系是经济学家和社会学家非常感兴趣的问题。贝克(Becker,1971)是从经济学角

度分析性别歧视问题的先驱,其竞争抑制歧视理论认为,歧视成本和市场结构密切相关,竞争的压力越大,企业所获得的超额利润越少,以利润最大化为目标的厂商自然会减少性别歧视行为,以节约成本提高竞争力,从而缩小劳动力市场的性别工资差距。因而,贸易自由化带来的竞争加剧也会缩小性别工资差距。但塞圭诺(Seguino,2000)认为,自由化带来了竞争加剧(尤其是进口竞争的增加),建立在廉价劳动力优势基础之上的企业为了提高竞争优势而进一步减少劳动力成本,这会减弱工人的谈判能力,尤其是由于女性劳动者比男性普遍缺乏技能,由此相对工资降低。

表 3-4　国际贸易收入分配效应的性别差距

	变量	外贸依存度	出口依存度	进口依存度
个体特征	*gender*	0.133 *** (10.47)	0.108 *** (6.73)	0.144 *** (8.51)
	age	0.0259 *** (6.59)	0.0259 *** (6.58)	0.0260 *** (6.60)
	age^2	−0.000316 *** (−6.70)	−0.000315 *** (−6.69)	−0.000316 *** (−6.71)
	married	0.0641 *** (4.11)	0.0639 *** (4.09)	0.0644 *** (4.13)
	ethnic	−0.0502 * (−1.81)	−0.0501 * (−1.81)	−0.0500 * (−1.80)
	educ	0.0431 *** (30.99)	0.0431 *** (30.99)	0.0431 *** (30.97)
	health	0.107 *** (4.02)	0.107 *** (4.01)	0.107 *** (4.03)
	exper	0.00513 *** (7.17)	0.00513 *** (7.17)	0.00514 *** (7.17)
	tenure	0.00426 *** (6.61)	0.00427 *** (6.63)	0.00424 *** (6.58)
	gy	−0.0791 *** (−7.85)	−0.0790 *** (−7.85)	−0.0791 *** (−7.86)
	sz	0.171 *** (7.21)	0.170 *** (7.18)	0.171 *** (7.23)
宏观因素	ln*rjgdp*	0.0540 *** (3.20)	0.0514 *** (3.04)	0.0540 *** (3.20)
	ln*tra/gdp*	0.109 *** (12.32)	0.115 *** (12.86)	0.104 *** (11.94)
	$dumt_{-2007}$	0.541 *** (36.25)	0.543 *** (36.36)	0.540 *** (36.20)
	$dumt_{-2008}$	0.574 *** (30.94)	0.577 *** (31.07)	0.573 *** (30.89)
	man × ln*tra/gdp*	−0.0107(−1.52)		
	man × ln*ex/gdp*		−0.0207 *** (−2.94)	
	man × ln*im/gdp*			−0.00149(−0.22)

续表

变量	外贸依存度	出口依存度	进口依存度
cons	5.191*** (27.99)	7.579*** (40.77)	7.538*** (40.66)
F 值	594.43***	594.98***	594.23***
R^2	0.2889	0.2891	0.2888

注:t 统计量分别列入各解释变量的系数下方,***、** 和 * 分别表示在 1%、5%和 10%的水平上显著。

因此,由上述理论分析可得,国际贸易带来的竞争加剧对工资收入的影响存在性别差异,但作用效果是抑制还是促进并不确定,需要根据具体研究对象进行进一步实证检验。为充分考虑劳动者的性别差异对国际贸易收入分配效应的影响,在工资方程右方加入贸易变量和性别变量的交叉相乘项。从表 3-3 中的初步回归结果可以得出,在其他条件不变的情况下,样本中男性的平均工资比女性的平均工资大约高 14.8%。但从表 3-4 的回归结果可得,总体来看,进口依存度、出口依存度以及外贸依存度都在一定程度上改善了性别工资差距。尤其是出口规模的扩大显著抑制了性别工资差距,样本中男性参与国际贸易所得的回报比女性大约低 2.07%。也就是说,女性在我国的出口贸易扩张中获益较大,从而改善了初始的性别工资差距。究其原因,主要是因为女性是我国劳动力市场的重要参与者,更是贸易生产部门工人的重要组成部分,现有不少研究也均表明,出口导向和贸易自由化政策导致了发展中国家加工业劳动力的不断女性化。贸易开放不仅扩大了女性就业的机会,而且使得女性劳动者的收入水平有了一定程度的提升。因而,从本节的研究看,我国女性并未承担较高的贸易开放成本。

3. 国际贸易对不同所有制企业工资收入的影响

大多针对 FDI 与发展中国家收入不平等的研究均认为,外资企业与内资企业相比存在工资溢价,无论是熟练工人还是非熟练工人的工资都比内资企业要高。本节的研究也得到了类似的结论,从表 3-5 的初步回归结果可以得出,外资企业较其他所有制类型企业的工资水平要高出 17.1%。而贸易依存度的提高进一步扩大了这一工资差距。从影响的强度来看,样本中参与进口贸易的三资企业中的员工所得回报比非三资企业员工大约高

3.48%;而样本中参与出口贸易的国有企业中的员工所得的回报比非国有企业大约低1.86%。

表3-5 国际贸易收入分配效应的所有制差异

变量		国有及国有控股			三资		
		外贸依存度	出口依存度	进口依存度	外贸依存度	出口依存度	进口依存度
个体特征	gender	0.148***	0.148***	0.148***	0.148***	0.148***	0.148***
		(16.94)	(16.96)	(16.94)	(16.95)	(16.94)	(16.96)
	age	0.0260***	0.0260***	0.0260***	0.0260***	0.0260***	0.0259***
		(6.61)	(6.60)	(6.61)	(6.60)	(6.61)	(6.60)
	age^2	−0.000316***	−0.000316***	−0.000317***	−0.000316***	−0.000316***	−0.000316***
		(−6.71)	(−6.70)	(−6.72)	(−6.71)	(−6.71)	(−6.70)
	married	0.0642***	0.0638***	0.0645***	0.0645***	0.0644***	0.0646***
		(4.11)	(4.09)	(4.13)	(4.13)	(4.13)	(4.14)
	ethnic	−0.0502*	−0.0504*	−0.0498*	−0.0496*	−0.0498*	−0.0495*
		(−1.81)	(−1.82)	(−1.79)	(−1.79)	(−1.79)	(−1.78)
	educ	0.0432***	0.0432***	0.0431***	0.0431***	0.0431***	0.0431***
		(30.99)	(31.03)	(30.95)	(30.98)	(30.97)	(30.99)
	health	0.107***	0.107***	0.107***	0.107***	0.107***	0.107***
		(4.02)	(4.02)	(4.03)	(4.02)	(4.03)	(4.01)
	exper	0.00517***	0.00521***	0.00513***	0.00514***	0.00514***	0.00514***
		(7.21)	(7.27)	(7.16)	(7.17)	(7.17)	(7.18)
	tenure	0.00422***	0.00419***	0.00424***	0.00424***	0.00424***	0.00423***
		(6.54)	(6.50)	(6.58)	(6.57)	(6.58)	(6.57)
	gy	−0.0906***	−0.117***	−0.0774***	−0.0792***	−0.0792***	−0.0793***
		(−5.90)	(−5.95)	(−3.86)	(−7.87)	(−7.86)	(−7.87)
	sz	0.170***	0.168***	0.171***	0.184***	0.179***	0.218***
		(7.15)	(7.07)	(7.23)	(7.01)	(5.29)	(6.06)

续表

变量		国有及国有控股			三资		
		外贸依存度	出口依存度	进口依存度	外贸依存度	出口依存度	进口依存度
宏观因素	$lnrjgdp$	0.0552 **	0.0551 **	0.0537 **	0.0534 **	0.0538 **	0.0526 **
		(3.26)	(3.26)	(3.16)	(3.16)	(3.19)	(3.11)
	$lntra/gdp$	0.105 ***	0.107 ***	0.103 ***	0.103 ***	0.103 ***	0.103 ***
		(12.94)	(13.16)	(12.81)	(12.90)	(12.93)	(12.90)
	$dumt_{-2007}$	0.540 ***	0.541 ***	0.541 ***	0.541 ***	0.541 ***	0.541 ***
		(36.17)	(36.25)	(36.14)	(36.25)	(36.23)	(36.27)
	$dumt_{-2008}$	0.573 ***	0.574 ***	0.574 ***	0.574 ***	0.574 ***	0.575 ***
		(30.87)	(30.95)	(30.85)	(30.95)	(30.94)	(30.98)
	$gy \times lntra/gdp$	−0.00808			0.0231		
		(−0.99)			(1.12)		
	$gy \times lnex/gdp$		−0.0186 **			0.00677	
			(−2.23)			(0.33)	
	$gy \times lnim/gdp$			0.000768			0.0348 *
				(0.10)			(1.72)
	$cons$	5.172 ***	5.175 ***	5.184 ***	5.187 ***	5.183 ***	5.194 ***
		(27.85)	(27.91)	(27.85)	(27.97)	(27.96)	(28.00)
	F 值	594.31 ***	594.66 ***	594.23 ***	594.34 ***	594.23 ***	594.48 ***
	R^2	0.2889	0.2890	0.2888	0.2889	0.2888	0.2889

注:t 统计量分别列入各解释变量的系数下方,*** 、** 和 * 分别表示在 1%、5% 和 10% 的水平上显著。

这主要是因为,参与国际贸易的三资企业大多是进口原材料或半制成品,加工组装之后再出口,赚取固定的利润。且改革开放以后我国施行的"以市场换技术"战略除引进外资以外,在贸易方面很大程度上是通过进口实现的,尤其是机械设备等资本品的进口,其中蕴含着较高的技术水平,是技术外溢的一个重要途径,资本、技术密集型产品的进口对国内相关产业竞争及上下游企业的技术创新起到示范援助作用。而采用的新技术、进口的先进机器设备及外资企业带来的技能偏向型技术进步,增加了熟练工人的就业比例,从而其整体收入水平颇高。此外,外资企业内部分配机制以效率

为主且有很大的灵活性,外国委托方一般对国内承接加工贸易的企业的工人就业环境、工资水平、生活条件都有严格的限制,在保障工人就业以及工资收入方面,具有积极意义。

而参与国际贸易的国有及国有控股企业大多进行一般贸易,企业需要自负盈亏,转嫁生产成本上升带来的压力,降低工人的工资。且外贸发展所需的相关环境,如法律制度、社会保障体系以及与自由贸易相适应的资源合理配置、要素报酬市场化机制尚未完全建立。很多出口商品的价格较低,主要是因为出口价格没有完全反映其生产成本,诸如对资源的浪费、环境的损害、农民工被剥夺了各种劳动保障和福利待遇等。在"竞次"中,对外贸易所能得到的好处并未被劳动者所得。李坤望等(2012)认为,国有企业份额的提升不利于劳动收入的提高,这表明20世纪末期大量国有企业员工下岗对劳动收入产生的负面影响超过国有企业承担"社会责任"的正面效应。李实(2011)也认为现有国有企业里大量的农民工、劳务工,实际上并未享受到国有企业的很多普惠制的福利,收入较低。

4.国际贸易对不同技能劳动者工资收入的影响

人力资本理论强调人力资本投资的缺乏导致了低技能劳动者收入低于高技能劳动者,人力资本在职工收入决定中的作用是通过估计教育收益率

表3-6 国际贸易收入分配效应的人力资本差异

	变量	外贸依存度	出口依存度	进口依存度
个体特征	gender	0.148***(16.97)	0.149***(17.09)	0.147***(16.92)
	age	0.0258***(6.57)	0.0256***(6.52)	0.0262***(6.65)
	age^2	-0.000316***(-6.70)	-0.000316***(-6.71)	-0.000318***(-6.75)
	married	0.0638***(4.09)	0.0643***(4.12)	0.0657***(4.21)
	ethnic	-0.0514*(-1.85)	-0.0522*(-1.88)	-0.0475*(-1.71)
	educ	0.0399***(19.45)	0.0294***(12.10)	0.0481***(19.14)
	health	0.107***(4.01)	0.105***(3.96)	0.108***(4.05)
	exper	0.00519***(7.24)	0.00527***(7.36)	0.00507***(7.08)
	tenure	0.00422***(6.55)	0.00421***(6.54)	0.00428***(6.63)
	gy	-0.0786***(-7.81)	-0.0775***(-7.71)	-0.0797***(-7.91)
	sz	0.173***(7.31)	0.175***(7.38)	0.168***(7.11)

续表

变量		外贸依存度	出口依存度	进口依存度
宏观因素	$lnrjgdp$	0. 0537*** (3. 18)	0. 0328* (1. 92)	0. 0487*** (2. 86)
	$lntra/gdp$	0. 131*** (8. 59)	0. 192*** (12. 63)	0. 0776*** (5. 81)
	$dumt_{-2007}$	0. 540*** (36. 23)	0. 559*** (36. 92)	0. 546*** (36. 22)
	$dumt_{-2008}$	0. 574*** (30. 96)	0. 601*** (31. 72)	0. 580*** (30. 97)
	$educ \times lntra/gdp$	-0. 00238** (-2. 17)		
	$educ \times lnex/gdp$		-0. 00694*** (-6. 86)	
	$educ \times lnim/gdp$			0. 00226** (2. 38)
	$cons$	5. 230*** (28. 02)	5. 512*** (28. 81)	5. 186*** (27. 98)
F 值		594. 64***	598. 36***	594. 72***
R^2		0. 2890	0. 2903	0. 2890

注:t 统计量分别列入各解释变量的系数下方,***、**和*分别表示在 1%、5% 和 10% 的水平上显著。

和工作经验收益率来鉴别的。从表 3-3 中可得,教育水平及工作经验均对居民的收入水平起着显著的正向作用,即高技能劳动者的收入显著高于低技能劳动者的收入。而从表 3-6 进一步的回归结果得出,外贸依存度的提高,尤其是出口规模的扩大显著地抑制了高、低技能工人的工资差距,而进口依存度显著扩大了高、低技能工人的工资差距,即在出口部门的低技能劳动者受益,而在进口部门的高技能劳动者受益。

这主要是因为,中国作为一个典型的劳动力资源丰富的国家,劳动密集型产品在我国的对外贸易中占据着极大的份额,伴随着对外贸易发展以及与世界经济一体化程度的加深,出口导向型产业创造的就业机会吸引了大量非技术工人的流入,使更多的低技能劳动者分享了自由贸易的成果,这对于存在大量剩余劳动力的我国具有重要的现实意义。

而国外产品的进口增加将对国内市场造成很大的冲击,竞争加剧,企业会更加重视创新,导致高技能工人的需求扩展,较高的工作技能导致了工资溢出,而非技术工人或者低技术工人的谈判能力相应下降,从而扩大了高技能与低技能劳动者的工资差距。

（五）基本结论与政策建议

本节从经典的工资方程入手，充分考虑了劳动者的个体异质性，利用2002年、2007年及2008年中国家庭收入调查数据，就国际贸易对我国城镇居民工资收入的影响进行了实证分析。研究结果表明：总体来看，我国国际贸易的发展提高了城镇居民的工资水平，但因个体异质性的影响，劳动者在国际贸易中的获益水平不尽相同，从而影响了劳动者的收入差距。具体来看，男性的平均工资高于女性，但女性在国际贸易尤其是出口贸易扩张中获益较大，进而改善了初始的性别工资差距；外资企业与内资企业相比存在工资溢价，而国际贸易更加剧了这一收入差距；人力资本投资的缺乏导致了低技能劳动者收入低于高技能劳动者，但国际贸易尤其是出口规模的扩大改善了这一收入差距，缩小了这一技能溢价，即参与国际贸易的低技能劳动者受益于出口的扩张，而参与国际贸易的高技能劳动者受益于进口规模的扩张。

本节的研究结果对现实经济政策的制定具有一定的参考价值，收入差距并非收入分配不公，所以政策的着重点应是解决收入分配不公的问题，而不是把目标放在如何缩小这种收入差距上。从世界经济的发展趋势来看，对已融入国际分工的中国来说，需要继续充分发挥比较优势，大力发展对外贸易，进一步拓展对外开放的广度和深度。然而，在此过程中，我国政府应该高度重视以下几个方面。

首先，增加人力资本投入。基础教育质量的差异及职业教育的滞后是低收入者人力资本水平提高的制约因素，降低受教育机会的不平等是缓解劳动收入不平等的一个重要途径；加大对低技能劳动者的职业培训，不断提高劳动者的素质，增加技能劳动者所占比重，以改变要素禀赋结构；提高女性的受教育机会、知识水平和工作技能，是减少性别歧视、缩小性别工资差距的重要因素。

其次，完善基础设施建设、经济和法制环境建设，吸引外资企业，尤其是高技术含量的外资企业的进入，循序渐进地提升技术水平和产业链附加值，有利于居民收入水平的提升；通过出口退税等优惠政策促进劳动密集型产业的转型升级，鼓励出口企业在高端价值链的投入以提高产品附加值，从而提高劳动密集型行业劳动者的收入水平。

最后,加大对弱势群体的扶持力度。建立与完善社会保障制度,积极推进再分配制度改革以及健全相关的法律法规。

第二节　对外贸易与城乡收入差距

20世纪70年代以来,国际贸易的迅猛发展和以收入差距扩大化为核心的收入不均等问题日渐凸显,引起了国际经济学家和劳动经济学家的广泛关注(Harrison等,2010)。对此问题的探讨,学者们主要从以下两个层面展开:一是基于国家层面整体贸易福利水平差异的研究;二是基于国内不同群体、区域间收入差距的研究。就收入差距而言,现有文献普遍认为,对外贸易与一国收入差距存在某种内在关联。无论是来自哈斯克尔和斯劳特(Haskel和Slaughter,2001)对英国,伯纳德和詹森(Bernard和Jensen,1997)、埃布斯泰恩等(Ebenstein等,2009)对美国等发达国家的实证研究;还是哈里森和汉森(Harrison和Hanson,1999)对墨西哥,拜尔等(Beyer等,1999)对智利,戈德堡和帕夫尼克(Goldberg和Pavcnik,2007)对哥伦比亚,哈森和詹多克(Hasan和Jandoc,2010)对菲律宾等发展中国家的经验分析,都分别从行业、区域和个人视角论证了对外贸易是影响收入差距的重要因素。

对于中国来说,中国对外贸易发展、城乡收入差距的变化是在改革开放的背景下发生的。改革开放的重要特征是对内改革、对外开放。从对内来看,农村劳动力流动是对内改革的结果之一;从对外来看,我国实施的是外向型的经济发展模式,即积极吸引外资、大力发展加工贸易,对外贸易是我国改革开放40年来经济发展的主要动力之一,也是对外开放的典型性成果。其实,这二者之间具有很强的紧密关系。伴随着我国改革开放步伐的不断加快,我国农村劳动力流动规模日益扩大,1983年只有200万人,1989年增加到3000万人,1993年高达6200万人,2000年为7550万人,2001年为8399万人,2002年首次突破1亿人,其后逐年增加,2006年增加到1.32亿人。[①] 这种大规模、大范围的劳动力转移,不仅导致农村剩余劳动力大幅

---

① 1983年和1989年数据是国务院发展研究中心估计的,1993年和2000年数据是原农业部估计的,2001年以后数据是国家统计局估计的。具体来源参见蔡昉、王美艳:《为什么劳动力流动没有缩小城乡收入差距》,《经济学动态》2009年第8期。

度减少,而且增加了农村居民的收入,还为我国经济发展特别是工业制造业
发展、对外贸易特别是加工贸易的发展提供了源源不断的廉价劳动力资源。
不管是从统计数据还是从现实情况来看,都表明我国农村劳动力流动和对
外贸易发展是互相促进、相互影响的。对外贸易通过就业数量规模效应、就
业质量偏向效应、劳动生产率提升效应等途径来影响农村劳动力的流动及
其就业和工资水平。对外贸易对城乡居民收入差距的影响也是通过这些途
径来影响不同人群的就业而实现的。因此,在对我国城乡收入差距问题进
行研究时,必须考虑对外贸易这一重要因素。

在全球经济整体低迷、贫富差距逐步拉大的背景下,如何理顺发展对外
贸易与缩小城乡收入差距间的关系,推动经济社会的和谐发展,已成为我国
政府亟须解决、高度关注的重要问题。那么,对外贸易对我国城乡收入差距
的影响如何? 是扩大还是缩小了我国的城乡收入差距? 这种影响的内在机
理如何? 不同时期、不同地区的影响是否存在差异? 对外贸易不同类型贸
易产品(高新技术产品、劳动密集型产品)对城乡收入差距的影响有何差
异? 对外贸易方式不同(一般贸易、加工贸易)对城乡收入差距的影响有何
差异? 不同类型贸易产品、不同类型贸易方式对不同地区(东部、中部、西
部)城乡收入差距的影响又有何差异?

基于对上述问题的思考,本节将分别从贸易规模、贸易方式和贸易结构
视角,利用中国1986—2010年29个省区市的面板数据进行实证分析,力图
为近年来备受国际社会关注的贸易与城乡收入差距问题,提供更为翔实的
中国证据,并为我们更加全面地从贸易角度考察城乡收入差距扩大化的内
在根源及其化解路径提供有益的尝试。

一、文献回顾

(一) 理论文献

基于传统分析框架对收入差距现实解释力的削弱,经济学家开始将研
究视线转向国际贸易影响收入差距新机理的分析。已有的文献研究表明,
国际贸易主要通过以下渠道影响收入差距。

1. 异质性企业的生产率效应

在新新贸易理论的奠基性文献中,梅里兹(Melitz,2003)通过产业内资

源的再配置效应,探讨了生产率的异质性会通过影响企业出口行为来影响企业利润和工资水平。尽管该研究并未明确提出一个研究企业对外贸易与收入差距的理论模型,但却为后来学者基于异质性企业的微观视角研究收入差距问题提供了一个基础框架。较具代表性的是,戴维斯和哈里根(Davis 和 Harrigan,2007)引入了效率工资的理论模型,拓展了梅里兹(Melitz,2003)与夏皮罗和施蒂格力茨(Shapiro 和 Stiglitz,1984)的研究,分析了生产率异质性所导致的企业与企业间、"好工作"与"坏工作"间的工资差异,并得出了贸易会缩小工资差距的结论。艾格和克雷克迈耶(Egger 和 Kreickemeier,2009)在拓展梅里兹模型的基础上,引入就业市场摩擦的分析,认为工人会根据其获得公平工资来确定自身的努力水平,并进一步影响企业的生产效率,因此,在市场摩擦和工资刚性的作用下,贸易驱使了不同工人间工资差距的拉大。赫尔普曼等(Helpman 等,2010)的分析则认为,在存在搜寻摩擦、劳资谈判和就业匹配等因素的条件下,若工人间无差异,则在较高生产率水平的大企业工作会获得比在较低生产率水平的小企业工作更高的工资,贸易的开展会强化这一趋势,高生产率企业的出口优势会进一步拉大出口企业和非出口企业间工人的收入差距。[①]

2. 工序贸易的工资效应

在芬斯特拉和汉森(Feenstra 和 Hanson,1996、1997、1999)早期的系列研究中,通过区分熟练工人和非熟练工人以及不同技术水平的生产工序,构建离岸外包模型的研究发现,与传统 H-O 框架所认为的商品贸易会扩大富国的收入差距并缩小穷国的收入差距不同的是,工序贸易会扩大双方的收入差距。在此基础上,格罗斯曼和罗西-汉斯伯格(Grossman 和 Rossi-Hansberg,2008)继续引入技术密集型产品和劳动密集型产品、高技能型工人和低技能型工人的划分,研究发现,对于发展中国家而言,工序贸易可以通过扩大就业所引起的收入提高效应和生产率提升所引起的工资增长效应,增加低技能型工人的就业机会,缩小收入差距。奥塔维亚诺等(Ottaviano 等,2010)的研究也得到了同样的结论。

---

① 来自梅里兹、伯纳德和赫尔普曼等人关于异质性企业贸易理论的系列文献研究认为,高生产率的企业会优先选择出口并获得更多的贸易利益,而低生产率的企业只能专注于国内生产甚至退出市场。

3.劳动力市场的就业摩擦效应

近期的文献表明,贸易会通过劳动力市场的摩擦影响收入差距。米特拉和兰詹(Mitra 和 Ranjan,2007)首先从离岸外包视角切入,分析了贸易开放后通过新就业岗位的创造与失业率的降低,可以显著改善收入水平。安德森(Anderson,2009)则认为劳动者需要根据自身掌握的技能匹配相应的职位和工资水平,而贸易的开展则会提升高技能工人的工资水平,并恶化低技能工人和失业者的收入状况,从而加剧了收入的不平等,扩大不同群体间的收入差距。阿特鲁克等(Artuc 等,2010)在考虑转换工作的时间成本和择业成本等因素后,认为工人可以自由选择行业,贸易自由化会使预期进口竞争行业的工人转向出口竞争行业,从而通过劳动力供给效应恶化出口竞争部门的工资水平,改善进口部门的工资水平。

(二) 实证文献

在实证方面,很多学者针对不同的国家和地区进行了研究。阿米提和戴维斯(Amiti 和 Davis,2008)、阿米提和卡梅伦(Amiti 和 Cameron,2012)基于印度尼西亚 1991—2000 年制造业企业数据,检验了贸易关税的削减对工资的影响,关税下降降低了进口竞争部门的工资,提升了出口部门的工资。布斯托斯(Bustos,2007)、布兰比拉等(Brambilla 等,2010)分别以阿根廷 1992—1996 年和 1998—2000 年的企业面板数据为样本,从技术进步和出口目的国视角,论证了技术水平的异质性和出口目的国收入水平的差异会显著影响工资收入,从而扩大高技能与低技能工人的收入差距。胡梅尔斯等(Hummels 等,2010)基于 1995—2006 年丹麦企业层面的劳动力和贸易数据,研究发现贸易和离岸外包对企业特征和工资的外生冲击是有差异的,进口冲击会使熟练劳动力的工资水平上涨,却使非熟练劳动力的工资水平下降,从而拉大了收入差距,出口冲击则会同时提升二者的工资水平,但中低技术工人的工资增长得更为明显。魏浩、刘吟(2011)利用全球 125 个国家的统计数据,实证分析了进出口贸易对世界各国以及不同类型国家国内收入差距的影响,发现对于亚洲发展中国家来说,进出口贸易因素是影响亚洲发展中国家国内收入差距的重要因素,进口有利于缩小收入差距,出口扩大了收入差距,与所有发展中国家的考察结果相比,进出口贸易对亚洲发展中国家国内收入差距的影响程度更大,且更加显著。

针对中国的研究,尽管有学者基于中国 1988—1993 年 100 多个城市的数据认为对外贸易有利于缩小城乡收入差距(Wei 和 Wu,2001),但是学者们的后续研究大多认为对外贸易扩大了中国的城乡收入差距。坎布尔和张(Kanbur 和 Zhang,2005)认为,在 1979—2000 年间,对外贸易扩大了城乡收入差距。沈颖郁和张二震(2011)利用我国大陆 29 个省区市 1993—2008 年的面板数据研究发现,对外贸易与城乡收入差距之间倒"U"型关系是不确定的,就近期来看,对外贸易的增加将会导致城乡收入差距的扩大。袁冬梅等(2011)则基于 1996—2007 年我国 28 个省区市的数据,分别从全国和地区层面论证了贸易开放度的扩大和制成品贸易比重的上升将会缩小城乡收入差距。魏浩、赵春明(2012)进一步区分地区、时期和进出口贸易的研究发现,不同时期,对外贸易对我国不同类型劳动者的就业及其工资水平的影响不同,对外贸易对我国就业的影响主要表现为就业数量扩大效应和就业质量偏向效应,就业数量扩大效应有利于缩小城乡收入差距,就业质量偏向效应扩大了城乡收入差距,对外贸易对我国城乡居民收入差距的影响就是这两种效应的综合。另外,何璋和覃冬梅(2003)较早地分析了对外开放与收入分配间的倒"U"型关系。

总的来看,目前关于中国对外贸易对国内整体收入差距、工资变化影响的相关研究较多,但是,针对对外贸易与城乡收入差距的专门研究却不多,而且已有的研究结论也不一致。另外,已有研究基本上都是基于贸易总量视角进行分析的,缺少基于贸易商品结构视角、基于贸易方式视角的分类分析。

基于此,本节利用 1986—2010 年中国 29 个省区市的面板数据,针对我国对外贸易与城乡居民收入差距问题进行实证分析。本节的主要贡献包括:一是分别选取城乡收入比和泰尔指数作为衡量城乡收入差距的指标,并作对比研究;二是区分高新技术产品贸易和劳动密集型产品贸易、一般贸易和加工贸易,考察其对城乡收入差距的不同影响;三是重点关注加入世界贸易组织后,不同贸易结构、贸易方式对东部、中部、西部城乡收入差距的影响差异,以期为我国对外贸易发展方式转变提供政策启示。

二、模型、变量与数据

(一) 计量模型的设定与变量说明

在借鉴有关研究成果(Wei 等,2001;Wan 等,2007;Han 等,2012)的基础上,结合我国对外贸易与城乡收入差距的现实,本节选取城乡收入差距为被解释变量,贸易因素为解释变量,并选择 7 个可能对城乡收入差距产生影响的非贸易因素作为控制变量,将计量模型设定为:

$$Ineq_{ijt} = C + \alpha_1 Trade_{ijt} + \alpha_2 Private_{it} + \alpha_3 FDI_{it} + \alpha_4 Employ_{it} + \alpha_5 Unemploy_{it}$$
$$+ \alpha_6 Lnagdp_{it} + \alpha_7 Capital_{it} + \alpha_8 Education_{it} + \varepsilon_{it} \tag{3-2}$$

其中,$Ineq_{ijt}$ 表示城乡收入差距;i、j、t 分别表示省份、指标的不同度量方式和年份;α_1——α_8 分别表示解释变量的系数,衡量解释变量对城乡收入差距的边际影响;C 和 ε 分别为截距项和随机扰动项。

根据方程(3-2),本节将相关指标的具体含义及测度作如下处理。

1. 被解释变量

本节的被解释变量是城乡收入差距(Ineq)。本节采取以下两种方法衡量城乡收入差距。

(1)城乡收入比(Income)。即以城镇居民人均可支配收入与农村居民人均纯收入之比度量城乡收入差距(陆铭和陈钊,2004;袁冬梅等,2011;魏浩和赵春明,2012)。

(2)泰尔指数(Theil)。基尼系数作为当前研究城乡收入差距问题应用较为广泛的指标之一,尽管拥有标准化、便于实证、本身具有经济含义等诸多优点,但是,它对富人的观察值比较敏感,对收入群体两端的估计不准确(万广华,2006)。而泰尔指数更为关注高收入和低收入阶层组间与组内的收入变动,能够更直接、更准确地度量城乡收入差距,这也正好契合了我国现阶段的收入分配格局。基于此,本节选择泰尔指数来刻画我国的城乡收入差距,并选取城乡收入比指标作对比研究。

对于泰尔指数的测算,王少平和欧阳志刚(2007)进行了有益的尝试,并通过测算 i 个横截单元和 t 时期的泰尔指数来衡量各地区不同时期的城乡收入差距。借鉴该测算方法,并结合肖罗克斯(Shorrocks,1980)的研究,本节将泰尔指数 $Theil_{it}$ 的计算公式设定为:

$$Theil_{it} = \frac{P_{it}^u}{P_{it}}\ln\left(\frac{P_{it}^u}{P_{it}} \bigg/ \frac{Z_{it}^u}{Z_{it}}\right) + \frac{P_{it}^c}{P_{it}}\ln\left(\frac{P_{it}^c}{P_{it}} \bigg/ \frac{Z_{it}^c}{Z_{it}}\right) \qquad (3-3)$$

其中,u 和 c 分别表示城镇和农村地区,P_i^u 和 P_i^c 分别表示 i 地区城镇和农村的总体收入水平(用相应的人口与人均收入之积表示),P_i 表示 i 地区的总收入;Z_i^u 和 Z_i^c 分别表示 i 地区城镇和农村的人口数量,Z_i 表示 i 地区的总人口。

2. 解释变量

(1)贸易因素(Trade)。本节对贸易因素的考察主要从三个层面逐步展开:一是贸易开放度,包括总贸易开放度(Trade)、出口贸易开放度(Export)和进口贸易开放度(Import),分别以按当年的美元与人民币中间价折算的贸易总额、出口额和进口额与当年该地区的 GDP 之比来衡量;二是贸易商品结构,包括高新技术产品贸易(Tectrade)和劳动密集型产品贸易(Labtrade),将当年该地区贸易总额中剔除高新技术产品贸易额的部分视作劳动密集型产品贸易额,并按当年的美元与人民币中间价折算后取对数;三是贸易模式,包括一般贸易(Gentrade)和加工贸易(Protrade),分别将当年该地区一般贸易额和加工贸易额按美元与人民币汇率中间价折算后取对数来衡量。

(2)非国有化程度(Private)。此指标代表政府放松管制的程度。万等(Wan 等,2007)的研究认为,以放松管制为主的政策倾向是影响城乡收入差距的重要因素;同时自由化和规范化的市场环境,不仅意味着较低的市场壁垒和进入成本,也有利于加快劳动力区域流动和优化资源配置,从而影响城乡收入差距。为此,本节在计量模型中加入非国有化程度指标,并依据万等(Wan 等,2007)、沈坤荣和余吉祥(2011)等的指标设定,以各省区市非国有企业职工占全部职工总数的比重作为衡量指标。

(3)外资开放度(FDI)。FDI 主要通过两种渠道影响东道国的收入差距:一是劳动力市场的工资溢价。具有较高技术和生产率水平的外资企业,大举进入东道国国内,会对劳动力需求产生冲击,由于外商企业对劳动力的技能具有偏好,使得高技能的熟练劳动力变得相对稀缺,从而提升其工资水平。二是潜在的技术外溢。FDI 会通过竞争效应和示范效应等路径对东道国国内企业产生技术外溢,推动生产率的整体提升,并影响当地企业的工资水平(亓朋,2011)。尽管学者们基本认同 FDI 对国内企业工资的上述影响路径,但并未就这种影响的正负效应达成一致(Feenstra 和 Hanson,1997;Chen 等,2011)。因此,为了进一步探寻 FDI 对城乡收入差距的具体影响,本节引入外资开放度指标,并以各省区市实际利用外商直接投资额占 GDP 比重来衡量。

(4)就业结构(Employ)。基于经典的比较优势理论和我国现阶段的劳动力禀赋特征,我们不难发现,农村剩余劳动力向城镇大规模流入是维系我国出口比较优势的重要保障,但由此所带来的城乡就业市场结构的变化显然已深刻地影响了城乡两地劳动力的收入水平。尽管,刘学军和赵耀辉(2009)的研究证实了农村劳动力转移对城市本地劳动力的就业率和工资均具有统计上显著的负向作用,但是,也有学者认为农村劳动力的流入会促进城镇居民收入水平的提升(沈坤荣和余吉祥,2011)。鉴于此,本节在计量分析中引入就业结构因素,并以第一产业就业人数占总就业人数的比重来衡量。

(5)城镇失业率(Unemploy)。随着我国经济结构的调整和劳动力市场城乡二元格局的演进,就业机会已日渐成为影响不同群体间收入差距的重要因素。在此过程中,失业会导致城乡劳动力收入的两极分化,一方面加剧以农村进城务工人员为主体的最低收入群体的贫困;另一方面通过工资和福利保障等途径提升城镇在岗职工的收入水平,从而拉大城乡收入差距。因此,本节在计量模型中加入城镇失业率指标,并用历年各省区市城镇登记失业率衡量,以进一步考察失业对城乡收入差距的冲击。

(6)经济发展程度(Lnagdp)。尽管经典的库兹涅茨倒"U"型假说(Kuznets,1955))较早地发现了经济增长与收入分配间的演进轨迹,但是,长期以来,学者们针对发展中国家的经验研究所得出的结论却众说纷纭、莫衷一是。然而,不可否认的是,经济发达地区会聚集更多的资源,并提供更多的就业机会和更高的薪酬水平,从而会提升当地居民的整体收入水平。我国 20 世纪 90 年代兴起的"民工潮"现象所折射出的东南沿海与内陆省份经济发展程度和收入水平的差距,便很好地证实了这一点。因此,本节引入经济发展程度指标,并采用各省区市人均 GDP 的对数来度量。

(7)城乡固定资产投资比例(Capital)。长期以来,城市倾向的经济政策,导致了城乡固定资产投资比例不均,尤其是各地支持农业生产的支出在财政总支出中的比重总体呈下降趋势,这可能是造成城乡收入差距扩大的一个重要原因(陆铭和陈钊,2004)。近年来,随着新农村建设的开展,农村固定资产投资逐步加大,并通过收入再分配效应表现出改善农村居民收入分配状况、缩小城乡收入差距的趋势(王震,2010)。由此可见,固定资产投资在城乡间的不同分配方案是影响城乡收入差距的重要因素。为此,本节引入城乡固定资产投资比例指标,以各省区市城镇固定资产投资额与农村固定资产投资额的比值来进行衡量。

(8)平均受教育程度(Education)。教育主要通过人力资本传导机制影响收入分配,但二者不会自发形成"教育平等—收入平等"的良性循环(杨俊等,2008),需要政府辅之以合理的政策调控。城市偏向的教育经费投入政策是导致城乡教育不平等的主要原因,而当前教育水平的差异是导致中国城乡收入差距扩大最重要的影响因素(陈斌开等,2010)。因此,为了细致考察教育对城乡收入差距的影响,借鉴陈钊等(2004)的测算方法,本节选取各省区市六岁及以上人口平均受教育年限来度量平均受教育程度。

(二) 数据来源与统计描述

考虑到西藏数据的缺失和重庆建立直辖市的时间较短,数据不全,剔除了这两个省份,本节选取1986—2010年全国29个省区市,分东部、中部、西部三大区域①的面板数据,实证检验对外贸易与城乡收入差距的关系。

本节研究所用的城乡收入比与泰尔指数,均根据中经网数据库和历年《中国统计年鉴》的原始数据计算整理而得。各省区市进出口总额数据,1986—1991年的外贸数据来自《新中国六十年统计资料汇编》,1992—2010年的外贸数据来自历年《中国统计年鉴》;统计口径是按经营单位所在地进行区分。基于本节研究的重点和数据的可得性,我们选取各省区市2000—2010年高新技术产品和劳动密集型产品的贸易数据作为考察对象,数据来源于国家商务部和国家海关总署的网站。同时,选取各省区市2000—2010年的一般贸易与加工贸易数据作进一步研究,2001—2008年的数据来源于

---

① 本节依据各省区市的经济发展和所处地理环境,将全国划分为三大区域:东部包括北京、天津、河北、辽宁、上海、江苏、浙江、福建、山东、广东和海南11个省市;中部包括山西、吉林、黑龙江、安徽、江西、河南、湖北和湖南8个省份;西部包括四川、贵州、云南、陕西、甘肃、青海、宁夏、新疆、内蒙古和广西10个省区。

国泰安数据库(CSMAR),部分地区的缺失数据和其余年份的数据来源于历年各省区市的统计年鉴;其中,加工贸易额的统计口径主要包括来料加工装配贸易、进料加工贸易和出料加工贸易。

各省区市实际利用外商直接投资额来源于历年《中国统计年鉴》和各省区市的统计年鉴。人民币与美元的汇率中间价来源于2010年《中国统计年鉴》。各省区市就业结构、非国有化程度、城镇失业率、经济发展程度、城乡固定资产投资比例指标均根据《新中国六十年统计资料汇编》和历年《中国统计年鉴》数据计算整理而得。各省区市六岁及以上人口平均受教育年限数据则根据历年《中国统计年鉴》和《中国人口统计年鉴》测算所得。在此基础上,本节将所用主要变量与所涉及的指标归纳为表3-7。

表 3-7 主要变量的基本统计描述

变量	样本数	均值	标准差	最小值	最大值
Income	725	2.6685	0.6738	1.1440	4.7586
Theil	725	0.1058	0.0590	0.0019	0.2936
Trade	725	0.2670	0.3613	0.0213	2.2030
Export	725	0.1402	0.1699	0.0001	0.9367
Import	725	0.1268	0.2143	0.0015	1.5752
Tectrade	319	15.8541	1.6511	11.6585	19.5574
Labtrade	319	13.5472	2.4998	8.8292	19.2070
Gentrade	319	15.5141	1.5796	11.5304	19.0181
Protrade	319	14.2198	2.3439	8.2278	19.5416
Private	725	0.8157	0.1128	0.4211	0.9470
FDI	725	0.0280	0.0336	0.00002	0.2425
Employ	725	0.4917	0.1724	0.0393	0.8183
Unemploy	725	3.1397	1.1062	0.3000	7.7000
Lnagdp	725	8.6294	1.1456	6.1463	11.2771
Capital	725	6.4804	4.9207	0.6762	43.0848
Education	725	7.1797	1.2570	4.2485	11.1726

另外,统计描述显示,无论是以城乡收入比还是以泰尔指数衡量,1986—2010年间,我国城乡收入差距均处于整体扩大的态势(见图3-2),

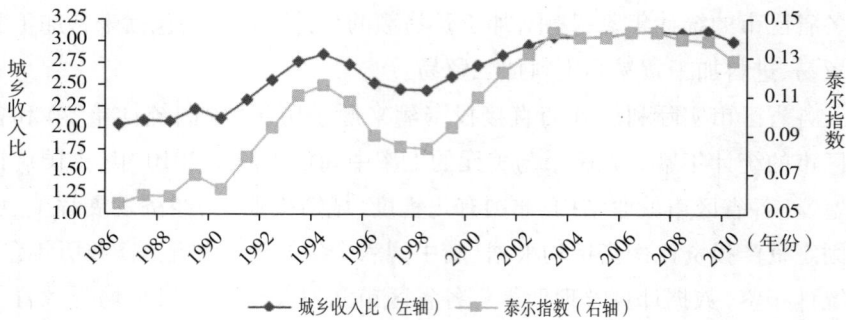

图 3-2　1986—2010 年城乡收入比和泰尔指数衡量的我国城乡收入差距

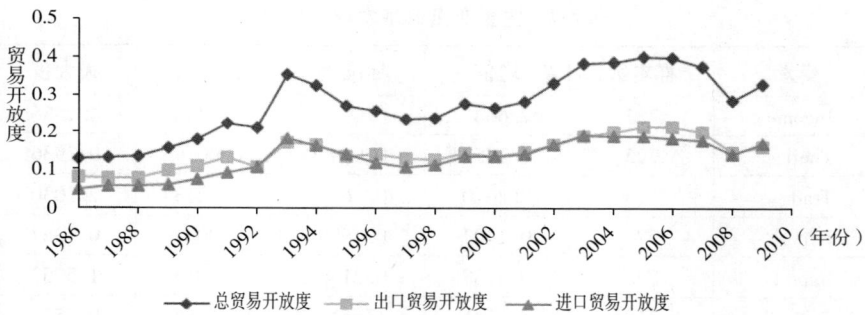

图 3-3　1986—2010 年我国贸易开放度的变化趋势

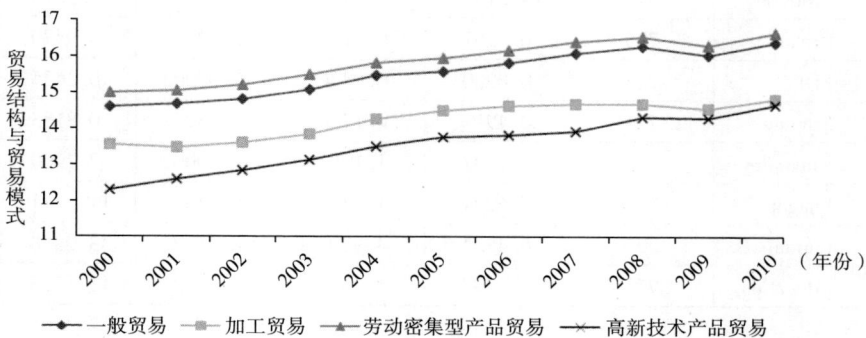

图 3-4　2000—2010 年我国贸易结构与贸易模式的变化趋势

分别由 1986 年的 2.0786 和 0.0565 增至 2010 年的 3.0223 和 0.131,其中,城乡收入差距最大值均出现在 2004 年的云南(分别为 4.7586 和 0.2936),最小值均为 1990 年的上海(分别为 1.1440 和 0.0019)。与此同时,对外贸易也持续繁荣,并表现出较大的差异性和复杂性。如图 3-3 所示,总贸易开放度、出口贸易开放度和进口贸易开放度的变化趋势基本一致,分别在 1992 年、1997 年和 2008 年附近出现三个明显拐点。其中,1992 年邓小平南方谈话可能是推动贸易开放度大幅提升的重要因素(Han 等,2012),而东南亚金融危机和美国次贷危机的全球蔓延所带来的国际环境的恶化,可能导致了后两次贸易开放度的降低。具体来看,总贸易开放度最高为 2.2030(1994 年北京)、最低为 0.0213(1986 年贵州),出口贸易开放度最高为 0.9367(1994 年广东)、最低为 0.0001(1986 年广东),进口贸易开放度最高为 1.5752(1994 年北京)、最低为 0.0015(1990 年青海)。

贸易结构和贸易模式的数据显示(见图 3-4):自 2000 年以来,全国层面的一般贸易和加工贸易、劳动密集型产品贸易和高新技术产品贸易均持续增长,但是,后者出现显著的收敛倾向,对数化的贸易差额由 2000 年的 2.6830 收敛至 2010 年的 1.9753;而前者则并未表现出收敛的趋势,由 2000 年的 1.0481 轻微增至 2010 年的 1.5337。由此可见,高新技术产品贸易在我国对外贸易中的份额正逐步提升,贸易结构逐步优化;而一般贸易和加工贸易则相对变化较小,贸易模式转型的效果尚未显现。这表明我国对外贸易不仅在规模、结构和模式上存在差异,且各地区的进出口贸易发展程度也存在较大差距。

三、实证检验与结果分析

(一) 基于对外贸易开放度视角的分析:全国整体回归

考虑到样本的个体差异及数据特点,本节采用面板数据的固定效应模型进行估计,Hausman 检验也拒绝随机效应模型的原假设。表 3-8 报告了分别采用城乡收入比(Income)和泰尔指数(Theil)为被解释变量的总体回归结果,整体拟合优度较高,调整后的拟合优度最低也在 0.76 以上,证实了总贸易开放度(Trade)、出口贸易开放度(Export)和进口贸易开放度(Import)与城乡收入差距具有较强的关联性,也表明对外贸易是影响我国城乡收入差距的重要因素。

表 3-8 1986—2010 年城乡收入比、泰尔指数的总体回归结果

变量	城乡收入比			泰尔指数		
	总贸易开放度	出口贸易开放度	进口贸易开放度	总贸易开放度	出口贸易开放度	进口贸易开放度
C	7.9093 ***	7.2581 ***	7.6275 ***	0.6501 ***	0.6229 ***	0.6327 ***
	(12.36)	(11.08)	(11.86)	(11.27)	(10.83)	(10.98)
Trade	0.6413 ***			0.0314 ***		
	(11.72)			(6.37)		
Export		1.0948 ***			0.0573 ***	
		(9.12)			(5.44)	
Import			0.9182 ***			0.0431 ***
			(10.92)			(5.72)
Private	−1.0235 ***	−0.8376 ***	−0.9773 ***	−0.1586 ***	−0.1505 ***	−0.1554 ***
	(−4.92)	(−3.92)	(−4.65)	(−8.45)	(−8.02)	(−8.25)
FDI	−3.6145 ***	−3.3540 ***	−2.9913 ***	−0.1675 ***	−0.1608 ***	−0.1340 ***
	(−6.93)	(−6.16)	(−5.83)	(−3.56)	(−3.36)	(−2.91)
Employ	1.3888 ***	1.4369 ***	1.2580 ***	0.1024 ***	0.1056 ***	0.0958 ***
	(6.29)	(6.26)	(5.65)	(5.14)	(5.24)	(4.80)
Unemploy	−0.0082	−0.0146	−0.0041	−0.0008	−0.0011	−0.0006
	(−0.96)	(−1.64)	(−0.47)	(−1.01)	(−1.42)	(−0.76)
Lnagdp	−0.4216 ***	−0.4111 ***	−0.3510 ***	−0.0313 ***	−0.0314 ***	−0.0276 ***
	(−6.43)	(−5.99)	(−5.39)	(−5.30)	(−5.22)	(−4.73)
Capital	0.0166 ***	0.0211 ***	0.0126 ***	0.0007 **	0.0009 ***	0.0005
	(4.86)	(5.88)	(3.64)	(2.16)	(2.87)	(1.54)
Education	−0.2231 ***	−0.1692 ***	−0.2580 ***	−0.0279 ***	−0.0252 ***	−0.0295 ***
	(−8.90)	(−6.50)	(−9.98)	(−12.34)	(−11.01)	(−12.72)
R^2	0.79	0.77	0.78	0.77	0.77	0.77
Adj-R^2	0.78	0.76	0.77	0.76	0.76	0.76

说明:括号内的数据为 t 值, *** 、** 、* 分别表示在 1%、5% 和 10% 的水平上显著。

　　进一步,从出口贸易开放度和进口贸易开放度来看,二者的相关性系数均为正,且通过1%水平下的显著性检验,这表明全国层面的进出口贸易是导致我国城乡收入差距扩大的重要因素。另外,分别以城乡收入比和泰尔指数为被解释变量的回归结果均显示,出口(相关性系数分别为1.0948和0.0573)对拉大城乡收入差距的影响比进口(相关性系数分别为0.9182和0.0431)更为明显,即说明出口贸易对我国城乡收入差距的影响比进口大。

　　在其余的解释变量中,除城镇失业率(Unemploy)不显著外,其他变量也都表现出显著的相关性。其中,非国有化程度(Private)显著为负,这表明非国有企业职工占全部职工总数的比重越高,市场化程度就越高,那么,工资收敛就会越有利于改善非国有企业职工的收入水平,缩小不同所有制企业职工的收入差距,这与杨娟等(2011)的结论基本一致,符合理论预期。经济发展程度(Lnagdp)和平均受教育年限(Education)也表现出显著的负相关,这表明经济越发达,提供的就业机会越多,而平均受教育年限越长,则越有利于人力资本积累,从而越容易缩小城乡收入差距。外资开放度(FDI)显著为负,即随着对外开放进程的推进,外资的大举进入显著改善了我国城乡收入差距扩大化的趋势。就业结构(Employ)和城乡固定资产投资比例(Capital)则显示出显著的正相关,这表明第一产业从业人员比重越高,城镇与农村固定资产投资差距越大,会恶化农村居民的收入状况,从而使城乡居民收入水平的两极分化更为严重。

(二) 基于对外贸易开放度视角的分析:分地区回归

　　表3-9和表3-10分别报告了以城乡收入比和泰尔指数作为被解释变量的分地区回归结果,研究结果表明:对外贸易是影响我国东、中、西部三大区域城乡收入差距的重要因素,但是,对不同区域的影响并不一致,且选用不同被解释变量的结果也存在一定差异。

　　具体来看:(1)东部地区总贸易开放度、出口贸易开放度和进口贸易开放度的相关性系数都显著为正,以城乡收入比和泰尔指数作为被解释变量的回归结果基本一致,证实了回归结论的稳健性[见表3-9和表3-10的第(1)—(3)列]。与此同时,进出口贸易显著扩大了东部地区的城乡收入差距,出口贸易的影响程度依旧大于进口贸易,这与全国层面的研究结论是一致的。

表3-9　1986—2010年贸易开放度与城乡收入差距的分地区回归结果（1）

变量	东部			中部			西部		
	（1）	（2）	（3）	（4）	（5）	（6）	（7）	（8）	（9）
C	3.7418***	2.5163***	3.8999***	−1.2261	−1.1674	−1.4056	1.0739	1.4920	2.0520*
	(4.70)	(3.29)	(4.52)	(−1.13)	(−1.06)	(−1.30)	(0.94)	(1.35)	(1.74)
Trade	0.3158***			−0.6771			−2.0889***		
	(7.87)			(−1.07)			(−3.09)		
Export		0.6403***			−0.6589			−2.6930***	
		(8.29)			(−0.67)			(−3.47)	
Import			0.3855***			−1.2309			−0.2325
			(5.64)			(−1.11)			(−0.17)
Private	0.0662	0.2423	0.1933	3.9175***	3.9414***	3.9305***	−0.1732	−0.1485	0.1977
	(0.31)	(1.19)	(0.86)	(6.70)	(6.74)	(6.74)	(−0.44)	(−0.38)	(0.5050)
FDI	−0.2870	−0.3932	0.2820	−8.9421***	−9.3778***	−8.6319***	−5.0726**	−5.4481**	−5.7534**
	(−0.64)	(−0.88)	(0.62)	(−4.84)	(−5.22)	(−4.48)	(−2.11)	(−2.28)	(−2.34)
Employ	0.9293***	1.3042***	0.6640**	−1.2925***	−1.3228***	−1.2366***	3.6446***	3.4627***	3.1548***
	(3.59)	(4.98)	(2.43)	(−3.06)	(−3.11)	(−2.91)	(8.67)	(8.7615)	(7.35)
Unemploy	−0.0195	−0.0426***	−0.0151	0.1116***	0.1108***	0.1110***	−0.0088	−0.0080	−0.0123
	(−1.39)	(−3.14)	(−0.99)	(3.54)	(3.50)	(3.52)	(−0.88)	(−0.80)	(−1.21)
Lnagdp	−0.1760**	−0.1349	−0.1729*	0.0942	0.0845	0.1050	0.1256	0.0947	0.0095
	(−2.09)	(−1.63)	(−1.95)	(0.75)	(0.67)	(0.83)	(0.99)	(0.78)	(0.07)
Capital	0.0149***	0.0174***	0.0138***	0.0160	0.0140	0.0165	−0.0095	−0.0093	−0.0012
	(4.19)	(4.94)	(3.65)	(1.41)	(1.26)	(1.45)	(−1.57)	(−1.58)	(−0.21)
Education	−0.0616*	0.0196	−0.0818**	0.0217	0.0238	0.0251	−0.0922**	−0.1086***	−0.1296***
	(−1.94)	(0.65)	(−2.27)	(0.35)	(0.38)	(0.40)	(−2.23)	(−2.74)	(−3.05)
R^2	0.83	0.84	0.82	0.74	0.73	0.74	0.77	0.77	0.76
Adj-R^2	0.82	0.83	0.80	0.71	0.71	0.71	0.75	0.75	0.74

被解释变量：城乡收入比

注：***、**、*分别表示在1%、5%和10%的水平上显著。

表 3-10　1986—2010 年贸易开放度与城乡收入差距的分地区回归结果(2)

变量	被解释变量:泰尔指数								
	东部			中部			西部		
	(1)	(2)	(3)	(4)	(5)	(6)	(7)	(8)	(9)
C	0.3841***	0.3322***	0.3691***	−0.1420	−0.1285	−0.1867*	0.1367	0.1598	0.2291**
	(4.96)	(4.50)	(4.53)	(−1.38)	(−1.22)	(−1.81)	(1.24)	(1.50)	(2.03)
Trade	0.0143***			−0.1664***			−0.1479**		
	(3.65)			(−2.77)			(−2.26)		
Export		0.0363***			−0.1573*			−0.2187***	
		(4.86)			(−1.67)			(−2.93)	
Import			0.0123*			−0.3084***			0.0702
			(1.91)			(−2.94)			(0.53)
Private	−0.0846***	−0.0816***	−0.0725***	0.3316***	0.3377***	0.3346***	−0.1030***	−0.1050***	−0.0724*
	(−4.08)	(−4.17)	(−3.41)	(5.96)	(6.00)	(6.04)	(−2.69)	(−2.80)	(−1.94)
FDI	0.0463	0.0251	0.0820*	−0.9955***	−1.1029***	−0.9155***	−0.5825**	−0.6053***	−0.6496***
	(1.06)	(0.58)	(1.90)	(−5.66)	(−6.37)	(−5.00)	(−2.51)	(−2.64)	(−2.76)
Employ	0.0608**	0.0832***	0.0510**	−0.1873***	−0.1946***	−0.1733***	0.2642***	0.2548***	0.2188***
	(2.42)	(3.29)	(1.98)	(−4.66)	(−4.76)	(−4.30)	(6.52)	(6.70)	(5.34)
Unemploy	−0.0011	−0.0022	−0.0013	0.0095***	0.0092***	0.0093***	−0.0005	−0.0004	−0.0007
	(−0.83)	(−1.64)	(−0.91)	(3.15)	(3.04)	(3.11)	(−0.48)	(−0.37)	(−0.74)
Lnagdp	−0.0138*	−0.0123	−0.0128	0.0077	0.0053	0.0104	0.0101	0.00885	−0.0003
	(−1.69)	(−1.54)	(−1.52)	(0.64)	(0.44)	(0.87)	(0.83)	(0.76)	(−0.02)
Capital	0.0007**	0.0008**	0.0007*	0.0010	0.0005	0.0012	−0.0012**	−0.0013**	−0.0005
	(2.05)	(2.48)	(1.93)	(0.95)	(0.49)	(1.07)	(−2.05)	(−2.25)	(−0.97)
Education	−0.0203***	−0.0166***	−0.0199***	−0.0010	−0.0004	−0.0002	−0.0169***	−0.0178***	−0.0205***
	(−6.58)	(−5.73)	(−5.88)	(−0.16)	(−0.07)	(−0.03)	(−4.25)	(−4.68)	(−5.04)
R^2	0.77	0.78	0.76	0.73	0.72	0.73	0.72	0.73	0.72
Adj-R^2	0.76	0.77	0.75	0.70	0.70	0.71	0.70	0.71	0.70

注:***、**、*分别表示在1%、5%和10%的水平上显著。

　　（2）中部地区总贸易开放度、出口贸易开放度和进口贸易开放度的相关性系数都为负,即对外贸易有利于缩小中部地区的城乡收入差距。很明显,中部地区的回归结果与全国、东部地区有所不同,主要表现在:一是影响方向不同。三个贸易指标与城乡收入比衡量的城乡收入差距表现出负相关,但并不显著[见表3-9的第（4）—（6）列];而与泰尔指数衡量的城乡收入差距则表现出显著的负相关[见表3-10的第（4）—（6）列]。究其原因,可能是两种测算方式所考察的重点不同所致。二是影响程度不同。进口比出口更能缩小中部地区的城乡收入差距。

　　（3）西部地区除进口贸易开放度不显著外,总贸易开放度和出口贸易开放度均表现出显著的负相关,表明出口可显著缩小西部地区的城乡收入差距,而进口的影响作用则并未显现。从表3-9和表3-10的对比来看,总贸易开放度、出口贸易开放度的回归结果比较稳健,进口贸易开放度的回归结果不稳健。

　　回归结果表明:对外贸易对不同地区城乡收入差距的影响具有一定的差异性。可能的原因是区域间开放水平的差异驱动了对外贸易对城乡收入差距的影响效应不同。就东部地区而言,源于改革开放初期以优先开放和先行先试为特征的非均衡外贸发展战略的实施,使得东部地区贸易发展水平远高于中西部地区,并逐步摆脱依赖贸易规模扩张的粗放型发展道路,率先进入贸易发展模式转变的新轨道。这意味着东部地区的贸易发展模式逐步由规模导向型转变为质量导向型,加剧了国内产品和劳动力市场的竞争,增强了国内劳动力和进口生产要素之间的替代,转变了企业对劳动力技能需求的偏好,从而削弱了贸易发展对就业特别是对非熟练劳动力就业的拉动作用,进而扩大了城乡居民的收入差距。当然,也正是由于东部地区的出口部门具有高生产率增长、以加工贸易为主、进行转型升级的特征,从而一方面减少对非熟练劳动力的需求;另一方面增加对熟练劳动力的需求,这对以进城务工农民工为主的非熟练劳动力、以城市居民为主的熟练劳动力的就业及其工资的影响就是相反的,从而在一定程度上扩大了城乡收入差距。出口企业的工资水平高于无出口企业,雇佣较高技能水平的劳动者的企业更可能成为出口企业,成为出口企业以后也更可能吸引较高技能水平的劳动者（于洪霞和陈玉宇,2010）,从而使出口贸易的发展对城乡收入差距的影响将日益明显。总的来看,在东部地区,由对外贸易结构升级导致的就业质量偏向效应比较明显。经典的两部门 H-O-S 定理认为,贸易的扩张会改变一国原有生产过程中要素投入的比例和结构,而贸易的结构升级则会通过就业结构效应、生产率效应显著影响劳动力市场的工资构成和收入差距。

对于中西部地区而言,由于其目前贸易规模效应并未完全释放,依靠对外贸易创造就业的路径仍是解决农村富余劳动力和城镇失业问题、缩小城乡收入差距的重要举措。据国家统计局发布的《2011 年我国农民工调查监测报告》显示,2011 年中部地区农民工就业人数比上年增长 4.2%,西部地区比上年增长 6.7%,分别比东部地区高 1.1 个和 3.6 个百分点。① 这表明中西部地区贸易对就业创造的边际效应远大于东部地区;为此,着力发展贸易规模,提升对外开放水平,充分挖掘贸易的就业创造潜力在今后一段时间对中西部地区而言仍具有重要的现实意义,就业机会的增加可以显著改善农村劳动力的收入状况、优化劳动力的使用效率、缩小城乡收入差距。但正如实证结果所反映的那样,中西部地区的进出口贸易在缩小城乡收入差距中的作用,具有明显差异;中部地区进口贸易的作用更为显著,而西部地区则是出口贸易的作用更为明显。这主要是由于要素禀赋差异和区域经济非均衡发展所导致的"阶梯型"外贸发展格局所致,尤其是中部地区在基础设施、人力资本和承接东部地区的产业转移等方面具有西部地区无法比拟的优势,且进出口贸易已形成一定规模,而西部地区贸易开放程度较低,进口贸易相对滞后,使得进口和出口对两地区有不同影响。总的来看,在中西部地区,由对外贸易规模增加导致的就业数量扩大效应比较明显。

由此可见,与全国层面的整体回归结果不同的是,贸易因素尽管会影响三大区域的城乡收入差距,但在显著性、影响方向和影响程度等方面都存在较大差异,尤其是贸易自身结构和模式的差异对三大区域的影响值得我们进一步探讨。

另外,从其他解释变量来看,在对两个被解释变量(Income、Theil)均显

---

① 数据来源于国家统计局网站,http://www.stats.gov.cn/tjfx/fxbg/t20120427_402801-903.htm。

著的非贸易因素中,影响东部地区城乡收入差距的因素是就业结构、城乡固定资产投资比例;影响中部地区城乡收入差距的因素是非国有化程度、外资开放度、就业结构和城镇失业率;影响西部地区城乡收入差距的因素是外资开放度、就业结构和平均受教育年限。这反映出不同地区要素禀赋和经济发展水平的差异导致了影响城乡收入差距的非贸易因素具有较大不同。

(三) 基于对外贸易商品结构视角的分析

为了考察不同类型贸易商品对城乡收入差距的影响效应,本节按贸易商品的技术含量将对外贸易划分为劳动密集型产品贸易(Labtrade)和高新技术产品贸易(Tectrade),分别从全国层面和地区层面展开研究,并重点关注 2000 年以来二者关系的变迁。表 3-11 和表 3-12 是具体的回归结果。

表 3-11　2000—2010 年贸易结构与城乡收入差距的全国及分地区回归结果(1)

变量	被解释变量:城乡收入比							
	劳动密集型产品贸易				高新技术产品贸易			
	全国	东部	中部	西部	全国	东部	中部	西部
C	7.7835 ***	4.0445 **	0.5612	3.7487	8.1045 ***	3.9082 ***	-1.0575	5.8360 **
	(5.92)	(2.24)	(0.25)	(1.41)	(6.47)	(2.11)	(-0.48)	(2.23)
Labtrade	0.0364	0.1532 ***	-0.1483 *	-0.1016 **				
	(1.32)	(5.76)	(-1.67)	(-2.14)				
Tectrade					0.0381 **	0.0892 ***	-0.0383	0.0021
					(2.36)	(5.23)	(-1.09)	(0.08)
Private	-0.6835	-1.4807 **	3.9970 ***	1.4620 *	-0.8355	-0.7993	4.3275 ***	0.7793
	(-1.28)	(-2.61)	(4.41)	(1.84)	(-1.58)	(-1.42)	(4.54)	(0.87)
FDI	-6.4300 ***	-1.3708	-13.2286 ***	-7.0998	-7.3387 ***	-3.4013 ***	-12.0032 ***	-4.6200
	(-5.48)	(-1.48)	(-6.60)	(-1.39)	(-5.99)	(-3.31)	(-6.17)	(-0.85)
Employ	0.0805	1.1113 **	-1.4990 ***	2.8423 ***	0.1653	1.0520 **	-1.8194 ***	2.1653 ***
	(0.23)	(2.22)	(-3.05)	(3.75)	(0.49)	(2.05)	(-3.75)	(3.07)
Unemploy	-0.0689	-0.0523 ***	0.0699	-0.3363 ***	-0.0719 **	-0.0564 ***	0.0734	-0.3319 ***
	(-2.33)	(-2.77)	(1.63)	(-4.04)	(-2.48)	(-2.93)	(1.55)	(-3.88)

续表

被解释变量:城乡收入比							
变量	劳动密集型产品贸易			高新技术产品贸易			
	全国	东部	中部	西部	全国	东部	中部	西部
Lnagdp	-0.2186	-0.2016	0.1627	0.0166	-0.2259 **	-0.1189	0.0771	-0.1977
	(-1.64)	(-1.05)	(0.71)	(0.06)	(-2.02)	(-0.62)	(0.35)	(-0.78)
Capital	0.0197 ***	0.0239 ***	0.0101	-0.0024	0.0201 ***	0.0176 **	0.0095	0.0024
	(3.76)	(3.43)	(0.70)	(-0.26)	(4.14)	(2.59)	(0.64)	(0.26)
Education	-0.3014 ***	-0.1281 ***	0.0201	-0.03012	-0.3089 ***	-0.1137 ***	0.0750	-0.1300 *
	(-6.86)	(-3.05)	(0.25)	(-0.36)	(-7.07)	(-2.63)	(1.08)	(-1.70)
R^2	0.76	0.71	0.69	0.67	0.77	0.70	0.69	0.65
Adj-R^2	0.73	0.66	0.63	0.60	0.74	0.65	0.62	0.58

注:***、**、*分别表示在1%、5%和10%的水平上显著。

表 3-12 2000—2010 年贸易结构与城乡收入差距的全国
及分地区回归结果(2)

被解释变量:泰尔指数							
变量	劳动密集型产品贸易			高新技术产品贸易			
	全国	东部	中部	西部	全国	东部	中部	西部
C	0.7438 ***	0.5461 ***	-0.0374	0.6108 **	0.7749 ***	0.5072 ***	-0.1710	0.7872 ***
	(6.63)	(3.64)	(-0.15)	(2.30)	(7.27)	(3.22)	(-0.72)	(3.12)
Labtrade	0.0037	0.0116 ***	-0.0116	-0.0042				
	(1.57)	(5.27)	(-1.22)	(-0.89)				
Tectrade					0.0038 ***	0.0059 ***	-0.0036	0.0040
					(2.78)	(4.10)	(-0.96)	(1.64)
Private	-0.1445 ***	-0.2015 ***	0.3978 ***	-0.0403	-0.1595 ***	-0.1487 ***	0.4282 ***	-0.1440 *
	(-3.18)	(-4.28)	(4.09)	(-0.51)	(-3.54)	(-3.11)	(4.22)	(-1.67)
FDI	-0.4441 ***	-0.0809	-1.1150 ***	-0.8491 *	-0.5354 ***	-0.2151 **	-1.0153 ***	-0.4686
	(-4.44)	(-1.06)	(-5.19)	(-1.67)	(-5.13)	(-2.47)	(-4.90)	(-0.90)

续表

变量	被解释变量:泰尔指数							
	劳动密集型产品贸易				高新技术产品贸易			
	全国	东部	中部	西部	全国	东部	中部	西部
Employ	0.0356	0.0871 **	−0.1524 ***	0.1813 **	0.0443	0.0870 **	−0.1790 ***	0.1612 **
	(1.17)	(2.10)	(−2.89)	(2.40)	(1.54)	(1.99)	(−3.47)	(2.37)
Unemploy	−0.0051 **	−0.0026	0.0024	−0.0236 ***	−0.0054 **	−0.0031 *	0.0031	−0.0245 ***
	(−2.01)	(−1.65)	(0.52)	(−2.84)	(−2.18)	(−1.91)	(0.61)	(−2.97)
Lnagdp	−0.0269 **	−0.0282 *	0.0013	−0.0199	−0.0274 ***	−0.0176	−0.0042	−0.0334
	(−2.3597)	(−1.77)	(0.05)	(−0.76)	(−2.89)	(−1.08)	(−0.18)	(−1.37)
Capital	0.0011 **	0.0015 **	0.0005	0.0001	0.0011 ***	0.0009	0.0005	0.0003
	(2.3629)	(2.57)	(0.34)	(0.14)	(2.64)	(1.59)	(0.33)	(0.34)
Education	−0.0344 ***	−0.0262 ***	0.0077	−0.0185 **	−0.0352 ***	−0.0254 ***	0.0118	−0.0268 ***
	(−9.1928)	(−7.53)	(0.91)	(−2.23)	(−9.46)	(−6.93)	(1.59)	(−3.64)
R^2	0.82	0.86	0.67	0.65	0.82	0.85	0.66	0.66
Adj−R^2	0.80	0.84	0.60	0.59	0.800	0.82	0.59	0.60

注:*** 、** 、* 分别表示在 1%、5%和 10%的水平上显著。

由上可以看出:

1. 从全国层面来看,基于城乡收入比和泰尔指数因变量的回归结果均显示,高新技术产品贸易的相关性系数显著为正,而劳动密集型产品贸易则不显著

这表明 2000 年以来,高新技术产品贸易的发展显著扩大了我国的城乡收入差距。这是因为我国对外贸易结构升级导致的就业质量偏向效应、劳动力市场就业结构失衡共同交织形成的。21 世纪以来,借助新一轮以信息产业为代表的高科技产业向发展中国家转移,我国的贸易商品结构也从劳动密集型向资本密集型、中高技术密集型转变,使得就业市场偏向于技术型的熟练劳动力,并降低对非熟练劳动力的相对需求。而我国非熟练劳动力丰富、熟练劳动力稀缺的禀赋状况短期内又难以扭转,从而使得对外贸易通过"贸易结构转型升级→就业质量偏向→工资差距扩大"的路径拉大了城

镇居民(以熟练劳动力为主)与农村居民(以非熟练劳动力为主)的收入差距。

2. 从分地区的回归结果来看,贸易结构对东部、中部、西部三大地区城乡收入差距的影响差异性十分明显

在东部地区,无论是劳动密集型产品贸易还是高新技术产品贸易,其对因变量的影响均表现出显著的正相关,且劳动密集型产品贸易对城乡收入差距的拉大作用更为明显;在中部地区,劳动密集型产品贸易、高新技术产品贸易的回归系数都为负,但是,显著性不稳定;在西部地区,劳动密集型产品贸易的回归系数为负,高新技术产品贸易的回归系数为正,但是,都不显著。也就是说,东部地区任何类型的产品贸易都会显著地扩大城乡收入差距,中部地区任何类型的产品贸易都会缩小城乡收入差距;西部地区的劳动密集型产品贸易会缩小城乡收入差距,技术密集型产品贸易会扩大城乡收入差距。东部地区的效应较大,且最为显著、稳定,中部、西部地区的效应较小,且不显著。

不同类型商品贸易对不同地区城乡收入差距的影响不同,这与不同地区的贸易结构、劳动力市场结构紧密相关。以东部沿海地区为例,在我国产业结构转型升级的进程中,东部沿海地区的步伐相对较快,不仅整体产业结构调整幅度较大,从以轻工、纺织等产业为主转变为以机械、电子等产业为主,而且,在劳动密集型产业内部,也从劳动密集型工序向技术含量更高的工序攀升,从而东部地区虽然名义上进出口的仍然是劳动密集型商品,但是,实际上东部地区主要贡献的是技术含量较高的生产工序。与此同时,在劳动力市场结构方面,存在结构性失衡问题,即低端劳动力较多,高端人才比较缺乏。伴随着产业结构升级、贸易结构优化,东部地区对低端劳动力的需求日益下降,对高端人才的需求日益增加,由于劳动力供给结构失衡的制约,从而导致低端劳动力的就业机会以及工资水平相对下降,高端劳动力的就业机会以及工资水平相对上升,进而不利于城乡收入差距的缩小。东部沿海地区"就业难"与"技工荒"并存,就是这种情况的真实写照。

总的来说,东部沿海地区的贸易结构与劳动力市场结构的不匹配,导致了当地对外贸易的发展扩大了城乡收入差距。同样,中部地区的贸易结构与劳动力市场结构的匹配程度较好,进而当地对外贸易的发展缩小了城乡

收入差距;西部地区的贸易结构与劳动力市场结构在一定程度上不匹配,高端人才缺乏,进而当地技术密集型产品贸易扩大了城乡收入差距。另外,从其他解释变量看,各变量的显著性与相关性系数的符号与前文基本一致,符合理论预期。

(四) 基于对外贸易方式视角的分析

表 3-13 和表 3-14 是基于一般贸易和加工贸易的回归结果。

表 3-13　2000—2010 年贸易方式与城乡收入差距的全国及分地区回归结果(1)

变量	被解释变量:城乡收入比							
	一般贸易				加工贸易			
	全国	东部	中部	西部	全国	东部	中部	西部
C	8.0922 ***	5.2836 ***	−0.1203	7.6531 ***	9.2680 ***	7.0351 ***	−0.8077	7.3774 ***
	(6.13)	(2.79)	(−0.05)	(2.93)	(7.04)	(3.81)	(−0.33)	(3.08)
Gentrade	0.0419	0.1051 ***	−0.0764	0.0114				
	(1.31)	(3.12)	(−0.89)	(0.19)				
Protrade					0.0538 ***	0.0730 ***	−0.0212	−0.0148
					(3.28)	(4.92)	(−0.59)	(−0.57)
Private	−0.9945 *	−1.2823 **	3.8802 ***	0.2333	−1.3279 **	−1.1966 **	3.8917 ***	0.5228
	(−1.71)	(−2.08)	(4.10)	(0.24)	(−2.41)	(−2.11)	(3.99)	(0.67)
FDI	−4.8770 ***	−0.2291	−12.0366 ***	−4.9019	−5.8261 ***	−1.9079 **	−11.2947 ***	−5.5505
	(−4.13)	(−0.25)	(−4.97)	(−0.93)	(−4.88)	(−2.16)	(−5.06)	(−1.12)
Employ	0.2071	0.6161	−1.5646 ***	2.0847 ***	0.1876	0.3956	−1.5373 ***	2.1574 ***
	(0.59)	(1.12)	(−3.25)	(2.98)	(0.55)	(0.76)	(−3.19)	(3.20)
Unemploy	−0.0753 **	−0.0644 ***	0.0529	−0.2650 ***	−0.0792 ***	−0.0922 ***	0.0393	−0.2660 ***
	(−2.50)	(−2.77)	(1.22)	(−3.40)	(−2.74)	(−4.68)	(0.95)	(−3.41)
Lnagdp	−0.2536 **	−0.2487	0.1525	−0.4240	−0.3338 ***	−0.3256 *	0.1159	−0.4114 *
	(−2.00)	(−1.24)	(0.58)	(−1.65)	(−2.96)	(−1.78)	(0.44)	(−1.74)
Capital	0.0198 ***	0.0148 *	0.0064	0.0087	0.0219 ***	0.0198 ***	0.0072	0.0086
	(3.81)	(1.90)	(0.44)	(0.97)	(4.47)	(2.66)	(0.50)	(0.98)

续表

被解释变量:城乡收入比							
变量	一般贸易				加工贸易			
	全国	东部	中部	西部	全国	东部	中部	西部
Education	−0.2916***	−0.1172**	−0.0007	−0.0956	−0.2902***	−0.1134**	0.0086	−0.0657
	(−6.19)	(−2.42)	(−0.01)	(−1.13)	(−6.42)	(−2.50)	(0.10)	(−0.83)
R²	0.75	0.67	0.72	0.64	0.76	0.71	0.72	0.64
Adj-R²	0.72	0.61	0.66	0.57	0.73	0.65	0.66	0.57

注:***、**、*分别表示在1%、5%和10%的水平上显著。

表3-14　2000—2010年贸易方式与城乡收入差距的全国
及分地区回归结果(2)

被解释变量:泰尔指数							
变量	一般贸易				加工贸易			
	全国	东部	中部	西部	全国	东部	中部	西部
C	0.7775***	0.6528***	0.0305	0.9514***	0.8761***	0.8308***	−0.0663	0.8179***
	(7.05)	(3.98)	(0.12)	(3.88)	(7.98)	(5.34)	(−0.25)	(3.60)
Gentrade	0.0047*	0.0070**	−0.0116	0.0078				
	(1.76)	(2.40)	(−1.26)	(1.41)				
Protrade					0.0051***	0.0064***	−0.0026	0.0012
					(3.72)	(5.15)	(−0.68)	(0.47)
Private	−0.1670***	−0.1807***	0.3789***	−0.1662*	−0.1924***	−0.1836***	0.3759***	−0.0940
	(−3.44)	(−3.39)	(3.74)	(−1.83)	(−4.19)	(−3.84)	(3.58)	(−1.27)
FDI	−0.2959***	−0.0023	−1.0506***	−0.6998	−0.3864***	−0.1397*	−0.9341***	−0.9111*
	(−3.00)	(−0.03)	(−4.04)	(−1.42)	(−3.89)	(−1.88)	(−3.89)	(−1.93)
Employ	0.0371	0.0366	−0.1480***	0.0979	0.0364	0.0163	−0.1432***	0.1204*
	(1.26)	(0.77)	(−2.87)	(1.49)	(1.27)	(0.37)	(−2.76)	(1.88)
Unemploy	−0.0056**	−0.0038*	0.0004	−0.0208***	−0.0061**	−0.0056***	−0.0016	−0.0210***
	(−2.23)	(−1.90)	(0.10)	(−2.85)	(−2.54)	(−3.37)	(−0.35)	(−2.84)

续表

被解释变量:泰尔指数								
变量	一般贸易				加工贸易			
	全国	东部	中部	西部	全国	东部	中部	西部
Lnagdp	-0.0312 ***	-0.0314 *	0.0017	-0.0552 **	-0.0369 ***	-0.0444 ***	-0.0053	-0.0414 *
	(-2.94)	(-1.82)	(0.06)	(-2.28)	(-3.91)	(-2.88)	(-0.19)	(-1.84)
Capital	0.0011 ***	0.0008	0.0007	0.0011	0.0013 ***	0.0014 **	0.0008	0.0008
	(2.61)	(1.18)	(0.48)	(1.30)	(3.13)	(2.16)	(0.54)	(0.94)
Education	-0.0342 ***	-0.0254 ***	0.0005	-0.0271 ***	-0.0339 ***	-0.0244 ***	0.0024	-0.0225 ***
	(-8.69)	(-6.05)	(0.06)	(-3.43)	(-8.98)	(-6.40)	(0.27)	(-3.01)
R^2	0.81	0.81	0.70	0.68	0.82	0.84	0.70	0.67
Adj-R^2	0.79	0.78	0.64	0.62	0.80	0.82	0.64	0.62

注:***、**、*分别表示在1%、5%和10%的水平上显著。

具体来看:首先,从全国层面来看,加工贸易的回归系数一直显著为正,一般贸易的回归系数也为正,但是,显著性不稳定,在表3-13中不显著,在表3-14中呈现较弱的正相关。也就是说,从全国层面来看,加工贸易、一般贸易对我国城乡收入差距的影响都表现为扩大效应,其中,加工贸易的效应比一般贸易要大和显著。其次,从地区层面来看,不同贸易方式对不同地区的影响具有差异性。东部地区的一般贸易和加工贸易均表现出正相关,且都显著;中部地区的一般贸易和加工贸易均表现出负相关,且都不显著;西部地区的一般贸易表现出正相关且不显著,加工贸易的效应不确定。也就是说,东部地区一般贸易和加工贸易的发展都会显著地扩大城乡收入差距;中部地区一般贸易和加工贸易的发展都会缩小城乡收入差距,但是,效应不显著;西部地区一般贸易会扩大城乡收入差距,但是,效应也不显著,加工贸易对城乡收入差距的影响不确定。最后,要特别指出的是,东部地区一般贸易和加工贸易对城乡收入差距的影响都是显著的,这与全国层面的回归结果相同,但是,东部地区一般贸易(相关性系数分别为0.1051和0.0070)比加工贸易(相关性系数分别为0.0730和0.0064)对城乡收入差距的拉大作用更为明显,这与全国层面的回归结果不同。

加工贸易长期以来在我国对外贸易中占据一半左右的份额。据中国海关数据统计,1997—2005年间,加工贸易占据了我国出口贸易额的55%左右;即便2008年以来遭遇了次贷危机和欧洲债务危机的打击和拖累,2011年我国加工贸易全年累计出口额仍高达8354.2亿美元,占出口总额的44%。与此同时,加工贸易在地理上主要集聚在东部地区。① 2011年,中西部地区加工贸易进出口845.4亿美元,仅占全国加工贸易进出口的6.5%。因此,加工贸易对东部地区的影响效应最大,也最明显。与此同时,东部地区一般贸易、加工贸易对当地收入差距的扩大效应都较大,并且十分显著,而中西部地区的效应是缩小的、不显著且较小。这在一定程度上也说明了,不管是在加工贸易领域,还是在一般贸易领域,东部地区在加快转变外贸发展方式方面已经取得了一定的成效。

另外,一般贸易、加工贸易对当地收入差距的缩小效应主要是由于对外贸易规模增加导致的就业数量扩大效应导致的,一般贸易、加工贸易对当地收入差距的扩大效应主要是由于对外贸易结构升级导致的就业质量偏向效应导致的。

(五) 内生性问题和稳健性检验

已有关于对外贸易与城乡收入差距的研究中,鲜有提及贸易变量的内生性问题;但二者之间可能存在的逆向因果关系和变量的测量误差,却极易导致该问题的出现,并进一步造成估计结果是有偏和非一致的。为此,考虑到解释变量和被解释变量间的内生性问题,以及各解释变量对城乡收入差距影响的时滞效应,并结合本节的数据结构特征和GMM估计方法的优越性,我们选择阿雷列诺和邦德(Arellano 和 Bond,1991)的GMM估计方法对式(3-2)进行重新估计。鉴于差分GMM(Difference GMM)估计中变量的滞后值并非总是理想的工具变量,且容易产生弱工具变量的问题,所以接下来的分析将主要基于系统GMM(System GMM)的分析结果。当然,此举在克服内生性的同时,还可以进一步检验前文回归结果的稳健性。

根据理论分析,本节将贸易因素(Trade)视为内生变量,并将城乡收入比和贸易因素的一阶滞后项纳入回归方程,进行两步系统GMM分析。限

---

① 数据来源于海关统计资讯网站,海关统计月报,http://www.hgtj.cn/。

于篇幅,本节仅报告全国层面的贸易开放度[见表 3-15 中的第(1)—(3)列]、贸易结构[见表 3-15 中的第(4)、(5)列]和贸易模式[见表 3-15 中的第(6)、(7)列]的估计结果。表 3-15 的报告显示,Sargan 检验的 P 值多数为 1,表明工具变量的选取是有效的;AR(2)检验的 P 值也多大于 0.1,反映出差分的误差项不存在二阶自相关,即估计是有效的。具体来看,总贸易开放度、出口贸易开放度和进口贸易开放度及其一阶滞后项均表现出与城乡收入比显著的正相关;表明不仅当期的贸易开放会扩大城乡收入差距,且前期的贸易开放也会显著拉大下一期城乡收入差距,进一步证实了前文的结论;同时,其余变量的系数及显著性也都与前文结论相符,且结果更为优化。从贸易结构和贸易模式看,高新技术产品贸易和加工贸易表现出显著的正相关,劳动密集型产品贸易和一般贸易表现出负相关但不显著,基本符合前文结论;而贸易结构和贸易模式的一阶滞后项均表现出显著的正相关,体现出 2000 年后贸易对城乡收入差距动态的影响。所以,从动态面板数据的回归结果来看,无论是贸易开放度还是贸易结构、贸易方式的 GMM 估计,主要解释变量的系数及显著性并未发生根本改变,且回归结果更为优化,尤其是贸易开放度的回归中外资开放度、城乡固定资产投资比例和平均受教育程度与前文更为贴近,其主要变量的系数和显著性与前文实证结果一致,也证实了本节对式(3-2)的估计结果具有稳健性。

表 3-15　对外贸易与城乡收入差距全国层面的动态面板
数据回归结果(SYS-GMM 估计)

被解释变量:城乡收入比							
变量	总贸易开放度(1)	出口贸易开放度(2)	进口贸易开放度(3)	劳动密集型产品贸易(4)	高新技术产品贸易(5)	一般贸易(6)	加工贸易(7)
C	-1.6310 ***	-1.3904 ***	-1.5823 ***	-6.1735	-4.6042	-4.6486	5.8233
	(-4.86)	(-5.26)	(-5.32)	(-1.52)	(-1.64)	(-1.57)	(1.27)
L.Income	0.5584 ***	0.5534 ***	0.5615 ***	0.3322 ***	0.4386 ***	0.4708 ***	0.1446
	(40.94)	(37.30)	(25.60)	(3.26)	(3.59)	(2.79)	(0.73)
Trade	0.3380 ***	0.6776 ***	0.5656 ***	-0.0077	0.0023 **	-0.0026	0.0062 *
	(7.00)	(4.80)	(10.29)	(-0.27)	(0.19)	(-0.04)	(0.23)

续表

	被解释变量：城乡收入比						
变量	总贸易开放度（1）	出口贸易开放度（2）	进口贸易开放度（3）	劳动密集型产品贸易（4）	高新技术产品贸易（5）	一般贸易（6）	加工贸易（7）
L.Trade	0.1789 ***	0.2736 ***	0.3216 ***	0.0754 ***	0.0470 ***	0.1040 ***	0.0133 *
	(8.17)	(6.51)	(10.83)	(3.29)	(2.85)	(3.86)	(0.52)
Private	0.7697 ***	0.7441 ***	0.7550 ***	1.1168	1.2107	−0.1262	0.3520
	(6.46)	(5.89)	(4.32)	(0.72)	(0.89)	(−0.07)	(0.22)
FDI	−6.5027 ***	−6.1835 ***	−6.6470 ***	−11.7018 ***	−3.9259 *	−6.2782	2.9624
	(−14.79)	(−13.09)	(−10.03)	(−3.23)	(−1.73)	(−1.18)	(0.40)
Employ	1.8382 ***	1.8505 ***	1.7244 ***	1.9528	2.4566 **	2.1828 *	0.1840
	(16.74)	(22.03)	(16.05)	(1.45)	(2.37)	(1.72)	(0.13)
Unemploy	0.0177 **	0.0156 **	0.0143	0.0825 ***	0.0453 ***	0.0533 **	0.0151
	(2.28)	(2.03)	(1.44)	(6.48)	(3.07)	(2.08)	(0.29)
Lnagdp	0.1655 ***	0.1273 ***	0.1841 ***	0.5872 **	0.3376 **	0.4295 **	−0.3657
	(5.48)	(4.24)	(5.25)	(2.01)	(2.00)	(1.99)	(−1.07)
Captial	0.0125 ***	0.0124 ***	0.0099 ***	0.0035	0.0004	−0.0048	0.0112
	(7.51)	(6.74)	(2.98)	(0.41)	(0.07)	(−0.80)	(1.42)
Education	−0.0329 ***	−0.0174	−0.0451 **	−0.0474 *	0.0318 *	−0.0347	−0.0887
	(−3.18)	(−1.38)	(−2.50)	(−0.37)	(0.36)	(−0.31)	(−0.75)
AR（1）检验	0.0000	0.0000	0.000	0.0007	0.0310	0.002	0.0093
AR（2）检验	0.1549	0.1202	0.2991	0.5258	0.3698	0.0526	0.0381
Sargan 检验	24.49	24.09	24.69	13.32	5.84	11.42	16.56
	[1.00]	[1.00]	[1.00]	[1.00]	[1.00]	[1.00]	[0.99]

说明：(1) 表中 L.Income 和 L.Trade 分别为滞后一期的城乡收入比和对应的贸易变量；(2) ***、**、* 分别表示在 1%、5% 和 10% 的水平上显著；(3)"（ ）"内为标准差，"［ ］"内为 P 值；(4)AR(1)和 AR(2)检验报告的是 Arellano-Bond 的 AR 检验 P 值，Sargan 统计量来检验矩条件是否存在过度识别，原假设为工具变量是有效的。

四、基本结论

本节利用 1986—2010 年全国 29 个省区市的面板数据,基于全国层面、地区层面,分别从贸易规模、贸易结构和贸易方式视角,探讨了对外贸易对城乡收入差距的影响。实证结果表明:

第一,从贸易开放度来看,从全国层面来看,进出口贸易均显著扩大了城乡收入差距,出口对城乡收入差距的影响比进口大;从地区层面来看,对外贸易对不同地区城乡收入差距的影响,在显著性、影响方向和影响程度等方面都存在差异性。在东部地区,进出口贸易都显著扩大了东部地区的城乡收入差距,出口的影响程度大于进口,与全国层面的回归结果基本相同;在中部地区,对外贸易都显著缩小了中部地区的城乡收入差距,进口比出口更能缩小中部地区的城乡收入差距;在西部地区,出口贸易显著缩小了西部地区的城乡收入差距,但是,进口的影响作用不显著。

第二,从贸易结构来看,从全国层面来看,高新技术产品贸易对城乡收入差距的影响表现为扩大效应且显著,劳动密集型产品贸易则表现为扩大效应且不显著;从地区层面来看,不同类型产品贸易对不同地区城乡收入差距的影响不同。在东部地区,两类产品贸易都会显著扩大城乡收入差距,且劳动密集型产品贸易对城乡收入差距的扩大效应更大;在中部地区,两类产品贸易对城乡收入差距的影响都表现为缩小效应;在西部地区,劳动密集型产品贸易会缩小城乡收入差距,技术密集型产品贸易会扩大城乡收入差距。

第三,从贸易方式来看,从全国层面来看,加工贸易、一般贸易对城乡收入差距的影响都表现为扩大效应,其中,加工贸易的效应比一般贸易要大且显著;从地区层面来看,不同贸易方式对不同地区的影响具有差异性。在东部地区,一般贸易、加工贸易的发展都会显著地扩大城乡收入差距;在中部地区,一般贸易、加工贸易的发展都会缩小城乡收入差距;在西部地区,一般贸易会扩大城乡收入差距,加工贸易对城乡收入差距的影响不确定。

第三节　出口贸易结构变化与女性工资

一、问题的提出

出口产品结构的重要变化是近年来中国对外贸易发展的基本事实。改革开放以来,中国出口贸易经历了从初级产品到劳动密集型产品,再到资本密集型产品的比较优势转化过程,其中劳动密集型产品作为出口贸易比较优势持续了很长时间,对整个国家经济发展尤其是劳动力市场结构特色形成起到至关重要的作用。从某种意义上说,男性流动劳动力庞大规模的形成和工资水平的提升,除了城镇化等因素以外,出口贸易多年以劳动密集型产品为主的结构特征也产生了重要影响。然而从2004年杂项制品和轻纺、橡胶、矿冶制成品出口总额首次被机械制品反超以来,资本密集型的机械及运输设备出口规模占据分产品出口贸易规模首位已持续十多年。根据《中国统计年鉴》,2014年机械及运输设备出口额高达10705.04亿美元,占出口总额的45.70%,已经成为中国出口产品的最重要组成部分。我们有理由认为出口产品结构的重要变化,必然同样再次深刻影响中国劳动力市场。

绝大多数贸易学者认为出口产品结构的这种"变化"毋庸置疑是一种"优化"的表现,虽然同时有不少学者提醒这类变化可能造成负面影响(Autor等,2013),出口贸易以资本密集型产品为主代替以劳动密集型产品为主,仍然大大减轻了我们对中国出口贸易陷入"贫困化增长"的担忧。但是出口产品结构优化是否能够同样带来劳动力市场的结构优化,就值得进一步研究辨析。中国政府一直高度重视解决劳动力市场就业性别歧视、缩小性别工资差距问题,2015年习近平主席在联合国总部主持全球妇女峰会时发出"促进妇女全面发展　共建共享美好世界"倡议,并明确指出"各国各地区妇女发展水平仍然不平衡,男女权利、机会、资源分配仍然不平等,社会对妇女潜能、才干、贡献的认识仍然不充分"。当前出口产品结构优化的发展趋势能否促进社会和企业更加准确认识妇女的潜能和才干,资本密集型工业制成品生产和出口规模的快速提高能否促进女性工资增长从而缩小男女工资差距、减轻就业性别歧视,已经成为中国在出口贸易质量提升和劳动力市场结构变化过程中无法回避的问题,本节旨在研究出口产品结构优化与女性工资增长的内在联系,相信能够对上述问题作出回答。

接下来作如下安排:第二部分说明变量数据并构建 Heckman 两步样本选择模型,重点报告出口贸易结构优化的测度方法。第三部分进行本节核心实证检验工作,分别以出口额绝对值和相对占比作为自变量,验证出口产品结构优化对女性工资增长的影响,并针对女性就业者进行了一系列稳健性检验。第四部分进一步讨论不同出口能力的省区市在影响女性工资方面产生的差异。最后部分是结论与政策建议。

二、模型、数据与出口产品结构测度

(一) 模型

能观察到工资的女性当然都是工资水平至少大于零的样本,这个道理显而易见,但无疑忽略了不从事工资性收入劳动的女性。那些诸如家庭主妇或未从事可统计工作的女性,从微观角度而言其行为选择同样遵循自身效用最大化原则,因此必须同时构建能够解释外出工作意愿的方程,才能明确女性选择外出工作意愿的影响因素,从而避免样本选择偏差,这是利用 Heckman 两步样本选择模型的原因。借鉴赫克曼(Heckman,1974)和 Mincer 工资方程,并结合前文提到研究成果指出影响女性工资的生理与社会因素,可以构建样本选择模型如下:

$$lwage_{it} = \beta_0 + \beta_1 export_{jt} + \beta_2 educ_{it} + \beta_3 age_{it} + \beta_4 hreg_{it}$$
$$+ \beta_5 party_{it} + \beta_6 exp_{it} + u \qquad (3-4)$$

$$sv_{it} = \gamma_0 + \gamma_1 married_{it} + \gamma_2 children_{it} + \gamma_3 old_{it} + \gamma_4 opinion_{it} > 0 \qquad (3-5)$$

变量含义及数据获取方式见表 3-16。需要说明的是,式(3-4)、式(3-5)分别为响应方程和选择方程。响应方程中的解释变量主要影响企业给予女性员工工资的意愿和规模;选择方程中的解释变量主要影响女性选择外出从事工资性工作的意愿和规模,显然只有当意愿与规模大于零时才能观察到女性工资数据,响应方程才有意义,这是样本选择模型与一般回归模型的不同之处。

表 3-16 变量含义及数据获得方式说明

变量	含义	数据获得方式
wage	工资水平	回答:"您个人去年全年的职业/劳动收入是多少?"
export	出口状况	根据受访者所在省区市当年出口贸易数据,进行产品结构优化测度
educ	受教育年限	选择:"您目前的最高受教育程度"与"您目前的受教育程度",并换算成年限
age	年龄	回答:"您出生的日期是什么?",以调查当年减去出生年
hreg	户籍状况	选择:"您目前的户口登记状况"
party	政治面貌	选择:"您目前的政治面貌"
exp	工作经验	回答:"从您第一份非农工作到您目前的工作,您一共工作了多少年"
married	婚姻状况	选择:"您目前的婚姻状况"
children	抚养小孩数	回答:"您有几个 18 岁以下未成年子女"
old	赡养老人数	根据回答父母出生时间得到年龄信息,认为年龄达到 65 岁以上即需赡养
opinion	女性对工作的态度	问卷调查女性受访者对家庭和工作的态度,认可 1—5 项
sv	选择变量	根据女性受访者工资性收入是否为零,识别样本对外出工作的选择意愿

(二) 数据

研究主要使用中国综合社会调查(Chinese General Social Survey,CGSS)2010 年和 2013 年的微观数据。中国综合社会调查项目由中国人民大学中国调查与数据中心负责执行,自 2003 年起,每年一次对中国大陆各省区市10000 多户家庭进行连续性横截面调查。至今向所有被授权使用学者公开2003 年、2005 年、2006 年、2008 年、2010 年和 2013 年六套入户调查全样本数据。关于女性特征描述和就业相关指标数据在该调查库中都有全面的统计概括。出口产品相关数据迄今在国内已公布的主要微观入户调查中均没有涉及,却可以根据各省统计年鉴获得出口产品的相关数据信息。由于地级市及以下行政单位统计数据完善性有待增强,在数据可获得性限制下还很难进一步获得地级市及以下行政单位的产品结构数据,但依然有理由相信基于省一级统计样本匹配 CGSS 微观入户调查数据同样具有重要的研究意义。

　　具体匹配工作为：在 CGSS 调查问卷中，受访者会被问到表 3-16 所示问题，对这些问题的回答有助于获得式（3-4）、式（3-5）中的变量数据，其中调查员填写的采访地点信息是识别受访者工作所在城市的关键，据此获得受访者所在省区市当年出口贸易规模数据。需要说明两点：第一，CGSS 的问卷中并没有提供受访者与几位老人同住的信息，即便通过其他问题进行估计，也很难确定老人是否与子女长期同住或偶尔来访。况且本节认为并不单单是同住才需要赡养老人，父母达到国际标准的老年人年龄（65 周岁）就会增加儿女的赡养任务，因此实证工作以拥有 65 岁以上父母的人数作为赡养老人数。第二，女性对工作的态度往往难以量化，但事实证明这将显著影响女性从业的积极性和获取高工资的进取心。在 CGSS 入户调查中，受访者将被问到"您是否同意以下说法"，并由访问员向受访者出示卡片"男人以事业为重，女人以家庭为重"，要求受访者选择 1（完全不同意）至 5（完全同意）以表明自己的态度。认为选择 1（完全不同意）、2（比较不同意）、3（无所谓）的女性受访者有较强的外出工作意识与愿望，或至少不排斥外出工作；而选择 4（比较同意）、5（完全同意）的女性受访者可能比较愿意在家从事家务工作，据此判断女性对外出工作的基本态度。

　　CGSS 2010 年与 CGSS 2013 年共调查了 23221 户家庭，其中每户家庭拥有 1—13 名成员。由于对除主要受访者以外的家庭成员调查较为简单，没有获取全部关心的变量信息，因而研究只针对 23221 位主要受访者进行调查。根据研究要求进行数据筛选，即排除男性受访者，最后剩下受访女性 11788 位，其中有工资性收入的女性 6937 位。对于调查中受访者"拒绝回答"或回答结果缺失的情况，保留其空白状态而不用零填充。

　　此外，需引入一个选择变量和四个虚拟变量。选择变量（女性受访者的工资性收入大于 0，则选择变量＝1，否则选择变量＝0）。虚拟变量包括：户籍状况（非农户口＝1，其他＝0）、政治面貌（共产党员＝1，其他＝0）、婚姻状况（已婚且正处于婚姻状态＝1，其他＝0）、女性对工作的态度（有较强的外出工作意识与愿望或至少不排斥外出工作＝1，其他＝0），其中对户籍与婚姻状况须做进一步说明。在 CGSS 调查中，受访者被要求选择户籍状况

时,将面对除非农户口和农业户口以外的"居民户口"选项,这实际上是近年来户籍制度改革的产物,即为了进一步减小非农户口与农业户口差异实施的居民户口(含蓝本户口)措施,但迄今为止并没有完全取消两类户口的不同待遇,因而依然有必要作出识别,认为如果受访者选择"居民户口(以前是非农业户口)"选项,则视其户口类型同"非农业户口",反之如果选择"居民户口(以前是农业户口)"选项,则视其户口类型同"农业户口"。根据陈昊(2015)考察婚姻与女性工资关系所得出的结论,对于非流动人口而言,婚姻显著提高了女性的就业工资水平,因而将"已婚且正处于婚姻状态"视为1,其他状况(包括离异、丧偶、未婚等)视为0。

(三) 出口产品结构测度

出口产品结构测度的传统方法包括绝对测度和相对测度两种,绝对测度主要关注特定类型产品的出口绝对规模,如高新技术产品或机电产品的出口总额;相对测度则更偏重考察特定产品出口额占总出口额的比重,如高新技术产品或机电产品出口总额占比。当然以上所提到的方法从测度视角上都可以归为产品间测度,代表性工作有易力等(2006)以工业制成品出口额比重衡量出口产品结构优化程度。近年来也有学者从产品内视角测度结构优化,如施炳展等(2010)。由于数据可获得性限制,主要从产品间视角进行测度工作,同时采用绝对测度和相对测度方法评估 CGSS 受访者所在城市的出口产品结构。

理论上出口额和出口占比在同一个省区市,用于测度出口产品结构优化程度至少应该是同向变化的,测度结果也确实展示了这一数据特征。但是相对产品出口额绝对值,出口占比的省区市间差距明显更小,波动幅度有限,这表明对绝大多数省区市来说,机电产品已经普遍成为主要出口产品,而高新技术产品出口规模还有待提高。即便如此,资本密集型的机电产品成为中国主要出口产品,已经证明至少从产品间测度的视角看中国出口结构确实优化很多。

三、出口产品结构与女性工资:样本选择模型

(一) 基准回归

估计样本选择模型式(3-4)、式(3-5),其中出口产品结构分别用机电

产品和高新技术产品出口额及出口占比表示。表 3-17 报告了基准回归的结果：从响应方程看，无论使用绝对规模还是相对占比衡量结构优化程度，出口产品结构的变动都显著提高了女性工资水平。与此同时，学历、年龄和工作经验始终非常显著地影响着女性工资变化，表明 Mincer 工资方程中提到工资的核心解释变量具有普适性。此外，我们发现在控制出口产品结构优化变量后，企业对女性员工户籍性质和政治面貌的重视程度不再明显，即使在接下来只针对就业女性的回归中偶尔还能看到户籍对女性工资的显著影响，但显著性和影响程度对比以往研究已经大幅减弱。从选择方程看，婚姻状况和工作态度足以解释女性选择外出工作的意愿且影响力突出，而传统女性"照顾老小"义务对女性选择外出工作意愿的干预并没有想象的那么重要，尤其是赡养老人个数甚至不会对女性的外出工作意愿产生预期影响，这也反映出社会发展新时期下女性选择工作更加依赖于自身偏好的考虑，而不会过多囿于家庭义务。

表 3-17　出口产品结构优化与女性工资增长：全样本

变量	(1)	(2)	(3)	(4)	(5)	(6)
响应方程						
机电产品出口额	0.213 *** (0.017)				0.011 ** (0.005)	
机电产品出口占比		0.798 *** (0.077)				0.036 *** (0.013)
高新技术产品出口额			0.353 *** (0.031)		0.018 ** (0.009)	
高新技术产品出口占比				0.014 *** (0.001)		0.011 *** (0.002)
受教育年限	0.094 *** (0.005)	0.091 *** (0.005)	0.095 *** (0.005)	0.090 *** (0.005)	0.095 *** (0.005)	0.089 *** (0.005)
年龄	−0.010 *** (0.002)	−0.011 *** (0.002)	−0.011 *** (0.002)	−0.012 *** (0.002)	−0.011 *** (0.002)	−0.012 *** (0.002)
户籍状况	0.028 (0.036)	−0.032 (0.036)	0.051 (0.039)	−0.002 (0.038)	0.055 (0.039)	−0.087 (0.380)
政治面貌	0.071 (0.052)	0.077 (0.053)	0.029 (0.056)	0.039 (0.055)	0.032 (0.056)	0.046 (0.055)

续表

变量	（1）	（2）	（3）	（4）	（5）	（6）
工作经验	0.014 *** (0.002)	0.017 *** (0.002)	0.016 *** (0.002)	0.018 *** (0.002)	0.016 *** (0.002)	0.018 *** (0.002)
行业	*yes*	*yes*	*yes*	*yes*	*yes*	*yes*
选择方程						
婚姻状况	0.515 *** (0.033)	0.515 *** (0.033)	0.515 *** (0.033)	0.515 *** (0.033)	0.515 *** (0.033)	0.515 *** (0.033)
抚养小孩数	−0.017 * (0.010)	−0.017 * (0.010)	−0.017 * (0.010)	−0.017 * (0.010)	−0.017 * (0.010)	−0.017 * (0.010)
赡养老人数	0.011 (0.013)	0.011 (0.013)	0.011 (0.013)	0.011 (0.013)	0.011 (0.013)	0.011 (0.013)
女性对工作的态度	0.063 ** (0.027)	0.063 ** (0.027)	0.063 ** (0.027)	0.063 ** (0.027)	0.063 ** (0.027)	0.063 ** (0.027)
方程特征						
AIC	2.606	2.608	2.491	2.487	2.491	2.487
SC	2.617	2.619	2.503	2.499	2.504	2.500
调整后的观测值	7026	7026	6688	6688	6688	6688

注:第(1)—(4)列分别以机电产品出口额、机电产品出口占比、高新技术产品出口额、高新技术产品出口占比衡量出口状况;第(5)和(6)列分别以两种产品出口额和出口占比共同衡量出口状况。表3-18与此同。*** 、** 、* 分别表示在1%、5%和10%的水平上显著。本节所有回归未经特别说明,均采用 Heckman 两步样本选择模型而非极大似然估计。

（二）针对就业女性样本的检验

由于样本选择模型利用选择方程自动识别女性参与工作的意愿,因而基准回归针对全体女性受访者而并未区分样本是否获得工资性收入。基于选择方程进行样本分类最终得到的回归结果,是否能够与直接针对女性就业者进行回归的结果不发生冲突,是验证样本选择模型适应本节研究对象与否的关键。如果通过直接回归工资收入不为零的女性样本,能够得到与样本选择模型响应方程类似的结果,不仅表明样本选择模型的响应方程合理,更能表明选择方程中用婚姻状况、抚养小孩数、赡养老人数和女性对工作的态度来解释女性外出工作的选择行为比较恰当,反之则有必要重新构建样本选择模型。本节和下节针对女性就业员工的直接回归将起到验证样本选择模型合理性的作用。

　　比较表3-17和表3-18的结果,可以确认的是,出口产品结构优化确实能够促进女性工资增长,如机电产品出口额每增加1%,女性工资普遍提高21%;而同类产品出口占比每增加1%,也能促进女性工资增长7.5%。高新技术产品的促进效果与之类似。另外我们再次观察到政治面貌对女性工资没有明显促进作用,户籍状况虽然偶见10%和5%置信水平上显著,但与以往类似研究相比干预效果大幅减弱。综上所述,样本选择模型的选择方程自动识别女性外出工作意愿,和通过手动筛除无工资性收入女性样本进行回归,在结论上没有出现矛盾,表明样本选择模型不仅在响应方程上的实证结果可信,在选择方程上对女性外出就业意愿的解释也比较合理。

表3-18　　出口产品结构优化与女性工资增长:就业样本

变量	(1)	(2)	(3)	(4)	(5)	(6)
响应方程						
机电产品出口额	0.210*** (0.017)				0.102** (0.051)	
机电产品出口占比		0.075*** (0.008)				0.217 (0.154)
高新技术产品出口额			0.345*** (0.030)		0.178** (0.087)	
高新技术产品出口占比				0.014*** (0.001)		0.012*** (0.002)
受教育年限	0.107*** (0.005)	0.104*** (0.005)	0.108*** (0.006)	0.103*** (0.006)	0.109*** (0.006)	0.103*** (0.006)
年龄	-0.716*** (0.168)	-0.753*** (0.017)	-0.756*** (0.018)	-0.790*** (0.018)	-0.750*** (0.184)	-0.793*** (0.184)
户籍状况	-0.072* (0.039)	-0.085** (0.040)	-0.059 (0.043)	-0.080* (0.043)	-0.057 (0.043)	-0.080* (0.043)
政治面貌	0.057 (0.045)	0.058 (0.046)	0.012 (0.047)	0.023 (0.049)	0.014 (0.047)	0.025 (0.049)
工作经验	0.011*** (0.002)	0.012*** (0.002)	0.013*** (0.002)	0.013*** (0.002)	0.012*** (0.002)	0.013*** (0.002)
抚养小孩数	-0.099*** (0.023)	-0.083*** (0.024)	-0.100*** (0.025)	-0.084*** (0.025)	-0.099*** (0.025)	-0.082*** (0.025)
行业	yes	yes	yes	yes	yes	yes

续表

变量	（1）	（2）	（3）	（4）	（5）	（6）
方程特征						
调整后的拟合优度	0.325	0.309	0.347	0.355	0.349	0.355
F 统计量	160.054	148.656	151.781	156.802	133.578	137.585
调整后的观测值	2317	2317	1983	1983	1983	1983

注:( )中为异方差稳健的标准差(即 White 标准差),***、**、*分别表示在1%、5%和10%的水平上显著。

（三）剔除已退休样本

应当承认,即使是从退休受访者收集到的工资信息,也能在一定程度上反映出口产品结构优化与女性工资增长的关系,这一判断来源于两方面理由:一方面,退休员工工资水平与企业生存发展状况密不可分,出口产品结构优化通过筛选机制提升员工工资水平的实现路径,同样对退休员工起作用;另一方面,退休员工在职期间从事工作同样表明其认定在家从事家务劳动的机会成本过高,在选择外出参与工资性工作的意愿上与在职员工并无差别。前文我们猜测出口产品结构优化主要通过筛选和意愿两方面影响女性工资增长,既然退休女性员工在这两方面受到的影响与在职员工并无根本不同,因此当然可以认为退休女性受访者提供的工资数据信息同样重要。本节之所以剔除已退休样本,是希望进一步避免如下担心,即退休员工在职期间的出口产品结构状况与本节关注时段存在较大差异,毕竟由于数据限制还很难识别每个样本准确的退休发生时间。经过筛选共获得5694 位未退休且从事工资性工作的女性受访者数据。

表3-19　出口产品结构优化与女性工资增长:剔除已退休样本

变量	（1）	（2）	（3）	（4）	（5）	（6）
响应方程						
机电产品出口额	0.211 *** (0.017)				0.087 * (0.052)	

续表

变量	（1）	（2）	（3）	（4）	（5）	（6）
机电产品出口占比		0.078*** （0.008）				0.184 （0.153）
高新技术产品出口额			0.350*** （0.030）		0.209** （0.089）	
高新技术产品出口占比				0.014*** （0.001）		0.013*** （0.002）
受教育年限	0.103*** （0.006）	0.100*** （0.006）	0.105*** （0.006）	0.100*** （0.006）	0.106*** （0.006）	0.099*** （0.006）
年龄	−0.448 （0.291）	−0.538* （0.292）	−0.463 （0.310）	−0.593* （0.307）	−0.438 （0.311）	−0.591* （0.307）
户籍状况	−0.063 （0.041）	−0.077* （0.041）	−0.052 （0.044）	−0.076* （0.044）	−0.050 （0.044）	−0.076* （0.044）
政治面貌	0.073 （0.045）	0.077 （0.047）	0.029 （0.047）	0.045 （0.049）	0.031 （0.047）	0.047 （0.049）
工作经验	0.013*** （0.002）	0.015*** （0.002）	0.015*** （0.003）	0.016*** （0.003）	0.015*** （0.003）	0.016*** （0.003）
抚养小孩数	−0.057** （0.024）	−0.034 （0.024）	−0.059** （0.025）	−0.039 （0.025）	−0.059** （0.025）	−0.036 （0.025）
行业	yes	yes	yes	yes	yes	yes
方程特征						
调整后的拟合优度	0.296	0.281	0.321	0.332	0.321	0.332
F 统计量	132.898	123.499	128.303	134.918	112.78	118.301
调整后的观测值	2198	2198	1889	1889	1889	1889

注：（）中为异方差稳健的标准差（即 White 标准差），***、**、* 分别表示在 1%、5% 和 10% 的水平上显著。

表3-19 的第（1）—（4）列分别以机电产品出口额、机电产品出口占比、高新技术产品出口额、高新技术产品出口占比评估出口产品结构优化程度，第（5）—（6）列则同时控制两种产品出口额和出口占比。比较前表，可以看到剔除已退休样本后核心解释变量对女性工资的影响并未发生显著改变，这再次证明退休女性样本受访时提供的工资数据，同样具有识别以往工作经历和工作单位的功能。

四、进一步讨论:出口能力差异是否影响促进效果

根据出口产品结构优化测度结果,2013 年 31 个省区市机电产品出口额区间为[0,4395.69],高新技术产品出口额区间为[0,2564.07]。为了保证实证结果的准确,筛除出口规模数据缺失的省区市,具体包括缺失机电产品出口规模数据的 6 个省区(河北、湖北、辽宁、宁夏、西藏、云南)和缺失高新技术产品出口规模数据的 9 个省区(河北、湖北、湖南、吉林、辽宁、宁夏、四川、西藏、云南),剩下数据完备的省区市按照出口规模数量级划分为:"低出口能力省区"(机电产品出口规模小于 100 亿美元,包括新疆、青海、吉林、内蒙古、贵州、海南、甘肃、山西、黑龙江、湖南、陕西、广西、安徽;高新技术产品出口规模小于 50 亿美元,包括新疆、青海、贵州、内蒙古、黑龙江、山西、海南、甘肃、安徽、河南、广西、江西、陕西)、"中等出口能力省市"(机电产品出口规模大于 100 亿美元小于 1000 亿美元,包括江西、河南、四川、福建、天津、重庆、北京、山东;高新技术产品出口规模大于 50 亿美元小于 300 亿美元,包括福建、浙江、山东、天津、北京、重庆)、"高出口能力省市"(机电产品出口规模大于 1000 亿美元,包括浙江、江苏、上海、广东;高新技术产品出口规模大于 300 亿美元,包括上海、江苏、广东)。

表 3-20　出口产品结构优化与女性工资增长:区分出口能力

变量	(1)	(2)	(3)	(4)	(5)	(6)
响应方程						
机电产品出口额	−0.046 (0.104)	0.116 *** (0.016)	0.383 *** (0.028)			
高新技术产品出口额				0.352 (0.223)	0.166 ** (0.067)	0.299 *** (0.051)
受教育年限	0.066 *** (0.008)	0.094 *** (0.007)	0.114 *** (0.009)	0.067 *** (0.008)	0.096 *** (0.009)	0.120 *** (0.010)
年龄	−0.017 *** (0.004)	−0.063 * (0.033)	−0.074 * (0.044)	−0.019 *** (0.004)	−0.046 (0.039)	−0.097 * (0.052)
户籍状况	−0.038 (0.063)	0.104 * (0.059)	0.012 (0.064)	0.033 (0.061)	−0.033 (0.063)	0.165 ** (0.076)

续表

变量	（1）	（2）	（3）	（4）	（5）	（6）
政治面貌	0.233 *** (0.087)	−0.064 (0.083)	0.119 (0.095)	0.155 * (0.084)	−0.075 (0.092)	0.095 (0.112)
工作经验	0.021 *** (0.004)	0.051 (0.034)	0.017 *** (0.004)	0.020 *** (0.004)	0.015 *** (0.004)	0.016 *** (0.005)
行业	yes	yes	yes	yes	yes	yes
选择方程						
婚姻状况	0.544 *** (0.059)	0.487 *** (0.058)	0.440 *** (0.078)	0.591 *** (0.051)	0.432 *** (0.069)	0.453 *** (0.093)
抚养小孩数	−0.021 (0.018)	−0.035 ** (0.017)	−0.098 *** (0.028)	−0.034 ** (0.016)	−0.045 * (0.024)	−0.109 *** (0.032)
赡养老人数	0.057 ** (0.024)	0.057 (0.235)	−0.092 *** (0.033)	0.087 *** (0.022)	−0.034 (0.028)	−0.136 *** (0.039)
女性对工作的态度	0.025 (0.047)	0.056 (0.046)	0.141 ** (0.062)	0.015 (0.043)	0.117 ** (0.054)	0.079 (0.073)
方程特征						
AIC	2.644	2.843	2.758	2.584	2.869	2.738
SC	2.674	2.872	2.799	2.612	2.905	2.792
调整后的观测值	2289	2436	1554	2488	1844	1122

注：第（1）—（3）列分别针对机电产品低、中、高出口能力省区市的女性样本，第（4）—（6）列分别针对高新技术产品低、中、高出口能力省区市的女性样本。

表3-20 报告了针对以上六个组别省区市女性受访者的样本选择回归结果。无论是机电产品还是高新技术产品，出口产品结构优化促进女性工资增长只能在中、高出口能力省市实现，分别提高女性工资的 11.6% 和 38.3%，低出口能力省区的两种产品出口额增长均无法对女性工资水平产生积极效果。换言之，出口产品结构优化提高女性工资水平的前提条件是，所在省区市资本密集型产品或技术密集型产品出口水平较高，已经或接近取代初级产品或劳动密集型产品成为主要出口产品。

另一个值得重视的现实是，出口产品结构优化水平可能在一定程度上成为改变女性选择外出工作意愿的决定因素。和陈昊（2015）的研究结论类似，婚姻对女性选择外出工作意愿的影响是最稳定和重要的，与女性所在省区市机电产品和高新技术产品出口能力无关。但除此以外几乎所有其他被赫克曼(1974)认为将显著影响女性选择外出工作意愿的因素,都受到女性所在省区市出口能力的根本性干预。例如在低出口能力省区,女性不大可能因为抚养小孩的原因而降低其外出工作意愿,但赡养老人却非常重要,此外相对于中、高出口能力省市女性,她们对外出工作的态度与最终的选择几乎无关。造成这种差异的直观理由或许是相对较低的生活成本提供了老人帮忙代管孩子的方便,同时做全职太太的思想还没有被开放程度不高的省区市普遍接受。更进一步的讨论虽然已经超出本节话题范畴,但至少有理由认为界定女性选择外出工作意愿的解释变量,需要充分考虑所在省区市出口发展背景。

五、结论与政策建议

提高女性工资水平是缩小性别工资差距,从而进一步减少以至于消除就业性别歧视的关键。出口产品结构优化是近年来中国对外贸易发展的重要事实,自然而然的问题是女性工资水平是否与能否伴随出口质量提升而增长?促进出口产品结构优化能否成为消除就业性别歧视的新思路?本节通过构建样本选择模型,基于中国综合社会调查数据评估了机电产品和高新技术产品出口增长对女性工资的促进效果,并得出以下结论。

第一,整体而言,中国出口产品结构优化与女性工资增长正相关。为了识别外出工作和在家从事家务劳动的女性样本,用选择方程估计女性外出工作意愿的决定因素,发现在控制影响女性选择和工资水平的生理与家庭社会因素后,机电产品与高新技术产品的出口绝对规模与相对占比提高显著提升了女性工资水平。对此现象的理论解释依然从企业筛选和机会成本两方面展开,即出口产品结构优化要求企业通过提高筛选门槛来招聘更加专业于精细化生产与管理的女性员工,而与此同时出口质量提升大大提高了女性放弃外出工作的机会成本。

第二,不同出口能力省区市的产品结构优化,对女性工资增长的促进作用存在显著差异。按照出口规模数量级将各省区市划分为低出口能力、中等出口能力和高出口能力三类地区。事实证明,无论是机电产品还是高新技术产品,中、高出口能力地区促进女性工资增长的效果更加显著,这也意味着资本密集型产品和技术密集型产品替代劳动密集型产品和初级产品，出口产品结构的全面优化，是保障促进女性工资增长效果的先决条件。

第三，出口产品结构优化水平对女性选择外出工作意愿的决定因素有根本性影响。本节首次指出女性选择外出工作意愿的影响因素，可能不仅限于女性的家庭社会需求和生理特质，而且与所在省区市开放程度息息相关。

提高女性工资水平，缩小以至于消除来源于性别歧视的工资差距是社会不懈努力的方向。近年来，中国出口产品结构整体优化和质量提升，为实现这一目标提供了重要机遇。一方面，政府应该通过政策手段进一步支持企业提高生产水平，培养国际品牌，推动国家出口产品结构全面优化，加快技术密集型产品成为新出口比较优势产品的转变步伐，使企业有能力为女性员工提供更高的工资；另一方面，应该大力完善社区服务体系，为双职工家庭的老人和小孩提供更多照看和帮扶途径，保证女性外出工作意愿不因家庭状况而有所降低。最后有必要提到的是，在控制影响女性工资其他因素后，户籍制度的影响正在减弱，户籍制度改革已初见成效，因此减轻户籍歧视的努力能再持续下去。

第四节 加工贸易与工资差距

关于我国对外贸易与工资差距之间的关系有两个问题需要澄清。第一，改革开放后我国对外贸易总规模、一般贸易规模和加工贸易规模都在快速增长，实证研究贸易开放与工资差距时是用总贸易、一般贸易还是加工贸易？第二，是用一般贸易背景下基于赫克歇尔-俄林（H-O）定理的斯托尔珀-萨缪尔森（Stolper-Samuelson，S-S）定理还是用中间产品贸易背景下基于芬斯特拉-汉森（Feenstra-Hanson，F-H）模型中的 S-S 定理来解释我国的工资差距？

我们认为，一般贸易与工资差距之间的关系，也就是不同行业间高技术工人与低技术工人之间的工资差距可以用 H-O 定理的 S-S 定理来解释。因为 H-O 定理是分析行业间贸易的理论，基于 H-O 定理的 S-S 定理可以解释一般贸易背景下高技术行业中的高技术工人与低技术行业中的低技术工人收入水平的相对变化。但对它能否解释我国加工贸易背景下的工资差距问题是存有疑问的。因为,加工贸易背景下的国际分工与一般贸易背景下的国际分工有着本质的不同。对我国的加工贸易活动来说,即便出口的是技术密集型产品,但它们所占据的生产环节却可能是劳动密集型的。正如张定胜和汤颖男(2010)所认为的那样,那种认为从发达国家转移到发展中国家的外包的中间品在发达国家的产品结构中属于低技能密集型产品,但对发展中国家来说却属于高技能密集型产品,因此也相应增加了发展中国家的技能密度与高技能工人的相对工资的观点是不正确的,以电子产品的生产为例,笔记本电脑属于技术密集型产品,但转移到发展中国家的却是低技能的加工组装环节,需要的是进行重复劳动的生产线上的工人。显然,即便我国的工资差距变化符合基于 H-O 定理的 S-S 定理的理论预期,用一般贸易背景下的 S-S 定理解释加工贸易背景下的工资差距问题仍然是不妥的,原因有二:一是出口的技术密集型产品使用的不一定是高技术工人;二是加工贸易背景下对工资差距的影响主要发生在产业内而不是产业间。

加工贸易与工资差距之间的关系,也就是行业内的工资差距似乎应该用 F-H 模型中的 S-S 定理来解释,因为这里涉及了中间产品贸易。但这么做可能也是不适当的。因为外包活动(中间产品贸易)不同于加工贸易。根据国家统计局和原外经贸部(1994)联合制定的《对外贸易业务统计制度》的解释,加工贸易为从境外保税进口全部或部分原辅材料、零部件、元器件等,经境内企业加工或装配后,将制成品复出口的经营活动。实际上这是指中国大陆开展的外向的加工装配活动,而开展外包活动的公司需要从境外寻找合作伙伴以购买原材料和标准化的中间产品,获得满足特别需要的产品或服务(Grossman 和 Helpman,2002)。可以看出,加工贸易既包括进口活动,也包括出口活动,还包括加工或装配活动;外部采购则仅指进口活动。而且,外部采购进口可以是一般贸易进口,也可以是加工贸易进口,因为通过外部采购进口中间产品所生产的最终产品的终极市场可能在国内(一般贸易进口),也可能在国外(加工贸易进口)。所以 F-H 模型不能解释我国等发展中国家加工贸易活动中的工资差距问题,原因是 F-H 模型的理论背景是发达国家,它们从发展中国家进口低技术的中间产品,加工后的制成品在国内消费。这与我国开展的加工贸易活动是完全不同的。我国的加工贸易是从国外进口高技术的中间产品,经加工装配后出口制成品。而且,F-H模型假设加工装配环节只需要投入两种中间产品,不需要再投入低技术工人和资本,这与我国的加工贸易活动并不吻合(我国在加工装配环节需要投入大量低技术工人这一点至关重要)。因此,F-H模型不适合分析以我国为代表的发展中国家加工贸易背景下的产业内工资差距问题,因为我国的加工贸易是"两头在外"的活动,密集使用高技术工人的中间产品需要进口,加工装配后的最终产品是出口的。总之,目前并没有适当的理论能解释我国加工贸易活动对工资差距的影响。正如许斌(2008)所说,"我国作为世界上最大的发展中国家,其国民经济和国际贸易的快速增长对世界经济格局产生了广泛和深远的影响。我国也是近十年世界上收入分配差距上升最快的国家。但目前对我国的工资差距影响因素的深入分析却非常缺乏"。

研究表明,技术进步和对外贸易都是引起工资差距扩大的主要原因,发达国家工资差距的扩大是与技术工人产业内就业的变化高度相关的,这与发达国家开展的外包活动(中间产品贸易)有关,这一问题可以用F-H模型下的S-S定理而不是H-O定理中的S-S定理来解释。对我国而言,应该对一般贸易和加工贸易与工资差距的关系分别进行研究,因为其影响机理截然不同。但是,H-O定理中的S-S定理和F-H模型下的S-S定理都不适合解释我国的加工贸易与工资差距问题,能够解释我国加工贸易与工资差距关系的理论研究还是空白的。

我们认为,一般贸易与工资差距之间的关系,也就是不同产业间高技术工人与低技术工人之间的工资差距可以用H-O定理中的S-S定理来解释。但它能否解释我国的加工贸易对工资差距的影响是存有疑问的。因为,加工贸易背景下的国际分工与一般贸易背景下的国际分工有着本质的不同。对我国的加工贸易活动来说,即便出口的是技术密集型产品,但所占据的那些生产环节却可能是劳动密集型的。显然,即便我国的工资差距变化符合基于H-O定理的S-S定理的理论预期,用一般贸易背景下的S-S定理解释加工贸易背景下的工资差距问题仍然是不妥的,因为我国出口的技术密集型产品使用的不一定是高技术工人,而且加工贸易背景下对工资差距的影响主要发生在产业内而不是产业间。

所以,在开展对外贸易影响工资差距的实证研究时使用总贸易数据是不妥的,至少应该分别研究一般贸易和加工贸易对工资差距的影响,但目前研究我国对外贸易与工资差距关系的文献中并没有考虑这一问题。

本部分将构建以我国这样一个发展中国家开展加工贸易活动为背景的分析加工贸易与工资差距的分析框架,在此基础上实证研究我国加工贸易与工资差距之间的关系。

一、基于我国加工贸易活动的加工贸易与工资差距模型

这里分析的是类似我国这样一个劳动力丰裕的发展中国家,在加工贸易活动中以其低廉的劳动力成本占据加工装配环节。假设有一个开展加工装配活动的产业 n,加工装配过程中使用三种要素:L、H、K,分别代表低技术工人、高技术工人和资本,L 代表组装环节使用的工人,H 代表研发、市场营销和售后服务环节投入的人员。加工装配环节还需要两种中间投入品:y_1、y_2,其中 $y_1 = f_1(L_1, H_1, K_1)$,$y_2 = f_2(L_2, H_2, K_2)$。假设中间产品 1 是密集使用低技术工人生产的产品,中间产品 2 是密集使用高技术工人生产的产品,对我国这样开展加工装配活动的发展中国家来说,中间投入品 1 在本国生产;中间投入品 2 可以在本国生产,也可以进口,通常情况下需要从国外进口。由于本国拥有低技术工人的禀赋优势,所以从事加工装配活动,在密集使用低技术工人生产的产品 1 和产品 n 上有比较优势,在密集使用高技术工人生产的产品 2 上具有比较劣势。对于发展中国家来说,中间产品 2 一般进口,最终产品 n 全部出口(进口密集使用高技术工人生产的产品,出口加工装配的制成品是发展中国家开展加工贸易活动的典型特征),为简化问题,假设产品 1 为非贸易品。

假设已实现了充分就业,于是有:$L_1 + L_2 + L_n = L$,$K_1 + K_2 + K_n = K$,$H_1 + H_2 + H_n = H$。同时假设 X_2 为中间产品 2 的进口且 $X_2 < 0$,所以 $(y_2 - X_2)$ 为中间产品 2 的使用量。最终产品生产函数为 $y_n = f_n(y_1, y_2 - X_2, L_n, H_n, K_n)$。

以 p_1、p_2、p_n 分别表示中间产品 1、2 和最终产品 n 的价格。假定产品市场和要素市场都是完全竞争市场,要实现产出的最大化,需要有:

$$G_n(L_n, H_n, K_n, p_1, p_2, p_n) = \max_{L_n, H_n, K_n}(p_n f_n + p_1 X_1 + p_2 X_2) \qquad (3-6)$$

在完全竞争市场中,产品价格等于单位成本:

$$p_1 = \alpha_{1L} w + \alpha_{1H} q + \alpha_{1K} r \qquad (3-7)$$

$$p_2 = \alpha_{2L} w + \alpha_{2H} q + \alpha_{2K} r \qquad (3-8)$$

$$p_n = \alpha_{nL} w + \alpha_{nH} q + \alpha_{nK} r + \alpha_{n1} p_1 + \alpha_{n2} p_2 \qquad (3-9)$$

其中,w、q、r 分别代表低技术工人、高技术工人和资本的价格。将式（3-7）和式（3-8）代入式（3-9）可得以 w、q、r 表示的 p_n,根据琼斯代数有:

$$\hat{p}_1 = \theta_{1L}\hat{w} + \theta_{1H}\hat{q} + \theta_{1K}\hat{r} \qquad (3-10)$$

$$\hat{p}_2 = \theta_{2L}\hat{w} + \theta_{2H}\hat{q} + \theta_{2K}\hat{r} \qquad (3-11)$$

$$\hat{p}_n = \theta_{nL}\hat{w} + \theta_{nH}\hat{q} + \theta_{nK}\hat{r} \qquad (3-12)$$

结合式（3-6）、式（3-7）和式（3-8）,可得:

$$\theta_{1L} = \frac{w\alpha_{1L}}{c_1}, \theta_{1H} = \frac{q\alpha_{1H}}{c_1}, \theta_{1K} = \frac{r\alpha_{1K}}{c_1} \qquad (3-13)$$

$$\theta_{2L} = \frac{w\alpha_{2L}}{c_2}, \theta_{2H} = \frac{q\alpha_{2H}}{c_2}, \theta_{2K} = \frac{r\alpha_{2K}}{c_2} \qquad (3-14)$$

$$\theta_{nL} = \frac{w(\alpha_{nL} + \alpha_{n1}\alpha_{1L} + \alpha_{n2}\alpha_{2L})}{c_n}, \theta_{nH} = \frac{w(\alpha_{nH} + \alpha_{n1}\alpha_{1H} + \alpha_{n2}\alpha_{2H})}{c_n},$$

$$\theta_{nK} = \frac{w(\alpha_{nK} + \alpha_{n1}\alpha_{1K} + \alpha_{n2}\alpha_{2K})}{c_n} \qquad (3-15)$$

它们分别是低技术工人、高技术工人和资本要素成本占产品 1、2 和最终产品 n 总成本的比重,满足 $\theta_{1L} + \theta_{1H} + \theta_{1K} = 1$,$\theta_{2L} + \theta_{2H} + \theta_{2K} = 1$,$\theta_{nL} + \theta_{nH} + \theta_{nK} = 1$。

1. 进口产品价格变化与工资差距

$$\hat{p}_n - \hat{p}_2 = (\theta_{nL} - \theta_{2L})\hat{w} + (\theta_{nH} - \theta_{2H})\hat{q} + (\theta_{nK} - \theta_{2K})\hat{r} \qquad (3-16)$$

假设资本要素价格不变,即 $\hat{r} = 0$,于是有:

$$\hat{p}_n - \hat{p}_2 = (\theta_{nL} - \theta_{2L})\hat{w} + (\theta_{nH} - \theta_{2H})\hat{q}$$

$$= (\theta_{nL} - \theta_{2L})(\hat{w} - \hat{q}) + (\theta_{2K} - \theta_{nK})\hat{q} \qquad (3-17)$$

当 n 是密集使用低技术工人加工装配的产品,产品 2 是密集使用高技术工人生产的产品(密集使用技术工人的产品也是资本密集型产品)时,有 $\theta_{nL} > \theta_{2L}$, $\theta_{2K} > \theta_{nK}$ 。

假设进口产品 2 的价格变化率 $\hat{p}_2$ 相对下降,即: $\hat{p}_n - \hat{p}_2 > 0$ 。下面我们将分两种情况考虑 $\hat{p}_2$ 下降时,加工贸易对工资差距的影响。一种是产品 2 价格变化率下降,高技术工人价格下降;另一种是产品 2 价格变化率下降,而高技术工人价格上升。

(1)如果进口产品 2 的价格 $\hat{p}_2$ 相对下降且高技术工人价格 $\hat{q} \leqslant 0$

结合 $\hat{p}_n - \hat{p}_2 > 0$,可得:

$$(\theta_{2K} - \theta_{nK}) \hat{q} \leqslant 0, 则 (\theta_{nL} - \theta_{2L}) (\hat{w} - \hat{q}) > 0 \tag{3-18}$$

意味着 $\hat{w} > \hat{q}$,也就是说,随着密集使用高技术工人产品 2 的进口价格相对(相对于加工制成品)下降,如果导致国内高技术工人工资水平下降的话,工资差距将会缩小。

(2)如果进口产品 2 的价格 $\hat{p}_2$ 相对下降使得 $\hat{q} > 0$

结合 $\hat{p}_n - \hat{p}_2 > 0$,可得: $(\theta_{nL} - \theta_{2L}) (\hat{w} - \hat{q}) + (\theta_{2K} - \theta_{nK}) \hat{q} > 0$,整理得到:

$$\frac{\hat{w} - \hat{q}}{\hat{q}} > - \frac{\theta_{2K} - \theta_{nK}}{\theta_{nL} - \theta_{2L}} \tag{3-19}$$

由于 $\theta_{nK} = 1 - \theta_{nL} - \theta_{nH}$, $\theta_{2K} = 1 - \theta_{2L} - \theta_{2H}$,于是有:

$$1 - \frac{\hat{w}}{\hat{q}} < \frac{(\theta_{nL} - \theta_{2L}) + (\theta_{nH} - \theta_{2H})}{\theta_{nL} - \theta_{2L}} = 1 + \frac{\theta_{nH} - \theta_{2H}}{\theta_{nL} - \theta_{2L}} \tag{3-20}$$

由于 $\frac{\theta_{nH} - \theta_{2H}}{\theta_{nL} - \theta_{2L}} < 0$,所以 $1 - \frac{\hat{w}}{\hat{q}} < 1$,也就是 $\frac{\hat{w}}{\hat{q}} > 0$,或者 $\hat{w} > 0$ 。所以随着加工贸易活动的开展,低技术工人的绝对工资水平也会提高。

由于 $\frac{\hat{w}}{\hat{q}} > \frac{\theta_{2H} - \theta_{nH}}{\theta_{nL} - \theta_{2L}} = \beta > 0$,而 $\beta = \frac{\theta_{2H} - \theta_{nH}}{\theta_{nL} - \theta_{2L}} = 1 - \frac{\theta_{2K} - \theta_{nK}}{\theta_{nL} - \theta_{2L}} < 1$,所以 $0 < \frac{\hat{w}}{\hat{q}} < 1$ 或 $\frac{\hat{w}}{\hat{q}} > 1$ 。这说明,随着加工贸易活动的开展,密集使用高技术工人产品 2 的进口价格相对(相对于加工制成品)下降,而高技术工人工资水平上升时,低技术工人工资水平也会上升,工资差距可能拉大,也可能缩

小。如果 $\hat{w} < \hat{q}$，工资差距拉大；如果 $\hat{w} > \hat{q}$，工资差距缩小。

2. 加工装配产品的资本密集度与工资差距

对最终产品 n 来说，θ_{nK} 越大，资本要素成本占总成本的比例就越大，资本密集度就越高。根据式（3-16），当进口中间产品 2 和出口最终产品 n 的相对价格不变时，有：

$$\frac{\hat{w} - \hat{q}}{\hat{q}} = \frac{\hat{w}}{\hat{q}} - 1 = \frac{\theta_{nK} - \theta_{2K}}{\theta_{nL} - \theta_{2L}} = \frac{\theta_{nK} - \theta_{2K}}{1 - \theta_{nK} - \theta_{nH} - \theta_{2L}} \tag{3-21}$$

将式（3-21）两边关于 θ_{nK} 求导可得：

$$\frac{d\left(\frac{\hat{w}}{\hat{q}}\right)}{d\theta_{nK}} = \frac{(1 - \theta_{nK} - \theta_{nH} - \theta_{2L}) + (\theta_{nK} - \theta_{2K})}{(1 - \theta_{nK} - \theta_{nH} - \theta_{2L})^2} = \frac{\theta_{2H} - \theta_{nH}}{(1 - \theta_{nK} - \theta_{nH} - \theta_{2L})^2} > 0 \tag{3-22}$$

意味着，当出口最终产品的资本密集度上升（出口产品的结构优化），即 θ_{nK} 上升时，有 $\frac{\hat{w}}{\hat{q}}$ 上升，低技术工人工资上升幅度要超过高技术工人工资上升幅度，低技术工人与高技术工人之间的工资差距缩小。[①]

总之，发展中国家开展的加工装配活动可能会缩小，也可能会拉大工资差距。当出口的加工装配产品资本密集度上升时，工资差距将缩小。

值得注意的是，在开展加工贸易活动的早期，由于城市劳动力市场严重分割，农民工承担了聚集不经济的成本，由于加工贸易活动规模不大以及相对较充裕的农村剩余劳动力（与模型中充分就业的假定不吻合）等原因，加工贸易活动可能会拉大工资差距。并且，如果加工装配出口规模的扩大导致对研发、管理和销售等高技术工人需求大幅度增加，加工贸易活动也会拉大工资差距。但是，随着加工贸易活动规模的不断扩大，加工装配产品资本密集度的提高（如从加工服装到组装 Iphone 产品），可能使工资差距缩小。一些文献研究了发生在我国的行业资本密集度变化对收入差距的影响机理。杨春艳（2012）、张伯伟（2000）、王磊（2012）的实证研究都发现，行业资

---

① 通常情况下，发展中国家开展加工装配活动会使各类工人的绝对收入水平提高，所以这里假定 $\hat{q} > 0$。

本密集度的提高意味着行业的技术进步、行业劳动生产率的提高以及比较优势的增强,这些都可能会缩小工资差距。

二、计量模型、数据说明与估计方法

(一) 计量模型的建立

为便于与之前开展的实证研究结果进行比较,本书在伯曼等(Berman 等,1994)、芬斯特拉和汉森(Feenstra 和 Hanson,2001)、许斌和李伟(2008)等分析方法的基础上,结合前面提出的理论框架,分析加工贸易活动、出口产业的资本密集度对我国工资差距的影响。与以往研究不同的是,本书认为上期工资差距对本期工资差距存在一定的影响,加入了工资差距的一次滞后项。为此,构建以下计量模型:

$$\Delta s_{nHt} = \beta_0 + \beta_1 \Delta s_{nHt-1} + \beta_2 \Delta \ln(K_{nt}/Y_{nt}) + \beta_3 \Delta \ln Y_{nt}$$
$$+ \beta_4 \Delta(PE_{nt}/Y_{nt}) + \beta_5 \Delta(T_{nt}/Y_{nt}) + \varepsilon_{nt} \tag{3-23}$$

其中 s_{nH} 为高技术工人成本份额,回归方程中使用 Δs_{nH} 为被解释变量,表示的是行业 n 向高技能劳动力支付的工资在其总支付工资中比重的变化。s_{nH} 的上升意味着在给定相对工资 w_H/w_L 时,对高技能劳动力相对需求的增加。Y_n 为产业 n 的产出,K_n/Y_n 为资本密集度,由固定资本存量和总产出的比例来表示。PE_n/Y_n 为加工贸易出口强度,用以分析加工贸易出口对工资差距的影响,由加工贸易出口和总产出的比值来表示。T_n/Y_n 为技术进步,以 R&D 存量密集度的变化作为技术进步的指标。各变量前加上 Δ 表示变量的变动,比如 Δs_{nHt} 表示本期高技术工人成本份额相比上一期的变动,这样可以更好地说明各变量变化对工资差距变化的影响。

β_2 可以反映资本密集度对低技术工人工资水平的影响,是我们关注的核心变量参数。如果资本密集度提高伴随着劳动生产率的提高,那么加工装配活动中低技术工人的工资就会得到相应补偿。此时 $\beta_2<0$,工资差距缩小;反之,$\beta_2>0$,工资差距拉大。由于改革开放后中国高技术工人的工资水平是上升的,所以我们预期随着出口加工贸易产品资本密集度的提升,我国的工资差距将会缩小,即我国可能属于 $\beta_2<0$ 的情况。

β_3 反映了行业规模的影响,与行业特质有密切关系。β_4 衡量了加工贸易对高技术劳动力相对需求的影响,是我们关注的另一个核心变量参数。

如果 $\beta_3>0$ 或 $\beta_4>0$，表明加工装配行业和加工贸易出口规模扩大导致对高技术工人的需求相对增加，将拉大工资差距；反之，$\beta_3<0$ 或 $\beta_4<0$，将缩小工资差距。

β_5 反映了技术进步的作用，其符号可能是正、负或零。如果 $\beta_5>0$，则技术进步属于高技能偏向型技术进步，技术进步增加了对高技术劳动力的相对需求，导致工资差距拉大；如果 $\beta_5<0$，技术进步属于低技能偏向型技术进步，技术进步增加了对低技术劳动力的相对需求，使工资差距缩小；如果 $\beta_5=0$，为中性技术进步，对工资差距没有影响。

我们将利用行业数据实证检验上述主要变量估计参数的符号。

（二）数据说明

数据是国内学者进行实证研究时面临的一个瓶颈，数据质量也会影响实证研究结果的准确与统一。其实，实证研究中常常会发生相同的选题、不同的数据、不同的结论这样的问题。比如许斌和李伟（2008）采用的是厂商层面的数据，而芬斯特拉和汉森（2001）采用的是产业层面的数据。这类问题在国内的研究中更是普遍存在。如许斌和李伟（2008）及其他学者所用厂商层面数据都是非公开数据，我们无从得到；而且在国内部分文献中使用的数据库"全部国有及规模以上非国有工业企业数据库"存在样本错配、指标缺失、指标异常、样本选择和测度误差等诸多问题（聂辉华等，2012），而且它也是非公开数据。有鉴于此，本节只能采用产业层面的数据，这可能会导致本节实证研究结论与其他类似研究结果的不一致。考虑到行业特点和统计口径的一致性，本节选取了 29 个工业行业数据，废弃资源和废旧材料回收加工业因数据缺失未包含在样本内。

1. 被解释变量

本节根据熟练劳动力需求估计法，以我国各行业熟练劳动力平均工资（W_H）在该行业全部劳动力平均工资（W）中的比重来表示熟练劳动力与非熟练劳动力之间的工资差距（s_{nH}），即：$s_{nH}=W_H/W$。其中，各行业熟练劳动力平均工资以各行业科技活动人员的人均劳务费来度量，数据来自历年的《中国科技统计年鉴》。各行业总劳动力平均工资，则是以各行业城镇单位在岗职工平均工资来表示，数据来自历年的《中国劳动统计年鉴》。

2. 解释变量

在研究工资差距时,可以使用工业增加值或工业总产值表示产出变量。由于 2008 年以后我国不再公布制造业细分行业增加值数据,只有细分行业的总产值数据,所以本书将以细分行业工业总产值作为产出变量。数据均来自历年《中国统计年鉴》。鉴于国内没有固定资本存量数据,现有的数据都是国内学者(张军,2004;单豪杰,2008;等等)根据一定的方法估算出来的,但仍然缺乏细分行业的固定资本存量数据。本书根据单豪杰(2008)按每年 10.96% 的统一折旧率估算出来的 2005 年全国固定资本存量数据,按当年制造业总产出占比估算出制造业固定资本存量,再根据制造业各细分行业总产出占比估算出 2005 年各细分行业的固定资本存量。2006 年的固定资本存量等于按 10.96% 的折旧率将估算出的 2005 年固定资本存量折旧,再加上 2006 年各细分行业的固定资本投资,2007 年至 2013 年的固定资本存量可依次类推分别计算出来。2006 年至 2013 年各细分行业的固定资本投资额数据来自历年《中国固定资产投资统计年鉴》。由于研发活动主要发生在大中型工业企业,研发数据以各行业大中型工业企业 R&D 经费内部支出来表示,数据来自历年《中国科技统计年鉴》。制造业细分行业的加工贸易出口数据来自我国海关,将以美元计价的出口额按当年平均汇率折算成以人民币计价的出口额。所有变量的数据均为 2005—2013 年的数据。

(三)　估计方法

为克服计量模型中存在的内生性问题,我们采用动态面板估计方法进行模型估计。常用的动态面板估计方法有两种:差分 GMM 和系统 GMM。差分 GMM 仅对差分方程进行估计,可能损失一部分信息,适用于长面板分析;系统 GMM 则同时对水平方程和差分方程进行估计,并以差分变量的滞后项作为水平方程的工具变量,以水平变量的滞后项作为差分方程的工具变量,可以利用更多样本信息,适用于短面板分析。结合本书数据特点,我们采用系统 GMM 方法进行估计。

系统 GMM 方法估计结果的可靠性依赖于工具变量选取及模型设定是否有效,我们分别采用 Sargan 检验和自回归检验来判断工具变量和模型设定的有效性。另外,系统 GMM 分为一步系统 GMM 估计和两步系统 GMM 估计。本节采用的是两步系统 GMM 法,并利用万德梅杰(Windmeijer,

2005)对两步法标准差进行了矫正。

（四）估计结果与分析

为了分析加工贸易对工资差距的影响,我们利用 29 个行业样本数据进行了回归分析,结果见表 3-21,为了便于比较,也列出了差分 GMM 的估计结果,前 3 列为系统 GMM,后 3 列为差分 GMM。在所有的估计结果中,Sargan 检验显示不能拒绝工具变量有效性的假设(P 值均大于 0.1,不能拒绝原假设),说明工具变量有效。同时,AR(2)检验表明残差项的一次差分不存在二阶自相关(P 值均大于 0.1,不能拒绝原假设),说明模型设定正确。因此,计量模型的估计结果是可靠的。

从系统 GMM 估计结果来看,通过逐步引入其他控制变量,加工贸易对行业工资差距的影响始终为正,且统计意义显著。后 3 列差分 GMM 的估计得出了类似的结果,验证了结果的稳健性。我们利用包含了所有变量的第(3)列进行结果分析。

表 3-21　加工贸易与工资差距的回归分析

估计方法	系统 GMM			差分 GMM		
变量	（1）	（2）	（3）	（4）	（5）	（6）
$L.\Delta s_{nH}$	−0.383***	−0.414***	−0.399***	−0.463***	−0.495***	−0.469***
	(0.0181)	(0.0172)	(0.0175)	(0.0191)	(0.0175)	(0.0197)
$\Delta(PE/Y)$	2.530**	2.427**	2.553**	2.141***	2.186***	2.237***
	(1.158)	(1.046)	(1.083)	(0.746)	(0.686)	(0.765)
$\Delta\ln(K/Y)$		0.376**	−0.882**		0.374	−0.461
		(0.166)	(0.438)		(0.246)	(0.499)
$\Delta(T/Y)$			72.64			74.83
			(81.27)			(81.47)
$\Delta\ln Y$			−1.350**			−0.825
			(0.655)			(0.687)
Constant	0.0453	0.00848	0.344*	0.0643**	0.0397	0.239
	(0.0268)	(0.0302)	(0.179)	(0.0273)	(0.0351)	(0.171)
Wald 检验	461.72	566.47	658.60	623.64	776.30	
	(0.0000)	(0.0000)	(0.0000)	(0.0000)	(0.0000)	(0.0000)

续表

估计方法	系统 GMM			差分 GMM		
变量	（1）	（2）	（3）	（4）	（5）	（6）
Sargan 检验 P 值	0.1156	0.1991	0.1210	0.1044	0.1182	0.1134
AR(1) 检验 P 值	0.1949	0.0988	0.0312	0.1218	0.1712	0.1942
AR(2) 检验 P 值	0.8454	0.9213	0.8172	0.3566	0.2841	0.2324

注：***、**、*分别表示在 1%、5% 和 10% 的水平上显著；括号内为标准差；Sargan 检验的原假设为
过度识别检验是有效的，AR 的原假设是不存在序列相关。

　　加工贸易出口强度变量系数显著为 2.53,说明加工贸易出口强度变动
增加 1 个单位,高技术工人成本在总工资成本中份额变动增加 2.53 个单
位,加工贸易出口增加了对高技术劳动力需求,提高了高技术劳动力的相对
工资,导致工资差距的加大。这与芬斯特拉和汉森(2001)的结论一致。我
国工资差距的扩大是由于加工贸易出口带来高技术工人工资上升而导致的
工资差距的扩大,这主要是因为我国高技术工人市场与低技术工人市场的
供求关系是截然不同的。低技术工人市场是供过于求的,而高技术工人市
场则完全不同,两者的保留价值和谈判权利存在相当大的差异,导致在我国
加工贸易出口增加的同时,工资差距反倒扩大了。样本期间我国的就业数
据也说明了这一点。2013 年相较于 2005 年,制造业细分行业中高技术工
人就业人数增长了 22.2%,同期低技术工人就业人数仅增长了 12.7%,对
高技术工人需求的增长速度远高于对低技术工人需求的增长速度。这说明
我国的加工贸易活动已开始向研发和销售等高端环节延伸,而不仅仅是局
限在低端的加工装配环节。

　　资本密集度系数显著且为负,资本密集度每增加 1%,高技术工人成本
占总工资成本份额变动下降 0.882 个单位,高技术工人相对成本下降,工资
差距缩小。这可能是因为,我国在加工贸易活动中占据的是加工装配环节,
即便是产品资本密集度提高了,仍会以使用低技术工人为主。如果随着加
工装配产品资本密集度提高,这些行业的劳动生产率也在提高,那么低技术
工人可以得到更多的工资补偿。实际上,2013 年与 2004 年相比,29 个细分

行业劳动生产率提高幅度最低在40%,最高达到95%。与初期加工出口纺织品等劳动密集型产品不同,我国加工贸易出口产品的结构在不断优化升级。2013年,我国加工贸易出口额前5位的工业行业分别为通信设备、计算机及其他电子设备制造业,电器机械及器材制造业,交通运输设备制造业,仪器仪表及文化、办公用机械制造业和专用设备制造业,均属于资本密集型行业,这几个行业的加工贸易出口就占全部工业行业加工贸易出口份额的73.75%。可见,我国加工贸易出口产品资本密集度提高对缩小工资差距发挥了积极作用,这与前文理论模型所得出来的结论是一致的。

技术进步对工资差距的影响不显著,意味着技术进步对开展加工贸易活动的相关行业的工资差距无实质影响。与许斌和李伟(2008)的结论相同,样本期内并未发现技术的偏向型。行业规模变动与高技术工人成本份额变动呈负相关,说明行业规模的扩大缩小了我国行业工资差距,这是因为,行业扩张增加了对低技术工人的需求,提高了其相对工资水平,缩小了工资差距。

三、加工贸易、工资差距与城乡收入差距

理论分析表明,对于发展中国家而言,加工贸易的开展可能拉大也可能缩小工资差距,但资本密集度的提高则会缩小工资差距。实证检验发现,我国加工贸易活动同时增加了包括高技术工人和低技术工人在内的就业,提升了工资水平,对我国经济发展和收入水平的提高发挥了积极而重要的作用。但加工贸易的发展拉大了工资差距,因为我国的低技术工人并未实现充分就业,相对高技术工人而言,低技术工人是过剩的;资本密集度提高则会缩小工资差距,这与我国加工贸易出口产品结构不断升级有密切关系,技术进步对工资差距无明显影响,行业规模负向影响工资差距。因此,单纯低水平地扩大加工贸易出口规模并不能缩小工资差距,也就不能缩小城乡收入差距。要提高农村的收入水平,缩小工资差距和城乡收入差距,就要在扩大加工贸易出口的同时,实现加工装配出口产品的升级。

所以只要还具有开展加工贸易活动的比较优势,我国就应该继续予以鼓励和扶持。尤其重要的是,我国应当实现加工装配出口产品结构的升级,提升加工出口产品的资本和技术密集程度,这对进一步提高工资收入、缩小工资差距和城乡收入差距意义重大。

第四章　对外贸易影响劳动力要素
流动的收入效应（下）

在上一章,我们研究了总体贸易、出口贸易以及加工贸易影响劳动力要素流动的收入效应。在本章中,我们将专门从进口贸易的角度集中探讨对外贸易影响劳动力要素流动的收入分配效应,以期更加深入地揭示二者之间的关系。本章主要内容有进口开放与城镇居民收入差距、进口竞争与企业内部工资差距、进口贸易来源国特征与企业性别工资差距。

第一节　进口开放与城镇居民收入差距

贸易与收入一直以来是国际经济学领域的重要问题,目前的理论和经验在很大程度上证明了贸易开放可以提高参与国的整体收入水平,但贸易开放是否影响了参与国的内部收入分配,则是仍然值得研究的重大理论和现实问题。加入世界贸易组织以来,我国对外贸易蓬勃发展。2014 年对外贸易总额达到 4.3 万亿美元,连续数年保持了世界第一。货物贸易和服务贸易都呈现不断上升趋势,前者一直保持顺差,而后者长期处于逆差状态。具体到进口情况,货物进口额长年保持在占当年国内生产总值 20%以上;服务进口额一般保持在占当年国内生产总值 3%以上。而在收入分配上我们观察到两个事实:一是与进口开放一致的是,居民收入水平也在不断提高,其中城镇居民人均可支配收入从 1978 年的 343 元上升到 2014 年的 28844 元;二是与进口开放稳步提升形成鲜明对比的是,中国居民的收入差距不仅没有缩小,反而持续扩大。我国的基尼系数从 1980 年的 0.32 上升到 1990 年的 0.36,再到 2001 年的 0.45 和 2012 年的 0.474,城镇可比样本的基尼系数和泰尔指数分别从 1995 年的 0.35 和 0.23 上升到 2007 年的 0.42 和 0.33(李宏兵和蔡宏波,2013)。鉴于此,本节把关注点放在城镇居民收入上,研究进口开放是否提高了城镇居民收入水平和是否扩大了城镇居民的收入差距。

一、文献综述

古典贸易理论的比较优势、新古典贸易理论的要素禀赋和新贸易理论的规模经济,都证明贸易开放使参与国消费了更多的产品,提高了参与国的收入水平。而实证方面,国内的研究也基本认同贸易开放提高了我国整体居民收入水平。而贸易开放与收入不平等的相关研究则不尽一致。首先古典贸易理论只讨论贸易国双方的收入差距问题,认为技术越先进,其相对工资水平越高。新古典贸易理论从要素禀赋出发,将商品市场与要素市场联系起来,建立了国际贸易一般均衡分析框架。根据 H-O-S 理论,在国际贸易中,各国倾向于出口其国内充裕资源密集型产品。由于发达国家往往资本或技术丰裕,而发展中国家劳动力更充裕。所以,发达国家更可能出口资本或技术密集型的产品,进口劳动密集型产品;发展中国家更可能生产并出口劳动密集型的产品,进口技术和资本密集型的产品。从而,发展中国家劳动密集型产品的相对价格趋于上升,这使得发展中国家非技术工人的相对工资增加,而技术工人的相对工资趋于下降,因此工资差距会逐步缩小(张相文和席艳乐,2012)。20 世纪 70 年代末以来新贸易理论兴起,迪诺普洛斯等(Dinopoulos 等,1999)在克鲁格曼(Krugman,1979)模型的基础上,引入高、低技能劳动力这两种生产要素,考察两国产业内贸易对工资差距的影响,结果发现产业内贸易有助于提高高技能劳动力的相对工资,从而扩大工资差距。随着外包的快速发展和在国际贸易体系中地位上升,新新贸易理论成为解释外包这种产业内贸易的主流理论。芬斯特拉和汉森(Feenstra 和 Hanson,1996)研究发现,外包同时提高了发包国(发达国家)和承包国(发展中国家)中间产品的技术密集度,同时扩大了双方各自的内部工资差距。此外,赫尔普曼等(Helpman 等,2010)的研究认为贸易开放加剧收入不平等,而收入不平等随着贸易自由化的进程先加剧后减缓,贸易自由化与收入不平等的关系呈现倒"U"型曲线。

关于贸易开放与收入差距的研究,目前学者们普遍认为贸易自由化扩大了我国城乡或城镇的收入差距(Cain 等,2009;朱彤等,2012)。针对高、低技能劳动力,研究认为贸易开放扩大了他们的工资差距(许斌和李伟,2008;李磊等,2012;李宏兵、蔡宏波,2013)。更具体地,赫尔普曼等(2010)的研究表明,与高、低技能劳动力相比,贸易开放导致中等技能劳动力的平均工资下降。此外,陈波、贺超群(2013)利用我国的工业企业数据发现,出口的发展显著扩大了技术与非技术工人之间的工资差距。

以上的研究主要从出口的角度出发,但正如克鲁格曼(Krugman)所言,国际贸易的最终目的是进口而不是出口,一个国家来自贸易的真正收益是有能力进口它想进口的商品。进口与出口共同构成贸易开放的组成部分,加入世界贸易组织以来,我国的进出口数据也具有相当强的相关性。马丁斯和奥普莫拉(Martins 和 Opromolla,2009)运用葡萄牙的数据发现,进口对工资的作用至少同出口一样重要;他们还指出,无论是对于出口还是进口,企业层面的因素都具有相当大的解释力,当控制了其他影响工资的决定因素,一个企业如果增加中高技术产品的进口,那么该企业员工的工资也会提高。而我国的进口就主要集中于中高技术产品。因此,当我们把关注点放在进口开放上时,一个值得注意的问题是进口是否对我国居民的工资水平存在类似的溢出效应。赵春燕和王世平(2014)证实,在控制了影响企业工资水平的其他因素后,进口企业的工资水平高于非进口企业,进口工资溢价是显著存在的。进口对工资的溢出效应主要通过扩展边际实现(即进口种类),一方面进口种类的扩大促进企业全要素生产率提高,另一方面进口种类的增加可以通过降低进口价格从而减少企业成本,这两方面最终将共同提高企业利润,而企业和员工之间存在利润共享机制,因而员工工资会相应上涨。对于进口种类的生产率效应,哈尔彭等(Halpern 等,2011)运用匈牙利制造业企业面板数据发现进口中间投入品使企业全要素生产率增加了14%,其中中间品种类增加的贡献率高达 2/3。对于进口的成本效应,我们认为,企业可以进口更为廉价的中间投入品来降低企业的生产成本或者进口新的中间投入品来降低企业的创新成本。戈利耶(Gaulier,2006)的研究显示进口产品种类的增加确实对进口价格指数有负向影响。此外,进口开放通过 R&D 溢出的途径使我国制造业(特别是技术密集型制造部门)显著增加了对熟练劳动力的相对需求,扩大了熟练劳动力与非熟练劳动力之间的工资差距(喻美辞,2010)。

蔡宏波等人(2014)的研究表明,对服务业而言,无论是现代服务业还是传统服务业,服务进口的增加均导致工资差距的扩大。陈怡(2009)的研究则表明,从总体上看,出口对行业相对工资有正向的上拉作用,进口对行业相对工资有负向的下拉作用;出口贸易对资本密集型和劳动密集型制造业行业的相对工资均有上拉作用,且对前者的促进作用大于后者;进口贸易对劳动密集型制造业的相对工资有下拉作用,而对资本密集型制造业行业的相对工资有上拉作用。

总的来说,现阶段国内外学者基本认同贸易开放(进口开放)对总体收入水平的正向作用,但学者们对贸易与收入分配相关性所进行的研究没有形成一致结论。一个重要的原因是不同学者所采用的数据类型不同,导致实证模型中的方法选择、模型设定等方面存在很大差异。本节的重点在于关注进口开放与城镇居民收入,因而我们利用 2002 年和 2007 年中国家庭收入调查(CHIP)数据,将劳动力个体特征变量和城市宏观变量相结合,通过计量方法考察进口开放与城镇居民收入分配的关系。

二、中国进口贸易与城镇居民收入的典型事实

我国的货物贸易和服务贸易都在稳步增长,2013 年货物进口额高达19499.9 亿美元,同比增长 7.24%,而服务进口额达到 3291 亿美元,同比增长 17.48%。

图 4-1 展示了 1990 年至 2013 年中国的进口贸易发展状况。货物进口和服务进口,在绝对值上都呈现不断上升趋势,除 2009 年因为全球金融危机导致我国贸易进口额出现短暂下降。货物进口从 1990 年的 533.5 亿美元增长到 2013 年的 19499.9 亿美元,增幅约达 36 倍,年平均增长率高达17%。而服务进口从 1990 年的 41 亿美元增长到 2013 年的 3291 亿美元,增幅约达 80 倍,年平均增长率高达 21%。从比重上来说,进口额占当年GDP 的比重也越来越大。其中,货物进口额近十年基本维持在 20% 以上;服务进口额也稳定在 3% 以上。

我国人均 GDP 大幅度提高,从 1990 年的 340.8 美元上升到 2013 年的6751.58 美元,增长约 20 倍。与之相对应,我国城镇居民的人均可支配收入从 1990 年的 312.98 美元上升到 2013 年的 4342.64 美元,增幅接近 14

（单位：亿美元）

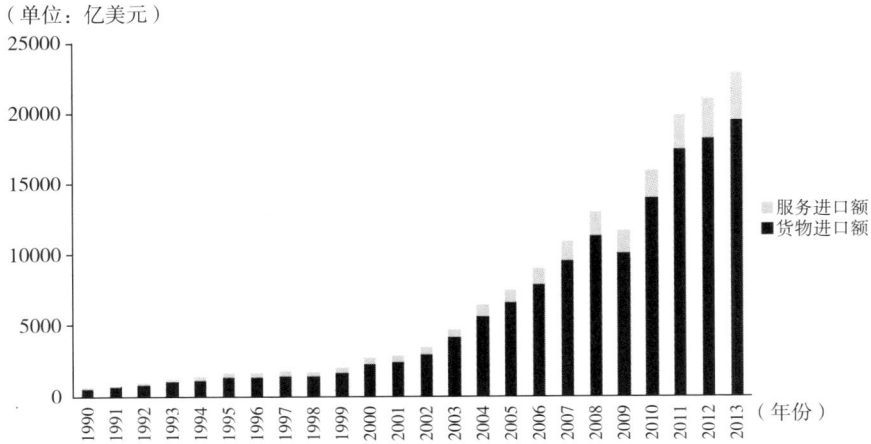

图 4-1　1990—2013 年中国进口贸易发展

数据来源:《2014 年中国统计年鉴》,中国统计出版社 2014 年版。

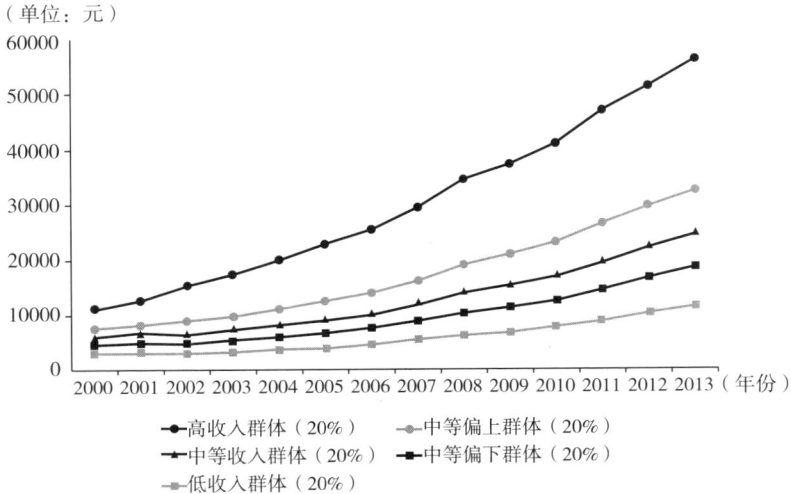

（单位：元）

图 4-2　2000—2013 年按收入五等份分组的城镇居民人均可支配收入

数据来源:《2014 年中国统计年鉴》,中国统计出版社 2014 年版。

倍,年平均增长率为 12%,即使剔除通货膨胀的因素,增幅也高达 6 倍。中国城镇居民的恩格尔系数由 1990 年的 54.2% 下降至 2013 年的 35%。在总体收入水平不断提高的同时,城镇居民的人均可支配收入的差异却在不断扩大(见图4-2),2000年高收入群体人均可支配收入是低收入群体的3.6倍,而到2013年这一比值增长到4.9倍。

三、模型设定与数据说明

(一) 计量模型

利用明瑟(Mincer,1974)经典的个体劳动收入方程,并借鉴帕拉卡(Paillacar,2006)、赫林和庞塞特(Hering 和 Poncet,2010)的方法,将劳动力个体特征变量和城市宏观变量相结合,本节使用对数模型估计个体劳动收入决定方程,进口开放对收入影响的计量模型为:

$$\ln wage_{ic} = \alpha + \beta \ln import_c + \gamma \ln X_c + \tau Z_{ic} + \mu_{ic} \tag{4-1}$$

其中,i 表示个人;c 表示城市;$wage_{ic}$ 表示 c 城市中个人 i 的小时工资;$import_c$ 表示 c 城市的进口开放度;X_c 表示城市宏观变量,具体包括城市人均GDP 和城市生活成本;Z_{ic} 表示个体特征变量,具体包括性别、年龄、年龄的平方、受教育年限、婚姻状况、个体社会资本;μ_{ic} 表示误差项。

1. 城市宏观变量

进口开放度与城市人均 GDP、城市生活成本均属于城市变量。对于城市变量的选取,已有文献证实,经济发达、贸易开放程度高和生活成本高的城市往往更有能力提供大量的就业岗位和较高的薪酬水平。基于此,我们使用进口开放度与城市人均 GDP、城市生活成本来衡量城市的进口水平和经济实力。进口开放度按照当年美元与人民币中间价折算的城市进口额与该城市 GDP 总额之比来表示;城市人均 GDP 按照城市 GDP 总额与人口总数之比来表示;CHIP 问卷中有一项为"按照你家的实际情况,您全家每月维持最低生活水平的费用大约多少元",我们对每个城市个人的最低生活水平加总后进行平均,定义为城市生活成本。

2. 个体特征变量

对于个体特征变量的选取,我们遵循明瑟方程的基本设定,根据2002年和2007年 CHIP 数据所提供的完整信息,选择性别(女性为1,男性为0)、年龄、年龄的平方、受教育年限、婚姻状况(结婚为1,其他为0)、个体社会资本等作为衡量个体特征的主要因素。其中个体社会资本的度量根据以下两个问题得到:2002年 CHIP 城镇居民问卷中的"如果您想调动工作,您估计有多少亲戚和朋友能够帮助您?";2007 年的问卷中"2007 年春节期间,您通过各种方式(包括见面、打电话、写信、发电子邮件等)相互问候过多少人?"。

(二) 数据说明

本节使用的个体数据来源于中国收入分配研究院与国家统计局联合实施的《中国家庭收入调查(CHIP)》。根据研究需要,本节仅选用城镇居民的样本,其中 2002 年的城镇调查包含 12 个省区市的 6835 户家庭,共 20632 名个体;2007 年的城镇调查包含 9 个省区市的 5003 户家庭,共 14699 名个体。为使两期调查数据具有可比性,本节仅保留两期调查中均包含的江苏、安徽、河南、湖北、广东、四川和重庆 7 个省市的样本,并将样本限定在符合法定劳动年龄且获得收入的个体,即男性年龄限定为 16—60 岁,女性年龄限定为 16—55 岁。经过去除主要变量(包括收入、性别、年龄、受教育年限、婚姻状况)的缺失值,最终得到 2002 年的样本数为 5740 个,2007 年的样本数为 3797 个。对于样本城市的选择,本节需作以下说明:CHIP 数据在调查过程中充分考虑了区域经济发展不均衡及样本选择问题,分别选取东、中、西部地区具有代表性的省份进行调查。且先前布朗斯坦和布伦纳(Braunstein 和 Brenner,2007)利用 1995 年和 2002 年 CHIP 数据、赫林和庞塞特(Hering 和 Poncet,2010)利用 1995 年 CHIP 数据的实证研究,均得出稳健的具有代表性的结论,这些都进一步说明 CHIP 数据的可靠性。此外,城市宏观数据来源于各城市 2002 年、2007 年的统计公报。

根据表 4-1 的描述性统计显示,与 2002 年相比,2007 年的小时工资对数均值由 1.49 增长到 2.29。这表明城镇居民的整体收入有了显著提升,但是收入的离散度也逐步增大。可以发现,从 2002 年到 2007 年,人均 GDP 和城市生活成本都有了不同程度的上升。

表 4-1 主要变量的描述性统计

变量	2002 年					2007 年				
	观测量	均值	标准差	最小值	最大值	观测量	均值	标准差	最小值	最大值
ln 小时工资	5740	1.49	0.74	-2.89	5.01	3797	2.29	0.77	-4.38	5.75
进口	5740	0.09	0.15	0	0.84	3797	0.29	0.38	0.01	1.33
ln 人均 GDP	5740	9.18	0.84	5.19	10.64	3797	10.4	0.6	9.46	11.34

续表

变量	2002 年					2007 年				
	观测量	均值	标准差	最小值	最大值	观测量	均值	标准差	最小值	最大值
ln 城市生活成本	5740	6.91	0.31	6.29	7.65	3797	7.88	0.35	7.24	8.63
性别	5740	0.44	0.5	0	1	3797	0.45	0.5	0	1
年龄	5740	40.17	8.74	18	60	3797	39.46	9.66	16	60
年龄平方	5740	1690	692.6	324	3600	3797	1651	766.5	256	3600
受教育年限	5740	11.29	2.97	0	23	3797	12.12	3.42	1	35
婚姻状况	5740	0.91	0.29	0	1	3797	0.15	0.36	0	1
社会资本	5740	1.27	2.03	0	23	3797	36.26	46.25	0	500

注:由于测量口径不统一,2002 年与 2007 年的社会资本统计值不同,但不影响计量结果。

(三) 内生性及其处理

虽然本节所采用的计量方法大大降低了双向因果可能导致的内生性,但是仍然存在可能因为遗漏变量而导致的内生性。例如,贸易开放受到不同地区的制度安排的影响,但这种制度因素无法有效度量,这就可能产生遗漏变量而导致内生性。另外,各城市对于贸易量的统计口径可能存在差异,也会产生测量误差导致的内生性。本节采用黄玖立和李坤望(2006)、李磊等人(2011)的方法,选取各城市到海岸线的最小距离的倒数作为工具变量,进行两阶段最小二乘法估计,用以控制内生性,其中沿海城市到海岸线的最短距离为其内部距离,内陆城市为其内部距离加上其距最近的沿海港口城市的距离。对于工具变量的有效性,我们做以下三点说明:首先,该工具变量与贸易开放变量密切相关,一般而言,越是接近海岸线,意味着越接近海外市场,其进口开放度越高。其次,该工具变量独立于个体收入,因为无论是历史还是现实,我们均无法断定地理因素本身决定了个体收入差距。最后,在大样本条件下,增加工具变量通常会得到更为有效的估计结果,而本节数据基本满足大样本的条件。

四、实证分析与讨论

(一) 进口开放与城镇居民收入:引入城市变量

表4-2 报告了包含城市变量的收入模型估计结果,结果表明关于收入

基本决定因素(性别、年龄、年龄平方、受教育年限、婚姻状况)的结果与以往文献的研究相似。男性比女性收入高(性别收入差距明显,这也吻合之前学者在性别收入差距上的研究结果);2002 年的结果显示,年龄与收入待遇呈倒"U"型曲线特征,即收入随年龄先增加后减少,但是 2007 年的结果却显示年龄与收入的关系趋于不显著;受教育年限越高,收入待遇越高;社会资本越高,收入待遇越高。

我们引入的城市变量包括城市人均 GDP 和城市生活成本,通常情况下,城市越发达,人均 GDP 越高,人们的生活成本越高。表 4-2 表明:城市人均 GDP 和城市生活成本均对收入水平有显著的正向关系。但这并不能说明前者对后者的影响显著,因为前后者之间具有强烈的双向因果关系。我们引入城市变量的目的是更好地观测进口对个体收入的影响。可以发现引入城市变量后,进口开放的影响系数变小,这说明了如果不考虑城市变量,将在较大程度上高估进口开放对个体收入的正向影响。表 4-2 中的第(3)列和第(6)列将两个城市变量同时加入方程。结果显示:2002 年和 2007 年的进口开放的影响系数分别为 0.24 和 0.19,且仍然保持显著(在 5%的水平上显著)。以上结果说明:(1)城市人均 GDP 和城市生活成本对收入水平有正向效应;(2)进口开放对收入水平的正向影响是稳健的。

表 4-2　进口开放对城镇居民收入的影响:引入城市变量的普通最小二乘法

变量	2002 年 OLS			2007 年 OLS		
	(1)	(2)	(3)	(4)	(5)	(6)
ln 进口	0.7405***	0.3625***	0.2421*	0.2862***	0.2194**	0.1940*
	(0.0921)	(0.0964)	(0.0941)	(0.0689)	(0.0710)	(0.0823)
性别	−0.1676***	−0.1679***	−0.1683***	−0.2054***	−0.2056***	−0.2058***
	(0.0168)	(0.0167)	(0.0166)	(0.0221)	(0.0220)	(0.0221)
年龄	0.0490***	0.0476***	0.0464***	0.0247*	0.0243*	0.0242*
	(0.0101)	(0.0100)	(0.0100)	(0.0108)	(0.0108)	(0.0108)
年龄平方	−0.0005***	−0.0005***	−0.0005***	−0.0003*	−0.0003*	−0.0003*
	(0.0001)	(0.0001)	(0.0001)	(0.0001)	(0.0001)	(0.0001)

续表

变量	2002 年 OLS			2007 年 OLS		
	（1）	（2）	（3）	（4）	（5）	（6）
受教育年限	0.0067[*]	0.0050	0.0042	0.0639[***]	0.0634[***]	0.0635[***]
	(0.0028)	(0.0028)	(0.0028)	(0.0041)	(0.0041)	(0.0041)
婚姻状况	0.0778	0.0917[*]	0.1015[*]	−0.1694[***]	−0.1704[***]	−0.1711[***]
	(0.0455)	(0.0447)	(0.0447)	(0.0376)	(0.0376)	(0.0376)
社会资本	0.0138[**]	0.0121[**]	0.0132[**]	0.0011[***]	0.0011[***]	0.0011[***]
	(0.0047)	(0.0047)	(0.0046)	(0.0002)	(0.0002)	(0.0002)
ln 人均GDP		0.1308[***]	0.0463[*]		0.1322[**]	0.1339[**]
		(0.0154)	(0.0195)		(0.0484)	(0.0484)
ln 城市生活成本			0.4657[***]			0.0876
			(0.0687)			(0.1386)
控制变量	是	是	是	是	是	是
常数项	0.0937	−0.9336[***]	−3.4146[***]	1.3538[***]	−0.0594	−0.8029
	(0.1902)	(0.2298)	(0.4219)	(0.2316)	(0.5524)	(1.2857)
观测值	5740	5740	5740	3797	3797	3797
F 检验	120.2290	123.9395	124.2071	60.1434	58.9872	56.1546
p 值	0.0000	0.0000	0.0000	0.0000	0.0000	0.0000

注：1.控制变量包括行业、是否省会城市和职业等虚拟变量；

2.括号内为稳健的标准误差；***、**、*分别表示在1%、5%和10%的水平上显著。

（二）进口开放与城镇居民收入：引入工具变量

我们引入城市到海岸线的最小距离的倒数作为工具变量,采用两阶段最小二乘法得出估计结果(所有的工具变量在1%的水平上显著)。相较于表4-2,表4-3的结果显示,进口开放的系数有了一定程度的提高,显著性水平也上升了,说明如果不考虑内生性,会在较大程度上低估进口开放对个体收入的影响。在引入工具变量后,对于2002年而言,城市人均GDP、城市生活成本这两个城市变量对个体收入的系数变得不再显著;对于2007年而言,人均GDP对个体收入的系数不再显著,而城市生活成本在5%的水平上显著对个体收入有负向效应。总之,引入工具变量并进一步控制城市变量得出的结果显示,进口开放对个体收入的影响系数分别为 2.41(2002年)和 0.88(2007年),分别在 1% 和 0.1% 的水平上显著。以上结果说明:(1)进口开放对收入水平的正向影响是稳健的;(2)内生性导致低估了城市贸易开放度的影响。

表 4-3 进口开放对城镇居民收入的影响:引入工具变量

变量	2002 年 2SLS			2007 年 2SLS		
	(7)	(8)	(9)	(10)	(11)	(12)
ln 进口	2.4923***	2.6845***	2.4125**	1.0891***	1.0955***	0.8752***
	(0.3563)	(0.6049)	(0.7969)	(0.2336)	(0.2392)	(0.1631)
性别	−0.1709***	−0.1711***	−0.1709***	−0.2015***	−0.2015***	−0.2022***
	(0.0175)	(0.0177)	(0.0175)	(0.0224)	(0.0224)	(0.0222)
年龄	0.0516***	0.0521***	0.0513***	0.0282*	0.0283*	0.0270*
	(0.0107)	(0.0108)	(0.0108)	(0.0110)	(0.0110)	(0.0109)
年龄平方	−0.0006***	−0.0006***	−0.0006***	−0.0003*	−0.0003*	−0.0003*
	(0.0001)	(0.0001)	(0.0001)	(0.0001)	(0.0001)	(0.0001)
受教育年限	0.0042	0.0044	0.0043	0.0640***	0.0642***	0.0637***
	(0.0030)	(0.0030)	(0.0029)	(0.0041)	(0.0042)	(0.0041)
婚姻状况	0.0978*	0.0955*	0.0981*	−0.1508***	−0.1509***	−0.1551***
	(0.0484)	(0.0487)	(0.0480)	(0.0384)	(0.0384)	(0.0380)
社会资本	0.0072	0.0072	0.0080	0.0012***	0.0012***	0.0012***
	(0.0051)	(0.0051)	(0.0053)	(0.0003)	(0.0003)	(0.0002)
ln 人均 GDP		−0.0322	−0.0420		−0.0540	0.0112
		(0.0443)	(0.0377)		(0.0674)	(0.0545)
ln 城市生活成本			0.1446			−0.4289*
			(0.1339)			(0.1751)
控制变量	是	是	是	是	是	是

续表

变量	2002 年 2SLS			2007 年 2SLS		
	（7）	（8）	（9）	（10）	（11）	（12）
常数项	0.0530	0.3038	−0.5916	1.0076***	1.5418*	4.2889**
	（0.1992）	（0.3968）	（1.1037）	（0.2295）	（0.6730）	（1.6151）
观测值	5740	5740	5740	3797	3797	3797
Wald chi2	2305.39	2417.96	2544.06	1111.45	1135.39	1184.58
p 值	0.0000	0.0000	0.0000	0.0000	0.0000	0.0000

注：1.控制变量包括行业、是否省会城市和职业等虚拟变量；
   2.括号内为稳健的标准误差；***、**、*分别表示在 1%、5%和 10%的水平上显著。

（三）进口开放与收入差距：分行业回归

我国属于低技术劳动力密集的国家，根据 H−O−S 理论，我国倾向于进口高技术劳动力密集的产品，出口低技术劳动力密集的产品，这样的贸易会提高我国丰裕要素的实际报酬，降低稀缺要素的实际报酬，因而收入差异会下降。但事实果真如此吗？我们将样本分为低技术行业、高技术行业、制造业及其他三类，分行业的回归结果见表 4-4。2002 年，进口开放对低技术行业劳动者工资的影响系数为负（不显著），对高技术行业劳动者工资的影响系数为 2.4682（在 5%的水平上显著），对制造业及其他的劳动者工资的影响系数为 5.0578（在 5%的水平上显著）；2007 年，进口开放对低技术行业劳动者工资的影响系数为 0.6990（在 5%的水平上显著），对高技术行业劳动者工资的影响系数为 2.5077（在 0.1%的水平上显著），对制造业及其他的劳动者工资的影响系数为 2.5917（不显著）。这表明进口开放对不同行业的个体收入水平的影响有差异，对高技术行业、制造业及其他的影响更大，进而可以说明进口开放扩大了城镇居民的收入差距。当然，需要注意的是，我们的行业分类中制造业及其他行业同样存在高低技术之分，这可能带来偏差，但从系数、显著性、大小上判断，依然可以得到上述结论，即进口开放扩大了高低技术劳动者的收入差距。

我们认为可以从进口的工资溢出效应来解释：一方面由于进口产品多以高技术行业和制造业的产品为主，通过竞争效应和学习效应，有效地提高了这两类行业的企业全要素生产率,最终通过利润共享机制促进了员工收入的增长;另一方面,进口大大增加了企业的选择范围,企业通过从更为广阔的市场中寻找更为低廉的中间品,也就更易于获得国外产品和国内产品差价带来的益处,员工的工资也会上升。

表 4-4　进口开放对城镇居民收入差距的影响:分行业估计

变量	2002 年			2007 年		
	低技术（13）	高技术（14）	制造业及其他（15）	低技术（16）	高技术（17）	制造业及其他（18）
ln 进口	−1.2432	2.4682*	5.0578*	0.6990*	2.5077***	2.5917
	(1.3401)	(1.0089)	(2.1217)	(0.2848)	(0.5160)	(1.4084)
性别	−0.1092***	−0.1345***	−0.2237***	−0.2295***	−0.0825	−0.2604***
	(0.0315)	(0.0298)	(0.0331)	(0.0305)	(0.0453)	(0.0580)
年龄	0.0767***	0.0631**	0.0475*	0.0358*	0.0565**	−0.0105
	(0.0183)	(0.0213)	(0.0230)	(0.0150)	(0.0210)	(0.0283)
年龄平方	−0.0008***	−0.0007**	−0.0006	−0.0005*	−0.0006*	0.0002
	(0.0002)	(0.0002)	(0.0003)	(0.0002)	(0.0003)	(0.0004)
受教育年限	0.0030	0.0137**	−0.0021	0.0588***	0.0499***	0.0614***
	(0.0055)	(0.0048)	(0.0055)	(0.0054)	(0.0088)	(0.0112)
婚姻状况	0.0165	0.0493	0.1306	−0.1345*	−0.0486	−0.1051
	(0.0777)	(0.0955)	(0.0865)	(0.0533)	(0.0778)	(0.0761)
社会资本	0.0131	0.0022	0.0013	0.0016***	0.0009*	0.0007
	(0.0071)	(0.0099)	(0.0136)	(0.0004)	(0.0004)	(0.0008)
ln 人均GDP	0.0479	−0.0171	−0.1613	0.2186***	0.1075	0.3386*
	(0.0600)	(0.0458)	(0.1136)	(0.0584)	(0.0967)	(0.1317)
ln 城市生活成本	0.6794**	0.1338	−0.1788	0.2279	−1.3286***	−1.4918
	(0.2306)	(0.2192)	(0.2625)	(0.2678)	(0.3432)	(0.7644)
控制变量	是	是	是	是	是	是

变量	2002 年			2007 年		
	低技术（13）	高技术（14）	制造业及其他（15）	低技术（16）	高技术（17）	制造业及其他（18）
常数项	-5.4374**	-0.9390	2.3276	-3.1225	9.6028***	9.7479
	(1.8633)	(1.7160)	(2.3558)	(2.0631)	(2.7474)	(5.7044)
观测值	1424	1743	2573	2063	1046	688
Wald chi2	511.02***	508.05***	854.00***	591.17***	193.36***	185.03***

注：1.控制变量包括是否省会城市和职业等虚拟变量；

2.括号内为稳健的标准误差；***、**、*分别表示在1%、5%和10%的水平上显著。

五、研究结论与政策内涵

（一）研究结论

本节将劳动力个体特征变量和城市宏观变量相结合，利用2002年和2007年中国家庭收入调查（CHIP）数据，通过普通最小二乘法和工具变量回归方法，实证考察了进口对城镇居民收入的影响。在控制了性别、年龄、受教育程度、结婚状况等基本的收入决定要素后，又控制了个体社会资本变量，研究发现：进口对收入有显著并稳健的正向效应。城市变量（城市人均GDP和城市生活成本）可以避免高估进口对个体收入的影响系数；而工具变量可以有效避免低估进口对个体收入的影响系数。调整后发现，进口对个体收入的影响系数高达2.41（2002年）和0.88（2007年）。本节又进一步通过分行业回归方法考察了进口对城镇居民收入分配的影响，结果表明，相比于低技术行业，进口对高技术行业和制造业及其他行业的影响更大，即进口扩大了城镇居民的收入差距。

（二）政策内涵

本节的结论丰富了进口福利的政策内涵，政府应当鼓励进口而不仅仅是追求出口增长。进口开放虽然在一定程度上扩大了收入差距，但因此而减少进口贸易规模是不可取的。一方面进口资本和技术密集型产品（大部分是中间品）通过技术溢出效应显著促进了我国高技术行业和制造业及其

他行业的技术进步,从而增加了高技术行业和制造业及其他行业的人力需求;另一方面也会给我国的人力资本积累形成压力,要求国家、企业加大人力资本投资(特别是对低技能劳动者提供技能培训)以增加高技能劳动力供给。因而,鼓励进口和加大人力资本投资是增强我国经济实力、缩小相对收入差距的重要途径。

当然,在鼓励进口的同时,要积极优化进口贸易结构,稳步推进货物和服务的贸易进口,鼓励企业把握住进口产品(特别是中间品)对促进产业结构升级、技术创新的机会。在加大人力资本投资上:(1)首先要重视教育,坚定不移地发展教育事业,改善社会的整体人力资本;(2)在更全面地普及义务教育的同时,注重教育的质量;(3)深化高等教育体制改革,扩大高等教育受教育的规模和范围;(4)鼓励企业和社会对劳动者(特别是低技能劳动者)提供教育和培训。收入差距扩大的事实不容忽视,因此,要优化劳动力市场,特别是消除性别歧视、扶持低学历劳动者和保障低收入劳动者,让所有个体公平享有贸易开放的福利。

第二节　进口竞争与企业内部工资差距

20世纪90年代以来,关于贸易开放对工资差距的影响,不同领域的经济学家已经进行了大量的研究和讨论(李坤望等,2014)。根据传统的赫克歇尔—俄林(H-O)理论,在贸易自由化之后,发达国家会出口熟练劳动力密集型产品和进口非熟练劳动力密集型产品,发展中国家会出口非熟练劳动力密集型产品和进口熟练劳动力密集型产品。在此基础上得出的斯托尔珀—萨缪尔森(S-S)定理,将产品价格的变动和要素报酬的变动联系起来,认为专业化生产以后,专业化生产的产品所密集使用的劳动力部门,要素报酬将会提高。因此,随着贸易开放水平的提高,发达国家技能和非技能劳动者的工资差距拉大,发展中国家技能和非技能劳动者的工资差距缩小。可是,许多研究表明,贸易自由化之后,由于发展中国家对发达国家的技术赶超等因素,比较优势发生变化,发展中国家的工资差距也会提高(Acemoglu,1998)。与低收入国家相比,中等收入发展中国家的高技能劳动者相对丰裕,所以贸易开放会使中等收入发展中国家的工资差距上升(Davis,1996)。

然而,已有研究大多基于出口视角,很少深入企业内部薪酬结构,分析贸易开放对工资差距结构的影响。

改革开放以来,我国国民经济与国际贸易实现了快速增长,贸易开放程度从1980年的22%上升到了2004年的65%。而且,在加入世界贸易组织以后,我国对外贸易体制开始具有进口自由化的初步特征(江小涓,2008),进口自由化带来的进口竞争压力不断加大,进口竞争对我国经济社会发展各个方面的影响也越来越大。与此同时,我国的比较优势也发生了显著变化,劳动者的教育和技术水平不断提高。比如,我国人力资本总量不断增加,GDP与人力资本总量的比率呈上升趋势,人力资本的平均生产效率在逐渐提高(李海峥,2014),我国比较优势发生积极变化。鉴于此,本节将以进口竞争为特定研究视角,深入分析企业内部薪酬结构,从实证角度系统研究进口竞争对我国企业内部工资差距的影响。

本节的研究贡献主要有:一是已有研究大多基于行业、地区层面进行分析,本节将采用更加全面、微观、系统的数据,保证分析结果更加科学、可靠。本节将2005年世界银行投资环境调查数据库、世界贸易组织关税数据库、中国工业企业数据库、海关贸易数据库等微观数据,根据行业编码、产品编码、企业代码等进行了系统合并与整理,从更加微观的角度系统性地研究贸易进口竞争对我国企业内部工资差距的影响。二是在工资差距变量的测度上,已有研究大多数采用企业平均工资这一指标,很少深入分析企业内部薪酬结构,也较少分析不同阶层员工的工资差距。本节采用微观企业数据,从企业内部员工最高工资与最低工资的差距,总经理和中层管理者年收入(包括工资、奖金)的差距,中层管理者与普通员工年收入的差距三个维度对工资差距变量进行测度,使工资差距变量测度标准更系统、更全面、更准确。三是已有研究大多从出口角度分析其对工资差距的影响,很少分析进口竞争的影响。本节将基于我国进口竞争越来越大的现实背景,深入分析进口竞争对我国企业内部工资差距的影响,还将研究分析中间产品进口竞争的影响。

一、计量模型、指标选取和数据来源

(一)计量模型的设定

本节主要考察进口竞争对工资差距的影响,设定的计量模型如下:

$$wage - gap_{ci} = \alpha + \beta \times IM\_COM_{ci} + \gamma \times X_{ci} + \varepsilon_{ci} \qquad (4-2)$$

其中,下标 c 表示城市, i 表示行业; $wage - gap_{ci}$ 表示企业员工工资差距变量; IM_COM_{ci} 表示城市 c 行业 i 的贸易开放水平; β 表示城市和行业层面贸易开放水平提高对企业工资差距的影响; X_{ci} 表示城市 c 行业 i 的其他控制变量; ε_{ci} 表示随机误差项。

(二) 指标选取与测度

1.进口竞争

在进口竞争变量的选取上,我们采用各城市分行业的进口关税(IMT)、进口渗透率(IMP)和中间品进口关税(IIT)来测度。如果只是采用进口数量测度进口竞争程度,往往会忽略贸易壁垒的影响。进口关税作为一国或地区的贸易保护手段,一定时期内是外生不变的,却可以直接影响进口产品种类与数量,进而影响进口带来的竞争程度(Cuñat 和 Guadalupe,2009)。因此,为全面反映不同地区、不同行业企业面临的进口竞争程度,本节采用城市、行业层面的进口值为权重对进口关税进行加权平均,得到"城市—行业"层面的加权平均进口关税。在计算进口关税时,我们首先将中国工业企业数据库和海关数据库中的城市代码截取为 4 分位,行业代码截取为 2 分位,然后以进口值为权重计算出城市层面 c 和行业层面 i 的进口关税 IMT_{ci}。

同时,本节还将采用进口渗透率作为进口竞争的另一测度指标进行分析。进口渗透率(即行业的进口额除以总产出)作为关税和非关税壁垒的共同结果,是衡量贸易自由化程度的合适工具(Harrison,1994;余淼杰,2010),进口渗透率的提高意味着国内企业将会面临更激烈的进口竞争,是测度进口竞争的合理指标(Cuñat 和 Guadalupe,2009)。在计算进口渗透率时,我们利用中国工业企业数据库计算出城市和行业层面的总产出 QJ_{ci},利用海关数据库计算出城市层面和行业层面的进口额 IMJ_{ci},通过 4 分位的城市代码和 2 分位的行业代码将总产出 QJ_{ci} 合并到海关数据库中,从而计算出 2004 年的城市 c 行业 i 的进口渗透率:

$$IMP_{ci} = IMJ_{ci}/QJ_{ci} \qquad (4-3)$$

另外,随着中间品贸易比重的大幅提高,中间品贸易对工资差距的影响也非常重要(李坤望等,2014)。为此,我们也采用中间品进口关税作为中间品进口竞争的测度指标进行相关分析。在计算中间品进口关税时,我们

借鉴余(Yu,2015)、田巍和余淼杰(2014)的方法,首先构建平均行业进口关税,行业为 CIC 分类 4 分位:

$$IIT_{ft} = \sum_{n=1} \left(\frac{input_{nf}^{2002}}{\sum_{n=1} input_{nf}^{2002}} \right) \tau_{nt} \tag{4-4}$$

其中,$input_{nf}^{2002}$ 为行业 f 在 2002 年使用投入品 n 的总产量,τ_{nt} 为这种投入品在 t 年的进口关税。而且,式(4-4)括号中的比重可以从中国投入—产出表(2002)中获得,之所以采用 2002 年该中间品所全部使用量占所有中间品的比重,主要是为了克服内生性问题:一是将权重固定在 2002 年,可以排除关税变化导致的权重内生变化;二是排除关税在不同产品间造成的进口值内生变化(田巍和余淼杰,2014)。

进一步,在得出 CIC 行业 4 分位中间品进口关税后,根据本节需要,我们以进口值为权重计算出城市层面 c 和行业层面 i(CIC 分类 2 分位)的中间品进口关税 IIT_{ci}。

2. 企业内部工资差距

在企业内部工资差距变量的选取上,根据世界银行投资环境调查数据库(2005)中的相关调查,我们采用 2004 年企业内所有职业中最高工资与最低工资的差距(wage_gap)、总经理与中层管理者年收入的差距(GM_mid)、中层管理者与普通员工年收入的差距(mid_ord)进行测度,其中总经理、中层管理者与普通员工的年收入包括基本工资和奖金。

3. 控制变量的选取

本节选取的控制变量包括:(1)2004 年城市 c 行业 i 企业出口总量的对数(lnexport),如文献综述部分所述,出口也是影响工资差距的重要因素,我们将控制贸易开放同时带来的出口增加对工资差距的影响。

(2)2004 年城市 c 行业 i 的全要素生产率的对数(lntfp),企业间生产率差异在解释工资差异中有重要作用,是决定工资差距的重要因素,企业内部薪酬差距与全要素生产率之间存在正向关系(黎文靖等,2012)。在计算2004 年城市 c 的全要素生产率时,本节根据《中国工业企业数据库》(1999—2007)企业层面的全要素生产率以产值为比重加权平均得到,具体计算公式为 $TFP_{cit} = \sum_{f=1} (q_{fcit} \times TFP_{fcit})$,其中,$TFP_{fcit}$ 表示城市 c 行业 i 时间

t 企业 f 的全要素生产率, q_{fcit} 为企业 f 的产值在其所在城市所在产业产值中的比重。从而算出 2004 年城市 c 的平均企业生产率。

$$TFP_{ci} = \sum_{i=1} (pror_{ci} \times TFP_{ci,2004}) \tag{4-5}$$

其中, $pror_{ci}$ 表示 2004 年行业 i 企业的产值占城市企业总产值的比重,该数据根据 2004 年的工业企业数据库整理得到。

我们还选取了其他控制变量:(3)企业成立年限的对数(lnage);(4)企业所有制形式(ownership);(5)工人的技能和受教育水平(edu_worker);(6)公司是否组织对员工的培训(peixun);(7)公司是否有董事会(board)。

表 4-5　主要变量的指标含义及测度

变量	指标含义及测度
总经理与中层收入差距	(1)2 倍以下;(2)2—3 倍;(3)3—4 倍;(4)4—6 倍;(5)6 倍以上
中层与员工收入差距	(1)2 倍以下;(2)2—3 倍;(3)3—4 倍;(4)4—6 倍;(5)6 倍以上
所有制形式	(1)国有企业;(2)集体所有;(3)股份国有单位;(4)有限责任公司;(5)股份制企业;(6)民营;(7)港澳台投资;(8)FIE
工人受教育水平	(0)无;(1)较低;(2)适中;(3)较高;(4)非常高
培训	0 为否,1 为是
董事会	0 为否,1 为是

(三) 数据来源与处理

本节所使用的数据包括:世界贸易组织关税数据库(2000—2006 年)、中国工业企业数据库(1998—2007 年)、海关贸易数据库(2000—2006 年)以及世界银行投资环境调查数据库(2005 年)等数据。由于海关贸易数据是 HS8 位码,而从世界贸易组织直接获得的关税数据是 HS6 位码,所以我们将关税数据合并到海关数据中。我们分别将海关数据库、中国工业企业数据库和世界银行数据库中的城市代码截取为 4 分位,行业代码截取为 2 分位,并通过城市代码和行业代码对数据进行合并、整理。其中,行业代码我们采用 CIC 行业代码标准。

二、计量估计结果及分析

（一）进口关税对工资差距的影响

计量估计结果见表4-6。

表4-6 进口关税对工资差距影响的初步估计结果（OLS）

变量	（1） lnwage_gap	（2） lnGM_mid	（3） lnmid_ord	（4） lnwage_gap	（5） lnGM_mid	（6） lnmid_ord
lnIMT	−0.0169 **	−0.0146 **	−0.0395 ***	−0.0130	−0.0144 **	−0.0419 ***
	（0.00850）	（0.00669）	（0.00563）	（0.00932）	（0.00729）	（0.00614）
lnexport				0.0199 ***	0.0229 ***	0.0336 ***
				（0.00326）	（0.00250）	（0.00209）
lnage	0.0919 ***	0.0526 ***	0.0704 ***	0.0908 ***	0.0474 ***	0.0607 ***
	（0.0168）	（0.0130）	（0.0110）	（0.0174）	（0.0133）	（0.0112）
lntfp	0.0354 ***	0.0367 ***	0.0456 ***	0.00865	0.00653	0.00330
	（0.00705）	（0.00547）	（0.00459）	（0.00843）	（0.00648）	（0.00542）
ownership	0.0370 ***	0.0675 ***	0.0547 ***	0.0318 ***	0.0611 ***	0.0459 ***
	（0.00366）	（0.00284）	（0.00239）	（0.00387）	（0.00299）	（0.00250）
edu_ worker	0.0497 ***	0.0190 ***	0.0155 ***	0.0482 ***	0.0204 ***	0.0164 ***
	（0.00654）	（0.00505）	（0.00425）	（0.00674）	（0.00517）	（0.00433）
peixun	0.167 ***	0.112 ***	0.131 ***	0.165 ***	0.115 ***	0.134 ***
	（0.0210）	（0.0163）	（0.0137）	（0.0219）	（0.0168）	（0.0141）
board	0.144 ***	0.0787 ***	0.0737 ***	0.140 ***	0.0792 ***	0.0686 ***
	（0.0163）	（0.0126）	（0.0106）	（0.0169）	（0.0130）	（0.0108）
常数项	0.282 ***	0.113 **	−0.0557	−0.0263	−0.227 ***	−0.537 ***
	（0.0681）	（0.0528）	（0.0445）	（0.0837）	（0.0643）	（0.0540）
观测值	10421	10180	10196	9910	9682	9694
R-squared	0.044	0.088	0.102	0.046	0.096	0.126

注：回归系数括号内为标准误差；*** 、** 和 * 分别表示在1%、5%和10%的水平上显著。

　　表4-6第(1)列表明,进口关税对企业内部员工最高与最低工资差距具有显著的负面作用,即随着贸易开放度的提高,企业内部工资差距会扩大。而且,估计结果进一步表明,如果进口竞争提高1%,则企业内部最高工资与最低工资的差距扩大约0.0169%。出口增加会对企业内部工资差距扩大具有正向影响,企业出口增加1%会导致企业内部最高工资与最低工资的差距扩大约0.0199%。企业成立的年份对企业内部工资差距具有显著的正面作用,成立年份越长的企业,企业内部最高工资与最低工资的差距越大。在全要素生产率的影响方面,其对企业内部工资差距影响的相关系数显著为正,全要素生产率增长1%,则会促使企业内部最高工资与最低工资的差距扩大0.0354%。在所有制形式对工资差距的影响方面,企业的市场化程度越高,企业内部工资差距越大。此外,员工受教育水平也会影响企业内部工资差距。员工受教育水平提高1单位,则企业内部最高工资与最低工资的差距扩大4.82%—4.97%。在企业为员工提供培训的影响方面,对员工进行培训,企业的内部最高工资与最低工资的差距更大。同时,在董事会制度的影响方面,拥有董事会制度的企业内部最高工资与最低工资的差距越大。

　　表4-6第(2)、(5)列表明,进口关税对总经理和中层管理者工资差距影响的相关系数显著为负,即随着我国进口竞争的加剧,总经理和中层管理者的工资差距不断扩大。并且,估计结果进一步显示,进口竞争每提高1%,则总经理和中层管理者的工资差距扩大0.0144%—0.0146%。出口增加会对企业内部工资差距扩大具有正向影响,企业出口增加1%会导致企业内部总经理与中层管理者的工资差距扩大约0.0229%。在企业成立年份的影响方面,企业成立的年份越长,总经理与中层管理者的工资差距越大。在全要素生产率方面,企业全要素生产率对总经理与中层管理者的工资差距具有显著的正面影响,企业全要素生产率提高1%,则企业内总经理与中层管理者的工资差距扩大0.0367%。此外,企业所有制形式对总经理与中层管理者工资差距影响的相关系数显著为正,企业的市场化程度越高,企业内部总经理与中层管理者的工资差距越大。在员工受教育水平的影响方面,员工受教育程度对总经理与中层管理者的工资差距具有显著的正面作用。员工受教育水平提高1单位,总经理与中层管理者的工资差距扩大

1.90%。在员工培训的影响方面,为员工提供培训的企业总经理与中层管理者的工资差距相对更大。在企业董事会制度的影响方面,企业董事会制度对总经理与中层管理者工资差距影响的相关系数显著为正。

表4-6中第(3)、(6)列则表明,进口关税对中层管理者与普通员工工资差距具有显著的负面作用。进口竞争越激烈,企业内部中层管理者与普通员工之间的工资差距越大,进口竞争每提高1%,则中层管理者与普通员工之间的工资差距扩大0.0395%—0.0419%。表4-6还显示,企业成立年份对中层管理者与普通员工之间的工资差距具有显著正面影响,企业成立年份每增加1%,企业内部中层管理者与普通员工之间的工资差距扩大0.0607%—0.0704%。在企业全要素生产率的影响方面,生产率对中层管理者与普通员工工资差距影响的相关系数显著为正。同时,市场化程度越高的企业,内部中层管理者与普通员工工资差距越大;国有化程度越高的企业,企业内部中层管理者与普通员工的工资差距相对较小。在员工受教育程度的影响方面,员工受教育水平对中层管理者与普通员工工资差距的影响显著为正。此外,为员工提供职业培训和拥有董事会制度企业的总经理与中层管理者工资差距相对较大。

(二)进口渗透率对工资差距的影响

接下来,我们进一步考察进口渗透率对企业内部工资差距的影响。

表4-7 进口渗透率对工资差距影响的初步估计结果(OLS)

变量	(1) lnwage_gap	(2) lnGM_mid	(3) lnmid_ord	(4) lnwage_gap	(5) lnGM_mid	(6) lnmid_ord
lnRJ	0.0202***	0.0092***	0.0189***	0.0172***	0.00441**	0.0129***
	(0.00230)	(0.00178)	(0.00149)	(0.00254)	(0.00196)	(0.00164)
lnexport				0.0129***	0.0212***	0.0290***
				(0.00341)	(0.00263)	(0.00220)
其他变量	YES	YES	YES	YES	YES	YES
常数项	0.321***	0.118**	−0.0625	0.109	−0.217***	−0.507***
	(0.0663)	(0.0514)	(0.0432)	(0.0844)	(0.0649)	(0.0544)

续表

变量	（1）lnwage_gap	（2）lnGM_mid	（3）lnmid_ord	（4）lnwage_gap	（5）lnGM_mid	（6）lnmid_ord
观测值	10436	10192	10208	9914	9686	9698
R-squared	0.051	0.090	0.111	0.050	0.096	0.127

注：***、**、*分别表示在1%、5%和10%的水平上显著。

从表4-7的第（1）—（6）列总体可以看出,进口渗透率对企业内部工资差距具有显著正面影响。进口渗透率每提高1%,则企业内部员工最高与最低工资差距扩大0.0172%—0.0202%,总经理和中层管理者工资差距扩大0.0044%—0.002%,企业中层管理者与普通员工工资差距扩大0.0129%—0.0189%。在出口的影响方面,企业出口增加1%。则企业内部员工最高与最低工资差距、总经理和中层管理者工资差距、中层管理者与普通员工工资差距分别扩大0.0129%、0.0212%和0.0290%。另外,其他控制变量的影响与进口关税部分的结果基本一致,即随着企业成立年份增加、全要素生产率提高,企业内部工资差距逐渐扩大;市场化程度越高的企业、为员工提供培训的企业、拥有董事会的企业,其内部工资差距相对更大。

（三）中间品进口关税对工资差距的影响

在考察了进口关税、进口渗透率对我国企业内部工资差距的影响后,我们将分析中间品进口竞争对企业员工最高与最低工资差距、总经理与中层管理者工资差距、中层管理者与普通员工工资差距的影响。

表4-8　中间品进口关税对工资差距影响的初步估计结果（OLS）

变量	（1）lnwage_gap	（2）lnGM_mid	（3）lnmid_ord	（4）lnwage_gap	（5）lnGM_mid	（6）lnmid_ord
lnIIT	0.108 ***	0.0588 ***	0.0765 ***	0.0868 ***	0.0263 *	0.0248 **
	(0.0174)	(0.0134)	(0.0112)	(0.0191)	(0.0146)	(0.0122)

续表

变量	（1）	（2）	（3）	（4）	（5）	（6）
	lnwage_gap	lnGM_mid	lnmid_ord	lnwage_gap	lnGM_mid	lnmid_ord
lnexport				0.0160***	0.0218***	0.0335***
				（0.00339）	（0.00261）	（0.00219）
其他变量	YES	YES	YES	YES	YES	YES
常数项	0.140**	0.0209	−0.210***	−0.0839	−0.272***	−0.643***
	（0.0684）	（0.0529）	（0.0446）	（0.0814）	（0.0625）	（0.0525）
观测值	10362	10122	10135	9840	9616	9625
R-squared	0.047	0.090	0.102	0.048	0.096	0.123

注：***、**、*分别表示在1%、5%和10%的水平上显著。

从表4-8的第（1）—（6）列总体可以看出，中间品进口关税对企业内部工资差距具有显著正面影响。中间品进口关税每提高1%，则企业内部员工最高与最低工资差距扩大0.0868%—0.108%，总经理和中层管理者工资差距扩大0.0263%—0.0588%，企业中层管理者与普通员工工资差距扩大0.0248%—0.0765%。这表明，随着中间品进口竞争的加剧，我国企业内部劳动者间的工资差距缩小。在出口的影响方面，企业出口增加1%。则企业内部员工最高与最低工资差距、总经理和中层管理者工资差距、中层管理者与普通员工工资差距分别扩大0.0160%、0.0218%和0.0335%，与之前结果基本一致。另外，其他控制变量的影响与进口关税部分的结果基本一致，本节不再赘述。

（四）基于工具变量法的估计结果

为克服内生性问题，保证估计结果的有效性和无偏性，接下来本节将利用工具变量方法进行估计。表4-9报告了进口关税对企业内部工资差距基于工具变量两阶段最小二乘法（2SLS）的估计结果。其中，识别不足检验、弱识别检验和外生性检验等表明本节工具变量的选取是有效的。

表4-9　进口关税对工资差距影响的工具变量估计结果(2SLS)

变量	(1) lnwage_gap	(2) lnGM_mid	(3) lnmid_ord	(4) lnwage_gap	(5) lnGM_mid	(6) lnmid_ord
lnIMT	−0.0298***	−0.0222***	−0.0597***	−0.0256**	−0.0214**	−0.0641***
	(0.0103)	(0.00818)	(0.00690)	(0.0115)	(0.00903)	(0.00765)
lnexport				0.0195***	0.0243***	0.0347***
				(0.00344)	(0.00263)	(0.00221)
其他变量	YES	YES	YES	YES	YES	YES
常数项	0.296***	0.105*	−0.0284	−0.00486	−0.258***	−0.527***
	(0.0716)	(0.0553)	(0.0468)	(0.0888)	(0.0680)	(0.0573)
识别不足	7570.734	7279.306	7282.632	7187.452	6909.021	6889.911
	(0.0000)	(0.0000)	(0.0000)	(0.0000)	(0.0000)	(0.0000)
弱识别	1.7E+04	1.5E+04	1.5E+04	1.5E+04	1.4E+04	1.4E+04
	(0.0000)	(0.0000)	(0.0000)	(0.0000)	(0.0000)	(0.0000)
外生性	0.019	2.691	0.157	0.172	0.004	1.897
	(0.8905)	(0.1009)	(0.6922)	(0.6784)	(0.9526)	(0.1684)
观测值	9804	9574	9583	9370	9150	9158
R-squared	0.044	0.089	0.103	0.046	0.096	0.128

注:在工具变量两阶段最小二乘法(2SLS)估计下,识别不足检验是 Anderson canon.corr.LM 检验,拒绝原假设表明工具变量是合理的;弱识别检验是 Cragg-Donald Wald F 检验,拒绝原假设表明工具变量是合理的;外生性检验是 Sargan 检验,在10%的水平上显著接受原假设,表明工具变量合理,下同。在工具变量的选取上,第(1)—(6)列均选用城市 c 行业 i 滞后一期和滞后二期的进口关税的对数。***、**、* 分别表示在1%、5%和10%的水平上显著。

在控制内生性之后,与初步估计的结果类似,表4-9 的工具变量的估计结果表明,进口关税对我国企业内部最高与最低工资差距、总经理与中层管理者之间工资差距、中层管理者与普通员工之间工资差距的影响显著为负。随着进口竞争的加剧,我国企业内部不同管理层之间的工资差距将会扩大,进口竞争提高 1%,则企业内部员工最高与最低工资差距扩大0.0256%—0.0298%,总经理与中层管理者之间的工资差距扩大0.0214%—0.0222%,中层管理者与普通员工之间的工资差距扩大

0.0597%—0.0641%。同时,在出口的影响方面,企业出口增加 1%,则企业内部员工最高与最低工资差距、总经理与中层管理者之间工资差距、中层管理者与普通员工之间工资差距分别扩大 0.0195%、0.0243% 和 0.0347%,与之前结果基本一致。另外,其他控制变量的影响也与初步估计结果基本一致,本节不再赘述。

同时,表 4-10 工具变量的估计结果显示,进口渗透率对我国企业内部员工最高与最低工资差距、总经理与中层管理者之间工资差距、中层管理者与普通员工之间工资差距的影响显著为正。进口渗透率提高 1%,则企业内部员工最高与最低工资差距扩大 0.0191%—0.0239%,总经理与中层管理者之间工资差距扩大 0.0047%—0.0110%,中层管理者与普通员工之间工资差距扩大 0.0173%—0.0246%。同时,在出口的影响方面,企业出口增加 1%。则企业内部员工最高与最低工资差距、总经理与中层管理者之间工资差距、中层管理者与普通员工之间工资差距分别扩大 0.0143%、0.0231% 和 0.0302%,与之前结果基本一致。另外,其他控制变量的影响也与初步估计结果基本一致,此处不再赘述。

表 4-10 进口渗透率对工资差距影响的工具变量估计结果(2SLS)

变量	(1)	(2)	(3)	(4)	(5)	(6)
	lnwage_gap	lnGM_mid	lnmid_ord	lnwage_gap	lnGM_mid	lnmid_ord
lnRJ	0.0239 ***	0.0110 ***	0.0246 ***	0.0191 ***	0.0047 *	0.0173 ***
	(0.00314)	(0.00238)	(0.00200)	(0.00351)	(0.00258)	(0.00225)
lnexport				0.0143 ***	0.0231 ***	0.0302 ***
				(0.00366)	(0.00275)	(0.00234)
其他变量	YES	YES	YES	YES	YES	YES
常数项	0.321 ***	0.0940 *	−0.0739 *	0.0818	−0.272 ***	−0.539 ***
	(0.0694)	(0.0530)	(0.0448)	(0.0894)	(0.0675)	(0.0574)
识别不足	7679.205	7553.859	7558.406	7179.259	7124.378	7011.558
	(0.0000)	(0.0000)	(0.0000)	(0.0000)	(0.0000)	(0.0000)

续表

变量	（1）lnwage_gap	（2）lnGM_mid	（3）lnmid_ord	（4）lnwage_gap	（5）lnGM_mid	（6）lnmid_ord
弱识别	1.9E+04	1.8E+04	1.8E+04	1.6E+04	1.6E+04	1.6E+04
	（0.0000）	（0.0000）	（0.0000）	（0.0000）	（0.0000）	（0.0000）
外生性	2.361	0.677	1.866	1.767	0.527	1.512
	（0.1244）	（0.4107）	（0.1719）	（0.1838）	（0.4678）	（0.2188）
观测值	9669	9606	9615	9206	9177	8993
R-squared	0.052	0.091	0.112	0.051	0.097	0.132

注：在工具变量的选取上，第（1）、（4）和（6）列选用城市 c 行业 i 滞后一期与滞后四期的进口渗透率的对数；第（2）、（3）和（5）列选用城市 c 行业 i 滞后一期与滞后二期的进口渗透率的对数。*** 、** 、* 分别表示在1%、5%和10%的水平上显著。

最后，表4-11工具变量的估计结果显示，中间品进口关税对我国企业内部最高与最低工资差距、总经理与中层管理者之间工资差距、中层管理者与普通员工之间工资差距的影响显著为正。中间品进口关税提高1%，则企业内部员工最高与最低工资差距扩大0.115%—0.140%，总经理与中层管理者之间工资差距扩大0.0472%—0.0947%，中层管理者与普通员工之间工资差距扩大0.0128%—0.102%，与初步回归结果基本一致。同时，在出口的影响方面，企业出口增加1%。则企业内部员工最高与最低工资差距、总经理与中层管理者之间工资差距、中层管理者与普通员工之间工资差距分别扩大0.0145%、0.0206%和0.0342%，与之前结果基本一致。

表4-11 中间品进口关税对工资差距影响的工具变量估计结果（2SLS）

变量	（1）lnwage_gap	（2）lnGM_mid	（3）lnmid_ord	（4）lnwage_gap	（5）lnGM_mid	（6）lnmid_ord
lnIIT	0.140***	0.0947***	0.102***	0.115***	0.0472**	0.0128
	（0.0213）	（0.0176）	（0.0148）	（0.0240）	（0.0200）	（0.0154）
lnexport				0.0145***	0.0206***	0.0342***
				（0.00347）	（0.00272）	（0.00224）

续表

变量	（1）	（2）	（3）	（4）	（5）	（6）
	lnwage_gap	lnGM_mid	lnmid_ord	lnwage_gap	lnGM_mid	lnmid_ord
其他变量	YES	YES	YES	YES	YES	YES
常数项	0.106	−0.00227	−0.232 ***	−0.0941	−0.263 ***	−0.639 ***
	（0.0695）	（0.0546）	（0.0461）	（0.0815）	（0.0630）	（0.0526）
识别不足	6852.508	6044.798	6057.671	6199.908	5337.486	6049.099
	（0.0000）	（0.0000）	（0.0000）	（0.0000）	（0.0000）	（0.0000）
弱识别	1.0E+04	7719.012	7744.118	8371.368	6148.768	8132.509
	（0.0000）	（0.0000）	（0.0000）	（0.0000）	（0.0000）	（0.0000）
外生性	0.835	0.491	1.201	0.221	0.014	1.339
	（0.3608）	（0.4836）	（0.2731）	（0.6386）	（0.9061）	（0.2472）
观测值	10362	9929	9943	9840	9423	9625
R-squared	0.047	0.091	0.102	0.048	0.098	0.123

注：在工具变量的选取上，第（1）、（4）和（6）列选用城市 c 行业 i 滞后一期与滞后二期的中间品进口关税的对数；第（2）、（3）和（5）列选用城市 c 行业 i 滞后二期与滞后四期的中间品进口关税的对数。*** 、** 、* 分别表示在 1%、5%和 10%的水平上显著。

三、基本结论

本节采用世界银行 2005 年投资环境调查数据库、世界贸易组织关税数据库、中国工业企业数据库、海关贸易数据库等数据，实证研究进口竞争对我国企业内部员工工资差距的影响。研究结果表明，进口关税对企业内部最高与最低工资差距、总经理与中层管理者之间工资差距、中层管理者与普通员工之间工资差距具有显著的负面影响；进口渗透率对企业内部最高与最低工资差距、总经理与中层管理者之间工资差距、中层管理者与普通员工之间工资差距的影响显著为正；出口增加对企业内部最高与最低工资差距、总经理与中层管理者之间工资差距、中层管理者与普通员工之间工资差距的影响也显著为正。这表明随着我国贸易自由化水平的提高，进口竞争的加剧，我国企业内部工资差距不断扩大，也从一定程度上反映出我国比较优势正在发生积极变化。与此同时,我们的研究发现,中间品进口竞争的增加会缩小我国企业内部工资差距。

综上所述,在我国比较优势发生变化的背景下,我们应该充分认识到进口竞争及其贸易自由化对我国企业内部工资差距的影响及变化趋势。同时,我们应积极调整收入分配制度,保证收入分配公平,促进社会和谐稳定与经济快速发展。

第三节　进口贸易来源国特征与企业性别工资差距

为了更好地揭示进口贸易影响劳动力要素的收入效应,我们这一节将从进口贸易来源国的特征角度,进一步深入分析进口贸易对我国企业性别工资差距所产生的影响。

一、主要进口来源国与我国的政治、经济关系一览

因需要与后面的中国企业数据进行匹配分析,因此我们这里主要采用2007 年的有关数据来描述进口贸易来源国的基本特征。表 4-12 报告了2007 年我国与主要贸易伙伴的政治经济关系,从中可以看出,无论是与我国的政治关系,还是经济关系,来源国间均存在很大差异。2007 年我国主要的进口来源国,既有美国、日本、法国等高收入国家,又有菲律宾、泰国、印度尼西亚等中低收入国家;既包括日本、韩国、越南等跟我国文化相似的国家,又包括德国、巴西、加拿大等与我国存在巨大文化差异的国家;既包括马来西亚、泰国、俄罗斯等"一带一路"倡议参与国,也包括如美国、法国、安哥拉等非"一带一路"参与国。有趣的是,在主要的进口来源国中,我国同某些国家存在典型的"政冷经热"或"政热经冷"的现象,如我国同日本的政治关系仅限于"战略互惠关系"(2006 年),但日本却是我国进口第一大国;美国一直是我国最重要的贸易伙伴之一,但我国与其外交关系却经历了一个明显的演变过程,由建设性的战略伙伴关系(1997—2001 年)演变为建设性合作伙伴关系(2011—2013 年),现在仅停留在构建新型大国关系(2013年)的层次上;中国与俄罗斯政治联系紧密,双边关系经历了战略协作伙伴

关系(1996 年)到全面战略协作伙伴关系(2011 年)的发展过程,但中俄经
贸关系发展却相对滞后　　　　(周念利和黄宁,2014)。另外,加入世界贸

表 4-12　2007 年我国进口前 18 名国家与我国的主要政治、经济关系

国别	high	oecd	trade_relate	culture	contig	antidump	dumping	relationship	BR	risk
日　本	1	1	2	1	0	1	1	0	0	80.62
韩　国	1	1	3	1	0	1	1	3	0	74.41
美　国	1	1	1	0	0	0	0	0	0	77.42
德　国	1	1	1	0	0	0	0	3	0	86.83
马来西亚	0	0	3	0	0	0	0	3	1	76.63
澳大利亚	1	1	3	0	0	0	0	3	0	86.5
菲律宾	0	0	3	0	0	0	0	1	1	61.42
泰　国	0	0	3	0	0	0	0	4	1	56.34
俄罗斯	1	0	0	0	1	0	0	4	1	66
巴　西	0	0	1	0	0	0	0	3	0	65.46
沙　特	1	0	2	0	0	0	0	3	1	68.92
新加坡	1	0	3	0	0	1	1	1	1	84.5
印　度	0	0	2	0	1	0	0	3	1	62.45
法　国	1	1	1	0	0	0	0	3	0	78.75
伊　朗	0	0	0	0	0	0	0	3	1	58.5
安哥拉	0	0	1	0	0	0	0	2	0	56.96
印度尼西亚	0	0	3	0	0	0	0	3	1	61.25
加拿大	1	1	1	0	0	0	0	2	0	85.83

注:high 表示人均收入情况,1 代表高收入国家,0 代表中低收入国家;oecd 代表该国是否是 OECD
成员,1 代表是,0 代表否;trade_relate 代表与中国的贸易关系,数字越大,代表双方贸易关系越
紧密,3 代表中国已经与该国签订自贸区协议或者自贸区协议已经正式生效,2 代表该国正在与
中国进行自贸区谈判或可行性研究,或者享受中国的优惠关税安排(亚太贸易协定成员国和享
受中国 GSP 的非洲 25 国),1 代表都是世界贸易组织成员,0 代表其他;culture 代表该国是否与
中国文化同源,1 代表是,0 代表否;contig 代表是否与中国接壤,1 代表是,0 代表否;antidump 代
表中国是否对该国发起过反倾销调查,1 代表是,0 代表否;dumping 代表反倾销调查最终被确认
为倾销的数量;relationship 代表外交部公布的中国与该国的外交关系,数值越大,代表我国与该
国的外交关系越紧密,4 代表全面战略合作伙伴关系,3 代表战略合作伙伴关系或全面战略伙伴
关系,2 代表战略伙伴关系,1 代表全面合作伙伴关系或伙伴关系,0 代表其他;BR 代表该国是
否是"一带一路"参与国,1 代表是,0 代表否;risk 代表一国的政治风险,数值越大,代表该国的
政治风险越低。

易组织以后,我国也更多地利用反倾销等贸易救济措施对国内市场进行保护,如 2007 年,我国对日本、韩国、新加坡等国家发起过反倾销调查,部分案件也最终被确定为倾销,并征收反倾销税或采取了其他的惩罚措施。米纳尔和库波特(Milner 和 Kubota,2005)、布鲁尼等(Brune 等,2001)、达特和米特拉(Dutt 和 Mitra,2002)等对一国国内政治风险与其贸易投资的关系进行了验证,普遍发现政治风险越低,越有利于开展与其他国家的贸易并吸引更多的外资流入。我们的数据也初步验证了这一结论,表 4-12 的数据显示,在我国进口排名前 18 的国家中,其政治风险远远低于所有进口来源国的均值,说明国内企业更愿意从政治风险较低的国家进口产品。

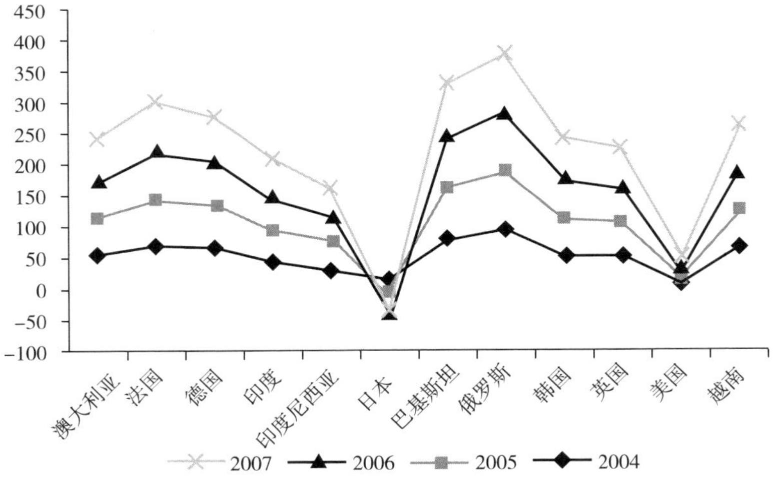

图 4-3　2004—2007 年中国与部分国家政治关系变动

数据来源:根据清华大学国际关系学院提供的中国与其他大国关系数据库整体得到:http://www.imir.tsinghua.edu.cn/publish/iis/7522/index.html。

图 4-3 报告了 2004—2007 年中国与部分国家的政治关系变动。从图中可以看出,2004 年以后,中国与其他国家的政治关系总体上处于不断提升的阶段;在所有国家中,巴基斯坦、俄罗斯与中国的政治关系明显高于其他国家,这与中国的预期一致,也从侧面反映出中巴全天候战略合作伙伴关系、中俄全面战略协作伙伴关系的必要性;日本、美国与中国的政治关系最低,且没有明显改善的迹象;欧盟国家中,法国、德国、英国与中国的政治关

系相对稳定,其中法国略高于德国和英国;澳大利亚、印度、印度尼西亚、韩国与中国的政治关系也比较稳定,且随时间推移稳步发展;中越长期存在南沙群岛岛屿归属和海域划界的争端。同时,战略资源的攫取以及地缘安全交织在一起,加之区域外大国的介入和各国海洋主权观念的增长等因素,使得中越南海争端日趋复杂和激烈。但相对而言,双方对敏感问题都比较克制,在维护海上稳定及深化友好合作的大局下努力推进争端妥善解决。因而,同时期内越南同中国的政治关系相对稳定,也高于除俄罗斯、巴基斯坦外的其他国家。

二、计量模型数据及识别策略

(一) 计量模型

本节主要考察企业进口质量如何影响内部员工性别工资差距,因而建立如下计量方程:

$$wag\_gap_{it} = \alpha + \beta quality_{it} + X_{it} + \lambda + \delta + \sigma + \varphi + \varepsilon_{it} \qquad (4-6)$$

其中,i 表示企业,t 表示年份;wag_gap 表示企业的性别工资差距;$quality$ 是本节的核心解释变量,表示企业进口产品质量;X 表示其他控制变量;λ 表示时间固定效应,度量企业不随时间变化的特征要素;δ、σ 和 φ 分别表示行业、地区和国家固定效应;ε 表示残差项,假设服从正态分布,用来控制其他无法观测的影响因素。

本节所选择的控制变量主要包括企业微观变量和城市宏观变量,主要包括:(1)企业的劳动生产率(lnltfp),用企业的工业增加值与年末从业人员比重表示,该指标反映了企业的生产技术水平。劳动生产率的提高意味着企业单位劳动投入创造出更多的经济产出,这也使为劳动者提供更高的报酬成为可能。(2)企业年龄(age),用企业所处年份减去企业成立年份来表示,该指标反映了企业成立时间的长短。要素市场不完备不仅影响资源配置的效率,还会影响企业的进入退出决策,从而间接影响全要素生产率。本节用企业成立年限从侧面反映企业进入退出状态,判断其对企业内部工资差距的影响。(3)企业出口密集度(exra),用企业出口交货值与工业销售总额的占比来表示,该指标反映了企业的出口规模或对国际市场的依赖程度。出口企业有机会接触到国际先进的技术、信息、管理经验,通过出口学习效应,企业能实现生差率提升。(4)资本劳动比(K/L),是企业资产总额与年末从业人数的比值,可以反映企业给单个劳动力配置的资本量;生产企业最优资产配置结构会随着资源禀赋变化和要素价格波动发生变化,国际贸易下要素流动和要素替代更加频繁,最终改变要素的边际产出。(5)企业资产负债率(debt),该指标反映企业的资产结构。大量研究已证实企业资产结构会对企业成长机会、产品市场竞争策略、员工需求等产生显著影响,进而影响员工的工资(Smith 和 Watts,1992;Dasgupta 和 Titman,1998;Chu Y,2012)。(6)企业所有制的虚拟变量(ownership),0 代表其他企业,1 代表国有企业,2 代表集体企业①,3 代表国内个体私营企业,4 代表外资企业。(7)城市经济发展水平(gdp_city),经济发展程度越高的城市越能更充分地汇集优势资源,给当地居民提供大量就业机会和更高的报酬。本节用城市人均 GDP 来衡量。(8)城市人力资本水平(edu),城市人力资本水平越高,外商直接投资的规模越大,其生产技术水平往往也越高,从而该地区更有可能支付给员工更高的工资。本节选用城市人均受教育年限来衡量。(9)城市基础设施建设水平(lnroad),完善城市基础设施,吸引企业和高质量劳动者集聚,通过知识外溢和市场竞争,会对劳动者收入产生影响。本节用城市市辖区人均铺装道路面积来衡量。

为了体现进口来源国特征因素对企业性别工资差距的影响,本节在计量模型中加入国家层面的相关变量,主要包括:(1)通货膨胀率(inflation),以控制国内宏观经济波动通过贸易影响性别工资差距。(2)地理距离(lndis),用企业所在地级市与进口来源国首都间的距离来表示,地理距离会增加贸易企业的运输成本,因而对两国间的贸易具有负向影响。(3)实际汇率(lnex),本节用剔除价格因素后美元兑本币的比价来表示,以控制汇率波动导致的商品竞争力变动对贸易的影响。

(二) 数据来源及变量的描述性统计

1. 数据来源及处理

为系统考察企业进口产品质量对性别工资差距的影响,本节主要使用以下几套数据:企业层面的数据、产品层面的海关贸易数据和城市层

---

① 为了研究需要,我们某些地方将 1 和 2 合在一起,视为公有制企业。

面、国家层面的相关宏观数据。（1）本节使用的企业数据来自国家统计局"中国规模以上制造业企业年度调查"，包括 33 个两位码行业、31 个省（自治区、直辖市）所有的国有企业及总产值超过 500 万的非国有企业。根据研究需要，我们仿照蔡等（Cai 等，2009）和芬斯特拉等（Feenstra 等，2011）的做法，对企业数据进行相应处理。（2）产品层面的海关贸易数据来源于中国海关总署。该数据产品进出口信息由 2000 年的 1000 万条增加到 2006 年的 1600 万条。为了测算产品质量，我们需要从海关数据中提取产品出口价值量、出口数量指标，计算产品的出口价格，然后对相应的计量方程进行回归。由于海关数据中也存在样本缺失、指标异常等问题，我们参照施炳展（2015）、田巍和余淼杰（2013、2014）的方法进行了预处理。（3）城市宏观数据。城市层面的数据主要来自历年各省统计年鉴、城市统计公报、《中国城市统计年鉴》和《中国区域经济统计年鉴》，对于个别城市缺失的数据则用临近年份的数据折算或当年城市所在省份经济水平接近的其他城市的数据代替。（4）进口来源国特征数据。通货膨胀率来自 IMF 数据库，实际汇率来自世界银行 WDI 数据库，都以 2005 年价格指数为基准进行了平滑处理；地理距离则根据城市经纬度计算得出。

　　尽管两套数据包括了丰富的信息，但将它们匹配到一起仍然是一项烦琐的工作。在处理过程中也会遇到很多细节问题，如虽然两套数据中都包括企业编码，但所采用的却不是相同的编码制度，企业数据中代码是 9 位，但海关数据中企业编码却是 10 位；虽然两套数据中都包括企业的电话号码，但企业数据库中的电话号码包括区号以及连接区号和电话号码的小短线，但这些在海关数据库中却没有。同时，海关数据库中某些城市在原有的 7 位电话号码基础上增加了新的位数。因而，简单使用电话号码进行匹配会造成巨大的样本遗失。具体到企业数据库和海关数据库匹配的方法选择上，我们主要借鉴田巍和余淼杰（2012、2013）的做法。最终，我们得到 2004—2007 年间成功匹配的企业样本 57063 个，数量占全部进口企业的 30%，进口金额占进口总额的 27%。

2. 变量的描述性统计

表 4-13　主要变量的描述性统计

变量	全体样本 N=151524		国有企业 N=7175		非国有企业 N=144349		经济权利小 N=34561		经济权利大 N=116963	
	均值	标准差	均值	标准差	均值	标准差	均值	标准差	均值	标准差
性别工资差	15.13	2.66	14.87	2.42	15.14	2.67	15.23	2.65	15.10	2.67
进口质量	0.52	0.20	0.49	0.20	0.52	0.20	0.55	0.19	0.51	0.20
ln 劳动生产率	4.77	1.18	4.77	1.18	4.76	1.18	4.94	1.21	4.71	1.17
成立年限	10.75	7.84	18.44	14.56	10.37	7.14	11.18	7.94	10.63	7.81
出口密集度	0.35	0.37	0.21	0.28	0.36	0.37	0.36	0.36	0.35	0.37
ln 资本密集度	4.53	1.40	4.77	1.43	4.52	1.39	4.65	1.42	4.50	1.39
资产负债率	0.54	0.25	0.58	0.24	0.54	0.25	0.55	0.25	0.54	0.25
所有制	3.50	0.83	1.27	0.44	3.61	0.68	3.50	0.86	3.50	0.82
ln 城市人均 GDP	10.63	0.52	10.36	0.65	10.64	0.51	10.66	0.51	10.62	0.52
城市人均受教育年限	8.76	1.04	8.62	1.05	8.77	1.04	8.81	1.05	8.75	1.04
ln 城市基础设施	8.49	0.99	8.56	0.96	8.49	0.99	8.46	1.00	8.50	0.98
通货膨胀率	1.90	1.84	1.92	1.70	1.90	1.85	2.12	1.90	1.84	1.82
ln 地理距离	8.25	1.09	8.50	0.93	8.24	1.10	8.23	1.17	8.26	1.07
ln 实际汇率	1.96	2.39	1.57	2.31	1.98	2.39	1.27	1.47	2.16	2.56

　　表 4-13 报告了主要变量的描述性统计。从 2004—2007 年,我们从海关数据与企业数据的匹配中得到 151524 个"企业—产品—进口来源国"关系对。参与进口的企业平均性别工资差距约为 15130 元,平均进口质量为 0.52。为了区分性别工资差和进口质量在不同所有制企业中的差异,我们按资本构成将所有企业划分成国有企业和非国有企业,发现非国有企业的平均性别工资差距比国有企业高出 1.82%,进口产品质量也比国有企业高 6.12%。这与孟(Meng,1996、2000)的研究结论接近,他认为在转型经济中,非公有制企业

更多以市场为导向,因而支付给员工的工资往往是员工劳动生产率的直接体现。由于发展中国家男性的技能高于女性,因而市场力量强大的非公有制企业中男女性别工资差距表现得更加明显。同时,由于进口来源国存在显著差异,本节按各国的实际财富在社会财富中的比重来度量各国的经济权利,再按经济权利均值将全体样本划分为经济权利小和经济权利大两部分,结果显示,从经济权利小的国家进口产品的企业,其产品质量更高。虽然性别工资差距也高于从经济权利大的国家进口产品的企业,但差距很小。

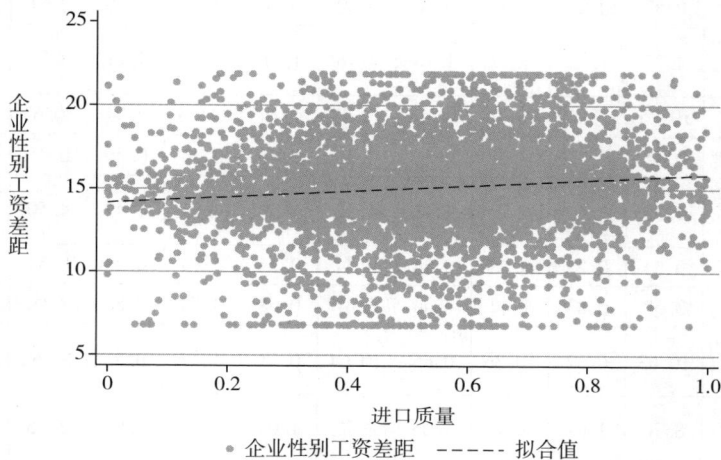

图 4-4 企业进口质量与性别工资差距散点图

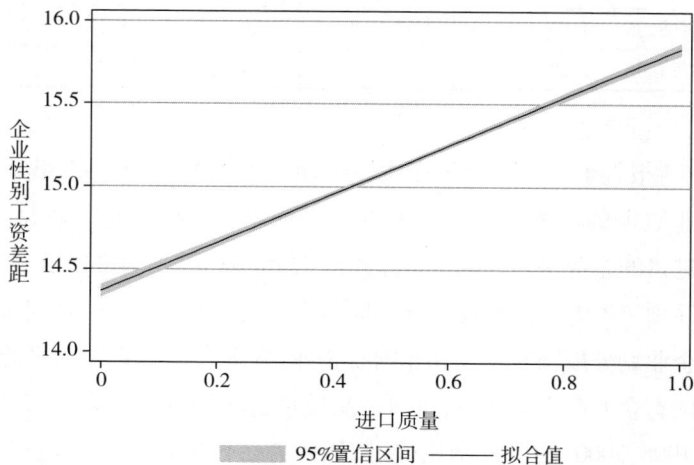

图 4-5 企业进口质量与性别工资差距相关关系图

如图 4-4 所示,2004—2007 年,随着进口产品质量上升,企业内部的性别工资差距也逐渐拉大。这意味着企业进口质量与性别工资差距是正相关的(见图 4-5),当然这可能是由于其他因素所导致,如前文所述,企业的生产率水平、出口密集度,企业所在城市的人均收入水平、人力资本水平都会对企业性别工资差距产生影响。另外,企业进口质量的变化在不同年份、不同行业和不同地区的波动,既与不可观测的企业特性有关,也与时间、行业、地区等因素有关。因而在后文的实证模型中,我们控制了企业的时间、行业、地区和国家固定效应,以吸收不随企业变化的宏观经济因素及不随时间变化的不可观测的企业因素的影响。

(三) 内生性问题及处理

企业进口质量与员工工资的关系,存在明显的内生性问题。进口质量与工资存在联立性的内生性。一方面,进口高质量商品中包含的先进技术、信息等通过技术溢出被国内企业模仿、吸收,从而提升国内企业生产率,这为提高员工的工资水平提供了可能。同时,进口的质量差异化产品会对劳动力市场产生有偏的选择,如高质量进口品可能需要熟练劳动力与之匹配,建筑行业的进口商品可能会增加对男性劳动力的需求,这种劳动力市场的偏向选择将会导致收入水平在不同的劳动者群体中产生分化。另一方面,工资上涨会增加国内消费者对高质量产品的需求,而高质量产品的生产往往需要企业进口高质量的投入品。另外,高工资会激励企业进行技术创新,采用先进技术提升企业劳动生产率(Petrakis,2003、2004),这也会促使企业进口高质量的产品。进口质量对工资的影响还可能存在遗漏变量的问题。如企业进口产品质量和员工工资与当地经济发展水平有密切联系,通常经济发展水平较高的城市,其进口产品质量和工资都较高,这会导致进口质量对工资的影响被高估。虽然我们控制了城市人均 GDP 等可以获取的城市层面的信息,但理论上依然可能存在未被观测到的遗漏变量。又如长三角地区的收入水平远高于珠三角地区,且存在明显差异。两个地区收入状况的差异与企业结构等制度性因素有关:珠三角处理劳资关系的基本模式是"市场型",而长三角是"人情型"和"法治型"。制造安排和制度结构的差异可能影响一个地区的开放程度,进而对当地的工资水平产生影响。这种制度性因素很难用实际数据有效度量,因而也会产生遗漏变量的问题(李磊等,2011)。

　　处理内生性问题的一个基本的办法是寻找一个合适的工具变量,对工具变量的要求是外生、通过且仅通过内生变量(进口质量)对被解释变量(性别工资差距)产生影响。本节选择进口来源国的人均收入水平作为进口产品质量的工具变量。传统的林德(Linder,1961)假说认为,一国国内的企业将生产满足其国内主体偏好的商品,并将这些商品出口到与该国消费偏好接近的国家。许多学者对国家收入水平与该国生产产品质量的关系进行了实证研究,普遍发现产品质量与人均收入水平存在显著的正相关关系。如肖特(Schott,2004)、胡梅尔斯和克雷诺(Hummels 和 Klenow,2005)、哈勒克和肖特(Hallak 和 Schott,2011)发现,在垂直专业化的国际分工模式下,当发达国家和发展中国家同时出口同一类产品时,发达国家出口产品的单位价值通常更高;一个国家同时从不同的国家进口产品时,高质量的产品通常也是从高收入国家进口(Hallak,2006),因为高收入国家的居民消费水平相对较高,从而更偏好高质量的商品(Bils 和 Klenow,2001;Broda 和 Romalis,2009)。另外,就现有的情况来看,似乎很难找到进口来源国收入水平对我国企业员工工资产生影响的直接证据。

　　除了寻找工具变量,我们还尝试在技术上进行努力,以减轻内生性的问题。首先,为保证工具变量的稳健性和有效性,我们使用多种方法对识别不足和弱工具等问题进行检验;其次,无论是进口质量,还是企业员工工资水平,都会受到一些自然条件、历史条件以及外生政策冲击的影响。为了克服这些因素可能导致的模型偏误,在传统 OLS 估计的基础上,我们在实证过程中还分别采取逐步加入控制变量及使用固定效用模型等方法。

三、回归分析

(一) 基准回归

　　我们分别使用 OLS 和 2SLS 对回归方程进行估计。表4-14 第(1)列和第(2)列中,我们没有加入其他控制变量,只考虑企业进口质量和时间、行业、地区固定效应时,结果表明,企业进口质量显著拉大了企业内部性别工资差距。在第(3)列和第(4)列中,我们分别加入企业层面、城市层面和国家层面控制变量时,发现进口质量依然显著拉大了企业内部性别工资差距,

表4-14　基准回归

因变量:企业性别工资差距	（1）OLS	（2）2SLS	（3）OLS	（4）2SLS	（5）OLS	（6）2SLS
quality	1.382***	5.008***	0.399***	1.639***	0.394***	1.626***
	(−42.50)	(−33.95)	(−13.18)	(−11.06)	(−12.93)	(−10.9)
lnltfp			0.996***	0.952***	0.996***	0.955***
			(−136.39)	(−107.8)	(−136.11)	(−109.07)
age			0	−0.001*	0	−0.001*
			(−0.23)	(−1.96)	(−0.18)	(−1.86)
exra			−0.129***	−0.088***	−0.130***	−0.089***
			(−7.24)	(−4.68)	(−7.25)	(−4.75)
K/L			−0.411***	−0.424***	−0.411***	−0.423***
			(−68.32)	(−68.45)	(−68.30)	(−68.50)
debt			−3.062***	−3.058***	−3.061***	−3.055***
			(−58.41)	(−58.15)	(−58.25)	(−57.99)
ownership			−0.018**	−0.046***	−0.018**	−0.045***
			(−2.55)	(−5.85)	(−2.56)	(−5.77)
gdp_city			−0.113***	−0.144***	−0.113***	−0.143***
			(−7.76)	(−9.57)	(−7.79)	(−9.52)
edu			−0.114***	−0.130***	−0.114***	−0.130***
			(−17.83)	(−19.52)	(−17.87)	(−19.51)
lnroad			−0.028***	−0.031***	−0.029***	−0.032***
			(−4.46)	(−4.94)	(−4.65)	(−5.14)
inflation			−0.012***	−0.018***	−0.007	−0.009
			(−3.68)	(−5.32)	(−0.81)	(−0.98)
lndis			0.032***	0.039***	0.036**	0.035**
			(−4.09)	(−5.02)	(−2.20)	(−2.07)
lnex			−0.017***	−0.016***	0.198	0.202
			(−5.24)	(−4.74)	(−0.85)	(−0.86)

续表

因变量:企业性别工资差距	(1)	(2)	(3)	(4)	(5)	(6)
	OLS	2SLS	OLS	2SLS	OLS	2SLS
常数项	15.461	13.785***	16.347***	17.112***	16.008	17.015***
	(−0.01)	(−18.75)	(−8.97)	(−22.97)		(−14.97)
时间控制变量	是	是	是	是	是	是
行业控制变量	是	是	是	是	是	是
地区控制变量	是	是	是	是	是	是
国家控制变量	否	否	否	否	是	是
Kleibergen-Paap rk LM		5797.997		4566.063		4572.033
Cragg − Donald Wald F		7944.089		6459.041		6429.899
N	151524	151521	151064	151063	151064	151063
调整的 R^2	0.042	−0.034	0.263	0.255	0.263	0.255
F		134.706	757.580	594.986		2.20E+08

注:Kleibergen-Paap rk LM 统计量和 Cragg-Donald Wald F 统计量分别为工具变量的识别不足检验和弱工具检验,***、**、*分别表示在1%、5%和10%的水平上显著。

企业资本劳动比、资产负债率、出口密集度、所有制因素与性别工资差显著负向相关,企业劳动生产率与性别工资差显著正相关,企业成立年限与性别工资差距的关系不显著。城市层面变量的回归结果显示,无论是城市经济发展水平,还是人均受教育程度或者基础设施建设水平,都显著降低了企业性别工资差距,说明城市通过提供更好的基础设施和公共服务吸引大批优秀人才集聚,通过劳动力市场竞争可以在一定程度上降低对女性的歧视。而关于教育回报率的众多研究表明,教育本身是减少市场歧视的重要手段,我们的研究也符合这一结论。除此之外,陆铭(2015)的研究表明,城市基础设施完善和公共服务水平所带来的便利性和舒适度,本身就构成了城市生活效用的一部分,因而可以降低一部分工资,作为对城市基础设施和公共服务的付费。国家层面的控制变量对企业内部性别工资差距的影响却体现出一定的差异性:进口来源国的通货膨胀率和实际汇率波动水平越高,进口企业的性别工资差距越大;与企业所在城市的地理距离越远,进口企业的性别工资差距越小。但当加入国家固定效应时,我们发现国家层面控制变量对性别工资差距的影响发生了明显改变[第(5)列和第(6)列]。

第(2)列、第(4)列和第(6)列分别报告了使用工具变量的2SLS结果,结果表明,使用工具变量后,进口产品质量仍然显著扩大了企业内部性别工资差距,即使在考虑企业特性、城市特性和进口来源国特性的情况下,这一结论依然成立。而其他变量无论是系数,还是显著性,在使用工具变量后均没有发生根本性改变。同时,为了保证工具变量的可信度,我们还用一系列统计指标对工具变量的质量进行了判定:Kleibergen-Paap rk LM统计量拒绝了模型可能存在识别不足的假设;克拉格和唐纳德(Cragg 和 Donald,1993)在F值统计上的高度显著,则有力地拒绝了原模型的弱识别假设。

(二) 区分进口来源国的经济发展水平及国内政治风险程度

1. 经济发展水平

作为进口来源国异质性的重要体现,经济发展水平与产品质量有密切关系。对国家收入水平与产品质量关系阐述最早可追溯到林德假说,林德(1961)指出产品质量是贸易方向的决定因素,高收入国家凭借生产率优势或要素禀赋优势在生产高质量产品生产上具有比较优势。在林德假说的基础上,众多学者分别从需求侧和供给侧对收入水平与产品质量的关系进行了阐释:菲尔默(Fieler,2011)发现收入需求弹性较高的行业生产率提升也相对更快,因而高收入国家在奢侈品的生产上更具优势;斯托基(Stokey,1991)、墨菲和施莱弗(Murphy 和 Shleifer,1997)、松山等(Matsuyama 等,2000)也都指出高收入国家为了发挥技术优势,更倾向于生产高质量产品。弗拉姆和赫尔普曼(Flame 和 Helpman,1987)则从需求侧对收入水平与产品质量的关系进行了阐释,他们认为,对差异化产品而言,消费者往往更愿意利用边际收入购买高质量的产品而非更多的产品。有学者对个体收入和消费加总后得出,高收入国家的消费价格指数往往也更高(Yo Chul Choi 等,2008)。

表 4-15　区分进口来源国的经济发展水平的 2SLS 回归结果

因变量:企业性别工资差距	高收入国家	中低收入国家	OECD 国家	非 OECD 国家
	（1）	（2）	（3）	（4）
quality	1.417***	3.344***	1.360***	2.241***
	（-8.82）	（-8.28）	（-7.20）	（-9.10）
常数项	16.036***	16.780***	17.669***	15.480***
	（-12.75）	（-11.53）	（-19.63）	（-14.00）
企业层面变量	是	是	是	是
城市层面变量	是	是	是	是
国家层面变量	是	是	是	是
主要控制变量	是	是	是	是
Kleibergen-Paap rk LM	3984.717	605.707	2837.150	1704.394
Cragg-Donald Wald F	5500.021	997.705	3887.532	2546.123
N	135163	15900	107693	43370
调整的 R^2	0.258	0.221	0.263	0.234
F	629.521	7.00E+08	299.522	5.60E+08

注:限于篇幅,我们简化了回归结果。其中,企业层面变量包括企业劳动生产率(lnltfp)、企业年龄(age)、出口密集度(exra)、资本劳动比(K/L)、资产负债率(debt)和所有制(ownership);城市层面变量包括城市人均 GDP(gdp_city)、城市人均受教育年限(edu)和城市人均铺装道路面积(lnroad);国家层面变量包括通货膨胀率(inflation)、地理距离(lndis)、实际汇率(lnex)。主要控制变量包括时间、行业、地区和国家控制变量。后面表格中有关变量的涵义相同。***、**、* 分别表示在 1%、5% 和 10% 的水平上显著。

本节关于进口来源国收入水平的讨论,主要将所有国家分为高收入国家和中低收入国家、OECD 国家和非 OECD 国家两类,然后利用工具变量进行分类回归。回归结果报告在表 4-15 中。从表 4-15 中可以看出,无论是企业从高收入还是低收入国家进口,或者从 OECD 国家或非 OECD 国家进口,进口产品质量都显著拉大了企业内部性别工资差距,这与基准回归的结

果一致。同时,我们发现,从中低收入国家和非 OECD 国家进口产品的企业,其产品质量对性别工资差距的影响更大。基于经济发展水平引致的产业竞争为该结论提供了可能的解释:虽然中国经济自改革开放以后取得了飞速的发展,但从人均收入水平而言,我国依然属于发展中国家行列。经济发展模式、产业结构、技术水平更多与中低收入国家及非 OECD 国家接近,因而我国与这些国家的价值链分工多属于水平型国际分工。这种分工模式导致从这两类国家进口的产品与本土企业所生产的产品产生更大的竞争,通过竞争进一步增强对相对具有较高技能水平的男性劳动力的需求,因而扩大了性别工资差距。相反,对于高收入国家及 OECD 国家来说,我国与它们的国际分工更接近于垂直型分工,因而在产品上更多体现的是互补而非替代,导致企业从高收入国家及 OECD 国家进口产品引发的进口竞争效应较弱,对劳动力市场的影响较小。

2. 区分进口来源国的政治风险

普遍来说,政治风险对一国贸易与投资有较大的阻碍作用,但在某些特殊情况下,政治风险却能在一定程度上促进本国贸易和投资的发展。阿沃克等(Awokuse 等,2005)、兰布斯多夫(Lambsdorff,2003)指出,短期内一国腐败上升可能降低本国劳动力和实物资本的生产率,为满足国内需求,国家会扩大某些商品的进口;哈格德(Haggard,1991)指出,为获取长期的关税收入,独裁政府可能推行贸易自由化;哈格德(1990)、哈格德和考夫曼(Haggard 和 Kaufman,1995)也认为,独裁政府更有可能不受国内支持贸易保护的利益群体游说的影响。

相对于上述研究,本节更进一步将政治风险纳入进口产品质量影响企业性别工资差距的分析框架中。根据全球知名的国际国别风险评级指南机构(ICRG)提供的数据,从政府稳定性、社会经济环境、内部冲突、腐败、法律和秩序、种族冲突、民主问责等 12 个方面构造了国家政治风险指数,通过将上述 12 个分值加总,最终得到本节使用的国家政治风险指数。该指数介于 0—100 之间,数字越大,代表该国的政治风险越低。为了将回归结果进行对比,本节按均值将所有国家分为高政治风险和低政治风险两组,然后进行分类回归,具体的回归结果汇总在表 4-16 中。

表4-16 区分政治风险程度的回归结果

因变量:企业性别工资差距	高政治风险		低政治风险	
	（1）	（2）	（3）	（4）
	OLS	2SLS	OLS	2SLS
quality	0.363 ***	1.274 ***	0.432 ***	2.067 ***
	（-9.01）	（-6.19）	（-9.26）	（-9.50）
常数项	13.082	16.898 ***	15.097 ***	17.093 ***
	（-0.02）	（-17.10）	（-5.49）	（-6.64）
企业层面变量	是	是	是	是
城市控制变量	是	是	是	是
国家控制变量	是	是	是	是
主要控制变量	是	是	是	是
Kleibergen-Paap rk LM		2390.127		2165.947
Cragg-Donald Wald F		3272.110		3137.378
N	86620	86620	64444	64443
调整的 R^2	0.271	0.266	0.252	0.238
F		4.60E+08		5.30E+09

注:*** 、** 、* 分别表示在1%、5%和10%的水平上显著。

由表4-16可以看出,无论是高政治风险国家,还是低政治风险国家,我国企业从该国进口产品的质量都显著扩大了企业性别工资差距,这一结论在不同回归方法下都成立。值得注意的是,进口质量对性别工资差距的拉大作用在低政治风险国家中表现得更加明显,2SLS的结果显示,进口质量每增加0.1,低政治风险来源国进口质量对性别工资差距的影响要比高政治风险国家高出6.22%。根据阿尔法罗等(Alfaro等,2006)的研究,市场不完全引起的政治风险显著增加了交易成本。同时,当政治风险事件发生时,企业预期利润下降,导致企业参与贸易的积极性降低。曼斯菲尔德等(Mansfield等,2000)、艾德特和加斯贝纳(Aidt和Gassebner,2007)、斯托克斯(Stokes,2001)和韦兰(Weyland,2002)都证实政治风险较高的国家,其贸易发展水平也较低。我们认为,同样的逻辑也适用于中国企业,即相对于高政治风险的国家而言,我国企业更愿意从低政治风险的国家进口。同时,较低的政治风险导致该国贸易政策具有相对稳定性,也能更好地维持与我国的贸易关系,通过进口高质量产品所发挥的生产率提升效用和企业质量提升效用更加明显,因而对具有更高技能水平的男性劳动力需求更加强烈,导致企业性别工资差距在低政治风险国家表现得更加明显。

(三) 区分中国与进口来源国的经贸关系

本节对我国与进口来源国经贸关系的讨论主要从贸易成本的角度出发,贸易成本影响产品质量多是从贸易自由化引起结构性变化切入,即贸易自由化导致资本和劳动向"高质量"企业流动,而"高质量"企业将更多地雇佣高技能劳动力,从而导致对高技能劳动力的需求大于中低技能劳动力(Goldberg 和 Pavcnik,2004)。弗拉姆和赫尔普曼(1987)通过南北贸易模型指出,在贸易自由化过程中,北方国家在生产新的高质量产品时,会把低质量产品转移到南方发展中国家;斯科特(Scott,2004)指出,贸易自由化导致技能劳动力和资本丰裕的国家将主要生产和出口高质量产品,非技能劳动力丰裕的国家则集中在低质量产品的生产和出口上;法吉尔鲍姆等(Fajgelbaum 等,2011)认为,当贸易成本足够高时,所有国家同时生产高质量和低质量产品,并且高收入国家将成为高质量产品的净出口国;当贸易成本足够低时,高收入国家将专业化生产和出口高质量产品,中低收入国家将专业化生产和出口低质量产品。本节对我国与进口来源国经贸关系的讨论,主要围绕三方面内容展开:一是进口来源国与我国的贸易安排;二是进口来源国与我国是否接壤,以及是否有相似的文化;三是我国是否对进口来源国发起过反倾销调查以及最终被确认为倾销的案件数量。

1. 区分中国与进口来源国之间的贸易安排

按中国与进口来源国签订的贸易协议的性质,我们将所有国家分为四类:与中国签订自由贸易协定的国家(3)、享受中国优惠关税的国家(2)、世界贸易组织成员方(1)及其他(0)。其中与中国签订自由贸易协定的国家,包括已经正式签约以及正在进行可行性研究或谈判的国家;享受中国优惠关税的国家,包括《曼谷协定》成员国及 2005 年 1 月 1 日起给予部分输华商品免关税待遇的非洲最不发达 25 个国家;世界贸易组织成员方是不包括在前面两类仅是世界贸易组织成员方的名单。同时,为了避免因分类可能导

致的模型偏误,我们还改变分类方法,主要考虑中国的自贸区战略在
2004—2007 年和 2007 年以后有很大变动。如 2007 年以前,与中国签订自
由贸易协定的国家或地区主要包括新西兰、智利、巴基斯坦、中国澳门、东盟
十国等;2007 年以后,我国自贸区战略明显加快,到 2015 年,我国陆续同澳
大利亚、韩国、瑞士、冰岛、哥斯达黎加、秘鲁等国签订了自由贸易协定①。
为减轻自贸区战略在不同时期因强度差异而产生的政策性外生冲击,我们
进行时间维度上的拓展,将 2007—2016 年与我国签订自贸区协议的国家也
放在第一类国家中。这样做一个合理的逻辑是,2007 年以后与中国建立自
由贸易区的国家,之前已经在货物贸易、服务贸易、投资等诸多领域同中国
存在紧密的经贸联系,自贸区协议只是双方经贸关系发展到一定阶段的
产物。

表 4-17　区分进口来源国与中国贸易关系的 2SLS 回归结果

因变量:企业性别工资差距	第一种分类		第二种分类	
	(1)	(2)	(3)	(4)
quality	1. 793 ***	0. 707 ***	1. 902 ***	0. 860 **
	(−6. 33)	(−2. 59)	(−5. 35)	(−2. 50)
quality_trade	0. 633 ***	0. 673 ***		
	(−3. 67)	(−4. 02)		
trade_relate	−0. 415 ***	−0. 324 **		
	(−4. 44)	(−2. 40)		
quality_trade1			0. 359 **	0. 361 **
			(−2. 36)	(−2. 43)

① 关于与我国签订自由贸易协定的国家分类存在一定争议,第一个问题是很多协定签约
和生效的时间不一致,如《中国—东盟全面经济合作框架协议》于 2002 年就已签订,但中国东盟
自贸区是 2010 年才正式成立,为了避免时间上的混淆,本节将东盟十国视为 2002 年以后就已经
与中国是自贸区的合作关系。因为虽然自贸区在 2010 年 1 月 1 日正式成立,但很多协议内容在
2010 年以前就已经逐步落实,如 2004 年签订《货物贸易协议》、2007 年签订《服务贸易协定》。
第二个问题是各国和地区与中国签订的自贸区协议有很大差别,如中国与东盟签订的是自由贸
易协定,但与中国香港和中国澳门签订的是《关于建立更紧密经贸关系的安排》(CEPA),这些
协议可能在具体内容、执行标准上存在差异,本节为了处理方便,将其都归为一类。

续表

因变量:企业性别工资差距	第一种分类		第二种分类	
	（1）	（2）	（3）	（4）
trade_relate1			−0.225 ***	−0.164
			（−2.75）	（−1.23）
常数项	16.729 ***	17.474 ***	16.525 ***	17.264 ***
	（−78.02）	（−15.50）	（−69.70）	（−14.93）
企业层面变量	是	是	是	是
城市控制变量	是	是	是	是
国家控制变量	是	是	是	是
主要控制变量	否	是	否	是
Kleibergen−Paap rk LM	3704.206	4042.394	2059.911	2186.083
Cragg − Donald Wald F	2632.546	3088.788	2087.378	2352.330
N	151063	151063	151063	151063
调整的 R^2	0.224	0.255	0.225	0.256
F	1864.979	2.60E+07	1862.608	9.20E+08

注: *** 、** 、* 分别表示在 1% 、5% 和 10% 的水平上显著。

　　表 4-17 报告了区分进口来源国与中国的贸易安排时进口产品质量与企业性别工资差距的 2SLS 回归结果。如前文所述,因为贸易安排本身是贸易成本的重要影响因素,而贸易成本不仅直接影响企业性别工资差距,也能通过进口质量而间接影响。因而,我们在原始回归模型中分别加入贸易关系(trade_relate,trade_relate1)及贸易关系与质量的交互项(quality_trade1 、quality_trade2)。回归结果显示,当控制进口来源国与中国的贸易关系后,进口产品质量依然显著拉大了企业内部性别工资差距,这与基准回归的结果一致;trade_relate 的系数为负,说明一国与中国的贸易关系越紧密,企业

从该国进口就越有助于降低企业性别工资差距;交互项的系数为正且在1%的水平上显著,说明企业进口产品质量通过贸易安排能进一步强化其对性别工资差距的拉大作用。贸易关系(trade_relate)及交互项系数的差异并不矛盾,因为它们影响企业性别工资差距的机制存在差异。一方面,一国与中国的贸易关系越紧密,进口成本相对就越低,更容易释放进口产品与本土企业所生产产品的竞争效应,而竞争在一定程度上能减小对女性的歧视;另一方面,由于进口成本的存在,贸易转移效应促使企业将高质量产品进口国由成本较高(贸易关系疏远)的国家转向成本较低(贸易关系紧密)的国家,从而进一步强化贸易关系紧密来源国的进口产品质量对企业性别工资差距的拉大作用。

2. 区分进口来源国是否与中国接壤及是否与中国有相似的文化

由于地理位置(运输成本)及文化差异对产品质量及贸易方向有重要影响,本节对进口来源国与我国经贸关系的讨论主要集中在进口来源国与我国是否接壤以及是否有相似的文化。表4-18 第(1)—(4)列区分进口来源国与我国是否接壤时进口质量对性别工资差距的影响,结果显示,无论是企业从接壤国家进口还是从不接壤国家进口,其进口产品质量都显著拉大了性别工资差距,且该效应在接壤国家表现得更加明显。表面上这一结论与阿尔钦—艾伦效应[①]不一致,因为不接壤意味着运输成本更高,因而按照"华盛顿苹果效应"的逻辑,当企业从不接壤的国家进口时,其进口产品的质量往往更高,而从接壤国家进口的产品质量应当相对较低。我们认为,造成不一致的原因在于中国收入水平提升,导致林德假说在决定进口产品质量中发挥主要作用,从而在一定程度上抵消掉阿尔钦—艾伦效应。由于中国人均收入水平迅速提升,人们对高质量产品需求增多。因而,无论是从接壤国家还是从不接壤国家进口商品,商品的质量结构都呈多元化,且总体上呈现出高质量产品占比逐年增加。

---

① 阿尔钦—艾伦效应(Alchian-Allen effect)主要研究了运输成本对产品质量的影响。由于运输成本是贸易发展的一个阻碍因素,因而地理距离与贸易通常呈现负相关的关系。企业为了弥补运输成本,通常愿意向距离更远的目标市场出口高质量的产品。"华盛顿苹果效应"是阿尔钦—艾伦效应的集中体现,"华盛顿当地市场上的苹果又小又难看,而从华盛顿运输到纽约的苹果通常又大又好"。

表4-18　区分进口来源国与中国是否接壤及是否有相同的文化起源

因变量: 企业性别 工资差距	接壤		不接壤		文化同源		文化差异	
	(1)	(2)	(3)	(4)	(5)	(6)	(7)	(8)
	OLS	2SLS	OLS	2SLS	OLS	2SLS	OLS	2SLS
quality	0.497***	2.541***	0.386***	1.530***	0.512***	1.230***	0.309***	1.956***
	(−4.37)	(−5.49)	(−12.2)	(−9.72)	(−10.29)	(−5.96)	(−7.98)	(−8.91)
常数项	37.617**	14.631***	14.820***	17.259***	18.399***	14.175***	19.737	18.673***
	(−2.48)	(−14.84)	(−5.69)	(−15.13)	(−16.8)	(−7.64)		(−13.2)
企业层面变量	是	是	是	是	是	是	是	是
城市控制变量	是	是	是	是	是	是	是	是
国家控制变量	是	是	是	是	是	是	是	是
主要控制变量	是	是	是	是	是	是	是	是
Kleibergen-Paap rk LM		459.589		4111.634		2576.153		1982.388
Cragg-Donald Wald F		679.062		5757.176		3570.676		2808.769
N	11309	11309	139754	139754	56590	56590	94497	94497
调整的 R^2	0.235	0.213	0.265	0.258	0.235	0.232	0.277	0.263
F		1.30E+07		5.00E+09		4530.099		1.70E+09

注:***、**、*分别表示在1%、5%和10%的水平上显著。

对于贸易目标市场与我国的文化相似性,现有研究表明,国家间的贸易往来不仅取决于贸易商已有的经验、交易知识和市场环境等,也受到不同民族和国家间文化习惯、文化背景和文化价值观等因素的影响(曲如晓等,2015)。不同于霍夫斯泰德(Hofstede,2001)构造的反映国家间文化差异的多维度文化距离指标,本节只考虑进口来源国与我国文化的相似程度,将朝鲜、韩国、日本、越南、蒙古国五国归为与我国文化同源的国家,其他归为与我国存在显著文化差异的国家。本节没有专门考虑文化距离对贸易流量的影响,而是重点考察当存在文化差异时进口产品质量对性别工资差距的影响。具体的回归结果报告在表 4-18 的第(5)—(8)列中。结果显示,当考虑来源国与我国的文化相似性后,进口产品质量依然显著扩大了性别工资差距。2SLS 回归不仅验证了这一结论,且进一步说明企业从文化距离更接近的国家进口,其进口产品质量对性别工资差异的拉大效用相对较小。对于这个结果,我们认为可以从文化相似性导致的竞争强度差异去解释。文化心理、文化距离对居民消费习惯有重要影响。与我国文化同源的国家,在消费习惯、消费心理、产品生产结构、质量结构等方面都存在一定的相似性。当企业从这些国家进口时,更容易产生进口产品与本土企业生产产品的竞争效应,竞争的长期结果导致对女性存在歧视的企业退出市场,因而有利于减少企业内部性别工资差距。

3. 区分中国是否对进口来源国发起过反倾销调查

现有研究对贸易边际影响多强调贸易成本,对贸易成本的组成要素的考察相对较少。本节最后从贸易成本中包含的贸易壁垒因素考察进口质量对企业内部性别工资差距的影响。同时,由于本节围绕进口产品展开讨论,因而我们主要关注贸易壁垒中中国对其他国家发起的反倾销调查。反倾销对进口国贸易的影响主要体现在三个方面:一是贸易限制效应。反倾销限制了从诉讼对象国进口商品的数量和金额。二是调查效应。即使未作出征收反倾销税的裁决,反倾销调查本身也能起到对调查对象的贸易限制作用。三是贸易转移效应。反倾销导致贸易由反倾销指控国转向非指控国。上述关于反倾销影响机制的讨论为我们从贸易壁垒的角度研究进口产品质量对性别工资差距的影响提供了思路。另一方面,我们发现,加入世界贸易组织以后,我国反倾销调查的立案数据确实有了明显的增长。根据鲍晓华(2007)的研究,在加入世界贸易组织后 4 年多的时间内,我国发起的反倾销指控合计 33 起,占我国反倾销指控总量的 73.3%,约为 1997—2001 年总和(12 起)的 3 倍。因而,在新形势下考察反倾销对于科学判断我国贸易政策的有效性,合理认识贸易救济与产品质量的关系有重要意义。

本节对反倾销的考察主要沿两条思路展开:一是我国是否对进口来源国发起过反倾销调查(1 代表发起过,0 代表没有发起过);二是在予以立案的案件中,最终被裁定为倾销,并征收反倾销税的案件数量。为了更合理地判断反倾销的影响,我们在原始模型中分别加入反倾销(antidumping)及反倾销与进口质量的交互项(quality×antidumping),具体的估计结果报告在表4-19中。2SLS的回归结果显示,无论来源国是否被我国发起过反倾销调查,进口产品质量均显著地扩大了企业性别工资差距,且该效用在被我国发起过反倾销调查的国家上表现得格外明显;对于反倾销调查中最终被确定为倾销的数量,我们发现,其与企业性别工资差距也存在正相关关系,即一国被我国裁定为倾销案件数量越多,从该国进口产品的企业内部性别工资差距也就越大。这主要因为当一国被我国发起反倾销调查或被确定为倾销的案件数量较多时,变相增加了该国出口产品到中国的成本,因而反倾销调查一定程度上起到保护国内市场的目的。保护增强有助于减小国内企业的竞争压力,竞争弱化降低了企业管理者对女性员工的歧视成本,从而不利于女性劳动者工资收入的提升。

表4-19　区分我国是否对进口来源国发起过反倾销(2SLS)

因变量:企业性别工资差距	是否发起过反倾销调查		确定为反倾销的案件数量	
	(1)	(2)	(3)	(4)
quality	5.275***	2.241***	5.208***	1.839***
	(-20.39)	(-8.87)	(-25.59)	(-9.32)
firmantidumping	-1.232***	-0.776**		
	(-2.89)	(-2.02)		
antidump_dum	0.598***	0.363*		
	(-2.70)	(-1.81)		
firmdumping			-0.588***	-0.225*
			(-3.84)	(-1.68)
dumping			0.294***	0.126*
			(-3.78)	(-1.85)
常数项	12.272***	17.246***	12.418***	16.922***
	(-7.48)	(-23.28)	(-7.61)	(-14.68)
企业层面变量	否	是	否	是
城市控制变量	否	是	否	是
国家控制变量	否	是	否	是

续表

因变量:企业性别工资差距	是否发起过反倾销调查		确定为反倾销的案件数量	
	（1）	（2）	（3）	（4）
主要控制变量	是	是	是	是
Kleibergen–Paap rk LM	2762.198	1957.739	1573.281	2134.620
Cragg–Donald Wald F	1839.051	1639.170	2521.388	2393.716
N	151521	151503	151521	151063
调整的 R^2	−0.023	0.248	−0.024	0.254
F	1.10E+09	599.443	2.80E+09	1.50E+09

注:*** 、** 、* 分别表示在 1%、5% 和 10% 的水平上显著。

表4-19 中第（1）列和第（2）列交互项的系数显著为负,一方面说明相对于从未发起过反倾销调查的国家进口商品,企业从发起过反倾销调查的国家进口更有助于降低进口质量对性别工资差距的拉大作用,或者说进口产品质量通过反倾销调查在一定程度上降低了企业性别工资差距。第（3）列和第（4）列的回归结果则说明,企业从被裁定为倾销案件越多的国家进口,其进口产品质量对性别工资差距的影响相对较小。同时,由于本节使用的是跨行业、多年份的面板数据,我们可以在模型中纳入固定效应和其他控制变量,以减轻可能存在的遗漏变量的问题。第（2）列和第（4）列在基准回归的基础上,进一步控制企业层面、城市层面和国家层面变量及时间、行业、地区和国家固定效应。加入控制变量后,本节的核心解释变量——进口质量、反倾销及反倾销与进口质量交互项的系数没有发生根本改变,说明基准回归的结论是稳健的;系数大小及显著性降低,说明进口质量及反倾销对性别工资差距的影响部分被新加入变量所吸收;模型的拟合优度提高、工具变量的有效性检验和 F 值等都通过了基本的统计检验,进一步表明回归结果有较强可信度。

（四）区分中国与进口来源国的政治关系

在中心—外围理论的基础上,约翰（John,1971）指出中心与外围国家的贸易通常是由二者支配与被支配的政治关系所决定的,这在一定程度上揭示了政治关系与贸易的关系。本节在此基础上更进一步考察不同政治关系下进口质量与性别工资差距的关系。我们利用不同的数据及定量指标对中国与进口来源国的政治关系进行三个层次的量化:一是外交部公布的我国与其他国家建立的外交关系。二是利用清华大学中国与其他大国关系数据库提供的政治关系数据,该数据将中国与其他大国的政治关系用量化的形式表示出来。具体来说,将1950年以来所有的双边关系用-9—9的分值表示出来,分值越高,表示两国之间的政治关系越良好。三是将所有进口来源国按是否是"一带一路"参与国进行分类(0代表非参与国,1代表参与国)。

1. 区分我国与进口来源国的外交关系

外交关系是描述两国政治关系最直接的指标,本节利用外交部公布的我国与其他国家的外交关系将所有进口来源国分为五类[①],再分别考察不同外交关系下企业进口质量对性别工资差距的影响。如前文所述,政治关系可能因为贸易成本、安全外部性等因素直接影响双边贸易,而通过贸易的福利效应最终影响员工的工资收入。另外,外交关系也可能通过进口品质量间接影响员工工资水平,如美国将中国视为战略竞争对手,对出口到中国的高技术产品实施严格的管制。为了分别考察外交关系的直接效应和间接效应,本节在计量模型中加入外交关系变量及外交关系与进口质量的交互项,具体的回归结果报告在表4-20中。

表4-20　区分我国与进口来源国的外交关系

因变量:企业性别工资差距	(1)	(2)	(3)	(4)
	2SLS	2SLS	2SLS	2SLS
quality	6. 523***	4. 468***	2. 750***	1. 641***
	(-31. 64)	(-22. 63)	(-13. 94)	(-8. 78)

[①]　普通建交关系(0);全面合作关系(1);战略伙伴关系(2);战略合作伙伴关系和全面战略伙伴关系(3);全面战略伙伴关系和全面战略协作伙伴关系(4)。因而,数字越大,代表我国与其政治联系越紧密。

因变量:企业性别工资差距	（1）2SLS	（2）2SLS	（3）2SLS	（4）2SLS
quality_relationship	0.539***	0.421***	0.252***	0.179**
	(-4.86)	(-4.13)	(-2.75)	(-2.02)
relationship	-0.300***	-0.229***	-0.145***	-0.104**
	(-5.18)	(-4.31)	(-3.04)	(-2.25)
常数项	11.755***	14.121***	16.648***	17.626***
	(-111.99)	(-18.57)	(-94.42)	(-23.19)
企业层面变量	否	否	是	是
城市控制变量	否	否	是	是
国家控制变量	否	否	是	是
主要控制变量	否	是	否	是
Kleibergen-Paap rk LM	2191.172	2339.545	2681.592	2622.502
Cragg-Donald Wald F	3151.487	3412.059	2377.701	2878.577
N	151521	151521	151503	151503
调整的 R^2	-0.199	-0.040	0.208	0.249
F	689.873	128.342	2304.569	597.636

注:***、**、* 分别表示在1%、5%和10%的水平上显著。

从表4-20可以看出,引入外交关系以后,进口产品质量依然显著拉大了企业内部性别工资差距。第(4)列在第(1)—(3)列的基础上增加了企业层面、城市层面变量和时间、行业、地区和国家等控制变量,发现进口质量系数显著性没有发生改变,但绝对值显著减小,说明进口质量对企业性别工资差距的影响部分被这些因素所吸收。当不考虑这些因素时,会导致进口质量对性别工资差距的边际影响被高估。外交关系的系数显著为负,说明从与我国外交关系越紧密的国家进口产品,该企业的性别工资差距越小。该结论可以由国家间政治关系引致的贸易竞争强度去理解。波林斯

(Pollins,1989b)发现政治冲突显著降低双边贸易,合作则有利于提升贸易。中国的情况与之类似,如在外交关系最高层次的全面战略合作伙伴关系中的 7 个国家中①,我国分别与其中的 6 个国家成立了自由贸易区,双边贸易加速发展。贸易水平的提升不仅体现在量上,在产品种类、产品质量等方面也有明显改善。国外产品大量进入有助于强化与本土企业之间的竞争,根据贝克(Becker,1957)的竞争抑制歧视理论,竞争有助于降低对女性的歧视,从而在一定程度上减小性别工资差距。交互项的系数为正,说明通过我国与进口来源国的外交关系,进口质量对性别工资差距的提升效果被进一步放大。这从侧面证明了近年来在双边政治关系改善基础上贸易质量的提升,确实有助于提高国内企业的技术水平。因而,通过质量升级效应和"资本—技能"互补机制,企业会增加对具有相对较高技能水平的男性劳动力的需求,从而进一步扩大性别工资差距。

2. 区分我国与进口来源国的政治关系

国家间政治关系的度量指标逐渐公开,为我们更准确地衡量我国与其他国家政治关系提供了可能。不同于以往文献以冲突或负面事件为双边政治关系的代理变量的事件研究法,本节利用清华大学提供的中国与其他大国关系数据库(阎学通等,2010),通过合理指标把握国家间政治关系渐变性和连续性特点,使研究更加贴近现实。具体来说,该数据度量了中国与 12 个国家② 1950—2013 年每月份的关系分值,该分值包括两国政治事件的事件累积和流动两个维度③,因而克服了以往用事件分值作为政治关系代理变量与现实不符的缺陷。为了研究需要,我们将关系分值按年份进行加总。在回归过程中,剔除我国与进口来源国政治关系缺失的样本。

---

① 7 个国家分别是巴基斯坦、俄罗斯、柬埔寨、老挝、缅甸、泰国和越南。双方的外交关系在表述上稍有不同,如中俄之间是全面战略协作伙伴关系,中国和巴基斯坦之间是全天候战略合作伙伴关系,其余的都是全面战略合作伙伴关系。

② 这 12 个国家分别是美国、澳大利亚、英国、法国、德国、印度尼西亚、印度、日本、韩国、巴基斯坦、俄罗斯和越南。

③ 关于该数据库的具体说明请参见 http://www.imir.tsinghua.edu.cn/publish/iis/7522/2012/20121129110933256294965/20121129110933256294965_.html。

表 4-21　区分政治关系时 2SLS 的回归结果

因变量:企业性别工资差距	（1）	（2）	（3）	（4）
	2SLS	2SLS	2SLS	2SLS
quality	5.990***	3.612***	2.337***	1.285***
	(−23.56)	(−14.38)	(−9.48)	(−5.42)
quality_relation	0.037***	0.022***	0.014***	0.011**
	(−6.26)	(−4.12)	(−2.92)	(−2.37)
relation	−0.020***	−0.013***	−0.006**	−0.004*
	(−6.68)	(−4.44)	(−2.28)	(−1.75)
常数项	12.092***	13.635***	16.315***	17.120***
	(−97.15)	(−14.16)	(−69.87)	(−18.22)
企业层面变量	否	否	是	是
城市控制变量	否	否	是	是
国家控制变量	否	否	是	是
主要控制变量	否	是	否	是
Kleibergen–Paap rk LM	1375.287	1611.377	1449.491	1603.263
Cragg – Donald Wald F	1476.069	1726.132	1220.658	1487.306
N	80358	80358	80346	80346
调整的 R^2	−0.210	−0.017	0.213	0.249
F	321.991	59.710	1075.283	312.413

注:***、**、*分别表示在 1%、5% 和 10% 的水平上显著。

表 4-21 报告了区分政治关系时的回归结果,第(1)列和第(2)列没有考虑企业层面、城市层面和国家层面的相关变量。我们发现,进口质量的系数显著为正,说明进口质量显著扩大了企业内部性别工资差距;政治关系的系数显著为负,说明从与中国政治关系越友好的国家进口,企业的性别工资差距越低;交互项的系数为正,说明通过加强进口来源国的政治关系一定程度上强化了进口产品质量对企业性别工资差距的扩大效用。第(3)列和第(4)列分别加入企业、城市和国家层面相关变量及时间、行业、地区和国家

控制变量,发现核心解释变量的系数及显著性没有发生根本变化,模型的拟合优度也得到提高。

表4-21的结论与表4-20高度一致,这是因为外交关系与政治关系有密切的联系,外交关系是双方政治关系亲疏的直接反映。我国在与其他国家建立各种外交关系时,通常会选择与那些政治关系良好,有较多共同利益的国家发展更加紧密的外交关系,如巴基斯坦、柬埔寨。相反,对于美国与日本,虽然同我国存在规模巨大的经贸往来,但由于历史及战略利益冲突等因素,我国与之建立的外交关系层次相对较低。[1] 从这个层面上讲,外交关系在一定程度上可以视作政治关系的代理变量,从而表4-21与表4-20的回归结果高度一致也就不足为奇。而表4-21的实证结果进一步佐证了我们的结论:从与我国政治关系友好的国家进口的竞争效应有助于减少企业性别工资差距;但通过进口产品质量的生产率效应及"资本—技能"互补效应,高质量进口品则会扩大企业性别工资差距。

3. 区分进口来源国是否是"一带一路"参与国

作为新一届政府提出的优化经济发展空间格局的重大战略,"一带一路"对于我国进一步融入世界经济体系、强化与周边国家经济合作,乃至形成新的全球政治经济格局都有重要影响。而在已经表态支持"一带一路"的沿线50多个国家中,既有大国,也有小国;既有发达国家,也有大量的发展中国家。各国在经济发展水平、工业化、城市化进程等方面存在很大差异,但反过来也在资源、技术、资金等方面存在很大的互补性。国家之间的差异性与互补性对企业的贸易利得具有很大影响。尤其重要的是,如果企业在发展对外贸易过程中能借助"一带一路"倡议配套下的融资平台、高层次协商机制以及国家出台的优惠政策,就有可能获取更大的经济利益,也会反过来对国内劳动力市场产生影响。为了验证这种机制,本节在基本模型中加入进口来源国是否是"一带一路"参与国的虚拟变量(BR)以及"一带一路"倡议与进口质量的交互项(quality×BR),具体的回归结果汇总在表4-22中。

---

[1]　中国同美国的外交关系在不同时期有不同的表述,如1997—2001年是建设性的战略伙伴关系,2011—2013年是建设性合作伙伴关系,2013年习近平主席访美,提出构建中美新型大国关系的构想。而中日的外交关系层次历来较低,直到2006年,外交部只是将中日关系定位为战略互惠关系。

表 4-22 区分进口来源国是否是"一带一路"参与国的回归结果

因变量:企业性别工资差距	（1）	（2）	（3）	（4）
	OLS	2SLS	OLS	2SLS
quality	1.210***	4.312***	1.173***	2.995***
	（−35.72）	（−24.34）	（−33.93）	（−18.01）
BR	−0.105**	−0.961***	−0.041	−1.326
	（−1.98）	（−4.70）	（−0.00）	（−0.54）
quality_BR	0.198**	1.592***	0.214**	2.039***
	（−2.21）	（−4.25）	（−2.36）	（−5.59）
常数项	16.345***	16.670***	16.931	18.918***
	（−91.23）	（−87.91）	（−0.04）	（−13.99）
企业层面变量	是	是	是	是
城市控制变量	是	是	是	是
国家控制变量	是	是	是	是
主要控制变量	否	否	是	是
Kleibergen-Paap rk LM		4154.975		4467.613
Cragg-Donald Wald F		2985.564		3400.412
N	151064	151063	151064	151063
调整的 R^2	0.118	0.056	0.138	0.113
F	607.539	559.255		1.20E+09

注:***、**、*分别表示在1%、5%和10%的水平上显著。

从表4-22可以看出,无论是OLS,还是2SLS,进口质量的系数都显著为正,说明进口质量确实显著扩大了企业内部性别工资差距;BR的系数为负,但在控制时间、行业、地区和国家效应滞后不显著,说明来源国是否参与

"一带一路"建设,从该国进口产品的企业工资差距没有本质区别。"一带一路"与进口质量的交互项为正,且在不同的模型下都高度显著,说明"一带一路"建设能强化进口产品质量对性别工资差距的扩大作用。对于这一结论,我们主要从我国与"一带一路"参与国之间的合作模式和重点合作领域去理解。"一带一路"采取的"点轴带动"发展模式,通过核心城市节点,连接综合交通运输干线,并以其为发展轴线,带动经济带的发展。因而,"道路联通"是实现进一步经济合作的重要基础,这要求双方在工业园、港口、铁路等基础设施建设上进行广泛合作。我国在基建上拥有雄厚实力和先进技术,而伴随工业化成熟期下的钢铁、水泥、汽车、造船、发电设备等优势设备和产能也与其他国家产业互补与战略对接提供了可能。同时,"一带一路"包含贸易、产业投资、能源资源、金融、生态环保、人文和海上项目等重点合作领域。我们看到,无论是"一带一路"倡议的合作方式,还是重点合作领域,都主要集中在资本密集型或技术密集型等中高技术行业,不仅对企业的资本、技术投入要求较高,也要求企业在其他投入要素上进行相应配套。在劳动力市场上就集中表现为增加对熟练劳动力的需求,并部分放弃或替代密集使用非熟练劳动力的环节或工序,因而会进一步扩大企业性别工资差距。

四、稳健型检验

(一) 区分企业所有制

为考察不同所有制企业进口产品质量对性别工资差距的影响,我们按企业资本构成比重将企业分为公有制企业、个体私营企业和外资企业三类,再进行分类回归。回归结果报告在表4-23中。结果显示,当考虑进口来源国因素后,在公有制企业中,进口产品质量对性别工资差距没有显著影响;在私有制部门中,无论是个体私营企业还是外资企业,进口质量的系数都显著为正,说明进口质量显著拉大了这两类企业的性别工资差距。这主要是因为在私有制企业中,市场化因素的作用更大。当面临进口质量的外部冲击时,私营企业能迅速调整工资结构和就业结构,从而对员工的工资收入产生直接影响;在公有制企业中由于具有更多的非市场因素,如政府的行政命令、额外的社会责任、强大的工会等,这些因素导致公有制企业对质量冲击反应迟缓。

表 4-23 区分企业所有制

因变量:企业性别工资差距	公有制企业		个体私营企业		外资企业	
	(1)	(2)	(3)	(4)	(5)	(6)
	OLS	2SLS	OLS	2SLS	OLS	2SLS
quality	0.052	−2.867***	0.156***	0.665**	0.586***	1.287***
	(−0.40)	(−3.82)	(−3.36)	(−2.02)	(−13.53)	(−7.85)
常数项	13.825*	16.074***	17.412	17.380***	14.798	14.764***
	(−1.69)	(−4.43)	(0)	(−10.11)	(0)	(−14.35)
企业层面变量	是	是	是	是	是	是
城市控制变量	是	是	是	是	是	是
国家控制变量	是	是	是	是	是	是
主要控制变量	是	是	是	是	是	是
Kleibergen−Paap rk LM		163.422		804.463		4016.711
Cragg−Donald Wald F		239.234		892.330		6716.295
N	7153	7153	45974	45973	95315	95315
调整的 R^2	0.272	0.219	0.204	0.202	0.292	0.290
F		1.60E+09		5.40E+08		1.90E+08

注:***、**、*分别表示在 1%、5%和 10%的水平上显著。

(二) 区分进口来源国的经济权利

依据权利的基本定义,经济权利可理解为在国家之间政治经济交往过程中,一国利用自身经济实力对其他国家施加的影响,如利用经济优势迫使他国改变对外政策中不利于本国的政策导向(马亚华和冯春萍,2014)。本节利用国际货币基金组织提供的数据,计算了各国 2004—2007 年以购买力平价衡量的国内生产总值占全球比重,作为各国经济权利的代理变量。为了更好地体现进口来源国经济权利差异下进口质量对企业性别工资差距的影响,我们按均值将样本分为经济权利大、小两组,然后进行分类回归,回归结果报告在表 4-24 中。

表4-24　区分进口来源国的经济权利

因变量:企业性别工资差距	经济权利小		经济权利大	
	（1）	（2）	（3）	（4）
	OLS	2SLS	OLS	2SLS
quality	0.332***	2.309***	0.409***	1.450***
	(4.84)	(6.98)	(11.99)	(8.64)
常数项	16.709	18.700***	19.322	16.136***
	(0.00)	(17.35)		(13.51)
企业层面变量	是	是	是	是
城市控制变量	是	是	是	是
国家控制变量	是	是	是	是
主要控制变量	是	是	是	是
Kleibergen-Paap rk LM		935.128		3610.267
Cragg-Donald Wald F		1416.245		4963.346
N	34291	34290	116773	116773
调整的 R^2	0.274	0.255	0.260	0.254
F		8.2e+06		688.262

注: ***、**、* 分别表示在1%、5%和10%的水平上显著。

表4-24的结果显示,企业无论是从经济权利小的国家,还是经济权利大的国家进口产品,进口质量都显著扩大了企业性别工资差距。当控制内生性后,我们发现,进口质量每增加0.1,企业由经济权利大的国家进口,其性别工资差距增加幅度比从经济权利小的国家进口企业低5.92%。这从侧面反映了近年来我国产业结构升级和女性劳动技能提升策略取得了一定成效,因而在一定程度上能强化本土企业生产产品与经济权利较大的高质量进口品间的竞争,通过竞争抑制歧视理论能在一定程度上减少对女性员工的不利影响。

（三）补充进口来源国与我国的政治关系

前文在区分进口来源国与我国的政治关系时,采用的数据是清华大学提供的中国与主要大国的政治关系数据。该数据因为时间跨度长(1950—

2015年)、数值模拟贴合现实等优点在学术研究中被广泛使用。但遗憾的是,该数据只提供了我国与12个国家的政治关系数值。在本节使用的工业企业数据和海关数据的合并数据中,进口来源国共有145个,因而其他133个国家的政治关系值存在缺失。即使细分到产品层面,在2004—2007年的151624项产品中,这12个国家也只包含其中的80358项(53%),从而导致其他71266个样本值在回归过程中会被遗弃。因为大量的数据缺失可能导致回归结果产生偏误,为解决这个问题,本节补充其他133个国家与中国的政治关系值,然后再进行全样本回归。我们认为,缺失国家的政治关系值可以视为0。因为清华大学提供的政治关系值是根据事件累积和事件流动两个维度对中国与其他国家政治关系的总结。对于未报告的国家,我们发现除去双方正常的官方往来,在其他国际事务中的冲突与合作相对较少,影响也不大,因而对双边贸易造成的影响微乎其微。

表4-25 区分进口来源国与我国的政治关系

因变量:企业性别工资差距	(1)	(2)	(3)	(4)
	2SLS	2SLS	2SLS	2SLS
quality	6.792***	4.519***	2.826***	1.754***
	(−41.12)	(−27.83)	(−16.74)	(−11.12)
quality_relation1	0.029***	0.010**	0.010**	0.008*
	(−5.12)	(−2.08)	(−2.29)	(−1.86)
relation	−0.015***	−0.007**	−0.005**	−0.004*
	(−5.01)	(−2.54)	(−2.02)	(−1.83)
常数项	11.587***	12.914***	16.412***	17.526***
	(−135.47)	(−8.24)	(−100.11)	(−23.10)
企业层面变量	否	否	是	是
城市控制变量	否	否	是	是
国家控制变量	否	否	是	是
主要控制变量	否	是	否	是
Kleibergen-Paap rk LM	1425.859	1559.056	1950.421	1789.121

续表

因变量:企业性别工资差距	(1)	(2)	(3)	(4)
	2SLS	2SLS	2SLS	2SLS
Cragg－Donald Wald F	2832.006	3224.132	2371.296	2682.011
N	151521	151521	151070	151503
调整的 R^2	−0.199	−0.021	0.212	0.250
F	683.739	1.70E+09	1974.706	597.490

注:***、**、*分别表示在1%、5%和10%的水平上显著。

表4-25报告了补全样本后的回归结果。通过与前文的结果进行对比,我们发现,按照文中所述方法补充样本后的结果,虽然在系数绝对值上存在一定的变化,但在影响方向,显著性等方面基本一致,即企业从与我国政治关系越良好的国家进口,其性别工资差距越小;进口来源国与我国的政治关系越良好,进口质量对企业内部性别工资差距的影响越大。

五、结论及政策启示

本节将来源国特征因素纳入进口产品质量影响企业内部性别工资差距的分析框架中,利用2004—2007年的大样本微观企业数据和海关数据的合并数据,在选择合适的工具变量对内生性问题进行处理的基础上,对进口产品质量与性别工资差距的关系进行了大量实证研究。结果发现:(1)2004年以后,进口产品质量提升显著扩大了我国企业性别工资差距,这一结论在控制企业特征、企业所在城市特征、进口来源国特征及时间、行业、地区和国家固定效应以后依然成立;(2)企业无论是从高收入国家,还是中低收入国家进口产品,产品质量与性别工资差距的正向关系都成立,且该效用在中低收入国家中更加明显;(3)无论进口来源国是OECD国家还是非OECD国家,企业的进口产品质量都显著扩大了性别工资差距,且该效用在非OECD国家中更加明显;(4)当考虑进口来源国的政治风险时,进口质量依然显著扩大了企业性别工资差距,且当企业从低政治风险国家进口时,产品质量对性别工资差距的影响更大。

由于进口来源国与我国的经贸关系通过贸易成本对一国福利产生深远

影响,本节从多个角度考察了经贸关系在进口产品质量影响企业性别工资差距中发挥的作用。结果发现,一方面,来源国与我国的贸易关系越密切,从该国进口产品的企业性别工资差距也更低;贸易关系强化了产品质量对企业性别工资差距的拉大效用,即来源国与我国的贸易关系越密切,企业从该国进口的产品质量对性别工资差距的影响也越大。另一方面,相对于没有被我国发起过反倾销调查的国家而言,企业从被我国发起过反倾销调查的国家进口产品,其内部性别工资差距相对更大;通过反倾销调查,进口产品质量却反而降低了企业性别工资差距;当考虑我国对来源国发起的反倾销调查最终被确认为倾销并被征收反倾销税的案件数量时,可以得到相似的结论。

由于两国政治关系会对双边贸易产生重要影响,本节从不同方面刻画来源国与我国的政治关系,并纳入进口产品质量影响企业性别工资差距的分析框架中。结果发现,无论是利用外交关系,还是利用政治关系分值表示我国与其他国家的政治关系,相对于政治关系较疏远的国家,从政治关系越亲密的国家进口产品的企业内部性别工资差距也更小;政治关系强化了进口产品质量对性别工资差距的拉大效用,即来源国与我国的政治关系越亲密,企业从该国进口产品的产品质量对性别工资差距的扩大效用也更加明显。当用进口来源国是"一带一路"倡议的参与国或非参与国来反映该国与我国的政治关系时,我们发现,相对于非参与国,从参与国进口产品的企业,其性别工资差距也更低;"一带一路"倡议也强化了进口产品质量对企业性别工资差距的影响,即当企业从参与国进口产品时,其产品质量对性别工资差距的影响比非参与国更大。

在转变贸易发展方式,保持外贸平稳增长的现实压力下,本节的结论具有重要的政策含义。首先,本研究为更客观地评价外贸市场多元化战略提供了新思路。虽然市场多元化战略对于促进外贸增长、抵御外部市场风险发挥了重要作用。2012年2月17日,商务部等十部委联合发布的《关于加快转变外贸发展方式的指导意见》更是对推进出口市场多元化作了具体指示,要"进一步优化市场结构,巩固传统市场,开拓新兴市场,培育周边市场"。但本研究却表明,市场多元化战略不应当只关注目的国市场的数量,而应当从政治风险、政策稳定性、贪腐程度、与我国的经济关系和政治关系

等多方面对目的国市场进行全面评价。其次,我国与其他国家的经济、政治关系通常是国家宏观政策的结果,而是否进口高质量产品或者从哪个国家进口,多是微观企业自发选择的结果。因而,国家的宏观政策应该更加注重微观基础。对于可能的经济或政治风险,国家应建立充分的外贸预警机制,降低外贸企业非理性贸易行为产生的交易风险。再次,由于国家间经济、政治关系对两国贸易发展和居民福利具有重要影响,因而国家应该构建高效的交流合作平台,并利用多种形式的多双边机制切实解决我国与其他国家间的经济、政治纠纷。我国现已建立了形式多样的沟通交流机制,如大湄公河次区域合作(GMS)、东盟与中日韩(10+3)领导人会议、上海合作组织等,对于实现及时有效的交流合作、科学预警和纠纷解决,发挥了积极作用。最后,对于贸易开放对女性劳动者造成的不利影响,我们应该通过多种途径提升女性的劳动技能,增强其在劳动力市场上的谈判力与竞争力。如坚持女性在受教育机会上的平等权利,努力提升女性的受教育水平;加大对女性员工的技能培训,增强培训的针对性、专业性和实用性;建立健全关于保护女性劳动者合法权益的法律体系,努力监督和消除对女性的歧视,对劳动权益受损害的女性进行法律援助。

第五章 对外贸易影响劳动力
要素流动的集聚效应

之前的章节讨论了对外贸易对我国就业和收入的影响。长期来看，对外贸易带来不同地区就业和收入的变化，有可能导致人口朝着特定地区集聚，这种集聚的过程对地区的就业和收入可能产生复杂的影响。一方面，随着劳动力由低收入向高收入地区迁移，地区间的收入差距可能缩小；另一方面，高收入的地区由于人口的涌入，可能产生集聚效应，从而提高地区的就业率和收入水平，使得低收入和高收入地区的收入差距进一步扩大。总之，在考察对外贸易对劳动力市场的影响时，一个重要的维度是研究对外贸易如何影响劳动力在地理上的集聚。本章即主要对这一问题进行考察。

本章分为四个部分：第一部分建立关于个人区位选择的模型，从理论上考察对外贸易影响劳动力集聚的具体机制，并从进口和出口两个方面提出本章实证研究所要检验的结论；第二部分主要介绍中国人口集聚的测度和主要事实，为后文的计量分析奠定基础；第三部分通过考察地区关税削减和人口流动的关系，研究对外贸易是否通过进口竞争影响人口集聚；第四部分主要通过考察地区关税不确定下降和人口流动的关系，研究对外贸易如何通过出口扩张影响人口集聚。

第一节 对外贸易劳动力集聚效应的理论机制

一、基本理论机制

对外贸易对劳动力集聚的影响可以通过进口和出口两个方面来理解。

（一）进口对劳动力集聚的影响

进口对劳动力集聚的影响存在多个机制。在探讨进口的影响时,有必要区分最终品进口和中间品进口,两者对劳动力集聚的影响存在一定差异。先考虑最终品的进口。最终品进口的增加可能替代掉国内生产的商品,从而导致对国内劳动力需求下降,降低劳动力在区域层面的集聚。比如,黑龙江对汽车的进口增加,可能挤出黑龙江本土的汽车生产,从而导致黑龙江汽车行业劳动力的集聚减少。接下来再考虑中间品进口。一方面,中间品进口对劳动力集聚的影响比最终品进口更为复杂。对下游企业而言,如果中间品和劳动力在生产中是替代关系,那么中间品进口的增加会直接通过替代效应减少对劳动力的需求,减少集聚。但另一方面,中间品进口的增加有助于降低下游行业企业的边际成本,扩大生产,通过规模效应提高劳动力的需求。同时,对于上游企业而言,下游企业中间品进口的增加可能会减少对上游本土企业中间品的需求,从而减少劳动力的集聚。

总而言之,最终品进口对劳动力集聚主要体现为负面影响,而中间品进口对劳动力集聚的影响存在多种渠道,最终的效应方向不确定。

（二）出口对劳动力集聚的影响

出口对劳动力市场的影响是比较明确的。在开放经济的环境下,某行业的出口增加会导致该行业对劳动力需求的增加,从而增加劳动力的需求。同时,一个行业生产规模的扩大,可能通过投入—产出关系影响其他行业的生产,从而间接地刺激其他行业的劳动力需求,这又会进一步导致劳动力在地区范围内的集聚。即使是不直接受贸易影响的不可贸易品行业(如服务业),其劳动力需求也可能因为可贸易品行业出口的增加而上升。比如,如果钢铁的出口增加,有可能刺激物流、交通运输、邮政、信息服务等为钢铁行业提供服务的行业的发展。同时,钢铁出口的增加带来人的集聚,而人口集聚后所产生的消费需求也会推动当地餐饮、零售、生活服务等方面的发展。因此,在研究对外贸易对就业的影响时,需要充分考虑这种产业间的关联性。

二、地区选择的模型构建

接下来,我们将通过一个简单的理论模型阐述对外贸易对劳动力集聚的影响。考虑一个地区选择的静态模型，个体在给定目前所在地区的情况下，就是否要搬迁以及往哪里搬迁作出决策。假设个体的地区选择取决于地区工资水平以及其他因素的影响，如生活便利条件、是否靠近亲友、迁移至某个特定地区的成本等等。个体效用函数如下：

$$U_{isdt} = V_{sdt} + \varepsilon_{isdt} \qquad (5-1)$$

$$V_{sdt} = \alpha \ln w_{dt} + \mu_{sdt} + \eta_{sd} \qquad (5-2)$$

s 表示个体的迁出地，d 代表个体的迁入地。U_{isdt} 表示生活在迁出地区 s 的个体 i 在时期 t 移至迁入地区 d 所获得的效用。V_{sdt} 表示不同个体效用的平均值，ε_{isdt} 表示相对于平均值的个体偏差。迁入地区的效用均值取决于当地工资水平 w_{dt}，无法观测并随时间变化的地区特性 μ_{sdt}，以及不随时间变化的地区特性 η_{sd}。这些无法观测的变量反映了潜在迁入地区当地的生活设施配套情况。我们用 ε_{isdt} 表示特定地区组合 sd 的个体效用偏差，其来源包括亲友的远近、寻求改变的愿望等等。我们感兴趣的估计参数是 α，代表了工资在地区选择中的重要性。

个体对所有地区进行比较，选择前往能给其带来最大效用的地方生活。假设 ε_{isdt} 服从 I 类极值分布（type I extreme value distribution）并相互独立。位于迁出地 s 的个体在时期 t 选择到迁入地区 d 生活的概率 π_{sdt} 表达式为：

$$\pi_{sdt} = \frac{e^{V_{sdt}}}{D_{st}} \text{ 其中，} D_{st} = \sum_{d'=1} e^{V_{sd't}} \qquad (5-3)$$

在省略不可观测变量 η_{sd} 和 μ_{sdt} 的情况下，式（5-3）将简化为标准的条件 logit 模型。然而，考虑到这些不可观测变量反映了地区间距离、是否靠近亲友以及其他影响地区选择的重要因素，将它们去掉并不明智。为此，我们采用了斯坎伦、切尔纽、麦克劳林和索伦（Scanlon、Chernew、McLaughlin 和 Solon，2002）以及卡德那（Cadena，2007）发展出的研究移民问题的计量方法，通过一阶泰勒展开将不随时间变化的不可观测变量通过差分消去，从而得到以下等式：

$$d\ln S_{sd} - d\ln S_{ss} \approx \alpha(d\ln\omega_d - d\ln\omega_s) + \left[(d\mu_{sd} - d\mu_{ss}) + d\left(\frac{\varepsilon_{sd}}{\pi_{sd}}\right) - d\left(\frac{\varepsilon_{ss}}{\pi_{ss}}\right) \right]$$

$$(5-4)$$

观察值按照迁出地区和迁入地区的组合来定义。S_{sd} 为目前身处地区 s

的个体中选择迁入地区 d 的比例，S_{ss} 为目前身处地区 s 的个体中选择留在原地不动的比例。因此，式(5-4)左边为从地区 s 迁至地区 d 的个体比重变化率与继续留在地区 s 的个体比重变化率之差。这一双重差分结果消去率不随时间变化的不可观测变量 η_{sd}。我们感兴趣的变量是迁入地区 d 相对于迁出地区 s 的区域工资变化情况。从 $(d\ln\omega_d - d\ln\omega_s)$ 中可以看到，一个地区工资的增长会减少劳动力外流的比例，而其他地区工资的增长则会促进劳动力外流。接下来，我们将把对外贸易引进工资的决定当中。

（一）进口与劳动力集聚：关税削减的影响

我们首先考察进口如何通过影响工资从而影响劳动力的集聚。由于进口量是内生的，我们必须假设一个影响进口的外生冲击。此处我们考察关税削减的影响。通常认为关税的下降会促进进口，从而带来进口竞争的增加。为考察关税削减的工资效应，我们采用了科瓦克（Kovak，2013）提出的特定要素模型。假设国内有多个区域，用 r 表示（城市）。每个区域内有多个产业（用 i 表示）。劳动力在不同产业间可以自由流动。生产由劳动力（L）以及另一种行业特定的要素（T）进行。要素 T 可以增加其所在行业劳动力的边际产出，可以将 T 理解为工业部门所依赖的矿产资源、产业集群，或是农业部门依赖的农地。假设生产技术为规模报酬不变，并且对于同一行业，不同地区生产技术相同。商品市场为完全竞争。所有地区面临相同的商品价格 P_i。我们假设行业层面的关税 τ_i 会影响该行业的产品价格。

计劳动力工资为 w，可以证明，商品价格变化与劳动力工资变化之间会存在以下关系：

$$\hat{w}_r = \beta_{ri}\,\hat{P}_i \tag{5-5}$$

其中，

$$\beta_{rt} = \left(\lambda_{rt}\,\frac{\sigma_{ri}}{\theta_{ri}}\right) \Big/ \left(\sum_{i'=1}\lambda_{ri'}\,\frac{\sigma_{ri'}}{\theta_{ri'}}\right) \tag{5-6}$$

$\lambda_{ri} = L_{ri}/L_r$ 为行业 i 在区域 r 所占的劳动力份额，σ_{ri} 为劳动与特定要素的替代弹性，θ_{ri} 为特定要素 T 在区域 r 行业 i 的总成本中所占份额。

式(5-5)揭示了产品价格变化与某区域劳动力工资收入变化的关系。直观地说，某区域劳动力收入的变化由该地区各行业产品价格变化的加权平均决定，权重可近似地理解为某行业在某区域总就业中的占比。如果某行业劳动力在该区域占比较大,那么这一行业价格下降导致该区域劳动力工资收入下降的效应更为明显。

进一步,某行业 i 关税的下降会导致该行业产品的价格 P_i 下降,从而导致该地区工资的下降。该地区工资变动与关税变动的关系可表示为:

$$\hat{w}_r = \beta_{ri}\eta_i\hat{\tau}_i \qquad (5-7)$$

其中, $\eta_i = (\partial P_i/\partial \tau_i) \times (\tau_i/P_i)$ 表示价格对关税的弹性,即"关税传递率"。由式(5-7)可知,关税会通过降低该行业产品价格,间接影响该区域劳动力的工资收入。某行业关税变动对工资的影响取决于两方面因素:一是该行业的关税传递率;二是该行业在区域内的就业占比。

式(5-7)还说明,地区层面工资收入的变动可表示为该地区用各行业劳动力占比作权重所计算的一个平均关税变动的函数。我们将此称作"地区层面平均关税"。

为了直观说明上述模型揭示的传导机制,我们可考虑上文模型的一个简化版。假设经济中只有两个行业:制造业与非制造业。在这一简化模型下,制造业关税减免对经济均衡的影响可通过图5-1表示。

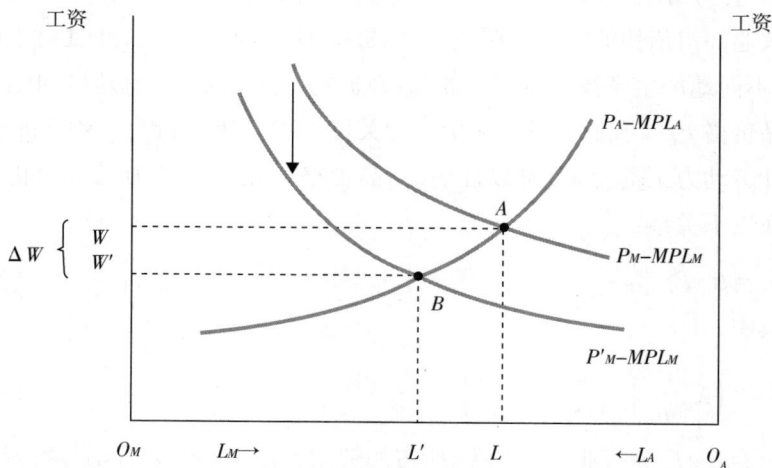

图5-1　制造业关税下降的影响

在图5-1中,横轴为制造业与农业部门的劳动力数量,纵轴为工资。向右下方倾斜的曲线代表了制造业部门的劳动力需求,而向左下方倾斜的曲线代表了农业部门的劳动力需求。经济的初始均衡点为 A 点。在均衡时,制造业与农业部门的工资水平相同,均为 W,同时有 O_ML 的劳动力在制造业部门就业,O_AL 的劳动力在农业部门就业。

现在考虑制造业关税下降的效果。制造业关税下降直接体现为制造业产品的价格降低,这导致制造业部门的劳动力需求减少(制造业劳动力需求曲线左移)。新的均衡点为 B 点。工资由 W 变为 W',制造业劳动力数量由 O_ML 变为 O_ML',同时农业部门劳动力由 O_AL 变为 O_AL'。

从该模型中我们看到,关税削减会减少地区的工资水平。其直觉告诉我们:制造业产品价格的下降导致制造业劳动需求降低。若工资不降低,经济中对劳动力的总需求将会小于总供给,无法实现劳动力市场出清。唯一让经济重归均衡的途径是降低整个地区的工资水平。

将式(5-7)代入式(5-4),可以得到:

$$d\ln S_{sd} - d\ln S_{ss} = \alpha(\Delta RTC_d - \Delta RTC_s) + v_{sd} \tag{5-8}$$

其中,ΔRTC_d 表示目的地 d 的关税变动,ΔRTC_s 表示来源地 s 的关税变动。$v_{sd} = (d\mu_{sd} - d\mu_{ss}) + [d(\frac{\varepsilon_{sd}}{\pi_{sd}}) - d(\frac{\varepsilon_{ss}}{\pi_{ss}})]$ 为误差项。式(5-8)清晰地说明了地区层面的关税削减如何影响人口的集聚。$d\ln S_{sd} - d\ln S_{ss}$ 可以被看作是人口由 s 地流向 d 地的迁移概率,由式(5-8)可以看出,这一概率取决于目的地 d 与来源地 s 的关税变动之差。具体而言,如果目的地 d 相对于来源地 s 关税下降比较多($\Delta RTC_d - \Delta RTC_s$ 较小),则人口由 s 地流向 d 地的迁移概率较小($\alpha > 0$)。由此,我们得到第一个待验证假说:

假说 1:关税下降导致的进口增加将增加人口净流出。

(二) 出口与劳动力集聚

采用与上述类似的分析方法,我们可以考察出口与劳动力集聚的关系。例如,假设中国的出口目的国对中国降低关税,中国对该出口目的国的出口会增加。出口增加将导致对劳动力的需求增加,从而提高当地的工资水平。在劳动力可以跨地区流动的情况下,这会导致劳动力流入。这一结论在众多的标准贸易模型中均成立。例如,在伊顿和科图姆(Eaton 和 Kortum,2002)的模型中,地区的工资水平直接和当地的出口额相关联。出口增大,工资提高。雷丁(Redding,2016)以及汤姆贝和朱(Tombe 和 Zhu,2015)证

明,在允许劳动力跨地区流动的情况下,这会导致劳动力向出口扩张的地区集聚。据此,我们得到第二个待验证假说:

假说 2:外部关税下降导致的出口增加会增加劳动力的净流入。

在后文中,我们将对理论模型中提出的两个假说进行实证分析。

第二节　中国劳动力集聚的典型事实

本节中我们将描述中国劳动力集聚的一些典型事实。这些事实一方面有助于我们了解中国当前劳动力的地区分布情况,另一方面为我们在第三节分析对外贸易与劳动力集聚打下基础。我们将首先介绍本章对劳动力集聚的定义,接下来介绍数据和测算方法,最后汇报主要典型事实。

一、劳动力集聚的定义:人口流动

劳动力的集聚自然涉及人口的流动。因此,在本章中,我们将用人口的流动情况来衡量集聚。人口净流入的地区集聚程度增加,而人口净流出的地区集聚程度减少。因为户籍制度(也称为家庭注册制度)的存在,有关国内人口流动的研究在中国受到高度关注。中国在 20 世纪 50 年代初正式建立了户籍制度,以控制民众在城市与农村地区间的流动。这一政策工具也是早期五年计划所推动的"大跃进"工业化战略的一部分。该战略旨在建立一个双层的经济体系:一是位于城市地区的工业体系,这是"大跃进"发展的核心;二是农业体系,作为工业的廉价原材料来源。

个人被大致地划分为"农村"或"城市"户口。劳动力若想从农村迁移至城市地区从事非农工作,则必须向相关政府部门提出申请。获准进行此类迁移的劳动者人数受中央政府严格限制。在户籍制度下,外来人员最多需要通过六道审批手续才能前往外省务工。在政府许可地区或者自己家乡以外地区工作的个人,将无法享受粮食配给、由雇主提供的福利住房或者医疗服务,在子女教育、工作机会以及婚姻等方面也将受到限制。所有这些措施显著限制了中国国内的人口流动。

户口分为两种类型。个人被划分为"农村"或者"城市"居民。在户籍制度施行初期(20 世纪 60—80 年代),拥有"城市"(非农)户口的个人能够享受国家提供的多种公共服务,包括住房、就业、粮食配给、教育和医疗等。与此同时,具有"农村"(农业)户口的群体则基本只能自给自足,几乎得不到政府转移支付。户口所在地(注册地)限定了个人在某个特定地区享受公共服务的权利。户口类别决定了个人所能得到的公共服务与福利种类(通常由中央政府决定),户口所在地则明确了个人能在哪里享受这些服务。因此,生活在城镇的居民中既有部分为农业户口,也有部分为非农户口。除了外国国籍者之外,任何一个城市都根据户口状态划分为四类居民:拥有本地非农户口的个人、拥有本地农业户口的个人、拥有外地非农户口的个人、拥有外地农业户口的个人。

20 世纪 90 年代之前,任何正式的永久迁移都涉及个体权利状态以及/或者居住地的改变,这需要得到中央政府的批准。通常获批人数占非农户籍人口比重被限制在 0.15%—0.2% 之间。非农户籍人口增加带来的财政负担主要由中央政府承担。

直到 1978 年以前,户籍制度得到了严格的执行。几乎所有居民都在他们的法定居住地生活。20 世纪 80 年代初期,不在法定居住地生活的个体人数仅占全国总人口的 0.6%(Chan,2009)。随着改革开放拉开序幕,城市地区快速发展的工业对于非技术工人的需求开始上升,户籍制度执行的严格程度显著降低。当时已有观点认为,户籍制度对经济发展构成了阻碍。1992 年和 1998 年下发的国务院文件开始赋予地方政府权限,使其可以将本地城市户口授予某些经过筛选的个人。这些个人通常是外来投资者,或是受过高等教育并在当地城区拥有住所的劳动者。改革还允许取消了对农业户口与非农户口的性质区分,不过对这一政策的执行在地区间存在差异,仅有少数省份(例如广东、浙江、上海、河北和江苏)在 2000 年年初宣布将在某些镇级市或县级市取消二元户口划分。中国加入世贸组织进一步推动了户籍制度改革,以促进劳动力自由流动和经济发展。受此影响,自 20 世纪 90 年代以来,中国经历了大规模的劳动力流动。

二、劳动力流动的测度指标

(一) 数据

本章所采用的数据来自 2005 年 1% 人口抽样调查的 20% 微观子样本

（以下简称"小普查"）。小普查数据提供了个人的性别、年龄、教育程度、职业、行业等个人信息，同时记录了受访者目前的居住地。在这些信息之外，为了识别流动人口，我们还用到了两个重要的信息。第一，受访者的户口登记地。户口登记地状态分为：（1）本乡（镇、街道）；（2）本县（市、区）其他乡（镇、街道）；（3）其他县（市、区）。对于属于类型（3）的个人，还进一步记录了其户口所在县（市、区）。第二，受访者五年前常住地，具体分为：（1）省内；（2）省外，若属于省外，还进一步记录是哪一省份。

由于本章主要研究对外贸易对劳动力集聚的影响，关注劳动力市场对国际贸易的调整，因此在之后的分析中，我们将样本限定在劳动适龄人口，即男性 16—60 岁，女性 16—55 岁。

（二）测度

在定义本章所用的人口流动测度指标之前，有必要对中国地方政府的组织架构有一个清晰认识。地方政府按级别由高到低可以划分为省级、地级和县级。中国共有 31 个省级地方政府，包括 27 个省（自治区）和 4 个省级直辖市。每个省又可以进一步划分为地级行政区。每个地级行政区都有一个中心地级市（PLC），该市具有地级行政级别，并有权管辖周边县级行政区。每个地级市连同其下辖县级行政区构成了一个地级行政区。除了前文提到的 4 个省级直辖市以外，中国目前共有 333 个地级行政区。

为避免混淆，我们用"地级行政区"指代中心地级市和从属于该地区的县级行政区组成的地级行政单位。用"地级市"指代与地级行政区同名的地区级城市，用"县级行政区"指代任何县或县级市。

以下的树形图（见图 5-2）概括了一省之内的行政划分。每个省都由多个地级行政区组成，每个地级行政区则包括各自的地级市和归属地级市管理的几个县。一个地级市主要由属于城市地区的多个区组成。每个县则由"街道"（subdistrict，属于城市地区）和"镇"（城市或农村地区）组成。更近一步，街道之下还有"社区"（community，属于城市地区），镇则由镇区（城市）和乡（农村）组成。

户籍制度要求每位中国公民都在某一地区完成户口登记。实际操作中，这意味着每个人的户口记录都含有一个细化到街道的地址作为这个人的登记地址。例如，某人的户口登记地址可以是"中国江苏省南京市老城

```
                    ┌──────────────┐
                    │    P 省       │
                    └──────────────┘
                   ╱                ╲
        ┌──────────────┐      ┌──────────────┐
        │ 地级行政区 R  │      │ 地级行政区 S  │
        └──────────────┘      └──────────────┘
                             ╱              ╲
                  ┌──────────────┐    ┌──────────────┐
                  │ 县级行政区 R  │    │ 县级行政区 C  │
                  └──────────────┘    └──────────────┘
                 ╱            ╲        ╱            ╲
      ┌──────────────┐ ┌────────────────┐ ┌──────────────┐ ┌────────────────┐
      │ 区 S1(城市)   │ │ 区 S2(城市/农村) │ │ 街道(城市)    │ │ 镇(城市/农村)   │
      └──────────────┘ └────────────────┘ └──────────────┘ └────────────────┘
```

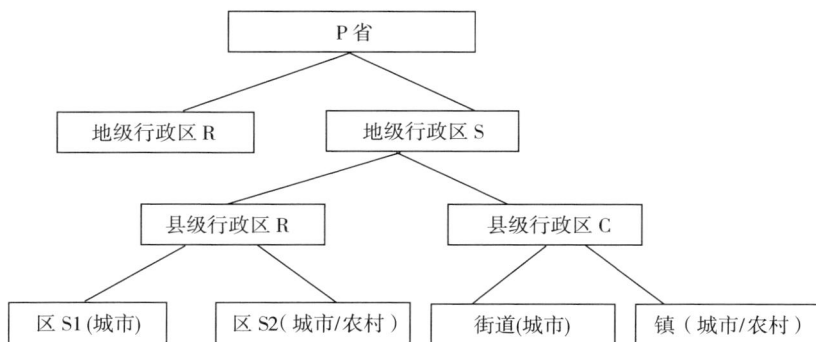

图 5-2 中国的行政区划

区城市路 100 号 222 室"。鉴于户口登记记录旨在及时反映每个人身居何处,并精确到了街道门牌号,因此即便在一县之内从一套住宅搬往另一套住宅也需要修改个人户口登记信息。自然,在一县之内改变户口地址比从一个县改到另一个县要容易得多。

本章中我们对中国国内劳动力流动情况的分析建立在人口普查数据的居民户口信息上。因此,有必要就劳动力流动作明确定义。出于分析的需要,我们所采用的假设是,劳动力流动政策由地级行政层级制定。更进一步,我们重点关注跨城市劳动力流动,而忽略城市之内的劳动力流动。因此在我们的研究中,中国国内的流动劳动力是指跨城市迁移的个体。根据流动劳动力在目的地城区是否拥有户口,我们又将其划分为"部分"流动人口和"完全"流动人口。具体定义如下。

(1)"部分"流动人口是指该个人不具有目前所居住城市的本地户口。这一群体可以通过人口普查数据中"户口登记类型"信息识别出来;只要户口登记类型为"已在别处登记",那么此人相对于他目前所在的地区而言,就属于"部分流动人口"。

(2)"完全"流动人口是指个体跨城市迁移,并且将户口登记地改为了目前的住所地址。由于人口普查数据提供不了有关个体迁移的历史信息,对"完全"流动人口的识别需要依靠多个合理假设。我们只能观察到个体目前的户口登记地和户口登记类型,以及在此之前个体在哪里生活,但看不到个体此前的户口登记地。因此,我们将完全流动劳动力定义为早前居住地址位于其他地区的本地居民。注意我们可以进一步区分省内完全流动劳动力和跨省完全流动劳动力。当人们在一省之内迁移，并将户口登记地改为省内的另一个县时，就发生了省内完全流动。当流动人口跨越省界时，则发生跨省完全流动。

图 5-3 展示了本书对流动人口的界定和测算。需要说明的是，本书所采用的统计口径不能完整地统计到所有的流动人口。主要原因在于：第一，在某市登记户口，但并不在该市居住的居民，是观测不到的；第二，由于人口普查问卷中只统计了 5 年前居住省的信息，而没有居住市的信息，因此对于

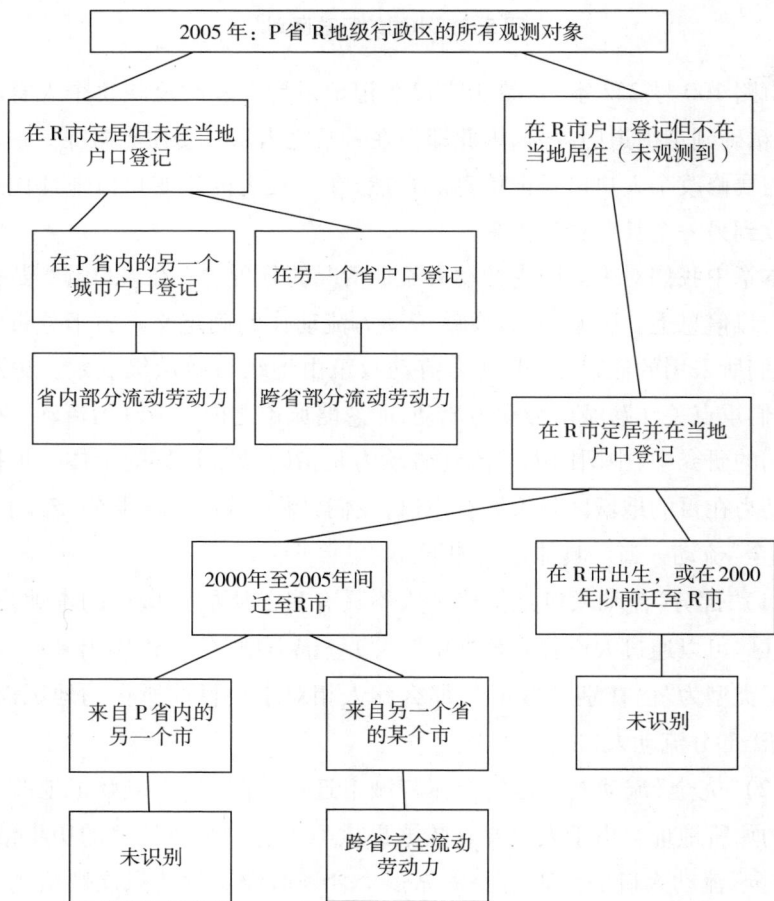

图 5-3　2005 年人口普查的受访者成分构成

省内完全流动人口,我们无法识别;第三,如果受访者在居住市出生,或在 5
年之前迁至居住市,我们也无法识别。基于这些原因,本章所测算的流动人
口仅是所有流动人口总量的一部分。

(三) 流动人口的典型事实

表 5-1 汇报了 2005 年普查数据中流动人口的总量以及流动人口占总
人口的比例。2005 年,劳动力适龄人口大约为 8.3 亿人,其中流动人口数
目约为 6700 万人,占总人口数的 8%。再看不同省份,不同省份流动人口的
比例体现出较大的差异性。北京、上海、广东三省(直辖市)的流动人口比
例最高,分别达到 28%、33% 与 32%。而浙江、江苏、福建等沿海发达省份也
有着较高的流动人口比重。相比之下,中西部以及北方地区的流动人口比
例较低,大部分省份的流动人口比例均在 5% 以下。

表 5-1　各省(自治区、直辖市)流动人口总数与流动人口比例

省份	总人数(万人)	流动人口数(万人)	流动人口比例
北　京	1124	314	0.28
天　津	733	105	0.14
河　北	4709	96	0.02
山　西	2244	66	0.03
内蒙古	1685	122	0.07
辽　宁	2861	157	0.06
吉　林	1889	53	0.03
黑龙江	2644	105	0.04
上　海	1300	432	0.33
江　苏	4948	601	0.12
浙　江	3271	641	0.20
安　徽	4017	123	0.03
福　建	2321	373	0.16
江　西	2438	68	0.03
山　东	6098	223	0.04
河　南	6002	82	0.01
湖　北	3616	131	0.04
湖　南	3992	112	0.03

续表

省份	总人数（万人）	流动人口数（万人）	流动人口比例
广　东	6508	2070	0.32
广　西	2608	84	0.03
海　南	536	44	0.08
重　庆	1687	70	0.04
四　川	4806	172	0.04
贵　州	2104	87	0.04
云　南	2857	128	0.04
西　藏	193	5	0.03
陕　西	2518	66	0.03
甘　肃	1706	32	0.02
青　海	338	17	0.05
宁　夏	385	17	0.04
新　疆	1326	103	0.08
总　计	83464	6699	0.08

数据来源：笔者采用 2005 年小普查数据计算。

上面我们将流动人口分为了"部分流动人口"和"完全流动人口"两类。简而言之，部分流动人口是没有拿到现居住地户口的居民，而完全流动人口是已经拿到现居住地户口的居民。在表 5-2 中，我们计算了两类占流动人口总数的比例。总体来看，部分流动人口是流动人口的主体，占到了所有流动人口的 88%。值得说明的是，由于本书的"完全流动人口"仅包含了在 2000—2005 年之内进行流动的居民，而遗漏掉了在 2000 年之前进行迁移的居民，因此可能对完全流动人口的真实规模产生较大程度的低估。同时也可以看到，虽然完全流动人口总的来说所占比例较低，但最主要还是体现在北京、上海、广东等发达省（直辖市），其完全流动人口比例不到 5%，体现了这些省（直辖市）比较严格的户籍政策，而江西、贵州、四川等经济发展相对较为落后的省份，完全流动人口的比例大约在 25%—48% 之间。

表 5-2 的后两列中，我们将流动人口划分为跨省流动人口与省内流动人口，并计算其在总流动人口中的比例。所有省份平均来看，跨省流动人口占 58%，省内流动人口占 42%。同时可以看到，经济比较发达的地区，如北

京、天津、上海、浙江,跨省流动人口的比例比较大,高于 90%,体现了这些地区对外省务工人员的吸引力。而经济欠发达的省份,如安徽、四川、河南,省内流动人口比例相对较高,大约在 60%—70% 之间。

表 5-2　不同类型流动人口占比

省份	无本市户口（部分流动）	有本市户口（完全流动）	跨省流动	省内流动
北　京	0.96	0.04	0.99	0.01
天　津	0.91	0.09	0.99	0.01
河　北	0.90	0.10	0.69	0.31
山　西	0.97	0.03	0.53	0.47
内蒙古	0.97	0.03	0.50	0.50
辽　宁	0.95	0.05	0.58	0.42
吉　林	0.90	0.10	0.52	0.48
黑龙江	0.97	0.03	0.27	0.73
上　海	0.99	0.01	0.98	0.02
江　苏	0.95	0.05	0.66	0.34
浙　江	0.96	0.04	0.90	0.10
安　徽	0.62	0.38	0.36	0.64
福　建	0.96	0.04	0.73	0.27
江　西	0.52	0.48	0.52	0.48
山　东	0.94	0.06	0.48	0.52
河　南	0.85	0.15	0.33	0.67
湖　北	0.78	0.22	0.34	0.66
湖　南	0.76	0.24	0.30	0.70
广　东	0.99	0.01	0.78	0.22
广　西	0.81	0.19	0.38	0.62
海　南	0.89	0.11	0.57	0.43
重　庆	0.71	0.29	0.56	0.44
四　川	0.74	0.26	0.33	0.67
贵　州	0.66	0.34	0.53	0.47

续表

省份	无本市户口 （部分流动）	有本市户口 （完全流动）	跨省流动	省内流动
云　南	0.97	0.03	0.52	0.48
西　藏	0.98	0.02	0.65	0.35
陕　西	0.93	0.07	0.50	0.50
甘　肃	0.91	0.09	0.42	0.58
青　海	0.98	0.02	0.58	0.42
宁　夏	0.95	0.05	0.54	0.46
新　疆	0.96	0.04	0.79	0.21
平　均	0.88	0.12	0.58	0.42

数据来源：笔者采用 2005 年小普查数据计算。

　　表 5-3a 汇报了流动人口的行业和教育水平分布情况。从行业方面看，48%的流动人口集中在制造业，另有 36%集中在服务业。因此，制造业和服务业是吸纳流动人口的两个主要行业。当然，这两个行业中流动人口多，可能仅仅是由于这两个行业本身比较大，而不是因为这两个行业中流动人口占该行业就业人口的比例高。为了进一步分析哪些行业中流动人口的比例较高，表 5-3b 计算了不同行业中流动人口占总就业人口的比例。可以看到，制造业是流动人口比例最高的行业，其流动人口占比为 29%，此外，建筑业也有较高的流动人口占比(18%)，服务业中的流动人口占比为(13%)。其他的行业中，流动人口的占比均在 10%以下。

　　从教育方面看，流动人口中初中学历的人数最多，占所有流动人口的53%，其次是小学学历(18%)、高中学历(17%)、大学专科及以上学历仅占流动人口的不到 10%。当然，这可能反映的是中国劳动力教育水平整体偏低的现象。因此在表 5-3b 中，我们汇报了不同教育程度的人口中流动人口的占比。可以看出，总体而言，流动人口的比例随着教育程度的增加而上升。未上过学和小学人口中，流动人口比例分别为 4%和 6%，而在大学专科、大学本科和研究生及以上学历的人口中，流动人口比例分别占到了8%、12%和 16%。因此，高教育水平的人比低教育水平的人体现出更高的地域流动性，这也和文献中其他国家的经验事实一致。

表 5-3a　流动人口的行业和教育水平分布

	人数（万人）	份额
行业		
农业	408	0.07
采矿业	61	0.01
制造业	2677	0.48
电力、燃气及水的生产和供应业	21	0.00
建筑业	435	0.08
服务业	1995	0.36
教育水平		
未上过学	193	0.03
小学	1207	0.18
初中	3577	0.53
高中	1117	0.17
大学专科	344	0.05
大学本科	239	0.04
研究生及以上	25	0.00

表 5-3b　不同行业和教育水平劳动力中流动人口占比

行业	
农业	0.01
采矿业	0.07
制造业	0.29
电力、燃气及水的生产和供应业	0.04
建筑业	0.18
服务业	0.13
教育水平	
未上过学	0.04
小学	0.06
初中	0.09
高中	0.08
大学专科	0.08
大学本科	0.12
研究生及以上	0.16

数据来源：笔者采用 2005 年小普查数据计算。

表 5-4 汇报了各省(自治区、直辖市)的流入人口与流出人口,以显示中国人口流动的主要方向。可以看到,北京、上海、广东是主要的人口流入地,其流入人口占总人口的比重分别为 28%、33%、25%。此外,浙江、福建、天津等地也有较高的人口流入比,均在 10% 以上。与此对应,内陆较为欠发达的省份,如安徽、湖南、湖北、江西、广西、四川、重庆、贵州,构成了中国主要的人口流出地。其流出人口占总人口数的比重在 10% 左右。从数量上看,广东是第一大人口净流入省,净流入人口达到 1470 万人,浙江、上海、北京分列净流入人口数的第二、三、四位。四川是最大的人口净流出省,净流出人口为 458 万人。安徽、湖南、河南分别位人口净流出的第二、三、四位。

表 5-4 各省(自治区、直辖市)流入人口、流出人口及净流入人口及占比

省份	流入人口(万人)	流出人口(万人)	净流入人口(万人)	流入人口占比(%)	流出人口占比(%)	净流入人口占比(%)
北 京	312.20	27.94	284.25	28	2	25
天 津	103.63	11.71	91.93	14	2	13
河 北	69.72	133.01	-63.29	1	3	-1
山 西	36.34	43.21	-6.87	2	2	0
内蒙古	62.72	58.53	4.19	4	3	0
辽 宁	94.88	49.50	45.38	3	2	2
吉 林	30.47	70.29	-39.82	2	4	-2
黑龙江	30.14	134.82	-104.69	1	5	—
上 海	424.58	32.72	391.86	33	3	30
江 苏	407.47	187.33	220.14	8	4	4
浙 江	581.29	134.07	447.22	18	4	14
安 徽	74.65	529.87	-455.22	2	13	-11
福 建	277.38	97.43	179.96	12	4	8
江 西	50.72	328.01	-277.28	2	13	-11
山 东	114.55	135.85	-21.31	2	2	0
河 南	35.36	432.57	-397.21	1	7	-7

续表

省份	流入人口（万人）	流出人口（万人）	净流入人口（万人）	流入人口占比（%）	流出人口占比（%）	净流入人口占比（%）
湖　北	63.51	354.91	-291.40	2	10	-8
湖　南	52.40	455.01	-402.62	1	11	-10
广　东	1620.00	151.35	1470.00	25	2	23
广　西	41.92	273.37	-231.45	2	10	-9
海　南	26.98	18.44	8.54	5	3	2
重　庆	48.89	219.31	-170.41	3	13	-10
四　川	86.30	544.68	-458.38	2	11	-10
贵　州	59.70	224.66	-164.97	3	11	-8
云　南	68.61	73.46	-4.85	2	3	0
西　藏	3.32	2.60	0.73	2	1	0
陕　西	35.62	104.61	-68.99	1	4	-3
甘　肃	15.11	65.24	-50.14	1	4	-3
青　海	10.15	9.22	0.94	3	3	0
宁　夏	9.42	8.20	1.22	2	2	0
新　疆	82.47	18.50	63.97	6	1	5

数据来源：笔者采用 2005 年小普查数据计算。

从这些事实可以看出,中国的人口流动基本遵循由欠发达地区流向发达地区的规律,人口不断地向经济发达的大城市集聚,是中国人口迁移的主要特征之一。同时可以看到,大多数经济发达省份位于沿海地区,对外贸易相对便利。特别是广东省,更是我国对外贸易最为发达的省份。因此,数据的初步分析可以看出,对外贸易有可能对我国的人口流动和空间集聚产生重要的影响。在下面的章节中,我们将会采用严谨的计量方法对这一命题进行考察。

第三节　进口关税削减与劳动力集聚的实证检验

接下来,我们采用计量模型对对外贸易与劳动力集聚的影响进行实证检验。第三节主要考察进口因素对劳动力集聚的影响。具体而言,我们考察地区层面进口关税削减如何影响劳动力的流动。第四节主要考察出口因素对劳动力集聚的影响。具体而言,我们考察地区层面出口关税不确定性的消除如何影响劳动力的集聚。

一、进口关税削减与劳动力集聚:计量模型

为了考察进口关税削减对劳动力流动的影响,我们采用以下回归方程:

$$Migration_c = \alpha + \beta \Delta RTC_c + X_c + v_p + \varepsilon_c \tag{5-9}$$

其中, $Migration_c$ 表示2000—2005年城市 c 的人口流动情况。我们将用多个指标来测算劳动力的流动,包括:净流入人口占比(2000—2005年净流入人口占2005年总人口之比),流入人口占比(2000—2005年流入人口占2005年总人口之比),以及流出人口占比(2000—2005年流出人口占2005年总人口之比)。需要说明的是,由于在城市层面,人口普查无法识别流出人口,因此,我们在考察流出人口占比和净流入人口占比时,都只包含了"部分流动人口"。从表5-2可以看到,部分流动人口占到总流动人口的接近90%,因此仅包含部分流动人口产生不应该大幅度影响我们的估计结果。回归的关键自变量 ΔRTC_c (Regional Tariff Change)表示地区层面的进口关税变动,构建方法将在下一段中具体介绍。在回归中我们包含了其他的城市层面控制变量 X_c ,以控制非关税壁垒以及国内劳动力市场政策对估计结果的影响。同时,回归包含了省份层面的固定效应 v_p ,由于回归方程为长差分形式,省份层面的固定效应吸收了所有随时间变化的省份层面的宏观冲击。因此,我们通过同省内部不同城市所受关税冲击的差异来识别关税削减的影响。

参照托帕洛夫(Topalova,2010)以及科瓦克(Kovak,2013)的方法,我们采用如下公式构建这一指标:

$$\Delta RTC_c = \sum_{j=1} \lambda_{jc,2001} \Delta Tariff_j \tag{5-10}$$

其中,

$$\lambda_{jc,2001} = \frac{L_{jc,2001}}{\sum_{j'=1} L_{j'c,2001}} \tag{5-11}$$

其中，c 表示城市，j 表示行业。Δ 表示 2004 年与 1999 年的长差分。$Tariff_j$ 表示行业的关税水平。L_{jc} 表示某城市—行业的劳动力数量。[①] 从式（5-8）可以看出，城市层面关税变化是行业层面关税变化的加权平均，权重为某行业在初始年份（1999 年）占某城市劳动力总量的份额。直觉上讲，如果某行业在该城市所占的就业份额比较大，那么这一行业的关税削减会对该城市的工资增长带来更大的影响。ΔRTC_c 的差异一方面来自不同行业关税削减幅度的差异，另一方面来自不同城市在中国加入 WTO 之前产业结构的差异。

对这一指标有几点需要说明：（1）关税和就业权重都只包括了可贸易品部门。原则上，贸易自由化也可以在不可贸易部门（如服务业）发生，我们没有将不可贸易部门的贸易自由化放进指标主要基于几点考虑。第一，服务业的贸易自由化难以量化，至少难以体现在关税削减上。一个可能的做法是将服务业的关税削减设为 0，但这又会低估服务业贸易自由化的程度。第二，在一般均衡的框架下，不可贸易品的价格会受到可贸易品部门关税削减的影响。科瓦克（Kovak，2013）证明了在考虑一个不可贸易部门与多个可贸易部门的情况下，不可贸易部门的价格变化等于可贸易部门价格变化的加权平均。在这种情况下，地区工资的变化恰好等于仅采用可贸易部门就业权重与关税数据计算出的地区关税削减。因此，从理论上讲，仅采用可贸易部门计算地区关税指标是比包括不可贸易部门并将其关税变动设为 0 更合适的做法。（2）我们采用这一指标主要希望考察地区工资增长与关税变动直接的"简化式"（reduced form）关系，对背后的理论模型没有做具体的假设。然而，地区关税指标是可以在特定要素模型的框架下被推导出来（Kovak，2013），但形式稍有不同。我们将在稳健性检验中采用与特定要素模型一致的地区关税指标进行考察。

二、城市层面进口关税削减的描述统计

图 5-4 展示了 2001—2006 年间的城市层面关税水平。城市层面关税

---

① 为了计算分地区—行业的就业权重，我们采用了中国工业企业数据库 2001 年的数据，将其加总到城市—行业层面。

在加入 WTO 的 5 年间由 15%下降到 9%。更重要的是,不同城市的关税下降程度存在明显的差异。表 5-5 列举了关税削减程度最大的 5 个城市和最小的 5 个城市。关税下降最大的城市(十堰市)的关税下降了 19 个百分点,而关税削减最小的城市(七台河市)关税下降幅度不到 1%。城市层面关税削减的差异来自两个原因:(1)不同行业关税削减程度不同。(2)不同地区的产业结构存在差异。我们接下来对这两个方面分别进行考察。首先,表 5-6 汇报了不同行业的关税在 2001 年和 2006 年的变化情况。不同行业关税削减幅度体现了极大的差异性,关税的下降主要集中在饮料制造业、家具制造业、烟草制造业、农副食品加工业等最终品制造行业,关税削减幅度超过 10 个百分点。而有色金属矿采选、石油炼焦以及金属制品等重工业和中间产品生产行业关税下降幅度较小,仅有 1—2 个百分点。

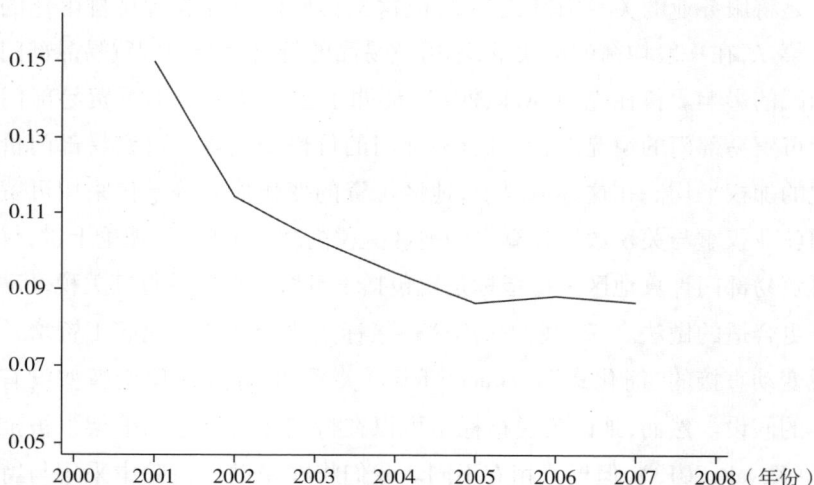

图 5-4　城市层面关税水平

进一步,表 5-5 第(6)和第(7)列汇报了每个城市的第一大行业及其在该城市中的就业份额。可以看出,关税下降幅度较大的城市就业主要集中在农副食品加工业、饮料制造业等轻工业行业,而关税下降幅度较小的城市就业主要集中在采矿业、金属冶炼等重工业行业。此外可以看到,一些城市工业部门的产业结构是较为单一的。例如湖北十堰市,交通运输设备制造业占到其工业就业比重的 72.9%,云南保山市农副食品加工业占到其就业比重的 40.5%。这种相对单一的产业结构意味着行业层面的关税削减有可能对该地区的劳动力市场产生明显的冲击。

表 5-5　2001 年和 2006 年地区关税削减的城市分布

城市	省份	2001 年关税	2006 年关税	关税变化	主要产业	主要产业就业份额
关税削减程度最大的 5 个城市						
十　堰	湖　北	0.341	0.155	−0.187	交通运输设备制造业	0.729
保　山	云　南	0.344	0.209	−0.135	农副食品加工业	0.405
湛　江	广　东	0.276	0.156	−0.120	农副食品加工业	0.265
亳　州	安　徽	0.216	0.101	−0.115	饮料制造业	0.260
周　口	河　南	0.235	0.122	−0.113	纺织业	0.315
关税削减程度最小的 5 个城市						
长　治	河　北	0.076	0.064	−0.012	煤炭开采和洗选业	0.353
鹤　岗	黑龙江	0.060	0.050	−0.010	煤炭开采和洗选业	0.831
金　昌	甘　肃	0.058	0.049	−0.009	有色金属延压加工业	0.779
鹰　潭	江　西	0.059	0.050	−0.009	有色金属延压加工业	0.697
七台河	黑龙江	0.056	0.047	−0.009	煤炭开采和洗选业	0.885

表 5-6　2001 年和 2006 年行业关税及变化

行业代码	行业名称	2001 年关税	2006 年关税	关税变化
15	饮料制造业	0.427	0.233	−0.194
21	家具制造业	0.205	0.015	−0.190
16	烟草制造业	0.463	0.315	−0.148
13	农副食品加工业	0.283	0.165	−0.117
14	食品加工业	0.265	0.166	−0.100
28	化学纤维制造业	0.141	0.043	−0.098
17	纺织业	0.208	0.113	−0.094
40	通讯设备、计算机及其他电子设备制造业	0.147	0.059	−0.087
37	交通设备制造业	0.194	0.110	−0.084

续表

行业代码	行业名称	2001 年关税	2006 年关税	关税变化
11	开采辅助活动	0.217	0.133	−0.084
36	专用设备制造业	0.137	0.055	−0.082
30	塑料制造业	0.175	0.103	−0.072
42	工艺品及其他制造业	0.204	0.135	−0.069
22	造纸及纸制品业	0.125	0.057	−0.069
24	文教体育用品制造业	0.194	0.127	−0.067
20	木材加工及木、竹、藤、棕、草制品业	0.114	0.047	−0.067
18	纺织服装、鞋、帽制造业	0.240	0.176	−0.065
41	仪器仪表及文化、办公用机械制造业	0.133	0.071	−0.062
39	电气机械及器材制造业	0.170	0.114	−0.057
23	印刷业和记录媒介的复制	0.099	0.044	−0.055
19	皮革、毛皮、羽毛(绒)及其制品业	0.200	0.149	−0.052
35	通用设备制造业	0.134	0.085	−0.049
27	医药制造业	0.097	0.052	−0.045
29	橡胶制造业	0.176	0.138	−0.039
31	非金属矿物制品业	0.152	0.114	−0.038
26	化学原料及化学制品制造业	0.117	0.085	−0.032
7	石油和天然气开采业	0.050	0.020	−0.030
34	金属制品业	0.134	0.109	−0.025
32	黑色金属冶炼及压延加工业	0.049	0.035	−0.014
33	有色金属冶炼及压延加工业	0.045	0.032	−0.013
25	石油加工、炼焦及核燃料加工业	0.053	0.044	−0.010
9	有色金属矿采选业	0.011	0.004	−0.007
10	非金属矿采选业	0.038	0.036	−0.002
8	黑色金属矿采选业	0.000	0.000	0.000
6	煤炭开采和洗选业	0.044	0.044	0.000

三、实证结果

（一）基准结果

表5-7汇报了我国319个城市地区关税变动与流动人口变动的关系，即式（5-9）的回归结果。我们采用了三个变量衡量城市层面人口流动的情况：（1）流入率，定义为2000—2005年间，来自外市或外省的流入人口占当地总人口的比例；（2）流出率，定义为2000—2005年间，迁移至外市或外省的人口占来源地总人口的比例；（3）净流入率，等于"流入率-流出率"。注意，由于此处流动人口的定义既包括了跨省流动也包括跨市流动，根据第二节的介绍，对于"完全流动人口"我们无法准确衡量其流出状态和净流入状况。因此，对于流出率和净流入率，我们仅汇报了对于部分流动人口的结果。表5-7第（1）列到第（3）列分别汇报了部分流动人口的净流入率、部分流动人口的流入率、完全流动人口的流入率，以及部分流动人口的流出率。所有回归均控制了省份固定效应以控制省份层面其他宏观政策的影响。

表5-7　地区关税变动与地区流动人口变化

因变量：流动人口定义	（1）净流入率部分流动人口	（2）流入率部分流动人口	（3）流入率完全流动人口	（4）流出率部分流动人口
地区关税变动	-0.048	-0.098	-0.006	-0.050
	(0.194)	(0.155)	(0.011)	(0.067)
省份虚拟变量	是	是	是	是
观测值	319	319	319	319
R^2	0.341	0.334	0.485	0.547

注：本表汇报了式（5-9）回归结果。所有回归包括省份虚拟变量。***、**、*分别表示在1%、5%和10%的水平上显著。

从结果来看，地区层面的关税变动对当地劳动力流动的影响并不显著。无论是流入率、流出率还是净流入率，估计系数均不显著。因此，并没有明显的证据说明我国的对外开放通过进口竞争渠道影响了劳动力的地区集聚。这一结果和文献中其他发展中国家所发现的证据类似。例如,托帕洛夫(Topalova,2010)发现印度的关税削减对当地人口的影响以及人口流动的影响非常有限。迪克斯-卡内罗和科瓦克(Dix-Carneiro 和 Kovak,2017)发现巴西的关税削减对地区人口没有显著影响。即使在发达国家,现有研究通常也发现负面的贸易冲击对劳动力流动的影响非常微弱。例如奥特尔等采用美国的地区数据,发现来自中国的进口竞争对当地人口并没有产生显著的影响。因此,中国的情况和文献中其他国家的情况是比较一致的。这说明劳动力的流动并不充分,地区间的劳动力流动还存在极大的摩擦和成本。

(二) 稳健性检验

我们进行了一系列的稳健性检验来保证以上结果的可靠性。

1. 控制其他政策与经济冲击的影响

人口集聚的变化可能受到除关税减免政策以外的其他政策和经济冲击的影响。在基准回归中,我们控制了省份固定效应,部分地吸收了这些冲击对结果的干扰。在本节中,我们进一步排除一些其他因素的影响。我们考察两个因素:非关税壁垒和 FDI 自由化的影响。

(1)非关税壁垒。除了关税削减之外,中国加入 WTO 还导致了一系列非关税壁垒的下降。其中一个重要方面是对进口许可证管制的放松。为了控制这一政策的影响,我们在地区层面构建了衡量进口许可证管制放松程度的指标。我们采用了商务部《进口许可证管理货物目录》,这一目录列举了所有受到进口许可证管理的 HS10 位码商品清单。我们首先将 HS10 位码与 CIC 行业进行匹配,计算出每个 CIC 行业中受到进口许可证管理的商品的比重,用以衡量行业层面的进口许可证管制强度。接下来采用与构建地区层面关税类似的办法,用 2001 年地区—行业的就业权重构造地区层面的进口许可证管制强度。最后取 2001—2006 年的差分以衡量政策变化。

(2)FDI 自由化。中国加入 WTO 之后,对外商直接投资的管制也逐步放松。为衡量对外资的限制,我们采用了商务部《外资产业指导目录》,该目录将不同行业的外商投资区分为"鼓励""限制""允许""禁止"四类,政府对不同类型的外商直接投资给予不同程度的限制或优惠政策。我们利用这一信息构建了地区层面衡量外资限制变动程度的指标。[①] 值得说明的是,《外资产业指导目录》所涉及的范围不仅包含了工业行业,也包含了众多服务业行业。因此我们构建出的地区层面的外资管制指标,可以部分地控制中国服务业的对外开放对结果的影响。

回归结果见表5-8,可以看到,在控制了地区进口许可证变动和地区FDI管制变动之后,地区关税变动前面的估计系数并没有发生明显的变化,且仍不显著。地区进口许可证管制的放松从符号上来看抑制了人口的流入,促进了人口的流出,但效果仅在表5-8第(3)列显著。FDI管制的放松总的来说对人口集聚没有显著的影响。

表5-8　稳健性检验:控制其他经济政策

因变量:流动人口定义	（1）	（2）	（3）	（4）
	净流入率	流入率	流入率	流出率
	部分流动人口	部分流动人口	完全流动人口	部分流动人口
地区关税变动	−0.275	−0.382	−0.007	−0.107
	(0.360)	(0.291)	(0.017)	(0.114)
地区进口许可证变动	0.149	0.138	0.011*	−0.011
	(0.138)	(0.112)	(0.006)	(0.044)
地区FDI管制变动	0.491	0.481*	0.011	−0.010
	(0.320)	(0.259)	(0.015)	(0.101)
省份虚拟变量	是	是	是	是
观测值	319	319	319	319
R^2	0.369	0.398	0.522	0.468

注:本表汇报了式(5-9)回归结果,并加入地区进口许可证变动和地区FDI管制变动作为额外的控制变量。所有回归包括省份虚拟变量。*** 、** 、* 分别表示在1%、5%和10%的水平上显著。

---

① 具体构建方法如下:(1)采用1997年、2002年、2004年、2007年的《外资产业指导目录》数据,将目录中描述的行业匹配到4位数CIC行业。若该CIC行业中有任何一个条目被列为"限制"或"禁止",则视为该行业外资受到限制。(2)将CIC行业与UHS中的大类行业进行匹配,并计算该大类行业中受到FDI限制的4位数CIC行业的比例,构建出每个大类行业的FDI限制指标,并在2001—2006年做差分。用2002年UHS数据中每个大类行业占城市的就业份额对行业FDI指标进行加权平均,构建出城市层面的FDI限制指标。采用UHS而非工业数据库中的就业权重,是由于工业库中不包括服务业的就业信息。

2.其他的关税削减计算方法

（1）基于特定要素模型的地区关税削减指标。本节的基准回归揭示了关税与工资的简化式（redued form）关系，对于背后的理论模型并没有做具体的假设，这一方法在之前的研究中被广泛采用托帕洛夫（Topalova，2010）。在这些研究的基础上，科瓦克（Kovak，2013）指出，在一个特定要素模型中，地区工资水平与地区关税削减存在如下理论关系：

$$\hat{w}_c = \sum_{i=1} \beta_{ci} \hat{\tau}_i \ ① \tag{5-12}$$

其中，$\beta_{ci} = \dfrac{\lambda_{ci} \dfrac{\delta_{ci}}{\theta_{ci}}}{\sum_{i'=1} \lambda_{ci'} \dfrac{\delta_{ci'}}{\theta_{ci'}}}$，$\delta_{ci}$ 为劳动力与当地特定要素的替代弹性，θ_{ci} 为

特定要素在所有要素收入中所占的份额。在特定要素模型中，$\dfrac{\delta_{ci}}{\theta_{ci}}$ 正好等于劳动力的需求弹性。科瓦克（Kovak，2013）提出的这一指标和托帕洛夫（Topalova，2010）等研究所采用的简化式指标在思想上是一致的，但区别在于需要对劳动力需求弹性进行调整。我们借鉴科瓦克（Kovak，2013）的方法，假设生产函数为柯布—道格拉斯（Cobb-Douglas）形式，因此 $\delta_{ci} = 1$ 并且 $\theta_{ci} = \theta_i$。θ_i 采用工业数据库中每个行业的（1-工资总额/工业增加值）衡量。回归结果见表5-9，可以看出采用不同的关税指标对结果没有明显的影响。

表5-9　稳健性检验：Kovak 关税指标

因变量：流动人口定义	**（1）** 净流入率 部分流动人口	**（2）** 流入率 部分流动人口	**（3）** 流入率 完全流动人口	**（4）** 流出率 部分流动人口
地区关税变动	-0.198 (0.196)	-0.208 (0.156)	-0.006 (0.011)	-0.010 (0.068)

①　这一公式中假设了关税传递率为1，即关税变动1单位会导致国内产品价格也变动1单位。

续表

因变量：流动人口定义	（1）	（2）	（3）	（4）
	净流入率	流入率	流入率	流出率
	部分流动人口	部分流动人口	完全流动人口	部分流动人口
省份虚拟变量	是	是	是	是
观测值	319	319	319	319
R^2	0.343	0.337	0.485	0.546

注：本表汇报了式(5-9)回归结果，关税指标采用 Kovak(2013)的方法构建。所有回归包括省份虚拟变量。***、**、*分别表示在 1%、5%和 10%的水平上显著。

（2）中间品关税与有效保护率。本节主要考察最终品关税削减如何通过进口竞争效应影响人口集聚。文献中考察关税的影响时通常会同时考察最终品关税与中间品关税。直觉上看，中间品关税的下降对劳动力需求的影响是不确定的。一方面，中间品关税下降意味着中间品变得更为便宜，可能导致企业用中间品替代劳动，减少劳动力需求。另一方面，中间品成本的下降意味着企业生产规模可能扩大，从而增加对劳动力的需求。净效应如何，取决于"替代效应"和"规模效应"的相对大小。

为控制中间品关税对结果的影响，我们构建了地区层面的有效保护率。具体方法为用工业库就业权重计算行业层面有效保护率的加权平均。行业层面有效保护率采用以下公式计算：

$$ERP_i = \frac{outputtariff_i - MS_i \times inputtariff_i}{1 - MS_i} \qquad (5-13)$$

其中，$outputtariff$ 为最终品关税，$inputtariff$ 为中间品关税。[①] MS 为该行业中间品成本占总产出的比例，回归结果见表 5-10。可以看到，即使在考虑中间品关税以后，关税变动对人口集聚的影响依然不显著。

---

① 中间品关税通过合并最终品关税和 2002 年 122 部门投入产出表进行计算（Brandt 等，2016）。

表5-10　有效保护率回归结果

因变量：流动人口定义	（1）净流入率 部分流动人口	（2）流入率 部分流动人口	（3）流入率 完全流动人口	（4）流出率 部分流动人口
地区关税变动	−0.062	−0.054	−0.001	0.008
	(0.056)	(0.045)	(0.003)	(0.019)
省份虚拟变量	是	是	是	是
观测值	319	319	319	319
R^2	0.343	0.337	0.485	0.546

注：本表汇报了式（5-9）回归结果，关税指标采用有效保护率。所有回归包括省份虚拟变量。***、**、*分别表示在1%、5%和10%的水平上显著。

第四节　出口扩张与劳动力集聚的实证检验

与进口竞争相对应，对外开放的另一面是出口的扩张。2001—2006年间，中国的出口高速增长，每年增速接近30%。同时，中国的出口增长具有明显的地域特征，沿海的增速明显高于内地。因此，有理由认为出口的扩张导致了人口在城市间的流动。本节中，我们对出口扩张和人口集聚的关系进行考察。

考察出口扩张对人口集聚的关系，最自然的做法是在地区层面考察衡量人口集聚的变量和地区出口增长之间的关系。但是，这一做法存在明显的内生性问题。地区的出口很有可能受到人口流动的影响。比如，沿海地区有可能因为具有先进的技术或优惠的政府政策，吸引了大量移民到此工作，从而推动了当地出口的增长。因此，发现出口增长和人口流动之间存在正向关系，并不足以说明是出口的扩张促进了人口的流入。

为解决这一内生性问题，我们需要找到一个影响出口的外生冲击。本书采用的外生冲击是2002年美国对中国实行"永久性正常贸易关系（Permanent Normal Trade Relations, PNTR）"的政策实验。本部分首先介绍这一政策实验，接下来采用这一政策实验考察出口扩张和劳动力集聚的关系。

一、出口扩张与"永久性正常贸易关系"

依据美国法律,美国对中国这样的"非市场经济国家"(美国所定义的)原则上可以依据 1930 年制定的 Smoot-Hawley 关税法案征收高额关税。这种关税通常被称作"非正常贸易关系关税"或"列 2 关税"(Column 2 Tariff),通常来说远远高于美国对 WTO 成员方征收的"正常贸易关系关税"或"列 1 关税"(Column 1 Tariff)。

美国的《1974 年贸易法案》允许总统在国会同意的情况下对非市场经济国家征收列 2 关税。自 1980 年起,美国总统对中国均免除了这一高关税。虽然美国对中国征收的实际关税一直保持在低位,但是由于每年是否征收列 2 关税必须通过国会的复核,这对于当年关税是高还是低造成了不确定性。事实上,美国众议院在 1990 年到 2001 年的每一年都试图给予中国列 2 关税,然而,尽管在 1990 年、1991 年和 1992 年这一政策得到了多数众议院投票的支持,但国会最终均没有执行这一政策。即便如此,关税的不确定性却一直存在。

2000 年,克林顿政府最终给予了中国"永久性正常贸易关系",并承诺在中国加入 WTO 后生效。中国获得"永久性正常贸易关系"存在两重作用。第一,它降低了美国政府对中国征收高额列 2 关税的不确定性,因此可能促进企业进入出口市场;第二,它使得美国对中国所征收的预期关税大大降低。

汉得利和李毛(Handely 和 Limao,2017)以及皮尔斯和肖特(Pierce 和 Schott,2016)发现,关税不确定的下降显著地促进了中国对美国的整体出口。李凤和斯威森(Feng,Li 和 Sweson,2016)采用中国出口企业的微观数据也发现美国赋予中国"永久性正常贸易关系"促进了企业进入出口市场。总之,关税不确定性的下降对中国到美国的出口产生了较大的推动作用。

二、地区层面关税不确定性的度量

利用汉得利和李毛(Handely 和 Limao,2017)以及皮尔斯和肖特(Pierce 和 Schott,2016)的方法,我们首先采用不同产品(HS6 位码)最惠国关税(MFN Tariff)与列 2 关税的差来衡量产品层面关税的不确定性,将其记

作 GAP:

$$GAP_{s,2000} = Tariff_{s,2000}^{Col2} - Tariff_{s,2000}^{MFN} \qquad (5-14)$$

其中 $Tariff_{s,2000}^{Col2}$ 表示产品 s 的列 2 关税,$Tariff_{s,2000}^{MFN}$ 表示最惠国关税。对于列 2 关税和最惠国关税,我们都采用 2000 年,即中国加入 WTO 之前一年的关税水平进行测算。GAP 越大,表示列 2 关税和最惠国关税之间的差距较大,因此关税存在更大的不确定性。

为了考察关税不确定性与人口集聚之间的关系,我们需要将产品层面的关税不确定性指标加总到地区层面。我们采用第二节的思路,采用地区不同行业的就业权重对行业层面的关税不确定性进行加权。

$$\ln GAP_{c,2000} = \sum_{j=1} \lambda_{jc,2000} \ln(GAP_{j,2000} + 1) \qquad (5-15)$$

其中,

$$\lambda_{jc,2000} = \frac{L_{jc,2000}}{\sum_{j'=1} L_{j'c,2000}} \qquad (5-16)$$

直觉上看,如果一个地区产业结构集中在那些关税不确定性比较大的行业,则关税不确定性的影响对该地区较大。因此,当中国加入 WTO 之后,我们预期这些地区的出口会更快地增长。

表 5-11 汇报了关税不确定性最大的 5 个城市和关税不确定性最小的 5 个城市。可以看到,关税不确定性的分布体现出明显的地域特征。关税不确定性最大的城市多集中在广西、广东、浙江、海南等沿海省份,而关税不确定性小的城市主要集中在青海、西藏、黑龙江、云南等内陆省份。中国在加入 WTO 之后出口增长主要集中在沿海省份,这也与关税不确定性下降大的地区是吻合的。

表 5-11 关税不确定性最大和最小的城市

城市	省份	关税不确定性
不确定性最大的 5 个城市		
凭祥市	广　西	0.413
潮州市	广　东	0.332
绍兴市	浙　江	0.330

续表

城市	省份	关税不确定性
文昌市	海　南	0.328
汕尾市	广　东	0.315
不确定性最小的 5 个城市		
海　西	青　海	0.014
阿　里	西　藏	0.014
鹤　岗	黑龙江	0.013
怒　江	云　南	0.007
石家庄	河　北	0.005

三、出口扩张与人口流动:基于 2002 年"永久性正常贸易关系"的考察

为了考察关税不确定性的消除如何影响人口流动,我们采用以下计量模型:

$$Migration_c = \alpha + \beta \ln GAP_c + X_c + v_p + \varepsilon_c \qquad (5-17)$$

其中,$Migration_c$ 表示 2000—2005 年城市 c 的人口流动情况。与第三节的衡量指标相同,包括:净流入人口占比(2000—2005 年净流入人口占 2005 年总人口之比),流入人口占比(2000—2005 年流入人口占 2005 年总人口之比),以及流出人口占比(2000—2005 年流出人口占 2005 年总人口之比)。回归的关键自变量 $\ln GAP_c$ 表示地区层面的关税不确定性。回归包含了其他的城市层面控制变量 X_c,以控制关税以及其他国内劳动力市场政策对估计结果的影响。同时,回归包含了省份层面的固定效应 v_p,由于回归方程为长差分形式,省份层面的固定效应吸收了所有随时间变化的省份层面的宏观冲击。因此,我们通过同省内部不同城市所受关税不确定影响的大小差异来识别关税不确定性消除的影响。

根据理论预期,在 2002 年之前关税不确定性大的地区,加入 WTO 之后关税不确定性消除的程度较大。因此,我们预期这些地方将经历更多的出口增长,从而促进人口向这些地区集聚。因此,我们预期关税不确定性指标

对人口净流入和人口流入的影响为正,而对人口流出的影响为负。

表 5-12　关税不确定性与人口集聚

因变量: 流动人口定义	（1） 净流入率 部分流动人口	（2） 流入率 部分流动人口	（3） 流入率 完全流动人口	（4） 流出率 部分流动人口
关税不确定性	0.205**	0.187***	0.011**	−0.018
	(0.081)	(0.064)	(0.005)	(0.028)
省份虚拟变量	是	是	是	是
观测值	319	319	319	319
R^2	0.355	0.353	0.494	0.546

注:本表汇报了式(5-17)回归结果,关税不确定性指标构建参照式(5-15)。所有回归包括省份虚拟变量。***、**、*分别表示在1%、5%和10%的水平上显著。

表5-12第(1)列到第(4)列分别汇报了部分流动人口的净流入率、部分流动人口的流入率、完全流动人口的流入率,以及部分流动人口的流出率。所有回归均控制了省份固定效应以控制省份层面其他宏观政策的影响。第(1)列中,估计系数为正,并在5%水平。这意味着加入WTO之前关税不确定性大的地区,在WTO之后经历了更大幅度的人口净流入。第(2)列和第(3)列中,关税不确定性的系数均显著为正。第(4)列中,关税不确定性的系数为负值,但不显著。这些结论意味着关税不确定性对人口净流入的影响主要是通过影响人口流入而不是人口流出得以体现的。加入WTO后,关税不确定性的消除使得人口更多地流入那些在加入世界贸易组织前关税不确定性比较大的地区,从而加强了人口的集聚。

在表5-13中,我们进一步同时包含了进口和出口两个渠道。具体而言,我们在式(5-4)中同时包括第三节中的地区关税变动指标,以及本节中的地区关税不确定性指标。在同时包含进口和出口两个渠道以后,我们看到,关税不确定性下降带来的出口扩张对人口净流入以及人口流入的影响显著为正,而地区关税变动带来的进口竞争对人口净流入、人口流入和人口流出均没有显著的影响。因此,从进出口两个渠道的相对重要性来看,出口扩张是我国对外贸易影响劳动力集聚的主导因素。

表 5-13　同时包括关税不确定性与地区关税变动

因变量：流动人口定义	（1）净流入率 部分流动人口	（2）流入率 部分流动人口	（3）流入率 完全流动人口	（4）流出率 部分流动人口
关税不确定性	0.285***	0.240***	0.014**	−0.044
	(0.098)	(0.077)	(0.006)	(0.034)
地区关税变动	0.334	0.225	0.012	−0.109
	(0.232)	(0.184)	(0.014)	(0.081)
省份固定效应	是	是	是	是
观测值	319	319	319	319
R^2	0.360	0.356	0.496	0.549

注：本表汇报了式（5-17）回归结果，关税不确定性指标构建参照式（5-15）。所有回归包括省份虚拟变量。***、**、* 分别表示在 1%、5% 和 10% 的水平上显著。

　　从上述分析可以看出，出口扩张是促进劳动力集聚的有效手段。由于劳动力集聚通常会通过集聚效应促进生产率的增长，因此我们应该鼓励这种对外贸易引致的人口集聚。事实上，沿海城市因为对外贸易的发展吸引了大量的人才和劳动力，构成了当地经济发展不可或缺的基础。目前，我国出口增长正在逐步放缓，我国有必要进一步推动对外开放，以促进出口的增长，为人口的集聚和经济的发展提供持续的动力。

第六章　对外贸易影响劳动力要素流动的城镇化效应

　　城镇化是发展中国家二元经济结构一元化进程中人口流动的必然结果,是包括劳动力在内的各类生产要素在经济空间中重新配置和集聚的过程。改革开放以来,我国经历了快速的城镇化,城镇人口由 1978 年的 1.73 亿人迅速增加至 2015 年的 7.71 亿人,年均增长 4.12%,常住人口城镇化率从 1978 年的 17.92%提高到 2015 年的 56.1%,平均每年提高一个百分点。城镇个数由 1978 年的 193 个增加至 2015 年的 656 个;建制镇规模不断扩大,从 1978 年的 2176 个增加至 2015 年的 20515 个。城市建成区面积从 1981 年的 0.7 万平方公里增加到 2015 年的 4.9 万平方公里。[①] 1978 年至 2015 年间,我国城镇从业人口占比从 23.69%上升至 52.17%,乡村从业人口则从 76.31%下降至 47.83%。[②]

　　这种鲜明的结构变迁和快速的劳动力向城镇的转移,究其根源与贸易开放,并由此导致的产业集聚与增长息息相关。为此,本章系统分析我国对外贸易发展的城镇化效应,剖析改革开放以来对外贸易发展与城镇化的关系,探寻对外贸易发展促进城镇化的作用机制和途径,并应用省级及地市级数据进行实证验证,进而提出切合实际的新型城镇化道路的发展对策。

---

　　①　2015 年数据转引自国家统计局《2015 年国民经济和社会发展统计公报》、住房和城乡建设部《2015 年城乡统计公报》。

　　②　国家统计局自 2008 年建立了农民工监测调查制度,开始公布每年的农民工总量。

第一节　对外贸易发展与劳动力的
城镇化研究概述

一、国外研究综述

国外关于对外贸易的城市化效应问题的研究是发展经济学、城市与区域经济学、新经济地理学、国际贸易学等学科的一个共同研究热点。城市经济学家在研究城市形成的原因及城市体系结构时，就已经注意到了对外贸易的重要性，他们首先从理论和实证两个方面论述了对外贸易对城市化的促进作用。随着对外贸易对城市化促进作用共识的达成，已有研究开始分析对外贸易对城市体系的影响，即对城市集中度和首位度的影响。

在理论方面，新古典经济学家马歇尔（Marshall，1890）用"外部经济"的概念解释了这种空间集聚的分享、匹配和外溢好处，说明了城市存在的必然性和必要性。外部性如此重要，以至于奥古斯特·勒施（A.Losch，1940）认为"即使地表完全均一，城市仍然为了种种利益产生出来"[①]，"外部性"后来也成为城市与区域经济学中城市产生的重要原因和城市重要的功能；发展经济学的早期阶段，结构主义的"刘易斯—拉尼斯—费景汉"模式，及其后经乔根森（Jorgenson，1967）、哈里斯和托达罗（Harris 和 Todaro，1970）等所修正的二元经济模型，较好地解释了城市化过程。在他们看来，劳动力丰裕经济中，城市工业部门的扩张及其所拉动的劳动力非农迁移，构成经济结构变迁和发展的主要内容；城市经济学为比较优势、规模经济、集聚经济的形成提供了经济的基本动力；新经济地理学重新重视了经济活动的空间因素，克鲁格曼（Krugman，1991）、藤田昌久等（Fujita 等，1999）在不完全竞争、规模递增和冰山运输成本等更为现实的假设下，分析了制造业企业和劳动力的城镇空间集聚，提出了解释城市形成的"中心—外围（Core-Periphery）"模型。

在促进城市形成的诸多因素中，对外贸易的作用越来越受到重视。佩特拉克斯（Petrakos，1989）两部门开放经济模型现实贸易条件的恶化，资本积累

---

① ［德］奥古斯特·勒施：《经济空间秩序》，王守礼译，商务印书馆1995年版，第75—76页。

的深化及贸易保护主义的抬头阻碍发展中国家的城镇化进程。莫毛和赛特（Moomaw 和 Shatter,1996）认为对外贸易促进城镇化的渠道主要有两个：一个是贸易增加了运输中心的城市的重要性，另一个是对外贸易繁荣和维持通常需要更高的以城市为中心的市场化和金融发展。克鲁格曼和埃利桑多（Krugman 和 Elizondo,1996）建立了一个新经济地理小国开放模型,理论分析显示,贸易政策对发展中国家的城市化有着重要的影响,大城市和特大城市是进口替代战略的副产品,随着贸易开放程度的增加,城市形成的向心力逐渐降低,城市集中度随之下降。亨德森（Henderson,1996）的理论分析认为贸易会改变国家的产出结构,进而改变城市体系中不同类型城市的数量,这是城市化的标准过程。蒙福特和尼克利尼（Monfort 和 Nicolini,2000）建立了两国、四区域的新经济地理模型,分析表明区域间的贸易和国家间的贸易会产生不同程度上的交易成本,而不同类型和程度的交易成本会影响企业的地理集聚,因此通过降低交易成本,实现区域一体化和国家贸易自由化有利于城市的薪酬增加。蒙卡斯（Moncarz,2004）在赫尔普曼（Helpman,1999）模型的基础上分析了贸易自由化对城市集中度的影响,认为贸易自由化会降低城市集中度。贝伦斯等（Behrens 等,2007）的垄断竞争模型揭示当一国内部运输成本不变时,贸易自由化会导致城市集中度的降低。格兰（Gelan,2008）建立了一个一般均衡模型,研究了发展中国家贸易政策和城市首位度间的关系,通过校准发现,贸易自由化可以降低发展中国家大城市的优势地位。吉姆等（Kim 等,2011）的开放小国新古典增长模型中将对外贸易与农业经济向非农经济的转换联系起来,认为贸易开放对城市化,进而对经济的持续增长有着重要的推动作用。

另外,还有一些学者从理论上分析了城镇化对对外贸易发展的反向影响。宇治（Yuki,2007）建立了一个城镇化与经济发展的动态模型,研究城镇化率提高后带来的不同影响,发现由于城镇化率的提高通常与劳动技能的提高和地区间劳动技能差距的缩小同时发生,所以将共同促进贸易的持续发展。布雷克曼等（Brakman 等,2011）采用埃奇沃思框图分析了城镇化对贸易潜在影响的关系,认为不同国家的城市化模式,在生产要素重新配置基础上,可能会导致对外贸易模式偏离要素禀赋理论的预测。

在实证方面,贝里（Berry,1961）、林斯基（Linsky,1965）等早期的实证研究认为,贸易开放对那些与国际市场紧密联系的大城市有利,从而会提高这些城市的城市化水平。阿德斯和格莱泽（Ades 和 Glaeser，1995）的跨国回归分析发现低贸易开放水平、高关税和贸易成本能够促进人口向大城市集聚，提高城市集中度。莫毛和赛特的实证分析也认为更高的出口导向会显著降低城市集中度和城市首位度，但却会提高一国的城镇人口比例。戴维斯和亨德森（Davis 和 Henderson，2003）的研究同样得出了类似的结论。亨德森（Henderson，1996）的研究认为贸易会改变国家的产出结构，进而改变不同类型城市的数量，造成城市集中，推进城市化进程。朱尼厄斯（Junius，1999）采用 Sachs-Warner 方法度量了 23 个国家的贸易开放程度，并实证分析了其对这些国家最大城市人口的影响。加西亚和斯坦（Gaciria 和 Stein，2000）采用 105 个国家 1960 年至 1990 年的数据分析发现，贸易自由化阻碍内陆城市的增长，但对港口或离港口很近的城市人口增长有很小的促进作用。纳拉亚纳（Narayana，2010）采用跨国比较方法，比较分析了经济全球化对印度及其他发展中国家城市化的影响，认为在经济全球化早期的城镇化模式中，经济增长和人口集中多发于大城市。霍夫曼和万（Hofmann 和 Wan，2013）采用跨国面板数据模型实证分析了城镇化的决定因素，结果显示贸易开放对城镇化具有促进作用。

二、国内研究综述

随着对我国对外贸易发展原因、结构和利益等问题研究的深入，国内学者也逐渐开始重视我国对外贸易发展的城镇化效应。一些学者开始建立符合我国经济现实的理论模型，对这一问题展开分析。郝寿义和陈波翀（2004）建立了开放条件下我国城镇化发展模型，分析认为贸易开放加快了我国市场化进程，降低了交易成本，放宽了城镇化发展的资源约束。王家庭（2005）建立了开放条件下工业化内生决定的城市化模型，分析认为我国对外贸易拓展了城镇化的资源和市场边界，为城镇化快速发展提供了非农化的国外需求。孙永强和巫和懋（2012）的二元经济模型分析发现出口结构的优化扩大了城乡收入差距，推动了产业结构的升级，使企业为获得要素集聚的规模效应而集中到城镇，从而促进了城镇化。徐静（2013）从理论上分析了贸易开放与城镇化之间的循环累积因果关系，认为贸易开放主要通过产业集聚与结构调整、就业创造、收入差距等途径扩大城镇化发展的区域不均衡。章元和万广华(2013)建立了从封闭走向开放的二元经济模型,分析了余粮率和谷物贸易对发展中国家城镇化水平的影响机制,认为谷物贸易降低了余粮率对城镇化水平的约束,有利于城镇化水平的提高。倪鹏飞等(2014)在刘易斯二元经济劳动力转移模型基础上,融入新经济地理学因素,建立了开放经济中农村剩余劳动力转移模型,分析认为当一国工业化过程中存在大量农村剩余劳动力时,贸易顺差通常伴随着该国城市化滞后的存在。张文静和刘辉煌(2015)建立了开放条件下的二元经济模型,分析了进出口贸易对人口城镇化的影响,认为对外贸易条件对城镇化率有正向影响,制成品国际价格或需求越高、农产品价格或需求越低,本国城市化率会越高,关税等贸易壁垒会降低一国城镇化水平。

在实证方面,朱农和曾昭俊(2004)的实证研究认为对外开放能显著促进我国城市人口的增长。周聿峨和刘建林(2004)研究了"中国—东盟"自由贸易区与云南边境地区城镇化的关系,认为自贸区的建立会对云南边境地区的城镇化产生积极影响。陈斌开和林毅夫(2010)认为贸易的发展有利于提高城镇居民收入,拉大城乡收入差距,带动劳动力向城镇集聚。盛科荣等(2013)基于跨国数据研究了城市规模分布的影响因素,发现对外贸易联系的增强倾向于降低城市人口在高序位城市的集聚程度。佟家栋和李胜旗(2014)以波罗的海海运运价指数作为国际贸易的工具变量,考察了国际贸易对城市化发展的影响,发现一国的对外开放程度提高10%,城市化率可以提高2.24%—2.44%。陈钊和陆铭(2014)考察首位城市人口规模的决定因素时,发现以进出口贸易额占国内生产总值比重衡量的经济开放程度会促使人口向首位城市集中。一国经济越是开放,越需要通过经济集聚来提高劳动生产率,劳动力等生产要素就越会向少数大城市集聚。谢治春(2015)采用28个国家1991—2011年的面板数据分析了对外贸易与人口集聚两大因素对城镇化的影响,认为对外贸易的增强显著地促进了城镇化,人口集聚水平与城镇化之间呈现倒"U"型关系。刘修岩和刘茜(2015)基于中国省级面板数据和DMSP/OLS夜间灯光数据①,从区域自身开放程度及

---

① DMSP/OLS夜间灯光数据由美国国家海洋和大气管理局发布,由于该数据在实证分析时具有较强的外生性,因此被经济实证研究所采用,特别是在经济增长、城镇扩展监测等研究领域被广泛采用。

邻近地区的开放程度考察了贸易开放对区域城市集中的影响,结果表明本地区贸易开放度的提升显著促进了其内部的城市集中,邻近地区的贸易开放会吸引企业和劳动力流入,造成分散城市化的作用。宋晓丽等(2016)的研究认为出口贸易能够显著促进城市集中度的提高,但出口贸易对城市人口集中度的影响存在地域差异,出口贸易对东部地区城市人口集中影响显著;对中部地区的影响不显著,对西部地区城市人口规模的影响甚至存在分散化作用。杨丹和章元(2016)通过对143个发展中国家1960—2012年的面板数据分析发现,加入世界贸易组织和贸易依存度的提升会显著降低发展中国家的城市集中度及其下降速度,贸易开放可以作为缓解发展中国家大城市集中、缩小城市间发展差距以及降低区域不平等的有效政策工具。蒋瑛和贺彩银(2016)的实证分析认为贸易开放主要通过促进城镇非国有工业部门扩张、扩大城乡收入差距、促进产业和人口集聚来推进城镇化。

　　综上所述,对外贸易与城镇化都是生产要素优化配置的过程,二者之间存在着紧密的联系,非常有必要从对外贸易发展的角度去理解城镇化。发展经济学家、城市和区域经济学家及新经济地理学家建立了各类模型,分析了对外贸易对城镇化的促进效应,并对对外贸易促进城镇化的渠道、对外贸易对城镇体系的影响展开了实证研究。随着我国对外贸易自加入世界贸易组织以后的高速发展,国内学术界也越来越关注对外贸易发展对我国城镇化的影响,理论研究和大部分的实证研究都发现,对外贸易及其所推动的工业化、劳动力和产业集聚促进了我国的城镇化进程,对外贸易对我国的城镇体系结构也有着动态的影响。

第二节　对外贸易发展与城镇化水平的关系分析

一、贸易开放促进城镇化的典型事实

(一) 对外贸易与贸易城市关系分析

　　城镇作为商品、要素和产业经济活动空间集聚的结果,从经济方面来看,它的起源与专业化分工和交易密不可分。专业化分工导致市场交换出现,为节约交易成本、提高交易效率,在一些地区形成了商品和要素的集聚中心,即城镇。① 当社会生产力的发展使国内分工与贸易向国际分工与贸易发展时,对外贸易就成为城镇化的重要驱动力量。历史学家亨利·皮雷纳(H. Pirenne,1927)指出,城市的兴衰源自外在刺激,即对外贸易。② 考古学家戈登·柴尔德(G. Childe,1950)列举的城市存在的十条标准中,"存在对外贸易,城市依赖于远距离贸易获得关键原料"就是其中之一。③ 城市经济学家简·雅各布斯(J. Jacabs,1961)认为大部分城市中心是围绕着市场建立起来的,大规模贸易网络促进了社会网络机构的集中发展,不断增加的职业分工和经济竞争促进了越来越快的城市发展。④

在城市发展的早期,对外贸易繁盛的地区一般也是城镇发展最快的地区。港口的交通枢纽作用和交易的规模经济好处使得经济活动集聚在港口周围,这就形成了以港口城市为核心的经济圈(Mills,1972;Goldstein 和 Moses,1975;Schweizer 和 Varaiya,1976、1977)。雅典城作为一个区域贸易中心,在与其他地区所构筑的自愿贸易体系下逐渐强盛起来,此时的贸易主要是城市手工制成品与周边国家粮食和原材料之间的交换。罗马帝国在欧洲建立了众多殖民城市,依靠对这些城市的农业剩余产品的掠夺和贡品来支撑罗马城的扩张(Mumford,1961)。地中海沿岸的诸城邦基本都是典型的贸易城市,长途贸易也是爱琴海地区文明起源的主因,阿拉伯半岛和丝绸之路上许多古城的兴衰与长途贸易紧密相关(陈淳,1998)。日耳曼入侵和阿拉伯崛起阻断了地中海的传统航路,欧洲的对外贸易出现衰退,欧洲城镇化也因此进入一个相对低谷时期。随着资本主义的萌芽和地理大发现,欧洲开始了新的城镇化时期。在欧洲的地中海贸易区、北海与波罗的海贸易区、罗斯贸易区、不列颠贸易区、汉萨同盟地区,出现了大批贸易城市,如佛

---

① Gorden(1975)认为色诺芬(Xenophon)早已认识到分工同城市之间存在某种联系。威廉·配第(W. Petty,1662)也认为城市能够降低交易费用。杨小凯(Yang,1991)建立了一个分工演进与城市化的一般均衡模型,杨小凯和赖斯(Yang 和 Rice,1994)进一步建立了新兴古典城市化模型,该模型显示城市的起源、城乡分离都是劳动分工演进的结果。

② [比利时]亨利·皮雷纳:《中世纪的城市》,陈国樑译,商务印书馆 2006 年版。

③ Gordon Childe,"The Urban Revolution",*The Town Planning Review*,1950,Vol.21(1),pp.3-17.

④ [加拿大]简·雅各布斯:《美国大城市的死与生(纪念版)》(第二版),金衡山译,译林出版社 2006 年版。

罗伦萨、威尼斯、热那亚、佛兰德尔等,这些城市不仅是国内贸易中心而且是国际贸易中心。

而在我国古代,商品经济发展的桎梏长期存在,即便如此,在我国商品经济发展较为繁盛的唐宋时期,对外贸易在促进城镇化发展中的作用就已初步显现。这一时期的广州、泉州、明州、登州等在对外贸易的刺激下迅速发展为当时的大都市。明清时期由于海禁政策,我国沿海的贸易城市衰落。晚清两次鸦片战争后,沿海城市被迫再度开埠通商,对外贸易在一些商埠形成中也再次发挥出作用。仲伟民(2012)的研究认为,1840年鸦片战争后,上海之所以能迅速成为我国新兴的工业、金融和贸易中心城市,与上海优良的海外市场临近地理位置、被迫开埠及茶叶和鸦片的大规模进出口贸易有着密切的关系,上海不仅是我国最大的茶叶出口港,也成为最大的鸦片进口港。

(二) 对外贸易与工业城市关系分析

资本主义经济制度建立和第一次产业革命完成后,对外贸易在推动城镇发展中的作用得到进一步强化。对外贸易除了通过比较优势的发挥、节省交易的成本、产生经济交易集聚的好处而促进城镇化外,更重要的是对外贸易开始通过加速工业化来促进城镇化的发展。对外贸易成为工业社会生产方式本身之后,对外贸易为工业化提供了原料、原材料,加速了资本积累,并为机器大工业生产的制成品提供了广阔的销售市场。

在这一时期,世界城市体系随着对外贸易和工业化的推进而出现了快速的调整,在西欧,大航海时代的贸易城市、港口城市的重要性开始被伦敦、伯明翰、里昂、柏林等工业城市所替代;在美国,工业革命前大多数城市像商埠一样主要从事大洋贸易,在城市发展的过程中,比较优势扮演着非常重要的角色(Sullivan,2012)。工业革命后,东部地区凭借得天独厚的地理优势吸引了来自欧洲的大量资本、劳动力和转移产业,促进了这一地区贸易城市向工业城市的转型。从18世纪末期到19世纪60年代,以纽约为辐射中心的"东北部新英格兰地区"和"中大西洋地区"城市圈和产业集聚带形成,成为美国城镇化的桥头堡,城镇化率从不到10%提高至35.7%。其中,东北部的新英格兰地区的城镇化率从7.5%上升至36.6%,大西洋中部诸州的城镇化率从8.7%上升至35.4%。19世纪末期,两次产业革命叠加时期,随着人口与资本西移,加上五大湖区便利的交通、富集的资源,在美国中西部形成了以芝加哥为辐射中心的制造业带和专业化城市圈。五大湖区的城镇化率从 1860 年的 14.1% 上升至 1920 年的 60.8%。第二次世界大战后,第三次工业革命和与太平洋沿岸国家的贸易扩张推动了美国工业经济重心的再度西移,以洛杉矶为辐射中心的西太平洋沿岸城市圈逐步形成。① 以上事实表明,对外贸易、工业化与城镇化三者之间存在着天然的耦合关系。

(三) 对外贸易与创新城市关系分析

创新是城市的基本功能之一,马歇尔(Marshall,1890)强调的外部性是城市集聚的重要根源,同时又是创新活动的重要源泉。对外贸易不仅有利于城市的成长,而且有利于知识、技术传递和发明创造。在全球化不断推进的背景下,对外贸易正在为创新城市的发展提供重要动力。美国《在线》杂志和澳大利亚智库 2thinknow 评选出的 2014 年全球最具影响力的 100 个创新城市主要分布在贸易发展程度较高的美国、西欧各国和亚洲经济体,在这些国家内部又高度集中在大城市圈中。世界经济论坛和麦肯锡的研究均认为这些全球科技创新城市成长的路径主要有三条:第一条为英雄的赌注(Heroic Bets),即这类创新城市是政府扶持的结果,强调政府培育在其形成中的作用;第二条为不可抗拒的交易(Irresistible Deals),即这类城市是市场导向的结果,强调经济全球化浪潮下对外贸易和跨国公司投资在其形成中的作用;第三条为知识绿洲(Knowledge Oases),即这类城市是知识技术汇聚的结果,强调高等院校、科研机构和具有冒险精神的企业家引进在其中发挥的作用。②

当对外贸易的发展促进城镇化后,城镇不仅成为生产要素、商品和服务提供的集聚中心,而且由于城镇具备良好的交通、信息和通信等基础设施,城镇不断促使知识溢出以及不同创新者之间知识与思想的交流,并因此成为创新中心。城市还为居住者提供持续的人力资本投资动力,这使得城市成为研发活动的中心、知识产权和专利的创造与申请中心及风险投资中心

---

① 巴曙松、杨现领:《城镇化大转型的金融视角》,厦门大学出版社 2013 年版。
② 杜德斌、段德忠:《全球科技创新中心的空间分布、发展类型及演化趋势》,《上海城市规划》2005 年第 1 期。

（OECD,2015）。① 上海社科院课题组（2016）的研究表明,在金融危机后全球城市面临着转型发展,未来 30 年全球城市转型的基本特征是全球城市的核心组织纽带从"全球生产网络"向"全球创新网络"升级。跨国公司将不断进行研发活动的全球布局,以通过产业创新保持国际引领、导向和控制地位,因此,全球城市网络的联系基础也将从资源、商品、资本的流量枢纽和控制节点向思想、知识、信息和人才的流量枢纽和控制节点升级。②

通过古往今来多角度典型事实的描述和分析,可以看到对外贸易发展对城镇化的发展有着重要的促进作用,不论是早期的贸易城市,还是工业革命以后的工业城市,抑或是当代的创新城市发展,对外贸易都为其提供着充足的动力。就我国而言,受"重农抑商"思想和自然经济制度的制约,在我国历史上对外贸易对城镇化的影响甚微,对外贸易对我国城镇化的促进效应直到改革开放后才持续显现出来。

二、我国对外贸易发展与城镇化进程的统计与阶段分析

（一）我国对外贸易发展的统计与阶段分析

改革开放以来,特别是 2001 年加入世界贸易组织后,我国的对外贸易快速发展,迅速超越美德等贸易大国成为世界第一大贸易国。对外贸易在总量规模、开放程度和结构方面都取得了卓越的发展。

从对外贸易总量来看,货物贸易额从 1978 年的 206.4 亿美元增加至 2014 年的 43015.3 亿美元,年均增速 16.48%。其中,出口从 1978 年的 97.5 亿美元增加至 2014 年的 23422.9 亿美元,进口从 1978 年的 108.9 亿美元增加至 2014 年的 19592.3 亿美元。在世界贸易中,我国出口贸易额占世界出口总额的比重从 1978 年的 0.8% 提升至 2014 年的 12.2%。2009 年我国货物贸易出口额超过德国成为第一大货物贸易出口国,2013 年我国货物贸易额超过美国成为第一大货物贸易国。我国的货物贸易自 1993 年后连年保持顺差,且顺差不断扩大,近年来在国家外贸政策调整和国际市场低迷影响下,顺差增速开

① OECD:The Metropolitan Centry:Understanding Urbanization and Its Consequences,2015.
② 上海社会科学院课题组、屠启宇:《建设创新型全球城市》,《科学发展》2016 年第 2 期。

始放缓。图 6-1 显示了 1978—2014 年我国货物贸易进出口额变动趋势。

（单位：亿美元）

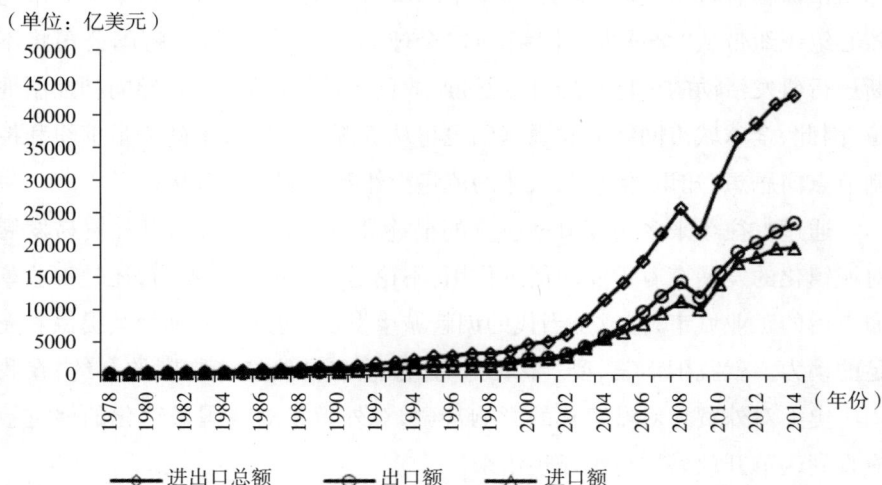

图 6-1 1978—2014 年我国货物贸易进出口额

注：根据历年《中国统计年鉴》公布的进出口额数据绘制而成。

从对外贸易开放度来看,以进出口总额占国内生产总值衡量的贸易开放度不断提高。贸易开放度从 1978 年的 9.73%上升至国际金融危机前2006 年最高的 65.17%;金融危机后在外需放缓和政策调控下我国贸易开放度有所下降,2015 年时达到 36.33%。与世界平均和各类国家相比,改革开放伊始我国贸易开放程度较低,到 20 世纪 80 年代中后期我国贸易开放度开始超过世界平均和各类国家,亚洲金融危机前后,我国贸易开放度有一定程度下滑。但加入世界贸易组织后,随着我国履行加入世界贸易组织时的开放承诺,我国贸易开放度不断提高。2008 年国际金融危机后,我国贸易开放度高于高收入国家,接近于世界平均水平和中等收入国家。

改革开放以来,我国的贸易开放进程可以分为四个阶段。

第一阶段为 1978—1991 年,这一阶段是我国渐进式开放政策的初步实施阶段。从经济特区的建立,到沿海港口开放,再到沿海经济开放区及开放带的设立,对外开放的步伐不断加快,贸易开放度从 9.73%提高至 33%。这一阶段对外贸易体制与政策改革的重点是政府逐步放松对外贸易的计划管理,逐步建立和全面推行对外贸易承包经营责任制,外贸企业的出口不再享有政府补贴,走向自负盈亏之路。对外贸易发展战略的转变与外贸经营权及经营体制的改革促进了对外贸易的蓬勃发展。

第二阶段为1992—2001年,这一阶段是我国全方位开放格局的形成阶段。沿江、沿边和内陆省份开始成为开放的前沿,全方位立体式开放格局初步形成。党的十四大提出了构建"深化外贸体制改革,尽快建立适应社会主义市场经济发展的、符合国际贸易规范的新型外贸体制",我国对外贸易政策管理开始统一政策、放开经营、工贸结合、推行代理制等逐步与国际接轨。这一时期大范围、多形式利用外资促进了以加工贸易为主导的对外贸易发展。贸易开放度从33.69%提高至38.25%。

第三阶段为2002—2007年,这一阶段是我国贸易自由化进程的加速阶段。我国按加入世界贸易组织承诺对贸易制度和与贸易有关的国内政策措施进行大力改进,平均关税率大幅下降,非关税壁垒措施大幅削减或废止,贸易自由化进程不断推进,贸易开放程度越来越高,从43.46%提高至62.26%。

第四阶段为2008年至今,这一阶段我国出口与贸易总量先后跃居世界第一,但受国际金融危机的影响,近年来对外贸易规模出现下滑,贸易开放度在波动中下降,从2008年的56.80%降低至2014年的41.54%。这一阶段我国推进贸易开放的自由贸易区战略建设取得了显著成效,我国与澳大利亚、瑞士、哥斯达黎加、新加坡、智利、韩国、冰岛、秘鲁、新西兰、巴基斯坦、东盟等国家或地区先后达成14个自由贸易区协议,正在与海合会、挪威、斯里兰卡等8个国家或地区谈判建立自由贸易区,自由贸易区伙伴遍及亚洲、拉丁美洲、大洋洲、欧洲等地区,未来我国将重点推进与周边及"一带一路"沿线国家的自由贸易区建设,加速推进区域全面经济伙伴关系协定。

受渐进式梯度开放政策和地理因素的影响,我国贸易开放在地区间存在很大不平衡性。1978年,全国、东部、中部和西部地区的贸易开放度分别为9.73%、8.94%、1.06%和1.33%,东部地区贸易开放度与全国平均水平相接近,中西部地区之间差别也不大;至2014年全国及东部、中部、西部三大地区的贸易开放度分别为41.54%、59.03%、11.45%和14.87%,东部地区遥遥领先,远高于全国平均水平,中部地区由于不靠海、不靠边,贸易开放程度小于西部地区。① 改革开放后全国及三大地区贸易开放度见图 6-2。

（单位：%）

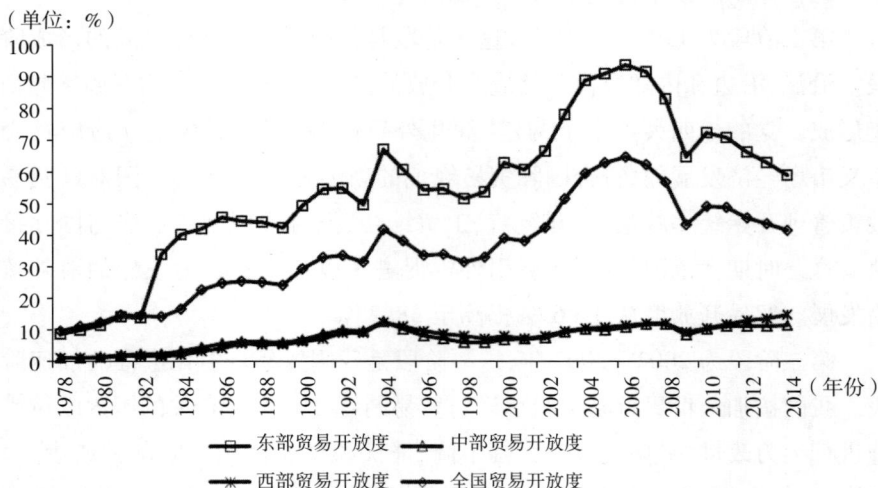

图 6-2　1978—2014 年我国东部、中部、西部三大地区贸易开放度

注：根据历年《中国统计年鉴》数据绘制而成。

（二）我国城镇化进程的统计与阶段性分析

当前，我国城镇化率略低于世界平均水平。2015 年我国城镇人口总量达到 77116 万人，城镇化率为 56.1%，同期世界城镇化率为 57.3%，我国比世界平均水平低 1.2 个百分点。2015 年年底全国共有 656 个城市，建制镇 20515 个，城镇化建成区面积 4.9 万平方公里，城镇化建成区人口在 10 万人以上的特大镇有 238 个，5 万人以上的镇有 885 个。城镇化的快速发展吸纳了大量农村转移劳动力，2015 年全国农民工总量达到 27747 万人。在地区间，城镇化率存在着较大的不平衡性，从 2015 年省级行政区的城镇化率水平来看，4 个直辖市中，上海市城镇化率最高，城镇化率达到 87.6%；在 27 个省区中城镇化率最高的省份为广东省，城镇化率为 68.7%，西藏自治区的城镇化率最低，仅为 27.74%。②

---

　　① 东部地区包括：北京、天津、河北、辽宁、上海、江苏、浙江、福建、山东、广东和海南；中部地区包括山西、吉林、黑龙江、安徽、江西、河南、湖北和湖南；西部地区包括内蒙古、广西、重庆、四川、贵州、云南、西藏、甘肃、青海、宁夏和新疆。

　　② 徐绍史主编：《国家新型城镇化报告（2015）》，中国计划出版社 2016 年版。

新中国成立以来,我国的城镇化大体经历了四个发展阶段。

第一阶段是新中国成立后至 1958 年,为我国城镇化的起步阶段。按照西柏坡会议精神,新中国成立后党的工作重心由农村转向城市,拉开了我国城镇化进程的序幕。"三年恢复"和"三年改造"使城镇社会生产力逐步恢复,城镇生产功能重新强化,城镇工商业逐步繁荣。"一五"计划重点发展城镇重工业,使城镇吸纳了大批劳动力,工业化带动了城镇化的快速发展。城镇化率从 10.64% 提高至 16.52%。

第二阶段是 1959—1978 年,为我国城镇化的停滞阶段。受频繁政治运动的影响,这 20 年间我国城镇化水平起伏动荡、低位徘徊,甚至出现了"逆城市化"现象,城镇化率从 16.25% 提高至 17.86%。

第三阶段是 1979—1994 年,为我国城镇化的恢复与平稳发展阶段。随着改革开放的推进,在农村中,农业经营体制变革和户籍制度松动,剩余劳动力大量涌出,亟待转移。乡镇企业的异军突起,使之成为创造就业的重要力量,由此形成了"自下而上"的城镇化过程,催生了小城镇的快速发展。在城镇中,工业和服务业的大力发展形成了强大的劳动力迁移拉力,使城镇规模不断扩大。这一时期,贸易开放对城镇化的作用日益凸显。东部地区外商直接投资的大量进入和出口贸易的繁荣吸引了越来越多的企业和劳动力集聚,城镇化水平迅速提高,东部、中部、西部三大地区城镇化水平在这一阶段开始分化。这一时期全国城镇化率从 18.96% 提高至 28.62%。

第四阶段是 1995 年至今,为我国城镇化的加速发展阶段。市场经济体制的不断完善、出口导向型经济的高速增长和城镇化战略的不断调整使这一时期的城镇化率和城镇质量提升进入快车道,城镇化率以每年一个百分点的水平增长,从 1995 年的 29.04% 提高至 2014 年的 54.77%。但与此同时,东部、中部、西部三大地区的城镇化水平差距进一步拉大,由东向西逐步递减的特征非常鲜明。表 6-1 显示了 1978—2011 年我国城镇数量和人口规模的变动。

新中国成立以来,我国城镇化存在着波浪起伏的特点,直至 2000 年后我国城镇化才进入快速发展通道。我国城镇化的地区差异较为显著,东部地区作为我国经济最为发达的地区和贸易开放最早、程度最大的地区,其城镇化水平也较高,但中西部地区的城镇化远远落后于东部地区。

表 6-1　1978—2011 年中国城镇数量及人口规模变化

年份	城市总数	各规模等级城市								建制镇数	城镇化率
		20 万人以下		20 万— 50 万人		50 万— 100 万人		100 万人 以上			
		数量	人口	数量	人口	数量	人口	数量	人口		
1978	193	93	1126.9	60	1871.5	27	1994.5	13	2993.8	2173	17.92
1985	324	178	1987.7	94	2899.2	30	2192.8	22	4747.2	9140	23.71
1990	467	289	3165.6	119	3703.0	28	1899.6	31	6260.2	12084	26.41
1992	517	314	3436.7	141	4346.6	30	2022.2	32	6516.7	13737	27.46
1995	640	373	4227.9	192	5796.3	43	2967.0	32	6979.1	17532	29.04
2000	663	352	4239.6	217	6552.6	54	3495.0	40	8793.3	20312	36.22
2005	661	296	3785.9	226	7064.3	85	5789.3	54	13522.4	17726	42.99
2007	655	283	3760.1	232	7410.3	82	5601.5	58	14830.2	19249	45.89
2011	658	36	457.3	146	5344.3	279	19253.7	197	39235.2	19683	51.27

数据来源:1978—2007 年城市数据转引自《中国城市发展报告》编委会编:《中国城市发展报告(2008)》,中国城市出版社 2009 年版。2011 年数据根据《中国城市统计年鉴》整理计算而得;建制镇数据 2005 年以前取自《新中国五十五年统计资料汇编》,2005 年及以后年份取自住房和城乡建设部、民政部网站。城镇化率根据《中国统计年鉴(2012)》计算而得。

由表 6-1 可看出,我国城镇化发展过程中,城市总数不断增多,从 1978 年的 193 座增加至 2011 年的 658 座。各等级城市数目和城市人口也不断扩大,进入 2000 年以来,大型城市数目和人口增加较快。我国城镇化过程中,存在着由着力发展中小城镇和建制镇向着力发展大城市的结构性转变。我国城镇化进程受政府政策影响较大,不同历史时期,我国城镇化战略有所不同,导致城镇化结构发生上述转变。党的十三届五中全会制定的城镇化战略是将小城镇发展作为带动农村和社会经济发展的"大战略"。党的十六大,提出"坚持大中小城市和小城镇协调发展的中国特色城镇化道路"。党的十七大要求我国城镇化发展按照"统筹城乡、布局合理、节约土地、功能完善、以大带小,促进大中小城市和小城镇协调发展"的原则进行,建设有中国特色的城镇化发展道路。党的十八大将城镇化战略提高到一个新的高度,将城镇作为推进社会经济结构调整的重心和全面实现小康社会的关键,强调"工业化和城镇化良性互动、城镇化、农业现代化相互协调,促进工业化、信息化、城镇化、农业现代化同步发展",有序协调推动新型城镇化建设道路。党的十八届三中全会指出中国特色新型城镇化建设中,要以人为核心、大中小城市和小城镇协调发展、产业和城镇融合发展、城镇化和新农村协调推进、城市空间结构和管理格局不断优化,着力增强城市综合承载能力,并逐步把符合条件的农业转移人口转为城镇居民,推进转移人口的市民化。

从世界范围来看,我国的城镇化起步较晚,虽然自改革开放以来保持了年均一个百分点的增长速度,但与西方发达国家和部分新兴市场经济体相比仍有较大的差距。2014 年,发达国家中英国的城镇化率为82%、美国的城镇化率为81%、日本的城镇化率为93%、德国的城镇化率为75%、法国的城镇化率为79%、俄罗斯的城镇化率为74%。同期,新兴市场经济体中,韩国为82%、阿根廷为92%、巴西为85%,我国城镇化率高于印度的32%和泰国的49%。我国与世界主要各类国家之间城镇化率对比见表6-2。

表6-2　中国的城镇化率与世界主要国家的城镇化率　　（单位:%）

年份	中国	发达国家						新兴市场经济体				
		英国	美国	日本	德国	法国	俄罗斯	韩国	阿根廷	巴西	泰国	印度
2014	54	82	81	93	75	79	74	82	92	85	49	32
2004	41	80	80	85	73	77	73	81	90	83	36	29
1994	30	78	77	78	73	75	73	77	88	77	30	26

数据来源:根据世界银行"Word Development Indicator"数据库数据计算而得。

按照诺瑟姆(Northam,1979)提出的城镇化进程 S 曲线,城镇化进程可以分为三个阶段。第一阶段为城镇化的初始阶段,城镇化率低于30%,这一阶段第一产业和乡村人口占比很大,乡村人口向城镇转移经历的时间很长,社会处于传统农业社会状态。第二阶段为城镇化的加速阶段,城镇化率低于60%,这一阶段工业化的快速推进吸引乡村人口加速进入城镇,工业成为国民经济的主导产业,服务业产值不断提高,逐步成为吸引乡村人口向城镇集聚的重要力量。城镇边界不断扩散,数量不断增多,城镇中拥挤效应开始初步显现,城镇房价上升、收入不均等、环境恶化、交通拥堵等问题严重,即出现"城市病"。第三阶段为城镇化的稳定发展阶段,城镇化率在60%以上,这一阶段第三产业占比较高,城乡差别越来越小,乡村人口向城镇转移的增速放缓,城市人口增长处于稳定的发展时期,城乡出现"逆城市化现象"。

根据诺瑟姆的城镇化进程S曲线,我国城镇化正处于加速阶段,未来城镇化的速度会更快,空间也更大。

综上所述,本部分描述了对外贸易发展与不同时期城镇化类型贸易城市、工业城市和创新城市发展的关系。对外贸易在早期贸易城市的兴起中扮演了重要的角色,与海外国家地理上的接近和长距离远洋贸易的繁荣促进了如希腊城市、罗马城市和地中海沿岸诸城邦的兴起。工业革命后,对外贸易成为资本主义生产方式本身,对外贸易为工业化提供了原料、原材料,加速了资本积累,并为制成品的销售提供了广阔的市场。工业化的不断推进,又为对外贸易注入了新的动力与活力,无工业基础的贸易城市逐渐衰落,而伦敦、伯明翰、里昂、柏林等工业城市兴起,贸易城市逐渐被工业城市所取代。第三次科技革命后,对外贸易与创新城市紧密相连,对外贸易不仅有利于城市的成长,而且有利于知识、技术的传递和发明创造。在全球化不断推进的背景下,对外贸易正在为创新城市的发展提供重要动力。对我国对外贸易发展和城镇化的统计与阶段性分析表明,改革开放以来我国的对外贸易和城镇化发展迅速,对外贸易开放度从1978年的9.73%上升至2015年的36.33%,同期我国的城镇化率从1978年的17.92%提高到2015年的56.1%,对外贸易的繁荣与城镇化的快速推进处于同一时期,对外贸易与城镇化在发展的阶段性上高度契合。

第三节　对外贸易发展促进城镇化的机制与路径分析

城镇化作为社会经济中的一种非均质现象,是一国或地区分散的人口、劳动力及非农业经济活动不断向空间中某一区域集聚并形成相对稳定结构的过程。城镇化在本质上是一种社会经济的结构性变迁过程,其最基本特征表现为集聚与相对的稳定。推动城镇化的因素既有一般性因素,又有各个阶段的特定因素。特别是在工业革命以后的工业城市发展阶段,在诸多因素中,对外贸易开始发挥越来越重要的作用。

一、城镇化的一般理论机制

(一)"刘易斯—拉尼斯—费景汉"模型

城镇化的首要表现就是劳动人口从农村地区向城镇地区的集聚,是农业人口迁移并逐步转变为非农业人口的过程。在工业革命之前,城镇的发展是非常缓慢的、个别的、孤立的现象,在城乡及产业关系上,表现为农村和农业占据主导地位。工业革命推动的产业结构变迁及巨大的生产力增进,强化了城镇在经济生活中的作用,根本上改变了城镇的性质,使之从早期政治、军事基地转变为经济活动的中心和生产要素的集聚地,农村逐渐变成了城市的外围附庸。

20 世纪五六十年代由刘易斯(A. W. Lewis, 1954)①、拉尼斯和费景汉(G. Ranis 和 C.H.Fei, 1961)②所建立,之后,由乔根森(Jogenson, 1967)、哈里斯和拖达罗(Harris 和 Todaro, 1970)等所修正的二元经济劳动力流动模型较好地对城镇化作出了解释,在他们看来,城镇化就是农业剩余劳动力不断非农化迁移的过程,这一过程也构成了经济发展的主要内容。本节以"刘易斯—拉尼斯—费景汉"模型为基础来说明城镇化的动力机制。

刘易斯在其著作《无限劳动力供给条件下的经济发展》一书中提出了两部门、三要素的人口流动和城镇发展模型,假定经济活动中存在农业部门和城镇工业部门,生产要素包括土地、资本和劳动力三种,其中前两种生产要素稀缺,而劳动力要素丰富,乃至过剩。土地和劳动力要素被用于农产品的生产,资本和劳动力被用于工业品的生产。刘易斯认为经济发展的过程是农业部门人口不断被城镇工业部门吸纳,经济工业化、城乡结构一元化为城镇的过程。在刘易斯模型中,农业部门的劳动力边际生产力极端低下,甚

---

① A.W. Liews, *Economic Development with Unlimited Supply of Labour*, The Manchester School, 1954.

② C.H.Fei, G.Ranis, "A Theory of Economic Development", *American Economic Review*, 1961(9).

至为零,只要城镇工业部门支付的工资高于农业部门的基本工资①,城镇工业部门便可以获得无限供给的劳动力。城镇工业部门的高利润全部转化为投资后,工业生产规模扩张,而生产规模扩大,则需要更多的劳动力,只要两部门工资差一直存在,农业部门剩余劳动力向城镇工业部门的转移就会持续。当农业部门剩余劳动力转移完毕,劳动力无限供给阶段结束,农业工资上升,刘易斯拐点到来,经济则将实现商业化。这一过程可以用图 6-3 来描述。图 6-3 中横轴 OL 代表乡村农业部门的劳动力数量,纵轴 OD 代表城

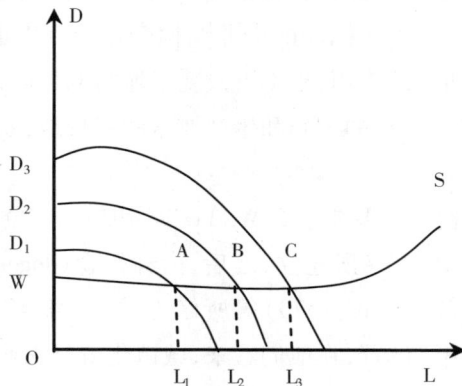

图 6-3　农业部门剩余劳动力的转移

镇工业部门的劳动力边际生产力和工资水平,同时也是城镇工业部门的劳动力需求曲线,乡村农业部门中存在着剩余劳动力,其边际生产力很低,为零甚至为负,因此劳动力供给曲线 OS 由两端构成水平的 WC 段和向右上方倾斜的 CS 段组成。OA 表示乡村农业部门的工资水平,OW 表示城镇工业部门的工资水平。由于 OA<OW,乡村农业部门的劳动力有向城镇工业部门转移的动力。城镇工业部门追求利润最大化,不考虑其他投入要素时,其均衡条件是劳动力的边际生产力等于工资率,由此决定雇佣劳动力人数。在图 6-3 中,当劳动力边际生产力为 D_1 时,工业部门将雇佣 OL_1 数量的劳

①　刘易斯认为城镇工业部门工资比农业部门基本工资高出约 30%。这一方面是因为城镇生活成本较高,另一方面是因为需要补偿转移者的心理成本,更重要的是可以引诱农业部门劳动力流入城镇。

动力,亦即乡村农业部门中有 OL_1 数量的剩余劳动力流入城镇工业部门中。此时城镇工业部门的总产量 OL_1AD_1 中,OL_1AW 部分为工人工资,WAD_1 部分为工业部门的利润。当城镇工业部门把所得的全部或部分利润用于再生产时,城镇工业部门的资本总量增加,劳动力需求随之上升,从原来的 D_1 线上升至 D_2 线,城镇工业部门雇佣的劳动力数量随之上升至 OL_2,亦即农业剩余劳动力的转移数量从 OL_1 增加至 OL_2,城镇工业部门的总产量和利润也实现了增加。这一过程一直持续到乡村农业部门的剩余劳动力全部被城镇工业部门吸收完为止。之后,由于农业剩余劳动力已转移完毕,如果城镇工业部门继续扩展,那么就必须提高工资以得到劳动力,劳动力供给曲线也由于农业劳动力边际生产力的提高而由水平部分 WC 转变为 CS,劳动力由无限供给变为有限供给,城镇进程完成,二元经济实现成功转型。

拉尼斯和费景汉在刘易斯模型基础上,重视城乡的协调和农业部门与城镇工业部门的平衡发展(见图6-4)。

假定土地供给固定不变,在第Ⅱ象限中,初始时农业总人口为 OP_0,初始技术水平决定的人均农产品生产曲线如 Q_A' 所示,此时有 L_0P_0 的"伪装的失业者(The Disguised Unemployed)"[1],OL_0 的劳动力留在农业部门中。假定农业部门的劳动者平均获得以农产品表示的制度性工资(IRW)为 OW_a,且消费部分工业产品为 Q_{NA}。典型的农业劳动者实际消费组合取决于其偏好与贸易条件或预算线 W_aW_{na} 的切点,如第Ⅰ象限所示。在这些贸易条件下,用工业产品表示的城镇工业部门实际工资等于 OW_{na}。假定劳动者面临同样的无差异曲线,不同贸易条件给定的情况下,可以得出第Ⅰ象限的价格—消费曲线 PC。PC 曲线上的 e 点表示商品生产上一个可能的均衡点。此点处,在特定的贸易条件下,人均农产品需求 Ob 与农产品供给 L_0d_1 相等。此时 L_0P_0 的农业劳动力转移至城镇工业部门中。通过第Ⅲ象限的45°线,已配置到城镇工业部门的 L_0P_0 的劳动力可以转化为第Ⅳ象限的 OW_0 部分的劳动力。在第Ⅳ象限中,h 点是劳动力配置的均衡点,在 h 点,城镇工

---

[1] 拉尼斯和费景汉所称的"伪装的失业者"包括两个部分,边际生产率等于零的劳动力和边际生产率大于零小于不变制度工资的劳动力,即在二元经济发展的三个阶段中,处于"商业化"点前的两个阶段的农业剩余劳动力。

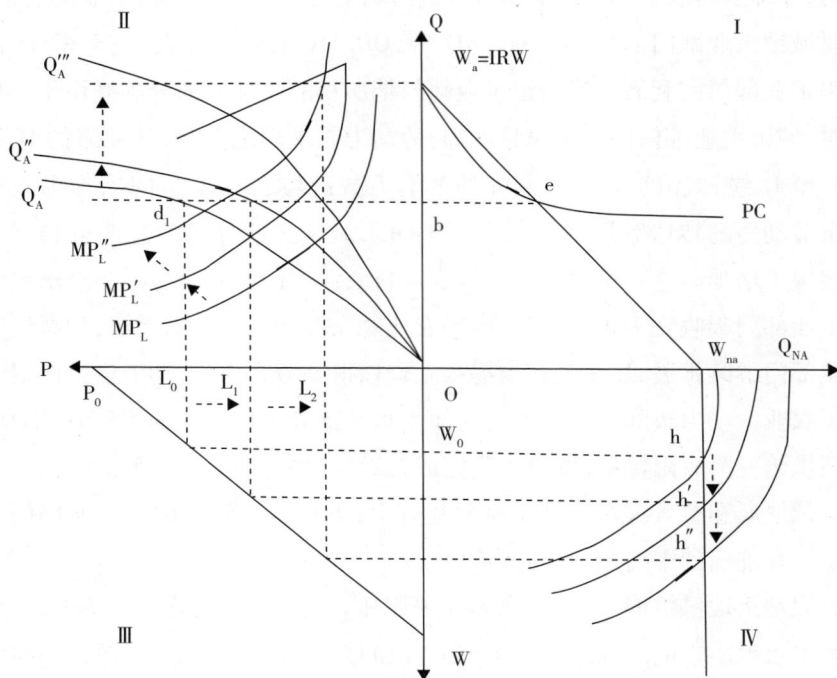

图6-4 农业人口转移及城镇化的过程

业部门劳动力需求曲线与固定的制度性工资 OW_a 水平下的劳动力供给曲线相交。因此,劳动力市场均衡,即农业部门供给的劳动力数量与城镇工业部门需求的劳动力数量相等。

商品市场和劳动市场的同时均衡意味着城乡二元经济、农业与工业的平衡增长实现。如果制度性工资固定在 W_a,乡村农业部门的生产技术和城镇工业部门的劳动生产率实现持续、平稳的进步,人均农产品生产曲线将从 Q'_A 上升至 Q''_A,再上升至 Q'''_A,城镇工业部门劳动力需求曲线也将不断上升,如第Ⅱ象限和第Ⅳ象限的箭头所示。

此时农业部门转移至城镇工业部门的剩余劳动力也将不断增加,从 P_0L_0 增加至 P_0L_1,再增加至 P_0L_2,如第Ⅲ象限的箭头所示。由于乡村中农业技术进步和剩余劳动力的转移,农业劳动力边际产品曲线从 MP_L 上升至 MP'_L,再上升至 MP''_L。随着农业边际产品的增加,在每一个劳动力配置点 L_0、L_1、L_2 上,它与 IRW 的差距逐步缩小,最后等于不变的制度工资,经济实现了商业化,乡村剩余劳动力向城镇的转移结束,乡村农业部门及城镇工业部门的劳动力都得到等于其边际产品的工资。

可见,"刘易斯—拉尼斯—费景汉"模型较好地描述了城镇化发展的机制。在拉尼斯和费景汉模型中,还非常注重乡村农业的发展和为城镇提供的农业生产剩余,农业生产者为城镇的壮大提供了劳动力,而且还为城镇提供足够的粮食。

(二) 外部性与行业的空间集聚

城镇的功能首先表现为集聚性,可以说,集聚是城镇存在和发展的基本条件(Sullivan,2012)。而马歇尔(Marshall,1890)所强调的外部性是集聚的根源,因此,外部性与行业的空间集聚就成为城镇形成和发展的主要动力。

马歇尔分析了生产活动空间集聚这种外部性的好处[1],第一,共享劳动力储备,节省雇佣劳动力的搜寻成本,提高了厂商与熟练劳动力的匹配;第二,中间产品共享,节省了投入品的运输成本;第三,知识技术的溢出,节省了企业技术开发的成本,提高了企业的生产效率。因此,理性厂商出于成本节约的考虑,在生产选址时会倾向于在特定地区形成集聚。

行业空间的集聚,即城镇化。其又会产生静态和动态效应,形成城镇的带动、扩散和示范功能,进一步强化城镇在空间经济活动中的重要地位。第一,城镇的带动作用。集聚形成城镇后,城镇尤其是中心城市具备雄厚的产业基础,聚合了大量优势产业和资金、商品、技术等生产要素,这使得更为先进的技术、产品和机器设备能够较快地生产并运用到周边区域的生产活动中,产生带动作用,进一步增强城镇的增长极地位和集聚功能。第二,城镇的扩散作用。一方面,集聚形成城镇后,吸引劳动力和资本等要素源源不断地流入,产生集聚效应。但集聚的同时也会产生负的外部性,造成集聚成本的增加。当企业和要素涌入超过临界点时,企业经营成本增加、要素报酬难以继续上涨,生产企业、要素开始向城镇边缘地区或外部迁移。另一方面,城镇的比较优势会通过商品流、要素流、信息流等不断向边缘地区扩散,带动边缘地区产生"次城镇化效应",城镇总体规模形成"中心—边缘"式扩散。第三,

---

① 马歇尔虽然没有明确提出外部性这一概念,但他提出的"外部经济"(External Economy)是外部性概念的来源。

城镇的示范作用。集聚形成城镇后,城镇在科技水平、生活方式、经济发展等各个方面都领先于边缘地区。城镇凭借其较强的综合创造力,进行正式制度和非正式制度等的创新,成为新制度、新体制、新机制的诞生地和示范地。

除此之外,城镇集聚还形成城市化经济——雅各布斯外部性(Jacobs,1969),即城镇内不同产业之间的共同集聚和总产出规模的扩大而引起的单一企业成本下降的现象,这是城镇空间多种要素共同相互作用而产生的一种特殊的经济效应。这种经济效应会进一步吸引不同产业各种类型企业向城镇的集聚,进一步扩大城镇规模(见图6-5)。

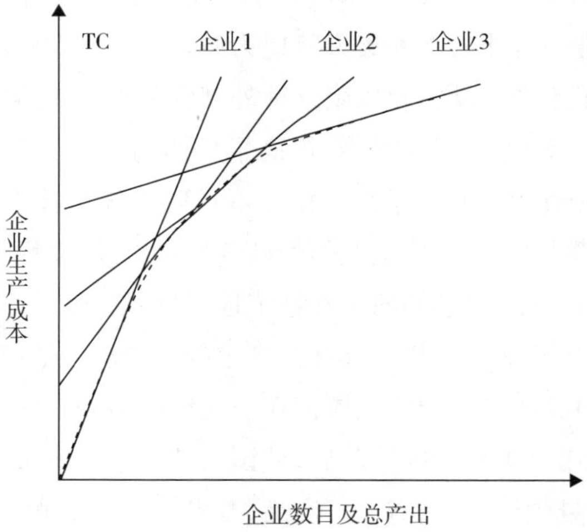

图6-5 城市化经济与城镇规模

图6-5中,横轴表示企业数目及总产出,即城镇规模大小;纵轴表示企业生产成本。当城镇规模较小,只有企业1存在于城镇中时,其成本随产出的增加单调递增。但如果城镇中同时存在多家企业,如企业2和企业3时,随着城镇规模的壮大,即城镇中单个企业的成本会随着产出的扩张,企业集聚数量的增多而出现下降,城镇中企业总体成本如图6-5中虚线所示。由此可见,城镇中所产生的城市化经济将吸引越来越多的企业为获得雅各布斯外部性而越来越集聚于该城镇,城镇规模刚性扩大。

(三)"中心—外围(Core-Periphery)"模型

自20世纪90年代以来,以克鲁格曼、藤田昌久等为代表的新经济地理学者在不完全竞争与规模经济存在的更为接近现实的假设条件下,分析了经济活动的城镇空间集聚,形成了解释城镇形成的"中心—外围"模型。

假设一国由两个地区组成,南方和北方,两个地区具有相同的生产技术和偏好。存在两个部门,一个是常规规模报酬、完全竞争的农业部门,另一个是规模报酬递增、垄断竞争的制造业部门。每个地区有两种生产要素,工人和农民,两种要素各自从事一种产品生产,即工人只从事工业制成品的生产,农民只从事农产品的生产。农民在南方地区和北方地区均匀分布,不能流动,农业工资两地区相同。农产品同质,并可在两地区间进行无运输成本的交换。制造业工人可以在南方和北方间自由流动,两地区之间的实际工资差异将引起工人从低工资地区向高工资地区迁移。每个制造业企业生产唯一差异化产品,制成品运输存在"冰山运输成本(Iceberg Transport Cost)"。

如果由于实际工资收入差异,当至少一个工人从南方迁往北方时,初始均衡就被打破。由于工人会把自己的收入消费在工作的地方,因而,工人的迁移缩小了南方地区市场,而扩大了北方地区市场。市场规模的变化将促使南方个别制造业企业迁往北方。制造业产业的这种重新布局使得北方地区制成品综合价格降低,北方地区消费者生活成本降低,这进一步激励工人从南方地区迁移到北方地区,北方地区市场规模进一步扩大,制造业企业继续迁入,北方地区形成循环累积的集聚状态。原来在南方与北方均匀分布的制造业向北方的不断集聚,形成制造业和农业的产业分岔和城乡"中心—外围"格局。

但如果北方即城镇地区企业数量过多,将造成拥塞效应,形成分散力。北方城镇集聚吸引力减弱,南方的吸引力则会得到增强。在这一过程中,如果运输成本下降到使分散力占主导地位时,北方地区产业的城镇集聚程度将降低。

二、贸易开放促进城镇化的路径

开放经济中城镇化的推动因素,除了前文分析的一般机制外,还包括对外贸易与外商直接投资。纵观世界城镇的发展阶段和历程,城市的兴起就来源于商业贸易。早在公元前3000年,腓尼基人就开始沿着地中海沿岸建立众多的贸易城市。近代,资本主义的萌芽地区威尼斯、热那亚、佛罗伦萨等也是商业贸易非常发达的城市。而根据巴特利特(Bartlett,1998)的研究,美国城市发展的历史反映了运输成本和比较优势在贸易城市发展中的作用。贸易开放主要通过价格效应、收入效应、工业化效应及产业集聚来推动城镇的发展。

(一) 贸易开放通过价格效应促进城镇化

对外贸易的基础在于一个国家或地区所具备的比较优势,即在劳动生产率上的相对差异或要素禀赋的相对差异,直接表现就是商品相对价格的差异。一国总是出口相对价格低于对方国家的商品,进口相对价格高于对方国家的商品。随着进出口的不断进行,本国出口品的价格将上升,进口品的价格将下降。这种价格的变化,会引起国内生产要素的重新配置。越来越多的生产要素,包括劳动力要素会不断涌入价格上涨的出口部门,从而使从事出口产品生产的地区出现快速的人口集聚和城镇化。

假设初始时,一国由两区域构成,两区域是同质的、市场完全竞争、工人具有完全流动性。封闭条件下,两区域劳动力市场均衡时,工人工资应相等,都等于边际产品价值,即有:$W = MP_L \times P$,此时两区域工人均匀分布,不会出现集聚和城镇化。如图 6-6 所示,纵轴表示工资,横轴表示南方和北方的工人数量,$VMP_S = MP_{SL} \times P_S$ 为南方劳动力的边际产品价值,MP_{SL} 为南方劳动力的边际生产力,P_S 为南方产品价格。同理,$VMP_N = MP_{NL} \times P_N$ 为北方劳动力的边际产品价值,MP_{NL} 为北方劳动力的边际生产力,P_N 为北方产品价格。均衡时有,$VMP_S = VMP_N$,两区域劳动力均衡数量为 $Q_s = Q_n$,均衡工资水平为 sn。

贸易开放后,两区域劳动力市场的原有均衡将被打破,假定北方地区临近海外市场,地理上的优势将使其享有较低的贸易成本,获得出口产品价格上的优势,北方地区逐渐成为对外贸易中心。随着出口贸易的不断进行,北方地区出口品价格 P_N 将上升,根据"斯托尔珀—萨缪尔森"定理(S—S 定理),这将导致北方地区生产出口产品工人的工资上升。如图 6-7 所示,初始时两地区工资水平为 sn,但由于北方出口品价格上升,北方地区工资水平上升至 n_2 水平。此时,会出现南方劳动力向北方的迁移。随着劳动力的移出,南方地区劳动力的边际生产力 MP_{SL} 会上升,而随着劳动力的移入,北

工资

VMPs
s
n
VMP$_N$

南方工
人数量
Q$_s$
O
Q$_n$
北方工
人数量

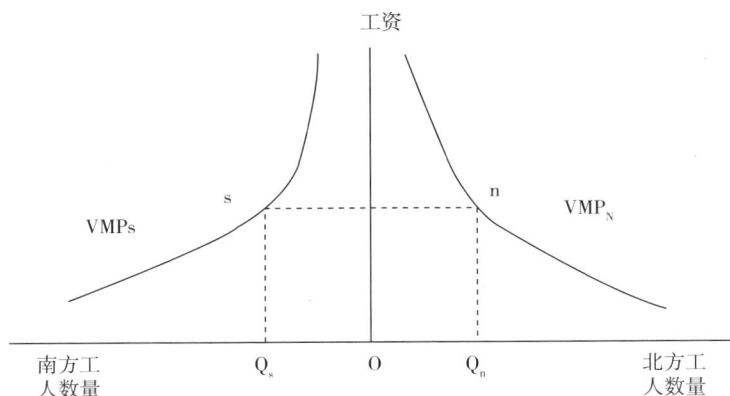

图 6-6　贸易封闭时的劳动力市场均衡

方地区劳动力的边际生产力 MP$_{NL}$ 会下降,两地区工资有重新趋于均衡的态势。重新均衡时,北方地区劳动力的边际产品价值曲线 VMP$_N$ 向右移动,同时两区域均衡工资达到相同的 s$_1$n$_1$ 水平。此时有 Q$_s$Q$_{s1}$ 的劳动力由南方地区迁移到北方地区。北方地区人口集聚即城镇化得以发展。

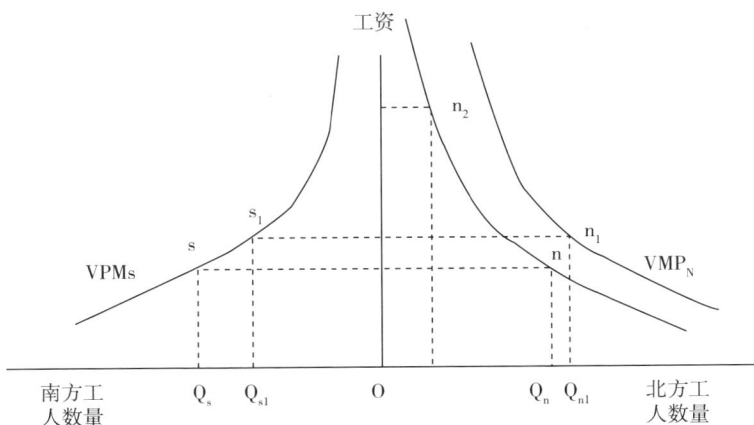

工资

n$_2$

VPMs
s$_1$
s
n
n$_1$
VMP$_N$

南方工
人数量
Q$_s$　Q$_{s1}$
O
Q$_n$　Q$_{n1}$
北方工
人数量

图 6-7　贸易开放时的劳动力市场均衡

（二）贸易开放通过收入效应促进城镇化

贸易开放不仅对产品价格产生影响,也会对要素报酬产生影响。根据要素价格均等化定理(H-O-S 定理),国际贸易在引起国家间商品价格趋于均等的同时,也会使两国要素报酬趋于一致。但现实中,受各种因素影响,如运输成本等的影响,要素价格不论在国家内还是国家间都存在着一定程度的非均等。由于出口国家国内不同地区参与贸易开放程度的差异,会造成不同地区同种要素所有者收入差异的存在,这种差异会导致可流动要素大规模向高报酬地区的集聚。

假定本国是一个劳动力丰裕国家,国内有南部和北部两个地区,北部地区临近海外市场,具有发展对外贸易的地理优势。贸易开放后,比较优势发挥作用,北部地区出口大量的劳动密集型产品。随着出口的不断增加,北部地区劳动密集型产品价格将趋于上升,该种产品密集使用的生产要素的报酬也将上升,即北部地区出口部门劳动力的工资收入因出口而上升。虽然,南部也是实现了贸易开放,但受运输成本限制,南部参与贸易开放的广度和深度远低于北部,南部地区劳动密集型产品及劳动力工资上涨的幅度也自然小于北部地区。两地区工资收入的相对或绝对差异,将促进南部地区的劳动力向北部地区迁移,这是劳动力对市场工资的理性回应。大量劳动力在工资差异影响下向北部迁移,这会推动北部地区的人口集聚及城镇化。

除此之外,贸易开放的收入效应还体现在通过比较优势的发挥,促进了本国经济增长和国民收入的增加。国民收入的增加使政府税收增多,从而使政府能够建设更好的基础设施等公共产品。基础设施的改善,又有利于新产业的建立和原有产业的壮大,进而创造出越来越多的就业岗位,就业人口增多,这意味着城镇化水平的提高。这一过程见图6-8。

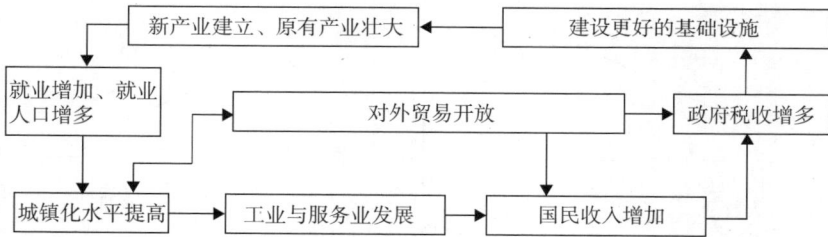

图6-8 贸易开放对城镇化的推动

(三) 贸易开放通过工业化推进城镇化

当代各国贸易发展的历史实践表明,贸易结构存在不断调整升级的过程。这一过程与国内产业结构变动的一般规律相适应。霍夫曼定理(W. G.Hoffmann,1931)经验性地说明了一国产业结构的动态变迁。在开放经济中,国际贸易将加速一国产业结构的动态演进。符合本国比较优势的贸易开放容易实现本国财富的增加和资本积累的加速,带动国内工业发展水平的提高。

　　具体而言,对外贸易从供给和需求两个方面为工业化和乡村人口向城镇的集聚提供动力。发展经济学的基本理论表明,促进工业化发展和定型的五种基本要素包括物力、人口、社会制度、生产技术和企业家创新管理才能(张培刚,1999)。对外贸易对上述五种基本要素都会产生积极影响。首先,出口具有比较优势的大宗剩余产品,可以丰富本国资本,换回工业发展所必需的机器设备,为本国工业的建立奠定物质基础,对外贸易的发展还在国内创造商业机会,为国内产业结构调整和要素流动带来动力,进一步促进本国要素的集聚。其次,出口贸易拉大了不同技能劳动力的工资差距,使企业家获得更高的报酬,促使人们进行更大范围的人力资本积累和风险的承担。再次,进口国外资本品和生产设备,还能获得蕴含在其中的先进物化技术,在吸收能力的作用下,容易实现技术的模仿与升级。技术贸易则直接引进国外先进的生产技术和管理技能。对外贸易引致的激烈竞争还迫使企业不断进行技术创新,提高技术水平和生产率水平(Melitz,2003)。最后,对外贸易还是制度变迁的重要推动力量(Acemoglu,2002、2004)。对外贸易使市场和经济规模扩大,迫切需要通过制度变迁降低交易成本,提高交易效率,对外贸易带来的激烈竞争促使国内经济主体积极进行制度创新,对外贸易还增加域外世界的正式和非正式制度向本国的传递;当对外贸易通过上述四条途径对工业化的五种基本要素积累和提升产生积极的影响后,本国生产要素结构会发生内涵式演进,本国全要素生产率和技术会实现进步,这会引起财富增加、要素报酬差异和产业与就业结构的调整,促进工业化,并最终引起人口、要素与产业在城镇的集聚,城镇化进程加快。当然,城镇化和工业化反过来也会对对外贸易的发展产生积极的反馈作用,通过城市经济中的匹配、共享和创新,可以提升对外贸易的竞争力,通过产业结构高度化,可以实现对外贸易的结构转型,最终促进对外贸易发展方式的转变和质量效益的提升,见图6-9。

(四) 贸易开放通过产业集聚推进城镇化

　　本节城镇化的一般理论机制部分已经说明外部性与行业的空间集聚对

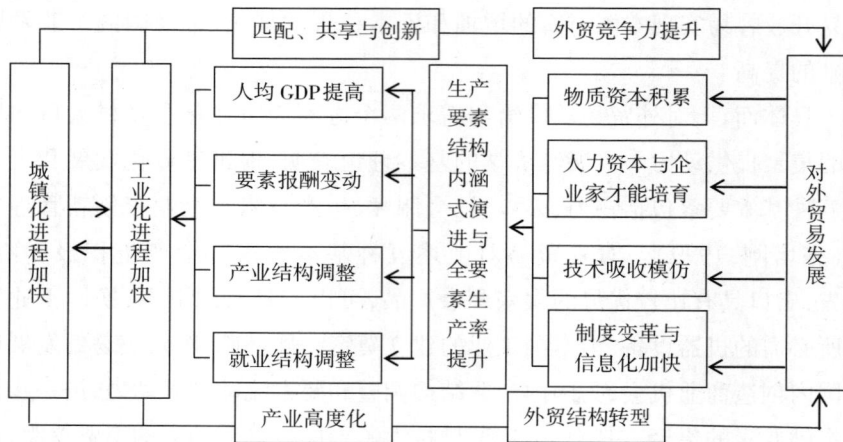

图 6-9　对外贸易促进工业化与城镇化的路径

城镇化的重要性。在发展中国家贸易开放的条件下,对外贸易、产业集聚与城镇化之间存在着相互促进的作用机制。

　　发展中国家的劳动力市场往往存在着分割性特征(蔡昉,1998;徐林清,2006;Démurger 等,2008;陈瑛,2016),例如中国的户籍制度就造成了城乡劳动力市场和城镇内部劳动力市场的分割。这种分割造成了一种"双重二元结构",即城乡二元结构和城镇中国有工业和非国有工业之间的二元结构。城镇中的国有工业部门由于体制、机制的约束,缺乏自生能力,在政府扶持下倾向于发展资本密集的重化工业(林毅夫等,1994)。城镇中的非国有工业部门,即民营工业部门,在诞生之初就已具有市场化导向,根据要素禀赋实际来选择生产经营的路径,面对资本稀缺、劳动力丰富的要素禀赋,自然会选择劳动力偏向型的生产经营路径,生产劳动密集型轻工业品。贸易开放后,在国外转移低端制造业工序的过程中,具有海外市场临近性优势和一定工业基础的城镇成为承接外包工序的重镇。这些城镇中的非国有工业部门较为顺利地嵌入国际垂直专业化分工网络体系,大力发展加工贸易,形成加工贸易盛行、对外贸易繁荣的局面。根据新古典贸易理论的"斯托尔珀-萨缪尔森定理"(S-S 定理),城镇非国有工业部门加工贸易的大发展将促使该部门密集使用的劳动力报酬工资上升,城乡之间的收入差距不断增加(魏浩和赵春明,2012)①。工资的这一变动,形成了劳动力和产业进一步向城镇集聚的向心力,克鲁格曼所强调的运输成本和规模经济就会发生作用。海外市场临近的优势使这些加工贸易城镇的对外贸易成本较低,较低的运输成本吸引企业不断集聚于此,劳动力随之迁入,成为工业企业和农村转移劳动力集聚的中心。当越来越多的企业和劳动力集聚于此时,"本地市场效应(Home Market Effect)"就会显现,使该地区城镇非国有工业部门的产出规模进一步扩大,产品出口不断增多,利润随之提高,吸引更多企业集聚,形成产业集聚的循环累积因果效应。同时,产业集聚程度的提高还意味着产品种类越来越多,综合价格指数下降,产生"价格指数效应(Price Index Effect)",消费者实际收入上升,生活成本下降,这又会促进越来越多的劳动力向此类城镇集聚,城镇化进程加快,城镇规模不断扩大,形成人口集聚与城镇化的自我强化作用机制。这样,在发展中国家贸易开放和"双重二元结构"的特征下,海外市场临近、地理位置优越的地区出现快速的城镇化和城镇体系的调整,而远离海外市场的内陆地区由于高运输成本和低贸易开放程度,成为人口迁出的主要地区,城镇化进程缓慢,城镇体系长期保持原有状态。

综上所述,城镇化有其一般的理论机制,发展经济学结构主义的"刘易斯—拉尼斯—费景汉"模型对之已经有了较好的解释,城市经济学则从马歇尔所强调的外部性角度阐述了人口和产业向城镇集聚的过程。新经济地理学从不完全竞争市场条件出发,建立了"中心—外围"模型,分析了运输成本、规模经济在形成城镇产业和人口集聚中心中的作用。在贸易开放的条件下,对外贸易可以通过价格效应、收入效应、工业化及产业集聚效应来推动城镇化的进程。

第四节 对外贸易发展促进城镇化的实证分析

本节在上述理论基础上,运用我国省际、地市级面板数据模型,实证分析对外贸易发展对城镇化的影响渠道和机制。首先,建立面板数据向量自回归模型,实际验证城镇化、工业化与贸易开放三者之间的长期协整关系和因果关系,进行脉冲响应分析。其次,采用省级静态面板数据模型,实证分

----

① 魏浩、赵春明:《对外贸易对我国城乡收入差距影响的实证分析》,《财贸经济》2012年第1期。

析贸易开放、产业集聚、工业化、价格效应对城镇化的促进机制。再次,采用地市级动态面板数据模型,在克服内生性的基础上,对对外贸易发展促进城镇化的作用机制进行更为细致的分析。最后,对实证分析进行总结。

一、对外贸易促进城镇化的面板数量向量自回归模型分析

(一) 模型设定与单位根检验

进入 21 世纪以来,特别是加入世界贸易组织后,我国的对外开放程度不断提高,我国进出口贸易得到了快速的发展,与此同时,我国工业化进程显著推进,城市化进程以平均每年一个百分点的速度提升。前面我们已在理论上分析了三者之间的相互关系,这里采用面板数据向量自回归模型,基于动态建模思路,来考察三者之间的长短期关系。

面板数据向量自回归模型最初由霍尔埃金(Holtz-Eakin,1988)等提出,后来经过高和麦克科斯基(Kao 和 Mc-Coskey,1999)、韦斯特隆德(Westlund,2005)、洛夫和齐启诺(Love 和 Zicchino,2006)等的发展已成为面板数据模型中的一种重要分析方法。面板数据向量自回归模型是在西姆斯(Sims,1980)的时间序列向量自回归模型基础上引入面板数据而构成的。该模型将所有变量看作一个内生系统来估计,所有变量的滞后项都被考虑在内来估计,能够较为真实地反映变量间的互动关系。同时,该模型既能有效克服计量经济模型中的内生性问题,还能刻画系统变量之间的脉冲反应和方差分解,因此在实证研究中得到了广泛的应用。

面板数据向量自回归模型的主要估计步骤包括:第一步进行面板数据的平稳性检验,第二步利用广义矩(GMM)方法进行估计,第三步估计脉冲响应函数和进行方差分解,第四步进行面板数据恩格尔—格兰杰因果检验,因此来判断变量之间的长短期关系。

包含 p 阶滞后的 PVAR 模型如下:

$$Y_{it} = Y_{it-1}A_1 + Y_{it-2}A_2 + \cdots + Y_{it-p+1}A_{p-1} + Y_{it-p}A_p + X_{it}B + u_i + e_{it}$$

$$(6-1)$$

Y_{it} 为 $1 \times K$ 维列向量(被解释变量),X_{it} 为 $1 \times L$ 维外生变量列向量,u_i 为 $1 \times K$ 的非时变固定效应,e_{it} 为随机误差项。A_1,A_2,$\cdots$,A_{p-1},A_p 为 $K \times K$

的滞后变量待估参数矩阵，B 为 $L \times K$ 维的外向变量待估系数矩阵。假定 $E(e_{it}) = 0$，$E[e_{it}^{'}, e_{it}] = \sum$，且对于所有的 $t>s$，有 $E[e_{it}^{'}, e_{is}] = 0$。上述 PVAR 模型最优滞后阶数根据赤池信息准则（AIC）、舒瓦茨贝叶斯信息准则（BIC）或汉南—昆信息准则（HQIC）来确定。

根据前文的理论分析，本节建立如下的 PVAR 模型：

$$y_{it} = \alpha_i + \gamma_t + \beta y_{it-1} + \mu_{it} \tag{6-2}$$

其中，$y_{it} = (\ln urp_{it}, \ln ind_{it}, \ln ttr_{it})'$ 为 3×1 维的列向量，y_{it-1} 为被解释向量的滞后一阶向量，β 为 3×3 的待估系数矩阵，α_i 和 γ_t 为 3×1 维的个体效应和时间效应向量，μ_{it} 为服从正态分布的随机误差项向量。$i = 1$，$2, \cdots, 31$ 为省份截面；$t = 2000, 2001, \cdots, 2014$ 为年份。式（6-2）滞后阶数根据 BIC 和 HQIC 确定为一阶。

式（6-2）中城镇化程度（$\ln urp$）用各省区市城镇人口数来表示，工业化程度（$\ln ind$）用各省区市工业总产值来表示，对外贸易发展程度（$\ln ttr$）用各省区市折算为人民币计价的进出口总值来表示。为了消除可能存在的异方差，同时又不改变变量的趋势，对以上三个变量取自然对数。以上三个序列的差分序列记为 $d\ln urp$、$d\ln ind$、$d\ln ttr$。式（6-2）中的数据来自相应年份的《中国统计年鉴》。

采用 LLC、IPS 和 Fisher 模型面板单位根检验方法，对三个面板序列的原始序列及一阶差分序列进行平稳性检验，检验结果见表6-3。

表6-3　面板数据平稳性检验

变量	IPS	ADF -Fisher	PP -Fisher	结论	变量	IPS	ADF -Fisher	PP -Fisher	结论
$\ln urp$	0.7437 (0.7715)	73.4523 (0.1515)	102.859 *** (0.0009)	非平稳	$d\ln urp$	-12.9176 *** (0.0000)	263.487 *** (0)	341.637 *** (0)	平稳
$\ln ind$	13.0716 (1.0000)	0.6989 (1.0000)	0.18466 (1.0000)	非平稳	$d\ln ind$	-11.3137 *** (0.0000)	236.340 *** (0)	235.846 *** (0)	平稳
$\ln ttr$	1.82522 (0.9960)	45.3759 (0.9442)	112.140 *** (0.0001)	非平稳	$d\ln ttr$	-11.4955 *** (0.0000)	235.749 *** (0)	281.560 *** (0)	平稳

注：三种检验的原假设 H₀ 均为面板数据存在单位根。***、**、* 分别表示在 1%、5% 和 10% 的水平上显著。小括号内为检验统计量的相伴概率值。

表6-3的平稳性检验结果显示,城镇化程度(lnurp)的原序列检验中除 PP-Fisher 检验在 1% 的显著性水平上拒绝存在单位根的原假设外,其余两个统计量都不能拒绝原假设,即 lnurp 原序列存在单位根,为非平稳序列,但其一阶差分序列的三个检验统计量都非常显著地拒绝了原假设,为平稳序列。工业化程度(lnind)的原序列检验中三个检验统计量都不能拒绝存在单位根的原假设,而其一阶差分序列的三个检验统计量都非常显著地拒绝了原假设,为平稳序列。对外贸易发展程度(lnttr)的原序列检验中除 PP-Fisher检验在 1% 的水平上显著拒绝存在单位根的原假设外,其余两个统计量都不能拒绝原假设,即 lnttr 原序列存在单位根,为非平稳序列,但其一阶差分序列的三个检验统计量都非常显著地拒绝了原假设,为平稳序列。这说明城镇化程度(lnurp)、工业化程度(lnind)和对外贸易发展程度(lnttr)都是一阶单整的过程。

为进一步分析城镇化程度、工业化程度和对外贸易发展程度三者之间的长期关系,需进一步检验各非平稳序列的协整关系。本节运用 Pedroni 检验方法进行检验,检验结果见表6-4。

表6-4 面板数据 Pedroni 协整检验

组内检验统计量	统计量值	相伴概率	组间检验统计量	统计量值	相伴概率
Panel ν	3.482650	0.0002 ***	Panel ρ	1.733507	0.9585
Panel ρ	−0.522961	0.3005	Panel PP	−9.521337	0.0000 ***
Panel PP	−6.596178	0.0000 ***	Panel ADF	−8.633974	0.0000 ***
Panel ADF	−6.810732	0.0000 ***			

注:Pedroni 检验的原假设 H_0 均为面板数据变量间不存在协整关系。*** 、** 、* 分别表示在 1%、5% 和 10% 的水平上显著。

表6-4的检验结果中,除了组内检验的 Panel ρ 和组间检验的 Panel ρ 接受原假设外,其余统计量均在 1% 的水平上显著拒绝了原假设,即表明城镇化程度、工业化程度和对外贸易发展程度三者之间存在长期协整关系,为建立面板数据向量自回归模型奠定了基础。

（二）PVAR 估计与脉冲响应函数分析

式(6-2)的 PVAR 模型包含个体效应和时间效应,先将各变量减去其时间均值以此消除时间效应,再采用一阶前向差分法消除个体效应,然后采用系统广义矩(GMM)方法进行模型估计,最优滞后阶数根据 BIC 和 HQIC 信息准则,确定为 1 阶,具体估计结果见表 6-5。

表 6-5　面板数据向量自回归模型估计结果

依赖变量	h_ln*urp*		h_ln*ind*		h_ln*ttr*	
统计量	B_GMM	T_GMM	B_GMM	T_GMM	B_GMM	T_GMM
L.h_ln*urp*	0.942 ***	4.92	0.095 **	2.11	−0.104	−0.23
L.h_ln*ind*	−0.397	−1.16	0.441 ***	4.82	−1.139	−1.17
L.h_ln*ttr*	0.054 ***	2.71	0.061 ***	6.18	1.083 ***	12.95

注:B_GMM 为系统广义矩估计得到的系数,T_GMM 为系统广义矩估计的 t 统计量,*** 、** 、* 分别
　　表示在 1% 、5% 和 10% 的水平上显著。

表 6-5 的估计结果显示以城镇化程度为依赖变量时,滞后一期的城镇化发展水平对自身的动态影响为 0.942,且通过 1% 的显著性水平检验,说明,我国城镇化发展存在循环累积因果效应,前期城镇化程度对后期发展具有很强的自我推进作用。滞后一期的工业化程度对城镇化的影响不显著,但滞后一期的对外贸易发展程度对城镇化的影响非常显著,其系数为 0.054,这验证了前文在理论机制部分提出的对外贸易对城镇化的促进效应的确存在,但其机制如何,还需要进一步分析。

当以工业化程度作为依赖变量时,滞后一期的城镇化程度对工业化的影响系数为 0.095,且在 1% 的水平上显著。同城镇化发展存在自我强化作用一样,工业化发展也存在着这种自我强化作用,前期工业化发展水平对后期有着系数为 0.441 的显著影响。滞后一期的对外贸易发展程度对工业化也存在正向的显著影响,其系数为 0.061。

当以对外贸易发展程度作为依赖变量时,滞后一期的三个变量对其都没有显著的促进作用。

在 PVAR 模型中脉冲响应函数可以用来刻画系统中某一变量的正交化新息对系统中每一个变量的影响,通过这种动态分析,可以较好地考察各变量之间的关系。图 6-10 是以上述 PVAR 模型为基础,经 Monte Carlo 模拟 500 次得到的脉冲响应函数图,其中横轴表示新息冲击作用的响应期数,

纵轴表示内生变量对冲击的反映程度。图 6-10 中中间的曲线为响应函数曲线,两侧为 95% 的置信区间。这里重点分析对外贸易发展程度、工业化程度对城镇化水平的冲击响应程度,即图中的第一列图。

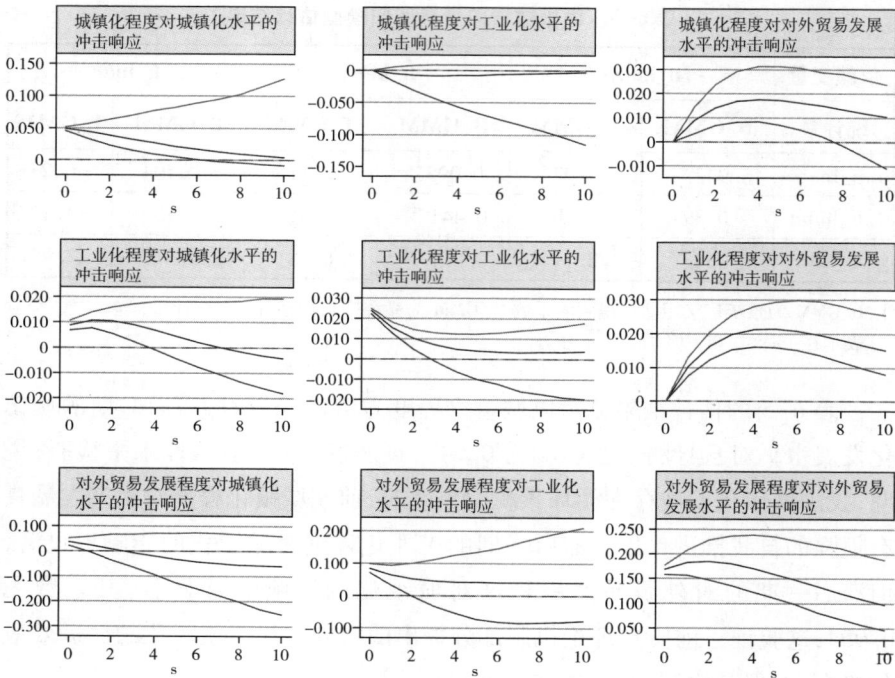

图 6-10　脉冲响应函数图

图 6-10 中第一列自上而下分别为城镇化程度对自身的冲击响应、工业化程度对城镇化的冲击响应和对外贸易发展对城镇化的冲击响应。城镇化对自身一个标准新息的冲击响应逐渐收敛。工业化程度对城镇化的冲击逐渐下降,到第 7 期时转变为负向响应。对外贸易发展程度对城镇化的冲击也不断下降,到第 3 期时下降为负向响应。以上分析说明城镇化对来自对外贸易发展程度的冲击响应要快于工业化程度对其的冲击响应,对外贸易发展程度对城镇化的影响更易在短期内表现出来,而工业化程度对城镇化的影响需要较长时间才能显现出来。

综上所述,本部分通过建立面板数据向量自回归模型,对城镇化程度、工业化程度和对外贸易发展程度三者之间的长短期关系进行了考察。分析结果表明,从长期来看,三者之间存在协整关系;从短期来看,滞后一期的对外贸易发展程度对城镇化有着显著的影响,但滞后一期的工业化程度对城镇化的影响不显著。从脉冲响应函数来看,对外贸易发展程度对城镇化的影响更易在短期内表现出来,而工业化程度对城镇化的影响则需要较长时间才能显现出来。

二、对外贸易促进城镇化的静态面板数据回归模型

(一) 基准回归

本部分根据第三节的理论机制,采用省级数据,通过静态面板数据回归模型来实证分析对外贸易促进城镇化的具体机制。在理论机制部分的分析中,对外贸易主要通过价格效应、收入效应、工业化和产业集聚来促进城镇化。因此,本节根据这一理论机制设定如下的静态面板数据回归模型:

$$\ln urban_{it} = \alpha + \beta_1 \ln open_{it} + \beta_2 \ln price_{it} + \beta_2 \ln incg_{it} + \beta_4 \ln aggl_{it} + \beta_3 \ln indu_{it} + \mu_i + \varepsilon_{it} \tag{6-3}$$

式(6-3)中i代表省份,t代表年份,$\ln urban$为被解释变量城镇化率,用各省城镇人口占总人口的比重来表示。解释变量中,$\ln open$为贸易开放度,用各省折算为人民币计价的进出口总额占地区生产总值之比表示。$\ln price$为进出口商品价格之比,由于无法取得分省进出口价格指数,用各省以上年为100的商品零售价格指数代替。$\ln incg$为城乡收入差距,用各省城镇居民家庭人均可支配收入与农村居民家庭人均可支配收入之比来表示。$\ln aggl$为区位熵,用各省工业总产值占地区生产总值的比例除以全国工业总产值占全国国内生产总值的比例计算而得。区位熵越大说明i省工业整体集聚程度越高。$\ln indu$为工业化率,用各省第二产业产值占地区生产总值的比重来表示。α为截距项,μ_i为不可观测的个体效应,ε_{it}为残差项。

根据前文的理论机制,随着我国对外贸易开放程度的提高,具有比较优势的劳动密集型产品出口规模将不断扩大,出口商品的价格趋于上升,出口部门中密集使用的劳动力要素的报酬也会上升,这会吸引劳动力和其他生产要素及产业向城镇集聚,加快城镇工业化发展,城乡差距进一步拉大,又会刺激越来越多的人口集聚于城镇。因此,可以预测式(6-3)中各回归系数均应为正。

本节分析的省份包括我国大陆地区 31 个省区市,分析的时期为贸易开放与城镇化快速推进的 2000—2014 年,分析的原始数据均取自历年《中国统计年鉴》。数据的统计描述见表 6-6。

表 6-6 各变量的统计描述

变量	平均值	标准差	最小值	最大值
urban	47.04	15.52	20.85	89.60
open	32.04	40.41	3.57	172.15
price	101.52	2.45	95.50	110.56
incg	2.99	0.64	1.85	5.60
aggl	1.01	0.19	0.43	1.45
indu	46.60	8.18	19.76	61.50

注:为了直观体现数据含义,表中各变量数值均未取自然对数。

在对式(6-3)进行估计前,首先进行面板数据模型设定的豪斯曼检验,除中部地区没有拒绝原假设,采用随机效应外,全国、东部和西部地区的检验都拒绝原假设,采用固定效应。估计结果见表 6-7。

表 6-7 全国和三大地区面板模型基准估计

变量	全国	东部	中部	西部
$\ln open_{it}$	0.0822*** (3.31)	−0.0488 (−0.82)	0.261*** (5.72)	0.0639* (1.96)
$\ln price_{it}$	2.149*** (7.34)	2.532*** (4.99)	0.548 (1.04)	2.602*** (5.56)
$\ln incg_{it}$	0.340*** (3.94)	0.826*** (4.07)	−0.211 (−1.48)	0.443*** (3.44)
$\ln aggl_{it}$	1.250*** (8.87)	1.355*** (5.08)	0.520** (2.36)	2.033*** (8.10)
$\ln indu_{it}$	−0.726*** (−5.03)	−0.730*** (−3.45)	0.124 (0.47)	−1.706*** (−6.00)
Constant	−3.947*** (−2.98)	−5.398*** (−2.21)	0.312 (0.14)	−2.562 (−1.31)
Obs.	465	165	120	180
A−R^2	0.3613	0.3887	0.4879	0.4394

续表

变量	全国	东部	中部	西部
Hausmanχ^2	145.05 (0.0000)	47.08 (0.0000)	0.58 (0.9887)	33.97 (0.0000)

注:小括号中为 t 统计量。*** 、** 、* 分别表示在 1%、5%和 10%的水平上显著。

　　表 6-7 的估计结果显示,从全国层面来看,贸易开放在 1%的显著性水平上促进了城镇化率,贸易开放每提高 1 个百分点,城镇化率将提升 0.0822 个百分点。贸易开放所产生的价格效应、收入分配效应及产业集聚效应也都在 1%的显著性水平上促进了城镇化率的提高,出口商品价格每上升 1 个百分点,将促进城镇化率提升 2.149 个百分点;城乡收入差距每上升 1 个百分点,城镇化率将提升 0.34 个百分点;产业集聚水平每提高 1 个百分点,城镇化率提高 1.25 个百分点。这些较好地验证了前文分析的三个理论机制的合理性。但从全国层面来看,工业化却对城镇化产生了显著的促进作用。这可能是因为我国城镇化滞后于工业化(简新华和黄焜,2010;倪鹏飞等,2014),城镇化率与工业产值比重相关性低(工业化与城市化协调发展研究课题组,2002)所造成的。

　　从地区层面来看,东部地区贸易开放与城镇化的关系不显著,这可能是由于贸易开放是内生变量,模型中存在的内生性问题造成了估计的偏误,还可能是因为东部地区贸易开放程度已经提升至较高水平,贸易开放促进城镇化的作用边际递减,再加上最近几年在深化贸易开放的同时进行中低端产业的内地转移,导致贸易开放对城镇化的促进作用不明显。也正是由于同样的原因,东部地区的工业化对城镇化产生了较为显著的促进作用。但贸易开放所产生的价格效应、收入分配效应及产业集聚效应都在 1%的显著性水平上促进了这一地区城镇化率的提高。

　　中部地区的贸易开放在 1%的显著性水平上促进了城镇化率的提高,贸易开放的产业集聚效应也显著地促进了城镇化率的提高,但贸易开放促进城镇化的其他三个机制没有通过显著性检验;西部地区的贸易开放在 10%的显著性水平上促进了城镇化率的提高,贸易开放的价格效应、收入分配效应和产业集聚效应都在 1%的显著性水平上促进了城镇化,工业化同样对这一地区的城镇化产生了较显著的负向作用。

（二）工具变量估计

以上回归显示,随着贸易开放程度的提高,在全国层面和中西部地区都会提高城镇化水平,但中部地区贸易开放的这种作用不显著。在以上回归中,没有考虑到贸易开放度的内生性问题。严重的内生性问题会造成估计结果的有偏和非一致。因此,为了降低模型的估计偏误需要对内生性问题进行控制。在式(6-3)中,贸易开放度的内生性问题来源于三个方面:一是贸易开放度与城镇化之间可能存在双向因果关系,贸易开放会促进城镇化,但反过来城镇化程度高的地区贸易开放度一般也较高。二是遗漏变量,式(6-3)中遗漏的变量与贸易开放度相关,这些变量归入残差项后,使得贸易开放度成为内生变量。三是测量误差,由于贸易开放度测量误差的存在而使之成为内生变量。因此,需要找到与贸易开放度高度相关,但又与扰动项不相关的工具变量对式(6-3)进行两阶段最小二乘估计。

本节采用贸易开放度的一阶滞后作为贸易开放度的工具变量,使用内生变量的滞后变量作为工具变量也是内生性问题处理时的一种常用方法。工具变量估计结果见表6-8。

表6-8　全国和三大地区工具变量估计

变量	全国	东部	中部	西部
$\ln open_{it}$	0.179 *** (5.00)	0.178 ** (2.32)	0.407 *** (6.47)	0.107 ** (2.35)
$\ln price_{it}$	1.473 *** (5.68)	1.788 *** (4.65)	−0.447 (−0.73)	1.964 *** (4.86)
$\ln incg_{it}$	0.298 ** (2.04)	0.485 ** (2.24)	−0.253 (−1.46)	0.390 * (1.93)
$\ln aggl_{it}$	1.325 *** (8.41)	1.838 *** (4.59)	0.644 ** (2.01)	2.064 *** (7.18)
$\ln indu_{it}$	−0.842 *** (−5.33)	−0.939 *** (−4.59)	−0.0954 (−0.25)	−1.798 *** (−5.10)
Obs.	434	154	112	168
C-R^2	0.2646	0.2715	0.4179	0.3951
Kleibergen-Paap rk LM	76.056 [0.0000]	40.816 [0.0000]	22.340 [0.0000]	31.320 [0.0000]

续表

变量	全国	东部	中部	西部
Kleibergen-Paap rk Wald F	301.740 {16.38}	149.924 {16.38}	95.004 {16.38}	106.925 {16.38}

注:小括号中为 t 统计量。***、**、* 分别表示在 1%、5% 和 10% 的水平上显著。中括号内为检验统计量的相伴概率。大括号内为 Stock-Yogo 检验 10% 水平的临界值;Kleibergen-Paap rk LM 检验的原假设为工具变量识别不足;Kleibergen-Paap rk Wald F 的原假设为工具变量弱识别。

从表 6-8 中的全国和分地区 IV-GMM 估计相关检验来看,选取贸易开放度的一阶滞后作为工具变量是合理的和有效的。表 6-8 的估计结果显示,在采用工具变量法克服内生性问题后,无论是全国还是东部、中部、西部三大地区,贸易开放度都至少在 5% 的显著性水平上促进了城镇化。从其具体数值来看,贸易开放对城镇化的促进程度都比基准回归模型中的要高,工具变量估计克服了内生变量的向下偏误,更为准确地反映了对外贸易发展对城镇化的促进作用。采用工具变量法估计后,贸易开放所导致的价格效应在全国和东部、西部地区显著促进了城镇化,但在中部地区该种作用不显著。贸易开放造成的城乡收入差距在全国和东部、西部地区显著促进了城镇化,同样在中部地区作用不显著。贸易开放引起的产业集聚在全国和三大地区都显著地促进了城镇化。工业化在全国、东部和西部地区对城镇化的影响系数为负且显著,但在中部地区不显著,这可能是因为,当城镇化达到一定水平后,产业发展对城镇化的促进作用会逐步地由第二产业促进转变为由第三产业促进,即通过各类服务业的发展来推进城镇化。

综上所述,本部分根据第三节的理论机制,采用省级数据,通过静态面板数据模型来实证分析对外贸易促进城镇化的具体机制。面板数据模型基准回归结果显示,贸易开放对全国、中部和西部地区的城镇化产生了较大的促进作用,但由于内生性问题,在东部地区贸易开放对城镇化没有显著的促进效应。在采用贸易开放度的一阶滞后作为工具变量,采用工具变量方法估计后,内生性问题被克服,不论是在全国层面还是东部、中部、西部三大地区层面,贸易开放都显著地促进了城镇化提升,其系数要大于基准回归中的估计系数,说明工具变量有效克服了内生性问题所导致的估计结果的向下偏误。在基准回归和工具变量回归中,价格效应、收入分配效应的系数都在全国、东部和西部地区为正且显著,但在中部地区不显著。在基准回归和工具变量回归中,产业集聚的系数在全国和三大地区都显著为正。在基准回归和工具变量回归中,工业化都没有很好地显示出对城镇化的促进作用。本节的实证分析较好地验证了贸易开放促进城镇化的作用机制及这种机制在东部、中部、西部三大地区之间的差异。

三、对外贸易促进城镇化的动态面板数据模型

(一) 动态面板数据模型设定与数据来源

本节进一步运用地级城市数据,建立动态面板数据模型,在克服内生性问题的基础上,对对外贸易发展促进城镇化的作用机制进行更为细致的实证分析。本节建立如下的动态面板数据回归模型:

$$urban_{it} = \alpha_1 urban_{it-1} + \alpha_2 open_{it} + \alpha_3 open_{it}^2 + indr_{it} + indr_{it}^2$$
$$+ incg_{it} + \ln fdi_{it} + \ln fdi_{it-1} + \mu_i + e_{it} \qquad (6\text{-}4)$$

i 表示城市,t 表示年度,μ_i 为不可观测的城市个体效应,e_{it} 为独立同分布的随机扰动项。其中,$urban_{it}$ 为 i 市 t 年的城镇化率,$urban_{it-1}$ 为 i 市滞后一期的城镇化率,在解释变量中引入被解释变量的滞后一期是为了从城市层面更为细致地考察城镇化的自我增强效应。$open_{it}$ 为 i 市 t 年的贸易开放度,$open_{it}^2$ 为 i 市 t 年的贸易开放度的平方项,模型中加入该项是为了考察对外贸易发展与城镇化之间是否存在非线性关系。$indr_{it}$ 为 i 市 t 年的工业化率,$indr_{it}^2$ 为 i 市 t 年的工业化率的平方项,加入该项是为了考察工业化对城镇化是否存在非线性关系。$incg_{it}$ 为 i 市 t 年的城乡收入差距,fdi_{it} 为 i 市 t 年的实际使用外资额,fdi_{it-1} 为 i 市滞后一期的实际使用外资额。各变量的度量如下:

城镇化率 $urban_{it}$,采用城市市辖区人口占全市总人口的比重表示。

贸易开放度 $open_{it}$,采用城市出口贸易额与 GDP 的比值表示,其中出口贸易额以当年美元与人民币中间汇价折算为人民币计价。

工业化率 $indr_{it}$,采用城市市辖区第二产业占 GDP 的比重来表示。

外资使用额 $\ln fdi_{it}$,采用城市实际使用外资额来表示,以当年美元与人民币中间汇价折算为人民币计价,并取自然对数。

本节以 2003—2013 年间地级以上城市为考察样本,选取了在此期间我

国大陆除青海省和西藏自治区之外的其他 29 个省区市中的 166 座城市,其中直辖市 4 座、计划单列城市 5 座、其他地级市 157 座,这些城市从数量上占到我国地级以上城市总量的 58%,具有很好的代表性。主要数据来自 Wind 咨询数据库、CEIC 数据库,缺失数据以《中国城市统计年鉴》《中国区域经济统计年鉴》补充,汇率数据来自《中国统计年鉴(2015)》。

(二) 实证结果分析

图 6-11 描绘了贸易开放度与城镇化率、工业化率与城镇化率,以及实际外资使用额与城镇化率之间的散点回归图。可以看出贸易开放度与城镇化率、城乡收入差距与城镇化率、实际外资使用额与城镇化率之间存在着很强的正相关关系,而工业化率与城镇化率之间的散点关系不明显,从城市级数据直观地描绘了我国城镇化滞后于工业化的实际情况(工业化与城市化协调发展研究课题组,2002;王国刚,2010;简新华和黄焜,2010;倪鹏飞等,2014)。

上述实证模型中可能存在着内生性问题。首先,为了考察城镇化的自我循环累积因果效应,解释变量中引入了被解释变量城镇化率的一阶滞后,产生了与扰动项的相关。其次,贸易开放与各变量之间可能存在反向因果关系。我国较早实施贸易开放的地区也是当前城镇化水平较高的地区,正是由于城镇化水平较高,其工业发达,城镇中的高要素回报吸引了更多的劳动力、外资和其他要素集聚于城镇中,制造出的制成品又大量地出口国外市场,促进了对外贸易的繁荣。巴尔塔基(Baltagi,2004)等都认为严重的内生性会导致 OLS 估计出现偏误和非一致性。对于这类动态面板数据模型,阿里拉诺和邦德(Arellano 和 S.Bond,1991)提出可以使用内生变量的所有可能滞后量作为工具变量,进行差分 GMM 估计。但该种方法牺牲了自由度,为了解决差分 GMM 估计的缺陷,阿里拉诺和鲍弗(Arellano 和 Bover,1995)提出了水平 GMM 估计。在此基础上,布伦戴尔和邦德(R.Blundell 和 S.Bond,1998)将差分 GMM 与水平 GMM 结合在一起,作为一个方程系统进行 GMM 估计,即系统 GMM。与普通工具变量法相比,系统 GMM 可以估计不随时间变化的个体效应的系数,提高估计的效率,而且还可在 GMM 估计中通过扰动项自相关检验,剔除模型误差项自相关的影响。正如布伦戴尔(R.Blundell,2000)等所认为的"在动态面板模型中,考虑使用系统 GMM 估

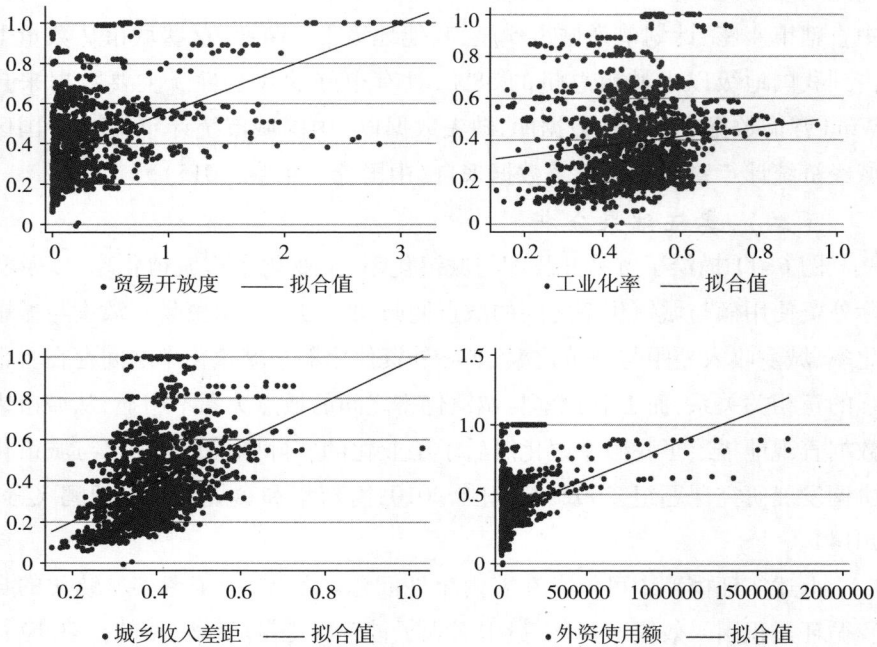

**图6-11　城镇化与贸易开放度、工业化率、城乡收入差距及
外资使用额之间的散点回归图**

计量就可以克服标准 GMM 估计量中许多令人失望的特性"①。因此,本节
采用系统广义矩估计方法对式(6-4)进行估计。为了重点考察贸易开放度
和工业化率对城镇化的非线性关系,以及不同贸易开放率和不同工业化率
下,城镇化的影响因素,在回归中加入了两个虚拟变量,一个是高工业化率
虚拟变量,当城市的工业化率 $indr_{it} > 0.5$ 时取值为1,否则取值为0;另一
个是高贸易开放度哑变量,当城市的贸易开放度 $open_{it} > 0.3$ 时取值为1,
否则取值为0。具体估计结果见表6-9。

---

① R.Blundell, S. Bond and F. Windmeijer, "Estimation on Dynamic Panel Data Models: Improving on the Performance of the Standard GMM Estimator", *Advances in Econometrics*, 2000, Vol. 15, pp.53-91.

表 6-9　动态面板数据模型回归结果

因变量　　解释变量	（1）urban	（2）urban	（3）urban	（4）urban
$urban_{it-1}$	0.385 *** (91.47)	0.377 *** (86.06)	0.359 *** (75.67)	0.306 *** (19.72)
$open_{it}$	0.00335 *** (3.12)	0.0980 *** (21.36)	-0.00670 *** (-6.00)	0.111 *** (7.06)
$open_{it}^2$		-0.0318 *** (-20.68)		-0.0380 *** (-8.24)
$indr_{it}$	-0.114 *** (-20.83)	0.313 *** (8.35)	-0.203 *** (-20.68)	0.328 ** (2.49)
$indr_{it}^2$		-0.487 *** (-12.96)		-0.755 *** (-5.26)
$incg_{it}$	-0.0114 ** (-2.06)	-0.0491 *** (-6.07)	0.0239 *** (3.42)	-0.0393 *** (-4.25)
$\ln fdi_{it}$	0.00426 *** (21.00)	0.00531 *** (22.87)	0.00428 *** (17.46)	0.00639 *** (13.06)
$\ln fdi_{it-1}$	0.00509 *** (23.51)	0.00794 *** (30.65)	0.00396 *** (18.09)	0.00857 *** (8.12)
$indr_{it} > 0.5$ 哑变量			0.0272 *** (19.74)	0.0508 *** (10.39)
$open_{it} > 0.3$ 哑变量			0.0113 *** (12.02)	0.0147 *** (5.25)
变量	控制	控制	控制	控制
常数项	-2.582 *** (-10.62)	-0.711 *** (-3.09)	-2.610 *** (-9.45)	-0.113 (-0.14)
观测值	1494	1494	1494	1494
Wald-χ^2	34807.78 [0.0000]	31198.13 [0.0000]	22361.44 [0.0000]	1876.08 [0.0000]
AR(1)检验	-2.336 [0.0195]	-2.3102 [0.0209]	-2.2838 [0.0224]	-2.1708 [0.0299]
AR(2)检验	-.86669 [0.3861]	-.86446 [0.3873]	-.87328 [0.3825]	-.89799 [0.3692]
Sargan 检验	148.3 [0.1433]	137.3 [0.2921]	139.8 [0.2431]	94.28 [0.4145]

注:小括号内为回归系数的 t 值,中括号内为相应检验统计量的相伴概率值;***、**、*分别表示在
1%、5%、10%的水平上显著;AR(1)和 AR(2)检验的原假设 H_0 为"扰动项不存在自相关",系统
矩估计的一致性要求差分方程不存在二阶或更高阶自相关,但允许存在一阶自相关,原假设下
统计量服从标准正态分布;Sargan 检验的原假设 H_0 为"工具变量过度识别",若接受原假设,说
明工具变量是合理的,原假设下统计量服从卡方分布。

从表 6-9 的估计结果可以看出,四个方程整体设定良好,通过了 Wald 卡方联合显著性检验,扰动项不存在二阶自相关,工具变量满足过度识别约束。

表 6-9 回归方程(1)中没有加入贸易开放度和工业化率的平方项,也没有加入高贸易开放度和高工业化率的虚拟变量。从估计结果来看,城镇化水平存在自我增强的效应,前一期城镇化率对后一期城镇化率有着显著的影响,这同本部分采用 PVAR 模型估计结果相似,再次确认了城镇化的循环累积因果效应;贸易开放对城镇化的影响作用在 1% 的水平上显著为正,说明贸易开放对城镇化有着积极的促进作用;工业化率对城镇化的影响作用显著为负,这一结果同省级静态面板数据向量自回归模型所得估计结果一致,说明在城市级层面来看,同样存在着城镇化滞后于工业化的事实。另外一个可能的原因是从城市级层面来看,城市间具有很大的异质性,城市定位也有不同,一些二三线城市在大力发展工业时,另一些城市在政策调整下已经开始实现产业结构的轻型化,大力发展第三产业,如北京、上海、深圳等一线城市。因此,工业化反而具有了反城镇化的作用。这一结果在政策面的启示是积极推进城镇化,实现城镇化与工业化协调发展,较好地发挥工业化对城镇化的促进作用,应是今后省级及地市级政府在推进城镇化中的重点任务;从城市级数据的实证来看,收入差距对城镇化的影响显著为负,即城乡收入差距不会促进城镇化率的提升。这可能是因为当前我国收入分配差距在政府政策的调控下已经显现出缩小的趋势,例如国家统计局公布的最新数据显示全国居民收入基尼系数已经从 2008 年最高时的 0.491 开始不断回落,至 2015 年时已降低至 0.462。城市实际利用外资额及其一阶滞后对城镇化都有着显著的促进作用,这与臧新和江梦冉(2015)的结论相一致。这是因为,外资是我国城市经济发展中重要的补充,我国吸引的外资主要进入到地理位置优越、人力资源较为丰富的城市,而非农业部门和农村中。例如,从 2014 年签订的外资项目合同数来看,农、林、牧、渔业合同项目数 719 个,占比只有 3.02%,实际使用外资额只有 15.22 亿美元,占全部实际使用外资额的比重仅为 1.27%[①]。进入

---

① 基尼系数值转引自国家统计局官网。外资合同项目数和实际使用外资数据根据《中国统计年鉴(2015)》计算而得。

城镇的外资在投产、扩大产能的过程中对土地和劳动力产生了巨大的需求，因此推动了城镇化的进程。

表6-9回归方程（2）在回归方程（1）的基础上加入了贸易开放度和工业化率的平方项，目的是考察贸易开放和工业化与我国城镇化的非线性关系。从回归结果来看，城镇化的自我强化效应依然存在，贸易开放对城镇化有显著的促进作用，而贸易开放的平方项对城镇化有显著的负向抑制作用。这说明在我国贸易开放对城镇化的影响是非线性的，有着倒"U"型的作用轨迹。这说明从城市层面来看，当贸易开放不断提升时，贸易开放的城镇化促进作用边际递减，贸易开放达到一定程度后，贸易开放就会造成逆城镇化，使城市对劳动力和资本等生产要素的吸引力降低。这一结果的政策启示是未来我国城镇化的推进进程中，应重点实现中西部城市或地区的贸易开放，以这些地区的深度贸易开放来推进城镇化，尤其是"一带一路"沿线国家当前城镇化水平较低的地区，应借助"一带一路"倡议机遇，深度拓展开放水平促进城镇化进程。值得注意的是，在表6-9回归方程（2）中，工业化率对城镇化的影响系数由负变正且在1%水平上显著，工业化率的平方项在1%的水平上显著为负，表明工业化率对城镇化的促进作用也存在着倒"U"型作用轨迹。这说明虽然我国城镇化滞后于工业化，但从长远来看，还是应实现城镇化和工业化的深度融合和良性互动，以工业化促进城镇化，以城镇化带动工业化。在回归方程（2）中，收入差距的系数依然显著为负，对外直接投资及其滞后项的系数显著为正，不再赘述。

回归方程（3）是在回归方程（1）的基础上加入了高工业化率和高贸易开放度两个虚拟变量。回归结果显示这两个虚拟变量的系数显著为正，说明在我国城市间由于工业化水平差异和对外贸易发展水平差异，各类城市的城镇化率也存在较大的差异。工业化率高、贸易开放度高的城市，其城镇化率也较高，结合回归方程（2）中实证的工业化率和贸易开放度对城镇化的倒"U"型作用轨迹，可以认为当前我国城市贸易开放度和工业化进程还没有达到临界值，还处于促进城镇化的阶段。但在回归方程（3）中贸易开放的系数由显著为正变为显著为负，城乡收入差距的符号则从显著为负转变为了显著为正，对于此，在加入所有回归变量后，再考察其符号变化并作出解释。回归结果中其他变量的符号没有发生改变。

　　回归方程(4)是引入了所有变量的完整模型的回归,回归结果显示城镇化的一阶滞后项系数依然显著为正,城镇化的自我增强效应非常稳健;贸易开放度的系数显著为正,而其平方项系数显著为负;工业化率的系数显著为正,而其平方项系数显著为负,与回归方程(2)的结果一致,这说明工业化率与贸易开放度对城镇化的倒"U"型影响轨迹是存在的。收入差距的符号与回归方程(1)和(2)一样显著为负,由于我国收入分配不平等程度的降低,收入差距对城镇化的促进作用已不明显。实际利用外资额及其一阶滞后项的系数依然显著为正,说明在我国城镇化进程中,外国资本的进入起到了很好的推动作用。

　　在本部分,运用我国省级、地市级面板数据模型,实证分析对外贸易发展对城镇化的影响渠道和机制。首先,我们建立了面板数据向量自回归模型,对城镇化水平、工业化和对外贸易发展程度三者之间的长短期关系进行了考察。分析结果表明,从长期来看,三者之间存在协整关系;从短期来看,滞后一期的对外贸易发展对城镇化有着显著的影响,但滞后一期的工业化对城镇化的影响不显著。从脉冲响应函数来看,对外贸易发展对城镇化的影响更易在短期内表现出来,而工业化对城镇化的影响则需要较长时间才能显现出来。其次,采用省级数据,建立了静态面板数据回归模型,基准回归结果显示,贸易开放对全国、中部和西部地区的城镇化产生了较大的促进作用,但由于内生性问题,东部地区贸易开放对城镇化没有显著的促进效应。采用贸易开放度的一阶滞后作为工具变量克服内生性问题,进行两阶段最小二乘估计后,估计结果显示不论是在全国层面还是东部、中部、西部三大地区层面,贸易开放都显著地促进了城镇化提升,其系数要大于基准回归中的估计系数。在基准回归和工具变量回归中,价格效应、收入分配效应的系数都在全国、东部和西部地区为正且显著,但在中部地区不显著。产业集聚的系数在全国和三大地区都显著为正。在基准回归和工具变量回归中,工业化都没有很好地显示出对城镇化的促进作用。最后,进一步运用更为微观的地级以上城市数据,建立动态面板数据模型,对对外贸易发展促进城镇化的作用机制进行了细致的实证分析,分析发现贸易开放和工业化对我国城镇化进程存在着倒"U"型的影响,当贸易开放程度和工业化水平没有达到临界值时,二者显著地促进城镇化,超过临界值后,二者又会产生逆城镇化的作用。随着我国收入分配政策的调整,从城市层面来看,城乡收入差距对我国城镇化的促进作用已经弱化,不论是前期还是当期外资进入都对地区的城镇化有着积极的促进作用。

第五节　贸易开放与城镇化协调推进的主要措施

城镇化进程的推进是一项系统工程,走中国特色新型城镇化之路离不开市场经济的力量,更离不开"有为政府"审时度势的战略规划与措施实施。党的十八大以来,我国积极推进新型城镇化建设,出台了《国家新型城镇化规划(2014—2020年)》等中长期规划和政策措施,《中华人民共和国国民经济和社会发展第十三个五年规划纲要》也将推进城镇化作为重要建设内容。在我国城镇化进程中,对外贸易起到了独特而卓有成效的推动作用,虽然金融危机后我国对外贸易发展约束收紧,对外贸易发展战略进入转型时期,但对外贸易对城镇化的推动作用不容忽视。充分发挥对外贸易在新型城镇化建设中的积极作用,通过开放型经济新体制的构建和对外贸易发展方式的转变调整城镇化空间格局,壮大大型城市群、培育中西部加工贸易和自由贸易区城市体系,加强边境口岸城市建设,充分发挥对外贸易引致的制度变迁作用,对于建成中国特色新型城镇化体系十分必要。

一、"一带一路"倡议下重塑城镇空间格局

"一带一路"倡议自2013年提出以来得到了地方政府和沿线国家的积极响应,作为跨国区域经济合作的新探索,以"五通""三同"作为重要建设内容,是我国与沿线国家共同参与国际经济治理的新模式。"一带一路"建设构建的空间一体化、经济一体化和市场一体化,将对区域内产业分工、对外贸易、对外投资和经济发展格局产生重要的影响。因此,"一带一路"倡议将为国内沿线省份的城镇化带来新的动力,将重塑我国城镇空间格局。

"一带一路"倡议像一条丝带一样串起国内沿线省区市的各类型城市,随着设施联通的推进,铁路、公路、航空、电信、电网和能源管道等设施建设将极大地降低经济运行成本,缩短空间距离,港口经济和高铁经济的发展,将带动沿线节点城市成为物流、资金流、信息流和人才流的集聚中心,推动

城镇化发展。随着贸易畅通的推进,将为沿线省区市带来劳动力集聚的重要动力。据商务部统计,2015 年我国与"一带一路"相关国家双边贸易额达 9955 亿美元,占全国对外贸易总额的 25.1%。目前我国已与沿线国家建立了 50 多个境外经贸合作区,这些经贸合作区成为我国对外贸易和产业合作的重要基地①。2013 年以来,沿线省份,特别是内陆省份的对外贸易都有不同程度的增长。在"一带一路"建设纵深推进的过程中,丝绸之路沿线城市可以利用劳动力低成本优势、产能优势,承接东部产业转移,吸引外商直接投资,大力发展加工贸易和边境贸易,促进劳动力向城市的集聚。21 世纪海上丝绸之路上目前已经形成长三角、珠三角、海峡西岸和环渤海城市群,其贸易开放程度高和制造业基础雄厚。因此,这些城市群可以进行过剩产能的向东、向西输出,向东输出主要指向沿线国家的对外投资,向西输出主要指向内陆西部省份的产业转移。同时这些城市群应通过人才集聚、资金集聚、知识集聚和自主创新,进行制造业产业结构的自主升级,由工业城市向创新城市转变,增强对周边中小城市的辐射带动作用。

具体来说,在国家"两横三纵"城市化战略格局下,"一带一路"建设中的城镇化应抓好以下几项重点工作:

第一,深化关中平原城市群对外开放水平,提升大西安(含咸阳)辐射力度。当前我国对外开放的前沿和开放红利潜力最大的区域就是丝绸之路经济带沿线城市。而在沿线城市中,关中平原城市群因其具备良好的装备制造业基础和文化旅游、金融等服务业优势条件,是西部地区对外开放的重点区域。该城市群中的西安是西部地区唯一的副省级城市,2015 年,西安城镇化率为 73%,三次产业增加值比例为 3.79∶37.27∶58.94,贸易开放度为 30.33%,加工贸易占进出口比重的 59.5%,一般贸易占进出口比重的 22.2%,批准外商直接投资项目 73 个,实际利用外资 40.08 亿美元。西安在丝绸之路经济带一级节点城市中经济辐射力和范围最强,从设施联通条件来看,是全国公路、铁路在西北地区的枢纽中心,是全国第四大国际航空港。西安国际港务区、综合保税区和西咸新区,在向西开放过程中享有政策优势。因此,目前西安是正在建设和培育的关中平原城市群的中心城市。

① 数据转引自商务部新闻发言人沈丹阳在 2016 年 4 月 7 日新闻发布会上的讲话。

未来,应继续深化西安国际港务区、西咸新区等的对外开放,以现有加工贸易为基础,通过选择性承接东部地区转移产业,提升资金流、物流和信息流的集聚能力,增强辐射力度,带动群内咸阳、宝鸡、渭南、铜川、商洛、杨凌等城市发展,使关中平原城市群成为我国西部向西开放的重心和城镇化的核心区。

第二,充分发挥兰州新区及河西走廊城市带物流通道作用,促进甘肃城镇化进程。兰州新区作为国家级新区,是国务院确定的西北地区重要增长极、向西开放的重要战略平台和产业转移示范区。兰州新区也是甘肃省装备制造业、新能源等产业的重要集聚区。兰州新区综合保税区是西北地区开放层次最高、优惠政策最集中、功能最齐全的海关特殊监管区。河西走廊自古就是丝绸之路的黄金通道,现代更是新亚欧大陆桥在我国境内的主干。该城市群主要由甘肃省的武威、金昌、张掖、酒泉、嘉峪关等城市组成,带内具备新能源、装备制造业、文化旅游等产业发展的良好条件,承东启西、南拓北展的区位优势有利于发展通道经济,乡村人口占比较高,具有城镇化的广阔前景。在"丝绸之路经济带"建设中兰州新区及河西走廊城市带应加快基础设施建设,特别是道路网络的建设,发挥物流通道作用,培育和挖掘区域内的综合优势,与周边"关中平原城市群""西乌""西银"城市圈相互衔接,增强丝绸之路经济带城市之间的协同发展动力。

第三,培育天山北坡城市圈,建设沿边口岸城镇。在丝绸之路经济带中新疆处于向西开放的最前沿,2015 年,新疆城镇化率为 72.9%,三次产业结构比例为 1.2:29.4:69.4,贸易开放度为 14.40%,进出口贸易总额为58.43 亿美元,边境贸易进出口总额为 24.69 亿美元,占进出口总额的42.26%[①]。新疆是天山北坡城市群中的中心城市,辐射石河子、克拉玛依、昌吉、米泉、阜康、呼图壁、玛纳斯等城市。这一城市群油气等资源丰富,制造业基础良好,是新疆经济的增长极。在丝绸之路经济带建设中,应该充分发挥开放前沿、对沿线国家进出口贸易桥头堡、与沿线中西亚国家民族宗教联系紧密等优势,扩大贸易开放程度和规模,提升城市群的人口集聚能力。

---

① 数据转引自乌鲁木齐市统计局:《2015 年乌鲁木齐市国民经济和社会发展统计公报》。

第四,加快建设 21 世纪海上丝绸之路创新城市圈。21 世纪海上丝绸之路沿线省份是我国对外开放最早的地区,其对外贸易发展和城镇化程度较高。在未来,海上丝绸之路建设过程中,应该调整优化现有珠三角、长三角和环渤海城市群的功能,以开放促进城市群创新能力的提升,向东与中国—东盟自由贸易区(升级版)各国加强经贸联系,利用产能势差,实现产业结构的升级,增强自主创新能力;向西加大向内陆中西部省份产业转移步伐,腾笼换鸟,创新双向投资和贸易合作的方式,促进高新技术产业、现代服务业等的发展,提升产业高度化和轻型化,实现由工业城市向创新城市的转变。

二、对外贸易结构调整促进城镇化

对外贸易结构的调整是转变对外贸易发展方式的重要组成部分。国际贸易理论表明对外贸易的结构决定于一国的要素禀赋、产品生命周期及技术的进步。对外贸易结构的高低对城镇化具有重要的影响,当一国进出口贸易中初级产品占比较大时,该国的城镇化水平往往较低,但当通过工业化实现了对外贸易结构高度化后,一国的城镇化水平相应地也会提高。改革开放以来,我国的对外贸易结构经历了快速的变化,从商品结构来看,出口商品中工业制成品出口比重从 1980 年的 49.7% 上升至 2014 年的 95.14%,机电类产品的出口基本上保持了年均 20% 以上的高速增长。与出口商品结构相比,进口商品结构基本上保持稳定,制成品进口占比基本维持在 60% 以上。从对外贸易方式来看,我国 1981 年时加工贸易进出口仅仅占全部进出口的 5.99%,一般贸易占比达到 93.52%。20 世纪 90 年代我国东部沿海地区抓住国际产业转移的机遇,利用劳动力成本优势大力发展"三来一补"贸易,加工贸易占比不断提高,加工贸易占有我国对外贸易的半壁江山,近年来在金融危机的冲击和我国对外贸易发展方式转变的政策调整下,加工贸易占比出现下降,2014 年加工贸易占比为 32.7%,一般贸易占比上升至 53.8%。从贸易模式结构来看,产业内贸易模式成为我国对外贸易发展的主导模式,产业间贸易模式占比基本稳定。从国别结构来看,我国对外贸易伙伴国多元化特征明显,主要市场维持不变,欧盟、美国、东盟和日本连续多年是我国排名靠前的贸易伙伴。"一带一路"倡议提出后,沿线国家成为我国进出口贸易的重要地理方向。

对外贸易结构调整的基础是要素禀赋、技术水平及产业高度化水平。当前我国的要素禀赋结构已经发生了内涵式演进，资本和技术要素日渐丰富，但劳动力要素却显现出稀缺态势，我国已经接近世界技术前沿面。这种要素禀赋和技术的变动要求产业结构及对外贸易结构作出相应的调整。但由于国内地区间存在着较大的异质性，各地区要素禀赋内涵式演进和技术进步并不是同步进行的。所以在对外贸易结构调整的过程中，各省区市、各城市可以依据其自身要素禀赋和技术水平，制定差别化的对外贸易结构调整策略，最大限度地发挥本地区本市的比较优势，避免对外贸易发展方式上的雷同性。綦建红和王建（2003）、王菲（2010）的研究表明，开放经济条件下，省区市和城市的对外竞争力水平体现在对外贸易结构上，而对外贸易的结构又取决于技术水平、要素禀赋、内部地理、集聚经济和人力资本（孙楚仁等，2015）。

因此，各省区市和各城市可以利用对外贸易结构的转变促进城镇化水平的提升。具体来说，东部各省和主要城市在对外贸易方式结构上，应继续降低加工贸易占比，转向以一般贸易为主，通过自主技术研发，改善出口商品结构和技术含量。这会增强重点城市的辐射带动能力，吸引劳动力特别是技能劳动力向这一地区集聚。中西部省份则应利用劳动力比较优势，适度扩大加工贸易的规模，在一些交通便利的内陆城市形成加工贸易发展园区，创造城市就业岗位，扩大城市规模，吸引周边中小城镇化人口向此类城市的集聚。

三、借助产业转移调节城市群结构与功能

城市群是在特定地域范围内，以一个特大城市为核心，至少三个以上大城市为构成单元，依托交通通信等基础设施网络向周围辐射，经济联系紧密的多城市综合体。城市群是城市经济发展到成熟阶段的产业，是经济产业发展空间格局的客观反映。在我国城镇化进程中，历来重视城市群对城镇化的牵引、带动作用。"十一五"时期，就提出要将城市群作为推进城镇化的主体形态，形成横纵结合，以若干城市群为主体，中小城镇为点状分布的城镇空间格局。"十三五"规划纲要和《国家新型城镇化规划（2014—2020

年)》也非常重视城市群在城镇化中的引领作用,提出"构建以陆桥通道、沿长江通道为两条横轴,以沿海、京哈京广、包昆通道为三条纵轴,以轴线上城市群和节点城市为依托、其他城镇化地区和重要组成部分,大中小城市和小城镇协调发展的'两横三纵'城镇化战略格局"。

当前我国已经建成长三角、珠三角和京津冀三大国家级城市群,正在加快培育成渝、中原、长江中游、哈长等城市群。这些已经建成的各等级城市群主要位于东部和中部地区。西部地区城市群还处于正在筹建和初步形成时期。西部地区的城市群发育程度远远落后于东中部地区。"十三五"期间将建设的 19 个城市群成为推动国土空间均衡开放、引领区域经济发展的重要增长极。①

我国已经建成的城市群在其形成过程中,受到了产业经济政策、对外贸易发展和外资流入的重要影响。沿海的珠三角城市群、长三角城市群等更是国家外向型经济、出口贸易和"世界工厂"的主要地区(顾朝林,2011)。由于产业的同质化,世界金融危机后,出口贸易下滑对这些城市群的发展造成了较大的负面影响,倒逼其进行产业转移与升级。产业是城市群发展的基础,没有坚实的产业,也就不能形成城市群,同时,产业结构的高低也决定了城市群功能的不同。因此,通过产业转移可以调整形成新的城市群结构和功能。

世界金融危机后东部地区开始加快向中西部地区的产业转移。传统加工、制造等资源、劳动密集型产业的转移为中西部地区城市群的发展带来了机遇。如果这些输转出去的产业在中西部具有一定基础的城市沉淀下来,资金、技术和配套基础设施就能够发展起来,中西部城市圈层结构也就更易形成。东部城市群在转出传统制造业产业后,可以进一步向国际价值链分工高端攀升,发展生产性服务业和现代服务业,实现城市群的产业功能升级。

---

① 《中华人民共和国国民经济和社会发展第十三个五年规划纲要》提出要"优化提升东部地区城市群,建设京津冀、长三角、珠三角世界级城市群,提升山东半岛、海峡西岸城市群开放竞争水平。培育中西部地区城市群,发展壮大东北地区、中原地区、长江中游、成渝地区、关中平原城市群,规划引导北部湾、山西中部、呼包鄂榆、黔中、滇中、兰州—西宁、宁夏沿黄、天山北坡城市群发展,形成更多支撑区域发展的增长极"。

产业转移还有利于不同类型城市群功能的互补,产业转移并进而形成国内分工网络体系后,京津冀等世界级城市群专业化于研发、金融等生产性服务业,长江中游城市群、成渝城市群等专业化于高端制造业,而西部的山西中部、关中平原城市群等由于仍然有一定的劳动力成本和环境资源优势,可以专业化于冶炼、加工、装备制造业的发展。国内不同城市群间实现产业功能的互补和良性互动,促进城镇化建设协调发展。

总体上,我国各类城市群依托产业转移形成国内分工网络后,还应把握全球化趋势和我国对外开放新格局,大力实施开放带动战略,共建开放通道和平台,推进国内外区域合作,提高开放型经济水平,为加快发展提供动力。

四、内陆和沿边自由贸易试验区建设助推城镇化发展

金融危机后,为适应国际经济政治环境变化,应对国际经贸规则和国际竞争格局变化,同时通过制度创新、深化改革、拓展开放,2013 年我国建立了上海自由贸易试验区,2015 年在上海自由贸易试验区的经验基础上,国务院批准设立了广东自由贸易试验区、天津自由贸易试验区、福建自由贸易试验区。随着自由贸易试验区开放竞争效应的显现和建设经验的积累,2016 年国务院再次决定在辽宁、浙江、河南、湖北、重庆、四川和陕西新设 7 个自由贸易试验区,2018 年我国宣布设立海南自由贸易试验区,至此我国自由贸易试验区总数达到 12 个。自由贸易试验区以体制机制制度创新为核心,推进区域贸易投资便利化、资本金融服务业开放,在贯彻“一带一路”倡议,构建开放型经济新体制等方面作出了突出的贡献。

现有的 12 个自由贸易试验区建设各有侧重点,上海自由贸易试验区作为首个自贸试验区,其建设重点在于金融创新和自由贸易试验区的制度探索。广东自贸试验区建设重点是实现粤港澳合作与经济一体化,促进加工贸易和产业升级。福建自贸试验区的重点是促进海峡两岸产业的进一步融合,探索闽台经济合作新模式。天津自贸试验区的重点是强化京津冀协同发展,通过天津口岸来带动内陆经济发展。辽宁自贸试验区的重点是改造和提升东部老工业基地的对外开放水平和产业竞争力。浙江自贸试验区的重点是推动大宗商品贸易自由化,提升大宗商品全球配置能力。河南自贸试验区的重点是建设服务“一带一路”的现代交通物流枢纽中心。湖北自

贸试验区的重点是实现有序承接产业转移,建设新兴产业和高技术产业基地,发挥在长江经济带中的带动示范作用。重庆自贸试验区的重点是发挥战略支点和连接点作用,带动西部大开发深入实施。四川自贸试验区主要是打造内陆开放型经济新高地,实现内陆与沿海、沿江、沿边协同开放。陕西自贸试验区的重点是加大西部地区门户城市开放力度,探索内陆与"一带一路"沿线国家合作和人文交流新模式。海南自贸试验区则围绕国家生态文明试验区、国际旅游消费中心、国家重大战略服务保障区等战略重点,将打造成我国面对太平洋和印度洋的重要对外开放门户。

现有 12 个自由贸易试验区在促进制度创新、深层次开放、贸易与投融资便利化、产业结构转型升级方面会发挥出重要作用。根据本部分分析的对外贸易发展促进城镇化的理论机制,自贸试验区的这些作用会对所在省区市的城镇化进程起到推动作用。但从 12 个自贸试验区的地区分布来看主要集中在东部和中部,西部地区,特别是内陆和沿边省区自贸试验区数量仍明显不足。这一地区正是我国未来城镇化重点推进的地区。因此,积极探索内陆省份、沿边省区自由贸易试验区建设,通过自贸试验区建设来拓展开放和深化改革,进行区域经济发展的制度创新,对于这一地区的城镇化有着非常重要的作用。未来,可以将自贸试验区建设经验拓展至沿边的新疆、广西及内陆的贵州、甘肃,在条件成熟时设立以这些省区为依托的自贸试验区。

五、促进低碳对外贸易与新型绿色城市建设

20 世纪 80 年代以来,环境对各国经济发展的约束日趋增强,90 年代末《京都议定书》签订后,在经济发展的同时,控制温室气体排放,避免气候变化对人类造成伤害受到国际社会的普遍关注。到金融危机后,哥本哈根世界气候大会召开,全球对温室气体二氧化碳减排问题的重视达到了空前的程度。低碳经济和低碳对外贸易成为各国经济发展的未来方向。在此背景下,低碳、绿色、生态也成为城市建设和规划的主导方向。《国家新型城镇化规划(2014—2020 年)》将生态文明和低碳发展作为新型城镇化建设的主导原则,推动城镇化由高资源消耗、高环境污染、高碳排放、低综合效益的"三高一低"粗放型模式向低资源消耗、低碳排放、低环境污染、高综合效益的"三低一高"集约型模式转变。

　　在未来我国对外贸易助推城镇化发展的过程中,应将"低碳"贯穿于其中,以低碳对外贸易助推绿色城市建设,以绿色城市建设促进对外贸易发展低碳转型。首先,重视碳要素在生产、生活中的重要性。低碳经济环境下碳要素已成为除资本、劳动力等之外的又一重要要素,低碳减排的成本已越来越外化为碳要素的价格。因此,在产业布局和城市规划过程中,应重视碳要素的重要约束,设计科学合理的碳要素排放核算方法和监控体系,制定好总量减排的约束指标,以此限制对外贸易和城市建设的碳排放。其次,积极发展低碳环境友好型城镇产业和贸易。我国已成为货物贸易的第一大国,但在服务贸易等低碳环境优化型产业贸易上仍不占优势,处于逆差地位。随着我国城镇化水平的不断推进,产业结构的高度化、轻型化也将加快,因此,通过政策措施的合理制定,引导制造业向高端攀升,发展城市生产性服务业和现代服务业,有利于低碳贸易和低碳城市的建设。再次,加快推进城市碳排放权交易制度建设。2011 年,国家发展和改革委员会发布《关于开展碳排放权交易试点工作的通知》将北京、天津、上海、重庆、湖北、广东及深圳作为试点城市,依靠市场机制来实现城市发展中的节能减排。这一制度取得了较好的预期效果,可以在有条件的城镇和企业中推广应用,由市场引导实现我国对外贸易低碳转型和绿色城镇体系的建设。最后,吸收借鉴国外低碳贸易和低碳城市发展经验,积极开展国际合作。低碳发展是各国普遍面临的挑战,欧盟、美国、新加坡等国家和地区低碳转型发展的经验可以被我国学习借鉴,应用到对外贸易促进城镇化的进程中来。

第七章　对外贸易影响劳动力要素流动的人力资本积累效应

人力资本是现代经济发展的重要源泉。在开放条件下,人力资本不仅可以通过国内教育、文化、医疗等投资来形成,还可以通过对外贸易实现加速积累(Findlay 和 Kerzkowski,1983)。在开放经济条件下和市场在资源配置中起决定性作用的当今中国社会,随着劳动力要素的大量流动,出现了劳动力的要素内涵式演进态势,即那些收入较高、就业较好、集聚较明显的行业和地区,往往要求和吸纳的是较高素质的劳动力,这就迫使劳动力需要不断提升自身素质,加强人力资本的积累。但是反过来看,劳动力质量的提升和人力资本的积累,也对对外贸易的发展产生了深远的影响。改革开放以来,我国通过发挥国内低技能劳动力资源丰裕的优势,并与吸引外资和鼓励加工贸易发展的政策相结合,实现了出口驱动的经济高速增长,迅速跃居世界第一大出口国,顺利进入中上等收入国家之列。我国的要素禀赋和比较优势也因此而发生了动态变化,资本、技术要素日渐丰裕,人力资本水平得以逐步提高。人力资本愈来愈成为我国推进自主创新和产业结构升级、提升我国国际分工地位和对外贸易竞争力的重要因素。

本章主要研究贸易开放对我国人力资本积累的影响、进口竞争对我国人力资本投资的影响以及出口贸易与学历误配问题。

第一节　贸易开放对我国人力资本积累的影响

一、文献综述

早在"里昂惕夫悖论"提出后,经济学家就开始将贸易开放与人力资本联系起来进行考察。克恩（Kenen，1965）、克辛（Kessing，1966）、鲍德温（Baldwin，1971）等在舒尔茨（Shultz，1960）和贝克（Becker，1962）的基础上用人力资本解释了悖论的产生，人力资本由此成为决定对外贸易的又一重要因素。20世纪80年代兴起的新增长理论和新贸易理论更是将人力资本视作贸易开放影响经济增长与技术进步的中间桥梁，人力资本的外部性和累积门槛将强化各国研发和生产效率的差别，决定各国贸易模式、技术进步和长期经济增长的动态变化。与此同时，一些文献专门讨论了贸易开放与人力资本积累的关系。范德雷和科尔斯克维斯基（Findlay 和 Kerzkowski，1983）开创性地将人力资本积累纳入标准的H-O模型，贸易开放可以通过对商品需求及其价格的变化而影响微观个体的人力资本投资决策，国家间初始人力资本禀赋的差异将因贸易开放而得以固化；斯托科（Stocky，1996）将人力资本积累看作物质资本积累的副产品，贸易开放在使一国物质资本深化的同时也引发了人力资本积累的加速；伍德和利多卡诺（Wood 和 Ridao-Cano，1999）根据要素价格均等化理论，认为国际贸易会提高技能丰裕国不同层次人力资本的积累，而降低技能稀缺国中高等教育层次的人力资本投资；欧文（Owen，1999）建立的开放经济世代交叠模型表明，国际贸易对人力资本积累的影响，不仅依赖于对不同人力资本所有者的收入分配效应，还取决于财富的代际传递；卡迪格力亚（Cartiglia，1997）、艾瑟尔（Eicher，1999）和兰詹（Ranjan，2001、2003）从信贷约束角度讨论了贸易开放对人力资本积累的影响。他们认为贸易开放提高了技能丰裕国人力资本的报酬，增加了教育的成本，加大了人力资本投资的信贷约束，但如果信贷市场的不完全程度在技能丰裕国很低，而在技能稀缺国很高，贸易自由化将倾向于增加两类国家的人力资本投资；阿西莫格鲁（Acemoglu，2002）的研究认为对外贸易可以引起技能偏向型技术进步，从而产生对人力资本要素的内生需求，增加一国的人力资本积累；龙格等（Long 等，2007）建立了对外贸易与企业特定人力资本积累模型，认为对外贸易会对技能丰裕国不同学习能力和企业特定人力资本所有者的福利产生不同影响，进而引起人力资本积累的差异，对于技能稀缺国，对外贸易则会持续逆向影响人力资本积累；哈里斯和罗伯特逊（Harris 和 Robertson，2013）的小国开放经济动态模型表明贸易自由化可以引起不断的人力资本积累。在分国别的实证研究方面,阿尔巴切等(Arbache 等,2004)发现巴西的劳动者受教育水平在贸易自由化后得到了显著的提高;爱德曼茨等(Edmonds 等,2007)发现印度的贸易自由化降低了劳动者受教育的成本;罗伯特逊(Robertson,2007)发现墨西哥的贸易自由化提高了技能溢价,引起了人力资本积累的加速,但这种作用会随着时间衰减;哈里斯(Harris,2011)发现我国出口偏向的经济增长导致了教育需求的极大增加,高等教育入学率显著提高,人力资本积累进入加速时期。

国内关于贸易开放对人力资本积累影响的研究相对较少。朱翊敏(2004)认为对外贸易是发展中国家从国外获取人力资本的重要途径之一;代谦和别朝霞(2006)、许培源(2012)在格罗斯曼和赫尔普曼(Grossman 和 Helpman,1989)的基础上建立了以人力资本为基础的内生技术变迁的国际贸易模型,分析表明人力资本是动态比较优势的核心,南北贸易中的人力资本积累有利于一国产业结构升级;张二震和蒋佩晔(2006)认为对外贸易可以加速国际知识交流,形成价格信号,引导人力资本配置和投资,从而实现人力资本积累;彭国华(2007)发现贸易开放对我国高等教育程度的人力资本积累有积极影响,但对基础教育程度的人力资本积累却产生了负向作用;余官胜(2009)认为贸易开放对我国人力资本积累存在"U"型作用关系;阚大学和罗良文(2010)的实证研究表明我国对外贸易对人力资本积累的影响存在地区差异,且对外贸易对不同层次的人力资本积累也存在着显著差异。

综上所述,已有文献识别了贸易开放影响人力资本积累的三种机制,即工资价格信号机制、信贷约束机制和知识技术溢出机制。贸易开放所引起的技能溢价将激励劳动者进行人力资本投资,贸易开放所实现的收入增加会放松劳动力教育投资的信贷约束,贸易开放所产生的国际知识技术溢出则可以直接增加一国的人力资本积累。基于发展中国家的实证研究大都支持对外贸易对人力资本积累的促进作用。针对我国贸易开放对人力资本积累的研究相对较少,且已有研究中大多采用人力资本的粗略代理变量如不同层次教育入学率等进行分析,没有充分考虑对外贸易对人力资本积累的影响机制和渠道,所得结论缺乏稳健性。本节在已有文献基础上采用受教育年限较为准确地度量了人力资本水平,从价格信号、知识外溢和信贷约束等机制论述我国贸易开放对人力资本积累的作用,并展开地区之间的比较分析。

二、实证模型设定和数据说明

(一)　实证模型的设定

参照卡兹和墨菲(Katz 和 Murphy,1992)的技能劳动力需求和供给分析框架,本节假定一国在生产过程中投入两种生产要素:一种是普通劳动力 L;另一种是人力资本 H,采用 CES 形式的生产函数:

$$F(A_t L_t, B_t H_t) = [\lambda (A_t L_t)^\rho + (1 - \lambda)(B_t H_t)^\rho]^{\frac{1}{\rho}} \qquad (7-1)$$

其中,分布参数 $0 < \lambda < 1$ 反映了生产中的人力资本密集度,且不随时间改变。A_t 和 B_t 分别为普通劳动力的效率指数和人力资本的效率指数,代表了技术进步的要素偏向。两种要素之间的替代弹性为 $\sigma = \dfrac{1}{1 - \rho}$。

假定普通劳动力和人力资本的报酬分别为 W_L 和 W_H,在完全竞争条件下,两种要素将按其边际产出获得报酬。对式(7-1)关于 L 和 H 求偏导,得到两种要素的报酬之比:

$$\frac{W_H}{W_L} = \frac{MP_H}{MP_L} = \frac{1 - \lambda}{\lambda} \left(\frac{H_t}{L_t}\right)^{\rho - 1} \left(\frac{B_t}{A_t}\right)^\rho \qquad (7-2)$$

对式(7-2)两边取对数线性展开,并移项得到:

$$\ln\left(\frac{H_t}{L_t}\right) = \frac{1}{1 - \rho}\ln\left(\frac{1 - \lambda}{\lambda}\right) + \frac{1}{\rho - 1}\ln\left(\frac{W_H}{W_L}\right) + \frac{\rho}{\rho - 1}\ln\left(\frac{B_t}{A_t}\right) \qquad (7-3)$$

式(7-3)表明一国人力资本要素的相对规模一方面取决于劳动力市场中人力资本的相对价格。如前所述,如果贸易开放后存在技能溢价,那么在市场价格信号的引导下,劳动者将增加文化、教育和医疗方面的投资,使人力资本的相对规模增加;另一方面,人力资本的相对规模又受到技术进步方向的影响。如果技术进步偏向人力资本,则会引致人力资本要素相对需求的增加,促使劳动者进行人力资本投资。而在开放条件下,对外贸易是产生技能偏向型技术进步的重要原因(Acemoglu,2002),外资则是国际间知识技术溢出的重要渠道(Coe 和 Helpman,1995;Keller,2001)。因此可以将式(7-3)中的人力资本和普通劳动力两种要素的相对效率指数分解成以下形式：

$$\ln\left(\frac{B_t}{A_t}\right) = \delta_1 \ln trade + \delta_2 \ln fdi + \varepsilon \qquad (7\text{-}4)$$

将式(7-4)代入式(7-3)，得到式(7-5)：

$$\ln\left(\frac{H_t}{L_t}\right) = \frac{1}{1-\rho}\ln\left(\frac{1-\lambda}{\lambda}\right) + \frac{1}{\rho-1}\ln\left(\frac{W_H}{W_L}\right) + \frac{\rho}{\rho-1}\delta_1 \ln trade$$

$$+ \frac{\rho}{\rho-1}\delta_2 \ln fdi + \frac{\rho}{\rho-1}\varepsilon \qquad (7\text{-}5)$$

这样，式(7-5)中包含了前文所述的贸易开放影响人力资本积累的两个机制，即价格信号机制和知识技术溢出机制。因为贸易开放引致的人均收入增长将放松人力资本积累的信贷约束，因此在式(7-5)中加入人均国内生产总值作为衡量信贷约束的代理变量，并进一步加入衡量教育投入的生均教育经费作为控制变量，同时考虑人力资本的累积效应，得到以下计量模型：

$$\ln h_{it} = \eta_i + \alpha_1 \ln h_{it-1} + \alpha_2 \ln w_{it} + \alpha_3 \ln trade_{it} + \alpha_4 \ln fdi_{it}$$

$$+ \alpha_5 \ln pgdp_{it} + \alpha_6 \ln edue_{it} + \varepsilon_{it} \qquad (7\text{-}6)$$

其中，i 表示年度，t 表示省份，η_i 表示非观测的个体效应。h_{it} 及 h_{it-1} 表示人力资本及其一阶滞后，w_{it} 表示人力资本的相对价格，即技能溢价，$trade_{it}$ 表示进出口贸易总额，fdi_{it} 表示外商直接投资总额，$pgdp_{it}$ 表示人均国内生产总值，$edue_{it}$ 表示生均教育经费。为降低可能存在的异方差，并不改变变量的时序特征，对各变量取自然对数。

（二）变量选取和数据说明

1. 人力资本

人力资本的内涵相对宽泛，由于技术及数据方面的限制，对人力资本的综合度量相当困难(李海峥等，2013)。国内已有研究度量人力资本的方法主要有基于收入、基于投入成本、基于人力资本特征等一些替代指标衡量方法。本节参照陈钊等(2001)、孙永强和巫和懋(2012)的方法，采用平均受教育年限法测算各省的人力资本。具体公式为 $H_{it} = \sum_{j=1} HE_{itj} \times h_j$。其中 H_{it} 表示 i 省 t 年的平均受教育年限，衡量了其人力资本水平的高低，HE_{itj} 表示 i 省 t 年 j 受教育程度人口占总人口的比重，h_j 表示各层次受教育程度的受教育年限。这里将人口的受教育程度划分为五类,即文盲和半文盲、小学教育、初中教育、高中教育和大专及以上教育程度,依次设定各受教育程度的受教育年限为 0 年、6 年、9 年、12 年和 16 年。

2. 人力资本溢价

借鉴艾沃洛斯等(Avalos 等,2006)的方法,本节用各省制造业中工资最高的前 25% 行业的平均工资与工资最低的后 25% 行业的平均工资之比来衡量人力资本的相对溢价。一般来说,被更高工资制造业雇佣的工人比被更低工资制造业雇佣的工人应具有更多的人力资本禀赋。在《国民经济行业分类》(GB/T 4754—2002)的制造业门类中共有 30 个大类。由于工艺品及其他制造业、废弃资源和废旧材料回收加工业为新设大类,木材加工及木、竹、藤、棕、草制品业,文教体育用品业,化学纤维制造业三个行业在个别年份有个别省份数据缺失,故将以上五个行业予以剔除,最后剩余 25 个行业①。首先,对 1997—2011 年各年各省 25 个制造业行业的平均工资由高到低进行排序;其次,选取排在前 25% 的 5 个行业作为一组,排在后 25% 的 5 个行业作为另一组,根据各行业年末从业人数,分别计算这两组的加权平均工资;最后,用高工资组的加权平均工资与低工资组的加权平均工资相比,得到各年各省的人力资本溢价指标。

3. 进出口贸易总额

本节用进出口贸易总额来反映各地区的贸易开放和发展程度。先将各省进出口总额按照人民币兑美元年平均价进行折算,再用各省各年的居民消费价格指数将之调整为 2000 年不变价格,以剔除价格影响。

4. 外商直接投资总额

首先将各省实际利用外商直接投资总额按照人民币兑美元年平均价进行折算,再以各省各年的固定资产投资价格指数进行价格平减,折算为

---

① 取的制造业 25 个大类分别是农副食品加工业,食品制造业,饮料制造业,烟草制品业,纺织业,纺织服装、鞋、帽制造业,皮革、毛皮、羽毛(绒)及其制品业,家具制造业,造纸及纸制品业,印刷业和记录媒介的复制,石油加工、炼焦及核燃料加工业,化学原料及化学制品制造业,医药制造业,橡胶制品业,塑料制品业,非金属矿物制品业,黑色金属冶炼及压延加工业,有色金属冶炼及压延加工业,金属制品业,通用设备制造业,专用设备制造业,交通运输设备制造业,电气机械及器材制造业,通信设备、计算机及其他电子设备制造业,仪器仪表及文化、办公用机械制造业。

2000 年不变价格。

5. 人均国内生产总值

首先将各省各年的地区生产总值用地区生产总值指数进行价格平减，折算为 2000 年不变价格，再将之与各省各年年末总人口相比得到。

6. 生均教育经费

首先选取各省各年教育经费额，并以各省各年的居民消费价格指数进行价格平减，折算为 2000 年不变价格，再将各省各年各级学校在校生数相加得到总在校生数，二者相比得到该指标。

本节分析的时间和地域范围为 1997—2011 年我国的 29 个省份①。如无特殊说明，本节分析中所用的数据均取自相应各期的《中国教育统计年鉴》《中国劳动统计年鉴》《中国人口和就业统计年鉴》和《中国统计年鉴》。

三、计量结果分析

（一）变量的统计描述与内生性问题的处理

表 7-1 列出了各变量的统计描述，图 7-1 描绘了人力资本与主要解释变量的散点图。可以看出人力资本与人力资本溢价、进出口贸易、外商直接投资及人均国内生产总值之间存在着较强的正相关关系，初步验证了本节计量模型设定的合理性。

表 7-1　各变量的统计描述

变量	均值	标准差	最小值	最大值	变量	均值	标准差	最小值	最大值
$\ln h_{it}$	2.0786	0.1237	1.7451	2.4471	$\ln fdi_{it}$	4.1128	1.6966	0.1074	8.1446
$\ln w_{it}$	0.8145	0.1961	0.3601	1.5033	$\ln pgdp_{it}$	9.3181	0.6905	7.6770	11.0694
$\ln trade_{it}$	6.0445	1.4949	3.5848	9.7561	$\ln edue_{it}$	-10.9846	0.5943	-11.9348	-9.0231

注：统计结果由 stata21.1 给出。

本节设定的实证模型中可能存在着内生性问题。首先，为了考察人力

① 包括东部地区的北京、天津、河北、辽宁、上海、江苏、浙江、福建、山东、广东、海南，共 11 个省市；中部地区的山西、吉林、黑龙江、安徽、江西、河南、湖北、湖南，共 8 个省；西部地区的重庆、四川、贵州、云南、陕西、甘肃、宁夏、新疆、广西、内蒙古，共 10 个省区市。西藏自治区和青海省由于部分数据缺失，没有包含在本节的分析中。

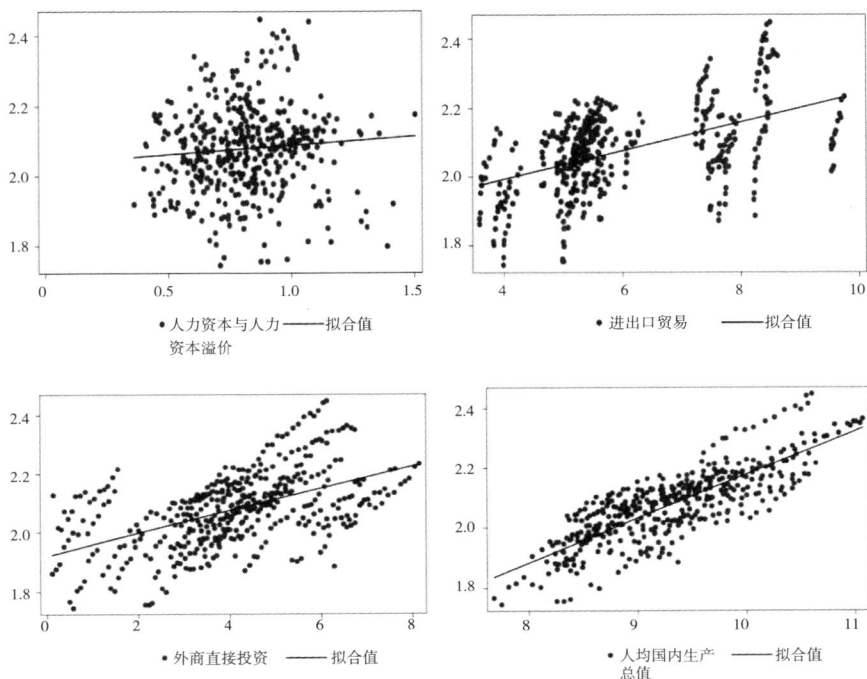

**图 7-1　人力资本与人力资本溢价、进出口贸易、外商直接投资
和人均国内生产总值的散点回归图**

资本积累的累积效应,解释变量中包含了被解释变量的一阶滞后,产生了与扰动项的相关;其次,人力资本与各解释变量之间可能存在着反向因果关系。我国较早实施贸易开放的地区其人力资本规模相对于其他地区较大,正是由于较高的人力资本推动了出口贸易的发展、吸引了大量外商直接投资的进入,从而带来了经济的增长和人均收入的增加。内生性问题的存在会导致最小二乘估计结果出现严重的偏误。对于此类动态面板模型,阿里拉诺和邦德(Arellano 和 Bond,1991)提出可以使用内生变量的所有可能滞后变量作为工具变量,进行差分广义矩估计。为了克服差分广义矩估计的缺陷,阿里拉诺和鲍弗(Arellano 和 Bover,1995)提出了水平广义矩估计。在此基础上,布伦戴尔和邦德(Blundell 和 Bond,1998)认为标准的差分广义矩估计方法可能存在由于自变量滞后项和自变量差分项滞后项的相关性不高而导致的弱工具变量问题。如果把自变量差分项的滞后项作为水平方程

的工具变量,且与自变量当期项的相关性高,则会得到更有效的工具变量。因此,他们将差分 GMM 与水平 GMM 结合在一起,作为一个方程系统进行 GMM 估计,即系统 GMM。与普通工具变量法相比,系统 GMM 可以估计不随时间变化的个体效应的系数,提高估计的效率,而且还可以在 GMM 估计中通过扰动项自相关检验,剔除模型误差项自相关的影响。正如布伦戴尔(Blundell)所说:"在动态面板模型中,考虑使用系统 GMM 估计量就可以克服标准 GMM 估计量中许多令人失望的特性。"[1]因此,本节采用系统广义矩估计方法对式(7-6)进行估计。

(二) 回归结果

为了考察贸易开放对不同地区人力资本积累的影响,表 7-2 第二列列示了全国样本的回归结果,第三列至第五列分别列示了东、中、西部三大地区的估计结果。

表 7-2　动态面板模型系统广义矩估计结果

变量	全国	东部	中部	西部
$\ln h_{it-1}$	0.7778 *** (27.02)	0.6024 *** (7.61)	0.4959 *** (5.84)	0.5607 *** (7.81)
$\ln W_{it}$	0.0264 ** (2.32)	0.0474 ** (2.36)	0.0432 ** (2.31)	-0.0568 *** (-3.34)
$\ln trade_{it}$	-0.0081 *** (-4.20)	-0.0425 *** (-3.25)	-0.0747 *** (-3.96)	0.0149 (0.89)
$\ln fdi_{it}$	0.0028 ** (2.41)	0.0445 *** (2.95)	0.0119 * (1.76)	-0.0041 (-0.73)
$\ln pgdp_{it}$	0.0347 *** (6.97)	0.0006 (0.04)	0.0572 *** (4.30)	0.0691 *** (5.14)
$\ln edue_{it}$	0.0145 ** (2.38)	0.0786 *** (4.05)	0.0334 *** (2.80)	-0.0039 (-0.14)
常数项	0.3223 ** (2.30)	1.7214 *** (4.22)	1.2287 *** (4.19)	0.2173 (0.52)

---

[1]　R.Blundell, S. Bond and F. Windmeijer, "Estimation on Dynamic Panel Data Models: Improving on the Performance of the Standard GMM Estimator", *Advances in Econometrics*, 2001, Vol. 15, pp.53-91.

续表

变量	全国	东部	中部	西部
$Wald - x^2$ 统计量	10324.62 [0.000]	2422.88 [0.000]	815.31 [0.000]	1139.40 [0.000]
一阶自相关检验 AR(1)	-3.27 [0.001]	-6.42 [0.000]	-0.32 [0.751]	-5.10 [0.000]
二阶自相关检验 AR(2)	-0.63 [0.530]	1041 [0.159]	-0.52 [0.606]	-0.92 [0.356]
Sargan 过度识别检验	133.66 [0.186]	89.61 [0.967]	97.80 [0.487]	109.72 [0.436]

注:( )内为回归系数的 t 值;[ ]内为相应检验统计量的 p 值;***、**、* 分别表示在 1%、5%、10% 的水平上显著;AR(1) 和 AR(2) 检验的 H_0 为"扰动项不存在自相关",系统矩估计的一致性要求差分方程不存在二阶或更高阶自相关检验,但允许存在一阶自相关检验,原假设下统计量服从标准正态分布;Sargan 检验的 H_0 为"工具变量过度识别",若接受原假设,说明工具变量是合理的,原假设下统计量服从卡方分布。

表 7-2 的估计结果显示,全国和分地区的回归方程整体设定良好,四个方程中回归系数的 Wald 卡方联合显著性检验非常显著,扰动项都不存在二阶自相关检验,工具变量满足过度识别约束。

从全国层面面板数据的估计结果来看,人力资本存在着显著的累积效应,人力资本的形成是一个不断对劳动力进行教育、对医疗和卫生等投资的过程,存在着时间的滞后效应,初始时较高水平的人力资本会强化后续的累积过程;已有的大量文献证实我国改革开放过程中存在着技能溢价,例如许斌和李伟(2008)发现我国技能溢价从 1995 年的 1.17 上升到了 2000 年的 1.64,梁莹和李金玲(2013)认为我国的高技能劳动力与低技能劳动力间的相对工资差距从 1998 年的 1.32 上升至 2010 年的 1.98。回归结果显示技能溢价很好地起到了刺激人力资本积累的价格信号作用。人力资本溢价每上升一个百分点,将促进以平均受教育年限衡量的人力资本增加 0.0264 个百分点,这种作用通过了 5% 的显著性检验;出乎意料的是,回归结果显示对外贸易额的增加对人力资本积累产生了显著的负向作用。这可能与我国参与国际分工和贸易的方式有关。20 世纪 90 年代中后期我国加速融入国际垂直专业化分工链条,从国外进口大量中间投入品,在国内进行加工组装后向世界出口,出口商品的国内技术含量并不是很高,甚至有所下降(姚洋和张晔,2008),这就使得对外贸易对人力资本的积累作用受到限制。另外,余官胜(2009)的研究也发现贸易开放对人力资本存在"U"型非线性关系,在贸易开放水平没有达到临界值前,贸易开放将不利于人力资本的积累,这印证了本节的估计结果;在全国层面,外商直接投资对人力资本的积累产生了正向的促进作用,外商直接投资每上升一个百分点,会使人力资本增加 0.0028 个百分点,且通过了 5% 的显著性水平检验。这是因为,首先,外商直接投资作为跨国知识技术的传递渠道,产生的外溢效应和示范效应可以促进东道国人力资本的积累。其次,外商直接投资企业较高的岗位学历要求和对员工的职业培训提高了东道国人力资本水平。再次,较为丰富的人力资本禀赋是外商进行区位投资的重要考虑因素,为了创造有利的投资环境,东道国政府也会积极提高人力资本水平;人均国内生产总值也显著促进了人力资本的积累,这种促进作用通过了 1% 的显著性水平检验,这说明贸易开放条件下,随着人们收入水平的提高,人力资本投资的信贷约束将得以缓解,人们会将更多的收入用于教育、文化和医疗等方面的支出,从而增加人力资本的积累;生均教育经费对人力资本积累的促进作用通过了 5% 的显著性水平检验,说明国家对教育投资越多,越有利于人力资本的形成。

分地区的回归结果显示,东、中、西部三大地区人力资本变量的一阶滞后都显著为正,人力资本积累的累积效应同样存在于各地区;在地区间,人力资本溢价对人力资本积累的作用表现为由东向西逐渐递减,西部地区这种作用甚至为负,且统计显著。这是因为受渐进式开放政策和地理位置的影响,我国的贸易开放程度由东向西逐渐递减,万广华等(2006)、宋红军(2011)、谢申祥和王孝松(2011)等的研究已经表明贸易开放条件下我国地区间存在明显的工资溢价差距。这样,东部地区较高的人力资本溢价提供了更为强烈的价格信号和刺激人力资本积累的动力,而在西部地区较低的贸易开放程度下,人力资本溢价促进人力资本积累的作用还无法发挥出来;同全国层面的估计结果一样,对外贸易对东部和中部人力资本的积累产生了显著的负向抑制作用,在西部地区尽管对外贸易促进人力资本积累的作用为正,但没有通过显著性检验;外商直接投资对人力资本积累的促进作用,在东部地区要大于中部地区,而在西部地区外资对人力资本积累的作用甚至为负且统计显著,这与三类地区外资的存量规模差异有关;东部地区人均国内生产总值对人力资本的积累作用为正,但没有通过显著性检验,中、西部地区这种促进作用都通过了1%的显著性水平检验;生均教育经费对人力资本积累的作用也存在着地区间的差异,东部地区这种作用最大,中部地区次之,而西部地区为负但不显著,这表明作为人力资本投资的重要组成部分,生均教育经费规模越大越有利于人力资本的积累。

四、结论与政策建议

本节采用基于动态面板数据模型的系统广义矩估计方法,实证分析了贸易开放对我国人力资本积累的影响。本节认为无论从全国层面还是地区层面,人力资本的积累都存在自我强化的累积效应。开放条件下的人力资本溢价能较好地起到价格信号作用,引导和激励劳动者进行人力资本投资,但这种作用由东向西逐渐递减。受参与国际分工和贸易方式的影响,我国对外贸易对人力资本的积累没有产生促进作用,反而弱化了人力资本积累。外商直接投资作为国际知识技术溢出的主要渠道,显著促进了我国人力资本积累,且外资流入越多的地区,这种促进作用越强。贸易开放带动的人均国内生产总值的增加放松了人力资本投资的信贷约束,更多的收入将被用于教育、医疗和卫生方面的支出,由此促进了人力资本的积累。在人力资本投资中,生均教育经费支出越多,越能够促进人力资本的积累。

现阶段,我国正处于从贸易大国向贸易强国转变的进程中,人力资本的积累无疑是我国实现产业自主创新和结构升级、提升国际分工地位、增强贸易品科技含量及国际竞争力、加快对外贸易发展方式转变的关键。鉴于此,本节提出以下政策建议:第一,充分发挥市场机制的价格信号引导作用。不同层次人力资本所有者的报酬应有适度差别,在市场机制引导下使劳动者主动进行人力资本投资。第二,继续提升我国的对外开放水平。立足于要素禀赋现状,适度提高我国在国际垂直专业化分工中的地位,降低低技术含量加工贸易出口占比,增加高科技技术密集型商品的进口。积极引导外资向我国中高技术行业和中西部地区投资。第三,政府财政支出应继续适度向教育倾斜,特别是应增加各级各类学校财政性教育经费的支出。

第二节　进口竞争对我国人力资本投资影响的实证分析

人力资本是一国生产力增长和经济发展的动力源泉（Uzawa，1965；Lucas，1988）。由于人力资本存量决定了一个经济体是否具有发展和创新现有技术水平的能力，因此，人力资本水平的提升，有利于技术水平的扩散和进步（Nelson 和 Phelps，1966），有利于全要素生产率的提高，进而带来经济增长（许和连等，2006）。自改革开放以来，我国的人力资本水平得到了显著提升。例如，按照 1985 年可比价格计算，我国人力资本存量从 1985 年的 28.6 万亿元上升至 2009 年的 168.98 万亿元，年平均增长率达 7.1%，有力地促进了我国经济的快速发展（李海峥等，2013）。

与此同时，中国的贸易得到迅速发展。尤其是中国在 2001 年加入 WTO 以后，贸易开放度进一步提高。在此背景下，一些国内外学者对贸易开放和人力资本之间的关系进行了研究和讨论，但一般来说，大多数文献都是从人力资本对国际贸易的影响方面进行分析，认为人力资本的提高能够促进企业创新能力的提升，从而提高出口企业生产率，增强出口竞争能力和国际竞争力（Caroli 等，2001；Movahedi 等，2012）。相反，国际贸易对人力资本影响的研究较少。格罗斯曼和赫尔普曼（Grossman 和 Helpman，1991）、阿西莫格鲁（Acemoglu，2003）的研究发现，对外贸易可以通过知识、技术外溢提升一国的技术水平提高对高技能劳动力的需求，促进一国人力资本的积累和提升。但在这类文献当中，也主要是从出口视角研究其与人力资本的关系，关于进口与人力资本关系的研究更少，而且鲜有中国方面的研究。

在加入 WTO 以后，我国对外贸易体制开始具有进口自由化的初步特征（江小涓，2008），进口自由化带来的进口竞争压力不断加大，进口竞争对我国经济社会发展各个方面的影响也越来越大。目前，一些学者对我国贸易开放、人力资本和经济增长之间的关系进行了研究和讨论（赖明勇、张新、彭水军、包群，2005；许和连、亓朋、祝树金，2006；黄新飞、舒元，2010；熊灵、魏伟、杨勇，2012）。但现有关于出口、进口与人力资本之间的关系研究大多从国家、地区、产业角度进行分析，基于微观数据的大样本研究还相对较少。基于此,我们采用 WTO 关税数据库、中国工业企业数据库、海关贸易数据库和世界银行投资环境调查数据库等数据,从微观视角研究进口竞争对人力资本的影响。

与已有研究相比,本节的主要贡献如下:第一,在研究视角和内容方面,本节基于我国进口竞争越来越激烈的现实背景,详细分析了进口竞争对中国企业劳动力人力资本投资的影响,为以后的研究奠定了理论基础;第二,在实证研究方面,本节采用世界银行投资环境调查数据库、WTO 关税数据库、中国工业企业数据库和海关贸易数据库等数据,从微观企业角度实证分析了进口竞争对我国企业劳动力人力资本投资的影响。通过采用全面、微观、系统的数据,保证了分析结果的科学性和可靠性,也弥补了已有相关研究大多集中于人力资本总量的考察的短板。

本节结构安排如下:第一部分建立进口竞争对人力资本积累影响的计量模型,选取变量指标,介绍数据来源及处理过程;第二部分是计量估计结果及分析;第三部分为结论总结,并提出政策建议。

一、计量模型、指标选取与数据来源

(一) 计量模型

本节考察进口竞争对企业员工人力资本投资的影响,设定计量模型如下:

$$humancapital_{ci} = \alpha + \beta \times IM\_COM_{ci} + \gamma \times X_{ci} + \varepsilon_{ci} \qquad (7-7)$$

其中,下标 c 表示城市,i 表示行业;$humancapital_{ci}$ 表示企业劳动力人力资本投资变量;IM_COM_{ci} 代表城市 c 行业 i 的进口竞争程度;β 代表进口竞争提高对人力资本投资有多大程度的影响;X_{ci} 为城市 c 行业 i 的其他控制变量;ε_{ci} 为随机误差项。本节中我们最关注的是回归系数 β,如果 β 显著为正,表示进口竞争的加剧,使企业劳动者更倾向于进行人力资本投资,进口竞争对中国的人力资本积累影响为正;如果 β 显著为负,则表示进口竞争的加剧使企业劳动者进行人力资本投资的倾向下降。

(二) 指标选取与测度

1. 进口竞争

在进口竞争变量的选取上,我们采用 2004 年各城市分行业的进口关税(IMT)进行测度,然后采用进口渗透率(IMP)进行稳健性分析。如果只采用进口数量作为测度进口竞争程度的变量,往往会忽略贸易壁垒的影响。进口关税作为一国或地区的贸易保护手段,一定时期内是外生不变的,却可以直接影响进口产品种类与数量,进而影响进口带来的竞争程度(Cuñat 和 Guadalupe,2009)。因此,本节以进口值为权重对进口关税进行加权平均,计算出城市层面和行业层面的加权平均进口关税。在计算进口关税的时候,我们首先将中国工业企业数据库和海关贸易数据库中城市代码截取为 4 分位,行业代码截取为 2 分位,然后以进口值为权重计算出城市层面 c 和行业层面 i 的进口关税 IMT。

同时,我们还采用进口渗透率作为进口竞争的另一测度指标进行稳健性分析。进口渗透率(即行业的进口额除以总产出)作为关税和非关税壁垒的共同结果,是衡量贸易自由化程度的合适工具(Harrison,1994;余淼杰,2010)。进口渗透率的提高意味着国内企业将会面对更激烈的进口竞争(Cuñat 和 Guadalupe,2006),是测度进口竞争的合理指标(Cuñat 和 Guadalupe,2009)。在计算进口渗透率时,我们利用中国工业企业数据库计算出城市和行业层面的总产出 QJ_{ci},利用海关贸易数据库计算出城市层面和行业层面的进口额 IMJ_{ci},通过 4 分位的城市代码和 2 分位的行业代码将总产出 QJ_{ci} 合并到海关贸易数据库,从而算出 2004 年的城市 c 行业 i 的进口渗透率:

$$IMP_{ci} = IMJ_{ci}/QJ_{ci} \tag{7-8}$$

此外,我们还分析城市和行业层面的中间品进口关税对我国企业内部员工人力资本投资的影响。随着中间品贸易比重的大幅提高,中间品贸易对工资差距的影响也非常重要(李坤望等,2014)。为此,我们也采用中间品进口关税(IIT)作为中间品进口竞争的测度指标进行相关分析。在计算中间品进口关税时,我们借鉴田巍和余淼杰(2014)的方法,首先构建平均行业进口关税,行业为 CIC 分类 4 分位:

$$IIT_{ft} = \sum_{n=1} \left(\frac{input_{nf}^{2002}}{\sum_{n=1} input_{nf}^{2002}} \right) \tau_{nt} \tag{7-9}$$

其中,$input_{nf}^{2002}$ 为行业 f 在 2002 年使用投入品 n 的总产量,τ_{nt} 为这种投入品在 t 年的进口关税。而且,式(7-9)括号中的比重可以从中国投入—产出表(2002)中获得,之所以采用 2002 年该中间品所全部使用量占所有中间品的比重,主要是为了克服内生性问题:一是将权重固定在 2002 年,可以排除关税变化导致的权重内生变化;二是排除关税在不同产品间造成的进口值内生变化(田巍和余淼杰,2014)。

进一步,在得出 CIC 行业 4 分位中间品进口关税后,根据本节需要,我们以进口值为权重计算出城市层面 c 和行业层面 i(CIC 分类 2 分位)的中间品进口关税 IIT_{ci}。

2. 人力资本投资

在企业劳动者人力资本投资变量($humancapital_{ci}$)方面,本节用企业劳动者的受教育程度和进行职业培训的比例分别进行测度,具体采用了 2004 年世界银行投资环境调查数据库企业样本下的劳动者受教育程度和接受职业培训的比例进行测度,包括企业总经理的受教育程度(GM_edu)、企业员工高中学历以上的比例(sen_edu)、企业员工大学学历以上的比例($college\_edu$)、企业员工参加职业培训的比例($Train$)。受教育程度代表了企业劳动者的正式教育决策,是具有一定长期性的变量;而职业培训多为短期性的人力资本投资决策,短期内对进口竞争的反应更为敏感,考察进口竞争对我国企业劳动者人力资本投资的长期和短期影响会相对比较全面。

3. 控制变量

考虑到遗漏重要解释变量会造成估计结果的有偏,为了实现稳健,我们还加入了一些控制变量,包括:(1)企业国有制股权,即国有股权占企业所有权的比重(gov);(2)资本—劳动比,即企业资本总量除以企业劳动总量得到的平均每个企业员工拥有的资本量($\ln kl$);(3)企业总利润($profit$);(4)企业员工奖金金额的对数($\ln bonus$),由企业员工的总工资乘以奖金比例得到;(5)总经理年收入与业绩的相关性(GM_per)。表 7-3 和表 7-4 分别显示了各个变量的描述性统计、指标含义及测度。

表 7-3　各个变量的描述性统计

变量名	样本数	均值	标准差	最小值	最大值
IMT	10426	2.014768	0.803157	−5.69611	4.174387
IIT	10367	1.225866	0.3963057	−8.694599	2.390963

续表

变量名	样本数	均值	标准差	最小值	最大值
IMP	10441	0. 3246283	2. 967831	-12. 36117	9. 237315
gov	10441	12. 64667	30. 77068	0	100
ln*kl*	10441	4. 982371	0. 4647895	3. 045345	6. 376946
profit	10441	29193. 48	279021. 9	-3672383	1. 36e+07
ln*bonus*	6212	2. 911569	1. 16914	-1. 203973	6. 906755
GM_per	10441	0. 6541519	0. 4756668	0	1

注:笔者根据数据来源统计整理而得。

表 7-4　主要变量的指标含义及测度

变量	指标含义及测度
国有制股权	国有股权占企业所有权的比重
资本—劳动比	平均每个企业员工拥有的资本量
企业总利润	企业经营活动的总利润
员工奖金	用企业员工工资乘以奖金金额来测量
收入与业绩相关性	总经理的年收入是否与业绩相关,0 为否,1 为是

(三) 内生性问题

在计量模型的估计中,内生性问题会使估计结果产生有偏和不一致。一方面,虽然我们已经控制了其他影响进口竞争和人力资本投资之间关系的重要变量,但还是可能遗漏了某些重要解释变量;另一方面,人力资本投资和进口竞争之间还可能存在反向因果的关系,也会导致估计结果有偏和不一致。因此,我们在实证分析进口竞争对人力资本投资的影响时,必须考虑内生性问题。

控制内生性问题的一个通常做法是寻找一个与进口竞争相关但独立于人力资本投资的工具变量(IV),并进行相关估计。本节选取进口关税、进口渗透率、中间品进口关税和出口值的滞后期作为工具变量,主要是因为滞后一期至四期的城市 c 行业 i 的进口关税、进口渗透率、中间品进口关税和出口值作为历史数据,不会对企业当前的人力资本投资产生影响,但与当期的进口竞争要素紧密相关,满足工具变量外生性及与内生变量相关的要求,是合理的工具变量。

（四）数据来源与处理

本节所使用的数据来自 WTO 关税数据库（2000—2006 年）、中国工业企业数据库（1998—2007 年）、海关贸易数据库（2000—2006 年）以及世界银行投资环境调查数据库（2005 年）等数据。每种产品的关税数据（2000—2006 年）可以直接从 WTO 网站获得。中国工业企业数据库是国家统计局对规模以上企业的年度调查数据，包括所有国有企业以及年销售额在 500万元以上的非国有企业。这套数据每年约有 230000 个制造业企业，涵盖的企业生产总值占中国工业生产总值的 95%。此外，我们还采用了 2000—2006 年的海关贸易数据库，这一数据包括 HS8 位码层面下每个企业每种产品进出口的各种信息，具体的贸易变量，包括贸易额、贸易状态（进口或出口）、产品数目等；贸易模式和方式的变量，包括出口或进口的对象国家或地区、贸易类型（加工贸易或一般贸易）、贸易模式等；企业的基本信息，包括企业的名称、企业所有制（外资/私有/国有）、海关编码、城市等。除了以上三套数据外，我们的实证分析还采用了世界银行 2005 年投资环境调查数据。世界银行 2005 年投资环境调查数据涵盖了 120 个城市 12400 家企业的样本，包括企业基本概况和企业员工进行人力资本投资的具体信息，为我们考察进口竞争对企业内部人力资本投资的影响提供了丰富的材料。

由于海关贸易数据是 HS8 位码，而从 WTO 直接获得的关税数据是HS6 位码，所以我们将关税数据合并到海关贸易数据中。我们分别将海关贸易数据库、中国工业企业数据库和世界银行投资环境调查数据库中的城市代码截取为 4 分位，行业代码截取为 2 分位，并通过城市代码和行业代码对数据进行合并、整理。其中，行业代码我们采用 CIC 行业代码标准。

二、计量估计结果及分析

（一）进口关税对人力资本投资的影响

表 7-5 和表 7-6 报告了计量模型下的估计结果。在估计方法上，考察进口关税对企业劳动者人力资本投资和积累的影响时，我们使用了 OLS 估计和工具变量两阶段最小二乘法估计（2SLS）。

1.初步估计结果

在表7-5中,对于我们首先关心的进口关税对企业劳动者受教育程度、参加职业培训的影响,在第(1)—(4)列下均高度显著为负。这表明,在中国进口竞争不断加剧的背景下,企业劳动者进行人力资本投资的积极性更高,更倾向于进行人力资本投资,有利于中国人力资本的积累。

在地区其他变量的影响下,我们发现企业国有制股权占比的增加有利于劳动者受教育程度的提高,这说明企业国有制股权占比的提高在一定程度上抬高了劳动者进入企业的工作门槛,从而倒逼企业员工提高自身受教育水平等正式教育投资,并主动参加职业培训。而在企业资本—劳动比的影响下,其对中国企业劳动者人力资本投资的影响显著为正,这从一定程度上反映出,对于资本—劳动比更高的企业,即平均每个劳动者拥有的资本量越高,该企业的劳动者更倾向于进行人力资本投资。另外,我们还发现企业总利润较高的劳动者比企业总利润相对较低的劳动者更倾向于进行正式教育投资和参加职业培训。这说明一个企业总利润水平的提高,会为企业员工进行人力资本投资创造更良好的外部环境,缓解企业员工进行人力资本投资时所面临的资金约束,促进企业员工进行人力资本投资,有利于中国人力资本的积累。但从中也在一定程度上反映出我国企业利润差距的影响,经济效益和资源较高的企业,本身人力资本存量较高,有利于该企业劳动者进行正式教育等长期人力资本投资和参加短期性的职业培训;而经济效益较差、自身资源不足的企业,相反不利于该企业劳动者进行人力资本投资。在企业员工奖金的影响因素方面,我们发现,企业劳动者工资结构中奖金比例对其受教育程度和职业培训的影响显著为正。企业劳动者工资结构中的奖金比例越高,劳动者进行人力资本投资的倾向越高。目前企业面临着越来越大的国内外竞争压力,企业不断改革内部薪酬治理结构,积极推行绩效工资制度,改善对员工的激励机制(Murphy,1999;Lemieux 等,2007),逐步建立、实施和完善企业绩效工资制度、激励机制(陈学彬,2005;杨青等,2010;林炜,2013),对我国人力资本的积累具有重要意义。在其他控制变量的影响下,我们发现,如果企业总经理的年收入与企业业绩相关,会提高企业总经理和普通员工受教育水平,提高其参加职业培训的比例。这说明总经理的年收入与企业业绩挂钩,会在一定程度上促使企业总经理提高自身受教育水平,督促企业员工参加职业培训、提高受教育程度,进而从整体上提高企业员工的受教育水平和参加职业培训的比重,促进企业员工人力资本的积累。

表7-5　进口关税对人力资本投资影响的初步估计结果(OLS)

变量	（1）	（2）	（3）	（4）
	GM_edu	*sen_edu*	*college_edu*	*Train*
IMT	−0.0833***	−1.892***	−1.139***	−1.509**
	(0.0153)	(0.429)	(0.299)	(0.590)
gov	0.00424***	0.107***	0.0573***	0.0297**
	(0.000382)	(0.0107)	(0.00750)	(0.0147)
lnkl	0.224***	10.75***	5.579***	5.351***
	(0.0271)	(0.761)	(0.532)	(1.054)
profit	1.99e−07***	5.70e−06***	3.03e−06***	5.96e−06***
	(3.40e−08)	(9.55e−07)	(6.67e−07)	(1.27e−06)
lnbonus	0.00899	0.191	0.503**	1.682***
	(0.0102)	(0.287)	(0.201)	(0.425)
GM_per	0.196***	1.918**	2.026***	3.777***
	(0.0272)	(0.765)	(0.534)	(1.074)
常数项	4.536***	−0.474	−8.415***	14.94***
	(0.146)	(4.103)	(2.866)	(5.674)
观测值	6201	6204	6204	5753
R^2	0.059	0.069	0.045	0.019

注:回归系数括号内为标准误差;***、**和*分别表示在1%、5%和10%的水平上显著。

具体分析,表7-5中第(1)列表明,进口关税对企业总经理受教育程度具有显著的负向作用,进口关税的降低会提高企业总经理的受教育水平,即进口竞争的加剧会促进企业总经理进行人力资本投资,提高自身的受教育水平,有利于中国人力资本的积累。而且,估计结果进一步表明,如果进口关税降低1%,则企业总经理的受教育水平提高0.0833%。在企业国有制股权的影响方面,企业股权结构中国有制股权的比重越高,企业总经理的受教育水平越高,且企业股权结构中国有制股权的比重提高1%,企业总经理的受教育水平提高0.00424%。企业创造的总利润越高,越有利于企业员工提高受教育水平,增加企业员工参加职业培训的倾向。在企业资本—劳动比的影响方面,企业资本—劳动比更高的企业,该企业的劳动者更倾向于进行人力资本投资,企业资本—劳动比提高1%,则企业总经理的受教育水平提高0.224%。此外,总经理的年收入与企业业绩直接挂钩,会使企业总经理更倾向于进行正式教育等长期性人力资本投资。这反映出人力资本投资回报率较高,企业总经理进行人力资本投资的倾向较大。

表7-5中第(2)列和第(3)列表明,进口关税对企业劳动者学历水平影响的相关系数显著为负。进口关税的降低,即进口竞争的加剧会提高企业劳动者中高中和大学学历以上人数的比例。而且,估计结果进一步显示,进口关税降低1%,企业劳动者中高中学历以上人数的比例提高1.892%;进口关税降低1%,企业劳动者中大学学历以上人数的比例提高1.139%,企业劳动者中大学学历以上人数的比例受进口竞争的影响小于企业劳动者中高中学历以上人数的比例。企业股权结构中国有制股权的比重对企业劳动者中高中、大学学历以上人数的比例具有显著的正面影响,企业股权结构中国有制股权的比重提高1%,则企业劳动者中高中学历以上人数的比例增加0.107%,大学学历以上人数的比例增加0.0573%。在企业资本—劳动比的影响方面,企业资本—劳动比提高1%,该企业劳动者中高中学历以上人数的比例增加10.75%,大学学历以上人数的比例增加5.579%。在企业员工奖金额度的影响方面,其对企业劳动者中大学学历以上比例影响的相关系数显著为正,企业员工奖金在总工资中的比重提高1%,则企业劳动者中大学学历以上人数的比例增加0.503%。表7-5中第(4)列表明,进口关税对企业劳动者参加职业培训的影响具有显著的负向作用。进口关税的降低,即进口竞争的加剧会提高企业劳动者参加职业培训的倾向,并且进口关税降低1%,企业劳动者参加职业培训的倾向提高1.509%。

2.基于工具变量法的估计结果

表7-6报告了工具变量两阶段最小二乘法估计(2SLS)结果,而识别不足检验、弱识别检验与外生性检验等表明本节的工具变量选取是有效的。接下来,本节将对估计结果进行相关分析。

在控制了内生性之后,与初步估计结果类似,表7-6工具变量的估计结果表明,进口关税对企业总经理受教育程度、企业劳动者的学历水平、企业劳动者参加职业培训比例的影响均显著为负。随着进口关税的降低,企业总经理的受教育程度提高,企业劳动者中高中和大学学历以上人数的比例增加,企业劳动者参加职业培训的比例提高。进口竞争的加剧能够促进企业劳动者进行人力资本投资,包括提高自身受教育水平和参加职业培训,进而有利于中国人力资本的积累。此外,工具变量的估计结果进一步表明,进口竞争提高1%,即进口关税降低1%,则企业总经理的受教育水平提高0.582%,企业劳动者中高中学历以上人数的比例提高4.074%,企业劳动者中大学学历以上人数的比例提高2.204%,企业劳动者参加职业培训的比例增加27.34%。

表7-6　进口关税对人力资本投资影响的工具变量估计结果(2SLS)

变量	(1)	(2)	(3)	(4)
	GM_edu	sen_edu	college_edu	Train
IMT	-0.582***	-4.074***	-2.204***	-27.34***
	(0.0705)	(0.620)	(0.408)	(6.281)
gov	0.00470***	0.110***	0.0567***	0.0661***
	(0.000443)	(0.0118)	(0.00816)	(0.0196)
lnkl	0.0916**	10.86***	6.014***	-2.040
	(0.0398)	(0.873)	(0.604)	(2.533)
profit	1.52e-07***	5.22e-06***	2.72e-06***	4.06e-06***
	(3.67e-08)	(9.64e-07)	(6.78e-07)	(1.52e-06)
lnbonus	0.0208*	0.139	0.479**	2.388***
	(0.0119)	(0.315)	(0.221)	(0.555)
GM_per	0.221***	1.474*	1.943***	5.140***
	(0.0315)	(0.836)	(0.584)	(1.405)
常数项	6.157***	4.358	-7.920**	99.81***
	(0.300)	(4.849)	(3.313)	(23.59)
识别不足检验	359.024	2972.807	3979.275	69.386
	(0.0000)	(0.0000)	(0.0000)	(0.0000)
弱识别检验	192.291	3456.239	8237.164	23.432
	(0.0000)	(0.0000)	(0.0000)	(0.0000)

续表

变量	（1）	（2）	（3）	（4）
	GM_edu	*sen_edu*	*college_edu*	*Train*
外生性检验	0.136 （0.7118）	0.174 （0.6766）	0.013 （0.9079）	0.253 （0.8812）
观测值	5290	5210	5244	4672
R^2	−0.061	0.072	0.052	−0.290

注：在工具变量两阶段最小二乘法估计（2SLS）下，识别不足检验是 Anderson canon.corr.LM 检验，拒绝原假设表明工具变量是合理的；弱识别检验是 Cragg-Donald Wald F 检验，拒绝原假设表明工具变量是合理的；外生性检验为 Sargan 检验，在10%显著性水平下接受原假设，表明工具变量合理，下同。在工具变量的选取上，第（1）列选用城市 c 行业 i 滞后一期和滞后二期的出口值的对数，第（2）列选用滞后二期的进口关税的对数和滞后三期的出口值的对数，第（3）列选用滞后一期的进口关税的对数和滞后二期的出口值的对数，第（4）列选用滞后二期、滞后三期和滞后四期的出口值的对数。*** 、** 、* 分别表示在1%、5%和10%的水平上显著。

（二）中间品进口关税对人力资本投资的影响

在考察了进口关税对我国人力资本投资的影响后，我们进一步分析中间品进口竞争对企业劳动者受教育程度和职业培训的影响。表7-7 报告了企业样本下计量模型估计结果。在估计方法上，我们使用了 OLS 估计和工具变量两阶段最小二乘法估计（2SLS）。

从表7-7 中的第（1）列结果可以看出，中间品进口关税对我国企业总经理的受教育程度具有显著的正向影响。随着中间品进口关税的提高，企业总经理的受教育程度趋于上升。表7-7 中的第（2）—（3）列显示，中间品进口关税对企业劳动者的学历水平具有显著正向影响，这说明随着中间品进口关税的提高，企业劳动者中高中和大学学历以上人数的比例增加，劳动者进行人力资本投资的倾向提高。此外，第（2）列的估计结果进一步表明，中间品进口关税每提高1%，企业劳动者中高中学历以上人数的比例增加4.575%；第（3）列的估计结果显示，中间品进口关税提高1%，企业劳动者中大学学历以上人数的比例增加3.316%。表7-7 中第（4）列的估计结果显示，中间品进口关税对企业劳动者职业培训影响的相关系数显著为正，中间品进口关税的提高会带来企业劳动者参加职业培训的比例上升，如果中间品进口关税提高1%，则会促进企业劳动者参加职业培训的比例提高4.378%。

此外,表7-7中的第(5)—(8)列报告了工具变量两阶段最小二乘法(2SLS)估计结果。我们从中可以看出,中间品进口关税的提高从总体上有利于企业劳动者受教育程度的提高和参加职业培训。这也验证了OLS估计结果,说明中间品进口关税的提高有利于中国人力资本的积累。

表7-7 中间品进口关税对人力资本投资影响的估计结果(OLS 和 2SLS)

变量	OLS 估计结果				2SLS 估计结果			
	(1)	(2)	(3)	(4)	(5)	(6)	(7)	(8)
	GM_edu	*sen_edu*	*college_edu*	*Train*	*GM_edu*	*sen_edu*	*college_edu*	*Train*
IIT	0.154 ***	4.575 ***	3.316 ***	4.378 ***	0.243 ***	8.411 ***	5.503 ***	26.36 ***
	(0.0308)	(0.864)	(0.602)	(1.202)	(0.0374)	(1.252)	(0.732)	(5.915)
gov	0.00419 ***	0.106 ***	0.0566 ***	0.0289 **	0.00419 ***	0.105 ***	0.0567 ***	0.0333 **
	(0.000382)	(0.0107)	(0.00747)	(0.0147)	(0.000382)	(0.0114)	(0.00748)	(0.0160)
lnkl	0.274 ***	12.04 ***	6.549 ***	6.406 ***	0.290 ***	14.37 ***	6.941 ***	12.75 ***
	(0.0275)	(0.772)	(0.539)	(1.072)	(0.0278)	(0.882)	(0.544)	(1.840)
profit	2.01e-07 ***	5.74e-06 ***	3.04e-06 ***	5.97e-06 ***	2.00e-07 ***	5.33e-06 ***	3.01e-06 ***	5.50e-06 ***
	(3.40e-08)	(9.53e-07)	(6.64e-07)	(1.27e-06)	(3.40e-08)	(9.59e-07)	(6.65e-07)	(1.30e-06)
lnbonus	0.0124	0.308	0.577 ***	1.758 ***	0.0138	0.452	0.612 ***	2.221 ***
	(0.0103)	(0.289)	(0.201)	(0.427)	(0.0103)	(0.311)	(0.201)	(0.477)
GM_per	0.197 ***	1.988 ***	2.074 ***	3.842 ***	0.198 ***	1.550 *	2.108 ***	4.244 ***
	(0.0273)	(0.765)	(0.534)	(1.077)	(0.0273)	(0.821)	(0.534)	(1.183)
常数项	3.921 ***	-16.66 ***	-19.86 ***	1.049	3.727 ***	-32.71 ***	-24.62 ***	-58.90 ***
	(0.153)	(4.297)	(2.997)	(5.974)	(0.160)	(5.194)	(3.131)	(15.69)
识别不足检验					4186.211	3279.178	4188.273	278.192
					(0.0000)	(0.0000)	(0.0000)	(0.0000)
弱识别检验					6503.780	4222.087	6507.075	147.231
					(0.0000)	(0.0000)	(0.0000)	(0.0000)
外生性检验					0.674	0.007	0.086	0.851
					(0.4115)	(0.9332)	(0.7693)	(0.3562)

变量	OLS 估计结果				2SLS 估计结果			
	(1)	(2)	(3)	(4)	(5)	(6)	(7)	(8)
	GM_edu	*sen_edu*	*college_edu*	*Train*	*GM_edu*	*sen_edu*	*college_edu*	*Train*
观测值	6169	6172	6172	5726	6169	5356	6172	4898
R^2	0.058	0.069	0.047	0.019	0.057	0.077	0.045	-0.013

注:在工具变量的选取上,第(5)列和第(7)列选用滞后一期和滞后二期的中间品进口关税的对数,第(6)列选用滞后一期的中间品进口关税的对数和滞后二期的出口值的对数,第(8)列选用滞后一期和滞后二期的出口值的对数。*** 、** 、* 分别表示在 1%、5% 和 10% 的水平上显著。

(三) 进口渗透率对人力资本投资的影响

为验证本节相关结论的稳健性,在考察了进口关税对我国企业劳动者人力资本投资的影响后,我们使用进口渗透率来衡量进口竞争,实证分析进口渗透率对企业劳动者人力资本投资的影响。表7-8以不同组合的方式报告了计量模型下的初步结果。在估计方法上,我们使用了 OLS 估计和工具变量两阶段最小二乘法估计(2SLS)。其中,表7-8 中第(1)—(4)列报告了进口渗透率对人力资本投资影响的 OLS 估计结果,第(5)—(8)列报告了进口渗透率对人力资本投资影响的工具变量的估计结果。

进口渗透率的提高意味着国内企业将会面临更激烈的进口竞争(Cuñat 和 Guadalupe,2009)。在表7-8 中,对于我们首先关心的进口渗透率对企业劳动者受教育程度、职业培训的影响,在不同列下均高度显著为正。这也进一步验证了本节的研究结论,即在我国贸易开放水平不断提高的背景下,进口竞争的加剧提高了企业劳动者的受教育程度,促使企业劳动者参加职业培训,有利于我国人力资本的积累。表7-8 中第(1)列表明,进口渗透率对我国企业总经理的受教育程度具有显著的正向作用,即进口竞争的加剧能够促进企业总经理提高自身受教育水平,并且进口渗透率每提高 1%,企业总经理的受教育程度提高 0.0295%。第(2)列和第(3)列表明,进口渗透率对企业劳动者学历影响的相关系数显著为正。进口渗透率的提高,即进口竞争的加剧会提高企业劳动者中高中和大学学历以上人数的比例。而且,估计结果进一步显示,进口渗透率提高 1%,企业劳动者中高中学历以上人数的比例提高 1.154%；进口渗透率提高 1%，企业劳动者中大学学历以上人数的比例提高 0.882%。第(4)列表明，进口渗透率对企业劳动者参加职业培训的影响具有显著的正向作用，进口渗透率提高 1%，企业劳动者参加职业培训的倾向提高 0.429%。

表 7-8 进口渗透率对人力资本投资影响的估计结果（OLS 和 2SLS）

变量	OLS 估计结果				2SLS 估计结果			
	(1)	(2)	(3)	(4)	(5)	(6)	(7)	(8)
	GM_edu	sen_edu	college_edu	Train	GM_edu	sen_edu	college_edu	Train
IMP	0.0295 ***	1.154 ***	0.882 ***	0.429 ***	0.0408 ***	1.551 ***	1.127 ***	2.426 ***
	(0.00405)	(0.113)	(0.0789)	(0.158)	(0.00531)	(0.148)	(0.104)	(0.546)
gov	0.00418 ***	0.106 ***	0.0563 ***	0.0286 *	0.00416 ***	0.106 ***	0.0551 ***	0.0376 **
	(0.000381)	(0.0107)	(0.00742)	(0.0147)	(0.000390)	(0.0109)	(0.00763)	(0.0159)
lnkl	0.219 ***	10.16 ***	5.077 ***	5.350 ***	0.222 ***	9.973 ***	5.114 ***	4.150 ***
	(0.0269)	(0.753)	(0.524)	(1.049)	(0.0277)	(0.775)	(0.543)	(1.291)
profit	2.01e-07 ***	5.72e-06 ***	3.03e-06 ***	6.01e-06 ***	2.02e-07 ***	5.80e-06 ***	3.03e-06 ***	5.72e-06 ***
	(3.39e-08)	(9.48e-07)	(6.61e-07)	(1.27e-06)	(3.39e-08)	(9.48e-07)	(6.64e-07)	(1.29e-06)
lnbonus	0.00702	0.115	0.453 **	1.644 ***	0.00856	0.124	0.474 **	1.696 ***
	(0.0102)	(0.286)	(0.199)	(0.425)	(0.0104)	(0.292)	(0.204)	(0.469)
GM_per	0.203 ***	2.273 ***	2.288 ***	3.870 ***	0.204 ***	2.295 ***	2.240 ***	4.579 ***
	(0.0272)	(0.760)	(0.530)	(1.075)	(0.0278)	(0.778)	(0.545)	(1.182)
常数项	4.385 ***	-1.762	-8.575 ***	11.80 **	4.356 ***	-1.347	-9.014 ***	16.01 **
	(0.137)	(3.830)	(2.668)	(5.349)	(0.140)	(3.921)	(2.746)	(6.356)
识别不足检验					4659.413	4661.608	4661.608	515.981
					(0.0000)	(0.0000)	(0.0000)	(0.0000)
弱识别检验					1.1e+04	1.1e+04	1.1e+04	287.755
					(0.0000)	(0.0000)	(0.0000)	(0.0000)
外生性检验					0.088	0.006	0.062	1.123
					(0.7661)	(0.9373)	(0.8035)	(0.2893)

续表

变量	OLS 估计结果				2SLS 估计结果			
	(1)	(2)	(3)	(4)	(5)	(6)	(7)	(8)
	GM_edu	*sen_edu*	*college_edu*	*Train*	*GM_edu*	*sen_edu*	*college_edu*	*Train*
观测值	6209	6212	6212	5761	5893	5896	5896	4919
R^2	0.062	0.081	0.061	0.019	0.066	0.086	0.065	-0.001

注:在工具变量的选取上,第(5)—(7)列选用滞后一期和滞后二期的进口渗透率的对数,第(8)列选用滞后一期和滞后二期的出口值的对数。*** 、** 、* 分别表示在 1%、5%和10%的水平上显著。

此外,我们还使用两阶段最小二乘法来考察进口渗透率对企业劳动者人力资本投资的影响。从表7-8中的第(5)—(8)列可以看出,在 2004 年的样本下,进口渗透率对我国企业劳动者的受教育程度和接受职业培训影响的相关系数依然显著为正。工具变量进一步验证了 OLS 的初步估计结果,即进口竞争有利于我国企业劳动者进行人力资本投资,有利于我国人力资本的积累。

三、结论和政策建议

改革开放以来,中国面临的进口竞争和人力资本都得到迅速发展,但已有研究大多考察贸易开放尤其是出口对中国人力资本积累的影响,从理论和实证上专门探讨进口竞争对中国人力资本积累影响的研究很少,尤其是对中国的微观实证研究更为鲜见,并且已有研究大多考察对人力资本总量的影响,并没有基于微观企业数据的大样本研究。鉴于此,本节采用 WTO 关税数据库、中国工业企业数据库、海关贸易数据库以及世界银行投资环境调查数据库等数据,在进口竞争不断加剧的背景下,实证研究进口竞争对我国人力资本投资的影响。

本节通过实证研究发现,进口竞争的加剧使企业劳动者更倾向于进行人力资本投资,有利于中国人力资本的积累。进口关税对企业劳动者受教育程度的提高和职业培训具有显著的负向影响;进口渗透率对企业劳动者受教育程度的提高和职业培训具有显著的正向影响,此外,我们还进一步分析了中间品进口竞争对人力资本积累的影响,发现中间品进口关税对企业劳动者受教育程度的提高和职业培训影响的相关系数显著为正。

同时,在其他变量的影响方面,企业国有制股权比重、企业资本—劳动比、企业总利润、员工奖金额度等对我国企业劳动者人力资本积累的影响显著。国有制股权比重越高的企业,劳动者更倾向于进行正式教育投资和职业培训;企业中每个劳动者拥有的平均资本量越高,该企业的劳动者更倾向于进行人力资本投资;此外,我们还发现总利润较高、经营状况和经济效益较好、推行绩效工资制度的企业中的劳动者更倾向于进行人力资本投资。从中我们可以看到,中国人力资本水平的发展,包括企业劳动者的正式教育和职业培训,与经济社会发展、企业性质、企业管理结构和企业经营状况紧密联系。

本节的政策含义明显。随着进口竞争的不断加剧,我们应该充分认清其对中国人力资本积累和提升的有利影响,同时也应该认识到企业性质、管理结构和企业经济效益在企业劳动者进行人力资本投资过程中发挥的重要作用。为此,我们应积极引入进口竞争,进一步加快贸易自由化的进程,积极引导进口关税的降低,促进产品市场竞争,从而提高企业劳动者的受教育水平,促进企业劳动者的职业培训和中国人力资本的积累和提升。此外,我们还应该积极推进企业改革,如企业治理模式、管理结构和薪酬结构的改革,完善企业管理模式,提高企业资本—劳动比,增加绩效工资尤其是奖金在工资结构中的比重,创造有利于劳动者进行人力资本投资的企业环境。

第三节 出口贸易与学历误配

高学历劳动力从事低技术工作已经逐渐成为中国劳动力市场上的普遍现象,布斯比(Boothby,1999)将这种现象称为"工作—学历误配"(Job-Education Mismatch),并严格定义为"需要高技术的工作没有吸引足够的高学历劳动力"[①]。从最直接的角度来说,工作—学历误配无疑会显著降

---

① 虽然高学历劳动力未必拥有高技能,但是在承认斯潘斯信号现实理论的前提下,可以不再讨论技能与学历之间的差异问题。

低就业和生产效率（Joop Hartog，2000）。此外，工作—学历误配在很大程度上会导致"工资—学历误配"（Wage-Education Mismatch），即高学历劳动力无法获得相应水平的工资（Bauer，2002）。本节只考察工作—学历误配，因而后文若无特殊说明，均将"工作—学历误配"简称为"学历误配"。

现有相关研究成果主要围绕讨论学历误配产生的原因展开，开创性的研究如赫尔施认为高学历劳动力往往对现有的工作条件容易产生不满，而高技术工作又往往呈现长期持续枯燥的特征，因而高学历劳动力自主选择从事低技术工作；阿方索（Alfonso，1993）则通过考察西班牙分行业工人的实证数据，指出社会提供的"过度教育"（overeducated）造成就业者学历普遍提高，而工作经验和能力却受到限制，因而他们往往难以从事高技术工作，从而造成学历误配，还有许多其他研究将在第二部分详细提到。可以看出学者基本将学历误配的原因归结为就业者自身条件与工作要求之间的匹配出现问题。

较之以上文献，对学历误配程度的衡量文献则略显单薄，这不能不说是一个遗憾，因为考察学历误配的原因及相关问题，其实证研究的基础恰是科学衡量学历误配的程度。虽然赫尔施提出了一个简单而直接的行业 GDP 比重标准，但接下来的研究者却没有继续考察学历误配的量化问题。本节在现有研究成果的基础上，首先对赫尔施提出的行业 GDP 比重标准进行修正和扩展，并且基于商品出口贸易数据手动计算出行业出口贸易的规模。其次将该框架应用于中国 2004—2011 年的分行业面板样本，分析了包含出口规模、行业收入等相关因素对学历误配程度的影响，并且通过控制第三产业与金融危机虚拟变量，检验了回归方程的稳健性。另一个重要的工作是研究了提高高学历划分标准后学历误配的影响因素。

一、文献综述

国外学者早在 20 世纪 70 年代就提出了学历误配的概念，但是正式对学历误配现象进行经济学分析的开拓性成果，当属上面提到的赫尔施与阿方索。在此基础上，国内外学者从理论模型和经验分析的角度对学历误配的成因进行了更加深入的探讨，按照成因不同可将文献分为以下三类。

第一类文献认为产生学历误配的原因是高学历劳动者的特质，这类研究成果基本体现了近年来研究学历误配问题的主要思路。艾伦和罗尔夫（Allen 和 Rolf，2001）详细考察了广义学历误配的三种具体形式：工资误配效应、工作搜寻误配和工作满意程度错配，并进一步研究了学历误配与技能误配之间的关系。他们认为，高学历劳动者之所以往往选择低技能工作，是因为高学历劳动者的技能模式和知识结构与现实的高学历工作往往存在差异，且高学历的人力资本效应导致高学历劳动者很难在公司中获得重新进行技能培训的机会。本德尔和海伍德（Bender 和 Heywood，2008）则专门考察了造成拥有博士学位的劳动者出现学历误配的原因和背景。在对博士就业者进行生产率衡量的基础上实证检验他们对工作不满意度提高的原因，指出科学技能的程式化是造成学历误配的根本性原因，而对科学技能的过分程式化掌握和理解，则是高学历劳动者特有的潜质。最具启发的研究成果当属诺丁等（Nordin 等，2010）对工作—学历误配收入补偿的讨论，他们发现男女高学历劳动者都普遍集聚在低技能岗位的原因，是高技能工作不能提供令人满意的"收入补偿"，而高学历劳动者往往又更偏好具有稳定收入的工作。值得一提的是，赫尔普曼等（Helpman 等，2010）在研究开放条件下不同技能劳动力的就业和工资问题时，也认为高学历劳动者更加重视工作的收入稳定与理想。陈昊（2011）从风险规避的角度论证了高学历劳动者普遍追求稳定收入的微观机理，并对 2004—2009 年分行业面板数据进行的实证分析表明，工作收入的波动是造成学历误配的重要原因，在此基础上，陈昊（2012）进一步发现出口贸易规模的提高和收入波动的降低会显著提升高学历劳动者参与工作的兴趣。

第二类文献认为产生学历误配的原因是过度的教育。哈托格（Hartog，2000）通过检验 20 年五国面板的就业数据，指出高学历劳动力只有在最适宜的受教育程度上才能克服学历误配的问题。瓦伊（Vahey，2000）对加拿大就业数据进行的实证研究则表明女性高学历劳动者和男性除本科以外的高学历劳动者，都存在普遍的学历误配问题，而且他们也普遍没有获得应该拥有的"合理工资"（reasonable wage）。鲍尔（Bauer，2002）、布德拉和安娜（Budria 和 Ana，2008）分别对德国 1984—1998 年行业面板数据及西班牙 1994—2001 年行业面板数据进行的研究也论证了"过度教育"对学历误配起到的重要作用。托马斯和迈克尔（Tomas 和 Michael，2009）的研究则更为有趣,他们通过考察瑞典 1974—2000 年的行业面板数据,描述了学历误配与工资及工资增长的关系。他们发现:第一,学历误配只是人力资本的一种错误补偿而非真的"误配"。第二,学历误配产生的本质原因是给予了劳动者超过其未来潜在需求的教育,因而实证工作中发现受到过度教育的劳动者并未获得更高的收入。我们应该承认过度教育导致了学历误配,因为过度教育显然直接增加了劳动者普遍的受教育年限,提高了工作搜寻者中高学历人群的比重,这必然在客观上增加了低技术工作的招聘者招聘低学历劳动力的难度,学历误配现象则当然不可避免。但是,一定程度上我们更加认为过度教育是造成学历误配的直接而并非根本的原因,因为以上解释显然不能说明为什么高学历劳动力会选择低技术工作。在承认就业是一个搜寻—匹配的理性过程的前提下,讨论学历误配不应忽视高学历劳动力本身的优化选择过程。

第三类文献认为产生学历误配的原因是信息不完全和信息不对称。马查特等(Marchante 等,2005)考察了西班牙安达卢西亚 181 个旅店和 121 个餐馆共 3314 个工人的截面数据,他们发现虽然对于较高学历的劳动者存在一定程度的工资溢价弥补,但是由于同类行业相互竞争的信息并不完全,因而仍然普遍存在高学历劳动者选择低技术工作的现象。谢默思和皮特(Seamus 和 Peter,2011)通过构建数理模型证明了在信息完全或接近完全的劳动力市场上,劳动力与工作之间的匹配一定是最优的,因而学历误配现象产生的原因是劳动力市场的信息不完全,即高学历劳动者在毕业后追求尽快找到工作,而不同地区、行业劳动力市场之间的摩擦可能会导致最优的工作难以及时展现,因而高学历劳动者往往从事低技能工作。但是基于这样的研究框架,随之得出的结论必然是学历误配不可能长期存在,因为劳动力市场之间的摩擦和信息的不完全会随着劳动者的搜寻而减轻,这显然无法解释为什么劳动力市场长期表现出越发严重的学历误配。国内学者汤宏波(2005)同样认为信息不对称是造成"本科生扫地""研究生卖货""博士生打杂"的主要原因,但是较之国外学者的类似研究,他显然构建了一个更加数理化的博弈模型。基于斯潘斯信号显示理论的劳动力市场博弈模型分析表明,劳动力市场信息不对称导致了追逐高学历与高学历失业两种矛盾现象的并存。这篇文献的另一个有趣之处在于它同时关注到了高学历劳动力技能缺失对学历误配形成过程所起到的重要作用,因而一定意义上也包含了认为产生学历误配的原因是高学历劳动力特质的思想。

与对封闭条件下学历误配原因的探讨已经呈现如此丰富的成果相比,开放条件下的学历误配问题几乎很少有人涉及,这也是本节的初衷。此外,我们依然缺乏开放条件下学历误配程度的衡量方法,因为这需要对赫尔施的研究成果进行修正,我们接下来就将进行类似的工作。在测量学历误配指数及引入对外贸易的基础上,实证研究出口贸易与学历误配的关系,就能够在开放条件下讨论学历误配的成因,这无疑是一个进步。

二、模型、数据与分行业出口贸易规模

(一)　模型与方法

赫尔施讨论过测定学历误配程度的模型,但是并没有充分考虑到企业的个体选择。基于新新贸易理论提出的筛选—匹配模型很好地阐述了招聘双方的互动过程,因而本节试图利用筛选—匹配模型的基本思想对赫尔施所提出的方法进行修正,并以此作为测定学历误配程度的基础。

假定企业产出取决于企业的生产率 σ、雇佣劳动者数量 h 和劳动者的平均能力 $\bar{\alpha}$,在此基础上将劳动者分为高(H)、低(L)两种学历,也即:$y = \sigma \left[\min(h_H^\rho, h_L^\pi) \right]^\gamma \bar{\alpha}$,$0 < \gamma < 1$。假定社会最低技能为1,出口企业可以将技能水平低于筛选水平 ψ 和高于该水平的劳动者区别开来。于是出口企业所招聘的高、低学历劳动力的学历水平在各自组别的平均值分别为(α_H,α_L)。于是出口企业所招聘的高、低学历劳动力人数(h_H,h_L)将由下列方程组联立决定:

$$h_H^\rho = h_L^\pi \tag{7-10}$$

$$\frac{\alpha_H h_H + \alpha_L h_L}{h_H + h_L} = \frac{k}{1-k}(\alpha_{\max}^{1-k} - \psi^{1-k}) \tag{7-11}$$

于是可得:

$$h_H = \left[\frac{\dfrac{k}{1-k}(\alpha_{\max}^{1-k} - \psi^{1-k}) - \alpha_L}{\alpha_H - \dfrac{k}{1-k}(\alpha_{\max}^{1-k} - \psi^{1-k})} \right]^{\frac{\pi}{\pi - \rho}}$$

$$h_L = \left[\frac{\dfrac{k}{1-k}(\alpha_{max}^{1-k} - \psi^{1-k}) - \alpha_L}{\alpha_H - \dfrac{k}{1-k}(\alpha_{max}^{1-k} - \psi^{1-k})}\right]^{\frac{\rho}{\pi-\rho}} \tag{7-12}$$

结合行业高学历劳动力比重与行业 GDP 比重可能对应的假定（Hersch,1991;陈昊,2011），可以得出的理想状态：

$$\frac{GDP_i}{GDP} = \frac{1}{1 + \dfrac{\alpha_H - \dfrac{k}{1-k}(\alpha_{max}^{1-k} - \psi^{1-k})}{\dfrac{k}{1-k}(\alpha_{max}^{1-k} - \psi^{1-k}) - \alpha_L}}, \tag{7-13}$$

$$i = 1,2,\cdots,\text{N}; \sum_{i=1}^{N} GDP_i = GDP$$

因此在现实操作中，可以通过计算行业高学历劳动力占比与该行业 GDP 占比之间的差异程度来衡量学历误配的程度。当然需要通过一定的归一化处理，以保证指标数值越大表明学历误配程度 EM 越高：

$$EM_{it} = 1 + \frac{h_H}{h_H + h_L} - \frac{GDP_{it}}{GDP_t} \tag{7-14}$$

（二）分行业学历误配程度与指标统计

本节所使用的数据来源于《中国劳动统计年鉴》《中国统计年鉴》《中国第三产业统计年鉴》《中国工业经济统计年鉴》和《中国服务贸易统计》。其中《中国劳动统计年鉴》"按行业、性别分的城镇就业人员受教育程度构成"表中报告了分行业不同学历劳动力的比重，而通过《中国统计年鉴》中"分行业增加值"一表则可以计算出不同行业增加值的占比情况。根据式(7-14)计算分行业学历误配指数。

本节需要首先提及的一点是，"高学历"如何界定是本节的核心问题之一。传统劳动经济学将学历"四等分"处理，因而"高中及以上学历"即可认定为"高学历"，表7-9 及后文主体实证部分均依照此分类标准。但是近年来学历贬值已经成为普遍现象，因而相关的稳健性检验将提高学历划分标准。此处暂不赘述。

表7-9　2004—2011年分行业学历误配指数

年份 行业	2004	2005	2006	2007	2008	2009	2010	2011
农、林、牧、渔业	0.916	0.927	0.937	0.944	0.950	0.956	0.963	0.969
采矿业	1.154	1.218	1.233	1.227	1.214	1.211	1.309	1.327
制造业	0.972	0.934	0.950	0.953	0.964	0.969	0.974	1.030
电、气、水生产供应业	1.540	1.601	1.631	1.626	1.626	1.629	1.650	1.659
建筑业	1.132	1.131	1.156	1.137	1.132	1.121	1.118	1.146
交通运输、仓储、邮政业	1.289	1.261	1.279	1.275	1.288	1.298	1.302	1.367
信息传输、计算机服务和软件业	1.720	1.742	1.749	1.736	1.735	1.733	1.772	1.455
批发和零售业	1.226	1.260	1.278	1.268	1.276	1.274	1.292	1.329
住宿和餐饮业	1.210	1.236	1.256	1.249	1.249	1.259	1.256	1.310
金融业	1.637	1.835	1.822	1.803	1.800	1.812	1.816	1.688
房地产业	1.706	1.586	1.607	1.577	1.533	1.538	1.514	1.595
租赁和商务服务业	1.395	1.624	1.611	1.613	1.642	1.632	1.624	1.663
科学研究、技术服务与地质勘查业	1.784	1.809	1.831	1.806	1.784	1.706	1.827	1.798
水利、环境和公共设施管理业	1.622	1.485	1.538	1.467	1.454	1.464	1.448	1.548
居民服务和其他服务业	1.240	1.212	1.231	1.246	1.273	1.266	1.246	1.308
教育	1.895	1.862	1.870	1.863	1.853	1.852	1.862	1.785
卫生、社会保障和社会福利业	1.756	1.773	1.786	1.791	1.795	1.784	1.815	1.783
文化、体育和娱乐业	1.674	1.637	1.620	1.610	1.587	1.608	1.624	1.733
公共管理和社会组织	1.822	1.776	1.799	1.784	1.780	1.785	1.774	1.815

　　表7-9和图7-2展示了我们感兴趣的一系列结论:首先,占有相当比重的行业基本上呈现学历误配程度逐年缓慢递增的趋势,只在中间的个别年份略有波动,代表行业有农、林、牧、渔业,采矿业和建筑业等。其次,一些知识型或技能型的高报酬波动的服务行业,如金融业,信息传输、计算机服务和软件业在2004—2011年间的绝大部分时间里保持稳定波动,但在

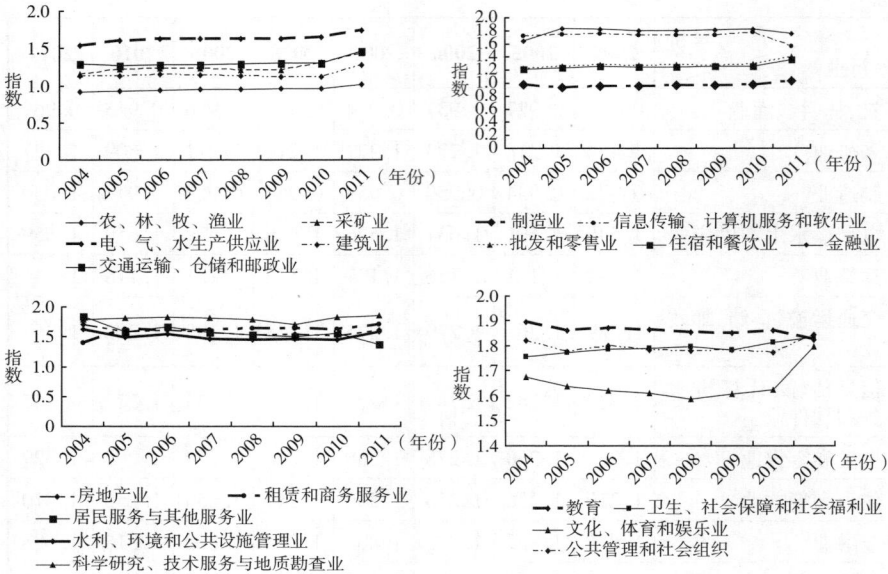

图7-2　2004—2011年分行业学历误配指数水平及变动趋势

2011年学历误配程度却显著降低。再次,一些非技能型的低报酬波动的服务行业,如文化、体育和娱乐业及公共管理和社会组织在2011年学历误配程度显著提高。据此我们实际上可以将行业按照学历误配程度变化趋势的不同划分为三类:第一类是在观察期虽有小幅波动,但基本趋势呈现缓慢增长的行业。这类行业往往属于第一、二产业,所提供的收入波动较低,且从业人员不需要很高的技能。第二类是在观察期大部分时间里都保持稳定或小幅波动,但近年来学历误配程度显著提高的行业。这类行业往往属于服务业,且对从业人员的技能要求也并不高,当然一般意义上所认为的报酬波动也较低。第三类是在观察期大部分时间里都保持稳定或小幅波动,但近年来学历误配程度显著降低的行业。这类行业虽然也往往属于服务业,但是对从业人员的知识和技能要求较高,属于一般意义上的高新技术行业或高知识服务业。

　　表7-10报告了根据以上论述所划分的三类行业的指标统计情况,其结果基本印证了我们的初步设想:首先,学历误配指数在观察期只有小幅波动,但基本维持缓慢增长的第一类行业,确实是从业人员学历最低的行业,

表现在第一类行业的大专、本科及以上劳动力比重显著低于其他两类行业，而近年来学历误配程度显著降低的第三类行业拥有最多的高学历劳动力。其次，近年来学历误配显著降低的第三类行业确实提供了相对最高的工资，与此同时第一、二类行业的工作收入水平差距很小，虽然它们存在较为显著的高学历劳动力比重差距。

表 7-10　行业分类指标统计

行业	均值	标准差	大专及以上比重	本科及以上比重	工作收入（万元）
第一类行业			0.214	0.086	2.613
农、林、牧、渔业	0.951	0.03	0.034	0.014	1.176
采矿业	1.250	0.09	0.092	0.028	3.021
电、气、水生产和供应业	1.631	0.06	0.294	0.099	3.413
建筑业	1.151	0.05	0.065	0.021	1.974
交通运输、仓储和邮政业	1.306	0.06	0.100	0.028	2.907
批发和零售业	1.285	0.053	0.098	0.027	2.303
住宿和餐饮业	1.259	0.043	0.055	0.012	1.789
制造业	0.968	0.028	0.090	0.028	2.236
租赁和商务服务业	1.606	0.091	0.345	0.153	2.936
科学研究、技术服务与地质勘查业	1.799	0.043	0.579	0.338	3.970
房地产业	1.585	0.061	0.323	0.112	2.724
卫生社保社会福利	1.792	0.024	0.494	0.176	2.902
第二类行业			0.394	0.158	2.595
水利、环境和公共设施管理业	1.508	0.066	0.235	0.084	1.907
文化、体育和娱乐业	1.645	0.067	0.372	0.165	3.087
公共管理和社会组织	1.795	0.025	0.574	0.226	2.791
第三类行业			0.437	0.192	3.594
信息传输、计算机服务和软件业	1.718	0.066	0.451	0.204	4.919
金融业	1.784	0.064	0.561	0.229	4.660

续表

行业	均值	标准差	大专及以上比重	本科及以上比重	工作收入（万元）
居民服务与其他服务业	1.579	0.134	0.057	0.015	2.110
教育	1.860	0.020	0.679	0.318	2.688

注:均值与标准差指的是学历误配指数的均值与标准差;工作收入用"行业就业人员年平均工资"的均值衡量,由于学历误配指数基于高中学历划分高、低学历,因而本表增加报告行业大专及以上、本科及以上劳动力比重均值。

除上所述,表7-10实际上也展示了本节可能存在的一个贡献,即根据行业的学历误配程度变化趋势来划分行业,或许较之现有的粗略划分三次产业的方法更为科学。例如房地产业和金融业虽然同属服务行业,却在高学历劳动力比重和年均工资方面存在较大差异。因而表7-10所展示的分类方法或许有助于今后进一步讨论分行业的其他相关问题,当然这将是异于本节的故事,暂不赘述。

（三）分行业出口贸易额

值得注意的是,迄今为止公开数据中缺乏对分行业出口贸易规模的统计,因此只能通过《中国统计年鉴》中"出口主要货物数量和金额"统计表所统计的120种商品手工计算分行业货物出口贸易规模。此外,还有必要通过《中国服务贸易统计》中公布的服务贸易出口商品手工计算分行业服务出口贸易的规模,二者相加获得分行业出口贸易的总规模。具体的手工计算标准是:第一,货物贸易方面,为了避免重复分类计算,本节只考虑120种出口商品作为最终商品,将其进行行业分类;第二,服务贸易方面,根据《中国服务贸易统计》,我们将出口的服务商品按照其重要用途特点归入相应行业:运输服务归入交通运输、仓储和邮政业,旅游、电影与音像、广告归入居民服务和其他服务业,通信服务与计算机和信息服务归入信息传输、计算机服务和软件业,建筑服务归入建筑业,保险、金融服务归入金融业,专利权使用费和特许费归入科学研究、技术服务与地质勘查业,咨询和其他商业服务归入租赁和商务服务业①。

---

① 篇幅所限,数据未在此处报告。

三、方程、工具变量与学历误配影响因素的检验

（一）实证方程的构建与多工具变量法

根据前文相关论述并借鉴赫尔施、鲍尔、布德拉和安娜（Budria 和 Ana，2008）、陈昊（2012）的研究成果，可以构建如下实证方程：

$$\ln EM_{i,t} = \alpha + \beta_1 \ln EX_{i,t} + \beta_2 \ln W_{i,t} + \beta_3 \ln W_{i,t} \times \ln EX_{i,t} + \vec{\beta} \cdot \vec{X}_{i,t} + \lambda_i + \varepsilon_{i,t}$$

$$(7-15)$$

其中，$\ln EM$ 表示行业学历误配指数，$\ln EX$ 表示行业出口规模，$\ln W$ 表示行业工作收入，$\ln W \times \ln EX$ 表示工作收入与出口规模的交互项，两者之间的相互强化作用已有诸多文献论证，这里不再赘述。此外，X 表示其他影响行业学历误配程度的控制变量，稍后将详细介绍。i 和 t 分别代表行业和时间，λ 和 ε 分别代表地区固定效应和随机误差项。

现代计量观点认为，内生性是破坏回归获得一致性估计的根本原因，而内生性的情况主要有三种：遗漏变量、测量误差和变量间的同时联系性。尽管我们将要控制现有研究发现的与学历误配相关的所有主要变量，但依然很难完全避免遗漏变量的情况。此外，变量间的同时联系性几乎无法避免，例如控制变量中的行业就业水平与行业工资水平可能存在同时联系性，因而简单的 POLS 回归很难保证结果的一致性。为此我们需要选择合理的工具变量替代可能存在内生性的就业变量，在此基础上进行两阶段最小二乘：

$$\ln L_{i,t} = c_0 + c_1 \ln EX_{i,t} + c_2 \ln W_{i,t} + c_3 \ln W_{i,t} \times \ln EX_{i,t} +$$

$$\vec{c}_2 \vec{X}_{i,t} + \vec{c}_3 \vec{Z} + \mu \Rightarrow \ln L_{i,t}' \qquad (7-16)$$

$$EM_{i,t} = \alpha + \beta_1 \ln EX_{i,t} + \beta_2 \ln W_{i,t} + \beta_3 \ln W_{i,t} \times \ln EX_{i,t} +$$

$$\beta_4 \ln L_{i,t}' + \vec{\beta} \cdot \vec{X}_{i,t} + \lambda_i + \varepsilon_{i,t} \qquad (7-17)$$

其中，$\vec{Z}$ 表示工具变量（组），$\ln L_{i,t}'$ 表示 $\ln L_{i,t}$ 的拟合值。良好的 $\vec{Z}$ 必须满足两个条件：第一，$\vec{Z}$ 与 $\ln L_{i,t}$ 显著相关；第二，$\mathrm{cov}(\vec{Z}, \varepsilon) = 0$，即 $\vec{Z}$ 外生。如果 $\vec{Z}$ 中所包含的工具变量只有一个，往往很难同时满足以上两个条件，因而采用多工具变量法。

哪些变量能够合理解释学历误配程度一直以来都是相关研究争论的焦

点。大多数学者认为,行业的经济因素如行业固定资产投资和行业外商投资,会显著影响学历误配的程度(Bauer,2002;Budria 和 Ana,2008;陈昊,2011),而其他学者则认为行业的劳动力结构如行业女性就业水平等才是影响学历误配程度的关键(Tomas 和 Michael,2009;Seamus 和 Peter,2011;陈昊,2012)。本节试图同时考虑以上两种意见,表现在控制变量的设定上,主要包括:行业固定资产投资(INV)、行业外商直接投资(FDI)、行业劳动力水平(L)及行业女性就业比重。值得一提的有两点:第一,如前所述根据学历四等分,高中及以上学历被认定为"高学历",而高中毕业的合理年龄应该为 19 岁①。然而现实中毕竟存在年龄大于 19 岁但尚未高中毕业或年龄低于 19 岁却已经高中毕业的情形,因而本节控制了行业"19 岁以下劳动力比重"(year);此外,劳动力性别差异对行业就业水平的影响已经得到学者们的广泛认同,因而本节同时控制"行业女性就业比重"(sex)变量。第二,本节充分意识到不同行业的学历误配程度差异很大,其解释路径也应不尽相同,因而需要在回归方程中控制行业虚拟变量(Industry),而第三产业对高学历劳动力的吸引能力普遍强于第一、二产业,因此我们将第三产业的行业设为 1,其他行业设为 0。

(二) 学历误配影响因素的检验

表 7-11 首先报告了学历误配影响因素的面板普通最小二乘(POLS)估计结果。总体而言,模型的稳定性并不理想,这并不出乎我们的意料,因为 OLS 不能有效地减轻内生性。然而值得一提的是,即使基于 OLS 的回归在其他解释变量上都出现了逆转与不显著,行业出口规模对学历误配指数却一直呈现稳定且显著的负向影响,这让我们非常有理由相信,出口贸易有可能降低行业的学历误配程度,当然这需要进一步的验证。同样稳定且显著的解释变量有行业固定资产投资(INV)、行业女性就业比重(SEX)及 19岁以下劳动力比重(YEAR),其中行业固定资产投资规模提高和 19 岁以下劳动力比重的增加,显著且稳定地缓解了行业的学历误配,而行业女性就业比重的增加却加剧了行业的学历误配。所有以上结论当然都仅仅是基于可

---

① 中国绝大多数地区规定"7 岁入学并 6+3+3 学制",因而高中毕业的合理年龄应为19 岁。

能存在严重内生性的 POLS,但是我们有理由作出这样的猜测。

表 7-11　学历误配影响因素的 POLS 回归结果

变量	（1）	（2）	（3）	（4）	（5）	（6）
lnEX	−0.091* (0.054)	−0.137* (0.073)	−0.142* (0.074)	−0.147** (0.059)	−0.085* (0.049)	−0.081** (0.038)
ln$W$	0.440*** (0.146)	0.374** (0.176)	−0.453 (0.378)	0.839*** (0.301)	0.524** (0.242)	−0.001 (0.190)
ln$W$×lnEX	0.006* (0.003)	0.010* (0.005)	0.012 (0.007)	0.013** (0.006)	0.006 (0.005)	0.006* (0.004)
ln$W(-1)$	−0.423*** (0.141)	−0.463*** (0.164)	0.614* (0.360)	−0.748*** (0.278)	−0.342 (0.230)	0.145 (0.188)
lnINV		−0.098** (0.048)	−0.079*** (0.009)		−0.235*** (0.056)	−0.065*** (0.007)
lnFDI		0.006 (0.008)			−0.009 (0.013)	−0.008 (0.008)
ln$L$		−0.027 (0.067)	0.008 (0.013)		0.040*** (0.009)	0.050*** (0.011)
ln$INV(-1)$		0.159*** (0.047)			0.171*** (0.056)	
ln$FDI(-1)$		−0.020* (0.012)			0.005 (0.013)	0.013* (0.008)
ln$EX(-1)$		0.026 (0.027)				
ln$EX(-2)$		−0.048* (0.025)				
SEX			0.393*** (0.111)			0.130** (0.051)
YEAR			−0.048*** (0.007)			−0.045*** (0.004)
Industry	no	no	no	yes	yes	yes
L-Likelihood	239.928	214.688	94.052			
Adj-R squared	0.977	0.977	0.817	0.880	0.952	0.968
P(F)	0	0	0	0	0	0

注:括号中报告标准误差,***、**、*分别表示在1%、5%和10%的水平上显著。yes 与 no 代表是否控制行业虚拟变量。对各列方程进行 Hauseman 检验 P<0.1,因而第(1)、(2)、(3)列选择 FE,第(4)、(5)、(6)列选择 none。

接下来讨论工具变量的选择与引入问题。如前所述,理想的工具变量必须满足两个条件:首先它必须是外生的,其次必须与怀疑有内生性的变量有显著相关关系。然而单一的工具变量往往很难同时满足这两个条件,因而一般采用多工具变量法。既与行业就业水平显著相关,又外生于解释学历误配程度方程的变量往往是行业的非劳动力相关变量或政策性变量,这些变量直接影响行业就业水平,但无法被学历误配方程解释,基于如上考虑本节选择分行业法人单位数(NLE)与分行业增加值(VA)①作为工具变量。当然我们需要通过各种手段检验工具变量的有效性:(1)根据施泰格和斯托克(Staiger 和 Stock,1997)建议的经验法则,在只有一个内生变量的情况下,第一阶段回归的 F 值如果大于 10,则表明工具变量与内生变量存在足够的显著相关性;(2)Anderson-Rubin Wald 统计量用于检验内生回归系数之和是否为零;(3)Sargan-Hansen 过度识别检验工具变量是否存在过度识别。面板两阶段最小二乘法(P2SLS)回归结果见表 7-12。

表 7-12　学历误配影响因素的 P2SLS 回归结果

变量	(1)	(2)	(3)	(4)	(5)	(6)
$\ln EX$	-0.091^* (0.054)	-0.084^{***} (0.006)	-0.110^{**} (0.043)	-0.147^{**} (0.059)	-0.141^{***} (0.052)	-0.100^{**} (0.040)
$\ln W$	0.440^{***} (0.146)	0.301^{**} (0.116)	0.181^{**} (0.094)	0.839^{***} (0.301)	0.707^{**} (0.288)	-0.013 (0.220)
$\ln W \times \ln EX$	0.006^* (0.003)	0.007^* (0.004)	-0.015 (0.029)	0.013^{**} (0.006)	0.012^{**} (0.005)	0.008^{**} (0.004)
$\ln W(-1)$	-0.423^{***} (0.141)	-0.320^{***} (0.113)	-0.113 (0.102)	-0.748^{***} (0.278)	-0.557^* (0.288)	0.175 (0.220)
$\ln INV$		-0.110^{***} (0.040)	-0.128^{***} (0.028)		-0.263^{***} (0.073)	-0.284^{***} (0.050)
$\ln FDI$		0.006^{**} (0.003)	0.007^{**} (0.003)		-0.025 (0.016)	-0.016^* (0.009)
$\ln L$		-0.029 (0.132)	-0.058 (0.073)		-0.111^{***} (0.024)	-0.091^{***} (0.012)
$\ln INV(-1)$		0.136^{***} (0.036)	0.123^{***} (0.026)		0.229^{***} (0.073)	0.231^{***} (0.049)

---

① 分行业增加值作为工具变量一直受到部分学者的质疑。本节认为学历误配的形成基于劳动者和厂商的互动筛选—匹配行为,而劳动者和厂商在招聘过程中都很难通过个人理性充分了解到该行业当年的增加值情况,因而基本可以认为是外生于学历误配解释方程的。后文针对工具变量的相关检验会进一步证明该变量的有效性。

续表

变量	（1）	（2）	（3）	（4）	（5）	（6）
ln*FDI*（ - 1）		−0. 010 *** (0. 003)	−0. 006 * (0. 003)		−0. 005 (0. 016)	−0. 002 (0. 010)
ln*EX*（ - 1）		0. 026 (0. 022)				
ln*EX*（ - 2）		−0. 037 * (0. 021)				
SEX			−0. 447 (0. 276)			0. 398 *** (0. 054)
YEAR			−0. 009 * (0. 005)			−0. 055 *** (0. 005)
In*dustry*	no	no	no	yes	yes	yes
第一阶段 *F*		802. 64	3077. 24		67. 74	73. 81
A-R Wald		0. 183 *** [0. 061]	0. 292 *** [0. 061]		0. 544 *** [0. 026]	0. 633 *** [0. 029]
S-HP		0. 381	0. 416		0. 967	0. 316
Adj-R squared	0. 977	0. 993	0. 992	0. 880	0. 853	0. 924

注:*A-R Wald* 代表 Anderson-Rubin Wald 统计量,[ ]中为标准误差;*S-HP* 代表 Sargan-Hansen 检验 P 值。由于怀疑 L 有内生性,所以第(1)、(4)列的回归结果不涉及工具变量,*** 、** 、* 分别表示在 1%、5%和10%的水平上显著。

P2SLS 的回归结果是理想的:首先,方程都通过了上述工具变量有效性的相关检验。例如第一阶段回归的 F 值均远大于 10,表明所选工具变量与内生变量存在足够显著的关系;Anderson-Rubin Wald 检验均在 1%的水平上显著,表明内生回归系数之和不为 0,这强化了工具变量与内生变量存在显著关系的结论;Sargan-Hansen 过度识别检验接受了没有过度识别的原假设,因而表明工具变量是适度的。其次,出口对行业学历误配程度呈现稳定且显著的负向影响,这再一次得到了证明,表明出口确实缓解了学历误配。最后,控制行业虚拟变量后,核心解释变量的方向没有出现逆转,显著性得到加强且方程效果评价指标更加优化,因而证明不同类型行业的学历误配情况确实存在较大差异。

表 7-12 报告的其他结果同样值得关注:第一,行业工资水平是影响学历误配的重要因素,收入水平越高的行业学历误配情况越严重,艾伦和罗尔夫(Allen 和 Rolf,2001)、陈昊的研究也论证了相同的结论。事实上,理性人

追求高工资待遇的优化本质使得高学历劳动力会忽视行业本身对技能的要求,即使低技术行业或许没有理想的声誉、工作环境及自我认同感(哈托格(Hartog,2000))。行业工资水平提高会吸引原本学历高于该行业要求的技能水平的劳动者进入,从而加剧了行业的学历误配。第二,行业固定资产投资与外商直接投资规模已被诸多文献证明对就业产生显著影响,表 7-12的结果进一步证明它们同样会对学历误配产生显著影响。固定资产投资每提高 10%,就会降低大约 2%的学历误配指数,而外商直接投资对学历误配的影响方向尚难确定。第三,较之行业女性就业比重而言,19 岁以下劳动力比重对学历误配指数的影响显然更加稳定且显著,表现在 19 岁以下劳动力比重越高,学历误配指数越低。这一结论并不让人感到意外:19 岁以下劳动力大多没有完成高中学习,且很多只能从事低技术行业,因而其比重的提高能够显著缓解学历误配,当然我们不认为这种大量低学历劳动力进入就业市场的现象值得提倡。

四、学历误配影响因素的稳健性检验

本节将进行一系列稳健性检验,具体包括:分离第三产业所属行业考察学历误配影响因素是否稳定;控制时间虚拟变量以考察 2008 年全球金融危机是否对学历误配影响机制产生显著影响;将高学历的定义标准逐步提高后重新计算行业学历误配指数,以检验出口贸易对它们的影响路径是否稳定。

(一)第三产业与金融危机对学历误配的影响

之所以需要将第三产业分离出来重新进行检验,是因为前面的研究已经证明,控制行业虚拟变量后核心解释变量对学历误配指数的影响程度发生了较大变化,因而有理由相信不同产业的学历误配影响机制存在差异。依据《中国统计年鉴》的行业划分标准,大多数行业都属于第三产业,且从学历误配指数划分标准来看,第三产业的细分行业同时具备三类行业的特点,因而第三产业学历误配指数的回归引起了我们极大的兴趣。

本节实证研究基于数据年度为 2004—2011 年,因此自然而然的疑问是:模型的稳定性是否会受到 2008 年全球金融危机的影响?为此我们需要控制时间虚拟变量,具体来说就是将 2008 年及以前时间变量控制为 0,将

2008 年以后时间变量控制为 1。这样的假定基于对金融危机产生影响的认可,而其影响是否足以破坏模型的稳定性则是我们关注的重点。

表 7-13 报告了我们分别和同时考虑第三产业和金融危机(FC)后的模型状态,可以看到仅考虑第三产业样本条件下,核心变量的方向与显著性并没有发生逆转,这证明了本节实证方程的稳健性,但是金融危机对学历误配的影响始终不显著。可能的解释是金融危机很难深刻影响劳动力市场的本质结构,因为劳动力市场结构往往需要基于国家的教育体制、国民对教育年限的认知与接受程度、社会对学历的普遍重视与认可程度以及国民经济发展阶段等因素长期积累形成(Bauer,2002),而这些因素很难因为受到某一次偶然的金融危机而发生根本性变化。

表 7-13　学历误配影响因素的 P2SLS 回归:第三产业与金融危机

变量	(1)	(2)	(3)	(4)	(5)	(6)
lnEX	−0.268 *** (0.097)	0.069 (0.054)	−0.095 * (0.051)	0.004 (0.043)	−0.209 ** (0.099)	−0.143 *** (0.054)
lnW	1.441 *** (0.461)	0.243 ** (0.105)	0.354 ** (0.138)	0.277 ** (0.117)	1.346 *** (0.511)	0.112 * (0.063)
lnW × lnEX	0.025 *** (0.009)	−0.004 (0.004)	0.009 ** (0.004)	0.001 (0.003)	0.019 ** (0.009)	0.012 ** (0.005)
lnW(−1)	−1.346 *** (0.467)	−0.172 (0.112)	−0.397 *** (0.140)	−0.223 * (0.130)	−1.134 ** (0.544)	
lnINV	−0.178 (0.108)	−0.083 ** (0.037)	−0.116 *** (0.041)	−0.141 *** (0.030)	−0.005 (0.012)	−0.057 *** (0.011)
lnFDI	−0.033 (0.023)	0.008 *** (0.003)	0.006 * (0.003)	0.007 ** (0.003)	−0.060 *** (0.008)	−0.027 *** (0.006)
lnL	−0.209 *** (0.029)	−0.262 (0.191)	0.021 (0.105)	−0.034 (0.077)	−0.206 *** (0.031)	−0.132 *** (0.020)
lnINV(−1)	0.163 (0.106)	0.124 *** (0.030)	0.127 *** (0.035)	0.119 *** (0.025)		
lnFDI(−1)	−0.025 (0.024)	−0.006 * (0.003)	−0.010 *** (0.004)	−0.006 * (0.003)		

续表

变量	（1）	（2）	（3）	（4）	（5）	（6）
$\ln EX(-1)$			0.027 (0.022)			
$\ln EX(-2)$			-0.045^{**} (0.020)			
SEX		-0.423 (0.299)		-0.362 (0.281)		0.142 (0.108)
YEAR		-0.013^{**} (0.006)		-0.009^{*} (0.005)		-0.068^{***} (0.006)
FC			0.014 (0.016)	0.018 (0.013)	-0.050 (0.040)	-0.023 (0.026)
第一阶段 F	43.728	4537.37	2548.22	2740.36	48.055	100.744
A-RWald	0.519^{***} [0.031]	0.372^{***} [0.091]	0.199^{***} [0.067]	0.323^{***} [0.066]	0.524^{***} [0.033]	0.567^{***} [0.023]
S-HP	0.692	0.475	0.279	0.234	0.803	0.102
Adj-R squared	0.628	0.981	0.992	0.992	0.632	0.827

注：第（1）、（2）列报告未控制时间虚拟变量的第三产业所属行业回归结果；第（3）、（4）列报告控制时间虚拟变量的所有行业回归结果；第（5）、（6）列同时考虑了第三产业与金融危机的影响。第三产业划分标准参照《国民经济行业分类》（GB/T 4757—2002）。*** 、** 、* 分别表示在1%、5%和10%的水平上显著。

（二）高学历不同划分标准对学历误配的影响

本节到此为止的工作可能会受到一个质疑，即以高中学历作为"高学历"的划分标准是否合理。根据劳动经济学的"学历四等分"理论，高中以上学历被认为是"高学历"本来是合理的，但是"学历贬值"已经成为普遍现象，本科乃至研究生学历的劳动者比比皆是，因而接下来的工作需要考察提高高学历的划分标准后学历误配与出口贸易的关系。

表7-14分别报告了以大专和本科作为高学历划分标准后的方程回归结果。事实上由于篇幅所限，我们省略了新标准下的学历误配指数展示，需要的读者可向我们索要。一个有意义的现象是，控制行业女性就业比重（sex）和19岁以下劳动力比重（year）变量后，方程整体的回归效果得到了较大提升，这在前面的回归中其实也已经体现了出来，可见性别与年龄对学

历存在显著非中性影响①。出口贸易加剧学历误配程度的结论再次被验证,但行业工资提高似乎并没有显著提升以大专和本科作为划分标准计算的学历误配指数。陈昊(2011)认为学历越高的劳动者越重视工作的声誉与收入的波动程度,而对收入绝对水平的关注度会随学历程度的提高而降低。表7-14的结果也可以利用这一结论加以解释。

表7-14 学历误配影响因素的 P2SLS 回归:划分标准变动

变量	(1)	(2)	(3)	(4)
lnEX	−0.079* (0.044)	−0.091** (0.046)	−0.124* (0.069)	−0.057* (0.032)
ln$W$	0.298 (0.233)	0.138 (0.240)	0.359 (0.360)	−0.392** (0.152)
ln$W$×lnEX	0.007 (0.004)	0.007 (0.004)	0.012* (0.007)	0.006* (0.003)
ln$W$(−1)	−0.116 (0.225)	0.055 (0.241)	−0.355 (0.347)	0.401*** (0.152)
lnINV	−0.119** (0.056)	−0.055*** (0.008)	−0.05 (0.086)	−0.059* (0.034)
lnFDI	−0.018 (0.014)	−0.028** (0.011)	−0.024 (0.016)	−0.007 (0.007)
ln$L$	−0.112*** (0.014)	−0.095*** (0.014)	−0.120*** (0.020)	−0.099*** (0.008)
lnINV(−1)	0.076 (0.055)		0.063 (0.085)	0.056 (0.034)
lnFDI(−1)	−0.016 (0.014)	0.010 (0.011)	−0.016 (0.016)	−0.018** (0.007)
SEX		0.360*** (0.061)		0.135** (0.058)
$YEAR$		−0.055*** (0.006)		−0.031*** (0.003)
第一阶段 F	75.037	80.381	27.523	73.806

① 因为学制的原因,年龄对学历存在非中性影响是很好理解的。性别对学历产生非中性影响,即女性是否普遍获得相对较低的学历一直以来尚存争议,这可能需要一些专门的工作来验证,显然已经超出了本节讨论的范围。

续表

变量	（1）	（2）	（3）	（4）
A-R Wald	0.566*** [0.026]	0.632*** [0.029]	0.617*** [0.061]	0.633*** [0.029]
S-HP	0.617	0.304	0.180	0.342
Adj-R squared	0.843	0.905	0.445	0.817

注：第（1）、（2）列报告以"大专及以上学历"作为高学历划分标准的回归结果，第（3）、（4）列报告以"本科及以上学历"作为高学历划分标准的回归结果。***、**、*分别表示在1%、5%和10%的水平上显著。

总结稳健性检验工作：第一，无论是控制第三产业与金融危机的影响，还是将高学历劳动力的划分标准分别提高到"大专及以上学历"和"本科及以上学历"，出口贸易、行业女性就业比重和19岁以下劳动力比重对学历误配程度的影响始终显著，可见本节的核心回归方程稳健。第二，行业工资水平的提高基本上加剧了学历误配，但是当把高学历划分标准提高后，这一影响变得不再显著，高学历人才更加重视工作的声誉与自我实现的特点或许可以解释这一现象。第三，行业固定资产投资与行业FDI对学历误配指数的影响方向始终为负，这表明为行业引入外来资金支持可以鼓励劳动力的优化配置。

五、结论

本节借鉴筛选—匹配理论修正赫尔施衡量行业学历误配程度的方法，首次测度了中国分行业学历误配指数。在此基础上运用多工具变量法和两阶段最小二乘法，考察学历误配的影响因素，得到以下结论：

第一，从全体样本、第三产业样本和控制金融危机影响等不同角度的分析表明，行业出口贸易水平的提高显著降低了学历误配指数，得出对外开放有利于缓解学历误配，促进劳动力资源优化配置的结论。

第二，行业女性就业比重对学历误配指数呈正向影响，而19岁以下劳动力比重的提高却缓解了学历误配程度，这体现了女性劳动力学历水平普遍提升及偏好稳定工作的就业性别特点。

第三，行业工资水平的提高基本上加剧了学历误配，但是当把高学历划分标准提高后,这一影响变得不再显著,表明学历越高的劳动力相对而言越注重工作的声誉与自我实现价值,即使暂时不能获得较高的收入。

第四,行业固定资产投资和FDI的提高能够降低高学历劳动力从事低技术行业的兴趣,从而缓解学历误配现象,提高劳动力资源的优化配置。

本节研究对于重新认识对外开放与劳动力市场效率的关系具有一定意义。以往研究大多只关注对外开放的就业效应,认为对外开放提高了就业水平,但是并没有进一步考察对外开放是否能够提高劳动力市场效率。高学历劳动力从事低技术工作显然伤害了劳动力市场效率,而本节发现对外开放可以显著降低高学历劳动力从事低技术工作的意愿,这实际上重新阐释了对外开放与劳动力市场效率的关系。

第八章　贸易开放与城镇劳动力流动：
职业地位获得角度的分析

1978 年开始的改革开放,开启了中国经济由计划向市场转型、由封闭向开放转型的序幕,也打破了计划经济条件下政治因素在社会分层与职业地位中的决定性作用,市场力量开始在社会分层中发挥积极作用。随着经济转型的开展,民营经济在资源分配方面正在扮演日益重要的角色,重塑着社会群体间的经济利益分布,其市场权力与公共部门的再分配权力共同成为社会阶层演化的动力基础。

在此进程中,贸易发展既是我国对外开放的重要标志,也是经济市场化的推动力量,对提升就业水平、促进私营经济发展、增加劳动力流动等起了关键性作用。据相关研究计算,2000—2007 年仅出口增长就增加直接就业岗位 3411 万个,其间接就业效应更加显著(卫瑞等,2015)。此外,对外贸易在提升劳动者的职业技能和企业的技术水平、产品质量等方面均具有显著作用(Rodriguez-Clare,1996),是提升国内技术水平的重要因素。然而,现有研究集中于对外贸易的经济影响,尤其是对产品市场和劳动力市场的作用机制,而关于贸易开放对整个社会的分层结构和社会流动的影响问题,相关文献没有充分关注。我们认为,贸易开放作为经济转型进程中的重要制度变迁,必然改变了劳动者个人生活机遇和社会的流动机制,改变了社会群体间的相对经济地位。

为此,本章利用经济社会学的制度、权力、网络和认知四种机制,探讨作为制度变迁的贸易开放在社会权力、职业网络、认知能力等方面对劳动者职业地位获得的影响。首先,贸易开放提升了地区经济发展水平,改变了社会群体间的权利和利益分布,为劳动者职业地位提升创造了条件。其次,贸易开放促进了劳动力流动,将劳动者融入市场化的职业网络社会分工体系,为劳动者获得较高职业地位提供了机会。最后，贸易开放传播了市场化的认知结构，有利于提升劳动者的认知能力、激励市场化的行为惯例，提升了自致因素在职业地位获得中的作用。所以，贸易开放深刻改变了劳动者的生活机遇，对提升社会整体的开放性水平具有显著影响。

第一节　贸易开放与城镇劳动力流动的传导机制

一、劳动者职业地位获得的理论与实证研究

（一）劳动者职业地位的相关理论

经济社会学理论认为，市场扩张不是一个自我演变的过程，经济活动是嵌入并受制于社会环境和制度变迁路径的历史进程（Stark 和 Bruszt，1998）。因此，经济制度的变化不可避免地对社会群体和个人的生活机遇产生重要影响。对中国而言，随着市场化改革和对外开放的发展，我国的社会分层结构与再分配机制发生了巨大变化，制度变迁和社会转型对个人职业地位和阶层流动的影响也成为广泛关注的问题。

一般而言，对劳动者职业地位获得的理论研究可分为工业化理论范式和新制度主义范式。其中，布劳和邓肯（Blau 和 Duncan，1967）的职业地位获得模型是工业化理论范式的经典理论。地位获得模型指出，社会分层由两种机制产生：自致机制与继承机制，分别指从家庭关系和通过提升人力资本获得的社会地位；在工业化社会中，自致机制是社会分层形成的主要途径。而对于由计划经济体制向市场经济体制转型的国家，塞勒尼等提出了新制度主义范式。塞勒尼等（Szelenyi 等，1998）指出，经济社会的整合机制嵌入于不同制度背景之中，原有的再分配制度和改革中的市场经济制度共同决定了转型国家劳动者的生活机遇与职业地位。因此，工业化理论范式主要关注人力资本等个体因素对社会流动的作用，而新制度主义范式则强调了社会结构性因素对社会分层和职业地位的影响。

与上述两种侧重点不同的理论类似，对中国社会分层和职业地位的研究也可分为市场转型论和新制度主义理论。市场转型论认为，在从计划经济体制向市场经济体制转型的过程中，生产剩余不再由分配者垄断，而更多

的是由市场完成,人力资本等自致因素的作用将高于政治地位,直接生产者的市场权力比官僚阶层的再分配权力更具优势;因此,市场的发展提高了直接生产者的职业地位和流动机会(Nee,1989、1991)。但是,新制度主义理论指出,市场化转型必须考虑复杂的社会背景,而原有制度结构具有路径依赖性。市场化转型是嵌入于既有社会制度中的制度变迁过程,官僚体系的政治优势将继续保持(Bian 和 Logan,1996),他们将利用再分配权力使政治优势转化为市场优势(Rona-Tas,1994),最大化自身利益,实现政治与市场的共同变迁(Zhou,2000)。在此基础上,刘欣(2005)将产权制度纳入分析框架,认为公有产权的保持使公共部门享有再分配权力和寻租权力,它们与非公共部门的市场权力共同构成了阶层分化的动力基础。因此,研究中国的劳动者职业地位问题,必须将市场化的流动机制与转型中的权力结构结合起来,才能全面考察市场经济转型进程中的劳动者职业分层与流动。

(二) 劳动者职业地位获得的实证研究

在实证方面,有关文献在市场转型论和新制度主义理论的框架下,探讨了人力资本和政治资本回报率的变化,而所得结果具有较大差异。尼(Nee,1989)、刘精明(2006)、刘和旺等(2010)认为,政治资本的回报率随市场化程度的提高而降低;但边和洛根(Bian 和 Logan,1996)、周(Zhou,2000)认为,市场经济转型具有路径依赖效应,政治资本将保持其优势地位。但是,上述文献并未处理回归中的内生性问题,因此结果可能存在偏误。为解决这一问题,李等(Li 等,2007)利用倍差法计算表明,政治资本对劳动者个人收入的影响并不明显;而阿普尔顿等(Appleton 等,2009)利用样本选择模型,发现政治资本的回报率在 20 世纪 90 年代呈上升趋势。

随着市场经济的发展和社会流动性的增强,越来越多的文献进一步关注了更广泛的社会流动机制,例如部门分层、户籍制度、职业差异等因素对劳动者职业地位的影响。例如,赵(Zhao,2002)、尹志超等(2009)考察了转型时期公共部门和非公共部门的分层问题,发现近年来公共部门的工资明显高于非公共部门,且差异呈扩大趋势。张义博(2012)则指出,20 世纪 90 年代,非公共部门在收入方面更有优势;而近年来公共部门的收入优势更加明显。在户籍方面,大量文献认为户籍制度是劳动者职业地位获得的重要影响因素。严善平(2006)和西库勒(Sicular,2007)指出,户籍歧视是造成劳动力市场分层的制度性因素,张(Zhang,2010)和梁琦等(2013)认为,户籍制度阻碍了劳动力流动。谢桂华(2014)发现,对农村劳动者而言,获得城镇户籍对提升劳动者职业地位有重要作用。阿提迪等(Aftidi 等,2012)则进一步认为户籍歧视影响了居民的社会认同,扩大了流动人口和城镇人口的社会认同差异。在代际职业流动方面,吴晓刚(2007)则认为,户籍制度是解释中国代际职业流动率较高和城乡结构性不平等的关键变量。由此可见,现有研究一致认为部门分层和户籍制度增加了劳动力流动壁垒、扩大了收入差距、提高了劳动者职业地位获得的成本,甚至降低了社会认同和代际职业流动。

此外,近年来部分文献更加细致地考察了个人层面变量如劳动者教育、性别、单位等对职业地位获得的作用。王威海等(2012)和吴晓刚等(2014)分别研究了教育分流和教育机会的不平等对职业地位的影响,边燕杰等(2006)、谢和吴(Xie 和 Wu,2008)探讨了单位壁垒对劳动者收入分层的作用机制,吴愈晓(2011)研究了性别差异与职业隔离的关系;上述文献认为教育、性别、单位等也是影响劳动者职业地位和部门分层的重要机制。

因此,在市场化转型进程中,劳动者的职业地位不仅受人力资本、政治资本等因素的影响,也受制于社会制度中结构性因素的变动。但是,现有研究集中于部门、户籍、单位等与劳动者职业直接相关的流动壁垒,而对于我国经济开放对劳动者职业地位的影响则关注较少。20 世纪 70 年代末开始的对外开放,是我国市场化转型进程的重要组成部分。对外贸易和外商投资的迅速增长既改变了我国的经济结构,也增强了市场化改革的制度基础、提升了劳动者的经济权力,为劳动者职业地位提升创造了重要空间。因此,我们将利用制度变迁和阶层变动的分析框架,深入探讨经济开放对劳动者职业地位获得的影响机制与作用情况。

（三）贸易开放与劳动者职业地位的相关文献

由于经济学理论假定了市场主体的完全理性和孤立于社会的个体属性,所以相关文献并未深入研究制度环境与经济行为的互动过程,而对贸易开放与劳动力市场的关系问题进行了广泛探讨,尤其集中于贸易开放的收入效应、技术溢出效应、就业效应等方面,例如毛日昇(2009)和唐东波(2012)对贸易开放与就业增加的机制、陈波等(2013)对出口与工资差距的关系、陈维涛等(2014)对出口复杂度的人力资本效应的研究等。上述研究发现,贸易开放通过溢出效应和前后关联效应增加了国内制造业就业、提升了高技术劳动者工资、有利于促进城镇和农村劳动者的人力资本投资,是增加就业、提升劳动者技术的重要力量。

经济学文献主要关注贸易开放对劳动力市场的微观作用,而对于贸易开放对社会结构和劳动者职业地位的讨论主要集中在对中国近代化的研究方面。例如,郝延平(1988)在对近代中国商人阶层的研究中指出,19世纪中期开始的通商口岸促进了贸易开放,推动了买办制度的发展和近代商人阶层的兴起。陈锦江(2010)进一步研究了近代商人的组成和阶级结构,发现对外贸易给商人阶层带来了新的经济价值观念和资本基础,对整个商人阶层社会地位的上升具有重要作用。金观涛等(2011)则从传统社会结构角度分析了通商口岸及对外贸易的发展对士绅城市化的积极影响,而士绅城市化是现代商业网络和资本主义企业发展的巨大动力。因此,通商口岸和对外贸易的发展推动了近代商人阶层的崛起,成为中国早期工业化的领导力量之一。

通过分析上述文献可发现,开放型经济的发展在增加劳动者就业、提升人力资本等方面发挥了重要作用,有力地促进了经济市场化进程;而近代贸易开放对我国早期工业化和社会变迁也产生了积极影响。但是,对于改革开放以来劳动者就业和工资提升对职业声望、社会阶层的影响等问题,经济学的实证文献并未讨论。经济社会学理论认为,个体行动嵌入于社会角色之中,人们的经济行为是更广泛意义上的社会行为;贸易开放导致的就业增加、技术水平和人力资本提升等必然影响劳动者的职业地位和社会地位,随着我国贸易开放度的提高,这一效应将更加显著。

二、贸易开放与劳动者职业地位获得:历史背景

近代的贸易开放和通商口岸网络促进了商人阶层地位的提升,而20世纪末的经济开放同样对社会结构产生了重要影响。改革开放之前,高度集中的计划经济体制反映的是以政治权力为核心的再分配逻辑,官僚阶层的再分配权力使其在社会资源分配中占据优势地位。边等(Bian等,2002)认为,改革前的社会结构可以分为地域上的城市和农村、经济上的国有和集

体、工作中的干部和工人等层级,且不同层级由户籍制度、单位制度等进行分割,不允许劳动力自由流动。在农村,劳动力雇佣与以公社为基础的生产系统相联系,集体所有的公社提供了基本的生活保障;在城市,企业实行终身雇佣制,工资、福利由国家统一规定,实行全民覆盖的保障服务。城市内部,干部掌握资源的再分配权力,所以干部和工人的身份是社会分层的主要标志。这种将大量劳动力限制在农业部门和严格区分劳动者身份、限制劳动力流动的做法,对于新中国成立后急需的资本积累和工业化进程有其必要性,但也存在效率低下、社会开放性不足等诸多弊端,对经济发展造成了过高的制度成本。

20世纪70年代末开始的经济改革首先从农村开始,公社制度的取消和家庭联系承包责任制度的引进提高了农民从事生产的积极性,生产效率迅速提高,农业产量稳步增长,农民生活水平有了显著改善,农村也因此出现了大量剩余劳动力。随着城市部门的市场化改革启动,严格的单位系统和户籍限制开始放松,政府允许农民进入城市从事经营活动,为劳动力在非公共部门就业提供了广阔空间,也拉开了农村劳动力向城市流动的序幕。

与此同时,对外开放战略促进了经济特区、沿海开放城市的兴起,推动了对外贸易的迅速开展,我国货物进出口总额1980年为570亿元,1990年增至5560亿元,2000年和2010年分别达到3.9万亿元和20.2万亿元。对外贸易的增长有三个显著特点:首先,由于劳动力数量和价格的比较优势,东部沿海地区出口加工型制造业快速发展,尤其民营经济迅速崛起。研究显示,民营经济集中在东部地区劳动密集型产业,尤其是纺织、轻工、电子等出口加工型行业,2003年民营企业固定资产占纺织业总资产的72.7%,轻工业和电子业分别占70.7%和65.6%(王劲松等,2005)。民营经济在资源配置方面正扮演日益重要的角色,正在重塑社会群体间的经济利益分布。其次,东部沿海开放地区对非熟练劳动力的需求大幅上升。随着人口流动限制的进一步降低,大量劳动力从农村进入城市、从内地向沿海流动(陆铭,2011;段成荣等,2013)。从1990年到1997年,农村流动人口在城市从2500万人增至3700万人;加入WTO带来的贸易发展更促进了流动人口总量迅速增长,2009年流动人口规模达到1.45亿人。贸易开放促进了劳动力流动、增加了劳动者就业机会,通过新的劳动分工形成了复杂的职业网络,促进了流动人口获得市场技术,也有利于其职业地位提升和社会阶层的流动。最后,对外贸易的开展促进了市场惯例和商业规则的传播。贸易开放不仅通过职业网络提升了劳动者的职业技能;同时也深刻影响了劳动者的市场行为,推动了契约精神、市场竞争等认知观念的传播,有利于市场化商业惯例的形成。根据世界银行《2008 年中国营商环境报告》,我国对外开放度较高的东南沿海地区,其市场竞争、商业惯例、契约制度的执行情况等均明显优于内陆省份,也是市场化程度最高的地区。

三、贸易开放对劳动者阶层地位的传导机制

经济社会学理论将对经济行为的解释纳入四种机制——制度、权力、网络和认知——的一般分析框架,而这四种机制可以形塑各种社会行为。具体而言,制度为个体行为提供了标准和参照,权力形塑了个体维护自身利益的能力,网络是社会行为的载体、规范了社会角色的行为,认知位于个体意识之中,构建了个体认知结构的框架。四种机制的互动变迁是解释个体与社会行为互动的关键。就中国而言,对外开放战略作为社会制度变迁的重要组成部分,通过社会权力变化、职业网络形成和认知能力的改变对劳动者生活机遇和职业地位产生了巨大影响。

首先,在经济制度与社会权力的作用方面,贸易开放作为市场制度转型的推动力量,提升了地区的市场化水平,增强了民营和中小企业所有者的市场权力,使市场制度得以强化,为市场中产阶层的兴起和职业地位的提升创造了条件。周(Zhou,2004)指出,在改革开放以来的社会分层变化中,最重要的一个方面是中国经济中市场部门尤其是私有企业、外资企业和混合所有制企业的重要地位。刘欣(2005)进一步分析了中国社会阶层分化的动力基础,认为市场经济的发展提升了新兴中产阶层的市场权力,它们与公共部门公职人员的再分配权力共同构成了阶层分化的动力基础。此外,近代以来的贸易开放也促进了社会流动机制的变化。据梁若冰(2014)的研究,中国口岸的开放和贸易的发展对近代工业化和市场制度发展起到了至关重要的作用,推动了近代商人阶层的崛起。因此,贸易开放通过市场化进程尤其是民营经济发展提升了非公共部门劳动者的市场权力,为劳动者职业地位获得和阶层变动提供了基础性条件。我们可以得到假设 1。

假设 1：贸易开放提升了地区市场发展水平，改变了社会群体间的权力和利益分布，为劳动者职业地位提升创造了基础性条件。

其次，在经济制度与社会网络的关系方面，贸易开放创造了大量劳动力需求，并通过直接和间接就业效应促进了劳动力流动；这一现象的直接结果是使劳动者融入了市场化的经济分工体系，而市场化分工是传播现代经济惯例的关键。因此，贸易开放通过劳动力流动促进了劳动者经济行为的规范化和制度化，对劳动者职业能力和职业地位的提升产生了积极作用。研究表明，2000—2007 年，生产国际化增加国内就业约 3200 万人，出口扩张增加就业 3411 万个（卫瑞等，2015）。由于溢出效应和前后关联效应，其间接就业效应可能是直接效应的 2—3 倍。多项研究（许和连等，2007；杜等，2012）发现跨国公司与国内企业有显著的垂直关联效应，贸易和外资企业通过对上下游企业的技术援助、人员培训等合作传播了新的职业技能、提升了劳动者人力资本水平（Rodriguez-Clare，1996）。因此，经济开放促进了劳动力流动，劳动力流动又是形成现代职业网络、传播市场惯例和提升劳动者职业地位的重要因素。

假设 2：贸易开放促进了劳动力的跨区域流动，将劳动者融入市场化的职业网络和分工体系，为劳动者获得较高职业地位提供了重要机会。

最后，在经济制度与认知模式的发展方面，贸易开放传播了市场化的认知结构，有利于提高劳动者对市场制度的认知能力和人力资本回报在职业地位获得中的作用。对外贸易不仅扩大了就业、增强了劳动者社会权力，同时也传播了市场效率、劳动契约、商业规则等市场制度化的行为惯例，这种商业惯例通过市场的进一步发展得以制度化。尤其在开放程度较高的东部地区，其营商环境和市场制度更加完善。在这一过程中，认知能力和认知模式符合市场惯例的劳动者将可能获得更高的职业地位。同时，贸易开放和市场制度的建立也提升了人力资本在职业地位中的作用（Nee 等，1989）。根据布劳和邓肯的地位获得理论，自致性因素和继承性因素是劳动者职业地位获得的最重要条件；伴随着工业化和市场化水平的提高，自致性因素将在劳动者职业地位的决定中占主导地位。市场转型论认为，市场化转型增强了市场机制在资源分配中的作用，近年来大学毕业生有更高概率进入非公共部门，这也显示出社会对市场认知的改变和人力资本在市场部门中的重要作用（Zhou，2004）。

假设3：贸易开放传播了市场化的认知结构，有利于劳动者建立符合现代商业规则的行为惯例，提升了劳动者的认知能力和人力资本在职业地位获得中的作用。

由上述分析可见，贸易开放作为我国现代化转型中制度变迁的重要表现，在经济方面推动了市场化转型进程、促进了民营经济发展，增加了劳动力需求、促进了劳动力流动和转移，同时传播了市场化的商业惯例，推动了市场规则的制度化。更为重要的是，贸易开放不仅促进了经济增长和结构变化，也对社会结构和社会分层机制产生了多方面的作用，改变了社会分层的机制与动力，主要表现在：在社会权力方面，贸易开放通过市场化和民营经济发展提升了市场中产阶层的社会权力和非公共部门的社会地位，使市场权力成为阶层分化的重要基础；在职业网络方面，贸易开放将流动人口融入现代职业网络和分工体系，有利于其劳动技能和职业地位的提升；在认知模式方面，贸易开放强化了市场规则的认知框架，增强了市场机制在资源分配中的作用，有利于相关劳动者职业地位获得和提升，促进人力资本回报的作用。

第二节　贸易开放与城镇劳动力流动的实证分析

一、计量模型

我们重点关注贸易开放对劳动者职业地位的影响，所以关键问题是如何测量劳动者受贸易开放的影响程度。一般而言，经济开放程度因地区差异、年份差异而有较大变化，因此不同地域和年龄阶段的劳动者受市场开放的影响也必然不同。为了准确刻画这一差异，我们用劳动者不同年龄阶段所在省份的贸易开放度进行加权，计算方法如下：

$$\ln trade_{ict} = \ln\left(\sigma_t \sum_{t=1} trade_{ct}\right) \tag{8-1}$$

式（8-1）中，$\ln trade_{ict}$ 表示个体 i 在省份 c 和时间 t 受贸易开放的影响程度，$trade_{ct}$ 表示省份 c 在年份 t 的市场开放度，σ_t 为不同年份的权重。市场开放度用当年省份进出口贸易额与 GDP 的比重表示。我们选取劳动者出生年份、14 岁时以及当前年份的省份贸易开放度进行加权，得到劳动者在不同时间和地点受贸易开放的影响程度。[①] 由于改革开放之前全国开放程度差异较小，且省份数据统计缺失较多，所以 1983 年以前的省份贸易开放度用全国贸易开放度近似表示。贸易数据和 GDP 数据来源于历年《国家统计年鉴》和各省统计年鉴，各年的汇率值用 PWT 8.1 的汇率值计算。

对于劳动者职业地位，我们认为，由于改革开放以来我国的工业化和市场化进程迅速提升，市场机制在资源分配和职业地位中的作用日益重要，且贸易开放作为市场制度的重要体现，主要影响劳动者在市场中的职业地位，所以我们使用按照国际标准职业分类的职业声望值代表劳动者的职业地位。

由于本章的解释变量为贸易开放度，被解释变量为职业声望，所以基本的计量模型可表示为：

$$ISEI_i = \beta_1 \ln trade_i + \beta_2 X_i + \beta_3 Z_{cjt} + \mu_i + \varepsilon_i \qquad (8-2)$$

其中，$ISEI_i$ 表示职业声望，$\ln trade_i$ 表示受贸易开放的影响程度；X_i 表示个体层面控制变量，包括性别、年龄及年龄平方项、婚姻状况、受教育程度、是否为党员以及户籍、部门和契约状况等；Z_{cjt} 表示省份、行业和年份变量，包括省份人均 GDP 水平、人力资本水平和劳动力密集度，以及行业、年份虚拟变量；μ_i 及 ε_i 为残差项。

二、数据来源与描述

我们的数据来自中国人民大学进行的"中国综合社会调查"（CGSS）的抽样数据。从 2003 年开始，该调查组每年选取 28 个省级行政区的超过 10000 户居民进行连续性横截面调查，采用分层多阶段抽样方法，其中 2010 年、2012 年和 2013 年分别得到有效样本 11783 份、11765 份和 11438 份。每年的问卷设计均覆盖了教育、工作、家庭等多个方面，尤其对劳动者的职业、行业等有详细分类，是研究劳动者社会地位和流动的权威性样本。由于

---

① 我们对劳动者出生年份、14 岁以及当前年份的权重取值分别为 0.3、0.3 和 0.4，同时我们计算了取其他权重的情况，结果没有明显差异。

职业地位是以非农业工作来计算的,所以我们仅保留各年份18—60岁且有非农职业的劳动者,并剔除了相关变量缺失观测值,得到有效样本总数为11950个。

在控制变量的选取方面,根据劳动者地位获得理论,劳动者地位主要由自致性因素和继承性因素决定,因此我们选取父亲职业声望值、家庭中其他成员平均收入代表继承性因素,受教育程度代表自致性因素的作用;同时控制了劳动者性别、年龄、政治面貌等个体差异以及户籍状况、部门差异等制度结构的影响。

由于解释变量贸易开放度为省份层面变量,而地区经济发展水平、人力资本水平等均可能对劳动力市场的发展状况、竞争程度等产生影响,从而影响劳动者阶层地位,所以我们在控制变量中进一步加入了劳动者所在省份的人均 GDP 水平、省际人力资本水平和劳动力密集程度(Hering 和 Poncet,2010)。同时,不同行业、年份的劳动者在职业地位等方面可能存在差异,所以我们进一步加入行业、年份虚拟变量控制不同行业和年份的影响。省份层面的数据来源于历年《中国国家统计年鉴》。表 8-1 列出了各变量的基本统计描述。

表 8-1 变量的基本统计描述

变量	描述	单位	平均值	标准差	最小值	最大值
贸易开放度	各省份历年进出口贸易占 GDP 比重	log	−1.640	0.850	−3.390	0.783
贸易开放度	各省当年贸易比重与全国历年贸易占比乘积	log	−2.586	1.065	−4.715	−0.319
职业地位	个人职业声望值	log	3.672	0.357	2.773	4.500
个人特征变量						
父亲职业地位	父亲职业声望值/100	[−]	0.338	0.160	0.16	0.90
家庭平均收入	家庭中其他成员平均收入/100	log	0.0783	0.0359	0	0.129
性别	1 为男性,0 为女性	[−]	0.603	0.489	0	1
年龄	劳动者年龄	[−]	39.516	10.296	18	63
年龄的平方/100	劳动者年龄平方/100	[−]	16.675	8.270	3.24	39.69

续表

变量	描述	单位	平均值	标准差	最小值	最大值
婚姻状况	1 为已婚,0 为未婚	[−]	0.824	0.381	0	1
党员身份	1 为党员,0 为非党员	[−]	0.153	0.360	0	1
受教育程度	1 为小学,2 为初中,3 为高中,4 为大学及以上	[−]	2.632	0.947	1	4
契约状况	1 为有劳动合同,0 为没有劳动合同	[−]	0.424	0.494	0	1
部门状况	1 为公共部门,0 为非公共部门	[−]	0.214	0.410	0	1
户籍状况	1 为城镇户籍,0 为农村户籍	[−]	0.558	0.497	0	1
虚拟变量						
人均 GDP 水平	劳动者所在省份的人均 GDP 水平	log	1.464	0.475	0.271	2.299
人力资本水平	所在省份高中生及以上劳动者比例	log	−2.851	0.142	−3.336	−2.458
劳动力密集度	所在省份劳动年龄人口占人口总数比重	log	−0.282	0.0530	−0.412	−0.190
行业虚拟变量	将四位行业代码合并为 11 个二位行业	[−]	5.302	3.142	1	11
年份虚拟变量	调查年份的虚拟变量	[−]	2011.697	1.236	2010	2013

图 8-1 显示了省份贸易开放度和劳动者职业声望值的线性关系。从图 8-1 中可发现,劳动者受贸易开放度的影响与职业地位有较强的正相关性,即贸易开放度较高的省份,其劳动者一般也拥有较高的职业地位。这说明贸易开放度的提升对劳动者职业地位获得可能存在正向影响。

三、内生性问题与稳健性检验

变量的内生性问题是计量模型必须考虑的关键问题。内生性的来源主要有忽略变量和逆向因果两大类。由于本节的解释变量贸易开放度为省份层面数据,而被解释变量职业声望值为个人层面数据,且贸易开放度包含滞后多期的数值,所以逆向因果问题较小。对于忽略变量问题,由于贸易开放

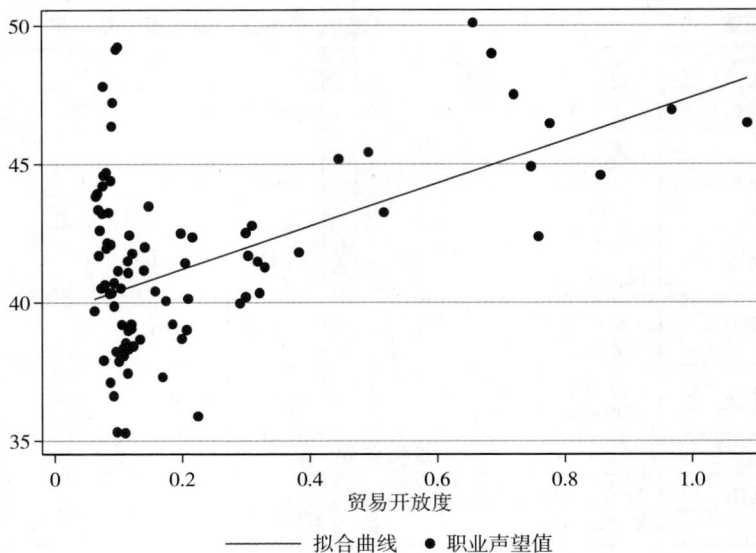

图 8-1　各省贸易开放度与劳动者职业声望值

度与省份经济发展水平、人力资本水平等其他因素密切相关而造成结果的有偏和不一致性,所以需要找到与省份贸易开放度相关性较强而与其他变量不相关的工具变量。一般而言,贸易开放度的工具变量主要有以到海岸线的地理距离衡量的地区国外市场接近度(黄玖立等,2006)和地区历史上的开放程度(Fang 和 Zhao,2009),且大多数文献的时间跨度较短或所含地区较为有限。我们的贸易变量涉及自 1950 年到 2013 年的省份贸易开放度,所以工具变量的选取较为困难。由于数据和资料的限制,我们使用历史数据和地理数据相结合的办法构建了工具变量。在近代历史上,洋务运动和通商口岸的开设促进了对外贸易的快速增长,尤其在 19 世纪末到 20 世纪初期的发展最为迅速,这与我国改革开放前后贸易发展的情况较为相似。[1] 所以我们采用 1865 年到 1928 年全国进出口总额和进出口指数衡量这一阶段贸易的增长;[2]同时以天津、上海和广州三大通商口岸为中心,测

---

[1]　凯勒等人对近代上海的贸易状况进行了深入研究,参见凯勒等(Keller 等,2012)。

[2]　从 1865 年至 1895 年,我国贸易总额增长较慢;而从 1895 年后,对外贸易有了迅速发展。尤其是第一次世界大战时期到经济大萧条之前的二十余年是增长最快的时期。

算各省会城市到最近港口的地理距离,并将各省划分为北方地区、中部地区和南部地区,计算三个区域各自所含通商口岸的关税总额占全国的比重作为权重,乘以各省到最近港口的距离,得到其加权的地理距离①。最后,我们将加权地理距离乘以 1865—1923 年的贸易增长数值,得到各省份在这一历史阶段的贸易开放度。所以历史上各省份贸易开放度的计算公式为:

$$trade_{ct} = w_r \times \left(\frac{1}{D_{ic} + D_{ii}} \times 100 \right) \times Trade_t \qquad (8-3)$$

其中, D_{ic} 为各省到最近港口的地理距离, D_{ii} 为三大港口的内部距离;我们将地理距离取倒数乘以 100,并按照各地区海关总税收额占全国的比重 w_r 进行加权,海关税收数据采用 1882—1910 年全国 48 个通商口岸的关税收入(不包括台湾的淡水和台南),数据来源于滨下武志(2006); $Trade_t$ 为 1865—1928 年全国进出口总额和进出口指数;进出口总额数据、进出口指数数据来源于久生(1974)、滨下武志(2006)和郑友揆(1956)。

在稳健性检验方面,由于在贸易开放度指数计算的过程中,我们假设 1983 年以前全国各地区开放程度相同,而事实上各地区改革开放之前的开放程度仍存在差异;所以为了检验结果的稳健性,我们使用各省目前的贸易开放度代表省份开放度,用国家层面 1950 年以来的贸易指数代表开放程度的变化情况,用两者乘积表示省份开放度的发展,因此劳动者所受贸易开放度的影响可表示为:

$$\ln trade_{ict} = \ln \left(\sigma_t \sum trade_c \times tradecountry_t \right) \qquad (8-4)$$

其中, $trade_c$ 表示问卷年份各省贸易开放度, $tradecountry$ 为 1950 年至 2013 年全国贸易开放指数,我们选取时间 t 为劳动者出生年份、14 岁和当前年份。

四、基本回归结果

表 8-2 报告了贸易开放度与劳动者职业声望的基本回归结果。结果

---

① 19 世纪,上海、天津和广州为我国三大主要港口和开放城市,而汉口、九江等地内陆口岸主要以内河航运为主;通商口岸关税总额的计算我们采取 1882—1910 年各通商口岸关税历年总额。

显示,省份贸易开放度提升1%,劳动者职业声望值将提升1.4个单位,表明贸易开放对劳动者职业地位获得的重要作用。

表8-2　贸易开放与劳动者职业地位的基本回归

解释变量	被解释变量:劳动者职业声望值				
	（1）	（2）	（3）	（4）	（5）
贸易开放度	2.404***	1.936***	−0.0161	1.116***	1.434***
	(15.12)	(12.41)	(−0.11)	(4.78)	(5.99)
父亲职业地位		21.88***	7.728***	7.644***	6.217***
		(23.58)	(8.71)	(8.63)	(8.1)
家庭人均收入		28.66***	7.235**	7.398**	7.679**
		(7.64)	(2.10)	(2.15)	(2.42)
性别			−2.132***	−2.150***	−0.00102
			(−8.97)	(−9.04)	(−0.00)
年龄			0.0597	0.0596	0.137*
			(0.69)	(0.69)	(1.70)
年龄平方/100			−0.116	−0.0973	−0.230**
			(−1.08)	(−0.90)	(−2.31)
婚姻状况			0.660*	0.705*	0.599*
			(1.79)	(1.91)	(1.72)
党员身份			5.275***	5.199***	4.686***
			(13.75)	(13.58)	(13.08)
城镇户籍			0.890***	1.013***	0.862***
			(3.24)	(3.68)	(3.43)
公共部门			3.682***	3.720***	0.406
			(10.64)	(10.78)	(1.19)
初中教育程度			2.977***	3.188***	2.644***
			(9.94)	(10.50)	(8.97)

续表

解释变量	被解释变量:劳动者职业声望值				
	（1）	（2）	（3）	（4）	（5）
高中教育程度			10.45***	10.66***	8.103***
			(27.51)	(27.84)	(22.85)
大学及以上			18.12***	18.39***	14.39***
			(37.78)	(38.06)	(31.65)
省份人均GDP水平				−1.826***	−1.444***
				(−4.00)	(−2.61)
省份人力资本水平				−0.911	−1.439*
				(−1.01)	(−1.72)
省份劳动力密集度				−6.762**	−1.458
				(−2.07)	(−0.45)
行业虚拟变量	无	无	无	无	有
年份虚拟变量	无	无	无	无	有
R²	0.0186	0.0789	0.3173	0.3196	0.4346
N	11950	11950	11950	11950	11950

注:*** 、** 、*分别表示在1%、5%和10%的水平上显著。

同时,父亲职业地位和家庭人均收入对劳动者职业声望值也有显著影响,性别、年龄和婚姻状况对职业地位的影响较小。其中,父亲职业地位提升1个单位,劳动者自身的职业声望将提升0.62个单位;家庭人均收入增长1%,劳动者职业地位将提升0.08个单位,表明继承性因素即家庭环境在劳动者职业地位获得中仍占有重要位置。

此外,党员身份和劳动者受教育程度也是决定职业地位的重要因素。一般而言,党员身份比非党员身份职业地位高4.7个单位;而初中、高中和大学及以上教育程度的劳动者比小学教育程度分别高2.6、8.1和14.4个单位,说明随着受教育程度的提高,劳动者职业地位有了更高比例的提升,也表明自致性因素在劳动者职业地位获得中的决定性地位。在制度变量方面,城镇户籍比农村户籍劳动者职业地位高0.86个单位,而部门差异并不显著,说明户籍制度仍是劳动力市场职业歧视的重要来源。在省份变量方面,省份人均 GDP 水平和人力资本水平均为负且显著,表明在经济发达和人力资本水平较高的地区,劳动力市场竞争更加激烈,获得较高职业地位也更加困难。

五、工具变量和稳健性检验

由于忽略变量等因素的影响,解释变量贸易开放度可能存在内生性问题,所以我们采用工具变量法进行检验。因为地区的经济开放程度有很强的路径依赖特征,所以工具变量采用 1865—1928 年的全国贸易总量和贸易指数与各省到主要港口的加权地理距离相结合的方法,这样可以有效地避免贸易开放度与其他变量的相关性。表 8-3 第(1)列和第(2)列结果显示,贸易开放度对职业地位的作用有了显著提升,即省份贸易开放度提升 1 个百分点,则劳动者职业地位将提升 3 个单位左右。同时,我们使用全国1950—2013 年的贸易开放度与省份当前开放程度结合的方法进行了稳健性检验。表 8-3 第(3)—(5)列的结果显示,贸易开放度对劳动者职业地位的影响为 1.1—2.3 个单位,与基本回归结果的差异较小。

表 8-3　工具变量和稳健性检验结果

解释变量	工具变量法		稳健性检验		
	(1)	(2)	(3)	(4)	(5)
贸易开放度	3.007***	3.004***	1.075***	2.266***	2.266***
	(5.35)	(5.35)	(5.55)	(5.35)	(5.35)
父亲职业地位	6.217***	6.217***	6.232***	6.248***	6.248***
	(8.10)	(8.10)	(8.12)	(8.14)	(-8.14)
家庭人均收入	7.015**	7.016**	7.746**	7.150**	7.151**
	(2.21)	(2.21)	(2.44)	(2.25)	(2.25)
受教育程度					
初中	2.789***	2.789***	2.612***	2.722***	2.722***
	(9.34)	(9.34)	(8.86)	(9.16)	(9.16)

续表

解释变量	工具变量法		稳健性检验		
	(1)	**(2)**	**(3)**	**(4)**	**(5)**
高中	8.112***	8.112***	8.117***	8.141***	8.141***
	(22.85)	(22.85)	(22.86)	(22.89)	(22.89)
大学及以上	14.27***	14.27***	14.47***	14.43***	14.43***
	(31.21)	(31.22)	(31.81)	(31.7)	(31.7)
省份变量					
人均 GDP 水平	−3.972***	−3.968***	−1.367**	−3.835***	−3.834***
	(−4.11)	(−4.11)	(−2.40)	(−4.07)	(−4.06)
人力资本水平	−1.956**	−1.955**	−0.988	−1.012	−1.012
	(−2.25)	(−2.25)	(−1.18)	(−1.21)	(−1.21)
劳动力密集度	0.118	0.115	−1.901	−0.8	−0.801
	(0.04)	(0.04)	(−0.58)	(−0.25)	(−0.25)
个人控制变量	有	有	有	有	有
行业虚拟变量	有	有	有	有	有
年份虚拟变量	有	有	有	有	有
Partial R^2	0.1785	0.1785	—	0.2131	0.213
F 统计量	2189.48	2189.8	—	2710.35	2707.9
R^2	0.4324	0.4324	0.4343	0.4325	0.4325
N	11950	11950	11950	11950	11950

注：***、**、* 分别表示在1%、5%和10%的水平上显著。

六、贸易开放与劳动者职业地位的作用机制

（一）贸易开放与地区市场化水平

我们认为,在贸易制度与社会权力的关系方面,贸易开放通过促进地区经济发展和提升市场化程度,提升了非公共部门的社会权力,改变了地区权利和利益的分配格局,从而有利于劳动者职业地位提升。表8-4对这一假设进行了检验,我们用市场化指数与产业结构衡量地区市场经济发展水平,

并计算了贸易开放对市场部门的作用。第(1)—(4)列的结果显示,贸易开放显著改变了地区的市场化指数和产业结构,促进了劳动者职业地位提升;同时贸易开放对市场部门劳动者有显著影响,对非市场部门的作用不显著。第(5)列和第(6)列仅对市场部门劳动者进行了检验,与基本回归结果没有显著性差异,表明贸易开放通过提升市场化水平提升了劳动者职业地位,尤其对市场部门劳动者职业地位获得提供了更广阔的空间。

表8-4　贸易开放、地区市场化水平与劳动者职业地位

解释变量	基本回归		工具变量		市场部门	
	(1)	(2)	(3)	(4)	(5)	(6)
贸易开放度	−0.076	−0.0478	0.0454	4.193***	1.029***	1.146***
	(−0.20)	(−0.13)	(0.03)	(5.19)	(3.56)	(3.90)
贸易开放与市场部门						
市场部门	−0.533	−0.542	−0.553	−0.759**		
	(−1.55)	(−1.58)	(−1.59)	(−2.16)		
贸易开放度×市场部门	1.309***	1.397***	1.748***	1.819***		
	(4.07)	(4.33)	(3.88)	(4.02)		
贸易开放与地区市场经济						
市场化指数	0.351***		0.33		0.307**	
	(2.60)		(0.93)		(2.10)	
贸易开放度×市场化指数	0.425***		0.675**		0.526***	
	(4.11)		(2.39)		(4.54)	
产业结构		0.87		−6.264***		0.977
		(1.00)		(−3.23)		(1.01)
贸易开放度×产业结构		1.799***		5.822***		1.874**
		(2.72)		(3.91)		(2.54)
个人控制变量	有	有	有	有	有	有
省份控制变量	有	有	有	有	有	有
行业虚拟变量	有	有	有	有	有	有
年份虚拟变量	有	有	有	有	有	有

续表

解释变量	基本回归		工具变量		市场部门	
	（1）	（2）	（3）	（4）	（5）	（6）
R^2	0.4365	0.4363	0.4358	0.4276	0.3837	0.383
N	11950	11950	11950	11950	9387	9387

注：***、**、*分别表示在1%、5%和10%的水平上显著。

（二）贸易开放与人口流动

在贸易开放与社会网络的关系方面，贸易开放增加了劳动力需求，促进了劳动力流动，将劳动者融入市场分工的职业网络中，从而为其获得较高职业地位提供了条件。表8-5检验了贸易开放与人口流动对职业地位提升的关系。第（1）列的结果显示，整体而言，贸易开放对跨区域流动的劳动者有更强的职业声望提升作用，即贸易开放对跨区域流动劳动者的影响比本地劳动力高1.4个单位。第（2）列的结果显示，对于省内和省际流动的人口，贸易开放对省内流动作用更加显著，而对跨省流动作用不明显。可能的原因在于，目前劳动力跨省流动尤其是农村劳动力跨省流动仍存在户籍等方面的限制，而贸易开放对省内劳动者将产生较为直接的就业效应。第（3）—（6）列检验了贸易开放对城镇和农村人口的不同影响。我们发现，对城镇人口而言，贸易开放对其省内流动和跨省流动均有显著作用，提升了其职业地位；而对农村人口的提升作用较小。这进一步说明，户籍制度使农村劳动者在职业流动和职业地位提升方面的限制作用。

表8-5　贸易开放、人口流动与劳动者职业地位

解释变量	全部样本		城镇人口		农村人口	
	（1）	（2）	（3）	（4）	（5）	（6）
贸易开放度	0.957***	1.271***	0.990***	1.199***	0.988**	1.409***
	(3.77)	(5.18)	(2.95)	(3.61)	(2.37)	(3.73)
贸易开放与劳动力流动						
劳动力流动	3.075***		3.572***		2.077**	
	(6.12)		(5.54)		(2.42)	

续表

解释变量	全部样本		城镇人口		农村人口	
	（1）	（2）	（3）	（4）	（5）	（6）
贸易开放度×劳动力流动	1.421***		1.758***		0.877*	
	(5.15)		(4.84)		(1.96)	
贸易开放与跨省和省内流动						
跨省流动		2.406***		4.154***		0.552
		(3.06)		(3.47)		(0.51)
省内流动		2.786***		3.450***		1.23
		(3.49)		(3.48)		(0.89)
贸易开放度×跨省流动		0.695		2.197**		−0.649
		(1.25)		(2.48)		(−0.93)
贸易开放度×省内流动		1.229***		1.617***		0.479
		(2.93)		(2.97)		(0.69)
个人控制变量	有	有	有	有	有	有
省份控制变量	有	有	有	有	有	有
行业虚拟变量	有	有	有	有	有	有
年份虚拟变量	有	有	有	有	有	有
R^2	0.4367	0.4358	0.391	0.3901	0.399	0.399
N	11950	11950	6668	6668	5282	5282

注：***、**、*分别表示在1%、5%和10%的水平上显著。

（三）贸易开放与人力资本

在贸易开放与认知模式方面,贸易开放传播了市场化的认知框架与地位获得模式,提升了劳动者人力资本和认知能力的回报率,从而对提升劳动者职业地位有重要影响。根据布劳和邓肯的地位获得模型,劳动者职业地位获得可分为自致性因素和继承性因素,因此贸易开放可能增加了自致性因素在地位获得中的作用。表8-6对这一假设进行了检验,我们用劳动者教育水平和英语能力代表人力资本和认知能力,即劳动者地位获得中的自致性因素,用父亲职业地位代表继承性因素的影响。

表8-6　贸易开放、人力资本与劳动者职业地位

解释变量	基本回归		工具变量		非公职人员	
	（1）	（2）	（3）	（4）	（5）	（6）
贸易开放度	1.072***	0.641**	2.310***	1.825***	1.069***	0.560*
	（3.52）	（2.21）	（3.57）	（2.87）	（3.43）	（1.87）
贸易开放与自致性因素						
教育水平						
高中	6.140***	5.286***	6.087***	5.235***	5.723***	4.888***
	（22.32）	（18.73）	（21.64）	（18.44）	（20.38）	（16.91）
大学及以上	12.07***	10.48***	11.75***	10.31***	12.38***	10.73***
	（30.95）	（25.85）	（28.57）	（25.24）	（29.46）	（24.83）
贸易开放度×高中	0.00949		0.201		0.0198	
	（0.03）		（0.43）		（0.06）	
贸易开放度×大学及以上	0.783**		1.230**		0.681*	
	（2.14）		（2.24）		（1.75）	
个人认知能力						
中等英语能力		2.367***		2.372***		2.327***
		（8.42）		（8.42）		（7.85）
高级英语能力		4.294***		4.012***		4.420***
		（10.84）		（9.48）		（10.39）
贸易开放度×中等英语能力		0.521*		0.571		0.562*
		（1.65）		（1.25）		（1.69）
贸易开放度×高级英语能力		0.963***		1.256**		1.059***
		（2.76）		（2.37）		（2.84）
贸易开放与继承性因素						
父亲职业地位	6.383***	5.876***	6.362***	5.885***	6.985***	6.397***
	（8.32）	（7.70）	（8.27）	（7.69）	（8.51）	（7.84）
贸易开放度×父亲职业地位	−0.00718	−0.286	1.412	1.191	−0.499	−0.924
	（−0.01）	（−0.33）	（1.11）	（0.98）	（−0.51）	（−0.98）

续表

解释变量	基本回归		工具变量		非公职人员	
	（1）	（2）	（3）	（4）	（5）	（6）
个人控制变量	有	有	有	有	有	有
省份控制变量	有	有	有	有	有	有
行业虚拟变量	有	有	有	有	有	有
年份虚拟变量	有	有	有	有	有	有
R^2	0.4322	0.4401	0.43	0.4383	0.4425	0.4506
N	11950	11950	11950	11950	11058	11058

注：***、**、*分别表示在1%、5%和10%的水平上显著。

结果显示，贸易开放度显著提升了大学及以上劳动者的人力资本回报率，也提升了劳动者英语能力的回报率，贸易开放度对大学及以上劳动者的职业地位提升作用比其他劳动者高0.78个单位，而对中等和高级英语能力的劳动者比较低英语能力的劳动者分别高0.52和0.96个单位。与此同时，贸易变量对继承性因素没有显著作用。这表明贸易开放有利于提升劳动者人力资本和认知能力，从而促进劳动者获得更高职业地位；也说明开放经济的发展促进了劳动者职业地位获得机制的市场化，降低了继承性因素的作用；这有利于促进社会阶层的垂直流动、提升社会整体的开放性水平。

七、贸易开放与不同年龄阶段劳动者、不同地区和行业的作用

由于我国的对外开放和市场化转型在时间和空间上具有明显的差异性，所以其对不同年龄阶段的劳动者以及各地区和行业的作用可能不同。因此，我们将劳动者按出生年龄分为1965年以前出生、1965—1976年出生以及1977年及以后出生三类，将地区分为东部、中部和西部地区，将行业分为工业和建筑业、生产性服务业和生活性服务业三大类，检验贸易开放对不同年龄阶段、地区和行业的作用。

表8-7 贸易开放对不同时间、地区和行业的作用

解释变量	基本回归		工具变量		稳健性检验	
	（1）	（2）	（3）	（4）	（5）	（6）
贸易开放度	0.668*	1.934***	2.745***	2.453***	-4.277	2.543***
	(1.68)	(6.39)	(8.70)	(4.92)	(-0.66)	(6.17)
贸易开放与不同年龄阶段劳动者						
1965—1976年出生	1.572***			1.676***	4.666**	2.119***
	(3.27)			(3.49)	(2.16)	(4.07)
1977年及以后出生	2.131***			2.372***	9.371*	3.126***
	(2.99)			(3.32)	(1.79)	(4.04)
贸易开放度×1965—1976年出生	0.552			0.591	1.839**	0.615**
	(1.46)			(1.56)	(2.21)	(2.13)
贸易开放度×1977年及以后出生	0.945**			0.888**	-0.317	0.665**
	(2.53)			(2.35)	(-0.33)	(2.21)
贸易开放与不同地区						
中部地区		-1.344***		-1.472***	-27.11	-1.037**
		(-2.90)		(-3.17)	(-1.46)	(-2.00)
西部地区		0.903		0.7	-2.589	0.371
		(1.29)		(1.00)	(-0.20)	(0.55)
贸易开放度×中部地区		-3.053***		-2.976***	-48.5	-2.498***
		(-5.54)		(-5.37)	(-1.49)	(-5.14)
贸易开放度×西部地区		-0.4		-0.489	-8.508	-1.129**
	(-0.51)		(-0.62)	(-0.42)	(-2.08)	
贸易开放与不同行业						
生产性服务业			7.898***	7.859***	2.232***	1.688***
			(7.56)	(7.57)	(3.72)	(6.79)
生活性服务业			-1.212	-1.237	5.227***	4.975***
			(-1.33)	(-1.36)	(10.70)	(17.39)
贸易开放度×生产性服务业			-1.700***	-1.740***	-3.145***	-1.442***
			(-5.64)	(-5.78)	(-4.95)	(-6.05)

续表

解释变量	基本回归		工具变量		稳健性检验	
	（1）	（2）	（3）	（4）	（5）	（6）
贸易开放度×生活性服务业			−1.859***	−1.845***	−3.909***	−1.759***
			（−5.51）	（−5.48）	（−5.65）	（−6.61）
R^2	0.4355	0.4363	0.4366	0.4392		0.3488
N	11950	11950	11950	11950	11950	11950

注：***、**、*分别表示在1%、5%和10%的水平上显著。

表8-7的结果显示，对各年龄阶段的劳动者而言，贸易开放对1977年以后出生劳动者的提升作用比1977年以前劳动者高约0.9个单位，对中部地区的作用比东部地区低3个单位，对生产性服务业和生活性服务业的作用比工业和建筑业低2个单位左右。因此，贸易开放对劳动者职业地位的提升作用与我国市场化改革的时间、地区和行业特征紧密相关，对年龄较低以及东部地区、工业和建筑业的劳动者职业地位的提升作用较强，而对于1965年以及以前出生、中西部地区和服务行业劳动者作用较小。

第三节 贸易开放与劳动者阶层地位的提升

一、社会阶层地位的度量与计量模型

对于劳动者阶层地位，韦伯（M.Weber）和伦斯基（G.Lenski）将其分为社会权力、社会声望和市场机会三个方面。最近的文献主要有两种方法：一种方法是将劳动者细分职业按照国际标准职业分类表转换为职业声望值，即16—90的连续变量（李强等，2014）；另一种方法是按照EGP分类的6类或10类职业编码将其分为不同阶层，以衡量阶层间的流动（Eriksson等，1979；Ganzeboom和Treiman，1996）。埃里克松等（Eriksson等，1979）将职业分为10类编码：（1）企业管理者、资本家和高级技术人员；（2）助理技术劳动者和企业管理者；（3）文职人员和单位职员；（4）小型私营企业所有者；（5）自雇者和个体劳动者；（6）助理技术型劳动者及低级管理人员；（7）熟练工人;(8)非熟练工人;(9)农村中的农场主;(10)非技术型的农民。李路路等(2006)认为,中国从计划经济体制向市场经济转型的过程中,既保留了原有的再分配制度,同时市场体系不断发展,因此他们根据转型时期的现状,将劳动者阶层地位划分为6个,分别是:(1)服务类人员阶层;(2)一般类型的非体力劳动者;(3)私营企业所有者、自我雇佣人员;(4)技术工人;(5)非技术工人;(6)普通农民。

我们认为,职业声望值以工业化国家市场中的职业地位为基础,而我国的工业化和市场化进程尚未完成,尽管这一指数可以衡量市场中的职业阶层,但没有全面反映对我国劳动者的社会地位。同时,由于我国的经济改革是在保持既有权威结构不变、在体制外培育新的市场体系的过程,再分配权力和市场权力构成了阶层分化的动力基础(刘欣,2005)。所以,我们借鉴EGP 6个阶层分类和刘欣(2011)的方法,根据劳动者在公共权力和市场权力结构中的地位,将样本依据再分配权力和市场权力划分为公职中产阶层、市场中产阶层、小业主和办事人员、服务业从业人员和非技术工人,代表拥有不同社会权力的劳动者。其中公职中产阶层代表公共部门拥有再分配权力的劳动者,包括党政机构、国有事业单位、国有企业等,市场中产阶层包括私营企业所有者和管理人员、专业技术人员,小业主和办事人员包括个体企业所有者、公共部门的普通职员,服务业人员包括市场上从事服务类工作的劳动者,非技术工人为从事体力劳动的工人。一般而言,职业声望值代表劳动者在劳动力市场中的地位指数,权力地位则代表其在转型中的社会权力。

由于本部分的解释变量为贸易开放,被解释变量为职业声望和阶层地位,所以我们利用 Oprobit 模型方法,计量模型为:

$$Status_i = \varphi(\delta_1 \ln trade_i + \delta_2 X_i + \delta_3 Z_{cjt} + \mu_i + \varepsilon_i) \qquad (8-5)$$

其中,$Status_i$ 表示职业声望和阶层地位,$\ln trade_i$ 表示受贸易开放的影响程度,X_i 表示个体层面控制变量,包括性别、年龄及年龄平方项、婚姻状况、受教育程度、是否为党员以及户籍、部门和契约状况等;Z_{cjt} 表示省份、行业和年份变量,包括省份人均 GDP 水平、人力资本水平和劳动力密集度,以及行业、年份虚拟变量;μ_i 及 ε_i 为残差项。$\varphi(\cdot)$ 为非线性函数,具体形式为:

$$\varphi(Status_i^*) = \begin{cases} 2, \varphi_1 < Status_i^* < \varphi_2 \\ \cdots \end{cases} \qquad (8-6)$$

其中，$Status_i^*$ 为不可观测的连续变量，即潜变量，满足：

$$Status_i^* = \delta_1 lntrade_i + \delta_2 X_i + \delta_3 Z_{cjt} + \varepsilon_i \qquad (8-7)$$

$\varphi_1 < \varphi_2 < \cdots < \varphi_{j-1}$，称为切点，为待估参数。

二、数据来源与描述

我们的数据来自中国人民大学进行的"中国综合社会调查"（CGSS）的抽样数据。从 2003 年开始，该调查组每年选取 28 个省级行政区的超过 10000 户居民进行连续性横截面调查，采用分层多阶段抽样方法，其中 2010 年、2012 年和 2013 年分别得到有效样本 11783 份、11765 份和 11438 份。每年的问卷设计均覆盖了教育、工作、家庭等多个方面，尤其对劳动者的职业、行业等有详细分类，是研究劳动者社会地位和流动的权威性样本。由于职业地位是以非农业工作来计算的，所以我们仅保留各年份 18—60 岁且有非农职业的劳动者，有效样本总数为 11950 个。

在控制变量的选取方面，根据劳动者地位获得理论，劳动者地位主要由自致性因素和继承性因素决定，因此我们选取父亲职业声望、家庭其他成员的平均收入代表继承性因素，受教育程度代表自致性因素的作用；同时控制了劳动者性别、年龄、政治面貌等个体差异以及户籍、部门、契约等制度结构的影响。

由于解释变量贸易开放度为省份层面变量，而地区经济发展水平、人力资本水平等均可能对劳动力市场的发展状况、竞争程度等产生影响，从而影响劳动者阶层地位，所以我们在控制变量中进一步加入了劳动者所在省份的人均 GDP 水平、省际人力资本水平和劳动力密集度（Hering 和 Poncet，2010）。同时，不同行业、年份的劳动者在职业地位等方面可能存在差异，所以我们进一步加入行业、年份虚拟变量控制不同行业和年份的影响。省份层面的数据来源于历年《中国国家统计年鉴》。

对于职业声望与权力地位的关系，由于我国的市场化转型是再分配权力和市场权力互动变迁的进程，再分配权力在社会权力中仍占有重要地位，而职业声望根据国际标准职业分类测算、是劳动者在市场制度中职业地位的表现,所以劳动者的市场职业地位与社会权力地位有一定差异。例如,公职中产阶层是再分配权力所有者,其社会再分配地位较高,而市场中产阶层的市场权力地位较高,所以公职中产阶层的职业声望值低于市场中产阶层,与办事人员阶层较接近。同时,由于处于非公共部门且从事非技术和管理类职业,所以服务类人员和非技术工人的职业声望与阶层地位均较低(见表8-8)。

表 8-8　劳动者职业声望与阶层地位分布

权力地位	观测值	职业声望值			受教育程度	父亲职业声望	
		均值	5%	50%	95%	50%	均值	50%
公职中产阶层	901	51.28	39	51	69	专科	39.41	34
市场中产阶层	2617	60.31	43	56	88	专科	39.54	34
自雇者和办事人员	1386	52.39	40	51	69	高中	35.31	29
服务类人员	2614	37.74	29	37	43	初中	32.06	23
非技术工人	4695	28.88	16	30	38	初中	29.79	23

注:5%、50%和95%分别表示第5、第50和第95分位数的观测值。

在贸易开放与劳动者阶层地位的关系方面,图8-2显示了贸易开放度与劳动者阶层地位的关系,表明各阶层劳动者受贸易开放度的影响有较大差异。其中,非技术工人和服务类人员受贸易开放度影响较小,而市场中产阶层受贸易开放度影响最大。尤为重要的是,公职中产阶层受贸易开放度的影响低于市场中产阶层和自雇者阶层。可能的原因在于市场化进程对公共部门和非公共部门影响的差异性,即贸易开放主要提升了非公共部门的市场化程度,有利于劳动者获得市场权力、提升社会地位,而对于公共部门的再分配权力所有者作用较小。因此,贸易开放可能通过提升非公共部门的市场化水平促进了劳动者阶层地位的提升。

三、计量结果分析

(一) 基本回归结果

表8-9报告了贸易开放对劳动者阶层地位的基本回归结果。我们发

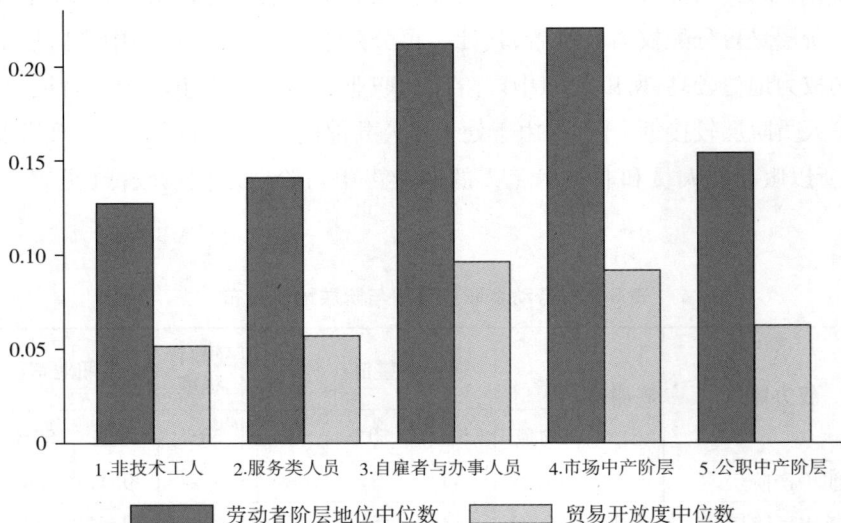

图 8-2　贸易开放度与劳动者阶层地位

现,基本回归和工具变量回归结果均显著为正,说明贸易开放对劳动者阶层地位有较强的提升作用。可能的原因在于,劳动者受到经济开放的作用越大,越有利于其提升人力资本和就业机会,且认知框架、职业网络等越符合现代市场制度的要求,提升了市场竞争力,有助于获得较高职业地位和社会权力。同时,父亲职业、家庭收入、受教育程度等也是影响劳动者权力地位的因素。这表明,在决定劳动者社会分层的诸多因素中,自致性因素和继承性因素均占有重要地位。尤其是党员身份、城镇户籍、公共部门的系数均显著为正,这也说明政治资本仍是决定劳动者阶层地位的关键变量,再分配体制中的制度因素对劳动者社会权力的提升仍有积极作用,我国市场化转型仍未完成。

表 8-9　贸易开放度与劳动者阶层地位的基本回归结果

解释变量	（1）	（2）	（3）	（4）
	阶层地位	工具变量	阶层地位	工具变量
贸易开放度	0.0587*	0.0973***	0.0995***	0.147***
	(1.91)	(4.42)	(3.18)	(5.26)

续表

解释变量	（1）	（2）	（3）	（4）
	阶层地位	工具变量	阶层地位	工具变量
家庭环境变量				
父亲职业地位	0.410 ***	0.402 ***	0.410 ***	0.403 ***
	(5.46)	(5.96)	(5.42)	(5.97)
家庭人均收入	1.444 ***	1.438 ***	1.433 ***	1.426 ***
	(4.31)	(4.62)	(4.35)	(4.58)
受教育程度				
初中	0.287 ***	0.289 ***	0.292 ***	0.292 ***
	(8.41)	(7.45)	(8.34)	(7.54)
高中	0.833 ***	0.832 ***	0.834 ***	0.833 ***
	(19.12)	(20.55)	(18.90)	(20.56)
大学及以上	1.231 ***	1.227 ***	1.228 ***	1.225 ***
	(18.79)	(25.90)	(18.85)	(25.84)
个人控制变量	有	有	有	有
省份控制变量	有	有	有	有
行业控制变量	有	有	有	有
年份控制变量	有	有	有	有
拟似然比	−14360.704	−27675.0	−14356.145	−25354.1
N	11950	11950	11950	11950

注：*** 、** 、* 分别表示在1%、5%和10%的水平上显著。

（二）劳动者阶层地位获得的途径

贸易开放是经济转型的重要组成部分，为劳动者提供了广阔的就业空间。我们认为，劳动者阶层地位的提升首先由于市场开放度的提高提供了广阔的就业空间，尤其是促进了城市非公共部门的发展，有利于民营经济的兴起，为国内企业传播了新的契约制度、组织方式，降低了劳动者融入市场的制度成本。同时，贸易开放促进了劳动力流动，为实现劳动力转移、增加非农就业提供了广阔途径。为了检验贸易开放与市场化机制的作用，我们在方程中加入贸易开放与市场化指数的交互项。其中,地区市场化程度指标用樊纲等的市场化指数计算,由于未能得到 2013 年市场化指数,我们使用 2012 年和 2014 年的均值代替。

表 8-10 报告了贸易开放与市场化机制的回归结果。我们发现,贸易开放与市场化指数的交互项显著为正,因此贸易开放提高了经济的市场化程度,增加了劳动者就业机会,对提升职业声望和社会地位有重要作用。贸易开放对非公共部门的影响显著高于公共部门,可能由于非公共部门受经济开放影响较大,而贸易开放有利于提升非公共部门的市场化水平,为劳动者社会地位流动提供更广阔的渠道。同样重要的是,市场部门的虚拟变量系数显著为负,表明公共部门劳动者的阶层地位明显高于市场部门,说明部门差异对劳动者阶层地位仍具有重要影响。

表 8-10　贸易开放对劳动者阶层地位的作用机制

解释变量	阶层地位			稳健性检验		
	（1）	（2）	（3）	（4）	（5）	（6）
贸易开放度	0.0345	0.0414*	0.009	0.053	0.0709***	0.0186
	(1.14)	(1.84)	(0.28)	(1.45)	(2.77)	(0.49)
市场部门	−0.487***	−0.476***	−0.482***	−0.490***	−0.478***	−0.487***
	(−13.69)	(−13.43)	(−13.55)	(−13.76)	(−13.49)	(−13.68)
市场化指数	−0.0818	0.0202	0.0198	−0.0619	0.0147	0.0144
	(−1.26)	(1.35)	(1.32)	(−1.00)	(1.07)	(1.05)
贸易开放度×市场部门	0.0454*		0.0422	0.0682**		0.0672**
	(1.73)		(1.61)	(2.08)		(2.05)
贸易开放度×市场化指数		0.0356***	0.0352***		0.0331***	0.0329***
		(4.89)	(4.84)		(3.39)	(3.37)
控制变量						
父亲职业地位	0.404***	0.400***	0.400***	0.403***	0.402***	0.402***
	(6.04)	(5.99)	(6.00)	(6.03)	(6.02)	(6.02)

续表

解释变量	阶层地位			稳健性检验		
	（1）	（2）	（3）	（4）	（5）	（6）
家庭人均收入	1.397***	1.355***	1.368***	1.384***	1.335***	1.351***
	（4.43）	（4.31）	（4.35）	（4.39）	（4.24）	（4.29）
初中	0.293***	0.293***	0.292***	0.297***	0.295***	0.295***
	（7.96）	（7.95）	（7.94）	（8.06）	（8.02）	（8.01）
高中	0.834***	0.831***	0.827***	0.833***	0.833***	0.828***
	（21.28）	（21.21）	（21.08）	（21.24）	（21.27）	（21.12）
大学及以上	1.227***	1.215***	1.213***	1.221***	1.216***	1.212***
	（26.64）	（26.34）	（26.29）	（26.49）	（26.33）	（26.25）
控制变量	有	有	有	有	有	有
拟似然比	−14316.7	−14306.9	−14305.2	−14311.3	−14309.1	−14306.2
N	11950	11950	11950	11950	11950	11950

注：控制变量包括个人、省份、行业和年份控制变量。***、**、*分别表示在1%、5%和10%的水平上显著。

（三）贸易开放对市场部门劳动者的作用

由于我国的经济转型是在保持原有再分配体制不变、同时在再分配体制之外发展市场经济的过程，所以公共部门和市场部门在分配机制、地位获得等方面存在差异（边燕杰等，2006），公共部门掌握再分配权力、受市场经济的影响较小，所以贸易开放对两部门劳动者的作用也应有所不同，即对市场化程度更高的非公共部门影响可能更显著。表8-11报告了贸易开放分别对两部门影响的差异性。结果表明，贸易开放对公共部门劳动者的阶层地位没有显著作用，而对市场部门作用较强。与此同时，教育对两部门的职业地位均有显著的正向影响，而父亲职业地位、家庭人均收入等对公共部门影响较小。可能的原因在于，公共部门的工资与行政级别、担任职务等因素关系密切，而与市场化关系较小；市场部门劳动者的收入与地位获得理论更加一致，受到自致性因素和继承性因素的双重影响。

表 8-11　贸易开放对公共部门和非公共部门的影响

解释变量	阶层地位		稳健性检验	
	公共部门	市场部门	公共部门	市场部门
贸易开放度	−0.0994	0.0772*	−0.112	0.130***
	(−1.46)	(1.86)	(−1.26)	(3.18)
父亲职业地位	0.306	0.672***	0.306	0.673***
	(1.57)	(7.42)	(1.55)	(7.41)
家庭人均收入	1.207	1.188***	1.232	1.180***
	(0.80)	(3.10)	(0.81)	(3.11)
控制变量				
初中	0.607***	0.213***	0.604***	0.219***
	(2.66)	(5.70)	(2.66)	(5.74)
高中	0.931***	0.678***	0.930***	0.679***
	(4.49)	(16.13)	(4.49)	(15.91)
大学及以上	0.950***	1.394***	0.950***	1.386***
	(4.11)	(16.36)	(4.10)	(16.33)
人均 GDP 水平	−0.149	−0.129	−0.17	−0.178
	(−0.67)	(−0.86)	(−0.71)	(−1.33)
人力资本水平	0.134	−0.184	0.174	−0.225
	(0.59)	(−0.88)	(0.70)	(−1.09)
劳动力聚集度	0.896	0.29	0.862	0.357
	(0.62)	(0.33)	(0.57)	(0.42)
个人控制变量	有	有	有	有
行业控制变量	有	有	有	有
年份控制变量	有	有	有	有
拟似然比	−943.5	−9094.4	−943.6	−9089.2
N	1831	10119	1831	10119

注：***、**、*分别表示在1%、5%和10%的水平上显著。

由于 Probit 模型系数不能体现影响因素的作用大小,所以表 8-12 进一步分析了市场部门阶层地位影响因素的边际弹性。由结果可知,省份贸易开放度提升 1%,劳动者进入市场中产阶层的概率可提升 0.18%。在继承性因素中,父亲职业地位、家庭其他成员平均收入均对劳动者权力地位有显著影响;且家庭人均收入提升 1%,个人进入市场中产阶层的概率可提升 0.02%左右,父亲职业地位增加 1 个单位,劳动者进入市场中产阶层的可能性提升 0.01%。

表 8-12   阶层地位影响因素的边际弹性(市场部门)

阶层	贸易开放度	家庭变量		受教育程度			
		父亲职业	家庭收入	初中	高中	大学以上	
	dy/dx	ey/dx	ey/dx	ey/dx	ey/dx	ey/dx	ey/dx
非技术工人	-0.0330***	-0.127***	-0.707***	-1.195***	-0.164***	-0.592***	-1.536***
	(-2.85)	(-2.98)	(-7.26)	(-3.06)	(-5.65)	(-15.83)	(-12.05)
服务类人员	0.00699***	0.0257***	0.143***	0.242***	0.131***	0.266***	0.108**
	(3.05)	(2.63)	(6.25)	(2.79)	(4.82)	(9.54)	(2.20)
小业主自雇者	0.00224***	0.0965***	0.538***	0.910***	0.265***	0.668*	0.900***
	(2.93)	(2.91)	(7.64)	(3.00)	(5.03)	(1.75)	(13.5)
市场中产阶层	0.0238***	0.184***	1.027***	1.735***	0.396***	1.097***	1.903***
	(2.77)	(2.93)	(7.68)	(2.99)	(5.19)	(13.51)	(16.42)

注:***、**、*分别表示在 1%、5%和 10%的水平上显著。

在自致性因素中,受教育程度越高,对劳动者进入市场中产阶层的作用也越大,可见教育是劳动者实现社会流动的重要途径。与此同时,我们发现,家庭变量如父亲职业地位、家庭其他成员平均收入等对劳动者的阶层地位仍有影响,同时制度变量如部门差异、户籍制度也是决定劳动者社会权力的因素,说明再分配体制中的部分因素仍然阻碍了劳动者向上流动。

(四) 不同社会阶层劳动者的比较

为了进一步研究贸易开放对各阶层劳动者的差异化影响,我们使用 Probit 模型将非技术工人、服务类人员与市场中产阶层和公职中产阶层进行了比较,结果见表8-13。根据第(1)列和第(4)列我们发现,公职中产阶层与非技术工人和服务类人员相比,贸易开放度的作用并不显著,而党员身份、城镇户籍、公共部门和受教育程度的影响十分明显。

　　根据第(2)列和第(4)列的结果发现,对于市场中产阶层,贸易开放的影响要明显大于其对非技术工人和服务类人员的影响,同时党员身份、城镇户籍和公共部门的作用较小。根据第(5)列可发现,对于公职中产阶层与市场中产阶层而言,贸易开放对公职中产阶层的影响显著小于其对市场中产阶层的影响,家庭收入、党员身份和制度因素的作用仍然较强。可见,对于市场中产阶层和非技术工人与服务类人员而言,其阶层差异中市场因素作用较大;而对于公职中产阶层和非技术工人、服务类人员而言,阶层差异的主要作用在于再分配制度因素,包括党员身份、户籍制度、部门制度等方面。

表 8-13　不同社会阶层劳动者的比较

解释变量	非技术工人与公职中产阶层	非技术工人与市场中产阶层	服务类人员与公职中产阶层	服务类人员与市场中产阶层	市场中产阶层与公职中产阶层
	(1)	(2)	(3)	(4)	(5)
贸易开放度	0.110	0.254***	−0.0393	0.165*	−0.108*
	(1.63)	(4.37)	(−0.49)	(1.79)	(−1.82)
父亲职业地位	0.468**	0.889***	0.0829	0.533***	−0.128
	(2.12)	(6.55)	(0.44)	(2.99)	(−1.00)
家庭收入	3.219***	2.085***	1.635	0.642	1.699*
	(2.67)	(3.82)	(1.55)	(0.85)	(1.93)
党员身份	0.910***	0.596***	0.405***	0.212***	0.133*
	(10.72)	(8.18)	(3.81)	(3.71)	(1.80)
城镇户籍	0.397***	0.202***	0.421***	0.221***	0.240***
	(4.55)	(3.04)	(4.88)	(3.83)	(3.01)
公共部门	1.060***	0.0299	1.318***	0.270***	0.821***
	(9.04)	(0.39)	(9.59)	(4.11)	(6.47)

续表

解释变量	非技术工人与公职中产阶层	非技术工人与市场中产阶层	服务类人员与公职中产阶层	服务类人员与市场中产阶层	市场中产阶层与公职中产阶层
	（1）	（2）	（3）	（4）	（5）
初中	0.910***	0.377***	0.917***	0.145	0.472*
	（3.96）	（4.66）	（3.59）	（1.07）	（1.73）
高中	1.590***	1.180***	1.350***	0.660***	0.290
	（7.04）	（12.99）	（6.43）	（4.44）	（1.19）
大学及以上	2.203***	2.038***	1.586***	1.171***	0.161
	（8.24）	（18.13）	（6.58）	（7.10）	（0.62）
控制变量	有	有	有	有	有
拟似然比	−1031.3	−2291.74	−851.6	−1864.8	−1517.9
N	5458	7135	3452	5129	3461

注:***、**、*分别表示在1%、5%和10%的水平上显著。

（五）贸易开放对不同类型劳动者的影响

改革开放以来,我国工业化进程产生的资本深化为劳动者提供了大量就业岗位,推动了劳动力由农村向城市转移,也为劳动者提升社会地位提供了广阔空间,社会的开放程度大大增强。在此进程中,对外贸易的发展对促进劳动力流动、提供就业岗位等方面起到了重要作用。与此同时,经济开放和市场化转型是渐进的过程,对于不同时间、地区和行业,贸易开放的影响可能有所差异。因此,我们对流动人口和各年龄阶段的劳动者进行了检验,并讨论了对贸易开放在不同地区、行业的作用。

1.对流动人口的作用①

表8-14中第(1)列和第(4)列将流动人口作为整体进行回归,结果显示,劳动力流动对阶层地位提升有显著作用,且贸易开放进一步增加了流动

① 为了检验劳动力流动对阶层地位的影响,我们将工作地与出生和受教育地点分离的人口视为流动人口,根据问卷中到达本区、县或县级市的时间进行计算。

的促进效应。第（4）—（6）列将流动人口分为省内流动和省际流动，我们发现总体而言贸易开放对省内流动人口的阶层地位提升作用不显著，而省内和省际流动均提升了劳动者地位。

表8-14　贸易开放对流动人口的作用

解释变量	（1）全部样本	（2）市场部门	（3）城镇人口	（4）全部样本	（5）市场部门	（6）城镇人口
贸易开放度	0.0744 **	0.0744 *	0.0549 *	0.0961 ***	0.120 ***	0.0662 **
	(2.11)	(1.73)	(1.92)	(2.85)	(2.83)	(2.45)
流动人口	0.176 ***	0.363 ***	0.174 ***			
	(5.55)	(6.48)	(4.90)			
贸易开放度×流动人口	0.0746 ***	0.156 ***	0.103 ***			
	(3.56)	(4.82)	(4.98)			
省内流动				0.113 ***	0.241 ***	0.141 **
				(2.58)	(3.42)	(2.15)
省内流动×贸易开放度				0.0243	0.0742 **	0.0712
				(0.83)	(2.15)	(1.49)
省际流动				0.240 ***	0.320 ***	0.355 ***
				(4.12)	(3.00)	(4.57)
省际流动×贸易开放度				0.0458	0.0573	0.207 ***
				(0.99)	(0.90)	(4.20)
控制变量						
父亲职业地位	0.407 ***	0.661 ***	0.384 ***	0.417 ***	0.675 ***	0.394 ***
	(5.40)	(7.27)	(4.30)	(5.38)	(7.07)	(4.30)
家庭人均收入	1.520 ***	1.302 ***	1.818 ***	1.553 ***	1.279 ***	1.836 ***
	(4.58)	(3.51)	(5.57)	(4.56)	(3.35)	(5.38)
初中	0.291 ***	0.217 ***	0.249 ***	0.294 ***	0.222 ***	0.249 ***
	(8.29)	(5.53)	(3.05)	(8.34)	(5.66)	(3.04)
高中	0.831 ***	0.668 ***	0.849 ***	0.833 ***	0.673 ***	0.846 ***
	(18.69)	(15.85)	(9.79)	(18.43)	(15.62)	(9.67)

续表

解释变量	（1）	（2）	（3）	（4）	（5）	（6）
	全部样本	市场部门	城镇人口	全部样本	市场部门	城镇人口
大学及以上	1.218***	1.355***	1.186***	1.222***	1.368***	1.184***
	(19.04)	(16.35)	(11.56)	(19.02)	(16.43)	(11.42)
控制变量	有	有	有	有	有	有
拟似然比	−14348.1	−9063.9	−8809.8	−14344.6	−9069.3	−8808.2
N	11950	10119	6668	11950	10119	6668

注:*** 、** 、* 分别表示在1%、5%和10%的水平上显著。

在第(2)列和第(4)列,我们进一步将样本限定为市场部门劳动者,发现贸易开放有利于省内流动人口的职业声望和阶层地位提升,而对省际流动人口的作用不显著。可能的原因在于,省际流动多为农民工等非技术劳动者,与职业和阶层地位流动关系较小;而省内流动包括劳动者由农村向城市的转移和社会地位的向上流动,与职业地位和阶层地位提升关系密切。在第(3)列和第(6)列,我们检验了城镇人口样本,发现贸易开放也有利于城镇人口流动和阶层地位提升,对于城镇人口的省际流动作用显著,对其省内流动作用较小。

2. 对不同年龄劳动者的作用

在贸易开放对不同年龄劳动者的作用方面,我国的对外开放进程肇始于 20 世纪 70 年代末,在 80 年代经历了建设经济特区、设立沿海开放城市等逐步推进的开放战略,1992 年党的十四大后进入全面开放时期,进出口总量和直接投资迅速增长,日益成为推动经济发展的重要动力。因此,由于改革开放的阶段性特征,贸易开放度对不同年龄劳动者的影响可能有所差异。我们将劳动者按出生年份分为三类:1965 年以前、1965—1976 年、1977 年及以后出生,检验贸易开放对这三类劳动者的作用,结果见表8-15。①

① 我们认为,1965 年以前出生的劳动者学习、工作中受到贸易开放的影响可能均较小,1965—1976 年出生的劳动者可能在 20 世纪 80 年代初至 90 年代初参加工作,1977 年及以后出生的劳动者可能受教育和参加工作均在 20 世纪 90 年代及以后,所以三个阶段的劳动者受贸易开放的影响可能不断提高。

表 8-15　贸易开放对不同年龄劳动者的作用

解释变量	（1）	（2）	（3）	（4）
	全部样本	市场部门	全部样本	市场部门
贸易开放度	0.0634	0.00972	0.0289	−0.00137
	(1.43)	(0.17)	(0.83)	(−0.03)
1965—1976 年出生	0.114	0.243***	0.165	0.289***
	(1.23)	(2.78)	(1.58)	(2.83)
1977 年及以后出生	0.192*	0.416***	0.266**	0.543***
	(1.65)	(3.31)	(2.17)	(3.93)
贸易开放度×1965—1976 年出生	0.0167	0.0908***	0.0266	0.0714***
	(0.53)	(2.97)	(1.10)	(2.79)
贸易开放度×1977 年及以后出生	0.0447	0.151***	0.0505**	0.136***
	(1.27)	(3.60)	(1.96)	(4.06)
控制变量				
父亲职业声望	0.444***	0.673***	0.446***	0.674***
	(5.89)	(7.46)	(5.94)	(7.50)
家庭平均收入	1.633***	1.257***	1.648***	1.267***
	(4.92)	(3.33)	(4.87)	(3.31)
初中	0.296***	0.225***	0.294***	0.222***
	(8.68)	(5.88)	(8.77)	(5.87)
高中	0.876***	0.686***	0.876***	0.685***
	(18.49)	(15.74)	(18.46)	(15.75)
大学及以上	1.276***	1.377***	1.278***	1.379***
	(19.89)	(16.35)	(19.58)	(16.34)
个人控制变量	有	有	有	有
省份控制变量	有	有	有	有
行业控制变量	有	有	有	有
年份控制变量	有	有	有	有

续表

解释变量	（1）	（2）	（3）	（4）
	全部样本	市场部门	全部样本	市场部门
拟似然比	−14502.1	−9080.6	−14505.1	−9082.6
N	11950	10119	11950	10119

注：***、**、*分别表示在 1%、5%和 10%的水平上显著。

从表 8-15 的第(1)和第(3)列可发现,贸易开放度对 1965—1976 年出生的劳动者影响与 1965 年以前出生的劳动者差异较小,而对于 1977 年以后出生的劳动者的影响显著高于 1965 年以前出生的劳动者,可能在于随着改革进程的推进,劳动者受贸易开放的影响日益增加,贸易开放对劳动者阶层地位的获得均产生了越来越显著的作用。第(2)列和第(4)列检验了贸易开放对市场部门劳动者的作用。与全部样本类似,贸易开放对劳动者职业地位的影响随着改革进程的推进而增强。同时贸易开放对 1965—1976 年出生的劳动者影响显著大于 1965 年以前出生的劳动者,这进一步表明了贸易开放对市场部门劳动者的影响高于公共部门,对市场部门不同年龄阶段劳动者的作用有明显差异。

3. 对不同地区和行业的检验

由于我国不同地区、不同行业的开放程度存在较大差异,所以我们对样本按地区和行业进行了检验。表 8-16 的结果显示,贸易开放对东部地区劳动者职业声望和阶层地位均高于中西部地区。原因可能在于东部地区开放较早、外向型经济集中,而贸易开放又推动了制度变迁进程,有利于市场经济发展和市场权力所有者地位的提升;中西部地区开放较晚、市场发展和制度变迁进程较为落后,所以贸易开放度对劳动者职业和阶层的影响均较小。在行业方面,我们将不同行业划分为工业和建筑业、生产性服务业和生活性服务业。我们发现,贸易开放对工业和建筑业从业者的提升作用较大,明显高于服务业。这一结果可能由于近年来我国的制造业贸易与投资发展迅速,而服务业尤其是生活性服务业开放程度仍然较低,所以贸易开放对工业和建筑业劳动者作用显著,而对服务业劳动者影响较小。

表 8-16　贸易开放对不同地区和行业的作用

地区差异	阶层地位			稳健性检验		
	全部样本	市场部门	1965 年以后	全部样本	市场部门	1965 年以后
贸易开放度	−0.0651*	−0.0801	−0.0873	−0.0247	−0.0411	−0.0373
	(−1.71)	(−1.29)	(−1.60)	(−0.56)	(−0.56)	(−0.51)
东部地区	0.606***	0.798***	0.900***	0.323***	0.407***	0.415***
	(5.61)	(4.55)	(5.89)	(4.55)	(3.04)	(2.65)
贸易开放度×东部地区	0.218***	0.306***	0.343***	0.173***	0.243***	0.237***
	(6.22)	(4.84)	(5.74)	(3.88)	(3.04)	(2.78)
控制变量	有	有	有	有	有	有
拟似然比	−14341.8	−9065.2	−6748.2	−14295.4	−9036.1	−6727.2
N	11950	10119	7508	11950	10119	7508

行业差异	阶层地位			稳健性检验		
	全部样本	市场部门	1965 年以后	全部样本	市场部门	1965 年以后
贸易开放度	0.021	0.0526	0.0719	0.0488	0.0813	0.0862
	(0.60)	(1.07)	(1.50)	(1.25)	(1.55)	(1.62)
工业和建筑业	0.408***	0.317**	0.263*	0.303***	0.213**	0.139
	(3.74)	(2.57)	(1.82)	(3.57)	(2.09)	(1.16)
生产性服务业	1.071***	1.253***	1.431***	1.094***	1.290***	1.467***
	(4.00)	(3.94)	(4.99)	(4.07)	(4.21)	(5.27)
贸易开放度×工业和建筑业	0.191***	0.178***	0.178***	0.237***	0.227***	0.217***
	(3.93)	(3.65)	(3.11)	(4.71)	(3.86)	(3.17)
贸易开放度×生产性服务业	−0.0263	−0.0565**	−0.0614*	−0.0295	−0.0632*	−0.0666
	(−1.13)	(−2.17)	(−1.89)	(−1.04)	(−1.93)	(−1.53)
控制变量	有	有	有	有	有	有
拟似然比	−14299.5	−9044.9	−6735	−14295.4	−9036.1	−6727.2
N	11950	10119	7508	11950	10119	7508

注:控制变量包括个人、省份、行业和年份控制变量。***、**、*分别表示在1%、5%和10%的水平上
　　显著。

（六）贸易开放与劳动者阶层的代际流动

为了全面讨论贸易开放对劳动者阶层地位的作用，我们进一步检验了贸易开放对劳动者阶层地位流动的影响。其中，劳动者阶层地位流动用代际流动和感知的阶层流动来表示；代际流动用劳动者当前的社会阶层减去父亲职业地位；感知的阶层流动使用问卷列表中的对社会阶层感知来计算，即用劳动者个人对当前社会阶层的判断减去 14 岁时的阶层地位。表 8-17 报告了贸易开放对劳动者阶层流动的作用。结果显示，对代际阶层流动而言，贸易开放度、家庭平均收入、受教育程度和控制变量的作用均显著为正，而父亲职业地位的作用为负，表明父亲阶层地位较低的劳动者确实实现了向上流动。对于感知的阶层地位，贸易开放度、家庭平均收入、党员身份等变量显著为正，而城镇户籍和教育变量为负，说明城镇劳动者和受教育程度较高的劳动者感知的社会流动较小，而农村和受教育程度较低的劳动者感知的社会阶层变化较大。

表 8-17　贸易开放对劳动者阶层流动的作用

解释变量	代际阶层流动		感知阶层流动	
	（1）	（2）	（3）	（4）
贸易开放度	0.122***	0.0797***	0.114***	0.110***
	(5.74)	(3.81)	(2.63)	(3.04)
家庭平均收入	0.680**	0.692**	1.342***	1.333***
	(2.41)	(2.42)	(5.20)	(5.09)
父亲职业地位	−5.664***	−5.661***	−0.939***	−0.939***
	(−37.40)	(−37.49)	(−10.98)	(−11.00)
党员身份	0.324***	0.321***	0.137***	0.135***
	(7.68)	(7.53)	(3.28)	(3.21)
城镇户籍	0.0746***	0.0781***	−0.143***	−0.136***
	(3.46)	(3.47)	(−5.60)	(−4.85)
公共部门	0.360***	0.359***	0.0688*	0.0686*
	(7.65)	(7.66)	(1.70)	(1.72)

续表

解释变量	代际阶层流动		感知阶层流动	
	（1）	（2）	（3）	（4）
初中	0.147***	0.143***	−0.125***	−0.125***
	(4.78)	(4.71)	(−2.69)	(−2.68)
高中	0.512***	0.513***	−0.184***	−0.182***
	(13.33)	(13.54)	(−4.63)	(−4.66)
大学及以上	0.841***	0.847***	−0.114**	−0.109**
	(16.90)	(16.83)	(−2.09)	(−2.02)
控制变量	有	有	有	有
拟似然比	−17891	−17896.9	−11188	−11183.8
N	11950	11950	11950	11950

注：***、**、*分别表示在1%、5%和10%的水平上显著。

由上可见，1978年开始的改革开放，不仅开始了我国经济由计划向市场转型、由封闭向开放转型的序幕，也开启了劳动者的社会分层机制由政治逻辑向市场逻辑转变的进程。在此进程中，对外贸易作为市场转型和经济开放的重要推动力量，对劳动者的地位获得和生活机遇产生了怎样的影响，是我们关注的主要问题。在理论框架方面，我们利用经济社会学的制度、权力、网络和认知四种形塑社会行为的机制，分析了贸易开放对劳动者职业地位获得的作用。在计量方法方面，我们使用CGSS微观调查数据，同时使用历史和地理数据相结合的方法构建工具变量，对贸易开放对劳动者职业地位的作用与机制进行了检验，得到了较有意义的结论。

第一，我们发现，贸易开放度对劳动者职业声望具有重要影响，劳动者所在省份的贸易开放度提升1%，其职业声望值将提升1.4个单位。我们对这一结果进行了工具变量检验和稳健性检验，结果与基本回归差异较小。同时，父亲职业地位、家庭平均收入、受教育程度和党员身份等因素均对劳动者职业地位有显著作用。此外，相比于农村户籍劳动者，城镇户籍劳动者有较高职业地位，说明户籍制度仍是劳动力市场职业歧视的来源因素。

第二，在作用机制方面，我们发现贸易开放作为制度变迁的重要表现，

对社会权力、职业网络和认知能力均产生了显著影响，从而为劳动者获得较高职业地位提供了广阔空间。在社会权力方面，贸易开放通过促进地区经济发展和提升市场化程度，提升了非公共部门的社会权力，改变了地区权利和利益的分配格局，从而有利于劳动者职业地位提升。在职业网络方面，贸易开放促进了劳动力流动，将劳动者融入市场分工的职业网络中，从而为其获得较高职业地位提供了条件。在认知能力方面，贸易开放传播了市场化的认知模式与地位获得模式，提升了劳动者人力资本和个人认知能力的回报率，为促进地位获得模式的市场化起到了重要作用。

第三，由于我国的对外开放和市场化转型存在不平衡性，所以我们对不同年龄劳动者、各地区和行业进行了检验。结果发现，贸易开放对1977年及以后出生的劳动者的作用显著高于1977年以前出生的劳动者；对东部地区的作用高于中西部地区；对工业和建筑业劳动者的影响明显高于生产性服务业和生活性服务业。因此，贸易开放的作用随时间、地区和行业有较大差异，对年龄较低和开放程度较高的地区和行业的影响更加显著。

第四，对于劳动者阶层地位而言，我们发现贸易开放度显著提升了劳动者进入市场中产阶层的比率，省份贸易开放度提升1%，劳动者进入市场中产阶层的概率可提升0.18%。对于市场中产阶层而言，其阶层差异中市场因素作用较大；而对于公职中产阶层而言，阶层差异的主要作用在于再分配制度因素，包括党员身份、户籍制度、部门制度等方面。同时，贸易开放度提升对城镇人口的提升作用显著高于农村人口，对1978年以后出生的劳动者作用高于1978年以前出生的劳动者。

因此，贸易开放通过提升市场经济发展水平、促进劳动力流动和认知能力提升对劳动者获得较高职业地位具有积极影响；同时，对市场化发展程度较高的地区和行业有显著作用；对劳动者代际职业流动也有明显提升作用；这对于我国促进社会流动、提高社会整体的开放性和公平性、培育新的社会流动机制和资源分配机制具有重要的启示意义。

第九章 贸易开放与农村劳动力流动：非农就业的路径选择

在前面各章，我们虽然从不同侧面和不同程度研究了对外贸易与农村劳动力的就业、收入和流动问题，但更多的是侧重于对外贸易与城镇居民的就业、收入和流动问题。而非农就业不仅是劳动力流动的重要组成部分，而且也是我国促进产业结构调整、实现城镇化和城乡协调发展的必然选择。

在现有相关研究中，多数文献关注的是中间品和最终产品贸易自由化的就业效应，而且主要讨论其对制造业领域的影响，包括工资差距、劳动力需求弹性、不同技术人员的差异等方面，而对贸易开放如何影响农村劳动力非农就业的研究较少。同时，现有研究农村劳动力就业的文献主要研究了劳动者个人能力、市场制度等方面对劳动者非农就业、收入增加的作用，对于贸易自由化的影响则尚未进行充分讨论。因此，本章将农村劳动力就业区分为务农、本地非农就业和外出非农就业三个类别，通过工作参与、工作时间和工作收入三方面的计算，深入分析贸易开放对农村劳动者非农就业、外出务工决策的差异化影响以及贸易开放对劳动者工资的作用机制，并进一步探讨了贸易开放与贫困减少的内在关系。

第一节 贸易开放与农村劳动力流动的作用机制

一、关于贸易开放的就业效应

对于贸易自由化与劳动力就业的关系，已有大量文献进行了深入讨论。如伍德（Wood，1995）的讨论证实了贸易自由化提升了发达国家熟练劳动力的相对需求，而对于发展中国家的情况，相关研究并未发现贸易自由化对非熟练劳动力需求和工资的正向影响,尤其是贸易自由化对发展中国家的劳动力在部门之间的再配置问题并没有显著证据。扎迪亚·费利西亚诺(Zadia M.Feliciano,2001)对墨西哥贸易自由化的研究,以及阿塔纳西奥等(Attanasio 等,2004)对哥伦比亚,珍妮特和哈里森(Janet 和 Harrison,1997)对摩洛哥的讨论也均未发现贸易自由化对劳动力流动的作用。可能的原因在于,发展中国家不健全的产品和要素限制了劳动力流动,因此劳动力市场对贸易自由化的反应较弱。

随着产业内贸易的深入发展,中间品贸易和外包活动成为发展中国家和发达国家产业分工的重要形式,对发展中国家劳动力市场产生了重要影响。芬斯特拉和汉森(Feenstra 和 Hanson,1997、1999、2003)发展了中间品贸易模型,认为最终品生产可被分解为不同技术密集度的中间品环节,因此企业将选择外包部分生产环节实现成本最小化。虽然发达国家将其非技术劳动环节转移至发展中国家,但对于发展中国家而言,此类活动仍属于技术劳动密集部分。所以结果是,外包活动增加了发达国家和发展中国家技术劳动力的相对需求和平均工资,导致两个地区的技术溢价增加。与此同时,谢和吴(Hsieh 和 Woo,2005)发现随着中国大陆对 FDI 的政策逐渐放宽,香港企业对生产过程进行了重新分配,这增加了香港本地企业对技术劳动力的相对需求。近年来,多项研究发现中间品贸易自由化促进了国内的中间品进口、提升了企业技术水平和产出增长,从而推动了国内就业增加(Goldberg 等,2010;毛其淋等,2016)。

与此同时,部分研究从劳动力市场角度探讨了贸易自由化的作用,尤其是贸易对劳动力需求弹性的影响。斯劳特(Slaughter,1997)利用美国制造业行业数据,估计了美国贸易自由化对熟练和非熟练劳动力的影响,发现贸易自由化对非熟练劳动力的需求弹性影响更大,对熟练劳动力影响较小。哈森等(Hasan 等,2003)对印度劳动力市场进行了检验,发现进口增长对国内劳动力需求弹性作用显著,而克利希那等(Krishna 等,2001)对土耳其企业的研究并未发现这一现象。戴维森和马突兹(Davidson 和 Matusz,2012)指出相关结论不同的原因在于劳动力市场的摩擦导致劳动者与工作未能完全匹配,因此贸易自由化对劳动者就业的作用存在异质性。

此外,部分文献讨论了贸易自由化对就业结构变动的作用。尼维

（Nearvy，1978、1982）将就业问题纳入标准贸易模型中，认为贸易冲击造成了劳动力市场短期的不均衡，可能增加劳动力市场的调整成本和国内失业问题。罗摩（Rama，2003）认为，由于发展中国家劳动力市场的不完全性，所以贸易自由化可能造成国内的失业增加；阿塔纳西奥等（Attanasio 等，2004）发现贸易自由化对哥伦比亚制造业失业的增加确实存在正相关性；但是森（Sen，2008）对印度的研究并未发现贸易自由化与国内制造业劳动者就业的明显相关性；同时，博蒂尼和加西奥雷（Bottini 和 Gasiorek，2009）认为贸易自由化对摩洛哥劳动力市场的就业增加效应及失业效应同时存在。因此，贸易自由化与国内就业结构的关系较为复杂，可能与贸易结构、劳动力市场制度等多种因素有关。

在国内研究方面，大量文献讨论了贸易自由化对国内劳动力市场的作用机制。如毛日昇（2009）对制造业的研究发现，国际贸易的发展通过增加产出、改变劳动力要素投入比率、改进全要素生产率和促进要素市场竞争对劳动力市场产生影响，最终增加了制造业就业。唐东波（2012）从垂直专业化角度分析了贸易开放对就业的影响，发现中间品贸易对我国高技术劳动力就业比例具有显著影响，尤其从发达国家的中间品进口有利于提升高技术劳动力就业。毛其淋等（2016）进一步指出，中间品贸易自由化对高技术企业具有就业创造效应，而对低技术企业具有就业破坏作用。此外，盛斌等（2008、2009）从贸易自由化与劳动力需求弹性的角度，分析了我国贸易开放对劳动力就业风险的影响。研究发现，中间品出口有利于提升劳动力需求，其作用机制是改变了生产要素之间的替代效应。

二、关于农村劳动力的非农就业选择

根据刘易斯的二元经济理论，农村劳动力向非农部门转移是我国工业化进程的重要环节，也是降低农村贫困率、提升劳动者收入的关键途径。中国的绝大多数剩余劳动力集中在农村（Naughton，2007），工业化推动的资本深化为农村剩余劳动力提供了大量就业岗位，促进了农村劳动力向非农部门以及城市流动，提升了社会整体的开放性。大量研究表明，在我国二元经济转型时期农村减贫的关键是劳动力的非农就业。夏庆杰等（2010）、罗楚亮（2010）等研究均发现农村剩余劳动力进入城市部门和非农业部门可以显著增加农民收入。杜等（Du 等，2005）、岳希明等（2010）利用工具变量法，发现农村人口的非农就业对降低贫困率具有重要作用。章元等（2012）考察了工业化的渗透效应对农村劳动者的影响，发现农民收入增加主要来源于参与工业劳动时间的增加。宁光杰（2012）使用农村住户调查数据研究后发现，外出就业的收入明显高于本地非农就业，而制度因素是限制劳动者外出的主要原因。

贸易自由化不仅通过产品市场和劳动力市场对就业产生作用，也通过家庭生产和消费渠道影响劳动者的就业和收入。尤其是在欠发达国家，劳动者没有在正式劳动力市场获得工资性工作，而是成为家庭生产者或自我雇佣者，贸易自由化尤其是制造业的自由化对家庭生产和消费活动的影响在发展中国家尤为重要。史密斯等（Smith 等，2002）和弗兰肯伯格等（Frankenberg 等，2003）发现，印度尼西亚的农村地区劳动者通过增加家庭内生产来减轻经济危机和贸易萧条的影响；爱德曼茨和帕夫尼克（Edmonds 和 Pavcnik，2006）则指出，越南水稻市场的自由化程度提高促进了专业化分工的加强，这促使农业劳动者家庭生产时间减少，提升了其在劳动力市场的参与程度。

三、贸易开放影响农村劳动力非农就业的作用机制

贸易开放增加了劳动力需求，促进了农业剩余劳动力向工业部门转移、推动了农村人口非农就业，对提升劳动者收入产生了重要作用。具体而言，贸易开放对农村劳动者非农就业的作用主要通过扩大劳动力需求来实现。贸易自由化作为我国开放战略的重要组成部分，对劳动者就业尤其是农村人口非农就业起着不可或缺的作用。

首先，根据 H-O-S 理论，贸易开放将改变原有生产中的要素投入比例，提升国内具有比较优势的要素需求。改革开放以来，我国对外贸易迅速增长，对外贸易的发展意味着生产活动的转移，直接增加了我国的劳动力就业。随着贸易活动的开展，产业内、产品内分工形式的增加促进了生产活动在母国和东道国之间的分配，发达国家将密集使用非熟练劳动力的生产活动转移至发展中国家，为东道国提供了大量就业机会。由于相关生产环节技术水平较低，所以这成为我国农村剩余劳动力非农就业的基础。2011

年,我国加工贸易企业直接从业人员达 4000 万人以上,占第二产业就业人数比重的 20%,尤其对农民工非农就业和进城务工带来了重要机会,增加了其非农就业和收入水平。

其次,在我国的贸易结构中,加工贸易在贸易总额中长期以来占有较大比重,其中垂直型跨国公司起到了至关重要的作用。大量研究表明垂直型跨国公司在技术水平、工资水平等方面高于国内企业,不仅可以增加国内劳动力需求,更重要的是通过技术溢出、人员培训等提升劳动者技术能力,同时通过示范效应提升国内工资水平。唐东波和王洁华(2011)的研究认为,我国贸易开放程度提高显著提升了劳动收入份额。不仅如此,垂直型跨国公司可与相关产业产生前后关联效应,促进产业发展和就业增加。这种前后关联效应主要包括贸易企业与当地上下游产业在技术、管理、服务及基础设施等方面的联系,可以扩大相关产业的劳动力需求,提升就业水平和劳动力技术水平,从而提高劳动者收入。理论和实证研究均表明,积极提升跨国公司与当地产业的关联程度是东道国实现经济发展和就业的重要途径。①

第二节　贸易开放与农村劳动力流动的实证分析

一、数据来源

本章的数据来源于 2013 年中国家庭收入调查数据(Household Income Survey Data in China)的农村样本,该样本涵盖 15 个省份的 10490 个家庭和 39065 个个人的收入、就业、家庭等情况以及所在地区的基本信息,尤其对劳动者农业和非农工作时间、外出务工时间及工作类型、外出原因等方面的信息进行了统计,可以有效地考察劳动者非农工作参与和外出务工选择等问题。我们保留了 15—63 岁且未接受学校教育的劳动者数据,删除变量缺失值后,可得到 23896 个劳动者样本。

---

① 布洛姆斯特罗姆和科高(Blömstrom 和 Kokko,1998)总结了垂直型 FDI 前后关联效应的机制;垂直型 FDI 通过前后关联效应对东道国经济影响的研究,参见罗德里格斯·克莱尔(Rodriguez-Clare,1996)和贾沃里克(Javorcik,2004)。

表 9-1　不同类型劳动者的基本工作情况

工作类型	人数	年龄	教育程度	工作时间（月）	工作年收入（元）
本地农业劳动	7259	47.31	6.09	7.25	—
本地非农工作	6946	43.00	8.19	9.05	22356.8
外出务工（省内）	5271	34.88	9.16	9.36	26140.6
外出务工（省外）	2761	32.13	8.66	9.61	30227.2

注：由于劳动者可能同时有本地农业劳动、本地非农工作、外出务工等多种工作，我们根据调查问卷中劳动者最长的工作时间和主要工作收入选择其从事的主要工作形式。

由表 9-1 可见，就劳动者数量而言，本地农业劳动者仅占约 30%，而本地非农劳动者、外出务工人员占 75% 以上。在年龄方面，农业人员年龄最大，非农工作、外出务工人员年龄明显低于农业劳动者，尤其年轻劳动者更有可能外出务工。在教育程度方面，我们发现，农业劳动者教育程度最低，平均为小学水平；而省内外出劳动者教育程度最高，部分人员达到高中水平；这说明教育程度较高的劳动者更有可能选择外出工作。在工作时间方面，随着外出时间增加，劳动者工作时间也有显著增加，本地农业劳动者工作时间为 7.25 个月，而省外外出的劳动者平均超过 9 个月。在工作收入方面，外出务工人员的收入要显著高于本地非农工作，年收入比本地非农劳动者高 8000 元左右，这与戈利和孟（Golley 和 Meng，2011）的发现基本一致。

在贸易开放的变量选择方面，由于我国开放程度的地区、时间差异较大，不同省份、不同年龄的人员受到的贸易开放度影响有很大差距，所以我们根据劳动者年龄和省份构建了贸易开放变量，即使用劳动者出生年份开始所在省份历年的贸易开放度均值，省份贸易开放度用进出口贸易额与省份 GDP 比重表示，因此劳动者的贸易开放度可表示为：

$$\mathrm{lntrade}_{ict} = \ln\left(\frac{1}{n}\sum_{n=1} trade_{ct}\right) \tag{9-1}$$

式（9-1）中，$\mathrm{lntrade}_{ict}$ 表示个体 i 在省份 c 和时间 t 受贸易开放的影响程度，$trade_{ct}$ 表示省份 c 在年份 t 的市场开放度，n 为劳动者年龄。由于改革开放之前全国开放程度差异较小，且省份数据统计缺失较多，所以 1983 年以前的省份贸易开放度用全国贸易开放度近似表示。贸易数据和 GDP

数据来源于历年《国家统计年鉴》和各省统计年鉴,各年的汇率值用PWT8.1的汇率值计算。

表9-2给出了主要变量的统计描述。

表9-2　主要变量的统计描述

变量	描述	单位	平均值	标准差	最小值	最大值
非农工作收入	劳动者参与非农工作的收入	log（元/日）	4.575	0.697	1.386	10.597
非农工作时间	劳动者参与非农工作的月数	log	2.149	0.563	−2.303	3.583
工作类型	0为农业、1为本地非农、2为外出(省内)、3为外出(省外)	[−]	1.157	1.017	0	3
贸易开放度	劳动者所受贸易开放的影响	log	−1.942	0.908	−2.973	0.622
个人特征变量						
性别	1为男性,0为女性	[−]	0.532	0.498	0	1
婚姻状况	1为已婚,0为未婚	[−]	0.833	0.373	0	1
年龄	劳动者年龄	[−]	41.177	12.523	16	63
年龄的平方/100	劳动者年龄的平方/100	[−]	18.525	10.227	2.560	39.690
教育年限	劳动者教育年限	年	7.762	3.193	0	20
健康状况	1为健康状况良好,0为一般或较差	年	0.776	0.417	0	1
党员身份	1为党员,0为非党员	[−]	0.0549	0.2280	0	1
干部身份	1为乡镇或村干部,0为群众	[−]	0.0272	0.1630	0	1
家庭收入	2012年家庭人均收入	[−]	10.456	0.754	0.010	14.130
省份特征变量						
市场化程度	私营企业产值与内资企业产值的比值	log	6.841	0.458	5.672	7.554
城市人力资本	初中以上劳动者所占比重	log(年/人)	−2.840	0.110	−3.092	−2.570
劳动力密集程度	人口抚养比	%	36.37	4.98	22.70	42.23

二、计量方法

我们认为,不可观测效应将影响劳动者非农就业和外出工作,OLS和工具变量估计可能造成结果的有偏性。由于涉及劳动者多种工作的选择问题，所以我们采用杜宾等（Dubin 等，1984）和宁光杰（2012）的克服选择偏差的修正模型，影响劳动者外出工作的因素既包括劳动者个人特征，也包括所在乡村的情况。因此我们选取的变量有劳动者年龄、性别、婚姻、教育程度、健康情况、是否为党员和干部、家庭人均收入、是否有老人或儿童需要照顾、所在村拆迁情况、所在村的生活水平等，其中照顾老人或儿童、所在村的拆迁和生活水平变量只影响劳动者是否外出，而对外出的工资没有直接作用。为了克服不可观测特征的影响，我们采用修正效应模型进行估计，即第一步利用 Probit 模型估计劳动者非农就业和外出务工的影响因素，并得到逆 mills 比率；第二步将逆 mills 比率代入劳动时间和工作收入模型，得到劳动者非农工作时间和收入的决定因素。具体估计方程为：

$$P = P(\ln trade_i, X_i, Y_c, Z_i) \tag{9-2}$$

其中 $\ln trade_i$ 为劳动者所受贸易开放程度，X_i 为劳动者个人变量，Y_c 为省份层面变量，我们根据赫林和庞塞特（Hering 和 Poncet，2010）的做法，加入所在省份的市场化水平、人力资本密集度、劳动力聚集程度；Z_i 为仅影响劳动者是否外出工作的变量，包括是否有老人或儿童需要照顾、所在村拆迁情况、所在村的生活水平。

在非农工作时间和收入方面，我们采用 OLS 和工具变量估计，方程为：

$$\ln workmonth_i = \ln trade_i + X_i + Y_c + lambda \tag{9-3}$$

$$\ln wage_i = \ln trade_i + X_i + Y_c + lambda \tag{9-4}$$

其中 $lambda$ 为通过选择修正效应得到的逆 mills 比率。

三、内生性问题与稳健性检验

变量的内生性问题是计量模型必须考虑的关键问题。内生性的来源主要有忽略变量和逆向因果两大类。由于本节的解释变量贸易开放度为省份层面数据，而被解释变量职业声望值为个人层面数据，且贸易开放度包含滞后多期的数值，所以逆向因果问题较小。对于忽略变量问题，由于贸易开放度与省份经济发展水平、人力资本水平等其他因素密切相关而造成结果的有偏性和不一致性，所以需要找到与省份贸易开放度相关性较强而与其他变量不相关的工具变量。一般而言，贸易开放度的工具变量主要有以到海岸线的地理距离衡量的地区国外市场接近度(黄玖立等,2006)和地区历史上的开放程度(Fang 和 Zhao,2009),且大多数文献的时间跨度较短或所含地区较为有限。我们的贸易变量涉及自 1950 年到 2013 年的省份贸易开放程度,所以工具变量的选取较为困难。首先,由于数据和资料的限制,我们结合黄玖立等(2006)以及方和赵(Fang 和 Zhao,2009)的方法,使用历史数据和地理数据相结合的办法构建了工具变量。在近代历史上,洋务运动和通商口岸的开设促进了对外贸易的快速增长,尤其在 19 世纪末到 20 世纪初的发展最为迅速,这与我国改革开放前后贸易发展的情况较为相似。所以我们采用 1865 年到 1928 年全国进出口总额和进出口指数衡量这一阶段贸易的增长($Trade_t$)。[①] 其次,以天津、上海和广州三大通商口岸为中心,测算各省会城市到最近港口的地理距离,将市场距离的倒数乘以 100 作为市场接近度的指标。再次,将各省划分为北方地区、中部地区和南部地区,计算三个区域各自所含通商口岸的关税总额占全国的比重作为权重(w_r),乘以各省到最近港口的距离得到其加权的地理距离。[②] 最后,我们将加权地理距离乘以 1865—1923 年的贸易增长数值,得到各省份在这一历史阶段的贸易开放程度。所以历史上各省份贸易开放度的计算公式为:

$$trade_{ct} = w_r \times \left(\frac{1}{D_{ic} + D_{ii}} \times 100 \right) \times Trade_t \tag{9-5}$$

---

① 中国的贸易发展历程在这两个时期具有一定的相似性。从 1865 年至 1895 年,我国贸易总额增长较慢;而从 1895 年后,对外贸易开始迅速发展;尤其是第一次世界大战时期到经济大萧条之前的二十余年(1928 年左右)是增长最快的时期。新中国成立后,1950 年至 1980 年左右贸易增长较为缓慢,改革开放之后贸易增速不断加快;而 20 世纪 90 年代之后对外贸易增长更加迅速。因此,我们计算了 1865—1928 年和 1950—2013 年贸易额和贸易指数的相关性,两者相关性达到 0.9 以上。

② 由于在历史和现实中,我国的不同地区贸易开放水平差异巨大,所以采取加权的市场接近程度更能反映出地区之间经济发展的差异性;我们也计算了未经加权的市场接近度,发现加权的数据与现实中各省开放程度有更强的相关性。此外,我们将各省划分为北部、中部和南部的原因在于,在 19 世纪的开放进程中,上海、天津和广州为我国三大主要港口和开放城市,各地区的进出口贸易主要通过这三个城市的港口进行;而汉口、九江等地内陆口岸主要以内河航运和转口贸易为主。由于数据可得性的限制,通商口岸关税总额的计算我们采用 1882—1910 年各通商口岸关税历年总额。数据来源于滨下武志(2006)第 471—473 页,表 II-3。

其中，D_{ic} 为各省到最近港口的地理距离，D_{ii} 为三大港口的内部距离；我们将地理距离取倒数乘以 100，并按照各地区海关总税收额占全国的比重 w_r 进行加权，海关税收数据采用 1882—1910 年全国 48 个通商口岸的关税收入（不包括淡水和台南），数据来源于滨下武志（2006）；$Trade_t$ 为 1865—1928 年全国进出口总额和进出口指数；进出口总额数据来源于久生（Hisao，1974）和滨下武志（2006）[①]；进出口指数数据来源于郑（Zheng，1956）。

四、基本回归结果

表 9-3 报告了劳动者非农就业和外出务工的基本回归结果。其中第（1）列和第（2）列为劳动者非农就业的影响因素，我们发现贸易开放程度提高显著增加了劳动者非农就业机会，有利于劳动者从农业部门向非农部门转移。教育年限、健康状况、党员和干部身份、家庭收入都有利于劳动者从事非农工作，年龄与非农工作呈倒"U"型关系，婚姻状况与非农工作的关系为负，说明随着年龄增长，劳动者的非农工作参与程度呈先上升后下降的趋势，且未婚劳动者的非农就业程度高于已婚劳动者。在省份变量方面，市场化程度、劳动力密集度和人力资本密集度都有利于劳动者非农工作；其他变量中，家庭有老人或儿童需要照顾对劳动者非农就业有显著负向影响，而所在村的拆迁提升了劳动者非农务工的选择。第（3）列和第（4）列中，我们检验了劳动者在非农工作中是否外出的影响因素。结果发现，贸易开放对劳动者外出的影响显著为负，说明在贸易自由化程度更高的地区，劳动者更倾向于选择在本地非农就业。第（5）列和第（6）列报告了劳动者在省内外出务工和省外工作的选择，结果显示贸易开放对劳动者省外工作的影响仍然为负，说明劳动者受贸易自由化影响越大，越有可能在本省内工作，因此贸易开放对劳动者就业选择的影响主要在于促进了劳动者的本地非农就业，对于外出人员作用较小。

---

① 中国海关数据的原始资料均为《中国旧海关史料》，我们比较了滨下武志和久生的数据，有 14 个年份存在差异，但差异较小（每年相差 1 千海关两左右），因此对回归结果没有显著影响。

表 9-3　劳动者非农就业和外出务工选择的基本回归结果

解释变量	（1）非农工作	（2）工具变量	（3）是否外出	（4）工具变量	（5）省外工作	（6）工具变量
贸易开放度	0.1750 ***	0.3860 ***	−0.1510 ***	−0.0917 ***	−0.4870 ***	−0.1080 ***
	（10.98）	（17.98）	（−8.68）	（−3.78）	（−19.01）	（−2.94）
个人控制变量						
年龄	0.0721 ***	0.0738 ***	−0.0306 ***	−0.0302 ***	0.0246 **	0.0191 *
	（12.34）	（12.72）	（−4.04）	（−3.99）	（2.19）	（1.75）
年龄的平方/100	−0.1140 ***	−0.1150 ***	−0.00500	−0.00528	−0.05980 ***	−0.05030 ***
	（−16.47）	（−16.79）	（−0.53）	（−0.56）	（−4.04）	（−3.49）
婚姻状况	−0.29000 ***	−0.28100 ***	−0.24500 ***	−0.24400 ***	0.00457	0.01480
	（−8.87）	（−8.60）	（−6.98）	（−6.96）	（0.10）	（0.34）
教育年限	0.0897 ***	0.0854 ***	0.0146 ***	0.0136 ***	−0.0359 ***	−0.0419 ***
	（25.02）	（23.79）	（3.29）	（3.06）	（−5.74）	（−6.75）
健康状况	0.1870 ***	0.1700 ***	0.1290 ***	0.1230 ***	0.1170 **	0.0924 *
	（8.34）	（7.65）	（4.16）	（3.96）	（2.36）	（1.91）
党员身份	0.250 ***	0.262 ***	−0.207 ***	−0.202 ***	−0.393 ***	−0.371 ***
	（5.23）	（5.49）	（−3.98）	（−3.87）	（−4.03）	（−3.80）
干部身份	0.2990 ***	0.3080 ***	−0.8490 ***	−0.8440 ***	0.0300	0.0646
	（4.40）	（4.58）	（−9.93）	（−9.89）	（0.17）	（0.39）
家庭人均收入	0.1820 ***	0.1300 ***	−0.0861 ***	−0.1010 ***	−0.0717 ***	−0.1550 ***
	（13.11）	（9.26）	（−5.25）	（−5.97）	（−3.08）	（−6.50）
省份控制变量						
省份人力资本	0.927 ***	0.638 ***	1.032 ***	0.952 ***	0.851 ***	0.295 *
	（9.69）	（6.71）	（8.41）	（7.63）	（5.12）	（1.72）
劳动力密集度	0.0182 ***	0.0437 ***	0.0199 ***	0.0272 ***	0.0274 ***	0.0803 ***
	（6.62）	（13.64）	（5.69）	（6.63）	（5.18）	（11.56）
市场化程度	0.194 ***	0.137 ***	−0.226 ***	−0.233 ***	−0.155 ***	−0.261 ***
	（8.46）	（5.96）	（−7.18）	（−7.43）	（−3.95）	（−6.51）

续表

解释变量	（1）	（2）	（3）	（4）	（5）	（6）
	非农工作	工具变量	是否外出	工具变量	省外工作	工具变量
其他变量						
照顾老人／儿童	-0.620***	-0.630***	-0.778***	-0.786***	-0.883***	-0.835***
	（-19.11）	（-19.70）	（-14.70）	（-14.83）	（-6.58）	（-6.46）
征地情况	0.280***	0.268***	-0.245***	-0.247***	-0.280***	-0.292***
	（9.82）	（9.46）	（-7.78）	（-7.85）	（-5.53）	（-5.91）
乡村生活水平	0.02600	0.04430**	0.00222	0.00675	-0.03460	-0.01200
	（1.34）	（2.29）	（0.09）	（0.28）	（-1.03）	（-0.36）
Wald 检验	—	0.00	—	0.00	—	0.00
拟似然比	-12876.9	-26456.7	-8898.4	-10879.9	-4476.6	-9710.2
N	23896	23896	15177	15177	8075	8075

注：***、**、* 分别表示在1%、5%和10%的水平上显著。

为了进一步讨论劳动者非农就业的选择问题,我们采用 Mprobit 模型对劳动者不同的工作选择进行了检验(劳动者本地农业就业为基准组)。表9-4的结果显示,贸易开放对劳动者本地工作和外出务工的系数均显著为正,说明贸易自由化有利于劳动者参与非农工作,提高了当地非农就业水平。年龄、婚姻状况、教育、健康、党员和干部身份等变量结果与基本回归结果差异较小。第(5)列和第(6)列报告了劳动者在本地非农工作和外出务工的边际效应。我们发现,贸易开放度提升1个百分点,劳动者本地非农就业机会可提升0.15个百分点,而外出务工的概率也相应提升0.1个百分点左右,这表明相对于本地农业就业而言,贸易开放首先提升了劳动者本地非农就业水平,对劳动者外出务工的作用小于对其本地就业的作用。可能的原因在于,地区贸易开放程度提高可以通过直接和关联效应增加对本地劳动力的需求,为劳动力本地就业提供机会。

表 9-4　劳动者本地工作和外出务工的 Mprobit 模型

解释变量	（1）Mprobit 本地工作	（2）Mprobit 外出务工	（3）Iv-mprobit 本地工作	（4）Iv-mprobit 外出务工	（5）边际效应 本地工作	（6）边际效应 外出务工
贸易开放度	0.4030 ***	0.1700 ***	0.5110 ***	0.3520 ***	0.1490 ***	0.0903 ***
	（15.92）	（6.68）	（18.45）	（9.58）	（19.07）	（11.05）
年龄	0.1090 ***	0.0508 ***	0.1120 ***	0.0634 ***	0.0327 ***	0.0163 ***
	（11.38）	（5.10）	（10.17）	（7.01）	（9.26）	（7.33）
年龄的平方/100	−0.1440 ***	−0.1290 ***	−0.1480 ***	−0.1300 ***	−0.0430 ***	−0.0332 ***
	（−12.82）	（−10.67）	（−13.44）	（−10.57）	（−12.60）	（−12.80）
婚姻状况	−0.2100 ***	−0.5900 ***	−0.2210 ***	−0.5020 ***	−0.0644 ***	−0.1287 ***
	（−3.79）	（−11.44）	（−3.22）	（−8.21）	（−3.35）	（−9.80）
教育年限	0.1240 ***	0.1440 ***	0.1250 ***	0.1350 ***	0.0365 ***	0.0346 ***
	（21.85）	（24.36）	（16.59）	（13.45）	（20.94）	（22.15）
健康状况	0.1090 ***	0.2900 ***	0.1040 ***	0.2250 ***	0.0303 ***	0.0576 ***
	（3.12）	（7.56）	（2.84）	（6.14）	（2.89）	（6.60）
党员身份	0.402 ***	0.121	0.398 ***	0.172 **	0.116 ***	0.044 **
	（5.73）	（1.56）	（5.77）	（2.32）	（5.73）	（2.34）
干部身份	0.6860 ***	−0.4580 ***	0.6640 ***	−0.2440 *	0.1930 ***	−0.0626 *
	（7.18）	（−3.48）	（6.29）	（−1.68）	（5.96）	（−1.71）
家庭人均收入	0.3120 ***	0.1820 ***	0.2780 ***	0.1570 ***	0.0808 ***	0.0401 ***
	（14.16）	（8.05）	（13.18）	（6.53）	（12.72）	（6.83）
省份人力资本	0.695 ***	2.091 ***	0.545 ***	1.529 ***	0.158 ***	0.392 ***
	（4.60）	（13.39）	（2.92）	（8.15）	（3.01）	（9.63）
劳动力密集度	0.017000 ***	0.035700 ***	−0.001900	0.007660 *	−0.000552	0.001960 *
	（3.96）	（7.85）	（−0.42）	（1.78）	（−0.42）	（1.80）
市场化程度	0.3680 ***	0.1320 ***	0.3530 ***	0.1350 ***	0.1030 ***	0.0345 ***
	（9.81）	（3.62）	（9.54）	（3.70）	（9.18）	（3.76）

续表

解释变量	（1）	（2）	（3）	（4）	（5）	（6）
	Mprobit	Mprobit	Iv-mprobit	Iv-mprobit	边际效应	边际效应
	本地工作	外出务工	本地工作	外出务工	本地工作	外出务工
照顾老人/儿童	−0.247***	−1.272***	−0.309***	−1.083***	−0.090***	−0.278***
	（−4.92）	（−19.49）	（−3.52）	（−9.78）	（−3.71）	（−12.49）
征地情况	0.759***	0.406***	0.744***	0.443***	0.216***	0.114***
	（16.89）	（8.30）	（16.53）	（7.59）	（15.91）	（8.03）
乡村生活水平	0.0447	0.0534*	0.0381	0.0399	0.0111	0.0102
	（1.46）	（1.70）	（1.28）	（1.44）	（1.28）	（1.44）
拟似然比	−19779.5	−14085.7	—	—		
N	22273	22273	22273	22273		

注：***、**、*分别表示在1%、5%和10%的水平上显著。

五、贸易开放与劳动者非农就业时间

我们认为，贸易开放程度提高将提升劳动者非农工作的参与程度，因此表9-5对贸易开放与劳动者非农就业时间进行了检验。其中第（1）、第（3）、第（5）列为未加入修正项的工具变量回归，第（2）、第（4）、第（6）列为加入修正项的结果。第（1）列和第（2）列报告了农业工作时间的回归结果，我们发现贸易开放度对农业工作时间有显著的降低作用，在考虑了劳动者不可观测效应后，贸易开放度提升1个百分点，劳动者农业工作时间可降低0.37个百分点。这表明地区经济开放对农业劳动者的渗透作用（章元等，2012）。第（3）列和第（4）列结果显示，贸易开放对劳动者本地非农工作的提升作用较强，贸易开放程度提升1%，劳动者非农就业时间可提升0.2%。第（5）列和第（6）列为对外出（省内）的作用，第（7）列和第（8）列为对外出（省外）的作用。由结果可知，贸易自由化对劳动力省内尤其是本地非农就业的作用较高，而对劳动力省外外出没有明显影响。因此，贸易开放对劳动力本地非农就业的影响最大，而对劳动力省内外出的影响又大于省外外出，可能的原因在于贸易自由化通过溢出效应和前后关联效应提升了当地非农产业发展,促进当地的工业化和市场化进程,而对于劳动力外出影响较小。

表9-5　贸易开放与劳动者非农就业时间

解释变量	农业工作		本地非农		外出务工(省内)		外出务工(省外)	
	(1)	(2)	(3)	(4)	(5)	(6)	(7)	(8)
贸易开放度	-0.1280 ***	-0.3710 ***	0.1730 ***	0.1950 ***	0.1080 ***	0.1630 ***	0.0655	0.0801
	(-5.82)	(-4.78)	(12.09)	(4.64)	(8.41)	(5.41)	(1.61)	(1.17)
教育年限	-0.02350 ***	-0.08590 ***	0.03230 ***	0.03280 ***	0.02000 ***	0.02910 ***	0.01560 ***	-0.00356
	(-8.80)	(-6.70)	(11.53)	(4.32)	(7.37)	(4.76)	(5.80)	(-0.25)
家庭人均收入	-0.0751 ***	-0.1020 ***	0.1620 ***	0.1670 ***	0.0667 ***	0.0911 ***	0.0122	0.0282
	(-6.89)	(-7.36)	(14.80)	(12.46)	(5.18)	(5.71)	(1.27)	(1.32)
省份人力资本	-1.3900 ***	-1.5860 ***	0.2860	0.2500	0.1100	0.0715	0.0617	-0.3200 *
	(-20.09)	(-20.93)	(3.34)	(2.75)	(1.06)	(0.49)	(0.70)	(-1.84)
劳动力密集度	0.000269	0.010300 ***	0.014400 ***	0.013900 ***	0.008050 ***	0.005720 *	0.011300 ***	0.007700
	(0.10)	(3.73)	(6.04)	(5.91)	(2.94)	(1.74)	(2.78)	(1.49)
市场化程度	-0.4810 ***	-0.4820 ***	0.1030 ***	0.1100 ***	0.0287	0.0544 *	-0.0143	0.0310
	(-29.50)	(-22.72)	(4.71)	(4.38)	(1.13)	(1.71)	(-0.65)	(1.07)
mills0				0.00458		0.01380		-0.01740
				(0.81)		(1.61)		(-1.16)
mills1		-0.09680 ***				-0.00493		-0.06920 ***
		(-3.00)				(-0.29)		(-2.87)
mills2		0.24800 ***		0.00344				0.07870 **
		(4.24)		(0.14)				(2.16)
mills3		-0.07640 ***		0.00635		0.01950 **		
		(-3.58)		(0.81)		(2.44)		
R^2	0.1208	0.1067	0.1298	0.1286	0.1192	0.1153	0.0426	0.0470
N	12594	12594	8905	8905	3769	3769	2698	2698

注:*** 、** 、* 分别表示在1%、5%和10%的水平上显著。

因此,贸易开放度提高显著提升了劳动者非农工作参与度,尤其有利于本地非农工作参与。一般而言，劳动者的非农工作时间可能与市场制度有关，市场制度较发达的地区，非农就业比例和劳动时间也会较高。我们选取了劳动者工作获得途径和劳动契约制度两个变量衡量劳动力市场制度。其中，工作获得途径可以分为市场途径和非市场途径，市场途径指通过政府、公开招聘、市场招工等形式，非市场途径指通过熟人介绍、朋友推荐等形式；劳动契约制度分为长期和短期契约，长期契约即固定工作和长期工，短期契约即短期工和无合同劳动者。表9-6报告了贸易开放程度与不同工作获得途径和劳动契约制度的关系。结果显示，对于工作获得途径而言，贸易开放对非市场途径获得工作的劳动者的影响更大，尤其对本地工作和省内外出的劳动者，贸易开放度提高有利于非市场途径的劳动者的非农工作参与。对于劳动契约制度而言，贸易开放度提高也增加了短期和无合同劳动者的参与程度，而对于省外外出的劳动者作用不明显。所以对于不同工作获得途径和劳动契约制度的劳动者，贸易开放对非市场途径和短期契约人员的作用大于市场途径和长期契约劳动者。

表9-6 贸易开放与劳动力市场制度

解释变量	工作获得途径			劳动契约制度		
	本地工作	外出务工（省内）	外出务工（省外）	本地工作	外出务工（省内）	外出务工（省外）
	（1）	（2）	（3）	（4）	（5）	（6）
贸易开放度	0.1800***	0.1750***	0.1600***	0.0485	0.0939***	−0.0644
	（4.97）	（6.12）	（2.80）	（1.45）	（3.79）	（−1.35）
贸易开放×市场途径	−0.0531**	−0.0340*	−0.0768			
	（−2.46）	（−1.73）	（−0.97）			
市场途径	0.02170	0.00151	−0.14100			
	（0.67）	（0.05）	（−0.74）			
贸易开放×长期契约				−0.15800***	−0.09030***	−0.00414
				（−10.54）	（−7.08）	（−0.11）
长期契约				−0.00248	0.01680	0.11500
				（−0.10）	（0.78）	（1.20）

续表

解释变量	工作获得途径			劳动契约制度		
	本地工作	外出务工（省内）	外出务工（省外）	本地工作	外出务工（省内）	外出务工（省外）
	（1）	（2）	（3）	（4）	（5）	（6）
mills0	0.00222	0.01450 *	−0.00360	0.00397	0.01600 *	−0.01590
	（0.41）	（1.69）	（−0.27）	（0.73）	（1.91）	（−1.31）
mills1		−0.00883	−0.08760 ***		0.01780	−0.04200 **
		（−0.55）	（−3.93）		（1.13）	（−2.01）
mills2	0.0255		0.0636 *	0.0870 ***		0.0905 ***
	（1.29）		（1.85）	（4.39）		（3.03）
mills3	−0.00113	0.02210 ***		−0.02840 ***	0.00824	
	（−0.18）	（2.78）		（−4.69）	（1.11）	
控制变量	有	有	有	有	有	有
R^2	0.1343	0.1157	0.0437	0.1704	0.1431	0.0749
N	8905	3769	2698	6391	3473	2434

注：***、**、* 分别表示在 1%、5% 和 10% 的水平上显著。

六、贸易开放对劳动者收入的影响

贸易开放对劳动者的主要影响在劳动者非农工作参与和收入两个方面，因此表 9-7 报告了贸易开放程度与劳动者非农收入的关系。其中第（1）列和第（2）列报告了对本地工作的影响，我们发现劳动者受贸易自由化影响越大，其工资收入也相应越高，即贸易开放度提升 1 个百分点，本地工作的工资可提升 0.29 个百分点左右。根据第（3）—（6）列结果，可发现贸易自由化对外出工作的劳动者也有显著作用，其工资提升约为 0.2 个百分点。

表 9-7　贸易开放与劳动者非农工作收入

解释变量	本地工作		外出务工（省内）		外出务工（省外）	
	（1）	（2）	（3）	（4）	（5）	（6）
贸易开放度	0.177***	0.289***	0.128***	0.198***	0.106*	0.204**
	(7.56)	(6.17)	(7.06)	(6.10)	(1.85)	(2.26)
教育年限	0.0478***	0.0582***	0.0298***	0.0315***	0.0328***	0.0200
	(12.65)	(7.12)	(7.31)	(4.43)	(6.86)	(1.06)
家庭人均收入	0.389***	0.403***	0.239***	0.245***	0.140***	0.213***
	(26.23)	(23.22)	(14.78)	(11.95)	(7.12)	(6.51)
省份人力资本	−0.0563	−0.178	0.119	−0.0385	0.244	−0.341
	(−0.50)	(−1.54)	(1.03)	(−0.28)	(1.50)	(−1.34)
劳动力密集度	0.01540***	0.01010***	0.01170***	0.00624*	0.01130**	0.00750
	(4.65)	(2.97)	(3.53)	(1.74)	(2.30)	(1.28)
市场化程度	0.0567*	0.0883**	0.0370	0.0418	0.0882**	0.2190***
	(1.69)	(2.57)	(1.24)	(1.22)	(2.27)	(4.58)
mills0		−0.00448		0.00745		−0.00629
		(−0.64)		(0.82)		(−0.31)
mills1				0.0253		−0.1540***
				(1.45)		(−4.21)
mills2		−0.0573**				0.1190**
		(−2.31)				(2.45)
mills3		0.0330***		0.0413***		
		(4.19)		(6.56)		
控制变量	有	有	有	有	有	有
R^2	0.2223	0.2202	0.1639	0.1713	0.1012	0.1054
N	7072	7072	5266	5266	2750	2750

注：***、**、* 分别表示在 1%、5% 和 10% 的水平上显著。

由于样本涉及本地非农就业、外出务工（省内）和外出务工（省外）的收入，所以我们使用 Heckman 两步法进行了检验，结果如表 9-8 所示。我们发现，控制了不可观测效应后，贸易变量对本地工作和外出工作的就业收入均有显著作用。对于外出（省内）劳动者，贸易开放度提升 1 个百分点，收入提升作用达到 0.4 个百分点，对本地工作和省外外出劳动者的作用也相应达到 0.15—0.25 个百分点。此外,劳动者本地工作的逆 mills 比率为正,而省内外出和省外外出劳动者的逆 mills 比率为负,说明本地就业和外出务工可能是负向选择的,即个人能力较高的劳动者更倾向于本地务工,而个人能力较低的劳动者更倾向于外出就业。

表 9-8 贸易开放与劳动者工资的 Heckman 两步法回归结果

解释变量	（1）本地工作	（2）工具变量	（3）外出务工（省内）	（4）工具变量	（5）外出务工（省外）	（6）工具变量
劳动者收入						
贸易开放度	0.0565 **	0.1410 **	0.0133	0.4290 ***	0.0896 **	0.2490 **
	(2.50)	(2.50)	(0.83)	(3.75)	(2.08)	(2.07)
人力资本水平	−0.442 ***	−0.356 ***	−0.281 ***	−0.503 ***	−0.228	−0.302
	(−4.07)	(−3.44)	(−2.78)	(−4.32)	(−1.36)	(−1.62)
劳动力密集度	0.01040 ***	0.00829 ***	0.00380	−0.01440 ***	−0.01290 ***	−0.01780 ***
	(3.49)	(3.11)	(1.37)	(−2.88)	(−2.93)	(−3.35)
市场化程度	−0.00815	−0.03720	−0.06920 ***	−0.01660	0.06560 **	0.06310 **
	(−0.25)	(−1.22)	(−2.95)	(−0.61)	(2.26)	(2.23)
控制变量	有	有	有	有	有	有
选择模型						
贸易开放度	0.225 ***	0.562 ***	0.144 ***	1.332 ***	−0.397 ***	−3.659 ***
	(15.41)	(15.41)	(9.57)	(9.57)	(−17.52)	(−17.52)
人力资本水平	−0.2820 ***	0.0619	0.4510 ***	−1.0020 ***	1.3520 ***	5.3430 ***
	(−2.92)	(0.65)	(4.31)	(−5.01)	(10.46)	(19.94)
劳动力密集度	0.00239	−0.00606 **	0.00707 **	−0.04610 ***	0.03370 ***	0.18000 ***
	(0.89)	(−2.55)	(2.40)	(−10.76)	(8.33)	(26.62)
市场化程度	0.2100 ***	0.0943 ***	0.0437 *	0.1100 ***	−0.0945 ***	−0.2780 ***
	(8.60)	(3.59)	(1.74)	(4.38)	(−3.23)	(−9.53)

续表

解释变量	（1）本地工作	（2）工具变量	（3）外出务工（省内）	（4）工具变量	（5）外出务工（省外）	（6）工具变量
照顾老人/儿童	0.0850***	0.0850***	-0.5820***	0.6400***	-1.2740***	-4.6330***
	(2.66)	(2.66)	(-13.66)	(4.80)	(-13.81)	(-21.71)
征地情况	0.3430***	0.3430***	0.0251	0.1720***	-0.2800***	-0.6830***
	(13.52)	(13.52)	(0.89)	(5.44)	(-6.91)	(-14.72)
乡村生活水平	0.019400	0.019400	0.036400*	0.000924	-0.022600	0.075000***
	(1.00)	(1.00)	(1.74)	(0.04)	(-0.86)	(2.83)
控制变量	有	有	有	有	有	有
逆mills比率						
lambda	0.5110***	0.5110***	-0.3030***	0.3270	-0.2490**	-0.0606
	(5.09)	(5.09)	(-3.04)	(1.64)	(-2.52)	(-0.95)
截断	16824	16824	18630	18630	21146	21146
未截断	7072	7072	5266	5266	2750	2750
N	23896	23896	23896	23896	23896	23896

注：***、**、*分别表示在1%、5%和10%的水平上显著。

对于贸易开放对劳动者工资的影响大小，我们对劳动者收入进行了分解，考察贸易变量在其中的作用。表9-9的结果报告了贸易开放变量对劳动者对数工资的影响。根据mills比率方法的估计，贸易变量对本地劳动者的工资效应为0.61，对省内和省外就业的劳动者分别为0.71和0.62。同时，外出工作与本地工作的差异主要在价格效应，这也表明地区贸易开放对本地就业的劳动者工资提升作用最强。根据Heckman两步法，贸易变量对日工资提升的作用在0.5至0.8之间，与mills比率的结果较为接近。通过反事实估计可以发现，如果外出劳动者在本地工作，贸易开放的收入提升作用将更加显著。

表 9-9　贸易变量对劳动者对数工资的作用分解

mills 计算方法						
			不同工作类型比较			
工作类型	系数	均值		总效应	数量效应	价格效应
本地工作	0.29	-1.73	外出（省内）工作与本地工作	0.17	0.01	0.16
外出务工（省内）	0.19	-1.70	外出（省外）工作与本地工作	0.02	-0.12	0.15
外出务工（省外）	0.20	-2.35	外出（省外）工作与外出（省内）工作	-0.14	-0.01	-0.13
Heckman 两步法						
				贸易效应的反事实估计		
工作类型	系数	均值	总效应	本地工作	外出（省内）工作	外出（省外）工作
本地工作	0.14	-1.73	-0.24		-0.74	-0.42
外出务工（省内）	0.42	-1.70	-0.72	-0.24		-0.42
外出务工（省外）	0.24	-2.36	-0.59	-0.33	-1.01	

七、贸易开放对不同年龄阶段和地区劳动者的影响

1978 年改革开放后我国的贸易开放程度在不断加深和拓展,所以对于不同年龄阶段的劳动者而言,贸易自由化对其非农工作时间和收入的作用可能会有所不同。因此,我们将劳动者按年龄分为 1964 年及以前出生(大部分于 1980 年前参加工作)、1964—1978 年出生和 1978 年以后出生三类,同时按照地区将其分为东部、中部和西部地区,分别检验贸易自由化随时间和地区变化而产生的差异化影响。

表 9-10 检验了贸易开放对不同年龄劳动者的影响。对非农工作和外出务工参与而言,贸易开放程度提高增加了劳动者非农工作尤其是外出务工参与程度,这对于 1978 年及以后出生的劳动者尤为明显。对于非农工作和外出务工时间,1978 年及以后出生的劳动者的参与时间远高于 1964 年

及以前出生的劳动者,但贸易变量与出生时间变量的交互项显著为负,即贸易开放对年龄较大劳动者的非农工作时间的影响高于年轻人员。可能的原因在于,年轻人员非农工作时间较长(1964 年以后出生的劳动者每年非农工作时间为 8—9 个月),而 1964 年及以前出生的劳动者非农工作时间较短(6 个月左右),因此贸易开放对其非农务工的影响可能会有较高的提升作用。对于工作收入而言,贸易开放对 1978 年及以后劳动者收入的作用显著高于 1964 年及以前的劳动者,说明随着贸易开放程度提高,贸易自由化对工资的提升作用也更加显著。

表 9-10　贸易开放对不同年龄阶段劳动者的作用

解释变量	非农工作参与和收入			外出务工和收入		
	非农工作	工作时间	工作收入	外出务工	外出时间	外出收入
	Iv-probit	2SLS	2SLS	Iv-probit	2SLS	2SLS
	(1)	(2)	(3)	(4)	(5)	(6)
贸易开放度	0.3440***	0.2580***	-0.0697***	-0.9780***	0.3470***	-0.1390***
	(6.86)	(11.79)	(-2.62)	(-6.68)	(7.13)	(-2.91)
1964—1978 年	0.0771*	0.0925***	0.1340***	0.3290***	0.1290***	0.3490***
	(1.93)	(6.00)	(2.59)	(5.13)	(4.88)	(3.54)
1978 年以后	0.202***	0.140***	0.143	0.499***	0.185***	0.247
	(2.84)	(8.08)	(2.92)	(6.57)	(5.50)	(2.75)
贸易开放度×1964—1978 年	0.2090***	-0.0841***	0.0294	0.3870***	-0.1630***	0.1300***
	(4.73)	(-3.86)	(1.10)	(5.65)	(-3.28)	(2.72)
贸易开放度×1978 年以后	0.0951**	-0.1880***	0.0727***	0.6230***	-0.2450***	0.1260***
	(1.99)	(-9.61)	(3.03)	(8.55)	(-5.59)	(2.99)
mills0		-0.002660	-0.007130		0.011100	0.000703
		(-0.65)	(-1.33)		(1.59)	(0.09)
mills1					-0.00652	0.02370**
					(-0.66)	(2.04)
控制变量	有	有	有	有	有	有

续表

解释变量	非农工作参与和收入			外出务工和收入		
	非农工作	工作时间	工作收入	外出务工	外出时间	外出收入
	Iv-probit	2SLS	2SLS	Iv-probit	2SLS	2SLS
	（1）	（2）	（3）	（4）	（5）	（6）
R^2	0.1800	0.1093	0.0371	0.1903	0.0854	0.0476
N	23896	15122	15088	23896	6933	8016

注：***、**、*分别表示在 1%、5%和 10%的水平上显著。

表 9-11 检验了贸易自由化与不同地区劳动者的作用。我们发现，对于非农工作而言，西部地区劳动者的非农工作参与显著低于东部地区，而且贸易开放程度提高对西部地区非农工作参与（尤其是外出务工）的提升作用高于东部。因此，贸易开放对中西部地区劳动者外出务工的影响显著高于东部地区，即受到贸易开放影响较大的劳动者，在东部地区更倾向于本地就业，而在中西部地区更倾向于外出工作。对劳动者收入而言，贸易开放对中西部地区劳动者非农工作收入的提升作用高于东部地区，尤其对西部地区劳动者收入的提升作用最强，这表明贸易开放在西部地区具有最为显著的收入效应。可能的原因在于，西部地区劳动者工作机会较少、工资较低，因此贸易开放增加了劳动力需求，提升了其非农工作参与程度、对其工资收入也有更加显著的作用。

表 9-11　贸易开放与不同地区劳动者的作用

解释变量	非农工作参与和收入			外出务工和收入		
	非农工作	工作时间	工作收入	外出务工	外出时间	外出收入
	Iv-probit	2SLS	2SLS	Iv-probit	2SLS	2SLS
	（1）	（2）	（3）	（4）	（5）	（6）
贸易开放度	0.3970***	0.0343**	-0.0671***	0.9680***	0.0516**	0.0940***
	（5.78）	（2.27）	（-3.00）	（4.09）	（2.09）	（2.86）
中部地区	-0.0155	0.2080	-0.0525	0.4090***	0.5430***	0.0578
	（-0.37）	（1.48）	（-1.36）	（8.13）	（3.39）	（1.13）

续表

解释变量	非农工作参与和收入			外出务工和收入		
	非农工作	工作时间	工作收入	外出务工	外出时间	外出收入
	Iv-probit	2SLS	2SLS	Iv-probit	2SLS	2SLS
	（1）	（2）	（3）	（4）	（5）	（6）
西部地区	−0.442***	2.746***	0.239**	0.155***	1.837***	0.252*
	（−9.55）	（6.03）	（2.06）	（2.97）	（3.58）	（1.91）
贸易开放×中部地区	0.0579	0.1190*	0.4720***	0.1740***	0.2700***	0.4050***
	（1.49）	（1.88）	（5.54）	（4.53）	（3.70）	（4.19）
贸易开放×西部地区	0.202***	1.208***	1.364***	0.287***	0.834***	0.938***
	（4.47）	（6.34）	（5.58）	（6.40）	（3.87）	（3.46）
mills0		−0.00466	−0.01170***		0.00477	0.00576
		（−1.20）	（−2.16）		（0.73）	（0.71）
mills1					−0.0215*	−0.0613***
					（−1.73）	（−3.87）
控制变量	有	有	有	有	有	有
R^2	0.1865	0.1097	0.1677	0.1929	0.0816	0.1110
N	23896	15122	15101	23896	6933	8019

注:***、**、*分别表示在1%、5%和10%的水平上显著。

八、稳健性检验

由于我们的工具变量采用的是历史数据,而19世纪末20世纪初的贸易情况可能与目前各地区的经济发展水平、市场化程度等存在一定关联,所以可能存在忽略变量问题而造成计量结果的有偏性。因此,我们用各省历年进出口贸易指数和各省距上海、天津、广州三大港口的距离共同作为工具变量,对结果进行检验。表9-12报告了稳健性检验的结果。我们发现,对于工作时间和收入而言,回归结果与2SLS结果保持了一致,而且过度识别检验结果不显著,说明工具变量的外生性较强;最小特征值均大于10,说明可以排除弱工具变量问题,即工具变量的选取较为恰当,结果较为稳健。

表 9-12　稳健性检验

解释变量	工作时间			工作收入		
	农业	非农工作	外出务工	本地工作	省内外出	省外外出
	（1）	（2）	（3）	（4）	（5）	（6）
贸易开放度	-0.3700***	0.1960***	0.1690***	0.1540***	0.0733**	-0.0676
	（-4.78）	（4.66）	（7.01）	（2.89）	（2.27）	（-0.64）
教育年限	-0.085800***	0.032800***	0.035700***	0.040500***	0.000786	-0.004160
	（-6.69）	（4.33）	（7.05）	（4.23）	（0.12）	（-0.22）
家庭人均收入	-0.1020***	0.1670***	0.0962***	0.2020***	0.1400***	0.1280***
	（-7.36）	（12.47）	（7.36）	（11.41）	（7.12）	（3.91）
人力资本水平	-1.586***	0.250***	0.244**	-0.400***	-0.393***	-0.377
	（-20.93）	（2.75）	（2.54）	（-3.27）	（-3.12）	（-1.64）
劳动力密集度	0.01020***	0.01390***	0.01580***	0.00352	-0.00161	-0.01510**
	（3.73）	（5.91）	（6.43）	（1.06）	（-0.49）	（-2.28）
市场化程度	-0.4820***	0.1100***	0.0569**	-0.0383	-0.0302	0.0849*
	（-22.72）	（4.39）	（2.50）	（-1.22）	（-0.99）	（1.78）
mills0		0.00461	0.02130***	-0.00839	-0.01340	-0.02340
		（0.82）	（2.98）	（-1.11）	（-1.54）	（-1.09）
mills1	-0.0967***		-0.0428***		-0.0216	-0.0620*
	（-2.99）		（-3.04）		（-1.23）	（-1.71）
mills2	0.2480***	0.0032		-0.1280***		0.0922**
	（4.24）	（0.13）		（-4.32）		（2.12）
mills3	-0.07630***	0.00643		0.04440***	0.01670***	
	（-3.58）	（0.82）		（4.65）	（3.09）	
过度识别检验	0.2080	0.2240	4.3010	0.3610	0.5010	0.0322
p 值	（0.650）	（0.640）	（0.038）	（0.550）	（0.480）	（0.860）
最小特征值	1204.1	1489.8	1341.3	1374.2	1476.6	190.2
控制变量	有	有	有	有	有	有

续表

解释变量	工作时间			工作收入		
	农业	非农工作	外出务工	本地工作	省内外出	省外外出
	（1）	（2）	（3）	（4）	（5）	（6）
R^2	0.1067	0.1285	0.0889	0.0483	0.0721	0.0797
N	12594	8905	6933	7072	5266	2750

注：***、**、*分别表示在1%、5%和10%的水平上显著。

第三节　贸易开放与贫困减少

消除贫困不仅是一国经济发展的永恒主题，也是世界最重要的人权事业之一。改革开放以来，我国的减贫事业取得了举世瞩目的成就。在我国减贫进程中，贸易自由化产生了何种影响及影响程度大小，是值得关注的重要问题。已有研究表明，减少贫困的关键在于为贫困人口提供有合理报酬的工作，贸易开放促进减贫的核心在于增加了东道国就业机会、提高了贫困人口的收入水平［Besley 和 Burgess，2003；联合国社会发展研究所（UNRISD），2010］。具体而言，贸易自由化促进贫困减少的途径可分为两个方面。

首先，贸易开放可以通过溢出效应和关联效应提升劳动者人力资本和工资水平。大量研究表明贸易企业和跨国公司在技术水平、工资水平等方面高于国内企业（Helpman，2006；Girma 和 Görg，2007），不仅可以增加国内劳动力需求，更重要的是还可以通过技术溢出、人员培训等提升劳动者技术能力，同时通过示范效应提升国内工资水平（Fosfuri 等，2001）。同时，贸易企业尤其是跨国公司可与相关产业产生垂直关联效应，促进东道国产业发展和福利提升。这种前后关联效应主要包括跨国公司与当地上下游产业在技术、管理、服务及基础设施等方面的联系，可以扩大相关产业的劳动力需求，提升就业水平和技术水平，从而提高劳动者收入（Blömstrom 和 Kokko，1998）。其次，生产活动外包和产业内贸易可以为东道国提供大量就业机会。全球价值链理论从产品内分工角度，认为价值链分工意味着生产活动在母国和东道国之间的分配(Antràs,2003;Antràs 和 Helpman,2004),而跨国公司通常将劳动密集程度较高的生产活动安排在发展中国家,价值链参与程度的提升将有助于提高东道国就业水平[联合国贸易和发展会议(UNCTAD),2013]。

目前,对中国贸易开放与贫困减少的研究也取得了重要进展。张全红、张建华(2007)使用协整模型对 1985—2005 年的时间数据进行了分析,发现贸易自由化有利于提升低收入群体的收入份额,对减少贫困有显著作用。在对不同群体的研究方面,张茵、万广华(2006)研究了贸易开放与 FDI 对城市贫困的影响,发现贸易开放对减贫的作用较强,而 FDI 对城市低收入群体的作用不明显。张冰、冉光和(2013)的研究则指出,对贸易自由化和外商投资的减贫效应与金融发展存在门槛非线性关系,地区金融发展只有跨越门槛值之后,才可能发挥外资的减贫作用。

一、基本回归方程

由于我国贸易开放领域主要集中在城市和工业部门,且贸易自由化的减贫效应主要通过增加农村劳动力的非农就业实现,所以我们主要研究贸易自由化对城市流动人口的减贫效应。本节使用的数据来自"中国居民收入分配课题组"2008 年所做的居民住户抽样调查,数据包括城镇居民、农村居民和流动人口三个子样本;由于外资企业对农村减贫的影响主要集中在促进劳动力流动、增加非农就业等方面,所以我们选取其中的流动人口数据作为分析样本。该样本由 9 个省份 15 个城市(包括了中国大部分流动人口集中的城市①)的家庭抽样数据构成,调查项目比较全面地反映了流动人口的个人特征、就业状况、子女教育、社会关系、家庭收入支出等方面的情况。我们以家庭作为分析单元,调查数据共有 5007 个家庭和 8446 个个人,剔除变量缺失值后,共得到 4940 个家庭样本。

借鉴多拉尔和克雷(Dollar 和 Kraay,2002)的贫困估计方程、明瑟

① 根据第五次人口普查资料的有关研究,中国流动人口集中在东部沿海各大城市,珠三角和长三角吸收了越来越多的流动人口。2005 年,上述 15 个城市有 13 个位于吸纳流动人口最多的 50 个城市中,其中深圳、东莞、上海、广州和宁波的流动人口总和占全国流动人口的 20%以上;这 13 个城市的流动人口占全国流动人口总数的 27.39%。

(Mincer,1974)的收入估计方程,我们将基本的计量模型设定为:

$$\ln C_{ic} = \beta_1 + \beta_2 \ln FDI_c + \beta_3 X_{ic} + \beta_4 Y_{ic} + \beta_5 \ln Z_c + \mu_{ic} \tag{9-6}$$

式(9-6)中,下标 i 为家庭,c 为家庭所在城市,C_{ic} 为 c 城市中家庭 i 的人均日消费量;FDI_c 为城市 c 的外资进入程度;X_{ic} 为家庭层面的控制变量;Y_{ic} 为户主的工作特征变量;Z_c 为城市特征变量,μ_{ic} 为误差项。

为直接估计贸易自由化对贫困率的影响,我们进一步根据家庭福利指标和贫困线标准将家庭划分为贫困与非贫困家庭,利用 Probit 模型分析其对减贫的影响。计量方程可写为:

$$E(Poor_{ic} = 1 \mid X_{ic}\beta) = \varphi(X_{ic}\beta) \tag{9-7}$$

式(9-7)中,$Poor_{ic} = 1 \mid$ 表示家庭为贫困家庭,X_{ic} 为所有解释变量的集合,β 为各变量的系数,φ 为累积分布函数。根据模型设定,$E(Poor_{ic}) = \Pr(Poor_{ic} = 1)$,即虚拟变量 $Poor_{ic}$ 的预期值等于贫困家庭出现概率,体现了城市 c 的贫困率水平。

在 Probit 模型框架下,累积分布函数 φ 服从正态分布,这导致系数 β 不能直接反映解释变量对贫困率的作用大小,所以我们在 Probit 回归结果的基础上,进一步计算贸易开放度对贫困减少的边际效应和边际弹性,定量估计贸易对家庭贫困率的影响。在解释变量 x 为连续变量的情况下,边际效应的计算公式为:

$$\partial P(Poor_{ic} = 1 \mid X_{ic}) / \partial x_{ic} = \partial \varphi(X_{ic}\beta) / \partial x_{ic} = \varphi(X_{ic}\beta) \beta_x \tag{9-8}$$

其中,β_x 表示变量 x 对应的参数。由于每个家庭的边际效应可能存在差异,所以我们进一步计算样本所有家庭的平均边际效应:

$$M_x^d = \frac{1}{m} \sum_{i=1} \partial \varphi'(X_{ic}\beta) / \partial x_{ic} = \frac{1}{m} \varphi(X_{ic}'\beta) \beta_x \tag{9-9}$$

其中,m 为各城市家庭数量,M_x^d 为贸易开放度对家庭贫困率的平均边际效应。

边际效应能够较好地反映贸易开放度对样本贫困率变化量的影响,但由于本节仅选择流动人口家庭样本,样本贫困率和实际总体贫困率变动的绝对量可能存在差异,所以边际效应也会存在偏差。因此,我们进一步计算其对贫困率的边际弹性,即开放程度百分比导致贫困率变动的百分比,计算公式如下:

$$M_x^\varepsilon = \frac{1}{m}\sum_{i=1} \frac{\partial\varphi(X_{ic}\beta)\ /\partial x_{ic}}{\varphi(X_{ic}\beta)} = \frac{q}{m}\sum_{i=1} \frac{\varphi(X_{ic}'\beta)}{\varphi(X_{ic}\beta)}\beta_x \tag{9-10}$$

被解释变量方面,我们使用家庭人均日消费量和家庭是否为贫困家庭的虚拟变量。相对于家庭人均收入而言,家庭人均消费包含了信贷、福利补贴和住房租金等方面的影响,可以更好地刻画流动人口的福利水平。家庭是否为贫困家庭则取决于贫困线的选择。由于政府公布的农村贫困线和城镇贫困线差距较大、标准较低,且进行了多次变动,所以我们采用世界银行公布的人均日消费 1.25 美元和 2 美元作为贫困线,并按照当年的汇率进行了调整。

解释变量方面,主要解释变量为城市贸易开放程度,我们使用制造业出口企业的固定资产净值占制造业总固定资产的比重来衡量;数据来源于2007 年国家统计局工业企业普查数据。原因在于,虽然我国服务业外商贸易和投资增长迅速,但主要流向房地产、商务租赁等行业,对劳动力流动和就业影响较小;[①]此外,统计年鉴中的外资数据分类较少,不能完整反映城市外资情况,而制造业普查数据涵盖了全部国有企业和规模以上非国有企业,可以较好反映地区经济的发展状况。

此外,大量研究发现贫困减少取决于劳动力的个人特征、家庭特征等因素(Gustafsson 和 Wei,2000;杨文等,2012),因此我们加入个人和家庭控制变量。劳动力个人特征包括户主性别、年龄、年龄的平方、婚姻状况、教育年限和工作经验。家庭特征包括:(1)家庭人口抚养比,用家庭劳动力占总人口比重表示;(2)家庭社会资本,用家庭人均来往礼金数量表示;(3)家庭资产,用家庭人均耐用消费品数量和住房价值总额表示。[②]

由于大量流动人口从事私营和个体经营工作,所以其福利水平与当地市场化程度有较强相关性;根据相关研究(李磊等,2012;Hering 和 Poncet,2010),城市劳动者生活水平与城市经济发展程度、人力资本水平紧密相

---

① 根据商务部《中国外资统计 2014》,截至 2013 年,我国累计合同外资金额 30640.65 亿美元,其中服务业 11533.16 亿美元,占比为 37.64%;在服务业中,房地产业(4825.41 亿美元)及租赁和商务服务业(1819.61 亿美元)共占服务业外资总额的 57.6%,其他产业比重较小。

② 在家庭资产中,住房包括城市自有住房和农村老家住房,问卷中对城市自有住房只有当年购买价格,我们根据国家统计年鉴中的价格平减指数换算为 2007 年价格。

关,所以在城市变量方面,我们加入城市市场化程度、城市生活水平和城市人力资本三类变量。城市市场化程度用私营个体经济产出总额占内资企业产出总额的比值来衡量,数据来源于 2007 年工业企业普查数据。生活水平变量用城市人均 GDP 表示,数据来源于 2008 年中国城市统计年鉴。城市人力资本用劳动力平均受教育年限表示,数据来源于流动人口调查数据。

最后,为了控制个体固定效应,我们进一步将户主的工作特征按照职业与所有制进行分类。我们把职业特征按照 CHIP 问卷调查分为 25 个小类,包括专业技术人员、管理人员、建筑业劳动者、制造业劳动者等;所有制类型分为国有与集体单位、私营单位、外资单位和个体及其他单位。表 9-13 给出了主要变量的统计描述。

表 9-13 主要变量的统计描述

变量	描述	单位	平均值	标准差	最小值	最大值
人均消费	家庭人均日消费量	log (元/人)	3.140	0.591	1.496	4.557
是否贫困 (1.25 美元)	如果为贫困家庭则取 1,否则取 0	0/1	0.074	0.262	0	1
是否贫困 (2 美元)	如果为贫困家庭则取 1,否则取 0	0/1	0.223	0.416	0	1
贸易开放度	出口企业资产占工业总资产比重	log	-1.445	0.831	-3.320	-0.161
家庭特征变量						
性别	户主性别	[-]	0.696	0.460	0	1
婚姻状况	户主是否已婚	[-]	0.540	0.498	0	1
年龄	户主年龄	[-]	30.38	10.17	15	71
年龄的平方	户主年龄的平方	[-]	1026	713.4	225	5041
教育年限	户主教育年限	年	9.280	2.392	1	20
工作经验	户主工作经验	年	7.684	6.459	0	45
劳动力占比	劳动力占家庭总人口比重	[-]	0.935	0.159	0	1
家庭资产	人均耐用消费品与住房价值总额	log (元/人)	9.374	1.843	0.223	13.821
社会资本	人均礼金总量	log (元/人)	1.802	3.228	-1.792	11.775

续表

变量	描述	单位	平均值	标准差	最小值	最大值
工作特征变量						
劳动者职业	根据 CHIP 问卷,分为 25 类职业	[-]	13.444	6.718	1	25
单位所有制	根据 CHIP 问卷,分为 4 类所有制	[-]	2.700	1.101	1	4
城市特征变量						
私营经济比重	私营企业产值与内资企业产值的比值	log	-1.166	0.419	-2.113	-0.563
城市人均GDP	城市人均 GDP 水平	log	10.618	0.542	9.459	11.338
城市人力资本	城市所有家庭户主的教育年限均值	log (年/人)	2.161	0.075	1.934	2.271

二、计量结果与讨论

（一）基准回归结果

首先,我们以家庭人均日消费量作为被解释变量估计了贸易开放对家庭消费水平的影响,如表 9-14 所示。第(1)列的结果显示,城市贸易开放程度提高 1%,家庭人均消费量可提高约 0.14%,在 1% 的置信水平下显著。我们在第(2)列加入了家庭层面控制变量,在第(3)列加入了户主的职业特征变量,包括所属行业和所有制,在第(4)列加入了反映城市特征的变量——市场化程度、人均 GDP 和城市人力资本。

表 9-14　贸易开放对家庭人均消费水平的总体影响

解释变量	OLS 结果(被解释变量:家庭人均消费量)			2SLS 结果	
	(1)	(2)	(3)	(4)	(5)
外资进入程度	0.143***	0.114***	0.124***	0.048***	0.074***
	(15.84)	(12.97)	(13.39)	(3.78)	(5.33)
家庭特征变量					
性别		0.0467***	0.0324*	0.0422**	0.0406**
		(2.72)	(1.74)	(2.28)	(2.20)

续表

解释变量	OLS 结果（被解释变量：家庭人均消费量）			2SLS 结果	
	（1）	（2）	（3）	（4）	（5）
婚姻状况		−0.104 ***	−0.110 ***	−0.103 ***	−0.101 ***
		(−4.04)	(−4.36)	(−4.11)	(−4.07)
年龄		0.0202 ***	0.0127 **	0.0129 **	0.0119 *
		(3.15)	(1.97)	(2.03)	(1.89)
年龄的平方		−0.0316 ***	−0.0220 ***	−0.0229 ***	−0.0217 ***
		(−3.75)	(−2.59)	(−2.73)	(−2.59)
教育年限		0.0335 ***	0.0323 ***	0.0314 ***	0.0317 ***
		(9.42)	(8.80)	(8.64)	(8.74)
工作经验		0.00842 ***	0.00703 ***	0.00767 ***	0.00766 ***
		(5.07)	(4.25)	(4.65)	(4.67)
劳动力比例		0.427 ***	0.512 ***	0.514 ***	0.506 ***
		(7.80)	(9.09)	(9.19)	(9.07)
社会资本		0.0112 ***	0.0109 ***	0.0124 ***	0.0123 ***
		(4.58)	(4.47)	(5.11)	(5.07)
家庭资本		0.0424 ***	0.0393 ***	0.0334 ***	0.0335 ***
		(9.16)	(8.70)	(7.43)	(7.49)
城市特征变量					
私营经济比重				0.0549 ***	0.0418 **
				(2.75)	(2.09)
城市人均 GDP				0.184 ***	0.159 ***
				(8.70)	(7.50)
城市人力资本				−0.0799	−0.0604
				(−0.61)	(−0.46)
工作特征变量	无	无	有	有	有
R^2	0.0470	0.1406	0.1781	0.1942	0.1934
N	4940	4940	4940	4940	4940

注：***、**、* 分别表示在1%、5%和10%的水平上显著。

各控制变量与回归结果和以往研究(夏庆杰等,2010)大体一致,如教育程度、工作经验等对家庭福利均有正向影响;市场化程度和系数显著为正,表明私营经济越发达,越有利于家庭生活水平的提升。城市人力资本系数显著,表明城市劳动力受教育程度对家庭福利有重要作用,显示出人力资本的重要外部性。加入控制变量后,贸易开放程度的系数有所下降,显示贸易开放程度提升1%,家庭人均消费量可增加0.07%左右;这与张全红等(2007)的研究大体一致。张全红等的研究显示,外资进入程度提升1个单位,最低收入的10%人口收入可提升0.12个单位。

除上述控制变量外,仍有许多其他因素影响家庭消费,如习俗、生活方式、价值观等文化和心理因素;而且地区的外资政策、制度安排和历史背景等均会影响外资的进入规模和程度。因此,即使控制了个人、家庭等因素,方程的内生性依旧存在。所以我们借鉴黄玖立、李坤望(2006)的做法,用各城市与海岸线距离的倒数和1998年城市贸易开放程度作为工具变量。其中,城市与海岸线距离的倒数用黄玖立等的方法计算,1998年贸易开放程度由1998年工业企业数据得到。表9-14第(5)列报告了工具变量法的估计结果。对比第(1)列至第(5)列的估计结果可发现,加入控制变量后,贸易开放程度的估计系数略有变动,但始终显著为正,且系数值变化较小。这表明,贸易开放度对家庭生活水平在总体上有显著且稳健的正向作用。

(二) 贸易开放对贫困率的作用

在本部分我们使用家庭是否贫困作为因变量,用离散选择模型估计贸易开放程度对贫困率降低的影响大小。为了保证估计结果稳健,我们使用人均日消费1.25美元和2美元的国际标准作为贫困线(人民币与美元汇率按PWT8.0数据计算),结果见表9-15。

表9-15 贸易开放对贫困率的影响

解释变量	贫困标准:1.25美元		贫困标准:2美元	
	Probit 模型 (1)	Ivprobit 模型 (2)	Probit 模型 (3)	Ivprobit 模型 (4)
贸易开放度	-0.169*** (-3.76)	-0.211*** (-4.18)	-0.124*** (-3.67)	-0.162*** (-4.27)

续表

解释变量	贫困标准：1.25 美元		贫困标准：2 美元	
	Probit 模型（1）	Ivprobit 模型（2）	Probit 模型（3）	Ivprobit 模型（4）
家庭特征变量				
教育年限	−0.0639***	−0.0638***	−0.0650***	−0.0654***
	(−4.65)	(−4.64)	(−6.47)	(−6.50)
工作经验	−0.0103*	−0.0101*	−0.0113***	−0.0113***
	(−1.74)	(−1.72)	(−2.64)	(−2.63)
劳动力比例	−0.133	−0.127	−0.966***	−0.956***
	(−0.74)	(−0.70)	(−6.61)	(−6.54)
社会资本	−0.0358***	−0.0352***	−0.0228***	−0.0227***
	(−3.69)	(−3.65)	(−3.32)	(−3.30)
家庭资本	−0.0502***	−0.0507***	−0.0407***	−0.0409***
	(−3.36)	(−3.39)	(−3.58)	(−3.59)
城市特征变量	有	有	有	有
个人特征变量	有	有	有	有
拟 R^2	0.1071	—	0.1159	—
似然比	−1163.6	−2412.1	−2315.0	−3566.4
N	4922	4922	4936	4936

注：***、**、*分别表示在1%、5%和10%的水平上显著。

其中，第(1)列和第(3)列报告了 Probit 模型的估计结果，第(2)列和第(4)列报告了以各城市与海岸线距离的倒数和1998年各城市外资进入程度作为工具变量的 Ivprobit 模型估计结果。分别对比第(1)列和第(3)列、第(2)列和第(4)列的结果可发现，外资变量的估计系数基本接近，均在1%的水平上显著；其他变量系数、显著性水平也没有明显变化，表明方程的内生性问题较小。

由于 Probit 模型的估计系数不能直接反映贸易开放对贫困率的影响程度，所以表9-16进一步计算了贸易开放对劳动者贫困减少的边际效应和边际弹性。我们发现，贫困标准为1.25美元时，贸易开放度每提升1%，贫困率下降 0.032 个百分点,降幅为 0.52%;以 2 美元为贫困标准时则分别为 0.06 个百分点和 0.31%。

表 9-16 贸易开放对贫困率的边际影响

解释变量	Probit 模型(被解释变量:是否贫困)			
	1.25 美元		2 美元	
	边际效应	边际弹性	边际效应	边际弹性
外资进入程度	−0.0214***	−0.3450***	−0.0326***	−1.7750***
	(−3.76)	(−3.72)	(−3.69)	(−3.64)
私营经济比重	−0.0227***	−0.3670**	−0.0525***	−0.2860***
	(−2.55)	(−2.54)	(−3.75)	(−3.72)
城市人均 GDP	−0.0261***	−0.4210***	−0.0909***	−0.4950***
	(−2.83)	(−2.83)	(−6.23)	(−6.14)
城市人力资本	−0.1080*	−1.7380*	−0.0516	−0.2810
	(−1.94)	(−1.93)	(−0.58)	(−0.58)
教育年限	−0.00809***	−0.13100***	−0.01710***	−0.09310***
	(−4.63)	(−4.59)	(−6.55)	(−6.39)
工作经验	−0.00131*	−0.02110*	−0.00297***	−0.01620***
	(−1.74)	(−1.74)	(−2.65)	(−2.63)
劳动力比例	−0.0168	−0.2710	−0.2540***	−1.3830***
	(−0.73)	(−0.74)	(−6.71)	(−6.56)
社会资本	−0.00452***	−0.07300***	−0.00600***	−0.03270***
	(−3.69)	(−3.66)	(−3.33))	(−3.31)
家庭资产	−0.00636***	−0.10300***	−0.01070***	−0.05830***
	(−3.36)	(−3.33)	(−3.59)	(−3.56)

注:括号内的数值为边际效应和边际弹性的 t 统计量。***、**、* 分别表示在 1%、5% 和 10% 的水平上显著。

比较而言,贸易开放的减贫效应与城市私营经济占比大致相同。表 9-16 显示,城市私营经济比重提高 1%,贫困率下降 0.37%(1.25 美元标准)和 0.29%(2 美元标准)。回归结果同时显示,城市整体人力资本水平的提高对减贫有较强的作用,而在贫困标准为 2 美元时城市整体人力资本的减贫作用不再显著。城市人均 GDP 水平的作用略高于贸易开放和私营经济发展,其边际弹性分别为 -0.42 和 -0.50。在家庭变量方面,家庭劳动力数量在 1.25 美元标准下的减贫效应不显著,而在 2 美元标准下,劳动力比例提升 1 个百分点,贫困率可降低 1.4 个百分点,体现了家庭劳动力数量对减贫的巨大作用。同时,劳动者教育年限、工作经验对贫困减少的作用明显,高于社会资本、家庭资产的作用。这一结果与郭熙保等(2008)的结果较为一致,他们在对省际面板数据进行研究后发现,省份人力资本等的提高对贫困减少的影响较小,经济的增长并不一定能提高贫困群体的生活状况。

三、贸易开放减贫效应的分类回归结果

(一) 不同出口程度贸易类型的减贫效应

由于我国坚持引进劳动密集型工业,发展加工装配贸易,所以出口加工型贸易占比较大,我们将贸易企业按照出口程度划分为高出口类型和低出口类型。[①] 估计结果显示,在 2 美元的贫困标准下,低出口企业占城市整体出口的比例提升 1%,流动人口的贫困概率下降 0.054 个百分点,降幅为0.30%;而高出口企业对贫困率的作用明显较低,其对贫困减少的系数分别为 0.014 和 0.075 个百分点。所以我们认为,贸易开放进程中,高出口企业对贫困减少的作用较低,而低出口企业的作用较强,这可能与市场相关性有较大关系,这也与郭熙保、罗知(2009)的研究一致。多年来,东部沿海地区一直通过发展出口加工贸易、引进加工型企业承接国际产业转移、吸纳农村剩余劳动力。根据《中国外商投资报告(2013)》,2012 年外资企业进出口额占全国进出口总额的 49%,外资企业加工贸易额占全国加工贸易总额的 81.7%。出口加工类企业利用中国劳动力价格较低的比较优势,进口中间品和原材料、出口制成品,增加了劳动力需求,但与国内市场和当地经济的关联性较小,对经济发展的贡献有限,因此高出口企业对减贫的作用较小。而内销型

---

① 我们发现,外资企业中出口程度在 90% 以上的企业较为集中,占全部出口企业的50% 以上;因此按照出口产值占工业产值的比例将外资企业划分为高出口企业(出口值占比为 90% 及以上)、一般出口企业(出口值占比低于 90%)和非出口企业(出口值为 0 的企业)。三类企业占企业总数的比例分别为 34.55%、34.05% 和 31.39%。

企业在原材料、产品市场等方面与国内产业和市场联系较强,通过前后关联效应提升了当地就业水平、促进了经济发展,因此其减贫效应也相对较强。

表 9-17　不同出口程度贸易企业的减贫效应

解释变量	Probit 模型(被解释变量:是否贫困)	
	高出口企业(1)	低出口企业(2)
贸易开放度		
系数	-0.0523**	-0.2060***
	(-2.06)	(-5.02)
N	4936	4936
拟 R^2	0.1140	0.1180
似然比	-2310.0	-2309.4
边际效应	-0.0138**	-0.0540***
	(-2.07)	(-5.06)
边际弹性	-0.0747**	-0.2950***
	(-2.06)	(-4.97)

注:***、**、*分别表示在 1%、5%和 10%的水平上显著。

(二) 不同行业贸易开放的差异化效应

由于不同行业在开放程度、资本密集度、前后关联程度等方面差别较大,减贫效应也将存在差异,我们需要进一步分析不同产业的开放程度对减贫的影响。借鉴李(Li,1997)的方法,我们在二位数产业基础上将所有企业划分为四类行业:轻工业、化工业、材料工业和机械工业。[1]

---

[1]　按照这种分类方法,轻工业包括:农副食品加工业,食品制造业,饮料制造业,烟草制品业,纺织业,纺织服装、鞋、帽制造业,皮革、毛皮、羽毛(绒)及其制品业,木材加工及木、竹、藤、棕、草制品业,家具制造业,造纸及纸制品业,印刷业和记录媒介的复制,文教体育用品制造业,工艺品及其他制造业;化工业包括:化学原料及化学制品业,医药制造业,化学纤维制造业,橡胶制品业,塑料制品业;材料工业包括:石油加工、炼焦及核燃料加工业;非金属矿物制品业,黑色金属冶炼及压延加工业,有色金属冶炼及压延加工业,金属制品业,废弃资源和废旧材料回收加工业;机械工业包括:通用设备制造业,专用设备制造业,交通运输设备制造业,电气机械及器材制造业,通信设备计算机及其他电子设备制造业,仪器仪表及文化、办公用机械制造业。

　　分行业回归的 Probit 模型结果表明,化工业和机械工业贸易开放的减贫效应显著高于其他行业。当贫困标准为 2 美元时,化工业和机械工业的贸易开放程度增加 1%,可分别使流动人口家庭的贫困率下降 0.02 和 0.03 个百分点,分别降幅约为 0.13% 和 0.15%;而轻工业和材料工业的开放对贫困减少的作用不明显。可能的原因在于,轻工业的开放程度较高,因此贸易开放对贫困减少的作用较低;材料工业规模较小,且属于资本密集型工业,劳动力需求量较小,尤其对非技术型劳动力需求量较小,所以对劳动者就业和减贫的作用不显著;而化工业和机械工业属于制造业中的重要部分,劳动力需求量较大,减贫效应也较显著。[①]

表 9-18　不同行业贸易开放度的减贫效应

解释变量	Probit 模型（被解释变量:是否贫困）			
	轻工业（1）	化工业（2）	材料工业（3）	机械工业（4）
贸易开放度				
系数	−0.00065	−0.09290***	−0.04020	−0.10300***
	(−0.02)	(−6.48)	(−1.25)	(−2.90)
N	4936	4936	4936	4936
拟 R^2	0.1131	0.1214	0.1134	0.1149
似然比	−2322.5	−2300.7	−2321.6	−2317.8
边际效应	−0.000171	−0.024300***	−0.010600	−0.027000***
	(−0.02)	(−6.58)	(−1.25)	(−2.91)
边际弹性	−0.000928	−0.133400***	−0.057400	−0.147000***
	(−0.02)	(−6.38)	(−1.25)	(−2.89)

注:模型中加入的控制变量包括家庭特征变量、职业特征变量和城市特征变量,括号中的数值为相应 t 统计量。***、**、* 分别表示在 1%、5% 和 10% 的水平上显著。

　　① 我们利用《中国统计年鉴(2008)》相关数据计算得出 2007 年各行业人均固定资产原值,单位为亿元/万人。其中,轻工业为 11.29,化工业为 25.49,材料工业为 31.00,机械工业为 15.30;因此,按劳动密集程度由高到低排序为:轻工业、机械工业、化工业、材料工业。

四、结论

改革开放以来,对外贸易的迅速增长推动了我国的工业化进程,尤其劳动密集型产品贸易的发展对增加就业、促进劳动力流动发挥了积极作用,成为农村劳动力向非农产业转移的重要动力。本章运用中国家庭调查数据的农村劳动力样本数据,将农村劳动力就业分为务农、本地非农就业和外出非农就业三个类别,通过工作参与、工作时间和工作收入计算,探讨农村劳动力非农就业的不同方面。

第一,我们发现,贸易开放程度提高显著增加了农村劳动力非农就业机会,有利于剩余劳动力从农业向非农部门转移。在非农就业方式的选择上,贸易自由化程度更高地区的劳动者更倾向于本地非农就业,而开放程度较低地区劳动者更倾向于外出务工。在省内和省外外出的选择上,开放程度高的地区劳动者更可能选择省内工作;选择省外就业的劳动者一般位于中西部开放程度较低的地区。

第二,对劳动者非农就业时间,贸易开放对本地非农就业人员的影响大于外出劳动力,对省内外出务工人员的影响又大于省外务工人员,可能的原因在于贸易自由化通过溢出效应和前后关联效应提升了当地非农产业发展,促进了当地的工业化和市场化进程,而对于外出劳动力影响较小。对于不同的工作获得途径,贸易开放程度提高有利于非市场途径的劳动者的非农工作参与;对于劳动契约制度,贸易开放程度提高也增加了短期和无合同劳动者的非农工作参与程度。

第三,贸易开放与劳动者收入方面,贸易变量对本地工作和外出工作的就业收入均有显著作用。Heckman 两步法的结果显示,地区贸易开放度提升 1 个百分点,对本地非农就业、省内就业和省外就业劳动者的日工资提升的作用约为 1.2—2 元,显示了贸易开放对劳动者收入的提升效应。

第四,对不同地区和年龄阶段劳动者而言,贸易开放程度提高增加了劳动者非农工作尤其是外出务工参与程度,这对于 1978 年及以后出生的劳动者尤为明显。对于非农工作和外出务工时间,1978 年及以后出生的劳动者的参与时间远高于 1964 年及以前出生的劳动者,但贸易变量与出生时间变量的交互项显著为负,即贸易开放对年龄较大劳动者的非农工作时间高于年轻人员。贸易开放对中西部地区劳动者外出务工的影响显著高于东部地区,即受到贸易开放影响较大的劳动者,在东部地区则更倾向于本地就业,而在中西部地区则更倾向于外出工作。对非农工作收入而言,贸易开放对中部地区劳动者非农工作收入的提升作用高于东部地区,而对西部地区的作用不显著。

第五,贸易开放程度提高可以显著提升城市非农务工劳动者生活水平、降低流动人口的贫困率。贫困标准为 1.25 美元时,贸易开放程度每提升1%,贫困率下降 0.032 个百分点,降幅为 0.52%;以 2 美元为贫困标准时分别为 0.06 个百分点和 0.31%。

因此,提升农村地区的经济开放水平、为农村劳动者提供更多就业机会,是增加农村劳动力非农就业时间、提升劳动者收入的重要途径;尤其对于中西部地区而言,提升贸易开放程度可以为本地区劳动者提供更广阔的就业渠道,将成为实现农村劳动力的非农就业、促进农村劳动力向非农产业转移的关键举措,也是增加农民收入的重要方式。

第十章　基于劳动力要素自由流动的对外贸易战略转型

当前,我国正处在由贸易大国向贸易强国转变的关键时期,以量取胜的粗放式贸易发展模式已经不符合我国向贸易强国转变的战略目标,也不适应国内外经济环境的新变化。对此,党的十八大提出培育新型竞争力的思想,指出要全面提高开放型经济水平,坚持出口和进口并重,形成以品牌、质量、技术、服务为核心的出口竞争新优势,推动对外贸易平衡发展。

在前面各章中,我们详细分析了对外贸易影响劳动力要素流动的多种效应和途径。在此基础上,本章将重点剖析我国对外贸易的发展特点与存在的问题,从国际角度深度比较研究我国劳动力成本以及出口商品比较优势的变化,进而阐析基于劳动力要素自由流动的对外贸易战略转型的内涵与措施。

第一节　中国对外贸易的发展特点与问题

一、我国对外贸易发展的总体现状

我国自改革开放以来,凭借劳动力成本比较优势,对外贸易持续快速发展。特别是加入世界贸易组织之后,我国的对外贸易更是出现了跨越式的发展。2015 年我国货物贸易进出口总额为 39686.4 亿美元,占世界货物进出口总额的比重为 11.9%,相比于 2014 年提高 0.6%。我国作为世界第一货物贸易大国的地位进一步巩固,并且我国在从贸易大国向贸易强国转变的道路上不断前行。2002—2015 年我国对外贸易进出口具体情况见表 10-1。

在出口方面,2015 年,我国货物出口总额为 22765.7 亿美元,其中初级产品出口总额为 1039.3 亿美元,工业制成品出口总额为 21695.4 亿美元。与 1978 年 98 亿美元的出口总额相比,我国的进口规模在 37 年间大约增长了 232 倍。我国货物出口贸易规模在加入世界贸易组织后,年平均增长率在 20% 以上。到 2015 年,我国货物出口总额占世界货物出口总额的比重为 13.8%,相比 2014 年上升 1.5%,为改革开放以来提高最快的一年。

在进口方面,2015 年,我国货物进口总额为 16820.7 亿美元,其中初级产品进口总额为 4720.6 亿美元,工业制成品进口总额为 12075.1 亿美元。与 1978 年 109 亿美元的进口总额相比,我国的进口规模在 37 年间大约增长了 153 倍。到 2015 年,我国货物进口总额占世界货物进口总额的比重为 10.0%。

在贸易差额方面,2015 年我国实现贸易顺差 5945.0 亿美元,相比于 2014 年增加 2120.4 亿美元。在加入世界贸易组织后,中国贸易顺差持续扩大,从 2002 年的 304.3 亿美元增长到 2015 年的 5945.0 亿美元,贸易顺差扩大了约 19 倍。从中可以看出,中国对外贸易对中国经济发展的突出贡献。

总体来看,自改革开放以来,中国对外贸易持续快速发展,占世界市场份额不断提升。中国经济对世界经济的重要性日益提升,并且中国在不断地从贸易大国向贸易强国转变。在劳动力成本优势逐渐失去的过程中,中国需要寻找新的对外贸易比较优势立足点,因此加快劳动力要素流动必然成为新的着力点。

表 10-1　2002—2015 年我国货物贸易进出口情况 （单位:亿美元）

年份	进出口总额	出口总额	进口总额	贸易差额
2002	6207.7	3256.0	2951.7	304.3
2003	8509.9	4382.3	4127.6	254.7
2004	11545.6	5933.3	5612.3	321.0
2005	14219.0	7619.5	6599.5	1020.0
2006	17604.4	9689.8	7914.6	1775.2
2007	21765.8	12204.6	9561.2	2643.4

年份	进出口总额	出口总额	进口总额	贸易差额
2008	25632.6	14306.9	11325.7	2981.2
2009	22075.3	12016.1	10059.2	1956.9
2010	29739.9	15777.5	13962.4	1815.1
2011	36418.6	18983.8	17434.8	1549.0
2012	38671.1	20487.1	18184.0	2303.1
2013	41589.9	22090.0	19499.9	2590.1
2014	43030.4	23427.5	19602.9	3824.6
2015	39686.4	22765.7	16820.7	5945.0

资料来源:国家统计局,《中国统计年鉴》,http://www.stats.gov.cn。

二、我国对外贸易发展的主要特点

(一)我国对外贸易方式发生积极变化

中国在加入世界贸易组织之后,凭借强大的劳动力成本比较优势,加工贸易迅猛发展。在 2010 年之前,中国加工贸易规模始终高于一般贸易规模,这种状况在 2010 年之后才出现反转。至 2015 年,我国一般贸易进出口总额为 21388.9 亿美元,加工贸易进出口总额为 12447.9 亿美元,一般贸易相比于加工贸易多出 8941 亿美元。可以看出,一般贸易的规模已经明显高于加工贸易规模。我国一般贸易与加工贸易进出口具体情况见表 10-2。

我国一般贸易与加工贸易进出口增长速度的具体情况见表 10-3。从表 10-3 中可以看出,2015 年我国一般贸易出口额的增长速度为 1.0%,而加工贸易出口额的增长速度为 -9.8%,一般贸易出口额与加工贸易出口额的差距将继续增长,我国一般贸易的比重将持续提升。出现这种现象的原因主要有两点:第一,我国对于其他国家所具有的劳动力成本优势正在逐年减小,而劳动力成本比较优势又是加工贸易能够快速发展的重要支点,所以加工贸易失去稳定增长的内在动力;第二,我国正在大力推进创新驱动发展战略,而能够进行一般贸易的企业往往具备更为突出的创新能力,所以一般贸易的比重持续提升。特别需要说明的是,2015 年是我国对外贸易整体形势较为严峻的一年,进出口总额相比 2014 年减少了 3344 亿美元,但是在这样的严峻形势下,我国一般贸易的出口额依然实现了 1.0% 的增长速度。因此,可以说,2015 年是我国对外贸易方式发生积极变化的重要年份,对于我国今后的贸易发展奠定了坚实的基础。

表 10-2　2002—2015 年我国一般贸易与加工贸易进出口额

（单位:亿美元）

年份	一般贸易		加工贸易	
	出口	进口	出口	进口
2002	1361.9	1291.1	1799.3	1222.0
2003	1820.3	1877.0	2418.5	1629.4
2004	2436.1	2481.5	3279.7	2217.0
2005	3150.6	2796.3	4164.7	2740.1
2006	4162.3	3330.7	5103.6	3214.7
2007	5393.6	4286.6	6175.6	3684.7
2008	6628.6	5720.9	6751.4	3783.8
2009	5298.1	5344.7	5868.6	3223.0
2010	7206.1	7692.8	7402.8	4174.8
2011	9170.3	10076.2	8352.8	4697.6
2012	9879.0	10233.9	8626.8	4812.8
2013	10875.3	11096.2	8608.2	4970.0
2014	12036.8	11095.1	8843.6	5243.8
2015	12157.0	9231.9	7977.9	4470.0

资料来源:中国商务部网站,http://www.mofcom.gov.cn。

表 10-3　2002—2015 年我国一般贸易与加工贸易进出口增长速度

（单位:%）

年份	一般贸易		加工贸易	
	出口	进口	出口	进口
2002	21.7	13.8	22.0	30.0
2003	33.7	45.4	34.4	33.3
2004	33.8	32.2	35.6	36.1
2005	29.3	12.7	27.0	23.6

续表

年份	一般贸易		加工贸易	
	出口	进口	出口	进口
2006	32.1	19.1	22.5	17.3
2007	29.6	28.7	21.0	14.6
2008	23.1	33.5	9.3	2.7
2009	−20.1	−6.6	−13.1	−14.8
2010	36.0	43.9	26.1	29.5
2011	27.3	31.0	12.8	12.5
2012	7.7	1.5	3.3	2.5
2013	10.1	8.5	−0.2	3.3
2014	10.7	0.0	2.7	5.5
2015	1.0	−16.8	−9.8	−14.7

资料来源:中国商务部网站,http://www.mofcom.gov.cn。

（二）我国对外贸易的商品结构持续优化

从出口方面看,我国的出口商品结构经历过两个重要的转变过程:第一,在20世纪80年代,我国的出口商品结构完成了由初级产品为主向工业制成品为主的历史性转变;第二,在20世纪90年代,我国的出口商品结构完成了由轻纺产品为主向机电产品为主的转变。而如今,我国的出口商品结构正在发生第三次重要转变,也就是以电子信息技术为代表的高新技术商品的出口比重持续提高。在可以预见的未来,高新技术产品必然成为我国最为重要的出口产品,并且我国将从中持续获得贸易收益。我国历年的初级产品和工业制成品进出口情况见表10-4。从表10-4中可以看出:在2015年,我国工业制成品出口占总出口的比重已高达95.4%,工业制成品进口占总进口的比重达到71.9%。从2002年到2015年的14年中,初级产品出口占比从8.7%下降到4.6%,初级产品进口占比从16.7%上升到28.1%;工业制成品出口占比从91.3%上升到95.4%,工业制成品进口占比从83.3%下降到71.9%。

表 10-4　2002—2015 年我国初级产品与工业制成品进出口比重

（单位:%）

年份	初级产品		工业制成品	
	出口	进口	出口	进口
2002	8.7	16.7	91.3	83.3
2003	7.9	17.6	92.1	82.4
2004	6.8	20.9	93.2	79.1
2005	6.4	22.4	93.6	77.6
2006	5.5	23.6	94.5	76.4
2007	5.0	25.4	94.7	74.6
2008	5.4	32.0	94.6	68.0
2009	5.3	28.8	94.8	71.2
2010	5.2	31.1	04.8	68.9
2011	5.3	34.7	94.7	65.3
2012	4.9	34.9	95.1	65.1
2013	4.9	33.8	95.1	66.2
2014	4.8	33.0	95.2	67.0
2015	4.6	28.1	95.4	71.9

资料来源:中国商务部网站,http://www.mofcom.gov.cn。

如果具体分析我国对外贸易的商品结构,可以更为深刻地分析我国对外贸易商品结构的转变过程。2015 年我国进出口主要商品的具体情况见表 10-5 和表 10-6。从表 10-5 中可以看出,我国在 2015 年出口最多的商品为机电产品,出口额为 13107.2 亿美元,在 2015 年总体出口下降的背景之下依然与上一年度持平;我国在 2015 年,高新技术产品的出口额达到了 6552.1 亿美元。从表 10-6 中可以看出,我国在 2015 年进口最多的商品为机电产品,进口额为 8061.4 亿美元,同比下降 5.6%;高新技术产品的进口额达到 5480.6 亿美元,原油的进口额为 1344.5 亿美元。综合表 10-5 和表 10-6 的内容,可以得知我国的对外贸易商品结构具有以下特点:第一,高新技术产品的出口比重持续提升;第二,各类初级产品进口始终保持较高比重;第三,机电产品为我国最为重要的对外贸易商品类型,在出口和进口中的比重皆为第一。

表 10-5 2015 年中国出口主要商品金额以及增长速度

商品名称	出口金额（亿美元）	增长速度（%）
纺织纱线、织物及制品	1095.0	-2.3
服装及衣着附件	1742.8	-6.4
鞋类	535.3	-4.8
家具及其零件	528.0	1.5
自动数据处理设备及部件	1523.1	-16.2
手持或车载无线电话机	1237.3	7.3
集装箱	76.7	-14.7
液晶显示板	309.7	-2.6
汽车及汽车底盘	112.3	-10.3
机电产品	13107.2	0
高新技术产品	6552.1	-0.8

资料来源：中国商务部网站，http://www.mofcom.gov.cn。

表 10-6 2015 年中国进口主要商品金额以及增长速度

商品名称	进口金额（亿美元）	增长速度（%）
大豆	347.7	-13.6
食用植物油	50.1	-15.5
铁矿砂及其精矿	576.2	-38.3
原油	1344.5	-41.4
成品油	143.0	-39.0
初级形状的塑料	450.2	-12.7
钢材	143.3	-20.0
未锻轧铜及铜材	290.3	-18.4
汽车及汽车底盘	446.7	-26.3
机电产品	8061.4	-5.6
高新技术产品	5480.6	-0.6

资料来源：中国商务部网站，http://www.mofcom.gov.cn。

（三）我国对外贸易市场多元化效果显著

我国在加入世界贸易组织后，与世界各国的贸易往来更加频繁，并且我国主张发展全方位多领域的对外贸易，积极与世界各国建立贸易往来。我

国的贸易伙伴已经从 1978 年的大约 30 个国家和地区发展到目前的大约
231 个国家和地区。2015 年中国前十五大出口目的地与进口来源地情况具
体见表 10-7。从中可以看出,美国、德国、日本是我国最为重要的出口目的
地,我国对美国、德国和日本的出口比重为 32.8%,占我国总出口的三成;
美国、德国和英国为我国最为重要的进口来源地,我国对美国、德国和英国
的进口比重为 32.4%,同样占我国总进口的三成。我国与新兴经济体之间
的联系也同样日益紧密,在近十年间保持较快水平增长。2002—2015 年,
我国与东盟货物贸易总额占我国货物贸易总额的比重从 8.6% 提升至
10.4%,与拉丁美洲和非洲的货物贸易比重分别从 2.8% 和 1.8% 提高到
6.9% 和 5.3%。以上结果说明我国对外贸易的国际市场格局日益多元化,
与世界各国的联系日益紧密,而多元化的市场格局有利于我国对外贸易的
平稳快速发展,能够在一定程度上保证我国在世界经济出现波动的情况下
进出口贸易依然能够保持稳定。

表 10-7　2015 年中国前十五大出口目的地与进口来源地情况

(单位:%)

排序	出口目的地	出口比重	进口来源地	进口比重
1	美　国	14.6	美　国	14.8
2	德　国	9.7	德　国	10.8
3	日　本	8.5	英　国	6.8
4	韩　国	4.0	日　本	4.0
5	中国香港	3.4	法　国	4.0
6	法　国	3.3	中国香港	3.6
7	荷　兰	3.2	韩　国	3.6
8	英　国	3.0	荷　兰	2.8
9	意大利	3.0	加拿大	2.7
10	加拿大	2.9	意大利	2.7
11	比利时	2.6	墨西哥	2.6
12	墨西哥	2.6	印　度	2.5
13	新加坡	2.4	比利时	2.5
14	俄罗斯	2.2	西班牙	2.4
15	瑞　士	2.2	新加坡	2.0

资料来源:联合国贸易数据,https://www.comtrade.un.org/data/。

（四）我国各省份进出口分布更为均衡

改革开放以来,东南沿海为我国经济发展的前沿阵地,东部沿海各省份对外贸易一直为我国对外贸易的最重要地区,特别是广东省连续23年为我国进出口总额最高省份。但是近几年,我国中部省份保持良好的增长势头,与东部省份之间的差距显著缩小,使得我国各省份进出口的分布更为均衡。2015年我国各省区市的进出口情况见表10-8。从表10-8中可以看出,广东省出口总额达到7308.2亿美元,进口总额达到4350.5亿美元,是全国进口和出口排名第一的省份。另外,中部各省如河南省、江西省、湖南省和湖北省的出口额在2015年保持增长,增长速度分别为7.6%、11.3%、11.7%、13.0%。中部省份对外贸易的稳定增长为其经济发展提供了有力的支撑,也为居民收入以及福利的增加提供了一定保障。但是,从表10-8中可以看出东北三省的对外贸易发展较为薄弱,具有总量小、负增长的特点,可以说东北三省在对外贸易领域落后于全国平均水平,对外贸易对其经济增长的贡献几近于无。特别是黑龙江省,其出口额出现断崖式下降幅度,为48.1%,这样的结果必然会对全省的经济增长造成极大的压力。总体来看,中部省份与东部省份在对外贸易领域的差距在持续缩小,对外贸易所带来的静态收益和动态收益持续为各省经济的稳定增长保驾护航。

表 10-8　2015年我国各省区市进出口情况　　（单位:亿美元）

省区市名称	出口情况		进口情况	
	金额	同比增长	金额	同比增长
北京市	290.1	−8.4%	1017.8	−8.7%
天津市	483.8	−7.0%	706.8	−23.5%
河北省	476.6	−3.0%	325.3	−27.9%
山西省	114.7	−1.2%	60.5	−12.4%
内蒙古自治区	61.4	−4.1%	77.8	−12.5%
辽宁省	511.2	−8.2%	560.0	−19.7%
吉林省	53.9	−13.7%	146.4	−29.6%
黑龙江省	63.1	−48.1%	100.0	−42.1%
上海市	1787.1	−6.9%	2442.9	−6.3%
江苏省	3488.6	−0.5%	2321.7	−10.2%

续表

省区市名称	出口情况		进口情况	
	金额	同比增长	金额	同比增长
浙江省	2832.3	0.8%	763.4	−21.4%
安徽省	276.6	4.3%	149.6	−10.4%
福建省	939.7	−3.7%	539.5	−19.4%
江西省	301.4	11.3%	105.7	−12.1%
山东省	1485.3	−4.2%	1310.1	−24.5%
河南省	457.8	7.6%	312.3	20.4%
湖北省	271.0	13.0%	175.1	3.8%
湖南省	190.9	11.7%	102.5	−8.6%
广东省	7308.2	−1.9%	4350.5	−12.4%
广西壮族自治区	141.4	8.4%	322.6	1.3%
海南省	42.7	2.0%	112.4	−11.8%
重庆市	399.4	−23.0%	187.8	−38.7%
四川省	285.2	−22.3%	187.0	−23.8%
贵州省	54.5	52.2%	23.8	52.7%
云南省	106.7	1.5%	83.5	−11.1%
西藏自治区	5.3	−74.3%	1.4	56.5%
陕西省	146.2	3.4%	152.6	12.6%
甘肃省	21.6	3.9%	22.4	−29.6%
青海省	3.7	16.1%	2.2	−26.3%
宁夏回族自治区	23.8	−10.7%	10.6	−21.3%
新疆维吾尔自治区	125.3	−28.6%	145.4	−31.8%

资料来源:国家统计局,《中国统计年鉴》,http://www.stats.gov.cn。

（五）民营企业成为出口主力军

在我国经济发展进入新常态的大背景下,民营企业在我国经济发展中扮演着越来越重要的角色,尤其是在对外贸易方面,民营企业已经成为我国对外贸易的支柱性力量。具体来说,相比于国有企业,民营企业具有经营机制灵活和适应环境能力强的特点,面对严峻复杂的形势能够作出较为迅速的调整和应对。在2015年,我国民营企业的出口额依然保持正向增长,在我国对外贸易中的地位和作用进一步提升,具体情况见表10-9。2015年,中国民营企业出口额为 10278.3 亿美元,同比增长 1.6%,比上年提高 2.1 个百分点,占出口总额的比重为 45.2%,占比第一次超过外资企业。同时,外资企业在 2015 年的出口额为 10047.3 亿美元,同比下降 6.5%,占出口总额的比重为 44.2%。国有企业出口额为 2423.9 亿美元,同比下降 5.5%,占出口总额的比重为 10.7%。在进口方面,外资企业依然是进行进口贸易活动最多的企业类型,在 2015 年外资企业的进口额为 8298.9 亿美元,分别远高于国有企业和民营企业的 4078.4 亿美元和 4442.2 亿美元。随着我国进入改革发展的攻坚阶段,企业也必然面临越来越多的挑战,能够在复杂局面下及时作出反应和决策的企业才能够生存和发展,因此民营企业的重要性必然会日益凸显,我国政府也应更加重视民营企业,发挥非公经济对社会经济发展的重要作用。

表 10-9　2015 年我国不同性质企业进出口情况

(单位:亿美元,%)

企业性质	出口			进口		
	金额	同比增长	占比	金额	同比增长	占比
国有企业	2423.9	-5.5	10.7	4078.4	-16.9	24.2
外资企业	10047.3	-6.5	44.2	8298.9	-9.7	49.3
民营企业	10278.3	1.6	45.2	4442.2	-20.5	26.4

资料来源:国家统计局,《中国统计年鉴》,http://www.stats.gov.cn。

三、我国对外贸易发展存在的问题

在我国对外贸易稳定发展的态势下,依然存在诸多问题,下面将细致分析我国对外贸易中所存在的各类问题。

(一) 我国在全球价值链中的地位有待提升

随着全球价值链在世界范围内的兴起,在其影响之下的国际生产、贸易与投资活动正在发生着深刻变化。在运输能力提升、信息与通信技术进步、贸易与投资自由化广泛推进等多种因素共同作用下,传统的一国生产、全球销售模式已经转变为国际生产、全球销售新模式,工序切片化和任务分割已成为新型国际生产体系的显著特征。与货物跨境交易的传统贸易模式相比,以全球价值链为特征的贸易更加注重生产要素的双向跨境自由流动,从而使生产、贸易、服务与投资融入"一体化综合体"。本节将对我国在全球价值链中的地位从整体情况和具体行业的不同角度进行分析。

第一,中国在全球价值链分工中的贸易总量举足轻重。通过对全球附加值贸易数据进行分析后发现,中国的附加值进出口贸易地位举足轻重。纵向比较看,从附加值贸易绝对值的角度看,2005 年中国附加值进口和出口分别为 3591 亿美元和 5266 亿美元,2008 年分别增加至 6927 亿美元和10155 亿美元,增长幅度分别达到 92.9%和 91.8%,2009 年受金融危机影响分别降低至 6658 亿美元和 9386 亿美元,全球贸易规模均显著下降。从相对值分析看(见表 10-10),中国附加值贸易市场份额呈现逐年上升趋势,进口市场份额从 2005 年的 5.86%增加到 2009 年的 8.32%,出口市场份额则由 4.28%上升至 7.19%,表明中国更加深入地参与了全球生产网络分工,另外,中国的附加值出口大于附加值进口,且附加值进口与欧美国家相比仍然较低,说明其价值链分工的生产能力较强,但在全球最终产品的消费力较弱,国内市场需求不足,是世界最终需求的净供给者。与传统贸易统计方式相比,中国的贸易利益得到了真实体现。

表 10-10　世界主要国家附加值贸易市场份额　　（单位:%）

国家	出口额世界占比			进口额世界占比		
	2005 年	2008 年	2009 年	2005 年	2008 年	2009 年
美　国	18.68	13.78	14.13	9.14	8.68	9.86
中　国	4.28	5.17	7.19	5.86	7.21	8.32
日　本	5.11	4.35	4.12	5.74	4.17	4.54
印　度	1.57	2.20	2.03	1.53	1.67	1.72

资料来源:根据 WTO、OECD 数据库计算所得。

第二,中国在全球价值链分工中的行业位置处于后向价值链环节,有待提升。我国细分行业的附加值出口市场份额和附加值构成的具体情况见表10-11。从表 10-11 可以看出,整体上中国的附加值出口贸易呈现了较高的国外附加值和较低的国内附加值的特点,具体到出口细分行业上,国内附加值占比高的行业主要有农、林、牧渔业,纺织业,批发零售及酒店业,金融中介业等,这些行业主要面向国内需求市场并且自给自足的能力较强。国外附加值占比较高的行业有电子光学设备业、非金属制品业、电力机械及气体供应业等,说明我国这些产业出口竞争力不足,对国外的依赖度较高。电子光学设备业、纺织业、金属制品业及建筑业等行业的国际附加值出口市场份额持续提升,说明这些行业附加值出口的比较优势较强,国际竞争力突出。相关产业同时具备较高的开放度和对外贸易依存度,包含高技术含量进口中间品的投入提高了他们的出口市场份额和竞争力。中国以初始资源禀赋的相对优势为基础与世界生产格局中的其他国家间相互进出口,构成了全球生产价值链系统。另外,从表 10-11 中可以看出,中国属于制造业

表 10-11　2009 年中国分行业的附加值构成及市场份额　（单位:%）

行业名称	国内附加值	国外附加值	附加值出口市场份额
农、林、牧渔业	84.7	15.3	3.47
采矿业	68.4	31.6	0.62
食品饮料业	81.3	18.7	4.49
纺织业	84.7	15.3	18.6
木材加工业和化学制品业	70.5	29.5	7.54
非金属制品业	62.6	37.4	9.78
金属制品业	69.8	30.2	5.93
其他机械业	68.4	31.6	8.27
电子光学设备业	57.2	42.8	28.6
交通设备业	70.6	29.4	3.38
其他制造业	78.3	21.7	21.5
电力机械及气体供应业	65.3	34.7	0.64
建筑业	73.6	26.4	5.32
批发零售及酒店业	91.4	8.6	5.65
运输与邮电通信业	74.9	25.1	2.06
金融中介业	91.1	8.9	0.28
商业服务业	77.7	22.3	3.19

续表

行业名称	国内附加值	国外附加值	附加值出口市场份额
其他服务业	75.8	24.2	3.64

资料来源:根据 WTO、OECD 数据库计算所得。

贸易利益结构,主要获取制造业价值链分工下的贸易利益。但大多数行业仍然和欧美等发达国家存在较大差距。行业贸易结构表明,中国主要参与国际分工的后向价值链环节,即以嵌入产品后向价值链分工为主,主要进行零部件和中间产品的加工组装形成最终产品再出口,所以出口中国内附加值比重较低,附加值进口较高。另外,我国普遍在资本和技术密集型行业的附加值进口比重较高,劳动密集型的附加值进口比重较低,说明我国整体的技术资本型产业还处于低端水平,高技术产业竞争优势不足。

(二) 我国出口商品技术结构有待优化

改革开放以来,特别是加入世界贸易组织后,我国出口商品结构发生了巨大变化。我国工业制成品已经成为出口贸易的主导行业,并且具有一定水平的国际竞争力,在某些行业已经具备全球领先水平。另外,我国劳动密集型行业出口的比重呈下降趋势,资本及技术密集型行业出口呈现持续上升的态势,我国的出口行业结构已经由劳动密集型行业转向了资本及技术密集型行业。然而,如果深入地进行分析就会发现,名义上我国出口商品结构完成了从以劳动密集型为主向以资本密集型和技术密集型为主的转变,但实质上我国处于全球价值链分工的较低位置,相比于发达国家我国所出口的商品技术含量较低,也就是说我国出口商品技术结构有待优化。

我国出口商品技术结构的整体情况见表10-12。从表10-12中可以看出,我国出口商品呈现"两头小、中间大"的技术结构,2010 年份额排名由高到低依次是中等技术商品、中高技术商品、中低技术商品、低技术商品和高技术商品,其份额分别为 31.57%、27.23%、26.51%、9.42%和 5.28%。相比 2000 年,中国低技术商品的出口份额从 16.04%下降到 9.42%,中低技术商品的出口份额基本保持稳定,中等技术、中高技术和高技术商品的出口份额增加。总的来看,在 2000—2010 年间,只有低技术商品在我国出口中的份额下降,而且下降比较明显,其他各类商品所占份额整体保持不变或者小幅度上升;低技术、高技术商品在我国出口中所占份额都比较小,都低于10%;中低技术、中等技术、中高技术商品所占份额都比较大,基本都在26%以上。可见,中国出口商品结构具有典型的倒"U"型特点,即"两头小、中间大"。

表 10-12　2000—2010 年中国出口商品技术结构整体情况　(单位:%)

年份	2000	2003	2005	2007	2009	2010
低技术商品	16.04	13.11	11.07	10.79	10.13	9.42
中低技术商品	26.56	28.89	28.94	26.40	26.56	26.51
中等技术商品	28.41	28.21	29.87	31.48	31.99	31.57
中高技术商品	24.55	25.67	26.05	26.69	26.10	27.23
高技术商品	4.42	4.11	4.07	4.64	5.22	5.28

在 2000—2010 年期间,世界整体的出口商品结构见表 10-13。从表 10-13 中可以看出,世界整体商品出口结构表现为日益高级化的趋势,其中,中低技术商品所占份额从 2000 年的 21.64% 下降到 2010 年的 16.95%,高技术商品所占份额从 2000 年的 13.57% 上升到 2010 年的 18.25%,其他各类商品所占份额变化都很小。与世界整体水平相比,中国出口商品结构是低于世界平均水平的,中高技术商品特别是高技术商品在出口中所占份额较少。总体来看,中国在中高技术、高技术商品上的出口份额低于世界、

表 10-13　2000 年和 2010 年中国与发达国家出口商品技术结构情况

(单位:%)

年份	商品类型	中国	世界	美国	日本	德国	法国	荷兰
2000	低技术商品	16.04	3.46	1.38	0.38	1.81	2.52	2.55
	中低技术商品	26.58	21.64	8.12	6.90	6.86	7.05	4.73
	中等技术商品	28.41	26.08	18.45	21.11	15.61	19.56	44.14
	中高技术商品	24.55	35.25	44.70	53.27	48.45	53.27	38.04
	高技术商品	4.42	13.57	27.35	18.33	27.27	17.60	10.53

年份	商品类型	中国	世界	美国	日本	德国	法国	荷兰
2010	低技术商品	9.42	4.22	0.83	0.30	1.93	2.62	2.97
	中低技术商品	26.51	16.95	5.71	4.21	5.50	5.45	7.43
	中等技术商品	31.57	26.48	23.87	20.88	15.65	16.82	30.72
	中高技术商品	27.23	34.10	38.37	51.63	48.38	43.17	28.86
	高技术商品	5.28	18.25	31.23	22.98	28.54	31.94	30.02

发达国家的水平,发达国家在高技术商品上的出口份额表现为日益提高的态势,中国在高技术商品上的出口份额与世界、发达国家的差距有日益增大的倾向。发达国家的出口商品技术结构见表10-14。总的来看,目前,在世界市场上,中国在低技术、中低技术、中等技术商品领域具有很大的市场份额,大于所有的发达国家,在中高技术商品领域,中国也已经具有一定的市场份额,仍然低于美国、德国,在高技术商品领域,中国与发达国家的差距还很大;从整体来看,发达国家技术含量越高的商品占世界出口总额的份额也越高,即发达国家低技术商品出口占世界的份额整体相对较小,高技术商品出口占世界的份额整体相对较大,具有典型的倒"金字塔"特征,即"上端大、底端小",与中国的特征正好相反。

表10-14　2000年和2010年中国与发达国家出口商品市场份额情况

（单位:%）

年份	商品类型	中国	美国	日本	德国	法国	荷兰
2000	低技术商品	15.02	4.06	0.69	3.73	3.42	2.36
	中低技术商品	6.45	6.17	3.22	3.67	1.53	0.70
	中等技术商品	5.08	10.26	7.17	6.36	3.52	5.40
	中高技术商品	2.58	14.71	10.85	11.23	7.09	3.44
	高技术商品	1.04	20.11	8.28	14.12	6.09	2.48
2010	低技术商品	24.65	1.75	0.38	4.07	2.23	2.43
	中低技术商品	17.27	3.01	1.34	2.89	1.15	1.51
	中等技术商品	13.17	8.06	4.25	5.26	2.28	4.00
	中高技术商品	8.82	10.06	8.16	12.63	4.53	2.92
	高技术商品	3.20	15.30	6.79	13.92	6.27	5.67

在中国出口商品结构中,高技术商品所占份额较低,一直维持在5%左右的份额,这就在一定程度上说明中国出口贸易的持续增加的部分原因是规模效应,即出口商品的数量扩张效应显著,结构效应不明显,即出口商品的质量升级效应不显著,而且,也说明了在近十年中,中国高技术商品的出口发展并没有取得既定的突破性发展,并没有形成以技术、品牌、质量为核心的出口竞争新优势。因此,我国政府要积极应对发展过程中面临的各种难题,提高高技术产业的国际竞争力,实现高技术商品在中国出口中份额的大幅提升。

(三)我国对外贸易的快速发展付出了巨大的资源与环境代价

改革开放以来,我国对外贸易规模迅速扩大,特别是加入世界贸易组织之后,我国在世界经济中的地位与日俱增,国际市场份额不断提升。但是在大规模出口的过程中,由于监管体制以及技术标准不完善,引发了诸多的环境与资源问题。可以说,我国通过对外贸易获得了相当数量的贸易利得,但同时也付出了沉重的资源和环境的代价,快速扩张的出口对于我国的资源和环境造成了一定程度的不利影响。下面我们将要探讨由出口贸易所带来的能源消耗与环境污染问题。

第一,我国高强度的出口贸易活动导致我国能源消耗量迅速增长,并且具有叠加效应的能源消耗增长速度显著高于贸易规模的增长速度,因此由贸易所引发的能源消耗增长必然有着愈演愈烈的趋势,我国必须坚决执行可持续发展战略和低碳经济发展模式,通过合理的科学技术手段降低能耗比,保证贸易稳定发展的同时兼顾能耗比的降低。具体来看,我国高能耗产品的出口情况见表10-15。从表10-15中可以看出,我国在2004—2014年的11年间,高能耗产品的出口总体呈现增长趋势,其中水泥的出口量从704万吨增长到1391万吨,钢材的出口量从1423万吨增长到9378万吨,铝材的出口量从43万吨增长到283万吨,纸及纸板的出口量从65万吨增长到630万吨。从行业角度看我国出口贸易所带来的能耗增长,根据我国2015年的投入产出表计算我国出口贸易能耗总量为325251万吨标准煤,其中通信、计算机设备制造业、化学工业、纺织业、电气机械及器材制造业、黑色金属冶炼及压延加工业、石油加工与炼焦及核燃料加工业、非金属矿物制品业等行业的出口贸易能耗均高于8000万吨标准煤。这些结果说明目前我国依然存在高能耗产品出口占比高、增长快的特点,因此可以看出国家政府所出台供给侧结构性改革政策具有极强的现实意义,该政策有助于减弱由高强度出口贸易所带来的能耗负担,对于我国对外贸易的长期稳定发展有着深远意义。

表10-15　2004—2014年我国高能耗产品出口情况

年份	水泥（万吨）	平板玻璃（万平方米）	钢材（万吨）	铝材（万吨）	未锻造的锌（吨）	纸及纸板（万吨）
2004	704	14464	1423	43	263149	65
2005	2216	19925	2052	71	146845	101
2006	3613	26433	4301	124	341465	167
2007	3301	30917	6265	185	276714	305
2008	2604	27762	5923	190	71320	422
2009	1561	16643	2460	139	29287	362
2010	1616	17398	4256	218	43395	380
2011	1061	19726	4888	300	48369	450
2012	1200	17632	5573	283	7937	471
2013	1454	19546	6234	307	5395	565
2014	1391	21896	9378	283	132719	630

资料来源:国家统计局能源统计司编:《中国能源统计年鉴(2015)》,中国统计出版社2015年版。

　　第二,我国高速发展的出口贸易对社会经济的稳定和发展有着巨大的支撑作用,但不可否认的是由出口贸易所带来的生产性活动必然引发日益严重的环境污染问题,而这种环境污染虽然在短期未必会对社会经济文化产生影响,但长期来看由破坏性生产活动所带来的环境污染有着难以估量的负面作用,因此可以说由出口贸易所带来的短期经济增长会因为长期性的环境污染而大打折扣。环境污染正在快速消耗中国经济社会长期稳定发展的环境和资源基础,社会经济的可持续发展将面临由环境污染所带来的前所未有的挑战。由国际贸易所引发的环境问题也已经引起了世界各国的普遍关注,世界各国纷纷通过国内立法的形式防止他国对于本国的污染输出,并规范国内企业的生产活动。所以,我国也应该通过法律法规规范出口企业的生产活动,制止具有强污染性质的生产活动的发生,以求保护我国社会经济发展的资源和环境基础。

总体来说,快速发展的出口贸易确实引发了诸多环境与资源问题,而出现此种现象的根本原因可以说是粗放型的国内经济发展方式,我国政府必须寻求合理有效途径解决此类问题。根据 2015 年国家统计局公布的三产数据,我国依然存在工业比重过大,工业中高资源、高能源消耗型重工业增长偏快的现实情况,可以说解决由出口所带来的资源和环境问题任重而道远。要改变粗放型的国内经济发展方式,必须加快产业结构调整,优先发展资源能耗比低的绿色产业,并且强化产业政策引导以及建立相应的行业准入机制,避免"搭便车"现象的出现,要下决心淘汰技术落后和污染严重的相关产业,建立具备低碳模式的工业体系,使得粗放型的国内经济发展方式向集约型经济发展方式持续转变。

(四) 我国对外贸易的快速增长使得贸易摩擦持续增加

我国在加入世界贸易组织之后,在巩固和发展传统对外贸易国际市场的同时,积极开拓新的国际市场,特别是与新兴发展中国家和地区的国际市场,在世界各国的经济关联不断紧密的过程中我国对外贸易的国际市场格局也呈现出多元化发展的态势,但不可避免的是同我国发生贸易摩擦的国家和地区也在逐年增加。

根据 2015 年中国商务部贸易救济调查局公布的数据①,2015 年中国在对外贸易过程中遭遇的贸易摩擦事件涉及的国家和地区达到了 35 个,说明我国对外贸易国际市场格局的多元化也带来了贸易摩擦来源的多元化。如果说对外贸易国际市场格局的多元化是"广度"发展,那么中国对外贸易市场结构也同样在进行"深度"发展,也就是与主要贸易伙伴的贸易额呈现快速增长的态势,我国对外贸易区域集中化的特征同样明显。从表 10-7 中可以看出,美国、德国、日本、英国、印度和加拿大等国是中国最重要的贸易伙伴,而与我国发生贸易摩擦的国家和地区也主要集中于这些国家。根据世界贸易组织贸易救济司在 2010 年公布的调查数据②,在 2010 年,我国与

---

① 数据来源:中华人民共和国商务部贸易救济调查局网站,http://gpj.mofcom.gov.cn/。
② 数据来源:世界贸易组织网站,www.wto.org/。

美国和欧盟国家发生贸易摩擦的数量,分别为 360 次和 143 次;我国与加拿大、印度和日本发生贸易摩擦的数量分别为 89 次、59 次和 48 次;我国与土耳其、阿根廷、巴西和澳大利亚发生贸易摩擦的数量在 10 次到 12 次之间;我国与其他国家发生贸易摩擦的数量相对较少。

可以说,我国的出口贸易所遭遇的贸易摩擦构成了我国对外贸易摩擦的主体部分,而此类贸易摩擦主要发生在我国与主要贸易伙伴国之间。根据世界贸易组织贸易救济司公布的调查数据具体来看,在 2010 年,我国的出口贸易摩擦主要集中在与美国、欧盟国家、加拿大和日本四个发达国家和地区之间,并且与印度、巴西、阿根廷等发展中国家的贸易摩擦呈现出快速增长的趋势。与我国发生出口贸易摩擦的国家和地区具有集中化的特点,并且贸易摩擦发生的频率在逐年增加。出现这种现象的原因可以概括为:中国对外贸易的出口目的地具有多元化的特点,并且中国与出口目的地国家或地区在其本国市场以及国际市场上存在激烈的商品竞争,这必然导致中国与出口目的地国家和地区的贸易摩擦发生频率持续增加。

可以将我国出口贸易摩擦进行更为细致的分析,具体看我国出口贸易摩擦究竟发生在何种产品种类上,2009 年和 2010 年我国与美国和印度出口贸易摩擦的具体情况见表 10-16。从表 10-16 中可以看出,在 2009 年,我国与美国在机电产品上发生出口贸易摩擦的次数最高,为 95 次,在全年中所占比例为 29.7%;我国与印度在矿产化工产品上发生出口贸易摩擦的次数最高,为 34 次,在全年中所占比例为 48.6%。在 2010 年,我国与美国在机电产品上发生出口贸易摩擦的次数最高,为 88 次,在全年中所占比例为 24.7%;我国与印度在矿产化工产品上发生出口贸易摩擦的次数最高,为 40 次,所占比例为 67.8%。可以看出,我国出口贸易摩擦主要集中于机电产品和矿产化工产品。

综上所述,我国对外贸易摩擦的发生具有以下两个特点:第一,与我国发生对外贸易摩擦的国家较多,我国同时与发达国家和新兴发展中国家发生贸易摩擦;第二,我国对外贸易摩擦主要集中于特定的商品种类,即机电产品、纺织品和矿产化工产品。我国在进出口过程中频繁发生贸易摩擦的原因是多方面和深层次的,不仅仅是经济方面的原因,更多的是政治方面的;既有我国方面的原因,同样有贸易对象的原因。如果从自身角度去具体分析原因,在我国出口规模迅速扩张的过程中,必然会在一定程度上冲击他国的国内市场,这也是贸易摩擦发生的最为直接的原因。而这种出口规模的迅速扩张大部分都是由粗放型的生产所带来的,所以我国可以通过改变粗放型的生产方式减小贸易摩擦发生的概率,避免与贸易伙伴国出现协议性贸易中断的现象。另外,外贸企业应该掌握应对国际贸易摩擦的技巧,熟悉相关贸易法律法规,在与他国企业发生贸易摩擦的时候运用合理规则保护自身权益。

表 10-16　2009 年和 2010 年我国与美国和印度出口贸易摩擦的具体情况

产品种类	2009 年				2010 年			
	美国		印度		美国		印度	
	数量（次）	比例（%）	数量（次）	比例（%）	数量（次）	比例（%）	数量（次）	比例（%）
动植物	7	2.2	0	0.0	4	1.1	0	0.0
食品	8	2.5	0	0.0	6	1.7	2	3.4
矿产化工	21	6.6	34	48.6	26	7.3	40	67.8
皮革木材	4	1.3	6	8.6	19	5.3	0	0.0
纺织品	46	14.4	9	12.9	46	12.9	4	6.8
金属陶瓷	41	12.8	9	12.9	42	11.8	6	10.2
机电产品	95	29.7	11	15.7	88	24.7	5	8.5
其他产品	98	30.6	1	1.4	125	35.1	2	3.4

资料来源:根据世界贸易组织贸易纠纷数据整理,http://www.wto.org/。

（五）我国出口企业的劳动力成本比较优势逐渐丧失

进入 21 世纪以来,我国劳动力成本持续较快增长,能够反映我国劳动力快速增长的城镇就业人员年平均工资的具体情况见表 10-17。从表 10-17 中可以看出,从 2001—2010 年我国城镇就业人员年平均工资从 10834 元提高到 36539 元,在不考虑居民消费价格指数变动的前提下年均增长速度为 14.6%,去除居民消费价格指数影响后的增长速度为 12.4%。从不同产业来看,采矿业就业人员的年平均工资增速最高,去除居民消费价格指数影响后的增长速度为 16.7%,年平均工资从 2001 年的 9541 元提高到 2010 年的 44196 元;制造业就业人员的年平均工资从 2001 年的 9891 元提高到 2010 年的 30916 元,去除居民消费价格指数影响后的增长速度为 11.1%,增速低于全国平均水平;能源供应业人员的年平均工资一直维持在高位,但去除居民消费价格指数影响后的增长速度略低于全国平均水平,为 12.0%;第三产业就业人员的年平均工资从 2001 年的 11894 元提高到 2010 年的 40738 元,去除居民消费价格指数影响后的增长速度为 12.8%,高于全国平均水平。另外,我国农业人员的年平均工资同样在快速上涨,粮食生产人员工资的年平均增长速度超过 9%,水果生产人员工资的年平均增长速度超过 11.3%。因此,可以说在加入世界贸易组织后,我国各类产业工人的工资水平在持续提高,而这就必然会使得我国出口贸易所依靠的劳动力成本优势逐渐丧失,所以我国的对外贸易需要寻求新的比较优势,使得我国对外贸易能够平稳发展。

表 10-17　2001—2010 年我国城镇就业人员年平均工资变动情况

(单位:元)

类目名称	2001	2002	2003	2004	2005	2006	2007	2008	2009	2010
全国	10834	12373	13969	15920	18200	20856	24721	2898	32244	36539
工业	10333	11572	13243	15044	16989	19488	22665	26924	29115	33412
采矿业	9541	10992	13627	16774	20449	24125	28185	34233	38038	44196
制造业	9891	11152	12671	14251	15943	18225	21144	24404	26810	30916
能源供应业	14471	16296	18574	21543	24750	28424	33470	38515	41869	47309
第三产业	11894	13694	15360	17489	20137	23084	27719	32561	36347	40738

资料来源:根据国家统计局相关数据整理,http://www.stats.gov.cn。

　　面对劳动力成本的持续上涨,某些从事对外贸易活动的企业已经开始利用机器设备替代劳动力,来缓解劳动力成本上升所带来的成本压力,而国家政府可以审慎地支持外贸企业的此类替代行为。国家政府在劳动力成本上升的背景下应当进行合理的政策引导:一方面,国家政府要逐步建立有利于缓解外贸企业成本压力的财税体系,加强对贸易企业创新活动的税收支持,特别是对于高新技术企业的税收支持,各级地方政府应坚决落实国家政府的结构性减税政策,通过建立长效机制在实质上降低贸易企业的税收成本;另一方面,国家政府需要制定更加具有针对性的金融监管政策并通过合理的金融手段完善融资体系,引导金融机构增加对贸易企业所进行设备更新、技术投资和创新活动的融资,特别要注意对于中小金融机构的政策引导,以期能够加快中小企业技术改造升级的步伐。从发达国家的历史经验来看,一个国家在进入劳动力成本快速上升阶段以后,如何平衡工人要求工资上涨和企业要求生产成本下降的不同诉求,成为政府必然面对的社会难题。政府可以在保持社会安定的前提下通过对该问题的解决来改善全社会的收入分配格局并创造庞大稳定的消费群体。因此,我国在一定程度上可以通过建立合理的财税体系和金融服务体系,以及加快产业结构调整,促进外贸企业投入更多的资源进行技术创新活动,减轻劳动力成本上升对于外贸企业的冲击,保证我国对外贸易的稳定发展。

（六）我国进口企业对于大宗商品的定价能力有待提升

进口企业的定价能力,指的是进口企业在国际贸易体系中一种能够影响国际产品市场交易价格走向的力量或权利,这种影响发生的途径不仅仅局限于经济层面,同样会通过政治层面以及文化层面实现。根据中华人民共和国商务部公布的数据①,在2014年我国已经成为全球贸易总量最大的国家,其中出口量世界排名第一,进口量世界排名第二。虽然我国已经是名副其实的贸易大国,但是我国的进口企业在现行的国际贸易体系中对于大宗商品价格的影响十分有限。我国的进口企业在国际贸易中对大宗商品的定价权缺失导致企业生产成本的显著提升,使得企业的竞争环境更加残酷,如果这种现象不能够得到有效的扭转,必然会对我国对外贸易产生很高程度的负面影响。总体来说,我国进口企业对大宗商品的定价权的缺失原因是多方面的,不仅包括我国企业对整合全球价值链的能力较弱的原因,也包括期货市场不健全进而没能形成全球定价中心的原因,以及人民币没有成为国际储备和国际贸易结算货币的原因等等。而这些原因不仅仅是贸易层面的问题,更是涉及金融领域、产业组织领域等问题。具体来说,我们将从三个角度分别对我国进口企业的大宗商品定价能力缺失的问题进行探讨和分析。

---

① 数据来源:中华人民共和国商务部网站,http://www.mofcom.gov.cn/。

第一，我国进口企业在国际市场中竞争力较弱，国内相关产业结构有待调整。① 不同于普通商品的国际市场，大宗商品特别是资源类大宗商品的国际市场，贸易企业不仅仅需要在自身技术层面获得领先优势，而且企业的综合实力必须达到一定门槛，以及国内行业内部有规范的制度和合理的结构，进而才能够争夺大宗商品在国际贸易中的定价权，这是国际贸易发展的基本规律。但是目前，我国的各类大宗资源类商品相关进口贸易企业往往对内拘泥于国内市场份额的竞争并忽视对行业内相关资源的整合，对外忽视挖掘大宗商品国际市场交易的规律，并没有意识到集团性力量在大宗商品国际市场中对商品价格的巨大影响，仅仅把国内行业竞争当成了企业的核心发展战略。这种发展思路不仅不利于我国进口企业在大宗商品国际市场上获得定价优势，还将导致我国进口企业长期受制于大型跨国公司的垄断势力，同时还会给国家产业结构升级战略的实施以及对外贸易发展的长期稳定带来消极影响。因此，我国进口贸易企业应先整合国内行业资源，然后掌握大宗商品在国际市场上的交易规模，避免国内同类进口企业恶性竞争的出现，逐步加强自身对特定商品价格的话语权。

第二，政府对于大宗商品进口监管机制完善，以及相关配套管理制度同步完善。② 相比于欧美发达国家在国际贸易中数百年积累的经验，我国改革开放只有 40 年的实际经验，因此在应对大宗商品国际贸易领域的频繁变化方面相对缺乏经验，特别是政府对贸易企业大宗商品进口监管机制不完善，配套管理制度不健全，制度上的不足严重制约了我国企业在大宗商品的进口贸易中获取定价权优势。具体来说，以大宗资源类商品国际贸易过程中的信息披露制度为例，按照大宗资源类商品国际贸易中通行的惯例和原则，国内企业的大宗资源类商品进口贸易必须在场内交易中具备完整的信息披露制度，这样的信息披露制度能够为相关投资决策人提供决策依据，而基于市场规律的投资决策则利于相关资源的二次优化配置并在一定程度上影响大宗资源类商品的交易价格，但在信息披露制度方面，我国仍然处于探

① 尹力博、韩立岩：《大宗商品战略配置——基于国民效用与风险对冲的视角》，《管理世界》2014 年第 7 期。
② 田利辉、谭德凯：《大宗商品现货定价的金融化和美国化问题——股票指数与商品现货关系研究》，《中国工业经济》2014 年第 10 期。

索和借鉴的阶段。因此,政府应当通过法律法规的制定对大宗商品进口监管机制和相关配套管理制度进行完善,这在一定程度上能够帮助国内进口企业在大宗商品的国际市场上获得定价能力。

第三,我国大宗商品期货市场的建设落后于发达国家,特别是资源类大宗商品缺乏规范的交易平台。① 制度健全和规范的大宗商品期货交易市场对于大宗商品的成交价格有着相当程度的影响,并且在一定程度上可以平抑大宗商品价格的波动。关于大宗商品期货市场的相关研究表明②③,大宗商品期货市场的发展水平与其所在国的贸易企业的定价能力息息相关,因为期货交易市场牵涉大宗商品定价规则、大宗商品基准价格、贸易企业谈判议价能力等诸多方面,大宗商品期货交易市场是世界各国在国际贸易价格控制过程中必须高度重视的内容,以美国为代表的发达国家就是通过其完善的大宗商品期货市场来控制国际价格,特别是占据了大宗资源类商品贸易的主导地位,基于此,其国内企业也就掌握了大宗商品的定价权。我国的大宗商品期货交易市场的建设起步较晚,相比于发达国家期货交易市场的整体发展水平较为滞后,在大宗商品交易规范化、可交易品种、合约多样化等方面都有提升空间。因此可以说,我国可以通过对大宗商品期货交易市场的建立和完善,帮助国内企业夺回失去的大宗商品定价权。

将我国进口企业对大宗商品定价能力缺失的影响分为宏观层面和微观层面:在宏观层面,我国进口企业对大宗商品定价能力的缺失不利于我国对外贸易的稳定发展,更不利于我国产业结构升级和对外贸易战略转型;在微观层面,对于进口企业自身来说,定价能力的缺失意味着更高的生产成本,而生产成本的居高不下,则会使企业的负担更为沉重,不利于其进行转型升级。总体来说,政府应当通过政策引导、制度健全、规范监管等方式,提高我

---

① 苏治、尹力博、方彤:《量化宽松与国际大宗商品市场:溢出性、非对称性和长记忆性》,《金融研究》2015 年第 3 期。

② 王文虎、万迪昉、吴祖光、张璐:《投资者结构、交易失衡与商品期货市场的价格发现效率》,《中国管理科学》2015 年第 11 期。

③ 谭晶荣、邓强、王瑞:《国际大宗商品期货价格与中国农产品批发市场价格关系研究》,《财贸经济》2012 年第 6 期。

国进口企业对大宗商品的定价能力,帮助其掌握国际贸易的主动权,这也是促进对外贸易战略转型升级的途径之一。

(七) 我国在对外贸易过程中应加强品牌建设

改革开放以来,特别是加入世界贸易组织之后,我国出口贸易保持平稳快速增长,对促进国民经济的发展发挥了重要作用。但也面临着增长质量不高、贸易收益有限的问题,突出表现为自主品牌建设薄弱。这与我国贸易大国的地位极不相称,不利于我国出口贸易的可持续发展,也与国际市场品牌竞争的趋势不符。因此,我国政府需要重视出口品牌建设问题,尤其是从宏观的角度来研究出口品牌的扶持措施,对于提高出口企业核心竞争力,提高我国出口贸易效益,调整和优化产业结构,提升我国在世界经济中的地位,具有十分重要的意义。

我国的自主品牌建设始于改革开放,由此中国企业开始走向国际市场。随着经济全球化的发展不断深入,国际市场的竞争日趋激烈,中国企业的品牌意识必须增强。虽然在几十年的品牌实践历程中,中国企业取得了一定的成绩,涌现出了一批像华为、海尔、联想等入围世界 500 强的知名品牌。但由于我国的品牌建设起步较晚,而且长期实行的是粗放式对外贸易增长方式,我国出口商品有品无牌、增长质量不高的问题比较明显。这使得我国的出口品牌建设与发达国家相比还有很大的差距。因此,当规模庞大的加工贸易支撑起我国贸易大国的地位时,伴随而来的一个实际问题摆在我国政府面前:低质出口的代价是企业技术品牌缺失,自主创新能力低下,处于全球价值链的较低位置。与发达国家的出口品牌相比,我国出口品牌建设存在的问题主要体现在以下三个方面。

第一,出口商品中具有自主品牌商品比重较低。目前,我国虽然有近 200 种商品的产量位居世界第一,但具有国际竞争力的出口品牌很少,出口商品中拥有自主知识产权品牌的不到 10%,品牌发展严重滞后。近年来,我国服装、移动电话、显示器、小家电等产品的出口已升至世界首位,彩电、摩托车等商品出口也已位居世界第二,然而,我国的国际名牌却非常少。事实上,经过多年为外国贴牌生产积累的经验,我国不少产品在质量、性能、加工技术等方面与国际先进水平的差距已经缩小,但品牌劣势却加大了这种差距。我国出口商品中,国际知名品牌更少。

第二,出口品牌价值与发达国家存在较大差距。品牌价值是品牌管理要素中最为核心的部分,也是品牌区别于同类竞争品牌的重要标志。品牌的资产主要体现在品牌的核心价值上,品牌核心价值也是品牌精髓所在。它体现在企业通过对品牌的专有和垄断获得的物质文化等综合价值以及消费者通过对品牌的购买和使用获得的功能和情感价值。在 2015 年福布斯全球最佳品牌价值前 10 名中并无中国企业进入(见表 10-18)。

表 10-18　2015 年福布斯全球最佳品牌价值前 10 名(单位:亿美元)

排名	品牌名称	价值
1	苹果	1453
2	微软	693
3	谷歌	656
4	可口可乐	560
5	IBM	498
6	麦当劳	395
7	三星	379
8	丰田	378
9	通用电气	375
10	Facebook	365

第三,我国出口品牌缺乏持续时间。与欧美国家相比,中国企业的平均寿命要短得多。根据美国《财富》杂志的抽样调查显示,中国民营企业平均寿命仅 3.7 年,中小企业平均寿命更是只有 2.5 年;而在美国与日本,中小企业的平均寿命分别为 8.2 年、12.5 年。中国大公司的平均寿命是 7—9年,欧美大企业平均寿命长达 40 年,日本大企业平均寿命有 58 年。在百年老店方面,中国的企业数量更是落后于发达国家。从企业外部看,不完善的企业发展环境,是阻碍我国创新企业持续成长的外因;从企业内部看,企业缺乏科学有效的管理体系,企业家缺乏战略眼光,是企业难以为继的根本原因。我国政府应当通过立法的形式规范市场秩序,控制不规范竞争行为的发生,并引导企业制定可持续的发展战略,避免激烈无序的竞争,使得企业能够有空间和时间进行自主品牌的建设。

第二节　中国劳动力成本的变化及其国际比较

一、劳动力成本上升成为我国出口企业面临的新挑战

改革开放以来,特别是加入世界贸易组织之后,依靠劳动力成本优势,我国劳动密集型产业的对外贸易获得了快速发展,我国在 2014 年已经成为进出口总量排名世界第一的国家。但是,与此同时我国对外贸易领域出现了一些新的变化,主要表现为:劳动力成本上升、世界市场需求锐减等方面的挑战。我国的对外贸易如何在"稳增长、促改革"的宏观背景下实现可持续发展,以及如何进行对外贸易战略转型升级,这些问题成为近年来国家政府高度关注的热门话题。

劳动力成本的不断上涨已然引发了某些劳动密集型产业转至国外,越南、老挝、柬埔寨等许多工人工资水平较低的国家正逐步成为服装业、鞋袜业等劳动密集型产业的新增长点。[①] 面对我国越来越高的劳动力成本,跨国公司开始了又一轮的生产活动转移,越来越多的生产制造业开始往越南、老挝等东南亚国家转移,预计未来还会有更多企业向东南亚、非洲等地迁移。如果这类劳动密集型产业大规模向国外迁移,将对我国的对外贸易出口、国内就业、经济增长等都产生十分严峻的不利冲击。学者普遍认为[②],劳动力成本上升是影响制造业特别是劳动密集型制造业转移以及产业升级和战略转型的一个重要因素。因此可以通过对劳动力成本的国际比较分析,得到一个国家劳动力成本的国际竞争力情况,进而可以得到对外贸易战略转型的思路。

基于上述分析,我们利用 2001—2010 年国际劳工组织数据,计算了中国劳动力报酬、劳动生产率,并与不同类型国家和地区进行比较,其中包括:发达国家组、发展中大国组、高收入经济体组和新兴发展中国家组。全面了解中国制造业劳动力成本的国际竞争力情况,进而提出相应的结论与政策

---

① 林毅夫、王研:《期待制造业领头龙效应》,《财经》2012 年第 9 期。
② 林炜:《企业创新激励:来自中国劳动力成本上升的解释》,《管理世界》2013 年第10 期。

建议,能够帮助我们获得对外贸易转型的思路,可以将结论扩展到加快劳动力流动、促进对外贸易战略转型之中。

二、劳动力成本的国际比较

(一)中国与发达国家比较

1. 小时劳动报酬

2001—2010 年,从发展趋势来看,中国小时劳动报酬表现为日益增加的态势;从绝对值来看,中国小时劳动报酬从 2001 年的 0.68 美元增加到 2010 年的 2.42 美元。从发达国家的情况来看,2001—2010 年期间,美国、日本、德国、法国、荷兰等发达国家的小时劳动报酬整体表现为逐年增加的态势。从中国与发达国家的比较来看,2001—2010 年期间,中国制造业就业人员小时劳动报酬的年增长速度远远高于这五个发达国家,中国制造业小时劳动报酬仍保持着极大的优势,2010 年中国制造业小时劳动报酬仅为发达国家的 7.5% 左右。

2. 小时劳动生产率

中国与发达国家的小时劳动生产率情况见表 10-19。从表 10-19 中可以看出,2001—2010 年期间,从整体趋势来看,中国小时劳动生产率整体表现为逐年增加的态势;从具体数值来看,中国小时劳动生产率从 2001 年的 2.37 美元增加到 2010 年的 10.51 美元。发达国家的小时劳动生产率变化情况与中国有很大程度的不同,2001—2010 年期间,虽然美国、日本、德国、法国、荷兰等发达国家的小时劳动生产率整体表现为逐渐增加的态势,但是增长的幅度明显小于中国。中国制造业小时劳动生产率与发达国家的差距仍然十分巨大,2010 年中国制造业小时劳动生产率仅为发达国家的 20% 左右。

表 10-19　2001—2010 年中国与发达国家的小时劳动生产率

（单位:美元/小时）

年份	美国	日本	德国	法国	荷兰	中国
2001	37.24	31.11	24.39	—	27.92	2.37
2002	39.59	30.35	26.07	—	30.64	2.44

续表

年份	美国	日本	德国	法国	荷兰	中国
2003	43.33	33.47	32.32	31.75	37.87	4.85
2004	47.60	37.18	37.46	35.10	43.91	5.72
2005	51.28	36.30	38.55	35.69	45.48	5.88
2006	52.24	33.96	40.57	35.97	47.38	6.80
2007	54.48	34.92	45.02	40.98	56.95	8.89
2008	53.80	39.14	46.09	43.78	62.31	9.68
2009	58.19	41.42	39.91	39.84	59.74	10.41
2010	62.47	49.31	42.30	—	63.54	10.51

资料来源:根据国际劳工组织相关数据整理,http://www.ilo.org/。

(二) 中国与发展中大国比较

1. 小时劳动报酬

2001—2010 年期间,从总体发展趋势来看,中国小时平均工资表现为持续增加的态势;从具体数值来看,中国小时平均工资从 2001 年的 0.54 美元增加到 2010 年的 1.90 美元,2010 年的数值大约是 2001 年的 3.52 倍。从其他发展中大国的情况来看,在 2001—2010 年期间,基于小时劳动报酬的视角,墨西哥的小时劳动报酬整体处于增长的状态,墨西哥的小时劳动报酬从 2001 年的 5.41 美元增长到 2010 年的 6.23 美元,2010 年的数值大约是 2001 年的 1.15 倍;基于小时平均工资的视角,南非的小时平均工资从 2001 年的 2.92 美元增长到 2010 年的 7.62 美元,2010 年的数值大约是 2001 年的 2.61 倍;俄罗斯的小时平均工资从 2005 年的 2.16 美元增长到 2010 年的 4.48 美元。从中国与 3 个发展中大国的比较来看,2001—2010 年期间,中国制造业就业人员小时劳动报酬的增长速度快于墨西哥、南非等国家,但是,与墨西哥、南非、俄罗斯等国家相比,中国制造业小时劳动报酬的绝对值仍保持着极大的优势,2010 年墨西哥是中国的 2.57 倍,南非是中国的 4 倍,俄罗斯是中国的 2.36 倍。

2. 小时劳动生产率

中国与发展中大国的小时劳动生产率情况见表 10-20。从表 10-20 中可以看出,2001—2010 年期间,俄罗斯、南非、墨西哥等发展中大国的小时劳动生产率整体表现为增加的态势,其中,南非从2001年的5.65美元/小时增加到2010年的12.33美元/小时,墨西哥从2001年的7.06美元/小时增加到2010年的11.52美元/小时,俄罗斯从2005年的5.65美元/小时增加到2010年的11.70美元/小时。从中国与这些发展中大国的比较来看,2001—2010年期间,中国制造业就业人员小时劳动生产率的增长速度较快,逐渐缩小了与南非、墨西哥的差距,到2010年,中国与墨西哥、南非、俄罗斯的小时劳动生产率基本持平。如果按照目前小时劳动生产率的发展趋势,在短期内,中国的小时劳动生产率将超过这些发展中大国。

表10-20 2001—2010年中国与发展中大国的小时劳动生产率

（单位:美元/小时）

年份	俄罗斯	南非	墨西哥	中国
2001	—	5.65	7.06	2.37
2002	—	5.23	7.18	2.44
2003	—	8.52	8.38	4.85
2004	—	—	8.70	5.72
2005	5.65	10.64	9.50	5.88
2006	7.18	10.40	10.86	6.80
2007	9.29	10.67	11.53	8.89
2008	12.77	9.32	11.55	9.68
2009	8.72	9.34	9.92	10.41
2010	11.70	12.33	11.52	10.51

资料来源:根据国际劳工组织相关数据整理,http://www.ilo.org/。

（三）中国大陆与亚洲新兴高收入经济体的比较

1. 小时劳动报酬

从亚洲新兴高收入经济体的情况来看,2001—2010年期间,新加坡和韩国的小时劳动报酬整体处于增长的态势,韩国的小时劳动报酬从2001年的9.11美元增长到2010年的16.62美元,2010年的数值大约是2001年的1.82倍;新加坡的小时劳动报酬从2001年的12.20美元增长到2010年的19.10美元,2010年的数值大约是2001年的1.57倍;中国香港和中国台湾的小时劳动报酬整体处于稳定的态势,变化幅度较小。从中国大陆与亚洲新兴高收入经济体的比较来看,在2001—2010年期间,中国大陆制造业小时劳动报酬的增长速度较高,但是中国大陆制造业小时劳动报酬的绝对值仍保持着极大的优势,2010年韩国的小时劳动报酬是中国的6.87倍,新加坡是中国大陆的7.89倍,中国台湾是中国大陆的3.45倍,中国香港是中国大陆的2.4倍。

2.小时劳动生产率

中国与亚洲新兴高收入经济体的小时劳动生产率情况见表10-21。从表10-21中可以看出,2001—2010年期间,韩国的小时劳动生产率整体表现为增加的态势,2010年的数值大约是2001年的2.66倍;新加坡的小时劳动生产率整体表现为先增加、后下降的态势;中国香港的小时劳动生产率整体表现为增加的态势,2008年的数值大约是2001年的1.36倍。韩国小时劳动生产率绝对值的提高程度最大,已经与新加坡基本持平。从中国大陆与亚洲新兴高收入经济体的比较来看,2001—2010年期间,中国大陆制造业小时劳动生产率的增长速度较快,逐渐缩小了与韩国、中国香港、新加坡等地区的差距,到2010年,中国大陆与中国香港的小时劳动生产率基本持平,韩国和新加坡大概是中国大陆的3倍左右。

表10-21 2001—2010年中国大陆与亚洲新兴高收入经济体的小时劳动生产率

(单位:美元/小时)

年份	韩国	中国香港	新加坡	中国大陆
2001	11.81	6.96	27.70	2.37
2002	13.48	7.04	30.07	2.44
2003	15.05	6.79	30.22	4.85
2004	18.04	7.81	39.26	5.72
2005	21.44	8.25	46.73	5.88
2006	24.64	8.91	47.44	6.80
2007	28.76	9.31	50.94	8.89
2008	27.40	9.46	45.38	9.68
2009	24.68	—	28.38	10.41
2010	31.46	—	33.37	10.51

资料来源:根据国际劳工组织相关数据整理,http://www.ilo.org/。

（四）中国大陆与亚洲新兴发展中国家的比较

1. 小时劳动报酬

从亚洲新兴发展中国家的情况来看,2001—2010 年期间,菲律宾、越南、泰国、马来西亚、印尼等国家的小时劳动报酬整体都表现为逐渐增加的态势,菲律宾的小时劳动报酬从 2001 年的 0.97 美元增长到 2010 年的 1.90美元,越南的小时平均工资从 2001 年的 0.36 美元增长到 2009 年的 0.92美元,泰国的小时平均工资从 2001 年的 0.68 美元增长到 2010 年的 1.25美元,马来西亚的小时平均工资从 2001 年的 2.06 美元增长到 2010 年的3.54 美元,印尼的小时平均工资从 2001 年的 0.28 美元增长到 2008 年的0.51 美元。其中,越南的增长速度最快。从中国大陆与亚洲新兴发展中国家的比较来看,2001—2010 年期间,中国制造业小时劳动报酬的增长速度快于这 5 个新兴发展中国家。2010 年,中国制造业小时劳动报酬是菲律宾的 1.27 倍,小时平均工资分别是泰国的 1.52 倍、马来西亚的 0.54 倍、越南的 2 倍、印尼的 4 倍。

2. 小时劳动生产率

中国大陆与亚洲新兴发展中国家的小时劳动生产率情况见表 10-22。从表 10-22 中可以看出,2001—2010 年期间,越南、泰国、马来西亚、印尼、菲律宾等 5 个国家的小时劳动生产率都整体表现为逐渐增加的趋势,其中,印尼的增长速度最快,2010 年的数值大约是 2001 年的 3.34 倍;越南的增长速度最慢,2009 年的数值大约是 2001 年的 1.66 倍;马来西亚小时劳动生产率的绝对值最大,越南小时劳动生产率的绝对值最小。从中国大陆与亚洲新兴发展中国家的比较来看,2001—2010 年期间,中国制造业小时劳动生产率的增长速度较快,于 2003 年超过泰国和菲律宾,一直高于越南和印尼,逐渐缩小了与马来西亚的差距。2010 年,中国小时劳动生产率是泰国的 1.21 倍,是越南的 9 倍左右,是印尼的 1.74 倍,是菲律宾的 1.64 倍,但是,马来西亚仍然是中国的 1.28 倍。

表 10-22　2001—2010 年中国大陆与亚洲新兴发展中国家的小时劳动生产率

（单位：美元/小时）

年份	越南	泰国	马来西亚	印尼	菲律宾	中国大陆
2001	0.70	3.31	5.21	1.81	3.06	2.37
2002	0.73	3.64	5.90	2.21	3.28	2.44
2003	0.73	3.95	6.43	2.72	3.25	4.85
2004	0.76	4.27	7.83	3.02	3.29	5.72
2005	0.84	4.67	8.44	3.07	3.67	5.88
2006	0.92	5.58	9.08	3.98	4.35	6.80
2007	1.02	6.42	10.90	4.37	5.05	8.89
2008	1.16	7.41	12.51	5.27	6.06	9.68
2009	1.16	6.84	11.26	5.18	5.61	10.41
2010	—	8.67	13.49	6.05	6.40	10.51

资料来源：根据国际劳工组织相关数据整理，http://www.ilo.org/。

　　总的来看，与发达国家比较，我国制造业的成本优势依旧较为明显。目前，虽然我国的小时劳动生产率仅为发达国家的 20% 左右，但是，中国制造业小时劳动报酬仅为发达国家的 7.5% 左右。我国相对于发达国家在制造业领域至少在劳动密集型产业、劳动密集型生产工序方面仍然具有较为显著的优势。但是，近些年来，我国制造业小时劳动报酬、劳动力成本增长速度快于亚洲新兴高收入经济体、其他发展中大国、亚洲新兴发展中国家。目前，中国的小时劳动报酬已经超过了菲律宾、泰国、越南、印尼。这将对我国制造业特别是劳动密集型制造业的国际竞争力、出口规模、出口结构产生重要的影响。

第三节　中国出口商品的比较优势变化分析

一、出口商品比较优势评价指标与数据来源

　　当前世界经济复苏乏力，全球贸易持续低迷，以保护主义、孤立主义为代表的"逆全球化"思潮渐起，地缘政治风险上升，英国脱欧等一系列黑天鹅事件更为世界经济带来了更为复杂的变化。我国当前面临国外多重困难挑战和国内经济下行压力，为了应对目前的经济形势，我国政府决定继续推

行全面深化改革和扩大开放,并推行供给侧结构性改革政策,持续释放国内经济活力,促进产业结构转型升级,保证经济平稳运行。在此宏观背景下,我国对外贸易的任务更为明确,就是为"稳增速、促改革"助力。所以,我国政府将会继续旗帜鲜明地反对各种形式的贸易保护主义,维护多边贸易体系主渠道的地位。因为我国政府对于对外贸易的作用有此定位,所以对外贸易的稳定发展特别是出口贸易的稳定对全国经济形势有着极为重要的意义,而我国出口商品比较优势情况对出口贸易稳定又有着支撑意义。因此,本节将在新商品分类框架下对中国出口商品比较优势情况进行分析,以此来窥探我国出口贸易的前景和未来,为我国对外贸易战略转型建言献策。

(一) 新商品分类方法

本节的商品分类方法,并未使用拉尔(Lall,2001)①的商品分类方法,而采用魏浩等(2016)②的商品分类方法,商品分类的依据更为贴近中国对外贸易的现实情况。根据数据的可得性,本节所构建的商品分析框架共包含3116个SITC框架下的商品种类,分成11类,采用魏浩等(2016)的商品分类方法对技术特征不明显的商品分成5类;对技术特征明显的商品用K均值和肘函数方法分成6类,而技术特征明显的商品为本节比较优势分析的主要对象。利用技术复杂度指数计算商品的技术含量,因为联合国贸易数据库中缺少一些商品的各国进口贸易额详细信息,最终只有1772种商品能被赋予技术含量,再加上1344种非技术类商品,最终整理后共有3116种商品。使用肘函数方法确定最优分类数目6类,利用K均值算法对商品进行分类,最终将其分为低技术、中低技术、中等技术、中高技术、高技术和特高技术6类产品。具体分类结果见表10-23。需要说明的是,在对工业制成品进行分类时,借鉴拉尔(Lall,2001)的做法,考虑到资源的特殊性,把资源类制成品专门提了出来,把资源类制成品分为3类:金属类制成品(矿产资源型制成品)、农业资源型制成品、其他资源类制成品。虽然,金属类制成品也具有技术属性,但是,与一般工业制成品不同,这类产品对矿产资源的

---

① Lall S., Competitiveness, Technology and Skills, Cheltenham: Edward Elgar Publishing Inc., 2001.

② 魏浩、赵春明、李晓庆:《中国进口商品结构变化的估算:2000—2014年》,《世界经济》2016年第4期,第70—94页。

依赖性相对较高,因此不纳入技术特征明显的商品范畴。

所以,本节将对非农业型初级产品、农业型初级产品、金属类制成品、农业资源型制成品、其他资源类制成品、低技术产品、中低技术产品、中等技术产品、中高技术产品、高技术产品、特高技术产品进行比较优势分析,以此来综合分析中国出口比较优势的整体情况。

表 10-23　SITC 框架下的商品分类标准

商品分类	类别名称	商品数量	代表性商品
初级产品	非农业型初级产品	88	铁矿石、铜矿石、矿物油、天然气等
	农业型初级产品	627	粮食、蔬果、活家禽、烟草等
工业制成品	金属类制成品	239	铁、锌、锰、铝等
	农业资源型制成品	127	橡胶制品、木制品、纸与纸板等
	其他资源类制成品	263	乙烯、瓷砖、胶黏剂、珍珠等
	低技术产品	152	纺织纱线、化肥、玩具、伞等
	中低技术产品	268	气垫、厨具、打字机、服装等
	中等技术产品	332	办公用品、半导体、化妆品、车床等
	中高技术产品	409	合成纤维、发动机、汽车配件、家电等
	高技术产品	427	飞机零件、激光器、高分子聚合物等
	特高技术产品	184	坦克、数控机床、航空器等

资料来源:魏浩、赵春明、李晓庆:《中国进口商品结构变化的估算:2000—2014 年》,《世界经济》2016 年第 4 期,第 70—94 页。

(二) 出口商品比较优势评价指标

对一国对外贸易出口比较优势进行测度,最普遍使用的方法是指数(RCA),这一指数最初由巴拉萨(Balassa,1965、1977)提出,后来被广泛地应用于各种比较优势的计算,并且在原有的显示比较优势指数基础上出现了各种各样的扩展。这一指数计算比较优势的基本思想是:一国的某种出口商品在本国出口中所占的比重与世界此类产品出口占世界出口的比重之比。基于出口的显示比较优势指数可以表示为式(10-1):

$$RCA_{ij} = \frac{\dfrac{x_{ij}}{x_{it}}}{\dfrac{x_{nj}}{x_{nt}}} \qquad\qquad (10\text{-}1)$$

式（10-1）中的变量 x 代表出口值,根据研究问题的不同,所指的范围和产品类别都有所不同,从目前的研究文献来看,显示比较优势指数的计算大致分为三种类型:第一,一国的某种商品在世界市场上的比较优势,比如,中国的纺织类产品在世界市场上的比较优势;第二,一国的某种商品在某一个区域市场的比较优势,比如,中国的家用电器在欧盟或东盟市场上的比较优势;第三,一国的某种商品在另一个贸易伙伴国市场上的比较优势,比如,中国的纺织类产品在美国市场上的比较优势。而三种类型比较优势的计算方法,都如式（10-1）所示,不同的是出口值的范围不同。

一般将第一种类型直接称为显示比较优势指数,将第二种和第三种类型归纳称为区域显示比较优势指数（RRCA）。区域显示比较优势指数可以更有针对性地考察某一商品在主要贸易伙伴国市场上的比较优势,优劣的判别和显示比较优势指数一样。我们在计算中国出口商品在美国市场和欧盟市场上的比较优势时,就采用区域显示比较优势指数。比较优势的确定取决于 RCA 数值的大小,大于 1 说明一国在某类产品上具有比较优势,小于 1 说明具有比较劣势。

（三）数据来源

本节利用 SITC 体系下的商品数据进行研究分析,数据年份为 2013 年,数据中包括 SITC 一位码至五位码的商品数据。使用 SITC 三位码分类并不详细,不能体现出某一类商品间的差异,用三位码给出的商品技术含量附加值来衡量一国的贸易水平和结构是不准确的,所以,本节采用五位码分类进行研究。但有些商品只细分至四位码,缺少五位码,所以,本节将此类商品的四位码保留替代五位码,以保证商品种类的完整度,最后结合本节所使用的商品分类标准共得到 3116 种商品。进出口商品的贸易额数据来自联合国商品贸易统计数据库。

二、中国出口商品比较优势现状分析

在此部分,本节将从世界市场、美国市场以及欧盟市场三个角度对中国出口商品比较优势的具体情况进行分析,给出比较优势具体情况的年份为2013年。我们将比较优势分为三个不同的等级,分别为:第一,比较优势指数大于1并小于2,为不明显的比较优势;第二,比较优势指数大于2小于3,为较明显的比较优势;第三,比较优势指数大于3,为明显的比较优势。

(一) 世界市场上中国出口商品的比较优势

2013年中国在世界市场上出口商品比较优势分布状况见表10-24。从表10-24中可以看出,在世界市场范围内,在中国2013年的出口商品中,具有不明显比较优势的产品共861种,占全部出口商品种类的27.63%;具有较明显比较优势的商品共有483种,占全部出口商品种类的15.50%;具有明显比较优势的商品共有546种,占全部出口商品种类的17.52%。

表10-24 2013年我国出口产品在世界市场上比较优势情况

商品类别	1<RCA≤2	2<RCA≤3	3<RCA
非农业型初级产品(88种)	22	12	7
农业型初级产品(627种)	109	31	11
金属类制成品(239种)	61	32	25
农业资源型制成品(127种)	36	19	20
其他资源类制成品(263种)	101	45	31
低技术产品(152种)	44	45	52
中低技术产品(268种)	92	77	74
中等技术产品(332种)	120	65	73
中高技术产品(409种)	118	54	97
高技术产品(427种)	96	79	121
特高技术产品(184种)	62	24	35
合计	861	483	546

资料来源:根据联合国贸易统计数据整理计算。

在技术特征不明显的5类商品(非农业型初级产品、农业型初级产品、金属类制成品、农业资源型制成品、其他资源类制成品)中,具有不明显比较优势的产品共329种,占全部出口商品种类的10.56%,占技术特征不明显商品的24.48%;具有较明显比较优势的商品共有139种,占全部出口商品种类的4.46%,占技术特征不明显商品的10.34%;具有明显比较优势的商品共有 94 种,占全部出口商品种类的 3.02%,占技术特征不明显商品的 6.99%。在技术特征明显的 6 类商品(低技术产品、中低技术产品、中等技术产品、中高技术产品、高技术产品、特高技术产品)中,具有不明显比较优势的商品共 532 种,占全部出口商品种类的 17.07%,占技术特征明显商品的 30.02%;具有较明显比较优势的商品共有 344 种,占全部出口商品种类的 11.04%,占技术特征明显商品的 19.41%;具有明显比较优势的商品共有 452 种,占全部出口商品种类的 14.51%,占技术特征明显商品的 25.51%。

我们最为关注的商品种类为技术特征明显的商品,下面对这 6 类商品进行具体说明。

在低技术产品中,具有不明显比较优势的商品共 44 种,占全部出口商品种类的 1.41%,占技术特征明显商品的 2.48%,占所有低技术产品的 28.95%;具有较明显比较优势的商品共有 45 种,占全部出口商品种类的 1.44%,占技术特征明显商品的 2.54%,占所有低技术产品的 29.61%;具有明显比较优势的商品共有 52 种,占全部出口商品种类的 1.67%,占技术特征明显商品的 2.94%,占所有低技术产品的 34.21%。

在中低技术产品中,具有不明显比较优势的商品共 92 种,占全部出口商品种类的 2.95%,占技术特征明显商品的 5.19%,占所有中低技术产品的 34.33%;具有较明显比较优势的商品共有 77 种,占全部出口商品种类的 2.47%,占技术特征明显商品的 4.35%,占所有中低技术产品的 28.73%;具有明显比较优势的商品共有 74 种,占全部出口商品种类的 2.38%,占技术特征明显商品的 4.18%,占所有中低技术产品的 27.61%。

在中等技术产品中,具有不明显比较优势的商品共 120 种,占全部出口商品种类的 3.85%,占技术特征明显商品的 6.77%,占所有中等技术产品的 36.15%;具有较明显比较优势的商品共有 65 种,占全部出口商品种类的 2.09%,占技术特征明显商品的 3.67%,占所有中等技术产品的 19.58%;具有明显比较优势的商品共有 73 种,占全部出口商品种类的 2.34%,占技术特征明显商品的 4.12%,占所有中等技术产品的 21.99%。

在中高技术产品中,具有不明显比较优势的商品共 118 种,占全部出口商品种类的 3.79%,占技术特征明显商品的 6.66%,占所有中高技术产品的 28.85%；具有较明显比较优势的商品共有 54 种，占全部出口商品种类的 1.73%，占技术特征明显商品的 3.05%，占所有中高技术产品的 13.20%；具有明显比较优势的商品共有 97 种，占全部出口商品种类的 3.11%，占技术特征明显商品的 5.47%，占所有中高技术产品的 23.72%。

在高技术产品中，具有不明显比较优势的商品共 96 种，占全部出口商品种类的 3.08%，占技术特征明显商品的 5.42%，占所有高技术产品的 22.48%；具有较明显比较优势的商品共有 79 种，占全部出口商品种类的 2.54%，占技术特征明显商品的 4.46%，占所有高技术产品的 18.50%；具有明显比较优势的商品共有 121 种，占全部出口商品种类的 3.88%，占技术特征明显商品的 6.83%，占所有高技术产品的 28.34%。

在特高技术产品中，具有不明显比较优势的商品共 62 种，占全部出口商品种类的 1.99%，占技术特征明显商品的 3.50%，占所有特高技术产品的 33.70%；具有较明显比较优势的商品共有 24 种，占全部出口商品种类的 0.77%，占技术特征明显商品的 1.35%，占所有特高技术产品的 13.04%；具有明显比较优势的商品共有 35 种，占全部出口商品种类的 1.12%，占技术特征明显商品的 1.98%，占所有特高技术产品的 19.02%。

总的来看，在 2013 年，在世界市场范围内，我国出口中具有比较优势的商品种类比例较高，主要集中于中低技术产品、中等技术产品、中高技术产品；我国在低技术商品和特高技术商品中具有比较优势商品的占比较低。

（二）美国市场上中国出口商品的比较优势

2013 年中国在美国市场上出口商品比较优势分布状况见表 10-25。从表 10-25 中可以看出，在美国市场范围内，中国在 2013 年的出口商品中，具有不明显比较优势的产品共 781 种，占全部出口商品种类的 25.06%；具有较明显比较优势的商品共有 448 种，占全部出口商品种类的 14.38%；具有明显比较优势的商品共有 495 种，占全部出口商品种类的 15.89%。

表 10-25　2013 年我国出口产品在美国市场上的比较优势情况

商品类别	1<RRCA≤2	2<RRCA≤3	3<RRCA
非农业型初级产品（88 种）	21	14	9
农业型初级产品（627 种）	76	29	10

商品类别	1<RRCA≤2	2<RRCA≤3	3<RRCA
金属类制成品(239 种)	66	28	27
农业资源型制成品(127 种)	31	19	21
其他资源类制成品(263 种)	82	51	32
低技术产品(152 种)	43	44	55
中低技术产品(268 种)	101	74	71
中等技术产品(332 种)	133	58	74
中高技术产品(409 种)	105	59	91
高技术产品(427 种)	81	59	93
特高技术产品(184 种)	42	13	12
合计	781	448	495

资料来源:根据联合国贸易统计数据整理计算。

在技术特征不明显的 5 类商品(非农业型初级产品、农业型初级产品、金属类制成品、农业资源型制成品、其他资源类制成品)中,具有不明显比较优势的产品共 276 种,占全部出口商品种类的 8.86%,占技术特征不明显商品的 20.54%;具有较明显比较优势的商品共有 141 种,占全部出口商品种类的 4.53%,占技术特征不明显商品的 10.49%;具有明显比较优势的商品共有 99 种,占全部出口商品种类的 3.17%,占技术特征不明显商品的 7.37%。在技术特征明显的 6 类商品(低技术产品、中低技术产品、中等技术产品、中高技术产品、高技术产品、特高技术产品)中,具有不明显比较优势的商品共 505 种,占全部出口商品种类的 16.21%,占技术特征明显商品的 28.50%;具有较明显比较优势的商品共有 307 种,占全部出口商品种类的 9.85%,占技术特征明显商品的 17.33%;具有明显比较优势的商品共有 396 种,占全部出口商品种类的 12.71%,占技术特征明显商品的 22.35%。

我们最为关注的商品种类为技术特征明显的商品,下面对这 6 类商品进行具体说明。

在低技术产品中,具有不明显比较优势的商品共 43 种,占全部出口商品种类的 1.38%,占技术特征明显商品的 2.43%,占所有低技术产品的 28.29%;具有较明显比较优势的商品共有 44 种,占全部出口商品种类的 1.41%,占技术特征明显商品的 2.48%,占所有低技术产品的 27.61%;具有明显比较优势的商品共有 55 种,占全部出口商品种类的 1.77%,占技术特征明显商品的 3.10%,占所有低技术产品的 36.19%。

在中低技术产品中,具有不明显比较优势的商品共 101 种,占全部出口商品种类的 3.24%,占技术特征明显商品的 5.70%,占所有中低技术产品的 37.69%;具有较明显比较优势的商品共有 74 种,占全部出口商品种类的 2.37%,占技术特征明显商品的 4.18%,占所有中低技术产品的 27.61%;具有明显比较优势的商品共有 71 种,占全部出口商品种类的 2.28%,占技术特征明显商品的 4.01%,占所有中低技术产品的 26.49%。

在中等技术产品中,具有不明显比较优势的商品共 133 种,占全部出口商品种类的 4.27%,占技术特征明显商品的 7.51%,占所有中等技术产品的 40.06%;具有较明显比较优势的商品共有 58 种,占全部出口商品种类的 1.86%,占技术特征明显商品的 3.27%,占所有中等技术产品的 17.47%;具有明显比较优势的商品共有 74 种,占全部出口商品种类的 2.37%,占技术特征明显商品的 4.18%,占所有中等技术产品的 22.29%。

在中高技术产品中,具有不明显比较优势的商品共 105 种,占全部出口商品种类的 3.37%,占技术特征明显商品的 5.93%,占所有中高技术产品的 25.67%;具有较明显比较优势的商品共有 59 种,占全部出口商品种类的 1.89%,占技术特征明显商品的 3.33%,占所有中高技术产品的 14.43%;具有明显比较优势的商品共有 91 种,占全部出口商品种类的 2.92%,占技术特征明显商品的 5.14%,占所有中高技术产品的 22.25%。

在高技术产品中,具有不明显比较优势的商品共 81 种,占全部出口商品种类的 2.60%,占技术特征明显商品的 4.57%,占所有高技术产品的 18.97%;具有较明显比较优势的商品共有 59 种,占全部出口商品种类的 1.89%,占技术特征明显商品的 3.33%,占所有高技术产品的 13.82%;具有明显比较优势的商品共有 93 种,占全部出口商品种类的 2.98%,占技术特征明显商品的 5.25%,占所有高技术产品的 21.78%。

在特高技术产品中,具有不明显比较优势的商品共 42 种,占全部出口商品种类的 1.35%,占技术特征明显商品的 2.37%,占所有特高技术产品的 22.82%;具有较明显比较优势的商品共有 13 种,占全部出口商品种类的 0.42%,占技术特征明显商品的 0.73%,占所有特高技术产品的 7.07%;具有明显比较优势的商品共有 12 种,占全部出口商品种类的 0.39%,占技术特征明显商品的 0.68%,占所有特高技术产品的 6.52%。

总体来看,在 2013 年,在美国市场范围内,我国出口中具有比较优势的商品种类比例低于世界市场范围内,并且更加集中于中低技术产品、中等技术产品、中高技术产品。另外,在美国市场范围内,我国在特高技术商品中具有比较优势商品的占比明显低于世界市场。

(三) 欧盟市场上中国出口商品的比较优势

2013 年中国在欧盟市场上出口商品比较优势分布状况见表 10-26。从表 10-26 中可以看出,在欧盟市场范围内,中国在 2013 年的出口商品中,具有不明显比较优势的产品共 774 种,占全部出口商品种类的 24.84%;具有较明显比较优势的商品共有 422 种,占全部出口商品种类的 13.54%;具有明显比较优势的商品共有 507 种,占全部出口商品种类的 16.27%。

表 10-26　2013 年我国出口产品在欧盟市场上的比较优势情况

商品类别	1<RRCA≤2	2<RRCA≤3	3<RRCA
非农业型初级产品(88 种)	19	12	4
农业型初级产品(627 种)	66	23	8
金属类制成品(239 种)	82	31	26
农业资源型制成品(127 种)	25	12	18
其他资源类制成品(263 种)	76	55	30
低技术产品(152 种)	48	42	58
中低技术产品(268 种)	106	74	82
中等技术产品(332 种)	124	51	77
中高技术产品(409 种)	96	52	94
高技术产品(427 种)	93	56	96
特高技术产品(184 种)	39	14	14
合计	774	422	507

资料来源:根据联合国贸易统计数据整理计算。

在技术特征不明显的 5 类商品(非农业型初级产品、农业型初级产品、金属类制成品、农业资源型制成品、其他资源类制成品)中,具有不明显比较优势的产品共 268 种,占全部出口商品种类的 8.60%,占技术特征不明显商品的 19.94%；具有较明显比较优势的商品共有 133 种，占全部出口商品种类的 4.27%，占技术特征不明显商品的 9.90%；具有明显比较优势的商品共有 86 种，占全部出口商品种类的 2.76%，占技术特征不明显商品的 6.40%。在技术特征明显的 6 类商品（低技术产品、中低技术产品、中等技术产品、中高技术产品、高技术产品、特高技术产品）中，具有不明显比较优势的商品共 506 种，占全部出口商品种类的 16.24%，占技术特征明显商品的 28.56%；具有较明显比较优势的商品共有 289 种，占全部出口商品种类的 9.27%，占技术特征明显商品的 16.31%；具有明显比较优势的商品共有 421 种，占全部出口商品种类的 13.51%，占技术特征明显商品的 23.76%。

我们最为关注的商品种类为技术特征明显的商品，下面对这 6 类商品进行具体说明。

在低技术产品中，具有不明显比较优势的商品共 48 种，占全部出口商品种类的 1.54%，占技术特征明显商品的 2.71%，占所有低技术产品的 31.58%；具有较明显比较优势的商品共有 42 种，占全部出口商品种类的 1.35%，占技术特征明显商品的 2.37%，占所有低技术产品的 27.63%；具有明显比较优势的商品共有 58 种，占全部出口商品种类的 1.86%，占技术特征明显商品的 3.27%，占所有低技术产品的 38.16%。

在中低技术产品中，具有不明显比较优势的商品共 106 种，占全部出口商品种类的 3.40%，占技术特征明显商品的 5.98%，占所有中低技术产品的 39.55%；具有较明显比较优势的商品共有 74 种，占全部出口商品种类的 2.37%，占技术特征明显商品的 4.18%，占所有中低技术产品的 27.61%；具有明显比较优势的商品共有 82 种，占全部出口商品种类的 2.63%，占技术特征明显商品的 4.63%，占所有中低技术产品的 30.60%。

在中等技术产品中，具有不明显比较优势的商品共 124 种，占全部出口商品种类的 3.98%，占技术特征明显商品的 7.00%，占所有中等技术产品的 37.35%；具有较明显比较优势的商品共有 51 种，占全部出口商品种类的 1.64%，占技术特征明显商品的 2.88%，占所有中等技术产品的 15.36%；具有明显比较优势的商品共有 77 种，占全部出口商品种类的 2.47%，占技术特征明显商品的 4.35%，占所有中等技术产品的 23.19%。

在中高技术产品中，具有不明显比较优势的商品共 96 种，占全部出口商品种类的 3.08%,占技术特征明显商品的 5.42%,占所有中高技术产品的 23.47%;具有较明显比较优势的商品共有 52 种,占全部出口商品种类的 1.67%,占技术特征明显商品的 2.93%,占所有中高技术产品的 12.71%;具有明显比较优势的商品共有 94 种,占全部出口商品种类的 3.02%,占技术特征明显商品的 5.30%,占所有中高技术产品的 22.98%。

在高技术产品中,具有不明显比较优势的商品共 93 种,占全部出口商品种类的 2.98%,占技术特征明显商品的 5.25%,占所有高技术产品的 21.78%;具有较明显比较优势的商品共有 56 种,占全部出口商品种类的 1.80%,占技术特征明显商品的 3.16%,占所有高技术产品的 13.11%;具有明显比较优势的商品共有 96 种,占全部出口商品种类的 3.08%,占技术特征明显商品的 5.42%,占所有高技术产品的 22.48%。

在特高技术产品中,具有不明显比较优势的商品共 39 种,占全部出口商品种类的 1.25%,占技术特征明显商品的 2.20%,占所有特高技术产品的 21.20%;具有较明显比较优势的商品共有 14 种,占全部出口商品种类的 0.45%,占技术特征明显商品的 0.79%,占所有特高技术产品的 7.61%;具有明显比较优势的商品共有 14 种,占全部出口商品种类的 0.45%,占技术特征明显商品的 0.79%,占所有特高技术产品的 7.62%。

总的来看,在 2013 年,在欧盟市场范围内,我国出口中具有比较优势的商品种类比例明显低于世界市场,主要集中于中低技术产品、中等技术产品、中高技术产品。另外,在欧盟市场中我国在特高技术商品中具有比较优势商品显著低于世界市场。

三、中国出口商品比较优势变化分析

在此部分,我们将中国出口商品比较优势在 2008 年和 2013 年的情况进行比较,得到中国出口商品比较优势的变化情况。

(一)世界市场上中国出口商品比较优势变化分析

相比于 2008 年,世界市场范围内我国的出口商品比较优势情况在 2013 年发生了较大的变化。总体来看,具有不明显比较优势的商品种类数量增加了 79 种,具有较明显比较优势的商品种类数量增加了 26 种,具有明显比较优势的商品种类数量增加了 44 种,见表 10-27。

表 10-27　2008—2013 年我国出口产品在世界市场上的比较优势变化情况

商品类别	1<RRCA≤2	2<RRCA≤3	3<RRCA
非农业型初级产品(88 种)	−6	−4	−1
农业型初级产品(627 种)	−11	−2	−3
金属类制成品(239 种)	2	−1	−2
农业资源型制成品(127 种)	1	−3	2
其他资源类制成品(263 种)	9	5	3
低技术产品(152 种)	16	5	4
中低技术产品(268 种)	21	12	10
中等技术产品(332 种)	19	5	12
中高技术产品(409 种)	16	3	8
高技术产品(427 种)	9	6	9
特高技术产品(184 种)	3	0	2
合计	79	26	44

资料来源:根据联合国贸易统计数据整理计算。

具体来看,在农业型初级产品中,具有不明显比较优势的商品种类数量减少了 11 种,具有较明显比较优势的商品种类数量减少了 2 种,具有明显比较优势的商品种类数量减少了 3 种;在金属类制成品中,具有不明显比较优势的商品种类数量增加了 2 种,具有较明显比较优势的商品种类数量减少了 1 种,具有明显比较优势的商品种类数量减少了 2 种;在低技术产品中,具有不明显比较优势的商品种类数量增加了 16 种,具有较明显比较优势的商品种类数量增加了 5 种,具有明显比较优势的商品种类数量增加了 4 种;在中等技术产品中,具有不明显比较优势的商品种类数量增加了 19 种,具有较明显比较优势的商品种类数量增加了 5 种,具有明显比较优势的商品种类数量增加了 12 种;在高技术产品中,具有不明显比较优势的商品种类数量增加了 9 种,具有较明显比较优势的商品种类数量增加了 6 种,具有明显比较优势的商品种类数量增加了 9 种;在特高技术产品中,具有不明显比较优势的商品种类数量增加了 3 种,具有较明显比较优势的商品种类数量无变化,具有明显比较优势的商品种类数量增加了 2 种。

所以可以说,2008—2013 年间,在世界市场上,我国出口中具有比较优势的产品种类越来越多,但这部分增长主要是由低技术产品、中低技术产品、中等技术产品以及中高技术产品所贡献,而高技术产品和特高技术产品的比较优势变化不明显。

(二) 美国市场上中国出口商品比较优势的变化情况

相比于 2008 年,美国市场范围内我国的出口商品比较优势情况在2013 年发生了较大的变化。总体来看,具有不明显比较优势的商品种类数量增加了 76 种,具有较明显比较优势的商品种类数量增加了 30 种,具有明显比较优势的商品种类数量增加了 28 种,见表 10-28。

表 10-28 2008—2013 年我国出口产品在美国市场上的比较优势变化情况

商品类别	1<RRCA≤2	2<RRCA≤3	3<RRCA
非农业型初级产品(88 种)	−8	−5	0
农业型初级产品(627 种)	−13	−3	−2
金属类制成品(239 种)	5	1	0
农业资源型制成品(127 种)	−5	−2	1
其他资源类制成品(263 种)	8	3	1
低技术产品(152 种)	19	8	8
中低技术产品(268 种)	22	9	6
中等技术产品(332 种)	25	8	3
中高技术产品(409 种)	12	2	5
高技术产品(427 种)	7	8	4
特高技术产品(184 种)	4	1	1
合计	76	30	28

资料来源:根据联合国贸易统计数据整理计算。

具体来看,在农业型初级产品中,具有不明显比较优势的商品种类数量减少了 13 种,具有较明显比较优势的商品种类数量减少了 3 种,具有明显比较优势的商品种类数量减少了 2 种;在金属类制成品中,具有不明显比较优势的商品种类数量增加了 5 种,具有较明显比较优势的商品种类数量增加了 1 种,具有明显比较优势的商品种类数量保持不变;在低技术产品中,具有不明显比较优势的商品种类数量增加了 19 种,具有较明显比较优势的商品种类数量增加了 8 种,具有明显比较优势的商品种类数量增加了 8 种;在中等技术产品中,具有不明显比较优势的商品种类数量增加了 25 种,具有较明显比较优势的商品种类数量增加了 8 种,具有明显比较优势的商品种类数量增加了 3 种;在高技术产品中,具有不明显比较优势的商品种类数量增加了 7 种,具有较明显比较优势的商品种类数量增加了 8 种,具有明显比较优势的商品种类数量增加了 4 种;在特高技术产品中,具有不明显比较优势的商品种类数量增加了 4 种,具有较明显比较优势的商品种类数量增加了 1 种,具有明显比较优势的商品种类数量增加了 1 种。

所以可以说,2008—2013 年间,在美国市场上,我国出口中具有比较优势的产品种类持续增加,但这部分增长相比于世界市场更加集中于低技术产品、中低技术产品、中等技术产品以及中高技术产品。另外,相比于世界市场,我国的高技术产品和特高技术产品在美国市场的比较优势变化幅度收窄。

(三) 欧盟市场上中国出口商品比较优势的变化情况

相比于 2008 年,欧盟市场范围内我国的出口商品比较优势情况在 2013 年发生了较大的变化。总体来看,具有不明显比较优势的商品种类数量增加了 84 种,具有较明显比较优势的商品种类数量增加了 23 种,具有明显比较优势的商品种类数量增加了 33 种,见表 10-29。

表 10-29 2008—2013 年我国出口产品在欧盟市场上的比较优势变化情况

商品类别	1<RRCA≤2	2<RRCA≤3	3<RRCA
非农业型初级产品(88 种)	−10	−6	1
农业型初级产品(627 种)	−15	−5	−3
金属类制成品(239 种)	7	3	2
农业资源型制成品(127 种)	−9	−4	0
其他资源类制成品(263 种)	6	5	4
低技术产品(152 种)	20	9	9
中低技术产品(268 种)	23	7	5
中等技术产品(332 种)	28	6	5
中高技术产品(409 种)	19	5	8
高技术产品(427 种)	12	1	2

续表

商品类别	1<RRCA≤2	2<RRCA≤3	3<RRCA
特高技术产品（184种）	3	2	0
合计	84	23	33

资料来源：根据联合国贸易统计数据整理计算。

　　具体来看，在农业型初级产品中，具有不明显比较优势的商品种类数量减少了15种，具有较明显比较优势的商品种类数量减少了5种，具有明显比较优势的商品种类数量减少了3种；在金属类制成品中，具有不明显比较优势的商品种类数量增加了7种，具有较明显比较优势的商品种类数量增加了3种，具有明显比较优势的商品种类数量增加了2种；在低技术产品中，具有不明显比较优势的商品种类数量增加了20种，具有较明显比较优势的商品种类数量增加了9种，具有明显比较优势的商品种类数量增加了9种；在中等技术产品中，具有不明显比较优势的商品种类数量增加了28种，具有较明显比较优势的商品种类数量增加了6种，具有明显比较优势的商品种类数量增加了5种；在高技术产品中，具有不明显比较优势的商品种类数量增加了12种，具有较明显比较优势的商品种类数量增加了1种，具有明显比较优势的商品种类数量增加了2种；在特高技术产品中，具有不明显比较优势的商品种类数量增加了3种，具有较明显比较优势的商品种类数量增加了2种，具有明显比较优势的商品种类数量保持不变。

　　所以可以说，2008—2013年间，在欧盟市场上，我国出口中具有比较优势的产品种类持续增加，但这部分增长相比于世界市场更加集中于低技术产品、中低技术产品、中等技术产品以及中高技术产品。另外，相比于世界市场，我国的高技术产品和特高技术产品在欧盟市场的比较优势变化幅度收窄，但是具有明显比较优势的商品种类增加幅度明显高于世界市场和美国市场。

四、基本结论

　　本节利用新的商品分类方法，对中国出口商品在不同市场比较优势的具体情况以及变化情况进行了测算，为我国对外贸易战略转型升级提供依据,以下为本节的主要结论。

2013 年中国的出口商品在世界市场上,具有不明显比较优势的产品共861 种,占全部出口商品种类的 27.63%;具有较明显比较优势的商品共有483 种,占全部出口商品种类的 15.50%;具有明显比较优势的商品共有 546种,占全部出口商品种类的 17.52%。2013 年中国的出口商品在美国市场上,具有不明显比较优势的产品共 781 种,占全部出口商品种类的 25.06%;具有较明显比较优势的商品共有 448 种,占全部出口商品种类的 14.38%;具有明显比较优势的商品共有 495 种,占全部出口商品种类的 15.89%。2013 年中国的出口商品在欧盟市场上,具有不明显比较优势的产品共 774种,占全部出口商品种类的 24.84%;具有较明显比较优势的商品共有 422种,占全部出口商品种类的 13.54%;具有明显比较优势的商品共有 507 种,占全部出口商品种类的 16.27%。

相比于 2008 年,世界市场、美国市场、欧盟市场范围内我国的出口商品比较优势情况在 2013 年都发生了较大的变化。具体来看,在世界市场上,具有不明显比较优势的商品种类数量增加了 79 种,具有较明显比较优势的商品种类数量增加了 26 种,具有明显比较优势的商品种类数量增加了 44种;在美国市场上,具有不明显比较优势的商品种类数量增加了 76 种,具有较明显比较优势的商品种类数量增加了 30 种,具有明显比较优势的商品种类数量增加了 28 种;在欧盟市场上,具有不明显比较优势的商品种类数量增加了 84 种,具有较明显比较优势的商品种类数量增加了 23 种,具有明显比较优势的商品种类数量增加了 33 种。

总体来看,中国的出口商品在世界市场范围内具有比较优势商品的比例高于在美国市场和欧盟市场,并且对于美国市场和欧盟市场,我国在高技术产品和特高技术产品中的比较优势较弱,亟须提升我国在此类商品产品中的比较优势。2008—2013 年间,我国出口中具有比较优势的产品种类持续增加,但相比于世界市场,在美国市场和欧盟市场中的增长更加集中于低技术产品、中低技术产品、中等技术产品以及中高技术产品。另外,相比于世界市场,我国的高技术产品和特高技术产品在美国市场和欧盟市场的比较优势变化幅度收窄。

对于积极参与全球化和国际分工的发展中国家来说,实施出口导向型战略是促进经济增长的理想途径。一般认为,出口商品结构是衡量出口国所处国际地位和所获贸易利益多少的重要依据,因此提高出口商品的竞争力,优化出口商品结构就成为很多发展中国家追求的目标。我国也不例外。自从改革开放以来,出口贸易特别是加工贸易型出口是我国经济发展的核心动力之一,我国的出口商品结构实现了由资源密集型、劳动密集型向资本密集型、技术密集型的转变。但是,目前,我国应该由低技术密集型向高技术密集型转变,也就是建立在高技术产品和特高技术产品的广泛比较优势。

虽然,从目前我国出口商品的结构构成来看,高技术含量商品是我国第一大类出口商品,但是部分高技术含量商品的本土化程度比较低。发展高新技术产业是世界经济发展的趋势和必然,也是我国从工业大国向工业强国转变的必然要求,保证高技术含量商品稳定出口是我国短期内稳定外需和保证出口、使经济在长期内保持可持续发展的关键。要想保证高技术含量商品稳定出口就要提高我国在出口高技术含量商品生产中的贡献度,提高出口高技术含量商品的比较优势。要想达到这些目标,就必须提高我国整体的技术水平、劳动者素质,培育企业的自主创新能力,提高我国内资企业的配套能力,减少出口商品中进口生产要素所占的比例。

另外,我国低技术含量商品的出口也已经发生了巨大的变化,出口额日益增加,具有比较优势的商品种类日益增加,比较优势程度日益提高,本土化程度也日益提高,在世界市场上具有绝对的竞争优势,附加值率也比较高,从而导致低技术含量商品出口具有稳定性比较高、贸易利益比较大、就业效应比较强的特点,可见,保证低技术含量商品稳定出口是我国稳定外需和保证出口的基础。与此同时,要特别指出的是:从全球价值链的视角来看,低技术含量商品并不意味着所有的生产工序都是低技术含量的,部分生产工序或核心工序也可能是技术密集型的。因此,我国应该对低技术含量商品进行转型升级,用高新技术产业帮助低技术产业进行转型和升级,并逐渐产业化,从而进一步巩固和提升我国低技术含量商品的出口比较优势和技术含量。

总的来看,高度重视高技术含量商品的发展和出口,提高出口高技术含量商品的比较优势,提高我国在出口高技术含量商品生产中的贡献度,对低技术含量商品的转型升级需大力进行,巩固低技术含量商品的出口比较优势和技术含量有利于我国实际出口商品结构的优化、出口比较优势的进一步提升,是我国短期内稳定外需和保证出口、保证对外贸易在长期内保持可持续发展的关键,也是我国进行对外贸易战略转型升级的重要着力点,可以通过加快劳动力要素流动等方式使得我国的低技术含量商品的比较优势更为巩固并有利于高技术含量商品出口的发展。

第四节　加快劳动力要素自由流动的对外贸易战略转型

一、多方发力,采取综合措施,加快劳动力要素的自由流动,为对外贸易的战略转型提供条件和动力

目前,我国劳动力流动呈现出以下特征:第一,劳动力流动规模快速增加;第二,劳动力流动以省内流动为主,但跨省流动规模增幅很快;第三,全国流动人口总数、省内流动人口、跨省流动人口在规模上存在明显的区域差异;第四,劳动力流动以青壮年为主,人口性别比较不均衡,分类型的外来人口差异较大;第五,受教育程度不断提高,高学历流动人口占有一定比重;第六,劳动力流动动因以经济原因为主,家庭化、长期化趋势明显;第七,流动人口主要从事商业、服务业与第二产业,跨省流动人口与省内流动人口差异较大。

为此,需要多方发力,采取综合措施,进一步加快劳动力要素的自由流动,为对外贸易的战略转型提供动力。

(一) 打破劳动力要素流动的壁垒,促进劳动力要素自由流动

在我国现有的就业体制下,各个地方政府关注的本地城镇居民的就业,对外来劳动力的本地就业往往采取的是控制的做法,主要分为行政手段和经济手段。行政手段一般是指限制外地劳动力在部分行业和岗位就业的行政手段,最突出的方法是通过户籍制度限制外地劳动力本地就业;经济手段一般是指征收额外费用提高企业雇佣外地劳动力的实际成本。目前,构建城乡、地区间统一的劳动力市场最大的障碍在于影响劳动力流动的各项制度成本,包括外来劳动力不能与本地城镇劳动力获得同样的社会保障、就业服务、失业保障以及子女教育等社会公共服务,这些制度成本在一定程度上

限制了劳动力在地域、城乡之间的流动。

为避免产业升级对就业总量产生的负面影响,需要将待升级的产业由沿海向内陆地区转移、需要引进高素质人才推动技术创新,而这些过程都要伴随着劳动力在产业之间、地区之间的自由流动。因此,打破以户籍制度为基础的劳动力流动制度壁垒,促进劳动力资源在产业间、区域间的自由流动和重新配置,能够有效减少产业升级中的摩擦性失业和结构性失业。建立有利于人力资本迁移流动的制度。劳动人口合理的流动迁移能有效带动人力资本配置效率的提升,是优化人力资本配置的有益途径。积极引导人力资本合理、有序的迁移流动,就要增强改进政府公务服务体系,降低人力资本迁移流动过程中形成的必要成本。为此,一是要加快户籍制度改革,放宽人才流动限制,打破地域分割和行业分割,建立"养老保险、医疗保险、公积金"全国联网机制。改革开放后相当长一段时期,虽然政府将自主择业的权利交给了农民,但农民进城后却因户籍问题而无法实现身份的转变,从而严重制约了农村剩余劳动力的转移速度。另外,户籍制度还造成了城乡劳动力市场的分割,农村转移到城镇的劳动力难以取得城市户口,不能享受城市居民的有关待遇,产生了一系列的消极后果。近年来,虽然我国不断深化了户籍制度的改革,并已取消了农业户口与非农业户口的性质区分,但在现实生活中,农村劳动力的自由流动还是受到了不少因素的限制与障碍。二是要完善城乡统筹的社会保障体系,把进城落户农民完全纳入城镇住房和社会保障体系,建立包含养老、医疗、失业保险和住房公积金在内的城乡一体的社会保障制度,吸纳农村剩余劳动力向非农业生产转移,提供解决居住、医疗、子女教育等相关问题,并形成制度长期遵循。

总体来说,打破劳动力自由流动壁垒可以从以下四个方面入手:

第一,要充分利用现代化信息手段,规划整合多方信息资源,增加辐射维度,为社会提供更多更广的劳动力市场信息。建立健全一套涵盖城市为核心,覆盖城乡不同地域、不同类别的劳动力信息、求职意向、岗位需求、教育培训、技术咨询等内容的全国性劳动力市场信息库。用人单位可以通过筛选查询信息库,有甄别地了解求职人员信息,避免选择的盲目性。同时,也能使就业者及时了解到用工单位情况,做好自我岗前培训,缩短就业后的适应过程,从而降低了成本,提高了人力资本的配置效率。

第二，要建立劳动力市场信息维护制度，确保信息库信息及时准确，内容充分，同时，要做好信息的采集、整理和发布工作。

第三，要创建全国性的公共就业服务体系，为城乡所有劳动者提供公益性就业服务，尤其是对就业困难群体提供援助，对招聘服务、就业再就业和失业人员进行管理，对用人单位和劳动者提供服务，从而提高人力资本的配置效率。

第四，要完善劳动力市场立法，增强法制观念，维护劳动力市场有序发展，切实保障劳动者的合法权益。

（二）积极完善社会保障体系，促进低技能劳动力自由流动

为了应对劳动力跨地区流动所带来的诸多现实问题，我国政府首先应满足就业工人最紧迫的社会保障需求，坚持分类指导、稳步推进，优先解决工伤保险和大病医疗保障问题，逐步解决养老保障问题。具有广泛意义的社会保障，要适应劳动力流动性本质特点，保险关系和待遇能够转移接续，使农村剩余劳动力在流动就业中的社会保障权益不受损害，兼顾其工资收入偏低的实际情况，实行低标准进入、渐进式过渡，调动用人单位和农民工参保的积极性。逐步健全城乡一体化的社会保障制度。总之，应该从中国的国情国力出发，坚持城乡一体化政策导向，坚持分阶段、逐步完善的原则，坚持因地制宜、分类实施、量力而行的原则，加大政府对农村社会保障的投入力度，逐步解决农民基本生活保障问题，建立多层次农村社会保障体系，逐步缩小城乡社会保障水平差异，最终建立起城乡一体化的社会保障体系，为促进低技能劳动力自由流动保驾护航。除了社会保障体系，我国政府可以从以下三个方面着手，强化低技能劳动力的自由流动。

第一，政府应树立科学流动人口管理理念。从本书的相关内容可以发现，劳动力流动是影响对外贸易转型的一个重要因素，而要真正发挥劳动力流动在对外贸易发展过程中的作用，政府首先应转变排斥和限制人口流动的观念，树立科学的人口流动观念，分类引导、合理调控、热情服务、加强管理，将流动人口管理工作纳入经济社会发展的长远规划中来，逐步将流动人口导入促进区域经济协调发展的轨道。

第二，坚决推行农村土地制度改革。现行土地制度的双重功能包括经济功能和保障功能。而土地两种不同功能之间的矛盾使得农业剩余劳动力

转移必然面临困境。一方面,土地由于细碎化经营而效率低下,剩余劳动力必须转移出去才是农户合理配置其劳动力的必然选择;另一方面,转移劳动力又不敢轻易放弃土地承包权,在转移中始终与土地保持着松散或紧密的联系。当前我国农村土地流转市场和租赁市场并不完善,政府应积极培育农村土地流转市场和租赁市场,让进城就业的农民能够在土地市场和租赁市场流转自己的土地,以便获得一定的进城就业资金积累,也可以促进土地的规模化经营,让土地的使用效率得以提高。

第三,继续完善农村教育体系。适龄人员的受教育程度和技能熟练程度将直接影响到其择业的范围与获得就业机会的大小,往往那些学历水平较高或具有一技之长的农民在城市劳动力市场获得就业机会相对较多,且薪酬也将比其他农民要高。

总之,通过上述举措,可以进一步释放相当数量的农村剩余劳动力,提高劳动力要素自由流动的广度和深度。

(三) 推行政府职能转变,促进高技能劳动力的自由流动

政府职能转变是我国全面深化改革推进过程中的重要内容,是全面正确履行政府职能的基础,要把减少行政审批作为职能转变的突破口,进一步推进简政放权,激发市场经济制度本身的活力。但同时,我国政府也要加强发展战略、规划、政策、标准等制定和实施,加强市场活动监管,加强对各类公共服务的提供。而政府职能的转变,对于劳动力的自由流动的意义同样重大,是打破劳动力流动壁垒的关键,对于技能工人的自由流动有着深远意义。具体来说,针对劳动力自由流动的问题,推行政府职能转变可以从以下三个方面入手:

第一,加强政府公共服务的职能。一方面,政府需要最大限度地减少对微观事务的管理职能,从不该管、管不了、管不好的领域中退出来,让市场真正发挥配置资源的决定性作用,从而有效提升市场效率;另一方面,也需要政府发挥对经济活动的引导和规范作用,强化政府在战略规划制定、市场监管和公共服务方面的职能,弥补市场本身的不足和缺陷,为市场经济健康发展创造良好环境。

第二,进一步推行简政放权。简政放权,主要是指减少行政审批事项。近年来,我国进行了多次审批制度改革,取得了明显的成效,但行政审批和行政许可的事项仍然过多,审批中的自由裁量权仍然过大,与经济社会发展

的要求仍有距离,与劳动力自由流动的要求仍有距离。

第三,完善并推行合理绩效管理体系。完善绩效管理制度,从考核、评价、奖惩各个方面增强激励和约束,这是促进全面正确履行政府职能的有效措施。要加强对重大决策部署落实、部门职责履行、重点工作推进以及政府自身建设等方面的考核评估,加强行政问责,严格责任追究,健全纠错制度,不断提高政府的公信力和执行力,为其他政策的推行提供保障。

(四)提高教育与劳动力市场需求匹配程度

人力资本的形成主要依靠教育投入,在我国高等教育进入大众化发展阶段后,人力资本的积累速度正在加快,此时应更加注重教育与劳动力市场需求的匹配程度,避免人力资本配置中的无效率。人力资本在实际应用中能否产生高效率,首先取决于其技术知识类型与含量是否同劳动力市场的需求相匹配。现阶段我国产业结构和对外贸易结构的多层次性要求教育所能够提高的人力资本也应是多层次的。所以,一方面要加大高等教育的投入力度,培养专用性人力资本;另一方面还应加强中高等职业教育与外出务工人员的职业培训,形成一般性技能和职业特定技能,同时也要注重对劳动力市场的结构性改革,提高教育程度与工作岗位的匹配程度。

二、加快劳动力要素的自由流动,以保证劳动密集型行业以及技术密集型和资本密集型行业发展的有效供给

(一)通过劳动力要素自由流动增加低技能劳动力供给保证成本优势

健全完善劳动力流动制度体系,会促进低技能劳动力的地区间或行业间的自由流动,这样的自然转移在一定程度上可以保证并延续我国对外贸易的成本优势,并促进我国对外贸易的战略转型。而本书所说的低技能劳动力要素的自由流动,主要就是指低技能劳动力的地区间和行业间转移,也包括农村剩余劳动力向城市的转移。

低技能劳动力的地区间和行业间转移特别是农村剩余劳动力向城市的转移是经济和社会发展的必然规律,是我国实现工业化和现代化的必然趋势,是我国城镇化进程中必不可少的环节。农村剩余劳动力转移既是关系全面建成小康社会和实现国民经济现代化的关键性问题,也是关乎我国对

外贸易能否持续发展的重大问题。

改革开放以来,我国凭借制造业劳动力价格低廉的优势,以劳动密集型产业的快速发展获得了参与国际分工的机会,带来了对外贸易、国民经济总量的快速增长。经过改革开放 40 年的发展,我国劳动密集型产业已经进入了依靠全要素生产率推动产出增长的阶段,劳动密集型产业生产模式、投入产出率,以及劳动力技术纯熟程度都具有国际比较优势,应该成为进一步推动我国经济增长的优势产业。与此同时,劳动密集型产业拥有庞大的就业群体,也是我国新增劳动力就业的主要途径。

在产业升级的背景下,不宜过快过早地放弃劳动密集型产业在拉动经济增长和促进就业方面的优势,产业升级的出发点应是基于劳动密集型产业的基础优势,逐步提升劳动密集型产业在生产流程、生产工艺、产品质量方面的提升,进一步强化我国劳动密集型产业的国际竞争力,促进劳动密集型产业在现有价值链分工体系中向价值创造高端环节跃升,延伸现有产业链条,拓展新兴业务领域,创造新兴工作岗位。[1] 因此,产业升级中要平衡劳动密集型产业和资本技术密集型产业的关系,发掘对劳动密集型产业在价值创造方面的升级潜力,继续发挥劳动密集型产业对就业的拉动效应,能够确保产业升级过程中劳动力就业的稳定增长。

总体来说,以农村剩余劳动力转移为特征的低技能劳动力流动,可以保证成本优势的持续,为对外贸易转型升级提供时间和空间。

(二) 通过劳动力要素自由流动增加高技能劳动力供给,促进技术升级

高技能劳动力流动供给,主要是指技能工人在地区间或行业间的转移,相关研究表明技能工人的自由流动可以促进产业升级和企业创新能力的提升[2][3]。合理的劳动力流动可以优化人力资源的使用效率,从而达到促进

---

① 林炜:《企业创新激励:来自中国劳动力成本上升的解释》,《管理世界》2013 年第 10 期。

② 张橶橶、刘秋霞、韩秀元:《劳动力流动问题研究热点分析》,《经济学动态》2015 年第 6 期。

③ 高波、陈健、邹琳华:《区域房价差异、劳动力流动与产业升级》,《经济研究》2012 年第 1 期。

创新的目的,并有利于促进知识分享,提高利用价值及促进社会资本积累。特别是公司间的劳动力流动会促进企业研发的提炼和相关领域内技能的扩散,并且在短期内技能工人的流出对原公司的负面影响远远小于流入公司的正面影响,该流动会在公司间形成有效的知识技能的扩散路径。

在我国劳动力供给发生深刻变化的新条件下,要有序有效推进对外贸易转型升级和国内制造业升级,必须以人为本,既要通过技术技能培训,培养一大批高技术技能的产业工人大军,在地区间、行业间和公司间形成有效规范的人才流动体系,深度挖掘数量型人口红利的效用。又要创新教育体制和人才培养模式,培养一批高层次创新型人才,全面提高人力资本和科技创新能力,开发质量型人口红利的效用;更要基于制造业细分行业劳动力需求异质性和区域劳动力供给差异,发挥政策的杠杆效用,推进制造业转型升级、梯度转移与优化布局。

我国要顺应劳动力高技能化趋势,积极建立技能工人的规范流动制度体系,通过相关产业政策帮助以对外贸易占比高为特征的制造业适应劳动力供给的动态变化,并向全球价值链高端移动以及国内产业结构的高技能升级。顺应技能工人供给曲线长期不可逆向上,价格相对便宜,质量型人口红利凸显的新趋势,通过财政扶持、税费与资源使用优惠、信贷与金融支持等手段,降低高技能制造业尤其是战略性新兴产业所属企业的运营成本,政府通过产业政策促使制造业结构升级。顺应新生代劳动力择业行为变化,政策引领制造业高新化、服务化发展。新生代劳动力就业理念和择业行为呈现出明显的"去低技能制造业化"和就业"高技能化、服务化"不可逆发展新趋势。

从地区的角度对技能工人的分布和流动进行分析,可以从两方面进行阐述。第一,东南沿海发达地区既要发挥自身资本丰裕和技术水平相对较高的比较优势,通过一系列财政和金融举措,通过技能工人流动来支持高技术、高附加值、低能耗、低污染、成长潜力大、市场前景广、产业拉动作用强、经济社会效益好的产业发展,既规避劳动力供给短缺和成本不断上涨的短板,又可以让高投入、高能耗、高污染、低效益的企业退出市场或转型升级或往国外转移。第二,中西部地区既要继续发挥其劳动力数量与成本优势,政策吸引产业转移过来,通过发展自身具有优势的产业积累资本与技术;又要加大创新研发投入和自主创新力度,大幅提高科技创新能力,实现跨越发展和后发赶超。

总体来说，以技能工人转移为特征的高技能劳动力流动，可以促使产业结构升级以及企业创新能力和技术水平的提升，为对外贸易转型升级提供保障。

三、加快劳动力要素的自由流动，优化我国出口商品技术结构，提升我国在全球价值链分工中的地位

（一）通过劳动力要素自由流动优化我国出口商品技术结构

经过改革开放以来的多年发展，我国逐步从一个低收入国家变成中等收入偏上的国家，资本的稀缺程度有了本质上的改变，许多原本在国际市场上并不具备优势的行业逐渐获得优势，并在世界范围内具备相当程度的竞争力。自中央政府提出全面深化改革以来，我国在对外贸易领域不断取得突破，但如本章第一部分所指出，我国对外贸易在出口商品技术结构方面仍有较高提升空间，而加快劳动力要素流动成为解决该问题的新的突破口。

劳动力从农村向城市流动，从农业向制造业流动，再从制造业向服务业流动。① 这个现代经济发展的结构变迁过程是技术创新的过程，产业升级的过程，也是人口城镇化的过程。按照比较优势发展，出口商品技术结构在此过程中应是逐渐上升的过程，但在不同阶段的动力有所变化。在对外贸易发展初期，以劳动力成本优势为动力，对外贸易在此阶段迅速扩张；发展总量和规模达到一定程度后，劳动力成本优势的动力将难以为继，技术成为决定发展的重要条件，出口商品技术结构应该以高技术产品为主，并占据全球价值链高端位置。所以，以技能工人为特征的劳动力要素的自由流动可以促进企业技术水平和创新能力的提升，而企业技术水平和创新能力的提升又会使得出口商品技术结构不断升级，形成良性的发展循环。

为了出口商品技术结构能够持续升级，相关基础设施也必须进行相应的完善。随着现代制造业的规模经济越来越大，市场范围越来越广，必须要

---

① 孙文凯、白重恩、谢沛初：《户籍制度改革对中国农村劳动力流动的影响》，《经济研究》2011 年第 1 期。

有完善的交通基础设施才能够降低交易费用,让交换变成可行。此外,还需要不断完善金融体系,把分散的资本动员起来从事大规模的投资。为避免道德风险的出现,交易双方需要签合同,必须要有法律机构监督合同的执行。而基础设施的完善,又会使得劳动力要素的自由流动更为便利,对于出口商品技术升级有强化作用。为了让农村剩余劳动力进入城市并适应城市的生产活动,必须加强农村人力资本的培养,让他们拥有不断学习和掌握现代技术的能力。当劳动力不断从农村流向城市时,需要满足国内农产品的自给自足,需要农业技术不断创新,提高农产品产量,而农业技术创新和推广基本上必须由政府来提供。同时,农村的土地要不断向留在农村的农民集中以扩大农场规模,这也需要有合适的土地制度。这是本书核心思想在此方面的具体展现。

总体来说,我国在全面深化改革的历史关键时期,必须适应全球价值链分工不断深入的宏观背景,通过合理规范的国内劳动力要素自由流动,提升我国对外贸易的整体水平,特别是提升我国出口商品技术结构,并促使国内产业结构升级和企业创新能力的提升。

(二) 通过劳动力要素自由流动提升我国出口商品比较优势

目前,我国农村劳动力的流动呈现出新的趋势,此前劳动力的流向是从中西部经济欠发达地区向东南沿海较发达地区,而此路线逐渐转向以省内转移为主,许多省份劳动力的本地转移规模大幅度提高。[①] 伴随着劳动力流动的新趋势,我国劳动力成本的比较优势也发生了新的变化,劳动力转移过程中形成的低劳动力成本的优势对整个行业发展的支撑作用明显减弱,必须通过高技能劳动力的自由流动来缓解我国产业结构面临转移与升级的严峻形势。然而从劳动力要素禀赋来看,我国的劳动力转移过程并没有结束,农村剩余劳动力依然处于供过于求的状态,低劳动力成本的比较优势理应保持。这就要求我们改变现有的经济发展战略,以转变经济增长方式为契机,进行区域间的产业转移和产业升级,实现劳动力成本优势在东部发达

① 潘越、杜小敏:《劳动力流动、工业化进程与区域经济增长——基于非参数可加模型的实证研究》,《数量经济技术经济研究》2010 年第 5 期。

地区和中西部地区之间的转化,以继续保持我国制造业的比较优势,促进区域间的平衡发展,推进我国尤其是中西部地区的城镇化进程。

总而言之,劳动力流动的新趋势使得工人工资面临不断上涨的压力,改变了我国要素禀赋的基本情况,并推动了生产方式的变革。我国现有产业和劳动密集程度的区域分布是市场配置资源的结果,充分反映了生产要素区域间的流动和重组,但这种发展模式并没有建立在地区比较优势的基础上。在我国全面深化改革的宏观背景下,粗放的增长方式、产业模式和技术选择必然最先遭到冲击。因此,转变经济增长方式、实现经济持续增长的关键在于按照比较优势原则重新塑造地区发展模式。可见劳动力要素自由流动对于我国改变生产方式、调整产业结构、激励创新行为有着长期的动态性的影响,而对于出口商品比较优势的影响,也通过上述渠道来实现。

(三) 通过劳动力要素自由流动提升我国在全球价值链分工中的地位

全球价值链是指为实现商品或服务价值而连接生产、销售、回收处理等过程的全球性跨企业网络组织,涉及从原料采集和运输、半成品和成品的生产和分销,直至最终消费和回收处理的整个过程。[①] 一种产品在全球范围内形成以发达国家为研发设计方或其品牌商为主导、以发展中国家或新兴工业化国家为制造基地的分工格局。发达国家凭其先进的科学技术和驰名品牌优势占据全球价值链的高端,成为价值链的领导者和治理者,而发展中国家在技术研发和销售领域处于相对劣势地位,但丰裕且廉价的劳动力优势使其参与全球价值链分工成为可能。发达国家把目标主要集中于产品研发设计和拓展销售渠道方面,而把产品的制造过程发包给劳动力廉价的发展中国家,节约了大量的生产成本且提高了产品的国际竞争力,发展中国家丰裕劳动力的比较优势也得到了充分的发挥,很大程度上解决了国内劳动力的就业问题和推动了工业化进程。可以肯定,处于价值链中的国家都得到国际分工带来的利益。但是,整条价值链的利益分配是不均匀的,发达国家掌握并控制着具有高附加值的价值链两端,即产品研发设计和销售网络,

---

① 王直、魏尚进、祝坤福:《总贸易核算法:官方贸易统计与全球价值链的度量》,《中国社会科学》2015 年第 9 期。

发展中国家则被挤压在产品的加工制造环节,获得的只是一些微薄的加工费。

一方面,如果要进行全球价值链升级,中国企业则必须在参与国际分工时具备相应的技术水平和创新能力。从国际视角来说,全球价值链升级要求所有在价值链条上的不同国家的参与主体必须通过技术升级来加以保证和实现。而技术升级意味着技术和创新型人才必须在数量和质量上给予保证。所以,对于中国企业来说,需大力进行技术与创新型人才培养和队伍的建设,而高技能劳动力的自由流动为此项工作提供了有力保障,对于技术和创新人才队伍的建设和培养提供强大支撑。因此,可以说劳动力要素自由流动会通过强化企业技能水平和创新能力的路径提升我国在全球价值链分工中的地位。另一方面,如果企业创新能力增强,则对企业又会有诸多积极的正面影响。首先,企业创新能力的提升可以有效地降低其生产成本,并且在劳动力成本无法降低的情况下,企业还可以通过创新水平的提升实现生产率的提高,又会从另一个方面降低劳动力成本;其次,创新特别是技术创新,是中国企业摆脱全球价值链低端锁定的主要途径,通过技术创新可以加快产品升级换代,占据全球价值链高端位置;最后,创新能力的提升可以直接降低劳动力成本,形成规模效应,与低端劳动力自由流动形成互相激励的情况,共同促进我国全球价值链的升级。

四、加快劳动力要素的自由流动,以增加人力资本积累,促进我国对外贸易的进一步发展和转型升级

如前所述,在开放经济条件下和市场在资源配置中起决定性作用的当今中国社会,随着劳动力要素的大量流动,出现了劳动力的要素内涵式演进态势,即那些收入较高、就业较好、集聚较明显的行业和地区,往往要求和吸纳的是较高素质的劳动力,这就迫使劳动力需要不断提升自身素质,加强人力资本的积累。在这个过程中,对外贸易通过价格信号、知识外溢和信贷约束等机制对人力资本的积累起了重要作用。但是反过来看,劳动力质量的提升和人力资本的积累,也对我国对外贸易的发展产生了深远的影响。

为了更好地说明这一问题,我们这里不妨对人力资本对对外贸易的影响做一实证分析。

（一）模型设定

本部分以柯布-道格拉斯生产函数为基础建立一个函数模型。其中，涉及的所有自变量与因变量的数据将选取分行业的年份数据进行分析。根据国民经济行业划分特性以及实际数据验证，函数模型表示为：

$$EX_t = f(K, H, I, A) = AH_t^{\alpha} K_t^{\beta} I^{\gamma} \qquad (10-2)$$

其中，EX_t 表示我国服务贸易第 t 年的出口额，包括商品和服务贸易；A 表示技术进步；H 表示人力资本投入；K 表示投入的固定资本；I 表示存货增加，对固定资本的补充。为了消除异方差，对式（10-2）两边变量取对数得到：

$$\ln EX_t = \ln A + \alpha \ln H_t + \beta \ln K_t + \gamma \ln I_t + U_t \qquad (10-3)$$

其中，U_t 表示随机扰动项。

（二）数据的选取

1. 出口的度量

出口数据选取 2003—2011 年的分行业总出口额，表示我国每年贸易规模的大小。因为本部分的分行业出口数据选自 2003—2011 年的投入产出表①。由于缺乏出口数据，本部分剔除了房地产业，水利、环境和公共设施管理业，文化、体育和娱乐业，国际组织四个行业。选择国民经济行业分类的主要原因是可以同时包含生产性行业和服务性行业，分析不同特征行业中人力资本起到的作用。

2. 人力资本的度量（人均受教育年限法）

本部分的人力资本数据主要采用的是人均受教育年限法来度量人力资本存量，是国内学者最常使用的测算方法之一。首先需要将各行业的劳动力按接受教育的程度划分为未上过学、小学、初中、高中、大学（包括专科和本科）、研究生及以上六组，然后根据劳动力的不同受教育水平加权求和得到人力资本存量的指标。计算公式如下：

$$H_{tj} = \sum HE_{ijt} \times h_i \qquad (10-4)$$

其中，H_{tj} 为 t 年 j 行业的受教育年限，HE_{ijt} 为 t 年 j 行业第 i 学历层次的劳动力人数，h_i 为第 i 学历平均受教育年限。

---

① 行业数据依据《国民经济行业分类》（GB/T 4754—2011）中的行业大类整理。

本部分在计算中将六组不同层次教育程度依照各学历水平的人均受教育年限依次划分为:未上过学限定为 1 年;小学文化程度平均教育年限定为 6 年;初中文化程度定为 9 年;高中文化程度定为 12 年;大学(包含专科和本科)文化程度定为 16 年、研究生文化程度定为 18 年。在式(10-4)受教育年限的基础上按行业人数进行平均,得到人均受教育年限水平,如式(10-5)所示:

$$h_{tj} = H_{tj}/L_j = (\sum HE_{ijt} \times h_i)/L_j \tag{10-5}$$

其中,h_{tj} 为人均受教育年限,即本部分的人力资本存量最终计算值,L_j 为 j 行业的总劳动力数。

本部分在实际测算中,由于难以找到分行业受教育程度相关数据,因此查找的是全国分行业就业人员受教育情况的结构数据,表示在第 j 行业中各学历就业人员的比例,即 HE_{ijt}/L_j。本部分最终使用的人力资本存量计算公式为式(10-6),如下所示:

$$h_{tj} = \sum_{i=1} (HE_{ijt}/L_j) \times h_{it} \tag{10-6}$$

直接将其与第 i 学历的平均受教育年限进行加权求和,即可直接得到各行业不同年份的人均受教育年限数据。

本部分人均受教育年限的数据来自历年《中国统计年鉴》《中国人口与就业统计年鉴》,并经过整理、计算所得。

3. 固定资本(K)

考虑到数据的可获得性和行业整理的方便性,本部分选取的是投入产出表中的固定资本形成总额数据。固定资本形成总额①包括无形固定资产和有形固定资产两部分。这里用于代表一个行业每年的实际固定资本使用情况。经过行业整理得出。

4. 存货增加(I)

由于本部分选取的物质资本主要是固定资本形成总额部分,并未包括所有物质资本。在投入产出表中,固定资本形成总额和存货增加共同构成

---

① 定义:固定资本形成总额主要指常住单位购置、转入和自产自用的固定资产,扣除销售和转出部分的价值。

常住单位的资本形成总额。所以又选择了存货增加①这一变量,作为物质资本变动对出口影响的补充。

(三) 人力资本影响对外贸易的实证分析

我们首先选用时间序列回归分析。通过中国与美国、日本、韩国三国对比,说明人力资本积累对出口的影响具有普遍性。其中日本和韩国与中国同为亚洲国家,文化相似,其人力资本对出口贸易的影响,具有参考性。

其次,对行业数据选用固定效应模型,分析人力资本总体水平对出口贸易总额的影响,并综合考虑物质资本投入,包括固定资本形成总额和存货增加两部分对出口的影响。

为了提高研究结果的可信度,我们采用三种行业分类形式进行分析。分类一是第一产业、第二产业、消费性和生产性服务行业的划分;分类二是按照要素密集型行业划分,即劳动密集型、资本密集型、技术密集型行业;分类三是参考国民经济行业分类的门类划分,剔除了部分出口为 0 或几乎不出口,或出口数据缺失的行业,主要包括:农、林、牧、渔业;采矿业;制造业;电力、燃气及水的生产和供应业;建筑业;交通运输、仓储和邮政业;批发和零售业;住宿和餐饮业;金融业;租赁和商务服务业;居民服务和其他服务业;教育业;卫生、社会保障和社会福利业;公共管理和社会组织行业共 14类行业。

1. 时间序列回归分析

表 10-30 中、美、日、韩四国的时间序列(OLS)回归结果显示:(1)中国的人力资本存量、固定资本形成总额与出口额的回归系数为正,在 0.001的水平上显著;存货增加的回归系数为负,在 0.05 的水平上显著。说明人力资本投入和固定资本投入对我国出口有非常显著的正向影响,且人力资本存量每增加 1%,出口额上升 3.99%,相较于固定资本形成总额每上升1%,出口额上升 0.96%更高。而存货增加,出口额呈现下降趋势。(2)美国的回归结果也显示,其人力资本存量对出口的回归系数为正,且在 0.05的水平上显著,而固定资本形成总额的回归系数在 0.001 的水平上显著。

---

① 定义:存货增加主要是常住单位在一定时期内存货实物量变动的市场价值,主要包括购进的原材料、燃料和储备物资以及产成品、在产品和半成品等存货。

人力资本存量的回归系数大于固定资本形成总额的回归系数,说明人力资本对其出口作用更大。(3)日本的回归结果在四个国家中最为显著。人力资本存量、固定资本形成总额、存货增加与出口额的回归系数均为正,且均在 0.01 的水平上显著。说明在日本,人力资本存量、固定资本形成总额、存货增加对出口均有正向影响,其中影响最大的仍然是人力资本存量,存货增加影响很小。(4)韩国的情况与日本相近,人力资本存量、固定资本形成总额与出口额的回归系数均为正,且均在 0.001 的水平上显著。

表 10-30　时间序列回归结果(中、美、日、韩比较)

中国				
	Estimate	Std.Error	t value	Pr(>|t|)
lnH	3.991969	0.958860	4.163243	0.0001***
lnF	0.967110	0.115378	8.382122	0.0000***
lnI	−0.145637	0.070028	−2.079704	0.0429
	R-Squared:	0.982909	Adj.R-Squared:	0.981841
美国				
	Estimate	Std.Error	t value	Pr(>|t|)
lnH	2.833161	1.108164	2.556627	0.0138
lnF	1.081453	0.078075	13.85153	0.0000***
lnI	−0.002962	0.002309	−1.282678	0.2058
	R-Squared:	0.990086	Adj.R-Squared:	0.989467
日本				
	Estimate	Std.Error	t value	Pr(>|t|)
lnH	7.038978	0.820055	8.583545	0.0000***
lnF	0.691896	0.052675	13.13516	0.0000***
lnI	0.009092	0.002780	3.270291	0.0020**
	R-Squared:	0.990277	Adj.R-Squared:	0.989669

续表

韩国				
	Estimate	Std.Error	t value	Pr(>|t|)
lnH	8.724956	1.091540	7.993253	0.0000***
lnF	0.423660	0.091253	4.642676	0.0000***
lnI	0.002635	0.003678	0.716432	0.4772
	R-Squared:	0.994631	Adj.R-Squared:	0.994295

注：***、**、*分别表示在1%、5%和10%的水平上显著。

从四个国家的结果可以发现，人力资本和固定资本投入对一国出口的作用非常显著。其人力资本存量和固定资本形成总额的增加将带来一国出口额的增加。四个国家中，日本、韩国的人力资本存量增加带来的出口额增加最大，其人力资本存量每增加1%，出口额增加7%—8%，最低的是美国，人力资本存量每增加1%，出口额仅增加2.83%。

2.固定效应模型分析

本部分选取2003—2011年间的行业面板数据进行固定效应模型回归分析，表10-31的结果显示：（1）行业以第一产业、第二产业、生产性服务业、消费性服务业划分时，自变量人力资本存量和存货增加对因变量出口额的回归结果是显著的。其中，人力资本存量每增加1%，出口额增加约1.020%，且系数在0.001的水平上显著；存货则每增加1%，出口额增加0.011%，且系数在0.05的水平上显著。说明人力资本存量对出口的影响是显著的，人力资本存量是我国出口的主要影响因素之一，两者存在正相关关系。（2）行业以要素密集型分类，进行固定效应模型回归得到的结果中，人力资本存量自变量的系数在0.05的水平上显著。且系数为8.96，远高于固定资本形成总额和存货增加的系数水平。由于本部分的要素密集行业分类主要选取的是服务业，所以回归结果显示，服务行业中，人力资本存量对出口的影响程度远高于固定资产投入对出口的影响。服务性行业出口主要是人在其中起主要作用。（3）最后，从国民经济行业分类的结果可以看出，人力资本存量数据对出口的回归系数在0.001的水平上显著，且系数为正。说明人力资本对我国出口有较大的正向影响。人力资本存量每增加1%，出口额增加约15.91%。

表 10-31 固定效应模型回归结果

第一产业、第二产业、生产性服务业、消费性服务业				
	Estimate	Std.Error	t value	Pr(>|t|)
ln(H)	1.0195922	0.1228415	8.3001	1.193e-08 **
ln(F)	0.0020570	0.0073487	0.2799	0.78184
ln(I)	0.0117258	0.0058272	2.0122	0.05509
R-Squared:		0.90795	Adj.R-Squared:	0.70934
要素密集型行业分类				
	Estimate	Std.Error	t value	Pr(>|t|)
ln(H)	8.96424	4.31056	2.0796	0.05213
ln(F)	0.17481	0.27049	0.6463	0.52625
ln(I)	0.13085	0.35490	0.3687	0.71665
R-Squared:		0.50488	Adj.R-Squared:	0.37866
国民经济行业分类				
	Estimate	Std.Error	t value	Pr(>|t|)
ln(H)	15.908788	5.144122	3.0926	0.002605 *
ln(F)	−0.158591	0.515028	−0.3079	0.758812
ln(I)	0.063672	0.556372	0.1144	0.909130
R-Squared:		0.11303	Adj.R-Squared:	0.095877

注：*** 、** 、* 分别表示在 1%、5% 和 10% 的水平上显著。

从固定效应模型结果发现，三种行业分类的回归结果中，其人力资本存量的回归系数均显著为正，与我国出口额成正比关系，说明人力资本的存量和积累将会促进我国出口贸易的增长。

总之，劳动力质量的提升和人力资本的积累，对我国对外贸易的发展具有深远的影响。就我国改革开放以来对外贸易和参与价值链分工的特点来看，依靠加工贸易方式嵌入国际价值链分工的低端环节，归根到底是我国生产要素禀赋尤其是人力资本结构与质量决定的。因此，生产要素禀赋尤其是人力资本的质量与结构是制约我国国际分工地位提升的根本因素。故此，在加快劳动力要素的自由流动过程中不断增加人力资本积累，改进劳动力要素的质量与结构，对于我国摆脱长期以来主要依靠低廉劳动力成本来发展贸易和经济的困境，实现对外贸易发展方式的转变，进而从贸易大国成长为贸易强国具有关键性的作用和意义。

五、加快劳动力要素的自由流动,在维持我国现行比较优势的基础上,进一步培育和构建超比较优势的形成

所谓超比较优势,是指在两个国家的贸易中,一个国家能够生产的某种商品可能是另一个国家所不能生产的;或者在多国贸易中,某种产品只有很少国家可以生产的情形。超比较优势产品是国际贸易领域中一种客观现象,不仅有其客观性,而且有其相对性。超比较优势产生于社会资源的特点,超比较优势产品或者是分布极不均匀的自然资源产品,或者是某个国家特有的特殊工艺产品,或者是高技术和高技能产品。超比较优势产品产生的原因,既有先天的自然禀赋,也有后天的科技创新和发明,还有由于垄断或使用传统工艺所形成的超比较优势。

一个国家培育和构建超比较优势的重要前提是拥有先进的技术和产业结构升级,而劳动力要素的自由流动可以帮助一国通过吸收知识溢出和技术进步以形成超比较优势。

劳动力流动可以通过人力资本的集聚,产生报酬递增的规模经济和范围经济效应,引导人力资本流动产生区位倾向性,吸引其他区域人力资本的流入,形成人力资本优势推动该地区产业集聚和升级进而形成对外贸易的超比较优势。

在劳动力流入区域,就业容量可以自我扩张。首先,大量劳动力的地理集中促进了区域经济快速增长,从而创造更多就业机会。其次,劳动力的地理集中使得不同劳动力之间分工协作,实现资源互补与共享,促进了劳动生产率的提高。再者,劳动力的地理集中降低了产品的生产成本,推动了技术进步,形成产品的比较优势,同时也使区域内劳动力收入得到提高,扩张了区域内的市场容量。而且,在要素匹配方面,劳动力的区域集中会引致其他生产要素的区域集中,改善区域内要素配置比例,不断创造出较多的工作岗位,从而进一步扩大区域就业容量。可见,劳动力地理集中具有较高的就业乘数,形成"劳动力地理集中—区域就业容量扩张—劳动力地理集中"自我增强机制。

在产业结构升级方面,产业结构与市场需求结构的发展相适应,有何种

需求结构就应该有相应的供给结构,这种市场供求的长期均衡状态形成合理的产业结构。劳动力流动带来的区域人力资本优化配置推动市场需求结构变化主要表现在三个方面:一是区域人力资本优化配置是实现区域人力资本存量与区域经济发展需求在总量上平衡和结构上匹配。随着区域经济快速增长,这就需要不断提高人力资本存量和优化人力资本结构配置,以适应区域经济增长需求的人力资本与之相匹配。区域人力资本存量的提高需要国家、组织、家庭和个人在教育、培训、医疗与卫生保健、迁移等方面不断加大人力资本投资,这将会带动教育、培训、医疗与卫生保健、迁移等方面的需求增加,从而就会形成现代社会的一种新兴需求并具有持久性,引起市场需求结构的变化。尤其在知识经济时代,对人才的数量和素质的要求不断提高,要求人力资本投资也不断增加,其直接结果是加速教育、培训、医疗与卫生保健、交通和通信行业的发展,推动产业结构的适时调整。二是区域人力资本优化配置能够提高区域人力资本的利用率和配置效率。区域人力资本和物质资本是按照一定比例、以某种具体形式结合在一起形成现实的生产力。区域人力资本优化配置决定区域人力资本与物质资本在经济活动中的结合方式,通过将区域人力资本合理安排和充分利用,能够提高人力资本的劳动生产率,降低产品成本,同时缩小区域间人力资本收入差距,增加市场需求数量和种类,进而改变市场需求结构。三是区域人力资本优化配置能够促进劳动力充分就业。这种劳动力就业变化将会带动劳动力的收入结构的变化,最终将改变先前的社会需求结构,并引起消费结构和消费总量的改变,使消费表现出质量的提高,多元化与个性化的消费特点和趋势,最终将引致需求结构发生变化,推动区域产业升级。

劳动力流动对流入地产业结构调整有巨大推动作用,有助于该区域对外贸易形成超比较优势。新经济地理学理论证明,劳动力要素的流动可能形成"制造业中心—农业外围"的非均衡格局。以我国为例,由于东部沿海制造业水平明显高于中西部,根据新经济地理学理论"地区内制造业产品的种类数量与区域内制造业人力资本数量成正比",我国劳动力不断涌入东部沿海,推动东部地区的经济发展和产业结构升级。由于劳动分工与市场规模经济互为因果、互为补充,人力资本流入对东部地区的第二产业的增长具有促进作用,证明人力资本转移与产业地理集中互为因果关系,而产业地理集中和升级是形成对外贸易超比较优势的前提条件。

　　总体上说，从短期和静态来看，我国应该按照比较优势的原则参与国际分工；从长期和动态来看，我国应该按照动态比较优势的原则参与国际分工，政府应该培育某些目前没有比较优势但未来对我国经济具有主导意义的产业，以使这些产业在未来形成比较优势；从核心竞争力、可持续发展和国际地位来看，我国应该按照超比较优势的原则参与国际分工，政府应该积极支持某些可以与发达国家同时起步的产业，推动科技的自主创新，发展成具有超比较优势的产业。

　　因此，为了加快对外贸易发展方式的转变，我们必须对我国各个产业的现状以及未来世界产业发展前景进行深入分析，构建并实施以超比较优势为核心的梯形对外贸易发展战略。之所以以超比较优势为核心，是因为它最能促进我国科学技术水平的提高，最能提高我国经济的核心竞争力和国际贸易福利。之所以是梯形的，是因为对不同产业，要实施不同的对外贸易发展战略：传统优势产业按照比较优势原则参与国际分工；对经济具有重要影响的产业，培育其动态比较优势以参与国际分工；对于国民经济支柱产业和与发达国家同时起步的重要新兴产业，则应该培育超比较优势以参与国际分工。

　　具体来说，可以有下面三个层级：

（一）稳定和发展具有静态比较优势的产业

　　在特定的时期和既定的要素禀赋、科学技术水平下，比较优势的基本格局是一定的。各国只能按照比较优势参与国际分工，才能获得贸易利益。因此，在短期、静态条件下，比较优势原则依然构成分工基础，不可违背。我国具有比较优势的传统产业，还应继续遵循比较优势参与国际分工，实现资源、要素的充分利用，获得更多的贸易利益。

　　我国具有比较优势的传统产业所蕴含的人力资本和科技水平较低，没有达到形成超比较优势的程度，其出口的边际效益和利益正在递减，贸易竞争力存在弱化的趋势。但这类产业仍是短期内我国对外贸易稳定发展的根本保障。如纺织业、服装业、电子及通信设备制造业、文体用品业等，对于这些产业依然可以按照现行静态比较优势原则展开贸易，国家政府应通过贸易政策和产业政策稳定该类行业的发展。

（二）积极培育具有动态比较优势的行业

比较优势虽然短期内稳定,不可违背,但长期内是可变的。从战略的角度追踪比较优势的动态变化,适时扶持和发展具有动态比较优势的产业,会带来产业结构和贸易结构的升级。因此,短期内我国按比较优势参与分工,但长期内必须通过对部分人力资本投入较高、技术水平已经达到一定程度的产业进行战略扶持来培育动态比较优势。德国、日本、美国在其产业成长的过程中,都曾对具有动态比较优势的产业进行过战略性扶持,利用补贴、税收优惠等措施促进了动态比较优势产业的不断壮大,使这些产业成为本国主导产业,具备了较高的国际竞争力。我国改革开放以来人力资本要素内涵式演进的结果是在一些行业上已经显现出微弱的动态比较优势,例如,从大的行业分类来看,在信息传输、计算机服务和软件行业上人力资本以中、高等教育水平为主;在金融、租赁和商业服务业,教育业,卫生、社会保障和社会福利业,公共管理和社会组织业,这五大类服务行业上人力资本也以中、高等教育水平为主。这些行业也是我国近年来货物贸易和服务贸易中竞争力提升较快的行业。从细分制造业来看,我国化纤制造、通用设备制造业、专用设备制造业、交通运输设备制造业的人力资本投入较多,其贸易竞争力提升也较快,具备一定的动态比较优势。

动态比较优势产业是我国对外贸易转型升级的希望,虽然这类产业没有达到超比较优势的水平,但是这类产业的比较优势是动态变化的,而且比较优势是提高的,这对于对外贸易的可持续发展非常重要。

（三）战略性地发展具有超比较优势的产业

超比较优势的客观存在表明,贸易战略转型过程中不但不能忽视这种优势,还应充分地通过要素培育来挖掘这种优势。从当代美国、德国等贸易强国的进出口商品结构来看,这些国家都对本国拥有较强超比较优势的商品采取出口限制措施,对具有一般超比较优势的商品大规模的出口,从世界范围内的进口则主要集中在能源、工业原料、制成品和消费品上。

超比较优势的来源主要是高素质人力资本的运用和科学技术的进步。虽然我国人力资本和科学技术水平与世界贸易强国相比仍较低,但在政府的主导和支持下,我国有可能在科学技术的局部领域取得突破,局部地获得超比较优势,建立具有重大影响和极强竞争力的高技术产业。目前,我国在航空航天、高铁、集成电路封装及高端电子专用设备等装备制造业行业上已经取得这种超比较优势。

我国对外贸易发展方式的转变不仅有赖于动态比较优势的培育，更有赖于超比较优势的形成。在当代的国际贸易中，超比较优势是一国贸易地位和贸易竞争力的决定因素。一国拥有的超比较优势产业和商品数量越多，国际竞争力就越强，在世界市场上的定价权和话语权就越高。因此，政府高度重视超比较优势产业和产品，战略性地扶持超比较优势产业和产品显得尤为重要。具体来说，首先是要继续扶持和着力发展已经具有超比较优势的产业。对于像航空航天、高铁、新能源装备、集成电路封装、高端电子专用设备以及跨境电商行业等新兴行业，政府应紧密跟踪比较优势的变化，关注世界市场上竞争对手的行动和整个市场竞争格局的变化，稳定并通过创新型人力资本的大量投入来提升这些行业的超比较优势。对于纺织业、服装业等传统产业，同时在国际市场上有极强比较优势的行业，主要应通过信息化改造和异质性人力资本的投入，用新技术来改造传统生产工序，增加这些行业的技术含量，从而使这些行业的极强竞争优势能够得到继续的维持，而不至于下滑。其次，战略性地培育潜在超比较优势的产业。有针对性地选择外部性较强的几个高新技术行业，通过适度的市场保护、间接补贴、税收引导等措施给予扶持。高新技术行业一般需要大量资金和工程师、专业技术人员的投入，其生产流程复杂、模仿难度很高，技术升级较快，是国际贸易中最重要的超比较优势行业。根据我国要素内涵式演进的现状和趋势，我国已有足够的能力去实现这些产业上的潜在超比较优势。从具体产业来说，医药制造业、仪器仪表及其他设备制造业、交通运输设备制造业、新能源、新材料行业等应该成为我国培育具有超比较优势的行业。

参 考 文 献

1．[美]阿瑟·奥沙利文:《城市经济学》(第8版),周京奎译,北京大学出版社
2015年版。

2．安虎森等编著:《新经济地理学原理》(第二版),经济科学出版社2009年版。

3．[日]滨下武志:《中国近代经济史研究:清末海关财政与通商口岸市场圈》,
高淑娟、孙彬译,江苏人民出版社2006年版。

4．边燕杰、李路路、李煜、郝大海:《结构壁垒、体制转型与地位资源含量》,《中
国社会科学》2006年第5期。

5．包群、邵敏:《出口贸易与我国的工资增长:一个经验分析》,《管理世界》
2010年第9期。

6．陈昊、赵春明:《中国高技术行业开放对女性工资增长的影响研究》,《经济
经纬》2018年第1期。

7．陈昊:《出口贸易如何影响高学历劳动力就业——兼论出口贸易就业筛选机
制的实现》,《产业经济评论》2016年第4期。

8．陈昊:《外贸顺差会降低就业水平?——基于匹配模型的实证分析》,《数量
经济技术经济研究》2011年第6期。

9．陈昊:《收入波动、风险规避与学历误配——来自中国行业面板的证据》,
《南开经济研究》2011年第6期。

10．陈昊:《出口贸易、收入波动与高学历劳动力集聚——基于中国行业面板数
据的实证研究》,《国际贸易问题》2012年第12期。

11．陈开军、赵春明:《贸易开放对中国人力资本积累的影响研究——动态面板
数据模型的经验研究》,《国际贸易问题》2014年第3期。

12．陈良文、杨开忠:《我国区域经济差异变动的原因:一个要素流动和集聚经
济的视角》,《当代经济科学》2007年第3期。

13．陈斌开、张鹏飞、杨汝岱:《政府教育投入、人力资本投资与中国城乡收入差
距》,《管理世界》2010年第1期。

14．陈斌开、林毅夫:《发展战略、城市化与中国城乡收入差距》,《中国社会科

学》2013 年第 4 期。

15．陈松、刘海云：《人口红利、城镇化与我国出口贸易的发展》，《国际贸易问题》2013 年第 6 期。

16．陈波、贺超群：《出口与工资差距：基于我国工业企业的理论与实证分析》，《管理世界》2013 年第 8 期。

17．陈锦江：《清末现代企业与官商关系》，中国社会科学出版社 2010 年版。

18．陈维涛、王永进、毛劲松：《出口技术复杂度、劳动力市场分割与中国的人力资本投资》，《管理世界》2014 年第 2 期。

19．段成荣、吕利丹、邹湘江：《当前我国流动人口面临的主要问题和对策——基于 2010 年第六次全国人口普查数据的分析》，《人口研究》2013 年第 3 期。

20．《工业化与城市化协调发展研究》课题组：《工业化与城市化关系的经济学分析》，《中国社会科学》2002 年第 2 期。

21．范剑勇、王立军、沈林洁：《产业集聚与农村劳动力的跨区域流动》，《管理世界》2004 年第 4 期。

22．付文林：《人口流动的结构性障碍：基于公共支出竞争的经验分析》，《世界经济》2007 年第 12 期。

23．葛玉好、曾湘泉：《市场歧视对城镇地区性别工资差距的影响》，《经济研究》2011 年第 6 期。

24．高越：《国际生产分割模式下企业价值链升级研究》，人民出版社 2019 年版。

25．高文书：《中国对外贸易就业效应的系统广义矩估计——基于省级动态面板数据的实证研究》，《云南财经大学学报》2009 年第 6 期。

26．胡昭玲、刘旭：《中国工业品贸易的就业效应——基于 32 个行业面板数据的实证分析》，《财贸经济》2007 年第 8 期。

27．胡顺延、周明祖、水延凯等：《中国城镇化发展战略》，中共中央党校出版社 2002 年版。

28．胡鞍钢、胡琳琳、常志霄：《中国经济增长与减少贫困（1978—2004）》，《清华大学学报（哲学社会科学版）》2006 年第 5 期。

29．贺秋硕：《劳动力流动与收入收敛——一个改进的新古典增长模型及对中国的启示》，《财经研究》2005 年第 10 期。

30．何茵：《贸易自由化对中国城镇劳动力市场性别歧视的影响》，《国际贸易问题》2007 年第 6 期。

31．郝寿义、陈波翀：《开放条件下中国城市化快速发展模型》，《开放导报》2004 年第 3 期。

32．［美］郝延平：《十九世纪的中国买办——东西间桥梁》，李荣昌等译，上海社会科学院出版社 1988 年版。

33．黄玖立、李坤望:《出口开放、地区市场规模和经济增长》,《经济研究》2006年第 6 期。

34．蒋荷新:《我国对外贸易就业效应的实证研究——以外资企业为例》,《国际贸易问题》2007 年第 10 期。

35．蒋瑛、贺彩银:《贸易开放对我国城镇化进程的影响:经验及措施》,《四川大学学报(哲学社会科学版)》2016 年第 1 期。

36．简新华、黄锟:《中国城镇化水平和速度的实证分析与前景预测》,《经济研究》2010 年第 3 期。

37．江霈、冷静:《劳动力流动替代资本流动的辨析与展望》,《财经科学》2008年第 12 期。

38．金观涛、刘青峰:《开放中的变迁:再论中国社会超稳定结构》,法律出版社2011 年版。

39．李宏兵、赵春明:《出口开放、市场邻近与异质性企业工资差距——基于中国工业企业数量的实证研究》,《国际贸易问题》2015 年第 1 期。

40．李春顶:《中国出口企业是否存在"生产率悖论":基于中国制造业企业数据的检验》,《世界经济》2010 年第 7 期。

41．李春顶、尹翔硕:《我国出口企业的"生产率悖论"及其解释》,《财贸经济》2009 年第 11 期。

42．李磊、刘斌、胡博、谢璐:《贸易开放对城镇居民收入及分配的影响》,《经济学(季刊)》2011 年第 1 期。

43．李实、宋锦、刘小川:《中国城镇职工性别工资差距的演变》,《管理世界》2014 年第 3 期。

44．李坤望、陈维涛、王永进:《对外贸易、劳动力市场分割与中国人力资本投资》,《世界经济》2014 年第 3 期。

45．李强、王昊:《中国社会分层结构的四个世界》,《社会科学战线》2014 年第9 期。

46．刘晓昀、钟秋萍、齐顾波:《农村劳动力非农就业的性别差异及东西部比较》,《农业经济问题》2007 年第 7 期。

47．刘妍、李岳云:《城市外来农村劳动力非正规就业的性别差异分析——以南京市为例》,《中国农村经济》2007 年第 12 期。

48．刘斌、李磊:《贸易开放与性别工资差距》,《经济学(季刊)》2012 年第 2 期。

49．刘和旺、王宇锋:《政治资本的收益随市场化进程增加还是减少》,《经济学(季刊)》2010 年第 2 期。

50．刘精明:《市场化与国家规制——转型期城镇劳动力市场中的收入分配》,

《中国社会科学》2006 年第 5 期。

51．刘欣:《当前中国社会阶层分化的多元动力基础——一种权力衍生论的解释》,《中国社会科学》2005 年第 4 期。

52．刘欣、朱妍:《中国城市的社会阶层与基层人大选举》,《社会学研究》2011 年第 6 期。

53．刘修岩、刘茜:《对外贸易开放是否影响了区域的城市集中——来自中国省级层面数据的证据》,《财贸研究》2015 年第 3 期。

54．陆铭、陈钊:《就业体制转轨中的渐进改革措施——国有企业二层次内部劳动力市场效率改进》,《经济研究》1998 年第 11 期。

55．陆铭:《玻璃幕墙下的劳动力流动——制度约束、社会互动与滞后的城市化》,《南方经济》2011 年第 6 期。

56．罗良文、梁圣蓉:《贸易开放、产业集聚与城镇化——基于 1993—2013 年省级面板数据的实证研究》,《社会科学研究》2016 年第 2 期。

57．梁琦、陈强远、王如玉:《户籍改革、劳动力流动与城市层级体系优化》,《中国社会科学》2013 年第 12 期。

58．毛日昇:《出口、外商直接投资与中国制造业就业》,《经济研究》2009 年第 11 期。

59．毛其淋、许家云:《中间品贸易自由化与制造业就业变动——来自中国加入 WTO 的微观证据》,《经济研究》2016 年第 1 期。

60．倪鹏飞、颜银根、张安全:《城市化滞后之谜:基于国际贸易的解释》,《中国社会科学》2014 年第 7 期。

61．宁光杰:《自我雇佣还是成为工资获得者？——中国农村外出劳动力的就业选择和收入差异》,《管理世界》2012 年第 7 期。

62．宁光杰:《自选择与农村剩余劳动力非农就业的地区收入差异——兼论刘易斯转折点是否到来》,《经济研究》2012 年第 S2 期。

63．石莹:《搜寻匹配理论与中国劳动力市场》,《经济学动态》2010 年第 12 期。

64．施炳展、曾祥菲:《中国企业进口产品质量测算与事实》,《世界经济》2015 年第 3 期。

65．沈坤荣、余吉祥:《农村劳动力流动对中国城镇居民收入的影响:基于市场化进程中城乡劳动力分工视角的研究》,《管理世界》2011 年第 3 期。

66．孙永强、巫和懋:《出口结构、城市化与城乡居民收入差距》,《世界经济》2012 年第 9 期。

67．盛科荣、金耀坤、纪莉:《城市规模分布的影响因素:基于跨国截面数据的经验研究》,《经济地理》2013 年第 1 期。

68．盛斌、马涛:《中间产品贸易对中国劳动力需求变化的影响:基于工业部门动态面板数据的分析》,《世界经济》2008 年第 3 期。

69. 盛斌、牛蕊:《贸易、劳动力需求弹性与就业风险:中国工业的经验研究》,《世界经济》2009 年第 6 期。

70. 宋晓丽、沈得芳、张玉:《出口贸易对我国城市人口规模分布的影响——基于我国省级数据的实证研究》,《经济问题探索》2016 年第 4 期。

71. 宋晓丽、张玉:《对外贸易对城市人口规模的影响——基于我国百个地级市的系统 GMM 研究》,《国际商务(对外经济贸易大学学报)》2016 年第 2 期。

72. 佟家栋、李胜旗:《基于海运视角下的国际贸易与城市化发展》,《世界经济与政治论坛》2014 年第 4 期。

73. 屠年松、李彦:《城市扩张、对外贸易与经济增长的关系——以广西为例》,《城市问题》2015 年第 11 期。

74. 唐东波、王洁华:《贸易扩张、危机与劳动收入份额下降——基于中国工业行业的实证研究》,《金融研究》2011 年第 9 期。

75. 唐东波:《垂直专业化贸易如何影响了中国的就业结构?》,《经济研究》2012 年第 8 期。

76. 王美艳:《中国城市劳动力市场上的性别工资差异》,《经济研究》2005 年第 12 期。

77. 王燕飞:《中国对外贸易就业效应的地区比较》,《统计与决策》2011 年第 16 期。

78. 王家庭:《国际贸易对中国城市化贡献的测度研究》,《上海经济研究》2005 年第 8 期。

79. 王小鲁:《中国城市化路径与城市规模的经济学分析》,《经济研究》2010 年第 10 期。

80. 王国中:《开放条件下对我国外贸与工业化关系的理论分析及实证检验》,《财贸经济》2007 年第 11 期。

81. 王向、刘洪银:《服务贸易增长影响了城市规模分布吗——基于跨国数据的经验研究》,《现代财经(天津财经大学学报)》2016 年第 3 期。

82. 王国刚:《城镇化:中国经济发展方式转变的重心所在》,《经济研究》2010 年第 12 期。

83. 王劲松、史晋川、李应春:《中国民营经济的产业结构演进》,《管理世界》2005 年第 10 期。

84. 王威海、顾源:《中国城乡居民的中学教育分流与职业地位获得》,《社会学研究》2012 年第 4 期。

85. 万广华、陆铭、陈钊:《全球化与地区间收入差距:来自中国的证据》,《中国社会科学》2005 年第 3 期。

86．万广华、朱翠萍:《中国城市化面临的问题与思考:文献综述》,《世界经济文汇》2010 年第 6 期。

87．武力超、林俊民、唐露萍:《外商直接投资对城市人口集聚的影响研究》,《投资研究》2013 年第 8 期。

88．魏浩、赵春明:《对外贸易对我国城乡收入差距影响的实证分析》,《财贸经济》2012 年第 1 期。

89．魏浩、赵春明、李晓庆:《中国进口商品结构变化的估算:2000—2014 年》,《世界经济》2016 年第 4 期。

90．卫瑞、庄宗明:《生产国际化与中国就业波动:基于贸易自由化和外包视角》,《世界经济》2015 年第 1 期。

91．吴晓刚:《中国的户籍制度与代际职业流动》,《社会学研究》2007 年第 6 期。

92．吴晓刚、张卓妮:《户口、职业隔离与中国城镇的收入不平等》,《中国社会科学》2014 年第 6 期。

93．吴愈晓、吴晓刚:《城镇的职业性别隔离与收入分层》,《社会学研究》2009 年第 4 期。

94．邢春冰:《中国农村非农就业机会的代际流动》,《经济研究》2006 年第 9 期。

95．邢春冰:《农民工与城镇职工的收入差距》,《管理世界》2008 年第 5 期。

96．邢春冰:《迁移、自选择与收入分配——来自中国城乡的证据》,《经济学(季刊)》2010 年第 1 期。

97．徐春祥、韩召龙、彭徽:《城镇化、贸易开放与经济增长关系研究——以辽宁为例》,《东北财经大学学报》2014 年第 3 期。

98．徐静:《论贸易开放度对中国城镇化区域性失衡的影响》,《国际社会科学杂志(中文版)》2013 年第 4 期。

99．徐清:《贸易潜力、工资扭曲与城市人口规模》,《华中科技大学学报(社会科学版)》2015 年第 4 期。

100．谢治春:《对外贸易、人口集聚与城镇化推进》,《南昌大学学报(人文社会科学版)》2015 年第 2 期。

101．谢桂华:《"农转非"之后的社会经济地位获得研究》,《社会学研究》2014 年第 1 期。

102．肖丹丹:《城市化与加工贸易的影响机理与互动发展策略研究——以山东省为例》,《技术与创新管理》2010 年第 2 期。

103．夏庆杰、宋丽娜、Simon Appleton:《经济增长与农村反贫困》,《经济学(季刊)》2010 年第 3 期。

104．许和连、亓朋、李海峥：《外商直接投资、劳动力市场与工资溢出效应》，《管理世界》2009 年第 9 期。

105．许和连、魏颖绮、赖明勇、王晨刚：《外商直接投资的后向链接溢出效应研究》，《管理世界》2007 年第 4 期。

106．于洪霞、陈玉宇：《外贸出口影响工资水平的机制探析》，《管理世界》2010 年第 10 期。

107．袁冬梅、魏后凯、杨焕：《对外开放、贸易商品结构与中国城乡收入差距——基于省际面板数据的实证分析》，《中国软科学》2011 年第 6 期。

108．易苗、周申：《经济开放对国内劳动力流动影响的新经济地理学解析》，《现代财经（天津财经大学学报）》2011 年第 3 期。

109．杨丹、章元：《发展中国家的贸易开放、城市集中和区域不平等》，《经济学动态》2016 年第 1 期。

110．岳希明、罗楚亮：《农村劳动力外出打工与缓解贫困》，《世界经济》2010 年第 11 期。

111．严伟涛、赵春明：《进口竞争与企业内部工资差距》，《国际贸易问题》2016 年第 3 期。

112．严善平：《人力资本、制度与工资差别——对大城市二元劳动力市场的实证分析》，《管理世界》2007 年第 6 期。

113．尹志超、甘犁：《公共部门和非公共部门工资差异的实证研究》，《经济研究》2009 年第 4 期。

114．张展新：《劳动力市场的产业分割与劳动人口流动》，《中国人口科学》2004 年第 2 期。

115．张华初、李永杰：《论我国加工贸易的就业效应》，《财贸经济》2004 年第 6 期。

116．张文静、刘辉煌：《进出口贸易对人口城市化的影响——基于中国地级城市面板数据的实证分析》，《城市学刊》2015 年第 5 期。

117．张义博：《公共部门与非公共部门收入差异的变迁》，《经济研究》2012 年第 4 期。

118．章元、万广华：《国际贸易与发展中国家的城市化：来自亚洲的证据》，《中国社会科学》2013 年第 11 期。

119．章元、许庆、邬靖靖：《一个农业人口大国的工业化之路：中国降低农村贫困的经验》，《经济研究》2012 年第 11 期。

120．臧新、江梦冉：《外资区域转移与地区城镇化发展的相互关系——基于江苏省主要城市的实证研究》，《国际贸易问题》2015 年第 2 期。

121．钟春平：《失业波动之谜与搜寻匹配模型的进展与争议》，《经济学动态》

2010 年第 6 期。

122．赵莹:《中国的对外开放和收入差距》,《世界经济文汇》2003 年第 4 期。

123．赵春明、文磊、李宏兵:《进口产品质量、来源国特征与性别工资差距》,《数量经济技术经济研究》2017 年第 5 期。

124．赵春明、李宏兵:《出口开放、高等教育扩展与学历工资差距》,《世界经济》2014 年第 5 期。

125．赵春明、李宏兵、蔡宏波、王永进:《出口内生型市场邻近、空间外部性与城镇工薪差距》,《世界经济》2016 年第 12 期。

126．赵春明、朱济民、文磊:《进口开放对中国城镇居民收入分配的正向作用——基于中国家庭收入调查(CHIP)数据的经验研究》,《新疆师范大学学报(哲学社会科学版)》2016 年第 5 期。

127．赵春明、王春晖:《国际贸易对中国工资差距的影响研究——基于劳动者个体异质性的微观分析》,《经济与管理研究》2014 年第 11 期。

128．Arellano, Manuel and Bond, Stephen, "Some Tests of Specification for Panel Data: Monte Carlo Evidence and an Application to Employment Equations", *Review of Economic Studies*, 1991, Vol. 58.

129．Acemoglu, D., "Why do New Technologies Complement Skill? Directed Technical Change and Wage Inequality", *Quarterly Journal of Economics*, 1998, Vol. 113.

130．Amiti, Mary, Freund, Caroline, "The Anatomy of China's Export Growth", Chapter 1 in Robert C. Freenstra and Shang-Jin Wei, eds., *China's Growing Role in Word Trade*, The University of Chicago Press, 2010.

131．Amiti M, Davis D. R., "What's Behind Volatile Import Prices from China?", *Current Issues in Economics and Finance*, 2009, Vol. 15(1).

132．Amiti M. and Davis D., "Trade, Firms and Wages: Theory and Evidence", NBER Working Paper, No. 14106, 2008.

133．Autor D. H., Levy F., Murnane R. J., "Upstairs, Downstairs: Computer-skill Complementarity and Computer-labor Substitution on two Floors of a Large Bank", NBER Working Paper, 2000.

134．Acemoglu D., "Patterns of Skill Premia", *The Review of Economic Studies*, 2003, Vol. 70(2).

135．Alberto F. Ades, Edward L. Glaeser, "Trade and Circuses: Explaining Urban Gaints", *The Quarterly Journal of Economics*, 1995, Vol. 110(1).

136．Ades A. F., Glaeser E. L., "Trade and Circuses: Explaining Urban Giants", *The Quarterly Journal of Economics*, 1995, Vol. 110(1).

137．Aitken, B., Harrison, A. and Lipsey, R. E., "Wages and Foreign Ownership: A

Comparative Study of Mexico, Venezuela, and the United States", *NBER Working Paper*, 1995, *No.* 5102.

138 . Antràs P. and Helpman E., "Global Sourcing", *Journal of Political Economy*, 2004, Vol. 112(3).

139 . Antràs, P., "Firms, Contracts, and Trade Structure", *The Quarterly Journal of Economics*, 2003, Vol. 118(4).

140 . Attanasio, O., Goldberg, P. K. and Pavcnik N., "Trade Reforms and Wage Inequality in Colombia", *Journal of Development Economics*, 2004, Vol. 74(2).

141 . Afridi, F., S.X.Li, Y.Ren, "Social Identity and Inequality: The Impact of China's Hukou System", Econstor Working Paper, No. 6417, 2012.

142 . Appleton, S., J.Knight, L.Song, and Q.Xia, "The Economics of Communist Party Membership: The Curious Case of Rising Numbers and Wage Premium during China's Transition", *Journal of Development Studies*, 2009, Vol. 45(2).

143 . Bernard and Jensen, "Exporters, Jobs and Wages in U. S. Manufacturing: 1976-1987", *Brookings Papers on Economic Activity: Microeconomics*, 1995, Vol. 1.

144 . Bernard, Redding and Schott, "Comparative Advantage and Heterogeneous Firms", *Review of Economic Studies*, 2007, Vol. 74.

145 . Bernard A. B., Eaton J, Jensen J. B., et al., "Plants and Productivity in International Trade", *The American Economic Review*, 2003, Vol. 93(4).

146 . Bernard A.B., Jensen J.B., Redding S J, et al., "Firms in International Trade", *The Journal of Economic Perspectives*, 2007, Vol. 21(3).

147 . Bhagwati, J. and Srinivasan, T., "Trade and Poverty in the Poor Countries", *American Economic Review*, 2002, Vol. 92(2).

148 . Bhagwati, *In Defense of Globalization*, Oxford University Press, 2004.

149 . Black, D., "Discrimination in an Equilibrium Search Model", *Journal of Labor Economics*, 1995, Vol. 13(2).

150 . Black, E., Brainerd, S, "Importing Equality? The Impact of Globalization on Gender Discrimination", *Industrial and Labor Relations Review*, 2004, Vol. 57(4).

151 . Berik G., Rodgers Y.M., Zveglich J.E., "International Trade and Gender Wage Discrimination: Evidence from East Asia", *Review of Development Economics*, 2004, Vol. 8 (2).

152 . Bernard A.B., Jensen J.B., "Exporters, Skill Upgrading, and the Wage Gap", *Journal of International Economics*, 1997, Vol. 42(1).

153 . Berry B.J.L., "City Size Distributions and Economic Development", *Economic Development and Cultural Change*, 1961, Vol. 9(4).

154 . Blömstrom, M. and Kokko, A., " Multinational Corporations and Spillovers", *Journal of Economic Surveys*, 1998, Vol. 12(3).

155 . Bottini, N. and Gasiorek, M., " Trade and Job Reallocation: Evidence for Morocco", *Economic Research Forum*, *Working Paper*, 2009, No. 492,

156 . Bian, Y., "Chinese Social Stratification and Social Mobility", *Annual Review of Sociology*, 2002, Vol. 28.

157 . Bian, Y., and J. Logan, " Market Transition and Persistence of Power: The Changing Stratification System in Urban China ", *American Sociological Review*, 1996, Vol. 61.

158 . Chun-Chung Au, J. Vernon Henderson, "Are Chinese Cities Too Small", *Review of Economic Studies*, 2006, Vol. 73(3).

159 . Cuñat V., Guadalupe M., "Globalization and the Provision of Incentives inside the Firm: The Effect of Foreign Competition", *Journal of Labor Economics*, 2009, Vol. 27 (2).

160 . Currie, J. and Harrison, A. E., "Sharing the Costs: The Impact of Trade Reform on Capital and Labor in Morocco", *Journal of Labor Economics*, 1997, Vol. 15(3).

161 . DiNardo, J., N. Fortin and T. Lemieux, " Labor Market Institutions and the Distribution of Wages 1973 – 1992: A Semi-parametric Approach", *Econometrica*, 1996, Vol. 64(5).

162 . Davis D. R., Harrigan J., " Good Jobs, Bad Jobs, and Trade Liberalization", *Journal of International Economics*, 2011, Vol. 84(1).

163 . Davis D. R., "Trade Liberalization and Income Distribution", *National Bureau of Economic Research*, 1996, w5693.

164 . Davis J. C., "Henderson: Evidence on the Political Economy of the Urbanization Process", *Journal of Urban Economics*, 2003, Vol. 53(1).

165 . Davidson, C. and Matusz, S., " A Model of Globalization and Frm-worker Matching: How Good is Good Enough?", *International Review of Economics & Finance*, 2012, Vol. 23.

166 . Du, Y., Park, A. and Wang S., "Migration and Rural Poverty in China", *Journal of Comparative Economics*, 2005, Vol. 33(4).

167 . Dubin, J. A. and McFadden, D. L., " An Econometric Analysis of Residential Electric Appliance Holdings and Consumption", *Econometrica*, 1984, Vol. 14.

168 . Dobbin, F., *The New Economic Sociology: A Reader*, Princeton University Press, 2004.

169 . Du, L., A. Harrison and G. H. Jefferson, " Testing for Horizontal and Vertical

Foreign Investment Spillovers in China,1998－2007", *Journal of Asian Economics*,2012, Vol. 23(3).

170 . Egger, H. and Kreickemeier, U., "Firm Heterogeneity and the Labor Market Effects of Trade Liberalization", *International Economic Review*,2009,Vol. 50(1).

171 . Edmonds, E. V. and Pavcnik N., "Trade Liberalization and the Allocation of Labor between Households and Markets in a Poor Country", *Journal of International Economics*,2006,Vol. 69(2).

172 . Erikson, R., J. H. Goldthorpe and L. Portocarero, "Intergenerational Class Mobility in Three Western European Countries:England, France and Sweden", *British Journal of Sociology*,1979,Vol. 30(4).

173 . Feenstra, R. C. and Hanson, H. G., "Foreign Investment, Outsourcing and Relative Wages", In R. C. Feenstra, G. M. Grossman and D. A. Irwin, eds., *The Political Economy of Trade Policy:Papers in Honor of J.Bhagwati*,MIT Press,1996.

174 . Feng Ling,Zhiyuan Li,and Deborah L.Swenson,"Trade Policy Uncertainty and Exports:Evidence from China's WTO Accession", *Journal of International Economics*, 2017,Vol. 106.

175 . Fang, Y. and Zhao, Y., "Do Institutions Matter? Estimating the Effect of Institutions on Economic Performance in China",厦门大学王亚南经济研究院,工作论文,2009。

176 . Feenstra, R. C. and Hanson, G. H., "Foreign Direct Investment and Relative Wages:Evidence from Mexico's Maquiladoras", *Journal of International Economics*,1997, Vol. 42(3-4).

177 . Feenstra, R. C. and Hanson, G. H.,·"Global Production Sharing and Rising Inequality:A Survey of Trade and Wages", In *Handbook of International Trade*,Vol. 1, Blackwell,2003.

178 . Feenstra, R. C. and Hanson, G. H., "The Impact of Outsourcing and High-Technology Capital on Wages:Estimates for the United States, 1979－1990", *Quarterly Journal of Economics*,1999,Vol. 114(3).

179 . Feliciano, Z. M., "Workers and Trade Liberalization:The Impact of Trade Reforms in Mexico on Wages and Employment", *Industrial and Labor Relations Review*, 2001,Vol. 55(1).

180 . Fosfuri, A.,Motta,M.and Rønde,T., "Foreign Direct Investment and Spillovers through Workers' Mobility", *Journal of International Economics*,2001,Vol. 53(1).

181 . Frankenberg, E., Smith, J. P. and Duncan, T., "Economic Shocks, Wealth, and Welfare", *Journal of Human Resources*,2003,Vol. 38(2).

182 . Frijters, P. , Tao, K. , and Meng, X. , " Migrant Entrepreneurs and Credit Constraints under Labor Market Discrimination", IZA Discussion Paper, 2011, 5967.

183 . Fu, X. and Balasubramanyam, V. N. , "Export, Foreign Direct Investment and Employment: The Case of China", *World Economy*, 2005, Vol. 28.

184 . Grossman and Helpman, *Innovation and Growth in the Global Economy*, MIT Press, 1991.

185 . Grossman, G. M. and Rossi-Hansberg E. , " Trading Tasks: A Simple Theory of Offshoring", *American Economic Review*, 2008, Vol. 98(5).

186 . Gelan A. , "Trade Policy and City Primacy in Developing Countries", *Urban & Regional Development Studies*, 2008, Vol. 20(3).

187 . Girma, S. and Görg, H. , " Evaluating the Foreign Ownership Wage Premium Using a Ddifference-in-Ddifferences Matching Approach ", *Journal of International Economics*, 2007, Vol. 72.

188 . Goldberg, P. K. , Khandelwal, A. K. , Pavcnik, N. and Topalova, P. , " Imported Intermediate Inputs and Domestic Product Growth: Evidence from India ", *Quarterly Journal of Economics*, 2010, Vol. 125(4).

189 . Golley, J. , and Meng, X. , " Has China Run Out of Surplus Labor?", *China Economic Review*, 2011, Vol. 22.

190 . Ganzeboom, H.B.G, and D.J.Treiman, "Internationally Comparable Measures of Occupational Status for the 1988 International Standard Classification of Occupations", *Social Science Research*, 1996, No. 25.

191 . Helpman, Itskhoki and Redding, " Inequality and Unemployment in a Global Economy", *Econometrica*, 2010, Vol.78.

192 . Helpman, Itskhoki and Redding, " Trade and Labor Market Outcomes", *NBER Working Paper*, 2011.

193 . Helpman, Itskhoki, Muendler and Redding, "Trade and Inequality: From Theory to Estimation", *CEP Discussion Paper*, 2012.

194 . Helpman, Melitz and Rubinstein, "Estimating Trade Flows: Trading Partners and Trading Volumes", *Quarterly Journal of Economics*, 2008, Vol. 123.

195 . Helpman E, Itskhoki O. , " Labour Market Rigidities, Trade and Unemployment", *The Review of Economic Studies*, 2010, Vol. 77(3).

196 . Helpman E. , "Trade, FDI and the Organization of Firms", *Journal of Economic Literature*, 2006, Vol. 44(3).

197 . Helpman E. and Krugman P. R. , Market Structure and Foreign Trade, Cambridge: The MIT Press, 1985.

198 . Hummels D, Klenow P J., "The Variety and Quality of a Nation's Exports", *The American Economic Review*, 2005, Vol. 95(3).

199 . Hine, Robert and Peter, "Trade with Low Wage Economies, Employment and Productivity in UK Manufacturing", *Economic Journal*, 1998, Vol. 108.

200 . Hall, "Employment Fluctuations with Equilibrium Wage Stickiness", *The American Economic Review*, 2005, Vol. 95.

201 . Holzer, "Search Methods Used by Unemployment Youth", *Journal of Labor Economics*, 1988, Vol. 6.

202 . Han, J., Liu, R.J. and Zhang, J.S., "Globalization and Wage Inequality: Evidence from Urban China", *Journal of International Economics*, 2012, Vol. 87(2).

203 . Hering, L., and Poncet, S., "Market Access and Individual Wages: Evidence from China", *Review of Economics and Statistics*, 2010, Vol. 92(1).

204 . Hasan, R. and Jandoc, K.R., "Trade Liberalization and Wage Inequality in the Philippines", University of the Philippines School of Economics, Discussion Paper, No. 2010-06.

205 . Haskel, J. and Matthew, J.S., "Trade, Technology and UK Wage Inequality", *Economic Journal*, 2001, Vol. 111(468).

206 . Heckman, J., "Shadow Prices, Market Wages, and Labor Supply", *Econometrica*, 1974, Vol. 42(4).

207 . Hasan, R., Mitra, D. and Ramaswamy, K. V., "Trade Reforms, Labor Regulations, and Labor-Demand Elasticities: Empirical Evidence from India", *The Review of Economics and Statistics*, 2007, Vol. 89(3).

208 . Hsiao, L., China's Foreign Trade Statistics, 1864 – 1949, Harvard University Press, 1974.

209 . Hsieh, C. and Woo, K.T., "The Impact of Outsourcing to China on Hong Kong's Labor Market", *American Economic Review*, 2005, Vol. 95(5).

210 . Hering, L., and S., Poncet, "Market Access and Individual Wages: Evidence from China", *Review of Economic and Statistics*, 2010, Vol. 92(1).

211 . Jakob, "Technology Spillover Through Trade and TFP Convergence: 135 Years of Evidence for the OECD Countries", *Journal of International Economics*, 2007, Vol. 72.

212 . Jonathan Eaton and Samuel Kortum, "International Technology Diffusion: Theory and Measurement", *International Economic Review*, 1999, Vol. 40.

213 . Jian T.L., Sachs J.D., Warner A.M., "Trends in Regional Inequality in China", *China Economic Review*, 1996, Vol. 7.

214 . Johnson, "Provincial Migration in China in the 1990s", *China Economic*

Review, 2003, Vol. 14.

215. Javorcik, B. S., "Does Foreign Direct Investment Increase the Productivity of Domestic Firms? In Search of Spillovers through Backward Linkages", *The American Economic Review*, 2004, Vol. 94(3).

216. Krugman, "Increasing Returns and Economic Geography", *Journal of Political Economy*, 1991, Vol. 99.

217. Krugman, "The Increasing Returns Revolution in Trade and Geography", *The American Economic Review*, 2009, Vol. 99.

218. Krugman P., Elizondo R. L., "Trade Policy and the Third World Metropolis", *Journal of Development Economics*, 1996, Vol. 49.

219. Kwan and Cotsomitis, "Economic Growth and the Expanding Export Sector: China 1952–1985", *International Economic Journal*, 1991, Vol. 5.

220. Kumar, U. and Mishra, P., "Trade Liberalization and Wage Inequality: Evidence from India", *Review of Development Economics*, 2008, Vol. 12(2).

221. Kovak, B., "Regional Effects of Trade Reform: What Is the Correct Measure of Liberalization?", *American Economic Review*, 2013, Vol. 103(5).

222. Kirishna, P., Mitra, D. and Chinoy, S., "Trade Liberalization and Labor Demand Elasticities: Evidence from Turkey", *Journal of International Economics*, 2001, Vol. 55(2).

223. Lewis W. A., "Economic Development with Unlimited Supplies of Labour", *The Manchester School*, 1954, Vol. 22(2).

224. Linsky A. S., "Some Generalizations Concerning Primate Cities", *Annals of the Association of American Geographers*, 1965, Vol. 55(3).

225. Li, H., P. Liu, N. Ma, and J. Zhang, "Economic Returns to Communist Party Membership: Evidence from Chinese Twins", *Economic Journal*, 2007, Vol. 117(553).

226. Melitz and Ottaviano, "Market Size, Trade and Productivity", *Review of Economic Studies*, 2008, Vol. 75.

227. Melitz M. J., "The Impact of Trade on Intra-Industry Reallocations and Aggregate Industry Productivity", *Econometrica*, 2003, Vol. 71(6).

228. Minler and Wright, "Modeling Labor Market Adjustment to Trade Liberalization in an Industrializing Economy", *Economic Journal*, 1998, Vol. 108.

229. Meng X., "Gender Earnings Gap: The Role of Firm Specific Effects", *Labor Economics*, 1998, Vol. 5.

230. Meng X., "Labor Market Outcomes and Reforms in China", *The Journal of Economic Perspectives*, 2012, Vol. 26(4).

231. Mortensen and Pissarides, "Job Creation and Job Destruction in the Theory of

Unemployment", *Review of Economic Studies*, 1994, Vol. 61.

232 . Mincer J., " Changes in Wage Inequality, 1970 - 1990?", *NBER Working Paper*, 1997.

233 . Moomaw R.L., Shatter A.M., "Urbanization and Economic Development: A Bias toward Large Cities?", *Journal of Urban Economics*, 1996, Vol. 40(1).

234 . Nordin, Persson and Rooth, " Education-occupation Mismatch: Is There an Income Penalty?", *Economics of Educational Review*, 2010, Vol. 29.

235 . Natalie Chen, Jean Imbs and Andrew Scott, "The Dynamics of Trade and Competition", Research Series from National Bank of Belgium, 2006.

236 . Nee V., " Social Inequalities in Reforming State Socialism: Between Redistribution and Market in China", *American Sociological Review*, 1991, Vol. 56.

237 . Nitsch V., "Trade Openness and Urban Concentration: New Evidence", *Journal of Economic Integration*, 2006, Vol. 21(2).

238 . Neary, J.P., "Intersectoral Capital Mobility, Wage Stickiness, and the Case for Adjustment Assistance ", In Import Competition and Response, ed. Bhagwati, J. N., University of Chicago Press, 1982.

239 . Neary, J.P., "Short-Run Capital Specificity and the Pure Theory of International Trade", *Economic Journal*, 1978, Vol. 88(351).

240 . Neumayer, E.and Soysa, I.D., "Globalization and the Right to Free Association and Collective Bargaining: An Empirical Analysis", *World Development*, 2006, Vol. 34(1).

241 . Naughton, B., " The Chinese Economy: Transitions and Growth", Cambridge, MA: The MIT Press, 2007.

242 . Nee, V., " A Theory of Market Transition: From Redistribution to Markets in State Socialism", *American Sociology Review*, 1989, Vol. 54.

243 . Nee, V., " Social Inequalities in Reforming State Socialism: Between Redistribution and Markets in China", *American Sociology Review*, 1991, Vol. 56.

244 . Olivier, Marcelo and Maurice, " On Indirect Trade-related R&D Spillovers", *European Economic Review*, 2005, Vol. 49.

245 . Okushima, S. and Uchimura H., " How Does the Economic Reform Exert Influence on Inequality in Urban China?", *Journal of the Asia Pacific Economy*, 2006, Vol. 11(1).

246 . Oostendorp, R., "Globalization and the Gender Wage Gap", *World Bank Policy Research Working Paper*, No. 3256, 2004.

247 . Pissarides, C.A., "Short-Run Dynamics of Unemployment, Vacancies and Real Wages", *American Economic Review*, Vol. 75, 1985.

248 . Pissarides, C. A. , "Search Unemployment with On-the-job Search", *Review of Economic Studies*, 1994, Vol. 61.

249 . Pissarides, C.A. , "The Unemployment Volatility Puzzle: Is the Wage Stickness the Answer?", *Econometrica*, 2009, Vol. 77.

250 . Pedroni, "Purchasing Power Parity Tests in Cointegrated Panels", *Review of Economics and Statistics*, 2001, Vol. 83.

251 . Pedroni, "Panel Cointegration: A Symptotic and Finite Sample Properties of Pooled Time Series Tests with an Application to the PPP Hypothesis", *Econometric Theory*, 2004, Vol. 20.

252 . Pavcnik N. , "What Explains Skill Upgrading in Less Developed Countries?", *Journal of Development Economics*, 2003, Vol. 71(2).

253 . Pierce, Justin R. , and Peter K.Schott. , "The Surprisingly Swift Decline of US Manufacturing Employment", *American Economic Review*, 2016, Vol. 106(7).

254 . Revenga, "Exporting Jobs? The Impact of Import Competition on Employment and Wages in U.S.Manufacturing", *Quarterly Journal of Economics*, 1992, Vol. 107.

255 . Redding, S. J. , "Goods Trade, Factor Mobility and Welfare", *Journal of International Economics*, 2016, Vol. 101.

256 . Ranis G. , Fei J. C. H. , "A Theory of Economic Development", *The American Economic Review*, 1961.

257 . Rama, M. , "Globalization and Workers in Developing Countries", *World Bank Policy Research Working Paper*, 2003, No. 2958.

258 . Rodriguez-Clare, A. , "Multinationals, Linkages, and Economic Development", *The American Economic Review*, 1996, Vol. 86(4).

259 . Rona-Tas, A. , "The First Shall Be Last? Entrepreneurship and Communist Cadre in the Transition from Socialism", *American Journal of Sociology*, 1994, Vol. 100.

260 . Shimer, "Mismatch", *American Economic Review*, 2007, Vol. 97.

261 . Senses, "The Effects of Offshoring on the Elasticity of Labor Demand", *Journal of International Economics*, 2010, Vol. 81.

262 . Shorrocks, A.F. , "The Class of Additively Decomposable Inequality Measures", *Econometrica*, 1980, Vol. 48(3).

263 . Schott P. K. , "Across-product Versus Within-product Specialization in International Trade", *The Quarterly Journal of Economics*, 2004.

264 . Sen, K. , "International Trade and Manufacturing Employment Outcomes in India: A Comparative Study", *World Institute for Development Economic Research*, Working Paper, 2008.

265 . Slaughter, M. J., "International Trade and Labor-Demand Elasticities", *NBER Working Paper*, 1997, No. 6262.

266 . Smith, J. P., Duncan, T., Frankenberg, E., Beegle, K. and Teruel G., "Wages, Employment and Economic Shocks: Evidence from Indonesia", *Journal of Population Economics*, 2002, Vol. 15(1).

267 . Sicular, T., X. Yue, G. Björn, S. Li, "The Urban-rural Income Gap and Inequality in China", *Econstor Working Paper*, 2006, No. 135.

268 . Szelenyi, I., and E. K. Kostello, "Outline of an Institutionalist Theory of Inequality: The Case of Socialist and Post-Communist Eastern Europe", in the New Institutionalism in Sociology, (eds.) by M. C. Brinton and C. Nee. New York: Russel Sage Foundation, 1998.

269 . Todaro, "A Model of Labor Migration and Urban Unemployment in LDCs", *American Economic Review*, 1969, Vol. 59.

270 . Thoenig M., Verdier T., "A Theory of Defensive Skill-biased Innovation and Globalization", *The American Economic Review*, 2003, Vol. 93(3).

271 . Tombe, T. and Zhu, X., "Trade Liberalization, Internal Mgration and Regional Income Differences: Evidence from China", *Unpublished Manuscript*, University of Toronto, 2015.

272 . UNCTAD, "World Investment Report 2013", *New York and Geneva*, 2013.

273 . Van Marrewijk C., "Lumpy Countries, Urbanization and Trade", *Journal of International Economics*, 2013, Vol. 89(1).

274 . Wang-zhi and Wei Shangjin, "What Accounts for the Rising Sophistication of China's Export?", Chapter 2 in Robert C. Freenstra and Wei Shangjin, eds., *China's Growing Role in Word Trade*, The University of Chicago Press, 2010.

275 . Wan, G. H., Lu, M. and Chen, Z., "Globalization and Regional Income Inequality: Empirical Evidence from within China", *Review of Income and Wealth*, 2007, Vol. 53(1).

276 . Wei, S. J. and Wu, Y., "Globalization and Inequality: Evidence from Within China", *NBER Working Paper*, No. 8611.

277 . Wood, A., "How Trade Hurt Unskilled Workers?", *Journal of Economic Perspectives*, 1995, Vol. 9(3).

278 . Wu, Z., "Self-selection and Earnings of Migrants: Evidence from Rural China", *Asian Economic Journal*, 2010, Vol. 24(1).

279 . Xing Chunbing and Li Shi, "Residual Wage Inequality in Urban China, 1995-2007", *China Economic Review*, 2012, Vol. 23.

280 . Xie, Y., and X. Wu, "Danwei Profitability and Earnings Inequality in Urban China", *The China Quarterly*, 2008, Vol. 195.

281 . Young Alwyn. "The Razor's Edge: Distortions and Incremental Reform in the People Republic of China", *Quarterly Journal of Economics*, 2000, Vol. 11.

282 . Zhang L., Brauw and Rozelle. "China's Rural Labor Market Development and its Gender Implications", *China Economic Review*, 2004, Vol. 15.

283 . Zhao Y., "Causes and Consequences of Return Migration: Recent Evidence from China", *Journal of Comparative Economics*, 2002, Vol. 30.

284 . Zhao Yaohui, "Labor Migration and Earnings Differences: The Case of Rural China", *Economic Development and Cultural Change*, 1999, Vol. 47.

285 . Zheng Y., "Foreign Trade and Industrial Development of China: A Historical and Integrated Analysis through 1948", University Press of Washington, 1956.

286 . Zhang H., "The Hukou System's Constraints on Migrant Workers' Job Mobility in Chinese Cities", *China Economic Review*, 2010, Vol. 21.

287 . Zhao, Y., "Earnings Differentials between State and Non-State Enterprises in Urban China", *Pacific Economic Review*, 2002, Vol. 7(1).

288 . Zhou, X., "Economic Transformation and Income Inequality in Urban China", *American Journal of Sociology*, 2000, Vol. 105.